Klaus Völker
Bertolt Brecht

Klaus Völker

Bertolt Brecht

Eine Biographie

Zweitausendeins

Lizenzausgabe mit freundlicher Genehmigung des Carl Hanser Verlags
für Zweitausendeins, Postfach, D-60381 Frankfurt am Main.

Printed in Germany.

Dieses Buch gibt es nur bei Zweitausendeins im Versand, Postfach, D-60381 Frankfurt am Main, Telefon 01805-232001 oder 069-4208000, Fax 01805-242001 oder 069-415003. Internet www.zweitausendeins.de, E-Mail info@zweitausendeins.de. Oder in den Zweitausendeins-Läden in Berlin, Düsseldorf, Essen, Frankfurt, Freiburg, 2 × in Hamburg, in Köln, Mannheim, München, Nürnberg, Saarbrücken, Stuttgart.

In der Schweiz über buch 2000, Postfach 89, CH-8910 Affoltern a. A.

ISBN 3-86150-292-5

Wer Biograph wird, verpflichtet sich zur Lüge, zur Verheimlichung, Heuchelei, Schönfärberei und selbst zur Verhehlung seines Unverständnisses, denn die biographische Wahrheit ist nicht zu haben, und wenn man sie hätte, wäre sie nicht zu brauchen.

Sigmund Freud an Arnold Zweig
(31. 5. 1936)

Für Elisabeth Hauptmann,
in dankbarer Erinnerung

Notwendiges Vorwort zum Nachdruck eines Buches, das ich vor 25 Jahren schrieb

Aber die Zukunft, die sie so mit einem Flüstern geweckt haben, errät sie, erschafft sie neu. O Labyrinth der äußersten Liebe!
René Char, Der tödliche Partner

Selbstverständlich sind wir heute alle viel klüger. Und die sozialistischen Länder sind von der Geschichte verabschiedet worden. Mit Karl Valentin, dem Brecht viel verdankte und dessen Humor ihm teuer blieb, können wir sagen: auch die Zukunft ist nicht mehr das, was sie einmal war. Bertolt Brecht und Hanns Eisler wurden in diesem Jahr hundert Jahre alt. Beide empfanden sich als Künstler des wissenschaftlichen Zeitalters und einer vom Fortschritt technischer Errungenschaften wesentlich bestimmten Epoche, die von zwei Weltkriegen und der Gefahr atomarer Selbstzerstörung verfinstert wurde. Ihre Theaterarbeit gehörte zu den maßgeblichen künstlerischen Errungenschaften des Jahrhunderts. Anläßlich der ersten Premiere seines Berliner Ensembles im Theater am Schiffbauerdamm schrieb Brecht im Frühjahr 1954: »Unser Theater ist in der schönen Phase des Lernens. Das macht seine Versuche wichtig und seine Fehler vielleicht entschuldbar.« Der Philosoph Ernst Bloch ernannte Brecht zum »Leninisten der Schaubühne«, Hanns Eisler fühlte sich geehrt, als man ihn zum »Karl Marx der Musik« erklärte.

Der Leninismus Brechts blieb immer mit Valentinesker Linksdenkerei und Schweykschem Witz durchsetzt und Eislers Marxismus wollte die Schönberg-Schule nie abstreifen. Das Schaffen beider Künstler versuchte insofern den Menschen nicht nur zu Gefallen zu sein, indem es immer auch dem Ziel verpflichtet war, den Gedanken an ein »ändere die Welt, sie braucht es« nicht beiseite zu lassen. Sowohl Brecht als auch Eisler betrachteten die DDR als etwas Provisorisches; sie wollten einen neuen, einen alternativen, »von unten« gestalteten Staat, ein anderes Deutschland. Sie sahen sich nach 1945 konfrontiert mit dem Kalten Krieg und zwei deutschen Staaten mit restaurativer Tendenz. In der DDR wurde der Bevölkerung eine antifaschistische Gesinnung verordnet und ein

Sozialismus »von oben« dekretiert: »Unüberzeugt, aber feige, feindlich, aber sich duckend«, stellte Brecht nach dem 17. Juni 1953 fest, »begannen verknöcherte Beamte wieder gegen die Bevölkerung zu regieren.« In einer Erklärung Brechts zu den Pariser Abmachungen 1954 heißt es: »Wir wollen *ein* friedliches Deutschland.« Und in diesem Zusammenhang notierte er auch: »Wenn Deutschland einmal vereint sein wird – jeder weiß, das wird kommen, niemand weiß, wann – wird es nicht sein durch Krieg.«

Als neue Nationalhymne hatten Brecht und Eisler ihre »Kinderhymne« in Vorschlag gebracht: »Und weil wir dies Land verbessern / Lieben und beschirmen wir's / Und das liebste mag's uns scheinen / So wie andern Völkern ihrs.« Die Regierung der DDR wollte etwas Pathetischeres, Erhabeneres. Eisler, ein Meisterdieb wie Brecht in Sachen sogenannten »geistigen Eigentums«, zitierte in »Auferstanden aus Ruinen«, um schleppendem Mitsingen gegenzusteuern, Peter Kreuders »Good bye, Jonny« aus dem Albers-Film »Wasser für Canitoga«, und wer Bechers Text nicht parat hatte, konnte seiner vaterländischen Pflicht zwar etwas trivialer, aber wirklichkeitsnäher mitsummend nachkommen: »Bricht uns auch heut das Herz entzwei / In hundert Jahren ist alles vorbei / Good bye, Jonny! Good bye, Jonny! / Warst mein bester Freund / Eines Tages, eines Tages, mag's auf Erden sein, mag's im Himmel sein / Sind wir wieder vereint.«

Auch wenn es keine DDR mehr gibt und das Schwarzbuch kommunistischer Herrschaft zur Kenntnis genommen werden muß, besteht kein Grund, Künstler wie Brecht oder Eisler auf den Misthaufen der Geschichte zu werfen. Ihre Werke enthalten noch genügend Zündstoff, poetische Kraft, viel Schönheiten sowie Möglichkeiten, auch für künftige Geschlechter unbequem und widerspruchsvoll zu bleiben. Ingeborg Bachmann hat die »Wirkungslosigkeit« des von ihr geschätzten Dichters Brecht auf seine Fähigkeit zurückgeführt, große Worte an der richtigen Stelle zu finden. Doch diese großen Worte und großen Gebärden waren entweder zu wenig volkstümlich oder viel zu großartig, »um diese Nieren oder diese Hirne oder was es auch sein mag zu treffen«: »Ich glaube, er hat kein Publikum. Er ist so fremd wie Hölderlin, und sein Pathos, das von mir bewunderte Pathos, den großen Ton, versteht es auch nicht.« Um die Zuschauer empfänglicher zu machen für die unerhörten Worte Brechts, hat Ingeborg Bachmann vorgeschlagen, sein Werk als ironischen, katastrophischen, zerrissenen, grandiosen »Rettungsversuch« zu begreifen. Im besonderen Maße das »Fatzer«-Material, die »Brotladen«-Szenen, das Schauspiel »Die heilige Johanna der Schlachthöfe« und das Lehrstück »Die Maßnahme« legen Zeugnis ab von einer uns erahnten Sprache, die wir nie ganz in unseren Besitz werden bringen können. In ihrem Aufsatz »Literatur als Utopie« schreibt Ingeborg Bachmann: »Wir besitzen sie als Fragment in der Dichtung, konkretisiert in einer Zeile oder einer Szene, und begreifen uns aufatmend darin als zur Sprache gekommen.«

Die Regisseure Manfred Karge und Matthias Langhoff machten 1978 in Hamburg mit dem »Fatzer«-Fragment die Erfahrung, daß Brecht auch im wörtlichen Sinn kein Publikum finden kann. Sie spielten das Fragment als Ergänzung zu ihrer sehr zugespitzten antipreußischen Interpretation des Kleistschen »Prinz von Homburg«, dramaturgisch eingerichtet von Heiner Müller. Sie zeigten es in seiner ganzen nervösen Spannung, in visionärer Gehetztheit und Zersprengtheit. Die Regisseure versuchten eben nicht, das »Unvereinbare« aufgehen zu lassen, sie glätteten nicht, sondern sie präsentierten das »Furchtzentrum« des Stücks, und die szenisch realisierte Montage von sehr disparaten Textblöcken, Chören und Spielsituationen hatte den Sinn, das Material als etwas Utopisches zu behaupten.

Daß »Die Maßnahme«, Brecht hielt sie für eines seiner auch für spätere Zeiten haltbarsten Stücke, das Zeug zu einer Tragödie hat, in der die Passion der sozialistischen Idee, ihr Anspruch und ihr Scheitern, ihre Aussichtslosigkeit und ihre zwingend notwendige Wiederkehr, aufgehoben sind, konnte die Inszenierung der Regiestudenten Tom Kühnel und Robert Schuster im Studiotheater der Hochschule für Schauspielkunst ›Ernst Busch‹ Berlin 1995 deutlich machen: Sie rehabilitierten ein mit vielen Ängsten und Vorurteilen besetztes Werk, indem sie es unvoreingenommen befragten und die fragende Haltung des Autors nicht zu Meinungen oder gar Lösungen verfälschten. Sie entdeckten die Enge, die strenge Form und zugespitzte, das heißt die schlimmste Wendung nicht ausklammernde Argumentationsstruktur des Lehrstücks als zur Offenheit führende Weite. Es gelang ihnen, den Alptraum und den Sehnsuchtstraum dieses Stücks zu vergegenwärtigen. Erinnerungsbild und eine Salve Zukunft.

Die jungen Regisseure erklärten: »In der Regel werden heute alte Stoffe durch aktuelle Bezüge für den Zuschauer herangeholt. Aber nur die Fremdartigkeit ermöglicht das Denken frei von den alltäglichen Entscheidungsautomatismen. Die Maßnahme gilt als Schlüsselwerk der kommunistischen Bewegung. Der Implosionslärm des real existierenden Sozialismus ist noch kaum verhallt. In diesem Falle gilt es, die historische Distanz noch zu vergrößern, um es für den heutigen Zuschauer nutzbar zu machen. Erst aus der Entfernung erkennt man die Höhe eines Berges; nur der Blick des Ethnologen auf das Fremde macht die schnellen Urteile unmöglich. Der Historiker ist ein Ethnologe gegenüber den Tiefenschichten seiner eigenen Geschichte. Die archäologische Freilegung ideologischer Verhaltensweisen in ihrer Reinheit ohne das Besserwissen der Nachgeborenen ist theatralisch produktiver als die Arroganz der bilderstürmenden Vatermörder. Unsere Vision ist ein mimetisches Museum als eines Archivs der Versuchungen.«

Die Ausgangsthese bei ihrer Inszenierung der »Maßnahme« war das Verwerfen der Brechtschen Argumentation beim Verweigern einer Aufführung im Jahr 1956. Die Studenten am Ende des Jahrhunderts konnten nunmehr von der Prämisse ausgehen, daß dieses Lehrstück keineswegs nur für die Beteiligten, also zur Selbstverständigung, ergiebig ist, sondern es auch für die Zuschauer einen großen Schau- und Lehrwert hat. Wenn man Brecht nun anläßlich seines hundertsten Geburtstages totgefeiert und erledigt zu haben glaubt, ihm die Stachel gezogen, seine großen Worte und Gebärden kleingeredet sind und seine Stücke nicht mehr für zeitgemäß gelten, mit dem surrealistischen Dichter René Char wird dieser immer noch von der Masse unerhörte Dichter weiterhin antworten können: »Auf jeden Zusammenbruch der Beweise antwortet der Dichter mit einer Salve Zukunft.« Zum Beispiel mit einem Stück wie der »Maßnahme«.

Meine Brecht-Biographie wurde erstmals 1976 publiziert. Ich würde sie heute gewiß anders schreiben, nicht weil mir

Brecht fremder, als Person uninteressanter und unsympathischer geworden wäre, sondern weil die Zeit, in der er lebte, weiter entfernt und überschaubarer hinter uns liegt. Ich denke aber, daß mein Buch dennoch gegenüber den enthüllungssüchtigen Verlautbarungen neuerer Brecht-Exegeten bestehen kann, die die vielen inzwischen zugänglich gemachten Briefe und Dokumente, insbesondere die CIA- und die KGB-Akten auswerten, wenn nicht ausschlachten konnten. Brechtianer im engeren Sinn war ich nie. Deshalb kommt es mir auch nicht in den Sinn, Brecht zurückzunehmen oder Brecht von mir abzuschütteln. Als ich diesen Autor für mich entdeckte, hatte ich keinen Anlaß, andere mir schätzenswerte Autoren wie Kafka, Karl Kraus, Joyce, Hans Arp oder Kurt Schwitters zu verwerfen; Brecht hinderte mich nicht daran, mir ein Werk wie das von Alfred Jarry anzueignen oder mir ein Theater im Geiste Antonin Artauds vorzustellen.

Literaturwissenschaftler à la John Fuegi verachte ich, weil sie jetzt Brecht für ihre ehemalige ideologische Verranntheit büßen lassen, indem sie ihn zum politischen Gesinnungslumpen, zum Ausbeuter von Frauen oder zum genialen Manager einer »Company« herabstufen, deren maßgebliche Autorenanteile von Elisabeth Hauptmann, Margarete Steffin und Ruth Berlau eingezahlt worden seien. Deren Anteil am Werk Brechts und ihre Verbundenheit mit ihm ins richtige Licht zu rücken, war übrigens ein zentraler Impuls beim Schreiben meiner Biographie. Der Produktionslust der Beteiligten, ihrem Willen zu einer eher unbürgerlichen Lebensweise versuchte ich nachzuspüren. Die Mitarbeiterinnen Brechts waren meistens auch bedingungslos Liebende, ihr Talent entfaltete sich für Brecht und wuchs durch die Gewißheit, daß es gebraucht wurde.

Wer ihm heute die Unterdrückung der »Autonomie« seiner Mitarbeiterinnen vorhält, sollte nicht vergessen, daß Brecht die schriftstellerische Arbeit von Elisabeth Hauptmann, Margarete Steffin und Ruth Berlau nicht behindert, sondern vielmehr verlangt, stimuliert und nachdrücklich gefördert hat. Die literarische Bedeutung der Mitglieder seines Kollektivs hat Brecht eher über- als unterschätzt. Daß soviel Liebe dabei im Spiel gewesen ist, macht die Sache sehr kompliziert, und kein Literaturhistoriker wird die Frage hinreichend beantworten können, warum die erwähnten Mitarbeiterinnen zu Brechts Gunsten auf eine eigene Laufbahn als Autorin verzichtet haben. Wer aus dem Schatten Brechts heraustreten wollte, mußte den Bruch riskieren. Marieluise Fleißer zum Beispiel ließ sich nicht total vereinnahmen, ließ sich ihre Liebe und vor allen Dingen ihr Werk nicht von ihm zurechtbiegen. Alle Erzählungen und Texte von Elisabeth Hauptmann, deren Anteil am Werk Brechts überaus rühmenswert ist, sind wirklich interessant nur im Zusammenhang mit Brecht, gerade auch dann, wenn sie im Widerspruch zu ihm argumentieren, wenn sie, wie auch die Erzählungen des Bandes »Jedes Tier kann es« von Ruth Berlau, Brecht indirekt attackieren, indem sie eine andere Auffassung von Liebe als wünschbar durchscheinen lassen.

Moralisierend und mit unempfindlicher Buchhaltergesinnung listet Fuegi intime Details auf, stellt er Brechts Geldgier und Männlichkeitswahn an den Pranger. Ruth Berlau hätte sich ein Buch wie das von Fuegi strikt verbeten; was sie gegen Brecht vorbrachte, durften andere noch lange nicht. Mit der »Wahrheit« nahm sie es nie so ganz genau; aber ihre Gefühle waren unbedingt und wahr. Sie liebte Brecht, unterwarf sich ihm ganz, sie wollte seine »Kreatur« sein. Aber sie wollte ihn, mehr als Helene Weigel, ganz besitzen. Sie lobte Brecht unkritisch über allen roten Klee oder sie beschimpfte ihn maßlos. Rücksichten kannte sie keine, auch sich selber schonte sie nicht. Zu Geld hatte sie kein Verhältnis. Sie war seit ihrer Heirat mit dem Arzt Dr. Robert Lund daran gewöhnt, es da ausgeben zu können, wo es gebraucht wurde. Sie schenkte üppig und gerne. Und pflegte Geschenke, wenn der Beschenkte sie enttäuschte, zurückzufordern. Wenn sie kein Geld mehr hatte, beschuldigte sie andere, es ihr vorzuenthalten oder ihr nicht genügend gegeben zu haben.

Man sollte nicht, von heute aus urteilend, eine »Gütertrennung« verlangen, die von Brecht und Ruth Berlau, von Brecht und Margarete Steffin nicht gelebt wurde. Auch Elisabeth Hauptmann bedarf der Ehrenrettung durch Fuegi nicht. Ihr ist viel Ungerechtigkeit und Unachtsamkeit von Brecht widerfahren. Dessen Werk, seine Größe, von der sie überzeugt war, war ihr die Treue wert und die Lasten, die ihr als Mitarbeiterin aufgebürdet wurden. Ihre Schwermut, den Schmerz und die Verbitterung, die sie zuweilen überfielen, ließ sie andere nicht merken. Sie war eine immer noch liebende, sehr weise, sehr stolze und sehr hilfsbereite Frau. Was ihre Arbeit wert war, wußte sie. Sie litt nicht unter ihrer Bescheidenheit, sie kokettierte sogar ganz gerne damit. Es war ihr meistens recht, daß die Spuren ihrer Anteile an den Werken Brechts einigermaßen gut verwischt waren. Daß die Gedanken und der poetische Kern dieser Werke verbreitet werden, war ihr letztlich viel wichtiger. Brechts Leistung war, so viele Talente um sich zu sammeln und sie in seiner Produktion aufgehen zu lassen. Sein Werk verlangt heute nach neuen Mitarbeitern, um zu erneuter, aktueller und andauernder Wirkung zu gelangen. Von höchster Aktualität ist Brechts Forderung, Theater als Ersatzamt für nichtgehabte Erlebnisse abzuschaffen. Statt dessen wollte er Theater als geistige Angelegenheit ins Spiel bringen, das heißt, Verhältnisse schaffen, daß nicht mehr alles gefressen wird.

12. 7. 1998

Erstes Buch
Augsburg und München

I
Kindheit und Jugend

Heimat und Herkunft – Die unwürdige Greisin – Die Familie Brecht – Die Mutter und der kleine Aigin – Schulunterricht bei den Barfüßern – Das Königliche Realgymnasium – Die Bibel – »Bruder in Arte« Rudolf Caspar Neher – Der patriotische Berthold – Dulce et decorum est pro patria mori oder Die Rettung durch Pater Romuald Sauer – Aus Bertold Eugen wird Bert Brecht – Der Freundeskreis – Notabitur

»Ich bin Stückeschreiber. Eigentlich wäre ich gern Tischler geworden«, notierte Brecht einmal mit überzeugender, wenn auch ironischer Bestimmtheit, »aber damit verdient man natürlich zu wenig.« Wie ein von Caspar Neher stilisierter Handwerker, »Tischler vielleicht«, wirkte er nach seiner Rückkehr aus dem amerikanischen Exil in Zürich auf Max Frisch. Brecht, der »Sohn wohlhabender Leute«, verließ seine Klasse und gesellte sich »zu den geringen Leuten«. Die Absage an seine Klasse galt nicht seiner Familie. Seine Solidarität mit den Niedrigen und Verfolgten, sein Weg »nach unten«, war nicht der Grund, weshalb sich Brecht gern als Tischlermeister gesehen hätte. Dieser Beruf wäre in seiner Familie übrigens nicht als ungewöhnlich empfunden worden, obwohl das Interesse der Vorfahren Brechts inzwischen mehr der technischen Verarbeitung von Holz galt als dem Tischlerhandwerk. Der Großvater, Stefan Berthold Brecht, hatte eine kleine Lithografenanstalt in dem badischen Städtchen Achern, einer seiner Söhne wurde Buchdrucker, ein anderer, der Vater des Stückeschreibers, trat 1893 in die Haindlsche Papierfabrik ein, deren Stammsitz in Augsburg war, und Brechts Bruder Walter schließlich brachte es zum Professor für Technologie des Papiers an der Technischen Hochschule in Darmstadt. »Die Bearbeitung der Hölzer hätte mir Spaß gemacht«, bekannte auch Bertolt Brecht enthusiastisch, »gibt es doch heute kaum mehr wirklich gut gebeiztes oder gelacktes Holz, diese schönen Täfelungen und Geländer früherer Zeiten, diese hellen Tischplatten aus Ahorn, dick wie eine Hand breit ist, die wir vergilbt in den Zimmern unserer Großeltern vorfanden, geglättet durch die Hände ganzer Generationen. Und was habe ich für Schränke gesehen! Solch ein Möbel sehend, kam man auf bessere Gedanken.« Der Modelltischler des Berliner Ensembles berichtet, daß der »Chef« sogar den Bau der Bühnenmodelle überwachte und selbst hier noch auf die Art der Holzbehandlung und die Tönung des Holzes größten Wert legte.

Brecht machte also Gebrauch von dem Teil des Familienerbes, der ihm für seine Arbeit nützlich war. Er fand zu seiner Familie zurück, der Erkenntnis entsprechend, die er bereits im Mai 1920 in seinem Tagebuch festgehalten hatte: »Ich habe den Sinn für Werte, Erbteil vom Vater her. Aber ich habe auch Empfindung dafür, daß man vom Begriff Wert ganz absehen kann.«

Am 10. Februar 1898 wurde Bertolt Brecht in Augsburg geboren. Die Stadt, an der Mündung der Wertach in den Lech gelegen, hatte durch den Preßburger Frieden ihre Reichsfreiheit verloren und war 1806 Bayern angegliedert worden. Den Bürgern gelang es aber, einige der alten Privilegien zu bewahren. Dank der Zuwanderer aus dem westlichen Schwaben, die im 19. Jahrhundert in die aufstrebende Industriestadt kamen, konnte sich in Augsburg der bayrische Einfluß nur wenig durchsetzen. Die Sprache der Augsburger bekam zwar bayrischen Klang, Syntax und Denkweise blieben aber eher schwäbisch. Brecht hat sich auch nie als Bayer empfunden, befragt nach seiner Herkunft, gab er die Auskunft: »Meine Eltern sind Schwarzwälder.«

Die väterliche Familie lebte in Achern, Brecht hat ihr später, besonders der Großmutter, in der Erzählung »Die unwürdige Greisin« ein Denkmal gesetzt. 1917, nach dem Tod ihres Mannes, hatte Karoline Brecht, damals schon achtundsiebzig Jahre alt, sich gewisse Freiheiten gestattet, »die normale Leute gar nicht kennen«. Während ihre Kinder sich Briefe schrieben über das Problem, was mit ihr zu geschehen hätte, nahm die Greisin ihr Leben selbst in die Hand und genoß es noch zwei Jahre als alleinstehende Person ohne Verpflichtungen im Kreis von »lustigen Leuten«. Sie verkehrte bei einem stadtbekannten Flickschuster und freundete sich mit einer jungen Köchin an, mit der sie ins Kino ging und zum Pferderennen nach Kehl fuhr. Ihr Verhalten empörte die Bürger der Stadt, und ein Onkel Brechts beklagte sich zornig über die »unwürdige Aufführung unserer lieben Mutter«. Der Enkel aber empfand Solidarität und feierte die Großmutter, wie Robert Minder schreibt, »diskret als einen Pionier«, weil sie am Ende ihres Lebens »aufrecht und ungebeugt« gegen ihre Klasse revoltierte, von der er sich bereits zu Beginn seiner Laufbahn als Stückeschreiber zu distanzieren beschloß.

Die Großeltern mütterlicherseits, Josef Friedrich und Frederike Brezing, wohnten in dem oberschwäbischen Dorf Rossberg bei Waldsee. Den Lebensabend verbrachten sie später in Augsburg bei den Kindern und Enkeln. Ihre Tochter Sofie wurde 1897 in Pfullingen Berthold Friedrich Brecht angetraut. »Ich, Bertolt Brecht, bin aus den schwarzen Wäldern /Meine Mutter trug mich in die Städte hinein / Als ich in ihrem Leibe lag.« Das Haus, in dem Brecht zur Welt kam, Auf dem Rain 7, liegt unten am Perlachberg, durch die Straße führt einer der für Augsburg typischen Seilergräben, und um die Jahrhundertwende befand sich im Erdgeschoß des Hauses eine Feilenhauerei. In allen Häusern an den Lechkanälen gab es kleine Handwerksbetriebe und mechanische Werkstätten, Färbereien und Spinnereien.

1900 erhielt die Familie Brecht eine geräumigere Wohnung in einem der Haindlschen Stiftungshäuser, die einige Jahre zuvor in der Klaucke-Vorstadt für Betriebsangehörige errichtet worden waren. An die Parkidylle vor dem Haus in der Bleichstraße 2, Ecke Frühlingstraße, mit Blick auf den Oblatterwall, erinnerte sich Brecht noch 1954, als er das Vorwort zur Neuausgabe seiner frühen Stücke schrieb: »Vorbei an meinem väterlichen Haus führte eine Kastanienallee entlang dem alten Stadtgraben; auf der anderen Seite lief der Wall mit Resten der einstigen Stadtmauer. Schwäne schwammen in dem teichartigen Wasser. Die Kastanien warfen ihr gelbes Laub ab.«

Der kleine Eugen Berthold, von den Eltern Aigin genannt, wuchs in der Geborgenheit und dem Wohlstand eines bürgerlichen Haushalts auf. Sein Vater verdiente gut, er war ein beliebter und ergebener Mitarbeiter des Haindlschen Unternehmens. Er stieg sehr schnell vom kaufmännischen Angestellten zum Prokuristen auf und wurde 1914 leitender Direktor der Papierfabrik. Da er geschäftlich viel unterwegs war, lag die Erziehung der Kinder mehr in den Händen der Mutter. Ihre ganze Liebe gehörte dem Aigin, dem älteren, immer etwas kränkelnden und ziemlich früh als Außenseiter auffallenden ihrer beiden Söhne. Täglich brachte sie ihn zum Kindergarten und eine Zeitlang auch zum Schulunterricht bei den Barfüßern. Die Fürsorge der Mutter, die ihm wohltat und an die er sich immer mit großer Dankbarkeit erinnerte, brachte Aigin den Spott der Mitschüler ein, aber diesen Eindruck versuchte er wettzumachen durch Schläue und Gewitztheit. Auf eine listige Art war er frech und bei gemeinsamen Unternehmungen gab er immer den Ton an. Beim Zigeuner- oder Indianerspielen beteiligte er sich nur, wenn er den Anführer abgeben durfte. Eine Attraktion für die Nachbarskinder war sein Puppentheater. Das Vorspielen und Aufsagen selbstverfaßter Verse machte ihm großen Spaß, und der Beifall seines Publikums bereitete ihm Genugtuung.

Weder in der Schule noch im Elternhaus spielte die Religion eine große Rolle. Der Vater war nur auf dem Papier katholisch, die Kinder wurden im Glauben der Mutter erzogen. Der Unterricht in der evangelischen Schule bei den Barfüßern langweilte Brecht im allgemeinen, nur am Bibelunterricht von Pfarrer Paul Detzer nahm er sehr aufmerksam und gerne teil. Nicht die Botschaft der Bibel, sondern die drastischen Schilderungen und das prächtige Lutherdeutsch des Buches beeindruckten ihn. Bereits der Schüler Brecht war ein ausgezeichneter Bibelkenner, und niemand war besonders erstaunt, daß der Fünfzehnjährige dann ein Drama »Die Bibel« vorlegte. Seine vielzitierte Antwort von 1928 »Sie werden lachen: die Bibel« auf die Frage nach dem stärksten Bucheindruck entsprach also vollkommen der Wahrheit.

Im Herbst 1908 wurde Brecht Schüler des Augsburger Königlichen Bayrischen Realgymnasiums, auch hier galt er noch einige Jahre als »ruhiger und artiger Schüler«, durchschnittlich begabt, nur im deutschen Aufsatz bekam er meistens eine sehr gute Note. Für die üblichen Schülerstreiche war er kaum zu gewinnen, er stand beobachtend abseits, Bert, wie ihn seine Kameraden jetzt nannten, erwarb die »Lehrerkenntnis«, er studierte also die Schwächen der Lehrer und lernte sie für sich auszunutzen. Bereits als Tertianer bewies Brecht, daß er in der Schule denken gelernt hatte und planmäßig das Schüler-Lehrer-Verhältnis umzukehren wußte. Er beobachtete beispielsweise, wie ungeschickt sein Klassenkamerad Max Hohenester seine mißratene Lateinarbeit verbessern wollte: Max griff zum

Messer »und entschabte einen der Fehler, erhob sich alsdann protestierend und forderte Gerechtigkeit. Der Professor hielt das Blatt mit der Linken gegen das Fenster, sah die schwache Stelle und ließ die Rechte auf Maxens Backe niedersausen.« Wenige Tage später sah sich Brecht vor die Aufgabe gestellt, die Note seines schlecht ausgefallenen französischen Aufsatzes über die »Comédies de Molière« zu verbessern. Dabei ging er viel geschickter vor als Max: »Er unterstrich in seiner schon korrigierten Arbeit mit roter Tinte einige vollkommen richtige Passagen und ging gekränkt nach vorn, zu fragen, was denn da falsch sei. Der Lehrer mußte zugeben, daß da nichts falsch sei, selber seine roten Striche ausradieren und auf seinem Blatt die Gesamtfehlerzahl herabsetzen. Dadurch änderte sich dann natürlich auch die Note.«

Der Schüler wurde zum Lehrer, und der Lehrer hatte sich gefälligst als Schüler zu betrachten. Auf diese Weise verhinderte der Schüler, daß man »einen ganzen Rattenkönig völlig wertlosen Bildungsgutes« in ihn hineinstopfte: »Während meines neunjährigen Eingewecktseins an einem Augsburger Realgymnasium gelang es mir nicht, meine Lehrer wesentlich zu fördern. Mein Sinn für Muße und Unabhängigkeit wurde von ihnen unermüdlich hervorgehoben.« Brecht schrieb nämlich originelle und gewitzte Aufsätze, die seine Erzieher nicht wenig verblüfften, politisch herausfordernde Ansichten allerdings äußerte er bis zur Unterprima nicht. Seine ersten literarischen Arbeiten publizierte er 1913 und 1914 unter dem Pseudonym Bertold Eugen in den hektografierten Heftchen der Schülerzeitschrift »Die Ernte«, darunter das Gedicht »Der brennende Baum« und sein erstes abgeschlossenes Stück »Die Bibel«, ein Drama in einem Akt, das in einer protestantischen Stadt in den Niederlanden spielt, die von Katholiken belagert wird. Die Stadt geht am Starrsinn einiger Bürger zugrunde, weil sie fanatisch an ihrem Glauben festhalten und für ihn kämpfen und sterben wollen, eine Haltung, die den jungen Leuten zweifelhaft und auch sinnlos erscheint. Sie empfinden die Bibelworte, die man ihnen entgegenhält, als kalt und ungerecht. Das »Drama« ist literarisch völlig belanglos, interessant ist aber die Tendenz, die negative Beurteilung moralischen Opfermutes. Menschenleben erscheinen dem Schüler wichtiger als Glaubensgrundsätze. Für Märtyrer hat er nicht viel übrig.

Der Verfasser der »Bibel« fühlte sich zum Dichter und Künstler berufen. Daß er eine Veranlagung zum »Genie« hatte, stand für ihn bereits fest. Er schrieb jetzt regelmäßig, las viel, übte sich in Rezensionen und Betrachtungen über die Zeit. Mit wenigen bevorzugten Freunden sonderte er sich in der Schule ab, er wurde der begabte Einzelgänger und ließ sich feiern. Zu Hause resignierte man schnell, die Mutter pflegte zu sagen: »Er ist ein völlig anderer Mensch als wir.« Vom vierten Schuljahr ab war Rudolf Caspar Neher, Cas, sein Klassenkamerad und bester Freund. Brecht betrachtete ihn als »Bruder in Arte« und prüfenden Kritiker seiner Dichtungen. Umgekehrt zeigte Neher dem Schulfreund Skizzen und Zeichnungen.

Die Behauptung Wilhelm Brüstles, daß Brecht schon als Gymnasiast politisch links eingestellt war, stimmt nicht, denn die Gedichte und Rezensionen, die Brüstle als Redakteur und Schriftleiter der »Augsburger Neuesten Nachrichten« in der literarischen Beilage »Der Erzähler« druckte, sowie die sieben »Augsburger Kriegsbriefe« für die »München-Augsburger-Abendzeitung« sind fast alle dem Geist der Zeit verpflichtet und sind von Patriotismus, Kriegsbegeisterung und Deutschtümelei durchdrungen. Bis 1915 lobte Brecht den Kaiser und das Reich. Erst dann wurde er kritisch und nachdenklich und stellte sich eindeutig auf die Seite der Opfer des Krieges.

Er erfüllte bei Kriegsausbruch wie alle Lehrer und Schüler begeistert seine vaterländische Pflicht. Die Männer, die nicht an vorderster Front kämpfen konnten, stellten sich der »Bürgerwehr« zur Verfügung, einem »Wehrkraftverein« oder einer »Landsturmriege«. Der später in den »Flüchtlingsgesprächen« zitierte Professor Herrenreiter leitete in Augsburg den Ernteeinsatz von Schülern, während Gymnasiallehrer Weber Jungmannschaftszüge ausbildete. Keiner wollte abseits stehen. Vor körperlichen Anstrengungen scheute Brecht auch jetzt, wo nicht der Turnlehrer, sondern der Kaiser persönlich und das Gesetz es befahlen, entschieden zurück, aber mit Worten sparte er nicht. Anfang August hielt er »Fliegerspähe« auf dem Perlachturm, eine Aufgabe, die er sehr wichtig nahm und als romantisches Abenteuer genoß und in diesem Sinne seinen Altersgenossen dringend zur Nachahmung empfahl: »Es war eine schöne Nacht. Wenn wir auch keinen Flieger sahen. Und nun zum Schluß möcht' ich noch die Jugend und Gymnasiasten fragen, die das lesen: möchtet ihr nicht auch so Turmwacht halten für's Vaterland? Es sind noch mehr Posten nötig. Freilich, das Bett marschiert nicht mit hinauf die zwei Stunden, aber dafür leistet ihr der gemeinsamen Sache unseres lieben Vaterlandes einen kleinen Dienst und genießt kostenlos den Reiz einer Turmwacht.«

Am 17. August 1914, also wenige Tage nach Beginn des Ersten Weltkrieges, erschien bereits der dritte Beitrag von Bertold Eugen im »Erzähler«, überschrieben mit »Notizen über unsere Zeit«. Die Skepsis, das anklägerische Pathos des Stücks »Die Bibel« war vergessen, Brecht schrieb apodiktisch und voller Enthusiasmus: »Treu steht das ganze Volk zusammen. Jede Parteibildung ist verschwunden. Unter den Gegnern ist Uneinigkeit, Ungerüstetheit vorhanden. Wir sind gerüstet, moralisch gerüstet. Der feste deutsche Charakter, an dem die deutschen Dichter und Denker seit zwei Jahrhunderten schafften, bewährt sich nun. Ruhig und gefaßt, in eherner Disziplin, aber doch flammend vor Begeisterung, weniger siegjubelnd als mit zusammengebissenen Zähnen sind unsere Männer in den Kampf gezogen. Und die andern, die zurückbleiben, sie werden zeigen, daß sie ihrer Brüder und Söhne würdig sind. Die Frauen werden das Wort vom schwächeren Geschlecht Lügen strafen, die Jugend den Verdacht, der auf der ›modernen Jugend‹ liegt, zurückweisen. Wir alle, alle Deutschen fürchten Gott und sonst nichts auf der Welt.«

In den folgenden Wochen modifizierte der Sechzehnjährige, den Redakteur Brüstle zum Schreiben weiterer Beiträge für sein Blatt ermutigte, seinen Standpunkt, er bekannte sich ein wenig abgewogener zum Krieg und den deutschen Werten. Der Krieg blieb zwar weiterhin die große »Sturmsinfonie unserer Zeit«, aber Brecht lobte doch Carl Hauptmann für ein Drama, das den Krieg als »das große Morden schlechthin« darstellte. Im November schrieb er die »Moderne Legende«, ein Epitaph für »die Toten, die auf dem Schlachtfeld geblieben«, mit dem Bild der weinenden Mutter »hüben und drüben«. An die Stelle der Kriegsbegeisterung trat die Trauer um die Toten »bei Freunden und Feinden«. Doch der fleißig schreibende Bertold Eugen hatte bis 1915 immer wieder patriotische Rückfälle. »Den zierlichen Degen gezückt« ließ er einen Fähnrich seine Kompagnie in den Kampf führen und »umnebelt von Blut und

Dampf in trunkenem Rasen« fünf Feinde erschlagen: »Dann brach er im Tod, mit irren, erschrockenen Augen, aufschreiend zusammen.« Und schließlich erfreute sich der junge Dichter an »Deutschlands siegender Größe, die aus Friedhöfen sich Brotäcker gräbt«.

»Hans Lody«, »Der Fähnrich« und »Der Tsingtausoldat« lieben, kämpfen und sterben für »mein Deutschland«. So waren die Lehrer des patriotischen Bertold Eugen, der so wortreich den Tod fürs Vaterland anpries, ziemlich entsetzt, als er in einem Aufsatz über den Vers von Horaz »Dulce est et decorum pro patria mori« plötzlich zu einer negativen Ansicht über den Heldentod kam: »Der Ausspruch, daß es süß und ehrenvoll sei, für das Vaterland zu sterben, kann nur als Zweckpropaganda gewertet werden. Der Abschied vom Leben fällt immer schwer, im Bett wie auf dem Schlachtfeld, am meisten gewiß jungen Menschen in der Blüte ihrer Jahre. Nur Hohlköpfe können die Eitelkeit so weit treiben, von einem leichten Sprung durch das dunkle Tor zu reden, und auch dies nur, solange sie sich weit ab von der letzten Stunde glauben. Tritt der Knochenmann aber an sie selbst heran, dann nehmen sie den Schild auf den Rücken und entwetzen, wie des Imperators feister Hofnarr bei Philippi, der diesen Spruch ersann.«

Der Deutschlehrer reagierte wütend und beantragte die Verweisung Brechts von der Schule. Aber der Benediktinerpater Romuald Sauer von Sankt Stephan, der am Realgymnasium Sprachunterricht erteilte, wandte sich in der Lehrerkonferenz gegen die vorgesehene Relegierung und entschuldigte den aggressiven Kommentar des Schülers, dessen Aufsatz sei das Werk eines »durch den Krieg verwirrten Schülergehirns«. Pater Sauer, ein Freund der Familie Brecht, konnte seine Kollegen überzeugen, man beließ es bei einem Tadel, und der Kriegsgegner durfte weiter das Gymnasium besuchen. Eine so deutliche Stellungnahme wie in diesem eigenwilligen Horaz-Aufsatz vermied Brecht künftig in der Schule, er operierte lieber mit Vorsicht und List.

Seit Juli 1916 signierte er seine Arbeiten in den »Augsburger Neuesten Nachrichten« mit Bert Brecht. Zu dieser Zeit verfolgte er mit größtem Interesse die ganze verfügbare zeitgenössische Literatur, sowohl die gängigsten Schundromane und herzigsten Gedichtbändchen, als auch die seriöse Literatur, besonders die Dramenproduktion von Gerhart Hauptmann und Frank Wedekind, Bernard Shaw und August Strindberg. Er begeisterte sich für den Naturalismus, er kannte, schätzte und berief sich auf Shakespeare, Büchner, Villon, Kipling, Rimbaud und Verlaine. Als Dichter fühlte er sich der »Wirklichkeit« verpflichtet und meinte, daß er von ihr abhängig sei. »Wirklichkeit ist das Lager des großen Dichters, auf dem er seine Träume träumt«, hatte schon der Sechzehnjährige an Neher geschrieben und konstatiert: »Naturwahrheit und Idealismus zu verschmelzen, ist Kunst.« Als Lektüre empfahl er dem Freund die Romane Zolas, »denn noch immer ist die Stelle des großen (Maler =) Naturalisten frei. Die Seele des Volkes ist noch nicht erforscht.«

Schon in der Schulzeit zeigte sich Brechts große Begabung, kollektiv zu produzieren, Talente zu erkennen und sie auszubeuten. Im »Zwinger«, seiner sturmfreien Dachkammer im Elternhaus, am Stadtgraben oder auf den Lechwiesen traf er sich mit literarisch interessierten Schulkameraden. Man las sich gegenseitig Gedichte und Szenen vor. Brecht waltete als der unbestrittene Dichterfürst, er kritisierte die Arbeiten der anderen, verbesserte oder änderte sie und benutzte sie auch oft für eigene Verse. Die Freunde waren nicht nur dankbare Zuhörer, Brecht betrachtete sie als »Mitarbeiter«, deren Einwände und Ratschläge ihm immer wichtig waren. Er verlangte von allen viel Zeit für die Freundschaft, für die gemeinsame Arbeit. Nachts zog der Kreis mit Lampions durch die Altstadt, am Stadtgraben entlang, man warb um die Gunst der Mädchen und schockierte die Bürger. Die nächtlichen Streifzüge endeten im Grünen, mit Schwimmen und dem Klettern in Bäumen.

Aus verblichenen Jugendbriefen
Geht hervor, daß wir nicht schliefen
Eh das Morgenrot verblich.
Frühe auf den braunen Ästen
Hockten grinsend in durchnäßten
Hosen Heigei, Cas und ich.

Orge im Zitronengrase
Rümpfte seine bleiche Nase
Als ein schwarzer Katholik.

Hoffart kommt zu schlimmem Ende
Sprach die Lippe, aber Bände
Sprach der tiefbewegte Blick.

Braunen Sherry in den Bäuchen
Und im Arme noch das Säuchen
Das uns nachts die Eier schliff.
Zwischen Weisen tat ein jeder
In den morgenroten Äther
Einen ungeheuren Schiff.

Ach, das ist zur gleichen Stunde
Wo ihr alle roh und hunde-
häutern den Kaffee ausschlürft
Daß der Wind mit kühlem Wehen
Ein paar weingefüllte Krähen
In die kalten Häuser wirft.

Die ärgsten »Sünder« und dicksten Freunde waren Rudolf Caspar Neher, Georg Pfanzelt, allgemein Orge genannt, und Otto Müller, genannt Heigei, dem Brecht den würdigeren Namen Müllereisert gab. Weitere Verehrer und Anhänger waren Max Hohenester, Ludwig Prestel, Georg Geyer, Rudolf Hartmann und Fritz Schreyer. Aufmerksam verfolgte Brecht die künstlerische Produktion der Kameraden, und den meisten riet er bei jeder Gelegenheit, doch ein Tagebuch zu führen und alle bemerkenswerten Beobachtungen aufzunotieren. Die Talente der Freunde wurden ständig erprobt und eingesetzt. Einem Abiturienten von Sankt Anna fiel die Aufgabe zu, Brecht den Homer im Originaltext vorzulesen und die wichtigsten Stellen zu übersetzen. Markante Sätze und eventuell verwendbare Bilder wurden aufgeschrieben. Seine musikalische Begabung, Brecht schrieb selbst die Musik zu seinen Balladen und Songs, schulte er bei Orge und Geyer, der erste erläuterte ihm Beethovens Sonaten, der andere mußte ihm systematisch Haydn, Mozart und Bach vorspielen.

»Treib lieber Sport wie andere!« wurde der dichtende Schüler, der sich als »neuer Schiller« in der Dichternische des Augsburger Stadttheaters fotografieren ließ, ermahnt, aber Brecht war für Körperertüchtigung nicht zu gewinnen. Sein ärztlich bescheinigter angeborener Herzfehler bewahrte ihn vor sportlichen Exzessen. Zu der Möglichkeit, »durch allerlei Sport« einen Herzschock zu erhalten, den er sich angeblich in der Gymnasiumszeit geholt haben will, ließ er es erst gar nicht kommen. Sein schlechtes Herz bewahrte ihn bis kurz vor Kriegsende vor der Einberufung zum Militär. Die meisten Klassenkameraden mußten 1917 einrücken. Caspar Neher allerdings hatte sich bereits im Juni 1915 freiwillig zur Front gemeldet. Brecht absolvierte mit drei anderen zurückgebliebenen Schülern kurz vor Ostern 1917 ein »Notabitur«. Seine Erziehung war damit einigermaßen abgeschlossen, ausgerüstet »mit soliden Kenntnissen über die Natur der Menschen«, so glaubte er jedenfalls, trat er ins Leben ein. Politisch denken, das mußte er bald erfahren, hatte er noch nicht gelernt.

II
Augsburger Dichterjahre (1)

Brecht und Augsburg – Ein Besuch in der Hasengasse – Schlittschuhfahren und Schiffschaukeln – Die schöne Friseurstochter Marie A. – Paul Bittersüß – Das Kutscher-Seminar-Frank Wedekind – Brecht studiert Medizin – Baal – Johst soll antworten – Neher soll endlich nach Hause kommen – Die Dachkammer in der Bleichstraße – Der Plärrer – Brecht wird Sanitätssoldat

»Ich habe mit Jugenderinnerungen in meiner Produktion ja nie gespart«, stellte Thomas Mann 1926 in einem Vortrag in Lübeck fest und legte ein stolzes Bekenntnis ab zu den Mitbürgern seiner Vaterstadt, zu Lübeck »als geistige Lebensform«. So pompös und mit soviel eitler Selbstgefälligkeit wie Thomas Mann hat sich Brecht nie zu der Stadt seiner Kindheit und Jugend bekannt, obwohl Augsburg und seine Umgebung, der Charakter der Stadt, Landschaft und Sprache unverkennbar und mehr noch als bei Thomas Mann den Hintergrund seiner Werke bilden. Auch vorsätzlich Autobiographisches hat Brecht nicht geschrieben, viele Stücke aber, Prosaarbeiten und besonders die Gedichte enthalten persönliche Erlebnisse und charakterisieren Haltung und Standpunkte von Freunden und Bekannten. Seine Tagebuchaufzeichnungen und Notizen zur Biographie betrachtete er nicht so sehr als literarische Form, sie dienten ihm hauptsächlich als Materialsammlung. Den Versuch, Memoiren zu schreiben, kündigte er in den »Flüchtlingsgesprächen« an, beschränkte sich aber auf Zettelnotizen, auf Stichworte zu Jugenderlebnissen in Augsburg. Von »geistiger Lebensform« kann hier ebenfalls nicht die Rede sein. Als »liebe Mitbürger« hat Brecht die Augsburger nie empfunden, und nachdem er 1924 nach Berlin übersiedelt war, kehrte er nur noch unbemerkt in die Vaterstadt zurück, um dort einige Wochen in Ruhe zu arbeiten.

Den Abiturienten Brecht drängte es vorerst nicht, das Elternhaus und Augsburg zu verlassen. Der Vater bedauerte zwar, daß sein älterer Sohn keine ernsthaften Anstrengungen machte, einen soliden bürgerlichen Beruf zu erlernen, aber große Familienszenen gab es deswegen nicht. Brechts literarische Neigungen und die nächtlichen Umzüge mit den Freunden, die ja nicht selten öffentliches Aufsehen erregten, wurden toleriert. Von Bekannten auf die Eskapaden des dichtenden und singenden Sohnes angesprochen, soll der Vater außer allgemeinen Worten des Bedauerns auch immer ein bißchen stolz geantwortet haben: »Mein Eugen ist doch ein Mordskerl.« Die Mutter litt sehr unter dem Gerede der Nachbarn und dem für ihre Begriffe sehr freien Lebenswandel und den »pornografischen« Ausdrücken ihres Sohnes, dem sie noch immer herzlich zugetan war. Die Ermahnungen kümmerten Brecht wenig, das »Blattvordenmundnehmen« war ihm zuwider, und manchmal fühlte er sich der kranken Mutter gegenüber, die es ja gut meinte und die ihn sonst so gut verstand, als »Märtyrer«, der nicht sagen darf, »was ist«.

Meine Mutter sagt jeden Tag: Es ist ein Jammer
Wenn ein erwachsener Mensch so ist
Und so etwas sagt, wo ein anderer Mensch nicht an so etwas denkt.

Die bekümmerten Blicke und Seufzer der Mutter schränkten freilich die erotische Freizügigkeit des Schülers nicht ein. Als Siebzehnjähriger verschaffte er sich »die nötigen Kenntnisse« bei einer Prostituierten in der Augsburger Hasengasse, um eine Freundin, »sie war fünfzehn, aber sehr reif«, bedienen zu können. Jedenfalls gibt Brecht selbst diese Version von seinem ersten Liebesabenteuer mit einer Schülerin, die mehr als nur beim Schlittschuhfahren geküßt werden wollte. Keinen Erfolg hatte er dann bei der streng katholisch erzogenen Therese Ostheimer, die der mittlerweile zum Primaner avancierte Gymnasiast auf ihrem Heimweg von der Maiandacht ansprach und einige Mal bis zum Gatter ihres Hauses begleitete, wo er aber immer nur einen ablehnenden Bescheid bekam. Brecht schrieb schließlich einen langen Brief mit Liebesanträgen, den der Vater der Angebeteten abfing und gar nicht erst aushändigte. Bei Ernestine Müller, einer Cousine seines Schulfreundes Rudolf Hartmann, fanden dann seine poetischen Botschaften und sinnreichen Büchergeschenke mehr Beachtung.

Bei Steinicke in der Heiligkreuzgasse, wo er regelmäßig Bücher kaufte oder auslieh, warb der junge Dichter um die Gunst der drei Buchhändlerinnen Käthe Hupfauer, Fräulein Grassold und Franziska, die spätere Frau von Georg Pfanzelt. Vorzugsweise lud Brecht seine Freundinnen zum Schiffschaukeln ein, mit Mädchen, fand er, war das Schaukeln »so schön wie ein Beischlaf«. Im Winter fuhr die Brechtclique Schlittschuh. Trug das Eis nicht mehr, wurde als Treffpunkt Zanotonis Eisdiele vereinbart. 1917 hieß »der holde Traum« der kalten Nächte Sophie Renner, die Tochter einer Milchfrau in der Bitschlinstraße. Das Mädchen war eine gute Schwimmerin und ging gerne ins Theater. Weil sie seine Anträge nicht entsprechend honorierte, bat der Liebhaber seinen Freund Caspar Neher um Unterstützung und Fürsprache aus dem Schützengraben: »Es nutzt alles nichts. Du mußt ihr schreiben. Daß ich verzweifle. Oder besser, zeichne ihr! Aber mach mich nicht lächerlich, bitte! Darauf verlasse ich mich.« Neher sollte ihn »groß, ewig, ungeheuer, ironisch usw.« zeichnen, nicht »nackt«. Zeichnungen des Freundes, die er schätzte und unentwegt lobte, benutzte Brecht nicht nur als Anregung für literarische Arbeiten und zu ihrer szenischen Verdeutlichung, sondern auch zu ganz privaten, unmittelbar praktischen Zwecken. Noch im gleichen Brief forderte er »ein Kartönchen« für Rosemarie, die schöne Friseurstochter Rose Maria Aman, die zum großen Ärger Brechts auch noch andere Liebschaften hatte. Als er bei Rose auf Widerstand stieß, reagierte er gereizt und ungeduldig: »Was sind hundert Möglichkeiten gegen eine Unmöglichkeit?« Einige Monate danach, als das Mädchen zugänglicher wurde und ihm gewogen schien, meinte er verärgert und mißtrauisch: »Aber die geht auf Verführung aus wie eine läufige Hündin.« Hatte er zunächst angenommen, »ihr fiebriges Gesichtchen verrate Schwindsucht«, interpretierte er ihren faszinierenden Ausdruck nun als gefährliche »Vermehrungssucht«. Dieses Mädchen, dem das berühmte Gedicht »Erinnerung an die Marie A.« gilt, war Brechts erste große Liebe: »Ihre Augen sind schrecklich leer, kleine, böse, saugende Strudel, ihre Nase ist aufgestülpt und zu breit, ihr Mund zu groß, rot, dick. Ihr Hälschen ist nicht reinlinig, ihre Haltung kretinhaft, ihr Gang schusselig und ihr Bauch vorstehend. Aber ich habe sie gern.« Eine Zeitlang versuchte er sie zu halten, sie fester an sich zu binden, wie viele der Frauen später, die er immer gleichzeitig um sich versammelte. Neben Rosemarie galt damals Brechts Liebe auch schon Paula Banholzer. Als Siebzehnjähriger hatte er sie durch Müllereisert kennengelernt. Sie bekam den Namen Paul Bittersüß, abgekürzt Bi(e), und damit war sie im Freundeskreis aufgenommen und geachtet. 1917, als die »Abwanderung« der engeren Bundesgenossen zum Militär einsetzte, hielt sich der so plötzlich vereinsamte Bert vor allem an Paula und lud sie in seine Dachkammer ein, sang ihr vor und bedichtete sie:

> Wenn Du gut turnst, bekommst Du einen Gaul.
> Dein Vater versprachs. Du willst Dich nicht binden?
> Nun: Turnen *ist* schön. Also nur nicht so faul!
> Und so manche, Paul, die *braucht* einen Gaul
> Um einen Reiter zu finden.

Bi »band« sich an den jungen Dichter, wie er es verlangte. Die Liebesgeschichte steuerte auf eine Ehe hin, und Brecht meldete Cas: »Die stärksten Männer haben Angst vor kleinen Kindern.« Bei aller Frechheit und aggressiven Direktheit, mit der er Frauen ansprach und ihnen bedeutete, um was es ihm ging, war er ein ziemlich schüchterner Liebhaber, sehr zärtlich, und er blieb immer fürsorglich wie ein gut erzogener Schuljunge: »Bittersweet habe ich ein Ringlein geschenkt. Sie zitterte und küßte mich. Wir haben nichts gesprochen.«

Wenn ihm eine Liebesbeziehung bei seiner Arbeit nützte, ihn produktiv machte, erhielt Brecht sie aufrecht. Störte sie ihn oder zehrte sie zu sehr an seiner persönlichen Kraft, begann er sich zurückzuziehen: »Bittersüß erdrückt mich. Ihre Ferien waren sehr schön und sehr anstrengend. Jetzt kann nurmehr Entferntsein die Verliebtheit retten.« Seine wenn man so will »polygame« Veranlagung war eine Art Selbstschutz. Er wollte sich nicht verlieren, nicht in irgendeiner Form von Liebe Zuflucht suchen. Die Liebe diente ihm als Kraft und Stimulans zur Produktion. Als im Juli 1918 bei Bi zum ersten Mal »die Periode ausblieb«, bekam er es sehr mit der Angst zu tun und bat Cas schnell um ein Gebet: »denn einem Kind stünde ich fassungslos gegenüber ... Dieser Skandal wäre nicht lohnend, schon weil er zu lange dauern würde und ich gelegentlich nach Indien muß.«

Nach dem Abitur und einer kurzen Tätigkeit als Diensthelfer in einer Augsburger Gärtnerei sah Brecht seine Hauptaufgabe darin, sich als Dichter zu etablieren. Er schrieb jetzt täglich neue Gedichte, Balladen und Lieder und arbeitete an dramatischen Entwürfen. Außerhalb des Freundeskreises interessierte sich dafür niemand. Mit seiner Produktion war vorerst kein Geld zu verdienen. Im September versuchte sich Brecht als Hauslehrer in der Villa Kopp am Tegernsee: »Drei Stunden im Tag muß ich eintrichtern, dann bin ich der Herr Baron.« Es war eher eine Ferienbeschäftigung als ein ernsthafter Versuch, zu Geld zu kommen. Auf Wunsch des Vaters hauptsächlich entschloß sich Bert doch lieber zum Studium. Am 2. Oktober ließ er sich an der philosophischen Fakultät der Ludwig Maximilians-Universität in München einschreiben.

Von Anfang an dachte er nicht an intensives und systematisches Studieren. Er belegte Vorlesungen mit philosophisch-naturwissenschaftlichen Themen und literaturkritische Übungen, die er mit unterschiedlicher Regelmäßigkeit besuchte. In den ersten Wochen des Studiums bemühte er sich, möglichst viel mitzubekommen, ohne über den Stoff weiter nachzudenken. »Ich fresse alles Erreichbare hinein und lese unheimlich. Ich verdaue es dann beim Militär.« Sogar die Übungen von Prof. Willstätter über »Anorganische Experimental-Chemie« scheint Brecht besucht zu haben, denn in einem Brief an einen Augsburger Schulkameraden erwähnt der Student neben Universität und Theater die Kurse in einem Laboratorium, die er nicht versäumen darf. Das tägliche Pendeln zwischen Universität, Theater und Laboratorium zwang ihn angeblich zu anstrengendem Rennen, so daß er »aus einem System von Verspätungen« gar nicht mehr herauskam. Er wollte sich umfassend orientieren. Seine Devise war der Ausspruch von Wedekinds Marquis von Keith: »Das Leben ist eine Rutschbahn!« An die neue Umgebung konnte sich Brecht nur sehr schwer gewöhnen, er zog von Zimmer zu Zimmer, um eine bessere Arbeitsatmosphäre zu finden, und übers Wochenende fuhr er lieber in die vertraute Umgebung nach Augsburg, um zu dichten und mit den Freunden Unternehmungen zu planen. In München versank er »in Gewöhnlichkeit«, und seine Ideen mußten hier dahinsiechen, sie wurden nicht diskutiert. Für die Fröhlichkeit des Studentenlebens und die Umgangsformen von Kommilitonen hatte Brecht keinen Sinn, und die wie er selbst dachten, waren ihm zu fein und zu intellektuell: »Ich mag keine Freundschaft hier schließen«, schrieb er an Neher, »es sind schreckliche Quatschköpfe trotz ihrer kultivierten Manieren.« Der junge Dichter sehnte sich nach dem »Grinsen« des Freundes und nach ihm sinnvoll erscheinender Arbeit.

Mit den »Quatschköpfen« meinte Brecht wohl in erster Linie die Teilnehmer des Kutscher-Seminars, wo Übungen in Stilkunde, Theaterkritik und Kritik über die Literatur der Gegenwart stattfanden. Artur Kutscher war mit vielen zeitgenössischen Dichtern und Literaten persönlich bekannt und stellte sie seinen Studenten im Seminar vor. Der »Theaterprofessor« galt als Experte für moderne Literatur, die er teilweise hymnisch verteidigte, was ihn von seinen großen germanistischen Kollegen Strich und Muncker unterschied. So sah Brecht einen gewissen Sinn darin, Kutschers Seminar zu besuchen. Die Übungen boten ihm die Gelegenheit, seinen »Widerspruchsgeist« zu schulen, und er dachte natürlich auch daran, Kutscher als seinen Mentor zu gebrauchen. Das bedeutendste Ereignis des ersten Semesters war für Brecht die »Abschiedskneipe« des Seminars Ende Januar 1918, an der Frank Wedekind teilnahm. Vater Brecht hatte seinem Sohn bereits 1914 eine Wedekind-Ausgabe geschenkt, die Stücke kannte und schätzte Bert seit langem, und die Bänkellieder und Balladen sang er den Freunden vor. Jetzt in München bewunderte er Wedekind als Schauspieler und Vortragskünstler und studierte dessen Gestik und eigenwillige Betonungen: »Nie hat mich ein Sänger so begeistert und erschüttert. Es war die enorme Lebendigkeit dieses Menschen, die Energie, die ihn befähigte, von Gelächter und Hohn überschüttet, sein ehernes Hoheslied auf die Menschlichkeit zu schaffen, die ihm auch diesen persönlichen Zauber verlieh.«

Als Wedekind im März 1918 unerwartet starb, schrieb ihm der dankbare Schüler in den »Augsburger Neuesten Nachrichten« einen enthusiastischen Nachruf, in dem er sein Vorbild als eine große Erzieherpersönlichkeit würdigte. Am Todestag war Brecht noch mit seinem Freund Ludwig Prestel, der musikalisch gebildet war und auch ein wenig komponierte, am Lech entlang gebummelt, und am Wehr hatten sie Lieder von Wedekind zur Gitarre gesungen. Am nächsten Morgen las Brecht in der Zeitung, daß der verehrte Dichter gestorben war. Er arrangierte eine nächtliche Totenfeier in Augsburg und fuhr zum Begräbnis nach München, sah Wedekind noch im Sarg und berichtete Neher: »Eine der größten Überraschungen, die ich je hatte: Er sah aus wie ein kleiner Junge, so um den Mund herum. Der süffisante, preziöse Zug der Lippen, das Übersättigte, Zynische ganz weg! Zuerst meinte man, er lächle; aber dann sah man, daß er das Lächeln sich schon abgewöhnt hatte.« Über das Begräbnis Wedekinds ist später viel geschrieben worden, viele seiner Dichterfreunde sollen verstört geweint haben, und der liebenswürdige, betrunkene Heinrich Lautensack war am Grab zusammengebrochen. Brecht schrieb den Vierzeiler:

Sie standen ratlos in Zylinderhüten
Wie um ein Geieraas. Verstörte Raben.
Und ob sie (Tränen schwitzend) sich bemühten:
Sie konnten diesen Gaukler nicht begraben.

Im Frühjahr mußten weitere Freunde zum Militär: Müllereisert zunächst, im April folgten Ludwig Prestel und Brechts Bruder Walter. Berts Musterung stand für den Mai bevor. Bisher hatte ihn sein Herzfehler vor der Einberufung bewahrt. Nun galt es Vorkehrungen für den Ernstfall zu treffen, denn er wollte sich nicht in unnötige Gefahr begeben. Geyer, der Medizin studierte, war es wohl, der Bert auf den Gedanken brachte, im zweiten Semester zusätzlich ein Medizinstudium in Angriff zu nehmen, um im Fall seiner Einberufung nur zum Sanitätsdienst abkommandiert zu werden. Vorsichtshalber erkundigte sich Brecht dann noch bei Neher, ob er Artillerist oder Sanitäter werden solle, fügte aber gleich hinzu: »Ich will schließlich freilich lieber Füße und dergleichen sammeln als verlieren.« Im Hinblick auf den praktischen Nutzen besuchte er im Mai fleißig medizinische Vorlesungen, als Hauptvorlesung hörte er Deskriptive Anatomie bei Prof. Rückert. »Ich studiere Medizin. Die Theater spielen Mist. Sie warten ...«, tröstete sich Brecht. Obwohl er »oft acht Stunden Kolleg täglich« absolvierte, arbeitete er intensiv am »Baal« und versäumte auch jetzt nicht zwischendurch nach Augsburg zu fahren, um sich an den Lampionumzügen durch die Stadt zu beteiligen und mit Bittersüß »im Dunkeln einiges ungestört zu besprechen«. Im Kutscher-Seminar hielt Brecht ein kritisches Referat über den Roman »Der Anfang« von Hanns Johst, einem der expressionistischen

Dramatikerlieblinge des Theaterprofessors. Bei dieser Gelegenheit kündigte der Referent ein eigenes Stück an, den »Baal«, eine dichterische Auseinandersetzung mit Johsts Drama »Der Einsame«, das am 30. März in den Münchner Kammerspielen uraufgeführt worden war.

Das Geniedrama Johsts über den Dichter Grabbe mißfiel Brecht außerordentlich. Er kanzelte es mit sarkastischen Worten ab. »Dieser Expressionismus ist furchtbar«, erklärte er, und seine Komödie »Baal frißt! Baal tanzt!! Baal verklärt sich!!!«, die zunächst als ein Stück über François Villon gedacht war, betrachtete er als Gegenentwurf. Brecht schrieb aus Widerwillen gegen die gesamte zeitgenössische Kunst. Strindberg war große Mode, der »Geist« wurde von dessen Epigonen gegen das »Körperliche« ausgespielt, und selbst Wedekind hatte die revolutionäre Konzeption seiner großen Dramen mit seinen letzten Dichtungen revidiert, den utopischen Aspekt auf Mütterlichkeit und Eheglück verniedlicht. Im Sinne des Autors von »Frühlingserwachen« und »Lulu« meinte Brecht zu Neher: »Alles Gefühl für den schönen runden, oder prächtig ungeschlachten Leib welkt dahin wie die Hoffnung auf Frieden. Der Geist siegt auf der ganzen Linie über das Vitale. Das Mystische, Geistreiche, Schwindsüchtige, Geschwollene, Ekstatische bläht sich und alles stinkt nach Knoblauch. Man wird mich ausstoßen aus dem Himmel dieser Edlen und Idealen und Geistigen, aus diesen Strindhügeln und Wedebabies, und ich werde Bücher schreiben müssen über Deine Kunst. Und ich stelle mich auf meine Füße und spucke aus und habe das Neue satt und fange mit dem Arbeiten an und dem Ganzalten, mit dem Tausendmal Erprobten und mache was ich will. Und ich bin Materialist und ein Bazi und ein Proletarier und ein konservativer Anarchist und ich schreibe nicht für die Presse, sondern für Dich und mich und die Japaner.« Auf die Geistreichelei und das kultivierte Geschwätz im Kutscher-Seminar, auf das gequälte Menschheitsgestammel und die verkorkste Symbolik der expressionistischen Dramatiker antwortete Brecht mit seinem »Baal«.

Mitte Juni waren bereits vierundzwanzig Szenen fertig, und die Sekretärinnen des Vaters in der Haindlschen Papierfabrik hatten sie abgetippt. Brecht hatte dem Vater auseinandersetzen können, daß er eine Reihe ordentlich abgeschriebener

Exemplare seines Stückes benötige, um es Kritikern und Theaterleuten zuzuschicken. Für solche praktische, geschäftliche Vorschläge war der kaufmännische Direktor immer zugänglich. Über den Inhalt des Manuskripts gab es keine Diskussionen. Wenn eine der Sekretärinnen Zweifel am literarischen Wert des Stücks, das sie abschreiben mußte, äußerte, versicherte ihr der Fabrikdirektor, es sei sehr wohl möglich, daß der Bert einmal »in die Walhalla« komme. Der Vater respektierte die Arbeit seines Sohnes, und wenn er sie auch nicht billigte, so sollte doch die Probe darauf, ob sein Talent auch öffentliche Anerkennung finden würde, unbedingt gemacht werden. Unter den Prominenten, die Exemplare erhielten, waren der Berliner Kritikerpapst Alfred Kerr und Artur Kutscher. Kerr gab negativen Bescheid und sandte das Manuskript zurück. Brecht bekam diesen Irrtum des Kritikers später sehr zu spüren und hat ihn seinerseits dem »Ohm« nie verziehen. Auch Kutscher konnte an »Baal« nichts finden, er soll sich ziemlich abfällig darüber geäußert haben, der Student wiederum fand die Kritik des »Leichen-Kutscher« ekelhaft und »zum Speien«.

Auch am Urteil von Hanns Johst war ihm sehr gelegen. Da eine Antwort ausblieb, gab Brecht zu bedenken: »Ich habe volles Verständnis dafür, wenn Sie sagen ›Baal‹ und alles was ich noch schreiben werde wenn ich Lust habe, sei ein Saumist, aber wenn Sie gar nichts sagen, dann meine ich, Sie wünschen, ich solle beleidigt sein.« Gleichzeitig bot der Stückeschreiber an, das Gespenst des »Einsamen« an die Peripherie seines Dramas zu verscheuchen. Die Umarbeitung des »Baal« wurde von Johst dann zustimmend verbucht, und die beiden Dramatiker trafen sich später noch gelegentlich, um über dramaturgische Fragen zu diskutieren.

Unterdessen ging das Sommersemester 1918 zuende. Brecht ordnete in Augsburg seine »irdischen Angelegenheiten«, denn er erwartete mit jedem Tag sein »Todesurteil«, die Einberufung zum Militär. Seine Produktivität und Unternehmungslust wurden dadurch nicht eingeschränkt. Ausflüge mit Bittersüß in die Umgebung Augsburgs und Münchens, nächtliche Abenteuer mit Freunden am Lech, wo Lieder geschrieben und vertont wurden, Feste auf seiner Bude und nachmittags Schiffschaukeln lenkten ihn genügend ab. Alles erschien ihm in diesen Sommermonaten »herrlich«, und der einzige Schönheitsfehler war lediglich Nehers Abwesenheit. Brecht schilderte dem Freund Augsburg und das, was er versäumte, in den schönsten Farben, um ihn zu veranlassen, Urlaub zu beantragen und endlich heimzukommen: »Willst Du nicht auf meinem Sofa sitzen? Ich will meine Gitarre stimmen! Der Eisladen! Lampions! Bittersweet! ... Komm! Dazu Kunst: Meine Komödie! Lieder! Geschichten!«

Seit September 1917 erhielt Caspar Neher ständig Briefe ins Feld, die ihn bei Laune halten sollten und die mit Ermahnungen gespickt waren, alles zu tun, um sein Leben zu schonen. Von allen Freunden, die im letzten Kriegsjahr an der Front waren, gelang es nur Neher nicht, einen Urlaub herauszuschinden. Brecht zeigte sich ziemlich besorgt, denn er vermißte seinen »Bruder in Arte«, mit dem er doch gemeinsam seinen künstlerischen Aufstieg geplant hatte. Er verlangte dem »lieben kindischen Cas«, dem »Zyklop mit dem lasterhaften Gehirn und dem tugendhaften Herzen«, regelmäßig Zeichnungen ab, kritisierte sie, nannte sie genialisch, aber alle Versuche, sie bei Zeitschriften oder Kunsthandlungen zu lancieren, waren vergeblich. Auch der Plan, etwas beim »Simplizissimus« unterzubringen, scheiterte, die Redakteure hielten Nehers Skizzen für zu wenig aktuell. Brecht interpretierte das ablehnende Verhalten anders: »Ich glaube aber, sie sind ihnen zu radikal im Menschlichen. Das macht nämlich gerade ihren Wert aus.« Dennoch gab er Cas auch zu bedenken, daß es vielleicht ganz gut wäre, einmal etwas Politisches zu machen: »Natürlich im Großen – symbolisch, a là Goya. Über den Nationalverein, der zusammen mit Wilson verhüten will, daß der Frieden als eine Frühgeburt ankommt!«

Seelische Karikaturen und visionäre Gesichte lagen Neher viel mehr als Witzblattmalerei. Brecht wußte das und dachte auch gar nicht daran, seinem Freund zu mehr Zeitkritik in seinen Zeichnungen zu raten. Sogenannte Zeitstücke überließ ja auch Brecht den Expressionisten. Wichtig schien ihm aber das Sammeln und Aufschreiben realistischer Beobachtungen, das schriftliche Fixieren von Tagesereignissen. Deshalb forderte er bei jeder Gelegenheit Tagebuchnotizen: »Denke, daß auch Lionardo, den ich sehr liebe, viel geschrieben hat. Der tat nie etwas umsonst.« Neher schickte Zeichnungen, Bilder, auch die gewünschten Tagebuchblätter, aber zur Desertion ließ er sich nicht verleiten. Er beklagte nur sein bitteres Los. Selbst die verlockendsten Angebote Berts, der ihm ein Pfingsten »allein daheim« in Aussicht stellte, konnten keine Wendung herbeiführen.

> Cas ist zornig, denn der Krieg geht weiter.
> Solang Cas zornig ist, ist Krieg der Brauch.
> Cas schmeißt die Waffen weg, doch schmeißt er leider
> Das Bajonett in seiner Feinde Bauch.
>   Aber nachts singt Cas wie eine Zofe
>   Caspars Lied mit der einen Strophe:
>   Wenn nur der Krieg aus wäre und ich daheim!

Weil die persönlichen Argumente folgenlos blieben, hielt Brecht ihm den »Wert« seines Lebens vor Augen: »Kunst darf nicht unter dem Krieg leiden«, entschied er und gab zu bedenken, »wenn Du totgeschossen wirst, werde ich ein ganz gewöhnlicher Singular von Leute. Bitte, werde nicht!« Der »große Zyniker mit dem Kindskopf« ließ sich geduldig Vorwürfe machen, doch manchmal fühlte sich der Soldat im Schützengraben zu sehr als Trottel behandelt und er reagierte saugrob. Weniger Brechts Ermahnungen als dessen ausführlich mitgeteilte Liebesangelegenheiten und Glücksgefühle zermarteten ihn und machten ihn wütend. Als Brecht dann um Rat fragte, zu welchem Truppenteil er sich denn wohl melden sollte, wertete Neher das als Spott und unangebrachte Ironie. Seine Militärangelegenheiten seien ihm »ganz wurscht«, antwortete er, Bert solle sich danach richten, welche Uniform seinem »kleinen Mädchen« besser gefalle. Brecht entschuldigte sich, beide konnten Grobheiten mit entsprechenden Liebenswürdigkeiten und Herzlichkeiten sofort wieder ausgleichen, und aus Augsburg kam erneut ein beschwörendes Ultimatum: »Sieh zu, daß Du nächste Woche da bist! Es geht! Ich habe überall gefragt. Es muß gehen. Ein Jahr Frontdienst ist zuviel! Schlag Lärm! Himmelhergottsackerment, laß doch nicht alles mit dir anfangen!« Ende August beklagte sich Brecht zum letzten Mal ganz kurz mit einem »Kommst Du nie?« Im September endlich erhielt Neher Urlaub und die Freunde feierten übermütig ihr Wiedersehen, wie es der Brauch war, mit Baden im Lech, »in den Strudeln und auf dem

Rücken dahinschießend«, mit Klettern auf die Bäume der Wolfszahnau, wo man sich nackt in den grünen Wipfeln vom Winde wiegen ließ. Nun war Brecht nicht gerade ein begeisterter Schwimmer und geübter Kletterer. Er war mehr Beobachter als aktiver Teilnehmer dieser Abenteuer, und er vollzog doch mehr literarisch das nach, was die Freunde vormachten.

Brechts Dachkammer in der Bleichstraße war der Ausgangspunkt aller Unternehmungen, sie war bewußt als Dichterzimmer und Produktionsstätte eines Genius eingerichtet. An der Tür waren »zwölf Suren für meine Besucher« angeschlagen, die empfindsame Geister vom Eintreten abhalten sollten. An der Wand hing alles überragend ein Portrait des syrischen Erdgotts Baal, gemalt von Cas; auf dem Tisch lag einer der Totenschädel, die der Primaner Otto Bezold mit nach Augsburg gebracht hatte; in einer Ecke stand ein Notenpult mit Taktstock und aufgeschlagener Tristan-Partitur; an der Wand hing die Lebendmaske des Bert Brecht, die er sich im März hatte abnehmen lassen: all das Requisiten eines Künstlergenies, wie es das Publikum erwartete, von Brecht mit ironischem Pathos aufgebaut, ohne allerdings nur einen Moment an seiner Bestimmung zum »Genie« zu zweifeln. Nachts spotteten Bert und Orge »über Gott und die Anarchisten«, sie selbst waren die Götter, und Brecht verkündete: »Es kann keinen Gott geben, weil ich es sonst nicht aushielte, kein Gott zu sein.«

Persönliche Erlebnisse, die Landschaft, in der er lebte und die er in vollem Glück genoß, die Männerfreundschaften mit Cas, Orge und Müllereisert, die zahlreichen Liebesaffairen mit schönen Augsburgerinnen, das herzliche Verhältnis zur Mutter und schließlich literarische Eindrücke waren der Hintergrund und lieferten die Impulse für seine Dichtungen. Das Dichten stand immer unmittelbar neben dem Erlebten. Das gilt für den »Baal«, für die wunderbaren Gedichte und Gesänge, die später in der »Hauspostille« erschienen und selbst noch für kleine Gelegenheitsgedichte wie das »Plärrerlied«. Für Brecht zählte der Plärrer, der Augsburger Jahrmarkt, der zweimal jährlich auf dem Exerzierplatz über der Wertach abgehalten wurde, zum »Schönsten, was es gibt«. Hier konnte man Schiffschaukeln, es gab Abnormitätenkabinette und andere Sehenswürdigkeiten. Auf dem Plärrer hatte Brecht den Mut, Mädchen ohne längere Umschweife anzusprechen. Im April 1918 versuchte er, hier wieder etwas einzufädeln, »aber ich habe es vereselet; das Mädel schmierte mich aus. Ich rächte mich und schrieb ein Gedicht. Die Abendzeitung zahlte fünf Mark dafür. Gerade fünf Mark.«

Dort hab ich ein Kind gesehen
Das hat ein goldenes Haar
Und ihre Augen stehen
Ihr einfach wunderbar.

Anfang Oktober begann Brechts Militärdienst. Er kam nicht mehr an die Front, sondern er wurde nach knapp drei Wochen strenger Kasernierung als Sanitätssoldat einem Augsburger Reservelazarett zugewiesen, das im Hof der Elias-Holl-Schule stationiert war. Hier dienten hölzerne Baracken als Krankensäle, in denen an erster Stelle Geschlechtskrankheiten, die »Kavaliersdelikte«, behandelt wurden. Der junge Dichter schrieb auch gleich ein den »Kavalieren der Station D« gewidmetes Lied, von dem nur die erste Strophe erhalten ist:

O wie brannten euch der Liebe Flammen
Als ihr jung und voller Feuer ward.
Ach der Mensch haut halt das Mensch zusammen
Das ist nun einmal so seine Art.

An den Refrain des Liedes, das insgesamt drei oder vier Strophen gehabt haben soll, erinnert sich noch Hans Otto Münsterer:

O diese Weiber, Himmelherrgottsackerment!
Arg schon die Liebe, aber ärger noch der Tripper brennt!

Der Krieg war für Brecht etwas, was der Entfaltung seiner Persönlichkeit im Wege stand, mit seiner Auffassung von Vitalität kollidierte. Zeitungsberichte und die Fronterlebnisse der Soldaten, die er im Lazarett betreute, verstärkten und konkretisierten seine Ablehnung. Er verfaßte die »Legende vom toten Soldaten«, in der Militaristen eines ihrer im Krieg gefallenen Opfer wieder aus dem Grab holen, es für kriegstüchtig erklären und segnen und dann noch einmal den Heldentod sterben lassen. Es war ein apokalyptisch-satirischer Angriff auf die wahnsinnigen Durchhalteparolen der militärischen Befehlshaber und den Zynismus der am Krieg beteiligten Mediziner und Pfaffen. Die Gelegenheit, diese Ballade den Verwundeten vorzusingen, bestand sicher nicht, und Brecht war auch vorsichtig genug, es zu keiner direkten Konfrontation mit dem »Feind« kommen zu lassen. Sein Kavalierslied aber wurde mit Beifall aufgenommen. Die Vorgesetzten, vor allen Dingen der mit der Familie befreundete Medizinalrat Dr. Raff, behandelten den Dichter mit Nachsicht. Unter strenger militärischer Disziplin hatte er nicht zu leiden, er durfte im Lazarett Besuche empfangen und erhielt auch bald die Erlaubnis, außerhalb seiner Dienstzeit nachhause zu gehen. In den ersten Januartagen wurde er wieder aus dem »Heer« entlassen. Zehn Jahre später schrieb Brecht über seinen Militärdienst: »In jener Zeit war ich Soldatenrat in einem Augsburger Lazarett, und zwar wurde ich das nur auf dringendes Zureden einiger Freunde, die behaupteten, ein Interesse daran zu haben. (Wie sich dann herausstellte, konnte ich den Staat nicht so verändern, wie es für sie gut gewesen wäre.) Wir alle litten unter einem Mangel an politischen Überzeugungen und ich speziell noch dazu unter meinem alten Mangel an Begeisterungsfähigkeit ... Ich unterschied mich kaum von der überwältigenden Mehrheit der übrigen Soldaten, die selbstverständlich von dem Krieg genug hatten, aber nicht imstande waren, politisch zu denken. Ich denke also nicht besonders gern daran.« Daß Brecht Soldatenrat gewesen ist, kann niemand verbindlich bezeugen, möglicherweise wurde er tatsächlich von seinen Kameraden in den ersten Novembertagen, als die bayrische Republik ausgerufen und ein Arbeiter-Soldaten- und Bauernrat geschaffen wurde, zu ihrem Sprecher gewählt. Brecht kam aber nie dazu, sein politisches Mandat wirklich auszuüben. Wie auch hätte der politisch völlig unerfahrene Dichter im Sinne einer sozialistischen Regierung handeln können? Deren Mitglieder hielten übrigens nicht einmal die Sozialisierung der Produktionsmittel für nötig und machten so gut wie keine Anstrengungen, ein funktionierendes Rätesystem aufzubauen. Wie für Ministerpräsident Kurt Eisner war für Brecht damals Revolution allenfalls eine moralische, keine politische Forderung.

III
Augsburger Dichterjahre (2)

Brecht und die Münchner Räterepublik – Spartakus oder Trommeln in der Nacht – Lion Feuchtwanger und der verwahrloste Thomas – Bi im Allgäu und Frank Brecht – Hans Otto Münsterer – Die Trennung von Bittersüß – Valentiniaden – Die Tänzerin Leistikow – Brecht als Theaterkritiker – Ein Dichter hat den Wunsch, die Welt vollkommen überliefert zu bekommen – Berliner Fasching und Fräulein Do – Tod der Mutter – Es ist besser mit einem Freund als mit einem Mädchen – Marianne und das verliebte Schwein Malchus – Ende des Studiums

München und Augsburg waren die Zentren der revolutionären Ereignisse in Bayern. Brecht fuhr im Januar und Februar 1919 zwischen beiden Städten hin und her, um die politischen Vorgänge zu beobachten und besser beurteilen zu können. Das schien ihm jetzt wichtiger als die Fortsetzung des Studiums an der Universität. Für das »Kriegsnotsemester 1919« reichte er einen Antrag auf Beurlaubung ein, der genehmigt wurde.

Seit Dezember 1918 gab es auch in München eine Spartakusgruppe, die die unschlüssige Politik der bayrischen Regierung angriff und zu wirksamen revolutionären Aktionen aufrief. Kurt Eisner, Mitglied der USPD, stand als Regierungschef zwischen allen Fronten, er polemisierte gegen die Sozialdemokraten, aber auch gegen alle radikalen Gruppen, die sich auf die Oktoberrevolution und Lenin beriefen. Jede Spielart des traditionellen Parlamentarismus sowie das Klassendenken des Marxismus lehnte er ab, er prägte die Formel »Räte und Parlament«. Abwechselnd drohte er mit seinem Rücktritt und mit einer zweiten Revolution. Die Feinde der Revolution traten inzwischen zum Gegenangriff an. Die schweren Kämpfe in Berlin endeten mit der Ermordung von Rosa Luxemburg und Karl Liebknecht, den Führern der Kommunistischen Partei. Die »Ordnung« wurde von Truppen wiederhergestellt. In Bayern gingen die Auseinandersetzungen noch einige Monate weiter. Nach der Ermordung Kurt Eisners wurde ein Revolutionärer Zentralrat zur Verhinderung der Konterrevolution gebildet, der die Räterepublik ausrief. In den neugeschaffenen Rat der Volksbeauftragten wurden keine Kommunisten aufgenommen. Die Debatten um ein wirksames Rätesystem spitzten sich zu, der Widerspruch zwischen revolutionärem Programm und der Basis für revolutionäre Aktionen war evident. Die Räteregierung, nach außen traten hauptsächlich die Schriftsteller Gustav Landauer, Erich Mühsam und Ernst Toller hervor, erwies sich als ziemlich unfähig bei ihren Versuchen, die neue gesellschaftliche Ordnung von unten her durchzusetzen und sie wirksam zu schützen. Die Kommunisten betrieben offene Opposition gegen die »Scheinräterepublik« und organisierten ein neues Räteorgan mit Vertretern in Betrieben und bei der Truppe. Am 13. April wurde die »echte« Räterepublik ausgerufen. Ein Aktionsausschuß von 15 Mitgliedern, darunter Axelrod, Max Levien, Eugen Leviné und Ernst Toller, übernahm die Macht und begann mit Sozialisierungsmaßnahmen und dem Aufstellen einer Roten Armee. Im Aktionsausschuß konnte man sich wieder nicht einigen über die Rolle der Gewalt bei der Durchsetzung des revolutionären Programms. Toller schürte den Widerstand gegen die Leninisten, die »Russen«, so sehr, daß diese ihren Austritt erklärten. Die Regierungstruppen und Freikorps griffen jetzt ein und eroberten in den ersten Maitagen auch München zurück, die letzte Bastion der Revolutionäre, die von der Roten Armee unter Führung des Matrosen Egelhofer verteidigt wurde.

Brecht besuchte im Januar einige Wahlversammlungen der USPD, die von Wendelin Thomas, Lilly und Georg Prem bestritten wurden. Wahrscheinlich war er damals für kurze Zeit Mitglied dieser Partei. Für die »Höllenlilli«, die Bürstenmacherin und Spartakistin Lilly Krause, hatte Bert eine Schwäche. Ihr Mann Georg Prem war in der Rätezeit Augsburger Stadtkommandant. Als das Militär und die Polizei Jagd auf die politischen Köpfe der Revolution machten, gewährten ihm Brecht und Neher einige Tage Unterschlupf. In Diskussionen mit den Freunden pries Brecht die Vorteile des Rätesystems, er distanzierte sich vom »Bolschewismus«, gestand aber doch die Notwendigkeit, Gewalt anzuwenden, zu, da die Revolution sonst nicht erfolgreich sein könne.

Die Clique um den jungen Dichter betrachtete die revolutionären Ereignisse als Abenteuer. Das Herz der meisten schlug links, einige verfochten allerdings auch die Sache der Unternehmer und Bürgerlichen. Müllereisert beispielsweise kämpfte eine Zeitlang in einem Freikorps und betätigte sich als Spion für General Epp in München. Die Drohung Brechts, deswegen nicht an seinem Begräbnis teilzunehmen, konnte Müllereisert nicht einschüchtern. Als Bert dann mitteilte, daß er Ottos Heldentod mit Gelassenheit entgegensehe und nunmehr doch zur Beerdigung erscheinen werde, gab er seine Freikorpstätigkeit doch lieber auf. Auch Walter Brecht kämpfte in jenen Tagen auf Seiten der Truppen General Epps.

Trotz der politischen Unruhen veranstalteten die Freunde am 19. Januar in Gablers Taverne ein Brecht gewidmetes Fest, der die »Legende vom toten Soldaten« sang, weitere neu entstandene Verse und eine Reihe der 1918 zusammengestellten »Lieder zur Klampfe«, zu denen Neher jetzt glühbunte Aquarelle entwarf: »den gitarrespielenden Baal, Orge mit dem Strick unterm Baum, grausige Märsche des toten Soldaten mit Trubel und Fahnen in blauem Frühlingshimmel und violette Schiffsuntergänge«. Wahrscheinlich trug Brecht an diesem Abend zum ersten Mal seinen »Gesang des Soldaten der roten Armee« vor, eine düstere Vision und verzweifelte Absage an das Paradies, das die Revolution ihren Anhängern verspricht. Es ist kein Lied über die reguläre sowjetische Armee; sie dient nur als Metapher für die Armee der Armen und Unterdrückten, die unter dem Banner der »roten, unmenschlichen Fahne« angetreten sind, der Hölle entrinnen wollen, aber nie die Freiheit erreichen, sondern am Ende nur »mit blutbefleckten leeren Händen« dastehen. Brecht beklagte die Spesen der Revolution, distanzierte sich aber von den Idealen gewaltloser Propheten wie Toller, denn er hatte niemals Illusionen bei der Einschätzung der realen Machtverhältnisse. Nach einer Protestversammlung, bei der pathetische Reden und Verse zu Ehren der ermordeten Rosa Luxemburg vorgetragen wurden, verfaßte Brecht eine »Ballade von der roten Rosa«, in der die Aussichtslosigkeit des Kampfes dargestellt ist und Rosa als »einzige Befreite« die Flüsse abwärts treibt:

Die roten Fahnen der Revolutionen
Sind längst von den Dächern herabgeweht.

Brecht hatte immer noch kein ausreichendes politisches Wissen, er sah nur die Leiden, die Opfer, den tiefen Riß zwischen Ideal und Wirklichkeit. Mit bösem Spott bedachte er weiterhin die flachen Visionen und Proklamationen expressionistischer Dichter, die den neuen Menschen als »Singular von Menschheit« schaffen wollten. Die Oktoberrevolution erschien ihm nicht als Erlösung wie dem Lyriker J. R. Becher, der in mystischer Panik- und Panstimmung zum göttlichen All aufgeblickt hatte und dessen hymnischer Gesang nun Lenin und Rosa Luxemburg galt. In den Dichtungen Brechts spiegelten sich die grelle Wirklichkeit, die Rohheit der Zeit, die Hoffnungen, Zweifel und Enttäuschungen der Menschen.

Die Novemberrevolution in Deutschland war verraten, ehe sie begann. Die Soldaten in ihrer Mehrheit, das Heer von Millionen geschlagener und enttäuschter kleiner Leute, waren nicht für die Sache der Revolution zu gewinnen. Rosa Luxemburg hatte im November in der »Roten Fahne« vor Fehleinschätzungen der Lage gewarnt: »Soldaten, die gestern in Finnland, Rußland, der Ukraine, im Baltikum als Gendarmen der Reaktion revolutionäre Proletarier mordeten, und Arbeiter, die dies geschehen ließen, sind nicht in vierundzwanzig Stunden zu zielklaren Trägern des Sozialismus geworden.« Die Auseinandersetzungen der verschiedenen Linksparteien um die Form der Demokratie und um die Rolle der Gewalt zu einem Zeitpunkt, bevor die Machtverhältnisse nicht entschieden waren, erwiesen sich als verhängnisvoll. Der Spartakus-Bund und die Kommunistische Partei wurden viel zu spät und aus der Defensive gegründet, die Sozialdemokraten aber stützten das reaktionäre System, ihr »Bluthund« Noske ließ die Aufständischen niederknüppeln und ihre Führer liquidieren. Brecht hatte im Lazarett die Mentalität der aus dem Krieg heimgekehrten Soldaten kennengelernt, die nun von den linken Politikern zu Helden der Revolution gemacht wurden. Über einen dieser Helden konzipierte er ein Drama, eine Liebesgeschichte, die den Kampf um eine Braut beschreibt, »und die Revolution in den Zeitungsvierteln spielt auch eine Rolle«. Im Januar hatten Arbeiter in Berlin im Anschluß an eine große Demonstration mehrere Redaktionsgebäude im Zeitungsviertel besetzt. Diese Ereignisse kannte Brecht nur aus Zeitungen, und in Berlin war er außerdem selbst noch nicht gewesen. Der äußere Rahmen erschien dem Dichter für sein Stück auch relativ unwichtig: »Die Revolution, die als Milieu dienen mußte, interessierte mich nicht mehr, als der Vesuv einen Mann interessiert, der darauf seinen Suppentopf stellen will.«

In diesem Stück kommt der Soldat Andreas Kragler nach vier Jahren Gefangenenlager aus Afrika nach Berlin zurück und findet seine Braut Anna Balicke geschwängert vor von Friedrich Murk, einem Mann, der sich im Krieg »nach oben« gearbeitet hat. Kragler ist eine »Leiche«, Murk dagegen verdient Geld und sitzt »auf dem berühmten grünen Zweig«. Die Eltern Annas, Besitzer einer Fabrik, in der im Krieg Geschoßkörbe hergestellt worden sind und deren Produktion jetzt auf Kinderwagen umgestellt werden soll, sind für eine Heirat mit Murk. Während in der Piccadillybar Verlobung gefeiert wird, begibt sich der enttäuschte Soldat in die Gesellschaft revolutionär gestimmter Leute, die ins Zeitungsviertel wollen. Anna verliebt sich wieder, während sich Murk und die Eltern besaufen, in ihren Andreas und begibt sich zu dem Soldaten, weil er sich zum Kämpfen gegen das Unrecht entschlossen hat. »Dieses romantische Element ist es, das wirkt, wenn die Balicke sich an der schmutzigen Unwürdigkeit des Kragler angeilt.« Der Soldat, nun er sein Mädchen hat, läßt die Revolution Revolution sein, er will nicht verrecken und bringt sich in Sicherheit. »Dies war also dieser Kragler, dieser Revolutionär, den das Mitleid wieder zu Besitztum brachte, der jammerte und krakeelte und heimging, als er hatte, was ihm gefehlt hatte.«

»Spartakus«, später »Trommeln in der Nacht« genannt, ist aus marxistischer Sicht, wie Brecht rückblickend selbst betont, das »zwieschlächtigste« seiner frühen Dramen. Es ist bewußt als Zeitstück konzipiert und enthält politische Urteile. Dabei besteht ein Mißverhältnis zwischen dem Anspruch, den das Stück erhebt, und der Darstellung. »Baal« und »Im Dickicht der Städte« haben eine breitere Wirklichkeitsebene, sie sind, da ihre Fabeln größer angelegt sind, viel realistischer. Bei diesen Stücken mußte Brecht später auch nicht den gesellschaftlichen Standpunkt der Figuren, den sie innerhalb der Fabel einnehmen, ändern. Doch Kragler, der Held aus »Trommeln in der Nacht«, mußte umfunktioniert werden, und aus dem Drama wurde eine Komödie.

Brecht sympathisierte bei der ersten Niederschrift Anfang

1919 mit seinem Helden. Dieser war gedacht als einer der von der Reaktion gefürchteten Unterdrückten, als einer jener »verlotterten, der Arbeit entwöhnten Abenteurer, denen nichts mehr heilig ist«. Gleichzeitig sollte er ein Gegenheld sein zu den von den Führern der Linken stilisierten Edelproletariern, eine Antwort auch auf die einfältige Parole »Der Mensch ist gut« und alle sonstigen revolutionären Phrasen: »Lauter solche kleine Wörter erfinden sie und blasen sie in die Luft, und dann können sie sich zurücklegen, und dann wächst das Gras.« Für den Sieg einer Idee will der Soldat nicht in den Tod gehen, er ist ihm ja eben erst knapp entgangen. Auch die Imperialisten haben ihn für eine Idee in den Krieg geschickt. Er sieht keinen Unterschied der Ideen, er sieht nur die idealistische Gebärde: »Mein Fleisch soll im Rinnstein verwesen, daß eure Idee in den Himmel kommt.«

Ein realistischer Schluß für das Stück war das zweifellos, aber in der politischen Akzentuierung war er falsch. Ein »Abbild der ersten deutschen Revolution« war dieses Drama nicht und sollte es ja auch gar nicht sein. Der Verfasser bekannte später, daß er Kragler als Realisten gefeiert habe, »da er sich der Verführung des für ihn gegenstandslosen Ideals entzog«. Ohne von den wahren Inhalten der Revolution Kenntnis zu haben, bewertete sie Brecht als Wirklichkeit, jedoch als ein Ereignis, das wie Krieg auf die Menschen zukommt. Die Revolution wollte er nicht zeigen »als rein geistige, ethische Erhebung der Menschen«, wie das die Expressionisten und Dichterrevolutionäre taten. Aber der Umstand, daß ein Mann wie Kragler immer wieder Soldat spielen wird und eben nur kein Soldat der Revolution sein will, wurde außer acht gelassen. Durch seine »demonstrative Anteilnahme für den kleinen Realisten Kragler« unterschlug der Dramatiker nicht nur seinen »Respekt vor den proletarischen Revolutionären«. Die Frage, woran die Revolution verloren ging, erschöpfte sich eben nicht allein in der Tatsache, daß die Revolutionäre versagten und die Sozialdemokraten Verrat übten. Ein wichtiger Grund des Scheiterns war auch die Interessenverschiedenheit der revoltierenden Volksmassen. Die Kraglers waren positive und negative Figuren, Proletarier ohne Bewußtsein, eher Kleinbürger, Getretene, die auch gerne einmal traten und dann plötzlich als kleine Nazis auferstanden. Die Absage, die die Kraglers der Revolution erteilten, war zugleich ihr Einverständnis mit den bestehenden Machtverhältnissen. In ein Lehrstück über »den Typ Kragler«, als das es Brecht später betrachtet wissen wollte, ließ sich »Trommeln in der Nacht« nicht ohne weiteres verwandeln. Der Soldat Andreas Kragler blieb ein Sonderfall, er entsprach überhaupt nicht dem »Typ« des Heimkehrers, er war ein verunglückter Abkömmling von Baal, ein exotisches Gespenst, das unglücklicherweise in das Berlin der Spartakus-Zeit verschlagen wird. Die Atmosphäre des Stücks und die Sprache waren unverkennbar augsburgisch. Berlin als Schauplatz war eine Notlösung, ein Zugeständnis an das Zeitstück.

Brecht bearbeitete »Trommeln in der Nacht«, hauptsächlich die Schlußszenen, mehrfach bis zur ersten Buchausgabe 1922, die ihrerseits 1953 Grundlage einer weiteren kritischen Revision war. Die Handlung, die erst in einer Novembernacht 1918, »von der Abenddämmerung bis zur Frühdämmerung«, spielte, wurde jetzt in den Januar 1919 verlegt, und Kraglers Gegenpart, der kommunistische Schankwirt Glubb, wurde verstärkt durch die Einführung eines Neffen, von dem es heißt, daß er Arbeiter bei Siemens war und im November als Revolutionär gefallen ist.

Mit dem Stück ging Brecht Anfang März 1919 zu Lion Feuchtwanger, der damals ein gefeierter Romancier und Bühnenschriftsteller und außerdem dramaturgischer Berater der Münchner Kammerspiele war. »Spartakus« habe er ausschließlich »des Geldverdienens wegen« verfaßt, erklärte Brecht, der auf den gutbürgerlichen Autor einen »verwahrlosten« Eindruck machte. Der Besucher war nämlich schlecht rasiert und in einer abgetragenen Kluft zu ihm gekommen. Feuchtwanger reagierte so begeistert, daß Brecht seinem Urteil widersprach und ihm den seiner Meinung nach viel besser gelungenen »Baal« brachte. »Spartakus« verschwand so erst einmal in Feuchtwangers Manuskriptschrank, doch Züge und Sätze der Hauptfigur des Stücks und Brechts, den er halb mit Kragler und halb mit Baal identifizierte, tauchten dann in seinem dramatischen Roman »Thomas Wendt« auf, und Feuchtwanger ließ auch eine Bühnenbearbeitung des Stoffs unter dem Titel »Thomas Brecht« ankündigen, die aber nicht aufgeführt wurde. Brecht, der nichts gegen derlei »Personenkult« einzuwenden hatte, war die Sache doch etwas peinlich, und er war der Auffassung, daß sein Bewunderer ihn ganz tüchtig bestohlen und nachgeahmt hatte. Vorsichtshalber änderte er damals den Vornamen seines Thomas Kragler in Andreas um. Erst 1920 übergab Feuchtwanger mehr durch einen Zufall das inzwischen auf seinen Rat hin in »Trommeln in der Nacht« umbetitelte Stück einem Dramaturgen der Kammerspiele, Rudolf Frank, der sich mit dem Werk eines jungen Autors als Regisseur erproben sollte. Brecht, wie immer wenn die Aufführung eines seiner Stücke bevorstand, begann mit der Umarbeitung, der Probenbeginn verzögerte sich aber, und schließlich übernahm Otto Falckenberg, der Leiter der Kammerspiele, die Inszenierung selbst. Die Uraufführung fand im September 1922 statt. Es wurde das meistgespielte Stück Brechts in der Weimarer Zeit, die Zugeständnisse an den Zeitgeschmack zahlten sich also aus, wenn auch erst später als vorgesehen.

1919 brachte es dem Autor, der so dringend Geld benötigte, keinen Pfennig ein. Seine Freundin Bi war schwanger. Brechts Vater riet zur Fortsetzung des Studiums, doch Bert entschloß sich, erst noch einen weiteren Versuch zu machen, die Anerkennung als Dichter durchzusetzen: er überarbeitete, durch das Interesse Feuchtwangers angeregt, den »Baal«. Teile der Neufassung las er am 2. Mai einigen Freunden vor, als die Räterepublik in München ihrem Ende entgegenging und in Augsburg »ferner Kanonendonner« zu hören war. Er las »große Partien des ersten Teils«, erinnert sich Münsterer. Die Redaktionsszenen, »in denen sich Baal noch geradezu an eine geregelte Existenz klammert«, waren gestrichen, das Ganze wirkte dadurch ungebärdiger und unbürgerlicher. Tag für Tag kam Brecht mit Umstellungen, Änderungen und ganz neuen Szenen. »Dieser Baal«, fährt Münsterer fort, »beeinflußte übrigens unser Leben stark, der ganze Frühsommer 1919 war durchpulst von Baalischem Weltgefühl. Aber auch das Umgekehrte ist richtig: Das Drama, besonders in dieser zweiten und besten Fassung, enthält selbst viel von unserem damaligen Leben. Natürlich handelt es sich nirgends um die Wiedergabe tatsächlicher Geschehnisse nach Art eines Schlüsselromans, wohl aber schimmert überall das Kolorit des alten Augsburg durch. Da ist die Dachkammer Brechts in der Bleichstraße mit dem manuskriptüberladenen Tisch, das Haselgestrüpp des Lechrains und die schmierigen Tavernen am Graben und in

Heddenbach. Auch einige Personen tragen Einzelzüge ihres damaligen Lebens, und bei manchen Gesprächen im Baal klafft zwischen historischer Realität und dichterischer Überspitzung keine allzu breite Kluft.«

Hauptsächlich Georg Pfanzelt, Otto Bezold und Hans Otto Münsterer wurden von Brecht jetzt bei der Umarbeitung konsultiert und als Verbindungsleute zu den Sekretärinnen des Vaters benutzt. Dem Sohn war es zu qualvoll, seine Manuskripte selbst zu sichten und abzutippen, bereits das Verse-Abschreiben bereitete ihm große Mühe, und so war er dankbar, wenn ihm jemand diese Arbeit abnahm. Bezold und Münsterer waren noch Schüler des Augsburger Realgymnasiums, als sie mit dem Dichter im Herbst 1917 bekannt wurden. Die vornehme Erscheinung Münsterers und dessen »sanfte« Augen regten Brecht, der an dandyhaften Gestalten nach dem Vorbild Oscar Wildes oder Rimbauds Gefallen fand, zu einem kleinen lyrischen Portrait an, in dem es heißt:

> Trug stets einen feinen grauen
> Handschuh verflucht elegant;
> Er gab nur Tieren und Frauen
> Seine nackte Hand.

Im Mai 1919, Münsterer hatte gerade sein Abitur hinter sich und wollte jetzt in München Medizin studieren, kam es nachts auf einer Bank unter Kastanienbäumen zum Freundschaftsbund: »Brecht hatte mich soeben ordentlich zerzaust und mir meine Spießigkeit vorgehalten; gut, daß es finster war, da sah man es nicht so, wie klein und scheußlich ich geworden war. Plötzlich wandte sich Brecht mit der Frage an mich: ›Übrigens, wollen Sie nicht Du sagen?‹ Ich weiß nur, daß ich seine Hand lange in der meinen hielt, war ich doch damit wirklich in die Clique der Verworfenen aufgenommen worden.« In den Juninächten sang und schrieb Brecht im Freien, die Freunde »fuhren« nach »Indien« und »Tahiti«, sie schwammen im Hahnreibach, lagen wie üblich nackt im Gras und wälzten sich vor Lachen im Schilf, während Bert groteske Grabreden und Maiandachten hielt.

Ende Juli gebar Bi im Landhaus der Eltern im Allgäu einen Sohn, der den Namen Frank erhielt, in Erinnerung an Wedekind. Er habe beileibe nichts gegen kleine Kinder, ließ er seine Freundin wissen, aber zum Ehemann tauge er nicht. Man erzählte von ihm, erinnert sich Marieluise Fleisser, »daß er einen Horror vor Schwangerschaften hatte und auf den Zustand der Weiber schimpfte, hatte er sie in den Zustand versetzt, als täten sie es ihm mit Fleiß.« Der Brecht der Augsburger Jahre sah die Frauen nicht als Partner, sondern als Objekte des Mannes, der ihnen wie ein Jäger nachstellt. Wie für Baal sind Frauen für ihn nur »Menscher«, an denen man sich zu beweisen hat, die man »nimmt«. Nicht zu einem Mädchen sagt Baal »Ich liebe dich«, sondern zu seinem Freund Ekart, und Brecht betonte gegenüber Hedda Kuhn, daß er sie nicht liebe, »aber Bi und George«. Bi war kein Mädchen mehr, mit ihr war Freundschaft möglich, ihr gegenüber konnte er sich »Schwäche« erlauben. Die freundschaftliche Bindung zwischen Brecht und Bi blieb noch mehrere Jahre bestehen, und als eines Tages ein anderer Bewerber auftauchte, ließ sich Brecht in dessen Beisein von Bi versichern, daß er derjenige sei, den sie eigentlich liebe. Bi, die »Liebliche«, die »Pflanze Bi« hielt der Dichter für »weise«. Er schätzte sowohl ihre Klugheit und praktische Begabung, als auch ihre Sinnlichkeit, denn sie konnte beim Schiffschaukeln »die Knie vorwerfen wie eine königliche Dirne«. Aus Berlin schrieb ihr Brecht, von den Mädchen dort zunächst ziemlich enttäuscht, er habe nur »geistreichelnde, überschraubte, verlebte Gänse« getroffen, sie seien »hurenhaft und verbildet und so dumm, so dumm!« Ende 1922 widmete er Bittersüß als eine Art Abschiedsgeschenk die Erstausgabe von »Trommeln in der Nacht«. Zwei Jahre später bat er Helene Weigel, für seine frühere Freundin in Berlin eine Stelle als Bürokraft oder Hausdame und ein Zimmer zu besorgen, doch Bi konnte sich dann nicht entschließen, ihre sichere Stellung bei der Firma M.A.N. in Augsburg aufzugeben. Ihre Ehe, sie war damals erst wenige Monate verheiratet, schien nicht besonders glücklich zu sein; ihr Mann duldete das fremde Kind nur widerwillig, so daß Helene Weigel veranlaßte, daß der kleine Frank zu ihren Verwandten nach Baden bei Wien in Pflege kam. Erst 1935 holte ihn die Mutter nach Augsburg zurück, wo er zum deutschen Soldaten ausgebildet wurde, um später in Rußland fürs Vaterland zu fallen.

Das mit dem Sommersemester 1919 wiederaufgenommene

Studium hielt Brecht nicht von seinen zahlreichen dramatischen Projekten ab. Er erschien auch höchstens zu den Sitzungen des Kutscher-Seminars, um hier seinem Ärger über die neuesten Stücke der Zeitgenossen Luft zu machen. Goerings »Seeschlacht« versah Brecht mit dem ironischen Titel »Der bekehrte Meuterer« und zerpflückte es zum Entzücken der meisten Studenten, während Kutscher mit finsterer Miene erklärte, »daß dem Referenten jegliche Begabung mangle«. In München fand der Dichter einen Verbündeten in dem Dramaturgen Jakob Geis, mit dem er im Juni das Lustspiel »Herr Maier und sein Sohn« entwarf. Die Abende verbrachte er jetzt oft bei Karl Valentin, dessen windschiefe Logik und vertrackte Dialektik Brecht imponierten. In Valentins »Oktoberfestbude« wirkte er sogar als »Klarinettist« mit. Wedekinds Balladenton und Vortragstechnik, Valentins Linksdenkerei und später noch die Slapstickkomik Chaplins wurden zur Basis von Brechts »epischem Theater«, in der Form jedenfalls, in der es uns in einem Stück wie »Mann ist Mann« entgegentritt.

Im Herbst entstanden gleich fünf Einakter, reine Valentiniaden, groteske Sittenbilder und verstiegene Dialoge, in denen die Logik auf den Kopf gestellt wird. Das beste Stück ist »Die Kleinbürgerhochzeit«, in dem der totale Schiffbruch einer Spießerfamilie auf absurd-komische Weise dargestellt wird. Am Schluß kracht sogar das Bett des Brautpaars zusammen, ein Zeichen dafür, daß auch auf dem Gebiet der Erotik von der bürgerlichen Gesellschaft nichts mehr zu erwarten ist. Auf diese Erkenntnis zurückkommend, notierte Brecht 1941 anläßlich der Lektüre von Diderots »Jacques Le Fataliste«: »Auffällig, daß wir in Deutschland keinerlei Anzeichen einer verfeinerten Sinnlichkeit haben! Dic Liebc ist ... etwas Himmlisches oder etwas Teuflisches, aus welchem Dilemma man sich zog, indem man eine Gewohnheit daraus machte! Der deutsche Adel war genußunfähig, das Bürgertum dann idealiter puritanisch, das heißt realiter schweinisch. Der deutsche Student ›tat es‹ nach solchem Bierkonsum, daß andere gekotzt hätten, wo er koitierte.«

Die Einakter waren makabre und gleichzeitig sehr volkstümliche Späße. Das Kleinbürgermilieu konnte er, wie schon die beiden ersten Akte von »Trommeln in der Nacht« zeigten, großartig charakterisieren und die verlogene Moral dieser

Leute unbarmherzig bloßstellen. Brecht konnte dank seiner kollektiven Arbeitsweise »für die Schublade« schreiben. Es genügte, daß sich seine Freunde für seine Produktion interessierten, die Absagen der Verlage und Bühnen hielten ihn kaum vom Arbeiten ab. An seiner Begabung zweifelte er nicht, er kannte nur produktive Zweifel, die ihn nicht behinderten, sondern zur Weiterarbeit ermunterten. Ein Gedicht oder ein Stück betrachtete er nie als abgeschlossen, alles, was er schrieb, blieb »im Fluß«, war dazu da, geändert zu werden. Ansichten, die ihm nicht mehr gefielen oder die er später für falsch hielt, sollten nicht unterdrückt, sondern korrigiert werden. Schon in Augsburg schrieb er »Versuche«, keine Werke.

Um doch noch mit irgendeiner Art von schriftstellerischer Arbeit zu Geld zu kommen, plante und entwarf Brecht auch Filmdrehbücher, Opern- und Operettenstoffe. Jede Gelegenheit, die sich bot, griff er auf und testete sie. Aber nur der Rezensent Brecht wurde gedruckt. Für die »Augsburger Neuesten Nachrichten« hatte er schon als Schüler einige Buchbesprechungen geschrieben, nach dem Abitur wurde er von dieser Zeitung und anderen Provinzblättern gelegentlich als Musik- und Ballettkritiker eingesetzt. Die Rezensionen waren im Ton gemäßigt, enthielten trotz hinterhältiger Kritik viel Lob und Ermunterung. Möglicherweise taten hier Redakteure das ihre, um empörte Leserzuschriften zu vermeiden. Wenn sich der junge Mitarbeiter zu stark »engagierte«, zustimmend oder ablehnend, wurde die Kritik zurückgewiesen, wie im Fall des Gastspiels der Tänzerin Leistikow, die im April 1918 in Augsburg gastierte. Brecht »schwamm« damals vor Begeisterung und sah Bäume und Brunnen tanzen, denn der Körper der Tänzerin hatte ihn so entzückt, daß er sowohl die plumpen »Gliedmaßen« als auch die graziösen Beine der Augsburger »Mädis« heftig kritisierte. Ein Redakteur der »Neuesten Nachrichten« erklärte dem Kritiker bedauernd, daß ihm da wohl die Phantasie »einen Streich gespielt habe«. Dabei war schon der »göttliche Hintern« der Tänzerin vorsichtshalber in der Kritik unerwähnt geblieben. Da er ihr öffentlich nicht Lob spenden durfte, schickte ihr Brecht ein Gedicht, in dem er sie noch einmal mit vielem verglich und dann so endete:

Aus Nachtsturm und aus Morgenlicht
Schuf dich ein trunkner Gott
Vielleicht bist du das alles nicht
Und ich ein Idi=alist.

Als Theaterkritiker des »Volkswillens« war er dann weniger galant. Redakteur Wendelin Thomas, der erste Marxist, der auf Brecht einen gewissen politischen Einfluß ausübte, holte sich den eigenwilligen Studenten Ende 1919 als Mitarbeiter zum »Volkswillen«, dem Organ der Unabhängigen Sozialdemokratischen Partei für Schwaben und Neuburg. Brechts Kritiken enthielten noch keine Vorschläge für Neuerungen im Theater, wie er sie später vorbrachte. Er betrachtete das Theater noch nicht im Zusammenhang mit gesellschaftlichen Problemen. Er kritisierte auf der Grundlage des bestehenden Systems, verlangte von der Dramaturgie einen fortschrittlicheren Spielplan, von den Stadtvätern mehr Geld für das Schauspiel und die Ablösung des Direktors Carl Häusler, dem er »jedes geistige Format« absprach. Die Schauspieler bedachte Brecht mit Lob und Tadel, wie es üblich war: Frl. Stoff als Frau Alving »spielte vornehm, aber zuwenig beseelt«; Hartls Engstrand »war eine gute, anständige Leistung«; Aichers Oswald »war eine Überraschung«; Frau Aicher spielte »mit schöner Innerlichkeit«; Frl. Wagner als Luise war »lieblich, unbewußt, kindlich«. Einen völlig anderen Ton schlug Brecht gegenüber den Dramen an, die er zu besprechen hatte. Einen törichten Schwank bezeichnete er unmißverständlich als »Saustück«, Hebbels »Judith« als »eines der schwächsten und albernsten Stücke unseres klassischen Repertoires«. Daneben eigenwillige, aber intelligente und ernsthafte Auseinandersetzungen mit Schiller, Hauptmann, Ibsen, Georg Kaiser und Strindberg. Die prinzipiellen Bemerkungen, der Appell an die Augsburger, mit ihrer lieben Gewohnheit, »ein schlechtes Schauspiel zu haben«, gelegentlich zu brechen, führten zum Krach mit dem Direktor des Stadttheaters und den Bühnenleuten, das Ensemble verfaßte einen offenen Brief, und Brecht verteidigte in seiner Entgegnung Augsburg gegen sein Theater: »Allerdings meint ein Provinzler, wenn er über die Provinz schimpft, immer nur das Theater.« Wendelin Thomas distanzierte sich nie von den Artikeln seines Mitarbeiters und bat ihn auch um gesonderte Kritiken für Gewerkschaftsvorstellungen, bei deren Auswahl Brechts Auffassung bestimmend war. Der »Volkswille«, der inzwischen ein Organ der Vereinigten Kommunistischen Partei Deutschlands geworden war, mußte im Januar 1921 sein Erscheinen einstellen. Damit fiel die einzige kleine Verdienstmöglichkeit für Brecht wieder weg.

Sich das Augsburger Theater zu erobern, lohnte sich für den Dichter nicht. Ein Start in der »Provinz« kam nicht in Frage. »Wiewohl ich erst 22 Jahre zähle, aufgewachsen in der kleinen Stadt Augsburg am Lech, und nur wenig von der Erde gesehen habe, außer den Wiesen nur diese Stadt mit Bäumen und einige andere Städte, aber nicht lang, trage ich den Wunsch, die Welt vollkommen überliefert zu bekommen. Ich wünsche alle Dinge *mir* ausgehändigt, sowie Gewalt über die Tiere, und ich begründe meine Forderung damit, daß ich nur einmal vorhanden bin.« Bescheiden war der junge Brecht gerade nicht. Auf seinen Egoismus ließ er nichts kommen, ihm verdankte er seine Selbstsicherheit und Fähigkeit, seinen »Wert« einzuschätzen: »Ich muß Ellbögen frei haben, spucken können, wie mirs beliebt, allein schlafen, skrupellos sein.« In München vermittelte aber Lion Feuchtwanger noch immer ohne Erfolg. Bisher hatte es der Augsburger möglichst vermieden, sich literarischen Kreisen und Zirkeln anzuschließen. Verbindungen zu knüpfen und um die Gunst der Literaten und Verleger zu buhlen. Es blieb ihm nichts anderes übrig, als dieses Geschäft jetzt selbst zu betreiben. Die wilden und produktiven Jahre der Jugend hatten sich erschöpft. Der Zweiundzwanzigjährige brauchte eine neue Umgebung, er suchte nach Möglichkeiten, dem »Chaos« zu entkommen, das ihn zu verzehren drohte. Für ihn war das ein schmerzvoller, aber notwendiger Abschied.

O, ihr Zeiten meiner Jugend! Immer
Matter wird Erinnerung jetzt schon.
Leichte Schatten! Weiß getünchte Zimmer!
Und darinnen rot Orchestrion.

Im Februar 1920 unternahm Brecht einen ersten Versuch, in Berlin Fuß zu fassen und dort seine Chancen genau zu erkunden. Mit dem Deutschen Theater verhandelte er erfolglos über »Baal«. Daneben besuchte er mit einiger Ausdauer Empfänge und Künstlerfeste; auch den »Stakugenu«, den Kostümball im Kunstgewerbemuseum, versäumte er nicht. Sogar zum Tanzen ließ sich Brecht an diesem Abend hinreißen. Im Gedränge entdeckte er nämlich eine schöne Dame, die als Hula-Hula-Mädchen kostumiert war, »echt afrikanisch«, mit schwarzer Perücke und braungeschminkter Haut. Der Dichter war in brauner Mönchskutte erschienen und bot sich, als die afrikanische Schönheit aufbrechen wollte, »mit leiser, etwas rauher Stimme« als Tänzer an, gleich mit der Ankündigung, er könne es freilich nicht besonders gut: »Er tanzte wirklich eher einfallsreich. Nachdem er mir oft genug auf meine nackten Füße getreten hatte, fragte ich, ob wir uns nicht lieber setzen und miteinander reden wollten.« Bis zum frühen Morgen erzählte Brecht dem »Fräulein Do«, wie er Dora Mannheim nannte, lustige Geschichten und machte dann den Vorschlag, sie zu Fuß durch den Tiergarten nachhause zu begleiten: »Am frühen Morgen hören wir da die Vögel singen«. Wenige Tage später brach der Kapp-Putsch aus und störte die Strategie des Liebhabers, dem der Berliner Boden zu gefährlich wurde. Brecht rief bei Fräulein Do an: er müsse sofort abreisen, weil er, wenn es nötig sein sollte, seinem Vater in Augsburg beistehen wolle, der Direktor einer großen Papierfabrik sei. Die Begründung für seine überstürzte Abreise war ein Vorwand. Der Dichter handelte aus Vorsicht, wie immer bei derlei Situationen. Es galt, sein Leben in Sicherheit zu bringen. In München schrieb er gleich einen übermütigen Brief, kreuzvergnügt sei er angekommen, sei zu seiner Pension getrottet und habe sich abends bis elf Uhr im Kabarett bei Valentin fast vor Lachen gewälzt. An die Absicht, in Augsburg bei den Arbeitern um Nachsicht für den Vater zu bitten, dachte er längst nicht mehr, ein paar Tage später will er dagegen »aus Beschäftigungslosigkeit und Kummer und um meine qualvollen Gedanken zu vertreiben« selbst Revolution machen, denn: »Es kommt kein Grün in die Bäume, die Vögel halten zitternd ihren Schnabel, und es gibt Haufen von Geschichten, aber keine lustigen. Ich habe die großen Märsche in meiner Kammer wieder aufgenommen, es ist tagelang halbdunkel.« Brecht küßte die »kleine Do« aufs Papier, »da können Sie gar nichts dagegen machen«, und er bat um Fotos. Die Adressatin schien ratlos, sie verstand die Andeutungen nicht, ihre Antwort fand der Liebhaber deshalb kläglich: »Es ist ein miserables Papier in jeder Hinsicht. Es dringt eine solche Eiskälte aus den Zeilen hervor, daß man Husten kriegt. Ich fühle mich behandelt wie ein Waisenknabe.« Fräulein Do kam später für einige Tage nach München, und Brecht meldete sich meistens bei ihr, wenn er nach Berlin reiste. Bei einem seiner gelegentlichen Besuche brachte Dora Mannheim 1924 den Dichter mit ihrer Kollegin Elisabeth Hauptmann zusammen.

In Augsburg fühlte Brecht nach seinem mißglückten Berlin-Aufenthalt wieder den Stillstand, Zerfall und Moder. In vielen Gedichten dachte er damals über den Tod und die Vergänglichkeit nach: »Aber in kalter Nacht«, »Unsere Erde zerfällt«, »Meines Bruders Tod«, »Immer beruhigt der Tod«.

Ich beginne zu sprechen vom Tod
Viele Irrglauben sind verbreitet
Aber wenn man den Wunsch von der Furcht abschneidet
Kommt uns die erste Ahnung von dem, was uns droht.

Am 1. Mai 1920 starb die Mutter des Dichters, in deren Gegenwart er sich zuhause und geborgen gefühlt hatte: »Zwanzig Winter hatten sie bedroht, ihre Leiden waren Legion, der Tod schämte sich vor ihr. Dann starb sie, und man fand einen Kinderleib.« Nicht mehr Bi, sondern die »dunkelhäutige He«, die Medizinstudentin Hedda Kuhn, war inzwischen Brechts bevorzugte Freundin, obwohl sie nicht weise war wie Bi und immerfort herumlief, »und ihr Herz war ohne Gedanken«. Nachdem sie sechzehn Monate lang seine Geliebte war, würdigte sie der Dichter anläßlich ihrer »Auflösung« in einem Psalm: »Sie wußte, was eine Frau ist im Hirn, aber nicht mit den Knien, sie wußte den Weg, wo es hell war mit den Augen, aber im Dunkeln wußte sie ihn nicht.« Zu einer endgültigen Trennung kam es 1920, als Marianne Zoff die favorisierte Geliebte des Dichters wurde, noch nicht, denn Brecht war ein anhänglicher Liebhaber und Freund. Menschen, die sich einmal mit ihm eingelassen hatten, kamen so schnell nicht wieder los. »Ab und zu schieße ich auf Vögel, die mir entfliehen wollen und fresse sie wieder.« Beim Betrachten einer Fotografie der Hedda Kuhn mit der Aufschrift »Rein. Sachlich. Böse« kamen dem Liebhaber einige Jahre später sentimentale Erinnerungstränen:

Sie wusch sich immer mit Mandelseife
Und von ihr war auch das Frottierhandtuch
Das Tokaierrezept und die Javapfeife
Gegen den Liebesgeruch.

Ihr war es ernst. Sie schwamm nicht. Sie dachte.
Sie verlangte Opfer für die Kunst.
Sie liebte die Liebe, nicht den Geliebten, ihr machte
Keiner einen rosa Dunst.

1920 sollte »Baal« endlich bei Georg Müller erscheinen. Das Manuskript war bereits gesetzt, doch der Verleger brachte das Buch aus Angst vor einem Prozeß nicht heraus, obwohl der Verfasser eine neue, im Hinblick auf die Möglichkeiten der Bühne verkürzte und gemäßigtere Fassung hergestellt hatte. Den »Baal«, notierte er in seinem Tagebuch, habe er jetzt wohl gründlich verpfuscht: »Er ist zu Papier geworden, verakademisiert, glatt, rasiert und mit Badehosen usw. Anstatt erdiger, unbedenklicher, frecher, einfältiger!«

Brecht klebte an seinen Jugendstücken fest. Sie mußten erst aufgeführt werden, damit er von ihnen loskommen konnte. Sein trotziger »Nihilismus« und »Anarchismus« sowie seine oft erwähnte »Gefühlskälte« waren der notwendige Kontrast zur idyllischen Jugendromantik, zum geselligen Männerbundidol, dem immer noch ausgiebig gehuldigt wurde. Nach einem Ausflug mit Caspar Neher in das Allgäu notierte Brecht: »Es ist besser mit einem Freund als mit einem Mädchen.« In den vier gar nicht mehr sympathischen plündernden Kipling-Soldaten des Lustspiels »Mann ist Mann« steckte dann noch sehr viel von der Kameradie der »Jungens«, mit denen der Dichter 1920 wandernd durch Württemberg zog: »Wir baden täglich und laufen nicht zuviel. Pfarrer schenken uns Brot oder 5 Mark, Bauern Most. Die Kartoffeln stehlen wir.« Wenn Brecht mit den Freunden unterwegs war, dann gab es keine Schwierigkeiten und keine Langeweile, dann konnte der Geist »im Exil« bleiben. Mit Literatur, Kunst und Intellektuellen wollte man nichts zu tun haben: »Gedanken sind Unreinlichkeiten«. Doch das war selbstverständlich nicht Brechts letztes Wort. In seinem Tagebuch von 1920 finden sich neben solch deftigen Kraftmeiereien auch erstaunliche Erkenntnisse und einige Gedankenarbeit, der mehr das für den Dichter sonst gültige Motto zugrunde liegt: »Sich in schwierigen Situationen sämtliche Möglichkeiten aufschreiben und dann durchdenken.«

Noch über ein Jahr lebte Brecht als mittelloser »Student« in München, die meiste Zeit verbrachte er als lernender Beobachter in Theaterproben und abends saß er bei Valentin. Zwischendurch grub er sich jeweils für ein paar Tage in Augsburg ein, konzipierte »Galgei«, eine erste Version von »Mann ist Mann«, und begann im Herbst das Drama »Garga«. Gleichgültig und zynisch durchlebte der Stückeschreiber diese Zeit: »Mit gleichem Gesicht, im Bett genießend und ohne Verantwortung, betrügerisch vielleicht, fähig, über meine Verhältnisse hinauszustoßen, ziemlich kalt, ganz unpolitisch.« Etwas unruhig wurde er, wenn bei Marianne die Periode ausblieb, aber dann verkündete er doch gutgelaunt: »Laßt Sie wachsen, die kleinen Brechts.« Obwohl er keine eheähnlichen Verhältnisse zu Frauen anstrebte, wurmte es ihn, wenn ihm ein anderer Liebhaber ins Gehege kam. Und deshalb schrieb er in bezug auf Marianne Zoff, die ihren Verehrer Recht, das »verliebte Schwein Malchus«, wie er in einer Ballade der »Hauspostille« genannt wird, damals nicht loswerden konnte, aber Brecht, von dem sie schwanger war, heiraten wollte: »Timbuktu ist gut, und ein Kind ist auch gut, man kann beides haben. Es heißt Peter oder Gise, man kann sie nicht morden. Gut. Dann arbeite ich für Gise, was ich kann. Und für die Frau ist es das beste, das Schwein ist kein Mann für sie, und ein Kind ist besser als irgend sonstwas. Dazu helfe ich ihr, wenn ich auch nicht heirate, denn ich bin ein Provisorium und muß Sprungweite haben, ich wachse noch.«

Das Sommersemester 1921 wurde Brecht »auf Grund der Satzungen« gestrichen, er hatte wahrscheinlich vergessen, für die Vorlesungen, die er sowieso kaum bzw. gar nicht besuchte, die Gebühren zu entrichten. Am 29. November wurde ihm die Exmatrikulationsurkunde zugestellt. Zu diesem Zeitpunkt verhandelte er ein zweites Mal in Berlin, jetzt mit den Verlagen Erich Reiss und Gustav Kiepenheuer. Außerdem bearbeitete er unermüdlich die Dramaturgen von Max Reinhardt und Leopold Jessner.

IV
Versuch über »Baal«

Sein »Mach, was dir Spaß macht!« gäbe viel her, richtig behandelt.

In der Figur des Baal war so viel Subjektivität enthalten, daß Brecht Zeit seines Lebens von ihr fasziniert blieb. Die Änderungen, die er an seinem ersten Stück vornahm, dokumentieren die sich wandelnde weltanschauliche Haltung des Dichters. An den positiven Verhaltensweisen und Empfindungen des Baal, seiner enormen Genußsucht und seinem Glücksverlangen, hat Brecht festgehalten und er hat weitere Figuren geschaffen, in denen »Baalisches« aufbewahrt ist. Am meisten sicher im Galilei, der seinen unstillbaren Welthunger in immer neuen Erkenntnissen sublimiert, der Denken als sinnlichen Genuß und alle sinnlichen Genüsse als Denkantriebe auffaßt. Galilei praktiziert die Dialektik von Arbeit und Genuß, Baal will nur genießen, und Brecht zeigt seinen Untergang in der schließlichen Unfähigkeit zum Genuß.

»Baal« entstand, »um ein schwaches Erfolgsstück in den Grund zu bohren mit einer lächerlichen Auffassung des Genies und des Amoralen«. Die erste Fassung trägt noch alle Spuren der Auseinandersetzung mit Johsts Drama »Der Einsame«. Die wichtigsten Figuren und ihre Beziehungen zueinander sind übernommen: Baal entspricht dem Dichter Grabbe, Johannes dem Arzt Hans Eckardt und Brechts Ekart dem Musiker Waldmüller. Der visionären Ekstase des idealistisch gesehenen Dichtergenies wird der gesunde Materialismus und der Zynismus dcs Baal entgegengehalten. Auch auf die szenischen Gegebenheiten, die Gliederung des Stoffs, geht Brecht travestierend ein, um gegen die idealistischen Konstruktionen seiner Vorlage zu polemisieren. Wenn Grabbe in einer Kneipe seine Dichtungen vorträgt, wirft er »Perlen vor die Säue«, das gemeine Volk versteht ihn nicht und hört weg: Das Genie ist zur Einsamkeit bestimmt. Baal dagegen setzt sich unter die Fuhrleute und gewinnt sie als Zuhörer, indem er seine Gedichte ausdrücklich als »Schweinereien« ankündigt, dann aber Kunst bietet. Das Publikum wird überlistet, Baal bekennt sich zum Gebrauchswert der Kunst.

Dem Stück »Der Einsame« liegt die reaktionäre Idee zugrunde, nur die Position des einsamen, von der Gesellschaft geächteten Dichters erlaube genialische Größe. Für Grabbe ist die Literatur das Leben, er leidet nicht unter den schlechten materiellen Bedingungen, sondern unter der gesellschaftlichen Unerheblichkeit seines Genies. Er verachtet die Welt, lebt nur für seine Kunst. »So einen Kopf müßte man halt haben!« lautet der Kommentar eines Fuhrmanns zu einem Gedicht von Baal, der darauf erwidert: »Dazu gehört auch ein Bauch und das übrige!« Dichtung ist für ihn nur aus dem Überfluß möglich, sie gehört zum Abfall seiner Lebenskunst. Sie ist Vitalität und nicht Ersatz für ein elendes Leben. Sein Leben ist Baal wichtiger als seine Kunst. Er verklärt sich im materiellen Genuß. Johsts Dichter verklärt sich im Tod. Baal dagegen endet wimmernd, kriecht auf den Händen ins Freie: Sterben hat er sich einfacher vorgestellt.

Die Komödie »Baal« war mehr als nur ein Gegenentwurf zu dem expressionistischen Stück von Johst. »Die Grundannahme des Stücks ist mir heute kaum noch zugänglich, jedoch scheint sie mir ein Feld abzugeben, auf dem eine überaus genußvolle Beziehung zur Landschaft, zu menschlichen Verhältnissen erotischer oder halberotischer Art, zur Sprache usw. entstehen kann.« Die Figur des Baal entsprach Brechts Auffassung von Leben und Dichtung, mit ihr bekannte der Dichter sich zu uneingeschränkter Vitalität und zum Materialismus. Wie der syrische Erdgott, dessen Name er trägt, schlingt Baal in wilder Gier alles Leben in sich hinein, saugt seine Opfer aus und spuckt das unverdauliche Fleisch wieder aus.

Das Urbild von Baal war nicht der von Brecht später erfundene Monteur Josef K. aus Augsburg, der mit einem heruntergekommenen Mediziner in Süddeutschland herumgezogen sein soll, sondern Paul Verlaine. Eigene Erlebnisse und Vorstellungen brachte Brecht in Zusammenhang mit den Erlebnissen literarischer Vorbilder. Das homosexuell bestimmte Verhältnis Baals zu Ekart war eine Paraphrase auf das wüste Wanderleben Verlaines mit Rimbaud. Die Streifzüge der beiden Dichter durch Belgien und England haben wesentlich die Handlung mitbestimmt. Baal sollte wie Verlaine aussehen, »es ist der peinliche Schädel des Sokrates und des Verlaine«, schreibt Brecht noch im Vorspruch der Fassung von 1919, und

Neher dienten Fotos und Zeichnungen Verlaines als Vorlagen für seine Baal-Portraits. Auch biographische Angaben über François Villon haben auf die Gestaltung der Baal-Figur eingewirkt, dessen unstetes Wanderleben und die schäbigen Umstände seines Todes, sein Verrecken »im Strauch«. Schon vor der Uraufführung des Johst-Stücks hatte Brecht den Plan, einen »Baal« zu verfassen: »Ich will ein Stück schreiben über François Villon, der im 15. Jahrhundert in der Bretagne Mörder, Straßenräuber und Balladendichter war.«

Andere Züge des Baal tragen die Spuren Wedekinds und Hamsuns. Wedekind liebte Theatercoups, auch wenn er nicht auf der Bühne stand. Diabolisches benutzte er stets als Maske und als ironischen Selbstschutz. Baal singt und rezitiert, so wie Wedekind aufzutreten pflegte, in eigentümlicher Haltung, mit ungeschulter Stimme und schwerfällig. In der Sprechweise Baals spiegelt sich schließlich die für Hamsuns Prosa typische Mischung von zynischem Vitalismus und romantischem Verismus, die Brecht später sehr fragwürdig fand. »Kot machen, ist immer noch nützlicher als gar nichts machen«, war damals die Devise des genußsüchtigen Dichters. Sein extremer Vitalismus auf materialistischer Basis erschöpfte sich aber mit der Zeit und führte zu einem poetisch verbrämten Nihilismus, dem er dann ebenfalls einige Zeit huldigte:

Ich gestehe es: ich
Habe keine Hoffnung.
Die Blinden reden von einem Ausweg. Ich
Sehe.

Wenn die Irrtümer verbraucht sind
Sitzt als letzter Gesellschafter
Uns das Nichts gegenüber.

Anläßlich der letzten Bearbeitung des »Baal« schrieb Brecht: »Das Stück mag denen, die nicht gelernt haben, dialektisch zu denken, allerhand Schwierigkeiten bereiten. Sie werden darin kaum etwas anderes als die Verherrlichung nackter Ichsucht erblicken. Jedoch setzt sich hier ein ›Ich‹ gegen die Zumutungen und Entmutigungen einer Welt, die nicht eine ausnutzbare, sondern nur eine ausbeutbare Produktivität anerkennt. Es ist nicht zu sagen, wie Baal sich zu einer Verwertung seiner Talente stellen würde: er wehrt sich gegen ihre Verwurstung. Die Lebenskunst Baals teilt das Geschick aller andern Künste im Kapitalismus: sie wird befehdet. Er ist asozial, aber in einer asozialen Gesellschaft.« Unwichtig ist, ob Brecht 1918, als er das Stück entwarf, schon über die Distanz zu seiner Figur verfügt hat, die er 1954 als selbstverständlich voraussetzt. Das Problem, inwieweit Baals asoziales Verhalten als Reaktion auf die Asozialität der Gesellschaft zu gelten hat, ist sekundär gegenüber der Herausforderung, die eine Figur wie Baal für eine Gesellschaft darstellt. Brecht hat in der soziologischen Phase seines marxistischen Studiums den Versuch gemacht, den »Baal« sozialkritisch zu bearbeiten, d. h. den Typus Baal als Produkt gesellschaftlicher Umstände und als historische Persönlichkeit zu zeigen. Aus dieser »versachlichten« Bearbeitung von 1926 ergaben sich dann die Pläne zu einem Lehrstück »Der böse Baal der asoziale«. Baal spielt darin mehrere Rollen, er erscheint zum Beispiel als fortschrittlicher Pfaffe und als Paßbeamter. Verstärkt ist hier die Bewußtheit Baals. So läßt er sich von seinem Gastgeber, einem reichen Kaufmann feiern, verweigert aber das Lob des Instruments, das er bei seinem Liedvortrag benutzt hat. Er genießt seine Rolle als Künstler und die merkwürdige »Freiheit«, die ihm die bürgerliche Gesellschaft gewährt. Jedoch reizt es ihn, auszuprobieren, wieweit er die Spielregeln verletzen darf. Nachdem der Kaufmann das Lied Baals gelobt und erklärt hat, daß er großen Spaß daran hatte, fragt ihn Baal: »Ich zerreiße jetzt eine Saite deines Instruments, weil ich Spaß daran habe. Sage mir noch einmal, Kaufmann, findest du das Lied gut?« Der Kaufmann lächelt, läßt eine neue Saite bringen und wiederholt sein Lob. Baal zerreißt auch die neue Saite und stellt zum zweiten Mal seine Frage. Der Gastgeber schweigt. Mit der Zerschlagung des Instruments bedankt sich der Künstler für die Gastfreundschaft, um seiner Verachtung Ausdruck zu verleihen, die er gegenüber dem Kaufmann empfindet. Baal, der Asoziale, weiß, in welcher Gesellschaft er sich bewegt. Er provoziert diese nur, weil er durch sein Verhalten nicht mehr als einen Hinauswurf riskiert. Grundsätzlich aber heißt es für ihn, auf der Hut zu sein, die eigenen Kräfte richtig einzuschätzen und anzuwenden. Nicht nur ein gutes Essen, auch ein schlechtes ist besser als eine

Sympathie: das ist die Erfahrung, die das Leben ihn lehrt.

Das Lehrstück sollte demonstrieren, daß Baal und seine Produktion für den Staat nicht verwertbar sind. Für den »schlechten Staat«, betonte Brecht ausdrücklich. Das Stück über den asozialen Baal, das Fragment blieb, sollte den anarchistischen Charakter von »Baal« marxistisch aufheben: »Der große Irrtum, der mich hinderte, die Lehrstückchen vom ›Bösen Baal dem asozialen‹ herzustellen, bestand in meiner Definition des Sozialismus als einer großen Ordnung. Er ist hingegen viel praktischer als große Produktion zu definieren. Produktion muß natürlich im weitesten Sinn genommen werden, und der Kampf gilt der Befreiung der Produktivität aller Menschen von allen Fesseln.«

1954 entschied sich Brecht sogar wieder für die ursprüngliche Konzeption der Baal-Figur und merkte nur an: »Ich gebe zu (und warne): dem Stück fehlt Weisheit.« Es genügt nicht, den Baal als antibürgerlichen Fleischklotz zu bewerten, der einer Philosophie huldigt, die nicht weniger philiströs ist als die Weltanschauung der Klasse, deren Feind zu sein er vorgibt: Baal als ichsüchtiges Wesen, rücksichtslos seine Mitmenschen verzehrend und zynisch die Bestialität der Welt als Genußmensch akzeptierend. Über diese Interpretation hat Brecht sogar schon, als er das Stück schrieb, hinausgedacht: »Denn Genießen ist bei Gott nicht leicht!« heißt es im »Choral vom großen Baal«. Das zielt in die Richtung einer Kritik am kleinbürgerlichen Materialismusbegriff, wie sie Friedrich Engels formuliert hat: »Der Philister versteht unter Materialismus Fressen, Saufen, Augenlust, Fleischeslust und hoffärtiges Wesen, Geldgier, Geiz, Habsucht, Profitmacherei und Börsenschwindel, kurz alle die schmierigen Laster, denen er selbst im stillen frönt.« Interessanter nämlich als die vulgärmarxistische Auslegung, die im Baal nur einen Spießer sieht, der an Materialismus nur das realisiert, was der von Engels charakterisierte Philister sich darunter vorstellt, ist deshalb die Frage, ob nicht mit der Figur des Baal der künstlerische Entwurf eines Menschen geglückt ist, der den Versuch wagt, sich die Freiheit, die ihm von Natur gebührt, auch zu nehmen und etwas von dem »Glück« zu praktizieren, das dem von entfremdeter Arbeit einmal befreiten Menschen dann zuteil werden wird. Der Irrtum und die Fragwürdigkeit des Tuns von Baal besteht nur darin, daß er seine Auffassung von Glück unter den bestehenden gesellschaftlichen Verhältnissen durchsetzen will. Sein egoistisch unternommener Versuch muß zwangsläufig scheitern, aber festzuhalten bleibt, daß sein Glücksverlangen berechtigt ist.

Mit dem »Lebenslauf des Mannes Baal« von 1926 und dem Lehrstück von 1929/30 wollte Brecht vorführen, daß der Typus Baal »absolut unsozialisierbar und dessen Produktionsweise ganz unverwertbar ist«, und er bedauerte nur, daß er sein Stück vor einem Publikum aufführen mußte, das etwas gegen Sozialisierung hat. Als Gegner des Baal wünschte sich der Dichter den Proletarier. Der Dialektiker Brecht hielt es dann aber für zweckmäßiger, im Proletarier die Lust zum Typ Baal zu wecken. Unter »Genuß« darf nicht das verstanden werden, was sich einerseits bestimmte gesellschaftliche Kreise in Form von Luxus erlauben können und was andererseits dem Arbeiter als zu erstrebendes Glück suggeriert wird, für das er sich unter erbärmlichen Umständen abschinden soll. Das menschliche Glücksverlangen findet unter anderem auch in der Arbeit Verwirklichung, aber nur dann, wenn die Arbeit zur Befriedigung eines Bedürfnisses dient und nicht ein Mittel ist, wie Marx sagt, »um Bedürfnisse außer ihr zu befriedigen«. Arbeit ist inhuman, solange sie allein dazu dient, die Existenz eines Menschen sicher zu stellen. Unter diesen Bedingungen erscheint dem Menschen das Leben selbst »nur als Lebensmittel«. Wünschenswert ist dagegen ein gesellschaftlicher Zustand, der garantiert, daß »sozial nützliche Arbeit gleichzeitig auch die echte Befriedigung eines individuellen Bedürfnisses darstellt« (Marcuse).

Das Ausmaß an Glück, das Baal für sich in Anspruch nimmt, hält Brecht nicht für übertrieben, nur die Absolutheit sowie die Rigorosität, mit der er sich sein Recht verschafft, kritisiert er. Nur Genießenwollen führt zur Unfähigkeit zum Genuß überhaupt. Baal verklärt sich nicht, wie er zunächst hoffte, im Genuß, sondern er verreckt, wie eine Ratte, im Wald. Wie Wedekinds Lulu erscheint Baal den Menschen als Tier und unbeseelte Kreatur. Er will ebenfalls seine »Natur« verwirklichen, die Gesetze der Vernunft mit den Interessen der Sinne in Einklang bringen. Sein Ehrgeiz ist es, deshalb der Welt möglichst viel Genuß abzutrotzen. Im Gegensatz zu Lulu scheint

Baal die Welt zu verstehen, und er akzeptiert die Rolle des Tiers, wie Schigolch, der Lulu erklärt: »Das Tier ist das einzig Echte im Menschen ... Was Du als Tier gelebt hast, das entreißt dir kein Mißgeschick mehr. Das bleibt dein Lebensgut.« Rücksichtslos will Baal in einer Gesellschaft, die die Freisetzung aller libidinösen Kräfte zu verhindern sucht, »das Bild des Menschen als eines freien Subjekts« verwirklichen. Der Genuß, den er sich verschafft, befriedigt ihn zwar nicht, aber ehe er sich der Gesellschaft als Opfer hingibt, zerstört er sich lieber selbst.

Im Vorwort zu den ersten Stücken von 1954 erwähnt Brecht im Zusammenhang mit »Baal« den Plan zu einer Oper »Die Reisen des Glücksgotts«, den er Ende 1941 skizzierte. Der Stoff dieser Oper behandelte wieder die Sehnsucht der Menschen nach Glück: »Es gibt eine chinesische Figur, meist fingerlang, aus Holz geschnitzt und zu Tausenden auf den Markt geworfen, darstellend den kleinen dicken Gott des Glücks, der sich wohlig streckt. Dieser Gott sollte, von Osten kommend, nach einem großen Krieg in die zerstörten Städte einziehen und die Menschen dazu bewegen wollen, für ihr persönliches Glück und Wohlbefinden zu kämpfen. Er sammelt Jünger verschiedener Art und zieht sich die Verfolgung der Behörden auf den Hals, als einige von ihnen zu lehren anfangen, die Bauern müßten Boden bekommen, die Arbeiter die Fabriken übernehmen, die Arbeiter- und Bauernkinder die Schulen erobern. Er wird verhaftet und zum Tod verurteilt. Und nun probieren die Henker ihre Künste an dem kleinen Glücksgott aus. Aber die Gifte, die man ihm reicht, schmecken ihm nur, der Kopf, den man ihm abhaut, wächst sofort nach, am Galgen vollführt er einen mit seiner Lustigkeit ansteckenden Tanz usw. usw. Es ist unmöglich, das Glücksverlangen der Menschen ganz zu töten.« Die Oper »Die Reisen des Glücksgotts« und später die »Lieder des Glücksgotts« plante Brecht als »ein ganz und gar materialistisches Werk«, das die Notwendigkeit der Versöhnung von Vernunft und Sinnlichkeit, von Realitäts- und Lustprinzip zeigen sollte. Nebeneinander feierte der Dichter Essen, Trinken, Wohnen, Schlafen, Lieben, Arbeiten und Denken als »die großen Genüsse«.

Ist ein gesellschaftlicher Zustand erreicht, der die menschlichen Produktivkräfte wirklich ausnutzt und nicht mehr ausbeutet, dann wird das Streben des Individuums nach Glück nicht mehr als Egoismus empfunden werden, sondern als Bestandteil der allgemeinen Glückseligkeit. Baals unbedingter Wille aber, das verlorene Paradies zurückzuerobern, sich einen »Himmel voll von Bäumen und Leibern« zu schaffen, kommt gegen die Widerwärtigkeiten der Welt nicht an und wirkt sich als zerstörerische Kraft aus, die andere Menschen zugrunde richtet und ihn am Ende selbst tötet.

V
Der Herr des Südmeers und der Herr des Nordmeers

Betriebsamkeit in Berlin – Das kalte Chicago – Marianne Zoff – Die Firma Arnolt und Bertolt – Geistiger Clinch am Krankenbett in der Charité – Bronnens »Vatermord« – Brecht scheitert als Regisseur – Garga und Shlink – Deutschland, das Aasloch Europas – Amerika als positives Gegenbild – Ein Preisausschreiben – Robinsonade auf Assuncion – Der Kleistpreis – Treffpunkt Feuchtwanger – Der Dompteur mit seinen beiden Raubtieren – Brecht sammelt Bekanntschaften wie Pilze – Uraufführung von »Trommeln in der Nacht« – Die rote Zibebe – Wieder Verhandlungen in Berlin – Hannibal – Bronnen und Neher warten vergeblich auf Bidi – Heirat mit Marianne – Das bayrische Mahagonny – Gösta Berling – Brecht und Bronnen inszenieren »Pastor Ephraim Magnus« von Hans Henny Jahnn – Kunst und Hunger – Bronnens anderer Weg – Helene Weigel

Als Brecht im Herbst 1921 nach Berlin kam, schätzte er seine Chancen dort zunächst sehr günstig ein. Seit dem Abdruck der Flibustiergeschichte »Bargan läßt es sein« im Septemberheft der Münchner Zeitschrift »Der neue Merkur« galt er unter avantgardistischen Verlegern als Geheimtip. Man bemühte sich um den Autor des umstrittenen »Baal«, dichtete ihm Legenden an, man wollte mit ihm bekannt werden, ihn zur Klampfe singen hören. Wo Brecht auftauchte, erregte er Aufmerksamkeit; er faszinierte seine Zuhörer und verwickelte sie in Streitgespräche. Innerhalb von wenigen Wochen hatte er so viele Bekannte wie andere in Jahren nicht. Der Dramatiker Arnolt Bronnen, der mit Brecht damals Freundschaft schloß, schreibt: »Er hatte noch keinen einzigen Vertrag in der Tasche; aber mit Klöpfer, Krauss, Wegener, George hatte er bereits wegen der Übernahme von Rollen in seinen Stücken verhandelt. Er kannte alle Dramaturgen wie Reinhardts Felix Holländer, wie Jessners Dr. Lipmann, er kannte die wichtigsten Literaten, wie Ludwig Berger, wie Heinrich Eduard Jacob, und zum mindesten bei drei Verlagen, beim Drei-Masken-Verlag, beim Propyläen-Verlag, beim Kiepenheuer-Verlag hatte er eine enragierte Anhängerschaft, die sich vom Chef bis zur jüngsten Sekretärin erstreckte.« Selbstverständlich kamen für Brecht nur Verhandlungen auf höchster Ebene in Frage, er ließ sich nicht in Vorzimmern abfertigen und plante auch seine Stücke von Anfang an in den führenden Theatern und nur mit ersten Schauspielern. Nie trat er als verkanntes Genie auf, als ein Autor, der um jeden Preis gedruckt und aufgeführt werden wollte. Er stellte Bedingungen und meldete entsprechende finanzielle Forderungen an, weil er schließlich von seinen Honoraren als Schriftsteller leben wollte. Er hatte lange genug gewartet und ein realistisches Verhältnis zu seiner Produktion bekommen: »Ich weiß, mein Hals ist besser als mein Gesang, auch die Dinge, die ich besinge, sind besser. Ich ›muß‹ noch nicht schreiben wie so viele, die doch nicht schreiben können.«

Für den Kleinstädter war die ungewohnte Betriebsamkeit nur eine Zeitlang anregend. Als es eine »Jagd« wurde, die ihn körperlich schwächte, fand er keinen Gefallen mehr daran. Die Verhandlungen mit den Verlagen stockten zudem wieder, die Bühnen zögerten immer noch. Es blieb bei unverbindlichen Abmachungen, Plänen, Vertröstungen und Empfehlungen. Von früh bis spät war Brecht unterwegs, er verausgabte sich nur noch im Betrieb, der nicht einmal etwas für seine Arbeit abwarf. Nichts davon ließ sich verwerten. Als Atmosphäre brauchte er Geselligkeit: Menschen, Gedanken und Probleme, nicht Klüngelei und Betriebseifer. Die Großstadt wurde zum aufreibenden Dschungel. Das »kalte«, unfreundliche Berlin wirkte auf den Dichter wie »Chicago«. »Ich hab es über, wirklich, bis zum Hals«, berichtete er seiner Freundin Bi nach Augsburg und zählte ihr die Ereignisse eines besonders schlimmen Tages auf, um ihr die Strapazen seines Berlinaufenthaltes zu veranschaulichen: »Vormittags schrieb ich bis 10 einen Filmakt, dann lief ich in die Universität, dann ins Deutsche Theater wegen der Proben, aß im Stehen rasch wo um 3 Uhr, traf Klabund im Café, der den Vertrag mit Reiss schiebt, schwatzte bis 6 Uhr über die Verlagsgeschichten, dabei gingen wir durch drei Likörstuben mit einem Jüngling, der Vorschuß bekommen hatte und Likörs bezahlte, dann fuhr ich Untergrund in die Skala, wo Matray und Kata Sterna tanzten, dann mit Warschauer, Matray und Kata Sterna im Auto zu Warschauer, blieb dort zwei Stunden, indem ich ›soupierte‹ und

Weine trank. Lief dann mit Matray ins Restaurant Maenz, wo mich Granach vielen Theaterleuten vorstellte und gondelte um 2 Uhr mit einer Zigarre heim. Und alle diese Leute schieben einander, schreiben über einander, beneiden, verachten, verebbeln einander!!!«

Frank Warschauer, ein linker Publizist, der Brecht bewunderte, fungierte mit seinen bescheidenen Mitteln als Mäzen, er stellte ein Zimmer zur Verfügung und lud seinen Gast gelegentlich zum Essen ein. Ein Souper war für den Dichter ein üppiges, erwähnenswertes Erlebnis, weil er fast ohne Geld nach Berlin gekommen war und seine Hauptnahrung aus Löffelerbsen bei Aschinger und aus billigen Zigarren bestand. Den Vater wollte Brecht nicht länger um Taschengeld bitten, gelegentliche Geldgeschenke nahm er dennoch dankbar entgegen. Das Verhältnis zu seinem Vater nannte er »eine vage Beziehung, die schon viel ist unter unsresgleichen«. Da er länger als vorgesehen in der Hauptstadt bleiben mußte, ließ Brecht über Weihnachten Marianne Zoff nachkommen, die nach einem zweijährigen Engagement in Augsburg jetzt an der Oper in Wiesbaden sang. Marianne, groß, schlank, dunkeläugig, eine temperamentvolle Wienerin, übernahm großzügig die Betreuung und es gelang ihr, immer noch etwas Eßbares zu finden, wenigstens eine angebrochene Büchse mit Ölsardinen, »aus der aßen sie zu dritt mit einer Gabel und pro Kiefer einen halben Fisch«. Der dritte Esser war Arnolt Bronnen, mit dem Brecht Kumpanei betrieb, sehr zum Ärger der eifersüchtigen Marianne, die ihren Einfluß schwinden sah. »Hilfsarbeiter« Bronnen konnte mit seinen Einkünften als Kommis des Warenhauses Wertheim wenig zur Versorgung beisteuern. Mit ihm zusammen wollte Brecht die Berliner Theater belagern. Zu zweit schien ihm die Eroberung leichter und weniger langweilig.

Die Dichter hatten sich im Haus des Literaten Otto Zarek kennengelernt und sofort verstanden. Zwischen beiden herrschte ein herzliches Einverständnis, das keiner Erläuterungen bedurfte. Wenn Bronnen dem Freund trotzdem Erklärungen abverlangen wollte, lehnte der kategorisch ab, über »Gefühle« zu sprechen und machte lieber praktische Vorschläge: »Wir werden gemeinsam in die Theater und zu den Proben gehen, wir werden die Regisseure studieren, werden lernen, wie man es nicht macht.« Für Brecht war die Arbeitsbeziehung entscheidend, er sah in dem Freund den Partner und Mitarbeiter, Bronnen aber sah zu Brecht in Bewunderung auf, er »verfiel« ihm, er hatte Schülergefühle und wollte dem Idol dienen und helfen: »Für Brecht war Bronnen nur einer von vielen Freunden, für Bronnen war Brecht der einzig mögliche Freund.« Bidi, wie der Augsburger nun meistens genannt wurde, akzeptierte die Rolle des Vaters mit Gelassenheit, er forderte jedoch von Bronnen wenigstens Selbstbewußtsein und Zuversicht. Keine Gelegenheit wurde versäumt, um in der Öffentlichkeit ins Gespräch zu kommen. Aus Geschäftsgründen paßte Brecht seinen Vornamen dem Namen Bronnens an, die Firma Arnolt und Bertolt, die beiden »Fasolte« der deutschen Literatur, wie Karl Kraus spöttisch bemerkte, wurde schnell zu einem Begriff und war ein viel belachtes Thema in den Klatschspalten der Boulevardpresse. Reklame empfand Brecht nicht als ehrenrührig, er hatte schließlich zwei Stücke vorzuweisen, und ein drittes hatte er in Arbeit. Karl Kraus, der unbestechliche Kritiker, abgestoßen von der literarischen Betriebsamkeit des Bert Brecht, revidierte später, nachdem er dessen Stücke und Gedichte gelesen hatte, sein früheres, negatives Urteil.

Die Reklame allein brachte kein Geld ein. Die beiden Theaterautoren litten unter der Kälte und dem Hunger. Als Brecht Ende Januar wegen Harnblutungen in die Charité eingeliefert wurde, kam Marianne Zoff wieder aus Wiesbaden, wo sie inzwischen gekündigt hatte. Sie erschien täglich am Krankenbett, ärgerte sich dann aber über Briefe, die Bi aus Augsburg geschrieben hatte, und wurde ebenfalls krank. Da sie Bidi nicht zur Rückkehr nach München bewegen konnte, weil er Berlin nur als Sieger verlassen wollte, überließ sie ihn schließlich der Obhut Bronnens. Die Freunde fanden Gefallen am »geistigen Clinch«. Am liebsten wäre es Brecht gewesen, wenn sich Bronnen im Krankenhaus in ein Bett neben ihn gelegt hätte. Er war nämlich der Meinung, daß es für einen jungen Dramatiker nichts Lehrreicheres gäbe, »als in einem großen Krankensaale zu liegen«. So leicht ließ sich der Patient nicht vom Arbeiten und seinen sonstigen Gewohnheiten abbringen. Immer waren Besucher um ihn herum, Freunde und Verehrerinnen. Vorzeitig, noch ehe er wieder für gesund erklärt worden war, verließ Brecht das Krankenhaus und setzte die mit Bronnen begonnenen Eroberungszüge fort. Schon vormittags gingen sie in die Theater, warben um die Gunst der Schauspieler und Regisseure, abends sahen sie sich die laufenden Vorstellungen an. Im März gab es endlich zwei buchenswerte Erfolge: Hermann Kasack, der Cheflektor von Kiepenheuer, händigte Brecht einen Vertrag über die Buchausgabe von »Baal« aus, Moriz Seeler nahm Bronnens Stück »Vatermord« zur Uraufführung in seiner eben gegründeten »Jungen Bühne« an und überließ Brecht die Regie.

»Die junge Bühne« war kein kommerzielles Unternehmen. Sie zählte zu den sogenannten Mittagstheatern, die kein eigenes Haus hatten und in der Regel Sonntag vormittags in anderen Theatern gastierten. Alle Beteiligten arbeiteten umsonst. Brecht betrachtete die Sache als eine gute Gelegenheit zum Lernen. Das Stück Bronnens hatte viel Ähnlichkeit mit »Trommeln in der Nacht«. Auch Bronnens Held war ein falscher Revolutionär. Den Hauptfehler des »Vatermord« hatte Brecht erkannt: im Mittelpunkt seiner Inszenierung sollte deshalb die Erweiterung des Vater-Sohn-Konflikts zu einem gesellschaftlichen Konflikt stehen.

Die Arbeitsbedingungen bei der »Jungen Bühne« waren miserabel. Jede Probe fand in einem anderen Theater statt, und Brecht mußte mit einer Reihe von Schauspielern auskommen, die ihm überhaupt nicht lagen. Seine Sicherheit und Entschiedenheit verblüffte zunächst alle, der Augsburger erklärte aber bald unmißverständlich, dürr und präzise artikulierend, »daß alles, was sie machten, Scheiße wäre«. Die Darsteller, an denen Brecht nicht hing, ertrugen seine Schmähungen mit viel Geduld. Heinrich George jedoch, an dem er Gefallen hatte und um den er ernsthaft kämpfte, wollte sich seine Rolle nicht verderben lassen, er schrie Brecht nieder und verließ donnernd die Probe. Der betretene Regisseur nutzte die Gelegenheit zum Rückzug und erklärte dem Autor: »Mit denen wäre es nie was geworden.« Es war eine schwere Niederlage für Brecht, denn ein junger Regisseur, der Krach mit Schauspielern hatte, konnte so bald mit keinem Regieauftrag mehr rechnen. Bronnen mußte als treuer Freund Solidarität üben und durfte kein Interesse für die Inszenierung zeigen, die Berthold Viertel übernahm, mit dem sich der Stückeschreiber allerdings anfreundete und ausgezeichnet verstand und den er später als »Städtebauer« würdigte, der während der ganzen Zeit des Bauens überall mitgeholfen habe und deshalb von seinem eigenen Haus nur den Türstock, »der übrigens schön ist«, vorweisen kann.

Berlin und die Theater insgesamt verfluchend, aßen die unglücklichen Eroberer ihre Erbsensuppe bei Aschinger. Brecht hatte das Erlebnis der Großstadt gesucht, er hatte den Dschungel unternehmungslustig betreten, bekam aber keinen festen Boden unter die Füße. »Chicago« stieß ihn ab. Wie Garga in seinem gleichnamigen Drama schien der Dichter an der Stadt zu scheitern, in ihr seine Menschlichkeit zu verlieren. »Brecht litt. Man konnte ihm zwar nicht ansehen, ob er hungerte oder fror; er lebte so sehr aus seiner eigenen unerschöpflichen Substanz, daß er fast bedürfnislos schien.« Bronnen glaubte in der Figur des Garga Brecht wiederzuerkennen, auf dessen Schlußansprache hin schien ihm das Stück konstruiert: »Es war die beste Zeit. Das Chaos ist aufgebraucht, es entließ mich ungesegnet. Vielleicht tröstet mich die Arbeit. Es ist zweifellos sehr spät. Ich fühle mich vereinsamt.«

Garga überlebt seinen Gegner Shlink. Er behauptet sich, aber um welchen Preis? »Immerhin lebendig zurückgekehrt aus der Modergruft der Alligatoren«, ist die Bilanz des Garga, an die sich die inhumane Konsequenz anschließt: »Man muß seinen Feind in den Boden stampfen, man kann ihn nicht besiegen.« Shlink ist der Herausforderer, er eröffnet den Kampf, kommt aber nicht zum wirklichen Kämpfen und wird vernichtet. Im Gegensatz zu Garga bewahrt er sich seine Menschlichkeit. Wer war dieser Shlink? Bronnen sicher nicht. Auch nicht Feuchtwanger, wie Bronnen vermutete. Beide Figuren, Garga und Shlink, drücken Brechts Erfahrungen mit der Großstadt aus. Es ist das klarste Stück seiner Jugendjahre. Vielleicht hat Brecht gerade deshalb, sei es bewußt oder unbewußt, an der Merkwürdigkeit der Vorgänge und ihrer Unerklärlichkeit nichts geändert.

Das Thema des Stücks stand bereits in Augsburg fest, die Gespräche über die Einsamkeit des Menschen und die Unzulänglichkeit der Sprache als Mittel der Verständigung wurden dort im Sommer 1921 geschrieben. Berlin lieferte nur noch bestätigendes Anschauungsmaterial. Ein allgemeines Thema, die Feindseligkeit und Undruchdringlichkeit der modernen Welt, wurde durch persönliche Erfahrungen konkretisiert. Für Brecht waren Augsburg und seine glückliche Jugend fragwürdig geworden. Die Geborgenheit drohte zur reinen Idylle zu werden. Zwischen Augsburg und Deutschland bestand nicht mehr viel Unterschied:

Deutschland, du Blondes, Bleiches
Wildwolkiges mit sanfter Stirn!
Was ging vor in deinen lautlosen Himmeln?
Nun bist du das Aasloch Europas.

Der Dichter suchte eine andere Wirklichkeit, er konfrontierte Augsburg mit der Großstadt, Deutschland mit Amerika:

O Aasland, Kümmernisloch!
Scham würgt die Erinnerung
Und in den Jungen, die du
Nicht verdorben hast
Erwacht Amerika!

Amerika wurde zum positiven Gegenbild, wurde das Pionierland mit technischem Fortschritt und beruflichen Chancen für die Jugend. Aber auch hier war die gesellschaftliche Realität nicht erkennbar. Die Alternative schien Verwesung oder erbarmungsloser Kampf. Brecht stellte die Widersprüche dar, über ihre Ursachen konnte er keine Auskunft geben.

Sein Stück sandte er an Neher in Augsburg, den er um Änderungsvorschläge bat. Er wollte von ihm wissen, ob sein Stück »am Weg« sei, er selbst hielt es nämlich für »mindestens ebenso stark wie den Baal, dazu für reifer«. Gleichzeitig mußte sich Neher mit Frl. Marie Roecker in Verbindung setzen, der Hausdame im Elternhaus des Dichters, die die Verfielfältigung des Manuskripts in der Haindlschen Fabrik überwachte. Die getippten Exemplare verteilte Brecht in Berlin an Theaterleute, er las ihnen auch gelegentlich Szenen vor und rechnete stark mit einer Aufführung bei Reinhardt oder Jessner. Paul Wegener sollte den Shlink, Alexander Granach den Garga spielen. Auch dieses Projekt zerschlug sich wieder.

Brecht »tröstete« sich inzwischen mit Arbeit: Er begann mit

einer »Päpstin Johanna« für Tilla Durieux und prüfte erneut zwei ältere Projekte, das Ephesus-Stück »Sommersinfonie« und den »Galgei« mit dem Motiv des Manns auf der Schiffschaukel. Dazu kamen Filmprojekte. Das war eine Möglichkeit, auch Bronnen, der kein neues Stück schreiben wollte, zur Mitarbeit heranzuziehen. Bei dem Journalist Stephan Grossmann, den sie Ostern 1922 in seinem Fischerhäuschen in Geltow besuchten, erfuhren die beiden Dramatiker von einem Preisausschreiben des Filmregisseurs und Produzenten Richard Oswald, bei dem 100 000 Papiermark für das beste Film-Exposé zu gewinnen waren. Das war trotz fortschreitender Geldentwertung immer noch eine beträchtliche Summe. Grossmann, der der Jury angehörte, versprach seinen Besuchern schon im voraus den ersten Preis. Während der Heimfahrt entwarf Brecht die Fabel des Films, der »Die zweite Sintflut« heißen und »das Verkommen dreier hochwertiger Typs« zeigen sollte, »die zu Raubtieren werden müssen und die immer mehr, je mehr sie technisch fähig werden, ihr Leben zu fristen, dieses ihr Leben gegenseitig zerstören«. Bei einer Katastrophe, von der die Erde heimgesucht wird, gibt es nur drei Überlebende, die sich auf einer Insel einrichten, dort eine Superzivilisation aufbauen, aber unbelehrt weiterkämpfen und ihrer endgültigen Vernichtung entgegengehen. Für beide Autoren war das Thema eine Gelegenheit, ihr »Chicago«-Erlebnis zu überwinden. Bis tief in die Nacht probierten sie den Stoff aus, Bronnen schlug noch den etwas romantischeren Titel »Robinsonade auf Assuncion« vor. Am Tag darauf fuhr Brecht plötzlich nach Augsburg zurück, sandte aber Bronnen wenige Wochen später das Manuskript, der es redigierte und an Richard Oswald schickte. »Robinsonade auf Assuncion« erhielt wie geplant den ersten Preis. Nur konnte man mittlerweile für die Summe fast nichts mehr kaufen. Mit jedem Tag sank jetzt der Wert des Geldes.

In Augsburg stellte »der Herr des Südmeers« gleich noch zwei weitere Filme fertig und sandte sie dem »Herrn des Nordmeers« zur Begutachtung und Weiterleitung an den Dramatiker Hans Kyser, der sich in Berlin dafür interessiert hatte. Die bevorstehende »Baal«-Ausgabe bei Kiepenheuer war der einzige Erfolg, den der Berlinheimkehrer zuhause melden konnte. Bronnen dagegen wurde inzwischen von drei vielbesprochenen

»Vatermord«-Premieren überrascht und schloß mit dem Rowohlt-Verlag einen Generalvertrag ab. Nun hatte ihm auch noch Herbert Ihering, der Theaterkritiker des Berliner Börsen-Couriers, den Kleistpreis zugedacht. Das schien Bronnen nicht verantworten zu können, der plötzliche Erfolg war ihm dem Freund gegenüber peinlich. So machte er Ihering mit »Baal« und »Garga« bekannt und empfahl ihm, doch Brecht den Preis zu verleihen. Mit so viel Großmut rechnete dagegen der Augsburger nicht. Als er von Bronnens Komplott erfuhr, vermutete er, daß der Preis geteilt werden sollte. Ein solcher Plan schien ihm unklug und geschäftsschädigend. Mit einer Hälfte des Preises sei er nicht einverstanden, ließ er den Freund wissen: »wir müssen jeder den ganzen kriegen, nacheinander«. Niemand dürfe den Eindruck bekommen, es hätte bei keinem zum ganzen Preis »gelangt«. Für Brecht kamen nur erste Preise in Betracht. Sie hatten für ihn »Reklamewert«. Diese Auffassung bestimmte auch noch seine Haltung gegenüber den Nationalpreisen der DDR. Als er 1949 für die »Courage« einen zweiten Preis bekommen sollte, während Heinrich Mann und Johannes R. Becher für den ersten vorgesehen waren, ließ er ausrichten, man möge von ihm absehen, eine Klassifizierung fasse er als schädigend auf: »Derlei Dinge muß man ganz unpersönlich betrachten und scharf auf Nutzen und Schaden achten ...« Herbert Ihering war von den Stücken Brechts begeistert. Die Bedeutung des Autors stand für ihn sofort fest, und er wurde dann zum eifrigsten und unbeirrbaren Vorkämpfer des Augsburgers in Berlin. Der Kleistpreis ging ungeteilt an Brecht. Die Verleihung fand allerdings erst im Herbst statt.

Lion Feuchtwanger empfing den gescheiterten Berlinbelagerer mit offenen Armen. Er hatte seinen »Hausdichter« wieder in unmittelbarer Nähe. An Brecht bewunderte er die unbürgerliche Haltung, den Gestus des rohen Verführers, er hielt ihn wohl für einen in die Großstadt verschlagenen Baal im Monteuranzug: »Es war geradeso, als ob Feuchtwanger an irgendeinem Menschen auslassen mußte, was in ihm rumorte. Denn dieser Brecht rumorte in ihm. Er war auf Anhieb genial, frech wie ein junger Gott und eines Maschinenzeitalters liebstes Kind.« In dem Augsburger sah Feuchtwanger das wilde und ungebundene Genie, den Abenteurer, dem gegenüber er Disziplin und Ordnung verkörperte. Die Wohnung Feuchtwangers wurde zum Treffpunkt der Anhänger des Dichters, der nur unregelmäßig aus Augsburg herüberkam. Er hatte kein eigenes Zimmer in München, nur ein kleines Wochenendquartier in Starnberg, wo er manchmal am See dichtete. Auch Neher verkehrte bei Feuchtwanger, und für die in München studierenden Freunde Müllereisert und Münsterer war es die sicherste Gelegenheit, ihren Bert zu Gesicht zu bekommen. »Es wurde gut gegessen, gut getrunken und gut gedacht.« Zu »Onkel« Feuchtwanger pilgerte damals eine ganze Reihe junger Schriftsteller, um sich Rat und Ermunterung zu holen, er war ein behutsamer und treusorgender Mentor. Brecht »übernahm« später seine talentiertesten Schüler: Marieluise Fleisser und Emil Burri.

Als die Kammerspiele »Vatermord« ankündigten, wollte Bronnen von seinem »Herold« wissen, ob er in München willkommen sei. Brecht schlug einen gemeinsamen Aufenthalt in Augsburg vor, mußte dann aber absagen, weil Freundin Marianne intervenierte: »Es herrscht ein aufreizender Ton hier und ich werde nicht lang hier ruhig essen und trinken können. Gegenwärtig beschäftigt mich also immer noch das Studium des Problems, wie Du Dich hier zwischen zwei Linien wohl fühlen könntest.« Marianne sah ihren Bidi angeblich viel zu wenig und machte ihm heftige Vorwürfe, als sie von dem geplanten Treffen erfuhr.

Es gab noch jemand, der eifersüchtig das Verhältnis zu Bronnen überwachte: Cas, der Maler, der als Zeichen der Sympathie und des Einverständnisses ebenfalls eine Nickelbrille trug, die neben der Ledermütze seit Berlin zu Brechts »Aufmachung« gehörte. Mit der für ihn bezeichnenden Diplomatie quartierte Bert, der »Dompteur«, den »schwarzen Panther Bronnen« bei »Tiger Cas« ein, er brachte die um seine Gunst rivalisierenden »Raubtiere« zusammen und erreichte auf diese Weise, daß er das Hauptgespräch der beiden blieb. Bei Feuchtwanger fuhr eines Abends Neher aus der Haut, zu vorgerückter Stunde und nach reichlichem Alkoholgenuß versuchte er, den lästigen Konkurrenten mit einer Flasche zu erschlagen. Der Gastgeber konnte das Unglück im letzten Moment verhindern und den Drohreden lallenden Cas beruhigen.

Endlich ließ sich etwas für Brecht an den Münchner Theatern erreichen. Nachdem er mit »Vatermord« gut angekommen war, kündigte Falckenberg als erste Premiere der kommenden Saison »Trommeln in der Nacht« an, und Erich Engel und Jakob Geis setzten am Bayrischen Staatstheater »Garga« durch. Brecht verwandelte sich in ein Besetzungsbüro. Mit den Schauspielern, die in seiner Gunst standen und die er für geeignet hielt, hatte er längst freundschaftliche Verbindungen angeknüpft. Er sprach nun mit ihnen ausführlich über die Rollen und setzte einen neuen Arbeitsprozeß an seinen Stücken in Gang. Man traf sich meistens im »Malkasten«, dem Künstlerlokal in der Nähe der Kammerspiele, man zog aber auch gelegentlich an den Waldrand, wo Brecht zur Gitarre griff und Balladen sang. Die Feste überstürzten sich. Maria Koppenhöfer, Erwin Faber, Kurt Horwitz waren dabei, Blandine Ebinger, Sybille Binder, die Dramaturgen Geis und Zarek und Regisseur Erich Engel. Bronnen blieb abseits, er fühlte sich fehl am Platz, da er in dieser turbulenten Atmosphäre nicht schreiben konnte. Die Arbeitsauffassung der beiden Freunde war zu verschieden. »Brecht arbeitete in der Entspannung, Bronnen in der Spannung.« An seiner Zigarre schmauchend, spazierte der Augsburger behaglich durchs Zimmer, in dem möglichst viele Menschen anwesend sein konnten, wenn sie nur Stoff und Argumente lieferten. Dabei fand er sein Material, oft nur einen Satz, der ihm aber gerade wichtig war und weiterhalf. In das »Köpfekollektiv« konnte sich Bronnen nicht einfügen. Auch Marianne Zoff war der Betrieb um Brecht nicht recht geheuer. Streng bewachte sie den Geliebten, keineswegs grundlos, da die Weiber schnell schwach wurden, wenn er mit seiner gellenden Stimme Balladen sang, und für so manche Schauspielerin hatte Bert meistens mehr als nur künstlerisches Interesse. Zu Blandine Ebinger, eine der Anwärterinnen für die Rolle der Anna Balicke, fühlte er sich hingezogen, und besonders Carola Neher, die damals kurz in München auftauchte, stand bei Brecht hoch im Kurs. Leider bekam sie kein festes Engagement in der Isarstadt, sie ging nach Breslau und heiratete später den Dichter Klabund. Bei Gerda Müller, die auf dem Weg von Frankfurt nach Berlin kurze Zeit in München spielte, ernannte Brecht Arnolt Bronnen zu seinem Stellvertreter. Im Aufnehmen neuer Menschen war der Augsburger unersättlich: »Er sammelte Bekanntschaften, und er wußte, daß dies die beste Zeit war dafür, wie fürs Pilzesammeln. Er nahm

Bronnen zu seinen Sammelfahrten mit, wobei dieser wie ein Schild die Speere auffing; in seinem Schatten beobachtete Brecht und lernte.«

Der »schwarze Panther« fuhr allein in die Hauptstadt zurück. Der »Dompteur« versprach, gleich nach der Premiere von »Trommeln in der Nacht« nachzukommen und empfahl beim Abschied: »Besorg eine Wohnung für uns!« Neher wurde mit dem gleichen Auftrag wenig später nach Norden delegiert. »Sei nett zu Cas«, bat Brecht den anderen Freund, der ihn erwartete, »zeige ihm das kalte Chicago, reibe ihn mit Schnee, wenn es ihn friert, und wenn er Wunden entdeckt am Abend, streue Salz hinein ... kurz, weihe ihn ein mit Pisse in die Geheimnisse des kalten Chicago und wische ihm das Ärschchen mit dem Reibeisen, daß er es merkt. Mich aber absolviere, weil du ein Sünder bist.« Brecht vermied absichtlich eine klare Stellungnahme, er wollte die Freunde nicht aus den Augen verlieren, selbst jedoch keine festen Bindungen eingehen.

»Der vierundzwanzigjährige Dichter Bert Brecht hat über Nacht das dichterische Antlitz Deutschlands verändert«, schrieb Herbert Ihering nach der Uraufführung von »Trommeln in der Nacht«, zu der er, von Brecht persönlich eingeladen, aus Berlin angereist war. Bei der Premiere waren alle »Brechts« anwesend, der Vater, der Bruder, die Hausdame Marie Roecker, Marianne, auch Bi und die engsten Freunde. Selbst Karl Valentin, der sonst nie ins Theater ging, erwies seinem treuen Anhänger die Ehre. Die Proben waren nicht ohne ernste Zwischenfälle verlaufen. Der Stückeschreiber hatte sich intensiv eingeschaltet, er hatte laufend neuen Text geliefert und das Konzept des Regisseurs zu beeinflussen versucht. Die Aufführung entsprach nur in wenigen Punkten seiner Vorstellung, doch konnte Brecht mit diesem ersten Erfolg zufrieden sein.

Gleich am nächsten Tag, also am 30. September 1922, gab es noch eine zweite Uraufführung, bei der Brecht als Autor beteiligt war: »Die rote Zibebe«. Das war der Name einer Taverne in »Trommeln in der Nacht«, und jetzt trat der Wirt Glubb als Conférencier auf, der die einzelnen Nummern ankündigte und die Mitwirkenden aufrief, die wie Automaten aus Kabinen heraustraten. Es wurden Gedichte von Brecht und Klabund geboten, außerdem eine »Hochradnummer«, die Brecht sich für Valentin ausgedacht hatte: »Liesl Karlstadt als Impressario kündigt an. Erstens: Dreimaliges Umkreisen der Bühne auf dem Hochrad. Valentin klettert umständlich auf sein vorsintflutliches Vehikel und fährt dreimal das Bühnenrund aus. Zweitens: Dreimaliges Umkreisen der Bühne auf dem Hochrad unter Glockengeläute. Genau der gleiche Vorgang, diesmal aber schwingt die Karlstadt dazu eine Kuhglocke. Und schließlich drittens: die schauerliche Todesfahrt durch Nacht und Nebel. Nach einer kurzen, aber unheimlichen Stille, die die Wirkung dieser grausigen Ankündigung verstärken soll, stellt die Karlstadt zwei Stangen auf, zwischen die ein Papierband mit der Aufschrift »Nacht und Nebel« gespannt ist. Und nun fährt Valentin erst ein paarmal zaghaft außen vorbei, endlich aber nimmt er einen Anlauf und fährt zwischen den beiden Stangen durch, wobei das Spruchband zerreißt. Valentin bekommt unter riesigem Applaus einen Lorbeerkranz umgehängt, und die Karlstadt weist stolz, wie der Henker den Kopf des Guillotinierten, dem Publikum die durchtrennten Papierfetzen vor.« Als Abschluß wurde das Valentinstück »Christbaumbrettl« aufgeführt. Der Abend war literarisches Kabarett ganz nach dem Geschmack von Brecht, eine Huldigung an Valentin hauptsächlich, der, sonst nur in Wirtshaussälen auftretend, auf diese Weise sich die Kammerspiele eroberte.

Jetzt mobilisierte Ihering die Berliner Dramaturgen. Felix Holländer wollte möglichst sofort, um seinen Kollegen zuvorzukommen, die drei vorliegenden Stücke des Augsburgers für das Deutsche Theater sichern. Brecht fuhr nach Berlin, um alle Angebote sorgfältig zu prüfen. Es ging ihm darum, sich nicht nur als Autor, sondern auch als Regisseur durchzusetzen. Sein Vorschlag, »Baal« mit Eugen Klöpfer zu machen, wurde nicht akzeptiert, auch »Trommeln in der Nacht« wollte Holländer nicht vom Autor inszenieren lassen. Der mißglückte »Vatermord« war noch nicht vergessen. Man einigte sich schließlich auf Otto Falckenberg, für das Deutsche Theater ein sicherer Mann, und Brecht sah in ihm einen Partner, den er wie schon bei den Proben in München beeinflussen konnte.

Außerdem wurde vereinbart, daß Brechts neues Projekt, eine Bearbeitung des »Hannibal« von Grabbe, am Deutschen Theater herauskommen sollte. Dieses Stück wollte der Autor auf jeden Fall selber inszenieren, »denn immer kann das mit dieser Art Spielen nicht weitergehen, wenn es nicht eine Bochesache werden soll, zivilisiert!« Angeregt zu seiner Bearbeitung wurde er durch eine »Hannibal«-Aufführung in München mit Albert Steinrück. Im August hatte der Dichter die ersten Szenen entworfen, von Berlin zurück, schrieb er Mitte Oktober in Augsburg mit »ziemlich viel Lust« an dem Stück weiter und brach die Arbeit leider ab, als ihm Herbert Ihering mitteilte, daß das Deutsche Theater den »Hannibal« nun doch nicht aufführen wolle.

Grabbe war nur der Anstoß für ein eigenes Stück gewesen. Die wenigen erhaltenen Szenen, Bruchstücke und Notizen sind alles andere als eine Bearbeitung; sie deuten eher auf ein ganz anderes, auf Grund eigenwilliger historischer Überlegungen entwickeltes »Hannibal«-Drama. Möglicherweise fehlten Brecht noch die Erfahrungen mit Shakespeare, so daß er für die einmal konzipierten und in Bewegung gesetzten dramaturgischen Linien und Kurven nicht das entsprechende formale Gerüst fand. Sprachlich gehört »Hannibal« jedenfalls mit zum besten, was der Dichter je geschrieben hat. Hannibal sah er als Neger und Soldat »mit einiger Weisheit der Urvölker« ausgestattet, »er hat freilich Hinterbacken, aber auch ein Gefühl für das Komische, Witterung für Wind und Menschengerüche«. Die merkwürdigen Umstände dieses Helden wollte er untersuchen, da er das offizielle Geschichtsbild für unglaubwürdig hielt und von der Nation vermittelt, die ihn besiegt hat. Als wichtigsten Gesichtspunkt aber betrachtete Brecht das Motiv der Nichtverständigung Hannibals mit seinen Soldaten, die nicht seine Sprache sprechen: »Die römischen Geschichtsschreiber wissen keinen Mann, dessen Haß gegen Rom so groß war wie der Hannibals, und dieser Hannibal war es, der sich als ein vollkommener Handwerker benahm und sein Leben zwischen Schlachten, die seine technischen Erfindungen ausprobierten, und Vertragsentwürfen auf irgendeine Art unterbringen mußte wie Rockefeller das seine zwischen den Ölgeschäften. Was für eine Kunst des Handwerks forderte allein die Aufgabe, ohne eine leitende populäre Idee (denn die Bekämpfung einer Sache ist nie dreißig Jahr lang populär und wäre es auch die Roms) diese vielsprachigen Heere zusammenzuhalten.«

In Berlin warteten inzwischen Bronnen und Neher, jeder in der Hoffnung, bald mit Brecht einen Hausstand gründen zu können. Dessen Versicherung, »ich bringe einen Lampiong mit in die Aussteuer, die Gitarre, die Schreibmaschine«, erschien dem »schwarzen Panther« nicht ausreichend. Er wollte es nun genau wissen und fuhr nach Augsburg. Bidi aber war gerade nach Berlin abgefahren, um dort seine Theaterangelegenheiten zu regeln. Auf langfristige Abmachungen ließen sich die Bühnen jedoch nicht ein. Sich schon jetzt dort endgültig niederzulassen, schien Brecht verfrüht. Eine zweite Niederlage wollte er in keinem Fall riskieren. So schloß er lieber einen Dramaturgenvertrag mit den Münchner Kammerspielen ab, der ihm ein regelmäßiges Gehalt einbrachte, das dem jeweiligen Stand der Währung angepaßt war. Nur von Autorenhonoraren konnte man Ende 1922 kaum mehr leben. Bis die Summe, über die man abgeschlossen hatte, ausbezahlt wurde, war sie längst nur noch wertloses Papier. Und von München war schließlich Augsburg nicht weit entfernt, wo der väterliche Haushalt einen gewissen Schutz gegen die ärgsten Begleiterscheinungen der Inflation bot.

Brechts Entschluß, vorläufig in München zu bleiben, ergab sich nicht zuletzt durch Mariannes erneute Schwangerschaft. Nach langem Zögern willigte er diesmal in eine Heirat ein. Fast unbemerkt fand die Hochzeit statt. Feuchtwanger und Müllereisert fungierten als Trauzeugen. Die »verlassenen Bräute« in Berlin waren nicht wenig bestürzt, als sie von dieser Eheschließung erfuhren, und gründeten nun ihrerseits einen gemeinsamen Haushalt. Brecht bagatellisierte seinen »Verrat« und kündigte neue Berlinpläne an. Zu den Proben von »Trommeln in der Nacht« kam er mißmutig. Falckenberg empfand die Mitarbeit des Autors als störend. Es sollte ja nichts neu durchdacht und abgeändert werden, es ging nur darum, die Münchner Aufführung mit andern Schauspielern zu wiederholen. Brecht mißfiel die Routine, der »Lack«. Den wollte er wegkratzen. Die Aufführung wurde nur ein halber Erfolg, für den Augsburger ein Grund mehr, Berlin weiterhin zu meiden. Die unsachliche, hämische Kritik von Alfred Kerr wurmte ihn am meisten. Der schwerste Fehler, den dieser Kritiker dem Dichter ankreidete, war das Lob Herbert Iherings.

In München galt Brechts Interesse dann der bevorstehenden Premiere des »Garga«. Das Stück, das inzwischen den Titel »Im Dickicht« bekommen hatte, ging er Szene für Szene noch einmal mit Feuchtwanger durch, gleichzeitig begannen sie mit einer gemeinsamen Arbeit für die Kammerspiele, der Neufassung von Marlowes »Leben Eduard des Zweiten von England«. »Im Dickicht« konnte nicht ohne Neher inszeniert werden, da seine Skizzen die szenische Gestalt entscheidend mitgeformt hatten. Im Gegensatz zu Falckenberg war Erich Engel sofort bereit, den bisher noch unbekannten Bühnenbildner auszuprobieren. Cas wurde dringend aus Berlin angefordert, schien aber immer noch zu grollen. Jedenfalls kam er nicht zum vorgeschlagenen Termin nach München. Für alle Fälle wandte sich Brecht an Bronnen, lud ihn ebenfalls nach München ein und führte Klage über die Unzuverlässigkeit von Tiger-Cas: »Erfolge verändern die Eierstöcke. Die isolierten Erfolge in den großen Städten dauern zwei Winter.« Neher kehrte zurück und feierte Versöhnung, Bronnen blieb als einsam Liebender in Berlin, und die großzügigen Einladungen, auf die südliche Insel zu kommen, vertieften nur seinen Schmerz: »Kannst du denn nicht kommen, alter Wüstling?« lockte Brecht. Auch für Gerda, die »große Schwester« der beiden, gäbe es einiges zu tun. »Du bist erwünscht. Du wirst mit Ehren empfangen werden ... Wenn (Bidi) und sein Freund Caskopf rauchen, träumen sie von ihrem Bruder in der Asphaltdschungel und ihre Augen werden naß.«

Wieder mit Brecht als Regisseur sollte Bronnens neues Stück »Der Verrat« in Berlin herausgebracht werden. Der Autor wurde eingeladen, sein Werk vor einem Regiekollegium des Staatstheaters vorzulesen. Hier stand Brechts Regie nicht mehr zur Debatte, und Jessner, der den »Verrat« gerne inszenieren wollte, war von der Lesung enttäuscht und sagte das Projekt ganz ab. »Es kommt darauf an, vor wem und womit man scheitert«, erklärte Brecht tröstend, aber nicht ohne boshafte Hintergedanken. Als »Arnoltschurke« endlich in München eintraf, war die Ehe mit Marianne am Auseinanderbrechen. In der kleinen Wohnung in der Akademiestraße fehlte es an Platz. »Brecht lief dem Kindsgeschrei davon und dem Matriarchat, er wußte nicht wo schreiben.« Wegen der zahlreichen Besucher, die oft über Nacht blieben, gab es viel Streit, Brecht zerlegte und verteilte ohne Zögern Mariannes sorgsam gehütetes Mobiliar. Auch Bronnen wurde nun vorübergehend einquartiert.

1923 hielten die Faschisten in München ihre ersten Versammlungen ab, Hakenkreuzler zogen in Uniform mit vaterländischen und antisemitischen Losungen durch die Straßen. Hitler sprach im Zirkus Krone. Brecht sah zunächst nur die bombastischen Theatereffekte, die mehr komischen Gebärden. Er witterte Stoff. Hitler, sagte er scherzhaft zu Bronnen, »hat den Vorteil eines Mannes, der das Theater immer nur vom vierten Rang aus gesehen hat«, und ein Gespräch über ein Massenstück im Zirkus schloß sich an, »das Hunger, Inflation und Befreiung darstellen sollte«. Als bei Feuchtwanger Scheiben eingeworfen wurden und Drohbriefe eintrafen, und als die Aufführung von »Im Dickicht« schon nach wenigen Vorstellungen abgesetzt werden mußte, wurde auch Brecht die Gefahr deutlicher bewußt, die jene »Kavalkaden von trüben Hundsföttchen« bedeuteten. Für den bayrischen Lokalfaschismus und die hysterischen Parolen der Hitleristen führte er das Wort »Mahagonny« ein: »Es war in ihm aufgetaucht, als er die Massen braunbehemdeter Kleinbürger gesehen hatte, hölzerne Gestalten mit ihrer falsch eingefärbten, durchlöcherten roten Fahne. Der Begriff wuchs ihm aus dem Wort, wandelte sich mit ihm; doch in jenem Sommer mochte er ihm zunächst Spießers Utopia bedeuten, jenen zynisch-dummen Stammtischstaat, der aus Anarchie und Alkohol die bis dahin gefährlichste Mixtur für Europas Hexenkessel zusammenbraute.« Den Faschismus, so wie er ihn damals vorfand, bewertete Brecht nicht als politisches, sondern nur als bayrisches Phänomen. Bronnen litt zu sehr an der Zeit und seinen eigenen Problemen, um unangefochten aus den Auseinandersetzungen mit den Phrasen und dem nationalistischen Zauber hervorzugehen. Er berauschte sich an starken Worten. Was er auf Grund eigener Erlebnisse im Krieg hätte verabscheuen müssen, zog ihn merkwürdig an. Brecht nahm diese Unsicherheit des Freundes nicht wahr, er übersah dessen Anfälligkeit für gewaltsame Gesten.

Den Sommer wollte der Augsburger dazu benutzen, ein Zugstück zu schreiben, das wenigstens das Geld bringen sollte, das er dringend für seine Familie brauchte. Am besten geeignet schien ihm eine Dramatisierung des populären Romans »Gösta Berling« von Selma Lagerlöf. Leichtsinnigerweise begann er bereits mit der Arbeit, ehe er einen Vertrag mit Ellyn Karin gemacht hatte, deren Bühnenfassung von der norwegischen Autorin autorisiert war. Der Tantiemenkampf wurde dann lange und erbittert geführt, ohne daß eine Einigung mit Frau Karin und deren Verlag zustande kam. Das Vorspiel und zwei Akte hatte Brecht schon fertig. Daß die Bearbeitung nicht gespielt werden durfte, braucht man nicht zu bedauern. Es handelt sich um brave Knittelverse in der Art von Gerhart Hauptmanns »Festspiel in deutschen Reimen«, also klappernde Dialoge mit viel Schwulst und in altdeutscher Holzschnittmanier:

> Gösta! Gösta! Was treibst du allhie!?
> Gösta! Du bist gerächt! Beir Jungfrau Marie!

Brecht verzichtete auf den »Gösta« und fuhr nach Berlin, als Bronnen von einem Agenten namens Jo Lherman, der mit dem Literaten Emil Szittya ein Theater der Autoren plante, Aufführung und Regie eines Stückes angeboten wurde. Das Unternehmen hieß »Das Theater« und machte auf Brecht keinen allzu vertrauenswürdigen Eindruck. Mit seinen eigenen Stücken hatte er ehrgeizigere Pläne. Bronnen schlug »Pastor Ephraim Magnus« von Hans Henny Jahnn vor, ein flammendes, wild wucherndes Pubertätsdrama, an dem der Augsburger Gefallen fand und das er gleich zu »lichten« begann. In diesen Tagen des Chaos, wo Millionen Arbeiter hungerten, müßte man eigentlich ein anderes Stück spielen, meinte Bronnen, doch Brecht reagierte ungehalten: »Was geht es dich an, wenn die Leute hungern? Machst du sie satt, wenn du über den Hunger Stücke schreibst?« Gewiß, das klang zynisch, gefühllos, war aber nur die unmarxistische Variante seiner materialistischen Auffassung von Kunst. Man muß nicht erst ins Theater gehen, um zu lernen, daß man Hunger hat. Man muß wissen, was man nicht hat, wie es beschaffen ist und wie man es sich verschafft. »Das Theater ist nichts, wo keine Appetite sind.« Der Dialektiker Brecht formulierte später: »Eine gute Rindssuppe geht mit dem Humanismus ausgezeichnet zusammen. Wissen Sie, wie man in anständigen Schuhen geht? Ich mein in leichten, nach Maß, aus feinem Leder, wo Sie sich wie ein Tänzer fühlen, und richtig geschnittene Hosen aus weichem Material, wer kennt das schon von euch? Das ist aber eine Unwissenheit, die sich rächt. Die Unwissenheit über Steaks, Schuhe und Hosen ist eine doppelte: Sie wissen nicht, wie das schmeckt, und Sie wissen nicht, wie Sie das bekommen können, aber die Unwissenheit ist eine dreifache, wenn Sie nicht einmal wissen, daß es das gibt.« Brecht kürzte Jahnns Stück auf knapp zwei Stunden zusammen, nur die Grundzüge der Handlung blieben bestehen. Der Autor, der zu den letzten Proben aus Hamburg kam, war entsetzt, er erkannte sein Werk nicht wieder und zerstritt sich mit den beiden Dichter-Regisseuren, die seiner Meinung nach weder die Handlung noch die Tendenz von »Pastor Ephraim Magnus« begriffen hatten. Die Aufführung brachte nicht einmal den erwarteten Skandal, sie fiel unbemerkt durch, und das Unternehmen des Herrn Lherman flog wenige Tage danach wegen ungedeckter Schecks auf. Auch der letzte Versuch einer gemeinsamen Arbeit von Brecht und Bronnen endete mit einer Niederlage. An eine fruchtbare Zusammenarbeit war nicht mehr zu denken. Der Freundschaftsbund aber sollte weiterbestehen. Später kommentierte Bernhard Reich diese Haltung: »Die Treue zu seinen Sympathien und Anhänglichkeiten hatte über den skeptischen und praktischen Brecht eine ganz große Gewalt.«

Daß ihre Auffassungen kollidierten, ignorierte Brecht, obwohl es ihn, der ständig neue Gedanken entwickelte und neue Mitarbeiter suchte, zweifellos ärgerte, daß Bronnen einen anderen Weg einschlug. »Es erhitzt mein Blut«, äußerte er einmal, »daß Bronnens Theorie anders ist als die meinige«. Von den Stücken des Freundes hielt er nach wie vor ziemlich viel.

Durch Bronnen lernte Brecht im Herbst 1923 die Schauspielerin Helene Weigel kennen, die von Leopold Jessner ans Staatstheater engagiert worden war. Sie war mit Gerda Müller befreundet und hatte in Frankfurt eine kleine Rolle in »Vatermord« gespielt. Ihren ausgeprägten Sinn für realistische Darstellung hatte Bronnen Brecht gegenüber schon bei früherer Gelegenheit gelobt. Helene Weigel hatte ein Atelier in der Spichernstraße bezogen. Sie galt allgemein als gastfreundlich, und ihre Wiener Kochkünste wurden sehr gerühmt. Nach Bronnens Auffassung war sie eine Schauspielerin, die Brecht interessieren müßte, und eines Abends, als die Freunde zufällig auf Hellis hell erleuchtetes Atelierfenster blickten, machte sich Bert auf den Weg. Noch häufiger als bisher pendelte der Dichter vorerst zwischen München und Berlin, um die neue Geliebte zu treffen und vor anderen Liebhabern abzuschirmen.

Brecht war von dem »Helletier« begeistert, die Schauspielerin Helene Weigel entdeckte er vorerst noch nicht.

VI
Der Weg zum epischen Theater

Das Theater der Clowns und des Wettkampfs – Der erste große Regieversuch – Zusammenarbeit mit Lion Feuchtwanger – Marlowe und Brecht – Der physische Sieger ist der menschliche Verlierer – Der erste Soldat der Revolution: Asja Lacis – Die Idee des epischen Theaters – Allgemeiner Aufbruch nach Berlin – Brechts Vertragsbedingungen – Erster Italienaufenthalt – »Galgei« oder Vom oberflächlichen Firnis des Individualismus in unserer Zeit

»Wenn ich ein Theater in die Klauen kriege, engagiere ich zwei Clowns. Sie treten im Zwischenakt auf und machen Publikum. Sie tauschen ihre Ansichten über das Stück und die Zuschauer aus. Schließen Wetten ab über den Ausgang.« Brecht wollte die Auffassung der Schauspieler von der Rolle und die Haltung der Zuschauer versachlichen. Theater nicht als Erlebnis, sondern als Spaß und intellektuelles Abenteuer. Das angestrebte Ziel war die Entkrampfung aller Beteiligten. Auch die Zuschauer sollten Wetten abschließen, sich wie im Zirkus oder bei einem Pferderennen verhalten. Die Vorgänge auf der Bühne hatten »real« zu sein, unterhaltsam, einsehbar. Brecht forderte sein Publikum auf, sich an den »menschlichen Einsätzen« auf der Bühne zu beteiligen, im Vorspruch zu »Im Dickicht der Städte« heißt es: »Beurteilen Sie unparteiisch die Kampfform der Gegner und lenken Sie ihr Interesse auf das Finish.« Der Vorschlag, Clowns zu verwenden, sollte die »Einfühlung« der Zuschauer in die Figuren verhindern. Helden sollten wie Privatpersonen behandelt werden. Nicht ironisierend im Sinn von Shaw, sondern distanzierend: ein Mittel zur realistischen Darstellung und Bewertung eines Helden. Von David etwa sollen die Clowns berichten: »Er wäscht sich zu wenig« und von Baal: »Er ist verliebt in den Schmutzfinken.«

Bisher hatte der Dichter keine Gelegenheit gehabt, seine Überlegungen praktisch auszuprobieren. Die beiden Regieversuche mit Bronnen waren nur Vorübungen unter denkbar schlechten Bedingungen. Erst bei der »Eduard«-Inszenierung in den Münchner Kammerspielen bekam Brecht soviel Proben, wie er wollte, und die Besetzung konnte er selbst bestimmen. Ursprünglich sollte er »Macbeth« inszenieren, schreckte dann aber vor einem Shakespeare-Stück noch zurück und entschied sich für Marlowes »Eduard II«, ein buntes und blutiges Panorama wilder Leidenschaften. Die vorliegende Übersetzung von Walter Heymel gefiel Brecht nicht besonders. Feuchtwanger, ein vorzüglicher Kenner des Englischen, machte den Vorschlag, gemeinsam einen neuen Text nach dem Original anzufertigen. Aus der Übersetzung wurde eine eingreifende Bearbeitung. Feuchtwangers Anteil bestand hauptsächlich im Überprüfen verstechnischer Probleme, er kritisierte zu »glatt« geratene Stellen, half beim Aufrauhen der Verse, die »holprig« sein sollten wie die Schlegel-Tiecksche Shakespeare-Übertragung. »Das Problem war einfach: Ich benötigte gehobene Sprache, aber mir widerstand die ölige Glätte des üblichen fünffüßigen Jambus. Ich brauchte Rhythmus, aber nicht das übliche Klappern.« Die Sprache sollte der ungleichmäßigen Entwicklung menschlicher Schicksale und dem Hin und Her historischer Vorgänge, den »Zufälligkeiten«, entsprechen. Es war ein Protest gegen die Glätte und Harmonie des konventionellen Verses und zugleich ein Versuch, »die Vorgänge zwischen den Menschen als widerspruchsvolle, kampfdurchtobte, gewalttätige zu zeigen«.

Brecht vereinfachte die Handlung seiner Vorlage und verkleinerte das Personal. Der gesellschaftliche Hintergrund, die politische Aktion mußten zurücktreten zugunsten einer menschlichen. Es ging nicht darum, Geschichte darzustellen. Der Untertitel »Historie« war formal gedacht, ebenso die epische Gliederung des Stoffs. Die genauen Daten in den Szenenüberschriften sind zum größten Teil erfunden, sie sind ein Mittel zur Konkretisierung der Fabel. Unter Fabel verstand Brecht das, was die Menschen tun und was mit ihnen geschieht. In Form einer Moritat wurde sie dem Stück vorangestellt: »Hier wird öffentlich vorgeführt die Historie von der unruhigen Regierung Eduards des Zweiten, Königs von England, und sein jammervoller Tod / Sowie das Glück und Ende seines Günstlings Gaveston / Ferner das wirre Schicksal der Königin Anna / Desgleichen Aufstieg und Untergang des großen Earl Roger Mortimer / Was sich alles ereignete in England, vornehmlich zu London, vor nunmehr sechshundert Jahren.«

Themen, Bilder, die dramatischen Konflikte von »Im Dikkicht der Städte« tauchen wieder auf. Auch im »Eduard« spielt der Kampf zweier Männer im »Dickicht« der Zeit eine wichtige Rolle. Die Figuren sind »roh verstrickt« in ihr Selbst, sie besitzen nicht die Unabhängigkeit, die sie bei Marlowe haben, handeln nicht im Interesse ihrer Machtposition. Marlowes Eduard will zwar auch seinen Buhlknaben Gaveston um jeden Preis halten, aber der König gibt sofort nach, wenn er seine Stellung ernsthaft gefährdet sieht. Er stimmt der zweiten Verbannung seines Günstlings zu, und aus politischen Erwägungen bestimmen dann Mortimer und die Peers, daß er zurückkommen kann. Brecht läßt die zweite Verbannung überhaupt weg. Sein Eduard handelt streng nach dem Satz »Ich falle oder leb mit Gaveston«. Gegen alle Vernunftregeln widersetzt er sich den Gesetzen, die seine Herrschaft garantieren. Er pfeift auf seine Königswürde und bereitet sich selbst den Untergang. Schon die erste große Schlacht endet für Eduard vernichtend. Er überlebt nur, weil es ihm gelingt, die Peers in eine Falle zu locken und feige zu ermorden. Dem Mortimer schenkt er das Leben: der König will ihn sich als Gegner erhalten, mit dem er »kämpfen« kann. Er verschont seinen Feind aus »arger Lust«. Der Hof, sein Königtum und die Sicherung der Macht sind ihm nicht wichtig, er bleibt im Feld mit seinen Spießgesellen: »Der Regen wäscht die Nieren und alles ist besser / Als London.« Da er einmal den Kampf aufgenommen hat, kann er nicht mehr zurück, er ist in ein Geschehen verwickelt: »In Zeltlager verstrickt und Heerzüge / Entwindet sich der Mensch nicht mehr dem Krieg / Um den vertilgten Gaveston.« Auch Mortimer kämpft nicht aus politischen Gründen gegen den König. Brecht zeigt ihn als Philosophen, der die Einsicht »in die Nichtigkeit menschlicher Dinge und Taten« gewonnen hat und nur schwer zu überreden ist, sein Studierzimmer zu verlassen, denn »wer anfängt / Einen Hahn zu rupfen, ihn zu essen, oder / Weil sein Gekräh gestört hat, solchen kann am Ende / Gesättigt, aus Geschmack am Schinden, Lust ankommen / Abzuziehen die Haut dem Tiger.« Wie ein Liebender verfällt Mortimer seinerseits der Idee des Kampfes mit dem König, für den er die Rolle des Gaveston übernimmt: »Drum wickle ich mich / Gescheut wie ein Verbrannter, in eines andern / Haut, nämlich in die Haut dieses Schlächtersohns.« Bevor er Eduard umbringen läßt, tritt Mortimer ihm noch einmal gegenüber und muß erkennen, daß er als der physische Sieger der menschliche Verlierer ist. Eduard »erkennt« sich und »nicht gelüstig / Auf Sterben, schmeckt er Nützlichkeit / Schrumpfender Vernichtung«. Sterbend nimmt Eduard eine königliche Haltung ein, er bedauert nichts und weigert sich, der Krone zu entsagen. »Ihr kämpft gut«, muß der Unterlegene anerkennen. Eduard preist die »Finsternis« als das Beste, die Königin lacht über die »Leere« der Welt, und Mortimer erinnert den jungen Thronfolger an das Bild vom ewig kreisenden Rad der »Fortuna«, das Rad, das erst aufwärts und dann nach unten treibt: »Weils eben rund ist. Wer dies gesehn hat, fällt er / Knabe, oder läßt er sich fallen? Die Frage / Ist spaßhaft. Schmeck sie!«

Brecht probte mehrere Monate. Seine Mitarbeiter waren Bernhard Reich, damals Oberspielleiter der Kammerspiele und dessen Frau Asja Lacis. Caspar Neher baute das Bühnenbild, das sehr einfach gehalten war, die Schauerelemente der Handlung kräftig unterstreichend. Erwin Faber spielte den König, Erich Riewe den Gaveston, Oskar Homolka den Mortimer, Maria Koppenhöfer die Königin Anna, Hans Schweikart den Verräter Baldock und Kurt Horwitz den Lightborn. Asja Lacis, eine Lettin, die in Moskau studiert hatte und Brecht viel von den revolutionären Ereignissen in der Sowjetunion, vom neuen russischen Theater und der sowjetischen Kulturpolitik erzählen konnte, mußte die Rolle des jungen Eduard übernehmen, weil kein passender Schauspieler gefunden werden konnte. Ihr lettischer Akzent wurde nicht als störend empfunden, die nötige Härte und Schärfe im Auftreten war dem Regisseur wichtiger: »Deutsch mit Akzent, aber die Gestalt bringen, ist besser, als ein falscher Darsteller, der ein tadelloses Bühnendeutsch spricht.« Der Gestus war Brecht wichtiger als das Wort. Flüchtige und falsch ausgeführte Verrichtungen ließ er nicht durchgehen. Ein »ich töte dich« ohne kunstvoll geführten Dolch kam nicht in Frage. Bernhard Reich berichtet, wie sehr Brecht auf diese Dinge achtete, wie intensiv er sie probte. Das Hängen des Gaveston beispielsweise mußten die Soldaten fachmännisch und mit viel Phantasie besorgen: »Brecht unterbrach und verlangte, die Akteure sollten es richtig machen: Schlinge knüpfen, das Seil am Querbalken befestigen. Achselzuckend versuchten die Schauspieler, irgendwie den unerwarteten Anordnungen des Regisseurs nachzukommen. Brecht unterbrach wieder, forderte grimmig und unentwegt, das Hängen zu wiederholen, und stellte die Aufgabe, Gaveston virtuos zu hängen. Das Publikum solle sich mit Vergnügen ansehen, wie man den Burschen aufknüpft.«

Während der Proben entdeckte der Regisseur die Schwächen des Dramatikers. Brecht änderte, schrieb neuen Text. Er paßte sich den Bedürfnissen und Fähigkeiten seiner Schauspieler an. »Er nahm dem Schauspieler die Gemütlichkeit, die sich temperamentvoll anbiedert,« konstatierte Herbert Ihering: »Er forderte Rechenschaft über die Vorgänge. Er verlangte einfache Gesten. Er zwang zu klarem, kühlem Sprechen. Keine Gefühlsmogelei wurde geduldet. Das ergab den objektiven, den epischen Stil.« So wurde »Eduard II« die Gründungsaufführung des Brechtschen Theaters. Der Dichter hat später oft eine Anekdote von den Proben erzählt und den Augenblick bezeichnet, in dem die Idee des »epischen Theaters« verankert ist: In der Schlachtszene kam man nicht mit den Soldaten zurande. Wie verhalten sich Soldaten in einer Schlacht? wollte Brecht von seinen Mitarbeitern wissen. Niemand wußte eine Lösung. Auch Karl Valentin wurde gefragt. Soldaten, meinte der, haben Angst: »Furcht hams, blaß sans.« Diese Antwort war das entscheidende Stichwort. »Die Gesichter der Soldaten wurden dick mit Kalk belegt. Und an diesem Tage war der Aufführungsstil gefunden.« Die Inszenierung, die noch viele Unvollkommenheiten hatte, wurde mit Beifall aufgenommen, man sprach von einer ungewöhnlich talentierten Regiearbeit des Dichters. Sie machte ihn für die Berliner Theater attraktiv. Noch spotteten die Kritiker meistens über seine Versuche, denn sie verstanden seine Auffassung von Theater nicht. Bernhard Reich schreibt: »Daß sich in ihr die Keime einer neuen Art, Stücke zu schreiben, und einer neuen Technik der Schauspielkunst regten, das wurde kaum erkannt.«

München war seit der Liquidierung der Räterepublik die reaktionärste Stadt Deutschlands. Die neuen Drohungen, die »Mahagonny« im November 1923 ausstieß, waren für viele Künstler das Signal zum Aufbruch. Heinrich Mann verließ die Stadt noch am Tag des Hitler-Putsches. Feuchtwanger, Erich Engel, Bernhard Reich und die Lacis bereiteten Anfang 1924 ihren Umzug nach Berlin vor. Brecht kündigte seine endgültige

Übersiedlung für den Herbst an. Jessner hatte »Leben Eduards des Zweiten« angenommen, und das Deutsche Theater, wo die Aufführung von »Im Dickicht der Städte« noch ausstand, bot dem Stückeschreiber einen Dramaturgenvertrag an.

»Die menschlichen Beziehungen leiden darunter und gehen oftmals dadurch in die Brüche, daß der zwischen den betreffenden Menschen bestehende Vertrag nicht eingehalten wird.« Brecht liebte es, seine persönlichen Verhältnisse »vertraglich« zu regeln. Die Ehe mit Marianne zum Beispiel hatte er nur unter der Voraussetzung geschlossen, daß seine Unabhängigkeit gewahrt bliebe und seine Freundschaften mit anderen Frauen toleriert würden: »Manches muß die Frau als unabänderlich hinnehmen.« Umgekehrt erwartete Brecht jedoch von den Frauen unbedingte Treue. Wenn er Grund hatte, eifersüchtig zu sein, berief er sich auf die vertraglichen Abmachungen, die übrigens so »elastisch« gehandhabt wurden, daß die Beteiligten daran auch ein gewisses Vergnügen hatten. Die unverkennbare Penetranz der Angelegenheit wurde witzig überspielt. Marianne litt aber unter den Vertragsbedingungen, die sie zu ihren Gunsten nicht verändern konnte. Die Hoffnung, Brecht für ein geordnetes Familienleben zu gewinnen, mußte sie aufgeben.

Bald nach der »Eduard«-Premiere fuhr das Ehepaar nach Capri. Das südliche Klima wirkte sich günstig auf Mariannes angegriffene Gesundheit aus, Brecht dagegen gefiel die azurne Mittelmeerlandschaft nicht besonders. Neher kam bald nach und schlug Positano als ständigen Aufenthaltsort vor; das war ein düsterer und klobigerer Ort, der nicht die »knallige« Schönheit von Capri hatte. Mit Cas war es schon weniger langweilig. Die Freunde fuhren zusammen nach Neapel. In Städten fühlte sich Brecht gleich wohler. Neapel hatte Hafenkneipen, bunte Jahrmärkte. Landschaft machte ihn eher ungeduldig, irritierte ihn. Er hatte kein »Italienerlebnis«. Die Spuren der Antike, auch die »römische Tradition« interessierten ihn damals nicht. Als er von einem kurzen Abstecher nach München durch Rom kam, ging er achtlos durch die Stadt und verbrachte die Wartezeit bis zum Zug nach Neapel im Kino. In italienischen Kinos durfte man rauchen, stellte er befriedigt fest. Der rauchende Mann im Parkett war eine Lieblingsidee des jungen Brecht. Mit »Kultur« wollte er nichts zu tun haben.

Seine Leidenschaften waren Sport, Kino, Kriminalromane. Das bedeutete für ihn auch Absage an die Natur.

Den Sommer über ging Brecht wie üblich in Augsburg in Klausur. Er wollte mit einem neuen Stück, seiner Komödie »Galgei«, nach Berlin kommen. Das war ein altes Projekt, die »Vision vom Fleischklotz, der maßlos wuchert, der, nur, weil ihm der Mittelpunkt fehlt, jede Veränderung aushält, wie Wasser in jede Form fließt.« Galgei als ein Mann, der manipuliert wird, ein Menschenautomat, unsterblich aus Unfähigkeit zu leben. Der Mann »wird gelebt«. Die Behauptung »Mann ist Mann« existierte noch nicht. Jener Galgei war als eine große Figur gedacht, als Naturkoloß wie Baal, Shlink und Eduard, seine Tierhaftigkeit wurde betont und zu einem Teil ja auch noch dem späteren Galy Gay belassen, dessen Individualität nicht mehr erkennbar sein sollte.

Die »Verwandlung« des harmlosen Packers in eine menschliche Kampfmaschine erschien Brecht 1924 nicht mehr als etwas Zwangsläufiges. Er wollte jetzt ein Stück schreiben über den »oberflächlichen Firnis des Individualismus in unserer Zeit«. Brecht erklärte sich gegen die »Persönlichkeit«, den »großen Einzelnen«. Die gesellschaftlichen Prozesse und Mechanismen begannen ihn zu interessieren.

VII
Versuch über »Im Dickicht der Städte«

> Einen so idealen Kampf, wie man ihn in dem Stück »Im Dickicht der Städte« sehen kann, wird man vorerst nur im Theater, in der Wirklichkeit erst in fünfzig Jahren haben können.

1926 plante Brecht eine Reihe von Dramen, die den »Einzug der Menschheit in die großen Städte« behandeln sollten. »Im Dickicht der Städte«, das er damals gerade für die Buchausgabe im Propyläen Verlag noch einmal bearbeitete, betrachtete er als das erste Stück dieses Zyklus. Als zweites und drittes waren »Der Untergang des Egoisten Johann Fatzer« und »Joe Fleischhacker« vorgesehen. Der Zerfall der Familie Garga im Dickicht Chicagos sollte beispielhaft für das Schicksal der Massen stehen, die im Zuge der fortschreitenden Industrialisierung die Dörfer verlassen haben, um in den Städten Arbeit und bessere Lebensbedingungen zu finden. Das Stück beschrieb die Entfremdung der Menschen in einer Gesellschaft, die nur noch vom Kapital beherrscht wird. Den Egoisten Johann Fatzer entwarf Brecht, hier anknüpfend, als den Typ des kleinen Mannes, der durch listige Anpassung reich werden und seinen Aufstieg in die Reihe der Bevorzugten mit Verrat an seinen Klassenbrüdern erkaufen will, dabei aber scheitert. »Joe Fleischhacker« sollte dann den Kampf der Oberen zeigen, den Aufstieg und Fall eines Geldkönigs an der Chicagoer Weizenbörse.

Warum wählte Brecht gerade Chicago so oft als Schauplatz seiner Stücke? Diese Stadt ist ein anschauliches Beispiel für das enge Nebeneinander von industriellem Fortschritt und menschlicher Verwüstung, von sozialem Aufstieg und Verbrechertum. Als »Sumpf« und »Dschungel« schilderten sie Upton Sinclair und Johannes Vilhelm Jensen, deren Romane Brecht beeinflußt haben. Sein Chicago ist aber nur bedingt realistische Kulisse, es ist eher unwirklich, ein anschauliches Kunstmilieu und imaginatives Modell, dessen Aufgabe es ist, die abstrakte Idee einer Fabel zu konkretisieren. Statt beispielsweise Berlin nimmt Brecht lieber Chicago. Er muß die Vorgänge aus der Distanz betrachten, sie »verfremden«, um sie als typisch zeigen zu können. Auf diese Weise werden auch die Figuren, die sonst nur romantische Sonderlinge in einer vertrauten Umgebung wären, interessant und exemplarisch. Ihre Verhaltensweisen werden bemerkenswert: »Meine Wahl amerikanischen Milieus entspringt nicht, wie oft gemeint wurde, einem Hang zur Romantik. Ich hätte ebensogut Berlin wählen können, aber das Publikum hätte dann nicht gesagt: ›Der Mensch handelt eigenartig, auffällig, bemerkenswert‹, sondern nur: ›Ein Berliner, der so handelt, ist eine Ausnahmeerscheinung‹. Durch einen Hintergrund (eben den amerikanischen), der meinen Typen von Natur entsprach, so daß er sie nicht preisgab, sondern sie deckte, glaubte ich das Augenmerk am leichtesten auf die eigenartige Handlungsweise zeitgemäßer großer Menschentypen lenken zu können. Im deutschen Milieu wären diese Typen romantisch: Sie hätten sich bloß in einem Gegensatz zu ihrer Umgebung befunden, statt im Gegensatz zu einem romantischen Publikum«.

Als Brecht 1921 »Im Dickicht der Städte« schrieb, war ihm der gesellschaftliche Hintergrund kaum bewußt, und die soziale Problematik interessierte ihn noch nicht. Das Stück hieß zunächst »Garga« und knüpfte an »Baal« an. Nur das Gesicht der Landschaft hatte sich geändert, und die Weltanschauung des Dichters war nun konsequent nihilistisch. Baal fühlt sich noch in der Landschaft geborgen, er ist ein »maitoller Bursche mit unsterblichen Gedärmen«, voller Vitalität, nach Glück und Genuß verlangend, und er hat keine Bedenken, sie sich zu verschaffen. Garga und Shlink können Glück gar nicht mehr empfinden, sie leiden unter der entsetzlichen Vereinzelung des Menschen und können nicht einmal in der Negativität, im Kampf bis aufs Messer, Gemeinsamkeit erfahren. Auch die körperliche Vereinigung würde ihre Vereinzelung nicht aufheben. Alle menschlichen Beziehungen sind im Kapitalismus nur noch Warenbeziehungen: »Die Menschheit gäbe eine unendliche Seligkeit, wenn sie Kriege führen könnte. Ihre Kriege sind Verschleierungen, Spiegelfechterei! Nirgends auf dieser Welt besteht ein auch nur winziger Zusammenhang zwischen Mörder und Opfer.« Auch Kriege sind demnach Ersatzhandlungen. Alle Kämpfe drücken die ungeheure Entfremdung der Menschen aus, sie bleiben »pures Schattenboxen«. Baal darf auf exterritorialem Gelände agieren und die Wirklichkeit verdrängen, um ein Stück Utopie zu realisieren. Garga und Shlink leben und kämpfen in der kapitalistischen Welt.

Mit »Im Dickicht der Städte« habe er »Die Räuber« von Schiller verbessern wollen, erklärt Brecht, jenes Drama, in dem »um bürgerliches Erbe mit teilweise unbürgerlichen Mitteln ein äußerster, wildester, zerreißender Kampf« geführt wird. In Garga sieht er eine Art von Karl Moor, der einen »verzweifelten Freiheitskampf gegen das um ihn dichter und dichter werdende Dickicht Shlinkscher Intrigen« kämpfen muß. »Es war die Wildheit, die mich an diesem Kampf interessierte, und da in diesen Jahren der Sport, besonders der Boxsport mir Spaß bereitete, als eine der ›großen mythischen Vergnügungen der Riesenstädte von jenseits des großen Teiches‹, sollte in meinem neuen Stück ein ›Kampf an sich‹, ein Kampf ohne andere Ursache als den Spaß am Kampf, mit keinem anderen Ziel als der Festlegung des ›besseren Mannes‹ ausgefochten werden.« Aus diesen Vorhaben entstand schließlich ein Stück »über die Schwierigkeit, einen solchen Kampf herbeizuführen«. Der ideale Kampf, den Brecht vor Augen hat, ist nur zu realisieren, wenn gesellschaftliche Verhältnisse geschaffen sind, die eine Selbstverwirklichung des Menschen gestatten, wenn der Mensch sich, wie Hegel sagt, »als Resultat seiner eigenen Arbeit begreift«. Kampf ist gemeint als das Movens der ursprünglichen, der Natur der Menschen gemäßen Verhaltensweisen, die keine unreinen Kampfmotive zulassen, wie zum Beispiel »Besitzgier nach Frauen, Produktionsmitteln, Ausbeutungsobjekten«. Das sind für Brecht Motive, die »eben verschwinden können, da sie einfach wegorganisiert werden können«.

Die Motive der Handlung fand er in Jensens Roman »Das Rad«, der den Kampf des jungen Dichters Ralph Winnifred Lee mit dem alternden Sektenprediger Evanston schildert. Lee ist ein Hohepriester der Moral und Redlichkeit, in seinen Versen verherrlicht er das Rad als Symbol des technischen Zeitalters. Evanston ist ein verkommenes Subjekt, ein Zyniker, der sich als Religionsstifter und Glücksprophet Macht und Reichtum verschaffen will. Er hängt sich an Lee, »frißt sich in ihn ein«, weil er ihn für die Ziele seiner verquollenen Weltanschauung gewinnen möchte. Auf einer Brücke im Herzen Chicagos findet die entscheidende Begegnung der beiden »geistigen Großmächte« statt: »Und hiermit begann der Kampf zwischen zwei Menschen, zwei verschiedenen Nervensystemen, ein Kampf, der unerbittlich war und nur mit der Ausrottung einer der Parteien enden konnte, weil er von der einen Seite blind und mit der ganzen Stärke des elementaren Appetits geführt wurde und weil es für die andere das Leben galt.« Weil er den Kampfmethoden seines Gegners nicht gewachsen ist, beschließt Lee, ihn umzubringen. Evanston durchschaut diese Absicht und entwaffnet Lee, indem er sich vor ihm demütigt. Wieder ist der junge Dichter der Schwächere, die einzige Kraft, die er gegen Evanston mobilisieren kann, ist sein Selbsterhaltungstrieb. Dann versucht Lee, seinen Gegner weltanschaulich zu »verdauen« und sieht plötzlich eine Mission darin, »ihn auszuhalten«. Als ihm Evanston aber mit Liebeserklärungen körperlich zu nahe kommt, tötet er ihn doch. Seine Tat betrachtet Lee nicht als Mord, sondern als Notwehr gegenüber einer Kraft, die man aus der Welt schaffen muß. Er hat das Gefühl, einen »Teufel« überwältigt zu haben. Der Sieger bekennt sich zum tätigen Leben, gibt das Dichten auf und wird Unternehmer. Amerikaner »leben und arbeiten«, meint Lee, »Geistesleben ist all das Gerede, das Bedauernswürdige führen um uns und über und unter und neben dem, was wir tun ... Alle Ästhetik ist nur eine Krankheit im Wirklichkeitssinne ... wenn sie nicht gar ein menschlicher Hinterhalt auf das Eigentumsrecht ist ...« Jensen breitete in seinem Roman sehr geschwätzig und mit viel Pathos die Darwinschen Thesen vom rückhaltlosen Kampf ums Dasein aus und vermischte sie unbedenklich mit sozialen Problemen.

Während Lee im »Rad« für Whitman schwärmt und seine Dichtungen vorträgt, begeistert sich Garga für Rimbaud. »George Garga«, bemerkt Brecht, »gleicht Arthur Rimbaud im Aussehen. Er ist im Wesentlichen eine deutsche Übersetzung aus dem Französischen ins Amerikanische.« Garga zitiert Verse von Rimbaud und Verlaine und identifiziert sich mit dem poetischen Ich von Rimbauds »Une Saison en Enfer« und von »Illuminations«. Ähnlich Rimbaud versucht Brecht, seine nihilistischen Betrachtungen formal in Szene zu setzen, seine unmittelbar sinnlichen Eindrücke sprachlich zu fixieren: »Ich stellte Wortmischungen zusammen wie scharfe Getränke, ganze Szenen in sinnlich empfindbaren Wörtern bestimmter Stofflichkeit und Farbe. Kirschkern, Revolver, Hosentasche,

Papiergott: Mischungen von der Art. Selbstverständlich arbeitete ich gleichzeitig an der Fabel, an den Charakteren, an meinen Meinungen über menschliches Verhalten und seine Wirksamkeit, und vielleicht habe ich das Formale ein wenig übertrieben, aber ich wollte darlegen, was für ein komplexes Geschäft solch ein Schreiben ist und wie das eine in das andere eingeht, wie die Formung aus dem Stofflichen kommt und auf das Stoffliche zurückschlägt.« Die Dichtung bleibt monologisch, stellt keine Verbindung zum Partner her.

Ein sinnvoller Kampf ist unmöglich wegen der menschlichen Isolierung und der Unzulänglichkeit der Sprache als Mittel zur Verständigung, folgerte damals Brecht, als Marxist sah er dann die Ursache für die Unmöglichkeit menschlicher Beziehungen im kapitalistischen System. Die Dialektik von »Im Dickicht der Städte« erschien ihm später nur noch rein idealistischer Art: »Das Stück bedeutet einen enormen Fortschritt in der Dramatik, bei all seinen Schwächen; sie hatte die idealistische Dialektik Hegels nachzuholen, bevor sie weitergehen konnte. Dabei kannte ich (wie die ganze Dramatik) keine Zeile von Hegel.« Die idealistische Dialektik erweist sich heute gerade als der Vorzug des Stücks. Das Problem der menschlichen Entfremdung ist nicht allein mit der Einführung einer sozialistischen Gesellschaftsordnung zu lösen. Man ignoriert den philosophischen Anspruch der Marxschen Theorie, wenn man die Existenz des Menschen, die »menschliche Wirklichkeit« nur als von ökonomischen Gegebenheiten abhängig betrachtet. »Alle Versuche einer Abdrängung und schamhaften Verbergung des philosophischen Gehalts der Marxschen Theorie«, meint auch Herbert Marcuse, »zeugen von einer völligen Verkennung des ursprünglichen geschichtlichen Bodens dieser Theorie: sie gehen von einer wesentlichen Trennung von Philosophie, Ökonomie und revolutionärer Praxis aus, die ein Produkt der von Marx gerade bekämpften Verdinglichung ist und die Marx schon im Ansatz seiner Kritik überwunden hatte.«

Die dialektische Konstruktion des Stücks erforderte einen anderen Titel als den ursprünglich geplanten. Brecht nannte es statt »Garga« zunächst »Im Dickicht«, dann »Im Dickicht der Städte«. Die Figur des Garga betrachtete er, je länger er sich mit dem Stoff beschäftigte, mit immer größerem Abstand, und besonders anläßlich der letzten Überarbeitung eliminierte er viele »autobiographische« Stellen. Mit Baal konnte sich Brecht noch identifizieren, bei Garga war ein Einverständnis nicht mehr möglich. Die Beziehung Gargas zu Rimbaud entsprach, anders als die Beziehung Baals zu Verlaine, nurmehr dem Verhältnis eines Schauspielers zu seiner Rolle.

Gleich in der ersten Szene weist Brecht auf die Lektüre hin, die ihn zu »Im Dickicht der Städte« angeregt hat. Garga ist Bibliotheksangestellter und empfiehlt als seine Lieblingsbücher »Une Saison en Enfer« und »Das Rad«. Eine weitere literarische Reminiszenz klingt mit dem Tahiti-Motiv an. Auch Gauguins »Noa Noa« hat sich Garga »angeeignet«: Er träumt von Tahiti, einer anderen Welt, in die er sich einspinnen kann, wenn der eintönige Alltag ihn allzusehr bedrückt. Eines Tages kommt der Holzhändler Shlink in die Bibliothek, nicht um Bücher auszuleihen, sondern um Gargas Ansichten über Bücher zu kaufen. Shlink will den Angestellten festlegen, seine Ansichten in Ware verwandeln, zu Geld machen. Daß Garga sich weigert und auf seiner Freiheit beharrt, beeindruckt den Händler. Garga reagiert untypisch, sein Verhalten scheint nicht kapitalisiert, er hat zum Beispiel noch ein persönliches Verhältnis zu den Büchern, die er empfiehlt. In dem Bibliotheksangestellten glaubt der Holzhändler einen Menschen gefunden zu haben, der sich wie er nach »Verständigung« sehnt und die persönliche Isolierung überwinden möchte. Garga scheint für ihn ein »Partner« zu sein. Der Kapitalismus entstellt die Menschen, zwingt sie zu ihrem Wesen widersprechenden Handlungen und verhindert ihre Selbstverwirklichung. Auch auf den Unternehmer, obwohl er durch das kapitalistische System materiell begünstigt ist, wirkt sich die Entfremdung aus, denn »er besitzt sein Eigentum nicht als Feld freier Selbstverwirklichung und Betätigung, sondern als bloßes Kapital« (Marcuse). Shlink will herausbringen, ob menschliche Annäherung durch »Kampf« möglich ist. Er will den täglichen Kampf um die Existenz, der sich ihm freilich anders darstellt und den er anders empfindet als Garga, auf ein »geistiges« Feld verlagern, das heißt er will bei seinem Vorhaben die Wirklichkeit ausklammern.

Es geht Shlink um den »idealen« Kampf, um einen Kampf aus purer Lust am Kampf, wobei er nur menschliche, aber keine materiellen Interessen hat. Nachdem er sich von Gargas

Kampfeignung überzeugt hat, eröffnet der Holzhändler den Kampf. Sein erster »Schlag« trifft die wirtschaftliche Existenz seines Gegners. Garga wird entlassen. Damit ist die Voraussetzung für dessen »Freiheit«, auf die er so stolz verwies, beseitigt, seine »Plattform« ist erschüttert. Garga hat gar nicht verstanden, um was es geht. Ein Anschlag auf seine wirtschaftliche Existenz ist für ihn nichts Neues. Er verweigert den Kampf, tritt den Rückzug an und glaubt zunächst noch, seine Freiheit bewahren zu können. Auf diese Weise wird er erst richtig in den Kampf verwickelt. Alle Aktivität liegt bei Shlink, Garga pariert zwar die Schläge seines Gegners, aber er reagiert nur, wenn er gereizt wird. Auch Tahiti, der »Inhalt« seiner Freiheit, die Vorstellung, mit der er sich wenigstens Freiheit vorlügen konnte, wird von Shlink vernichtet. Der Holzhändler nimmt den Traum einfach wörtlich und gibt Garga eine Schiffskarte. Indem er ihm den Weg nach Tahiti zeigt, auch hier also die Aktivität übernimmt, macht er es dem Träumer unmöglich, dorthin zu fahren. Daß ihm der Weg nach Tahiti verbaut worden ist, merkt Garga auch wieder viel zu spät. Vorerst begreift er nur, daß ihm »die Haut abgezogen« worden ist. Er legt seine Kleider ab, steigt symbolisch aus seiner »Haut« und, Rimbaud zitierend, flieht er in die Rolle des Outlaw, des von der Gesellschaft Ausgestoßenen: »Ich bin ein Tier, ein Neger, aber vielleicht bin ich gerettet ... Ich verstehe die Gesetze nicht, habe keine Moral, bin ein roher Mensch. Ihr irrt!« Das Zitat veranschaulicht die Pervertierung der natürlichen Ordnung, die der Kapitalismus verursacht: »Es kommt daher zu dem Resultat«, erklärt Marx, »daß der Mensch (der Arbeiter) nur mehr in seinen tierischen Funktionen, Essen, Trinken und Zeugen, höchstens noch Wohnung, Schmuck etc., sich als freitätig fühlt und in seinen menschlichen Funktionen nur mehr als Tier. Das Tierische wird das Menschliche und das Menschliche das Tierische.« Dem Arbeiter wird gewöhnlich vorgeworfen, immer nur an das Materielle zu denken, während ihm der Sinn »für das Höhere« abgehe. Garga bekennt sich, auf seine Lage als sozial Deklassierter verweisend, zu dem Tier in ihm, versucht dem Bild zu entsprechen, das der Unterdrücker vom Unterdrückten hat. Er bewertet die Kampflust Shlinks als Laune eines Reichen, als Liebhaberei. Der Grund für den Kampf, den Garga dann auf seine Weise aufnimmt, ist ihm unklar, er will ihn auch gar nicht wissen. Klar ist ihm nur, daß er »harpuniert« worden ist. Zwei Wochen nach dem Vorfall in der Leihbücherei sucht er Shlink in seinem Kontor auf, um ihn zu töten. Der Holzhändler entwaffnet den Gegner, indem er sich ihm unterwirft. Er tritt ihm seinen Holzhandel ab und schafft somit für Garga »gleiches Kampfterrain«. Dessen Reaktion ist bloße Rache. Ohne sein Eigentum, seine materielle Basis hält er Shlink für erledigt. Garga läßt Holz doppelt verkaufen, vernichtet die Geschäftsbücher, schenkt das Gebäude der Heilsarmee und erklärt, daß er nach Tahiti fahren werde. »Wie bist du unterlegen!« erkennt schon zu Beginn des Kampfes seine Schwester Marie.

Um frei zu sein, verläßt Garga seine Familie, die in den Kampf hineingezogen wird. Shlink mietet sich bei den Gargas ein und verdient Geld als Kohlenträger. Immer wieder will Garga aufgeben, »das Handtuch werfen«, doch er kann die »Nuß«, die er einmal in den Mund genommen hat, weder ausspucken noch zerbeißen. Die Stricke, die Shlink um ihn geworfen hat, sitzen fest. Garga kommt von seinem Gegner nicht los: »Ich nenne ihn meinen höllischen Gemahl in meinen Träumen, Shlink den Hund.« Als er merkt, daß der Holzhändler ihn liebt, heiratet er und verlangt von seiner Schwester, die in Shlink verliebt ist: »Liebe ihn! Das schwächt ihn!« Shlink soll Marie heiraten, doch das Mädchen wirft sich lieber einem anderen Mann an den Hals, weil sie merkt, daß sie als Kampfobjekt dienen soll. Jetzt ist Shlink wieder am Zug. Garga muß sich wegen des doppelten Holzverkaufs vor Gericht verantworten. Das Angebot Shlinks, für ihn ins Gefängnis zu gehen, lehnt er aus Stolz ab und in der Absicht, seinen Gegner moralisch herabzusetzen. Seine moralische Standfestigkeit ist ihm sogar die Liquidierung der eigenen Familie wert. Die Familie löst sich auf, der Vater ist unfähig zu arbeiten und säuft, die Mutter geht weg und sucht sich irgendwo eine Arbeit, Gargas Schwester und seine Frau gehen auf den Strich. Da er Shlink nicht besiegen kann, faßt Garga den Plan, ihn in den Boden zu stampfen. In einem Brief, den er bei seiner Entlassung der Presse übergibt, beschuldigt er den Holzhändler, der malaischer Herkunft ist, der Unzucht mit seiner Schwester. Garga hat nämlich die schwache Stelle seines Gegners entdeckt: seine gelbe Hautfarbe. Also hetzt er die Rassenfanatiker auf ihn. Für Shlink ist

Garga längst uninteressant geworden, er hat sich inzwischen wieder seinen Geschäften zugewandt und wird nun nach drei Jahren durch das Geheul der Lyncher an Garga erinnert. Er macht den letzten Versuch, Garga als Kampfpartner zu gewinnen, scheitert aber an dessen falscher Kampfauffassung. Der Holzhändler überläßt ihm sein Geschäft ein zweites Mal und vergiftet sich, ehe ihn die Lyncher aufspüren.

Aus den beklagenswerten gesellschaftlichen Verhältnissen zieht Garga noch Nutzen, er zerrt seine »zerrüttete« Familie ans Licht der Öffentlichkeit, um daraus für sich Kapital zu schlagen. Er denunziert Shlink als den Schuldigen und übernimmt dessen gesellschaftliche Rolle. Er wird Geschäftemacher. »Das Chaos ist aufgebraucht. Es war die beste Zeit.« Mit dieser Erkenntnis bricht Garga nach New York auf, um dort sein Glück zu machen, nachdem er durch den Verkauf des Holzhandels zu Geld gekommen ist. Seine Zeit als Outlaw ist vorbei, seine Träume sind begraben. Er hat die kapitalistische Lektion gelernt.

Was Shlink an menschlicher Substanz hinzugewinnt, verliert Garga. Nur im kapitalistischen Sinn ist er der Sieger. Der Kampf, so wie ihn Shlink wollte, hat gar nicht stattgefunden: »Ja, so groß ist die Vereinzelung, daß es nicht einmal einen Kampf gibt.« Die Gegner müssen einsehen, daß ihre Handlungsweise von den gesellschaftlichen Umständen, unter denen sie leben, beeinflußt ist. Die Zusammenhänge sind ihnen nicht bewußt. Sie fühlen nur das »Dickicht«, in das der Mensch verschlagen ist. Ihr Kampf offenbart sich als »wilde Verzerrung der Lust am Wettkampf«. Shlink ist der moralische Sieger, obwohl seine Kampfmethoden zunächst nicht weniger gemein sind als die Gargas. Am Anfang bemächtigt er sich skrupellos der Verlobten des Büchereiangestellten, um ihn an sich zu binden. Garga dagegen realisiert den Kampf nur auf dieser Ebene, er will nur sein nacktes Leben sichern, sich nicht mit seinem Gegner messen, ihn nur vernichten. Für ihn ist wichtig, daß er der Stärkere ist. Daß sein Sieg andere Menschen ruiniert, hält er für ein Naturgesetz. Nur Shlink bietet »menschliche Einsätze« an. Seine Erniedrigungen sind erotisch begreifbar, sind keine Schwäche, sondern gehören zu seiner menschlichen Wirklichkeit. Seine Liebe ist natürlich nicht der einzige Inhalt seiner Kampflust mit Garga. In dem Moment, wo sein

Interesse für den Gegner statt für den Kampf die Oberhand gewinnt, handelt auch Shlink schäbig und bereitet sich eine Niederlage. Ein Fehlgriff ist zum Beispiel seine Eifersucht auf Jane, die Verlobte Gargas. Sein erotisches Interesse ist eine Erklärung für sein Festhalten an Garga auch dann noch, wenn er eingesehen hat, daß mit ihm gar keine Verständigung möglich ist. Wider alle Vernunft kommt er am Schluß Garga entgegen, läßt sich dazu herab, ihm seine Liebe zu gestehen. Mit seiner Seele und seinem Vermögen hängt sich Shlink an den jungen Mann, wie der Flibustierkapitän Bargan in der Erzählung »Bargan läßt es sein« an den Verräter Croze: »Und der nun, nur weil er etwas haben wollte, dem er nützen konnte, sich an diesen Aussatz gehängt hatte und alles sein ließ für ihn und wohl noch froh war, daß es kein guter Mann war, den er liebte, sondern ein böses gefräßiges Kind, das ihn ausschlürfte wie ein rohes Ei, mit einem einzigen Zug. Denn ich will mich vierteilen lassen, wenn er nicht noch Genuß daran hatte, an dem kleinen Hund, auf den er sein Auge geworfen hatte, mit allem, was sein war, zu Grunde zu gehen und drum alles sonst sein ließ.«

Zweites Buch
Marxistische Studien

VIII
In der Asphaltstadt bin ich daheim

Augsburger Gewohnheiten in Berlin – Elisabeth Hauptmann – Emil Burri – Mehr guten Sport – Der plastische Charme von Samson-Körner – Brecht als Preisrichter eines Lyrikwettbewerbs – Rilke, George, Werfel, die falschen Vorbilder – Eine Matinee in Dresden – Ein Plädoyer für Kitsch – Das Schema ist gesund – Junge und alte Künstler – Brecht und Thomas Mann – Wenn der Vater mit dem Sohne mit dem Uhu – Der Kampf um die Produktionsmittel – Achillesverse – Die Hauspostille – Ein Lesebuch für Städtebewohner

Über die Städte

Unter ihnen sind Gossen
In ihnen ist nichts, und über ihnen ist Rauch.
Wir waren drinnen. Wir haben nichts genossen
Wir vergingen rasch. Und langsam vergehen sie auch.

Berlin war für die Zeichen der Zeit aufgeschlossen. Hier spürte man am ehesten Amerika und die Auswirkungen der modernen Zivilisation. Die Währungskrise war überwunden, die deutsche Wirtschaft erholte sich dank amerikanischer Kapitalinvestitionen. In Berlin versammelten sich die großen und die kleinen Spekulanten, es gab Wettkämpfe und menschliche Existenzkämpfe. Die Stadt als Schlachtfeld.

Brecht fühlte sich nicht als Berliner. Aber er war jetzt Großstädter aus Überzeugung. Er zwang sich, »von der Natur einen sparsamen Gebrauch zu machen«. Auch dem landschaftlichen Dekor der Stadt widerstand er. »Man kann sich keinen Betrachter vorstellen, der den Reizen der Stadt, sei es dem Häusermeer, sei es dem atemraubenden Tempo ihres Verkehrs, sei es ihrer Vergnügungsindustrie, fühlloser als Brecht gegenüberstünde.« Die Stadt in Sonntagsstimmung und Villenvororte waren ihm verhaßt. Er bevorzugte die häßlichen, die nach Industrie riechenden Viertel. Hier, erinnert sich Marieluise Fleisser, wurde er lebendig. Sein Interesse galt den Ansichten und Reaktionsweisen der Menschen: »Schon wenn er aufschnappte, wie ein dicklicher Zuhälter seinen Schützling auf der Straße losschickte, sie von hinten beobachtete und ihr nachrief: Erika, die Tasche halte flotter! und sie eine Spur größer wurde und ihre Lacktasche voll Optimismus schwenkte – solche Einzelheiten machten ihn glücklich.«

Mit großer Leidenschaft bekannte sich Brecht zu allen unliterarischen Strömungen, er sah sich fast jeden Film an, besuchte Sportpalastveranstaltungen und Lokale, in denen sich Huren und Zuhälter aufhielten. Er schrieb ohne Bedenken für Sportmagazine und Modejournale, verfaßte Schallplattentexte und Reklamegedichte. Umgekehrt beutete er Sportberichte und Schlagertexte für seine Arbeit aus, er notierte sich brauchbare Stellen und schöne Zeilen und fügte sie in seine Gedichte und Stücke ein. Trotz der Begeisterung für die Großstadt und der gewaltsamen Verdrängung der »heroischen« Landschaft seiner Jugendzeit blieb Brecht in seinen privaten Gewohnheiten Augsburg und dem Elternhaus verhaftet. Essen wollte er in der Regel nur das, was man in Augsburg zu essen pflegte. Was er einmal persönlich »vereinnahmt« hatte, wollte er bewahren und immer zur Verfügung haben. Die alten Freunde wollte er alle am liebsten in Berlin haben, und auch das Dienstmädchen Marie Hold war eine Augsburgerin, die schon den väterlichen Haushalt in der Bleichstraße besorgt hatte. Den Schneider, bei dem er seine bewußt einfache und abgetragen aussehende Kleidung anfertigen ließ, kannte der Dichter ebenfalls noch von Augsburg her. Wie alle seine Freundinnen mußte sich auch Marieluise Fleisser von dem Mann, der einen Vorzugspreis machte, wenn man von Brecht kam, schwarze Marengo-Mäntel schneidern lassen, die schlank geschnitten waren und fast bis zum Knöchel reichten: »Und den Mantel mußte man schlank zuhalten, nicht knöpfen, man legte den Ellbogen über den Magen, das war die schicke Berlinerin.«

Brecht und seine Anhänger machten von sich reden. Man gab Interviews und beteiligte sich an Umfragen. Bei dieser Gelegenheit wurde den literarischen Größen, der offiziell anerkannten Dramatik und dem eingefahrenen Kulturbetrieb der Kampf angesagt. Skandale und literarische Fehden waren an der Tagesordnung. Zu den alten Mitarbeitern und Freunden gesellten sich neue, ebenso sachlich und kategorisch wie Brecht urteilende Leute, die seinen Lernprozeß kontrollieren konnten und die ihm das Material und die Ideen lieferten, die er jetzt brauchte. Bei Dora Mannheim lernte er Elisabeth Hauptmann kennen, die ihn besonders beeindruckte, weil sie ihm sehr genau zuhörte und sich Notizen machte. Wie sich später herausstellte, hatte sie bei der ersten Begegnung aber nur geschwiegen, weil sie stark erkältet war. Von den radikalen Ansichten des Dichters war sie zunächst mehr verblüfft als überzeugt. Elisabeth Hauptmann konnte Englisch, sie mußte für Brecht Ausschnitte aus englischen und amerikanischen Zeitschriften sammeln und wurde schließlich mit einem Trick als seine Sekretärin »engagiert«. Brecht sorgte dafür, daß sie in seinem Verlag eine Stelle erhielt, indem er Gustav Kiepenheuer erklärte, daß er ohne die Hauptmann schwerlich die drei vertraglich vereinbarten Bücher zum Druck vorbereiten könne. Der Verleger reagierte sehr großzügig und bestand nicht einmal darauf, daß die neue Mitarbeiterin im Büro erschien. Von nun an erledigte sie sämtliche Verlagsangelegenheiten für Brecht, redigierte seine Publikationen und arbeitete an den Stücken mit. In der kleinen Erzählung »Der dicke Ham«, die im Juli 1925 in der »Frankfurter Zeitung« erschien, beschrieb der Dichter nicht nur das Aussehen und die körperliche Erscheinung seiner treuen Mitarbeiterin, sondern würdigte auch ihre Unentbehrlichkeit in schwierigen Zeiten.

Der junge Schriftsteller Emil Burri war ein Mann nach Brechts Geschmack: er boxte und assistierte dem Halb-Schwergewichtsboxer Samson-Körner im Ring. Brecht rühmte Burri als Schriftsteller neuen Typs, dessen Stücke »Amerikanische Jugend« und »Das mangelhafte Mahl« wertete er als progressiv wegen der bewußten Auswahl von Gesichtspunkten, wegen der »Großzügigkeit des Aufziehens und Wahrhaftigkeit der Geschehnisse«. Sie seien Beispiele für »objektives Theater«. Burri mußte Brecht von seinen Erfahrungen im Ring berichten, Gänge und Stellungen beschreiben. Das Bemerkenswerte und Charakteristische wurde aufnotiert, zum Beispiel folgende Sätze, die in das Lustspiel »Mann ist Mann« eingefügt wurden: »Oh, wir Ringer haben unser eigenes Benehmen. Es bestehen da besondere Vorschriften. Wenn zum Beipiel ein Ringer ein Zimmer betritt, wo sich eine größere Gesellschaft aufhält, hebt er an der Tür die Schultern hoch, die Arme in Schulterhöhe, läßt dann die Arme schlenkernd fallen und betritt so schlendernd das Zimmer.«

Als Brecht im Februar 1926 »Mehr guten Sport« forderte, dachte er kaum an körperliche Ertüchtigung. Ihn interessierte der Kampfsport der Berufssportler, Sport als Passion, das Risiko und die Rekordleistung. »Der große Sport fängt da an, wo er längst aufgehört hat, gesund zu sein.« Brecht wollte keine Sportbewegung schaffen, sondern die am Sport Interessierten für das Theater als Publikum gewinnen. Als Dramatiker setzte er seine Hoffnungen auf die Urteilsfähigkeit des Sportpublikums. Ein Stück soll wie ein Fußballspiel, ein Schauspieler wie ein Boxchampion eingeschätzt werden: »Die Verderbtheit unseres Theaterpublikums rührt daher, daß weder Theater noch Publikum eine Vorstellung davon haben, was hier vor sich gehen soll. In den Sportpalästen wissen die Leute, wenn sie ihre Billette einkaufen, genau, was sich begeben wird; und genau das begibt sich dann, wenn sie auf ihren Plätzen sitzen: nämlich, daß trainierte Leute mit feinstem Verantwortungsgefühl, aber doch so, daß man glauben muß, sie machten es hauptsächlich zu ihrem eigenen Spaß, in der ihnen angenehmsten Weise ihre besonderen Kräfte entfalten.« Brecht schrieb eine Geschichte »Der Kinnhaken« und wollte auf Grund der Erzählungen des Boxers die Lebensgeschichte von Paul Samson-Körner schreiben. Fragmente erschienen im Vorabdruck, die Presse brachte Bilder, besonders das sorgfältig gestellte Foto, auf dem Samson-Körner den leicht geneigten Kopf Brechts wie eine Nuß wiegt, wurde populär. »Samson-Körner ist ein großer und bedeutsamer Typus,« teilte Brecht den Lesern der »Literarischen Welt« mit: »Ich wollte ihn für mich festhalten. Die einfachste Methode war, mir von ihm sein Leben erzählen zu lassen. Ich halte allerhand von der Wirklichkeit. Allerdings sind solche Wirklichkeiten wie Samson-Körner an den Fingern herzuzählen: Glücksfälle. Was mir bei Samson zuerst auffiel, war, daß er nach einem ganz nichtdeutschen sportlichen Prinzip zu boxen schien. Er boxte sachlich. Das hat einen großen plastischen Charme. Es ist schlechthin unnachahmlich, wie Samson-Körner beispielsweise eine einfache Fahrkarte in seiner Tasche verstaut. Darum ist er auch ein ganz beträchtlicher Filmschauspieler.« Der Boxer seinerseits ließ wissen, daß er keine Klassiker lese, aber mit Brecht, der ein »prächtiger Kerl« sei, an einem Buch arbeite. Ins Theater ginge er auch, nur nicht in »traurige Sachen«. Operetten habe er gern, am liebsten sei ihm jedoch das Varieté. Das war eine Auffassung von Literatur und Theater, die Brecht ungeheuer imponierte.

Sport nicht als Lebensideologie, sondern als technisches Vorbild für die schriftstellerische Arbeit und jede andere Form künstlerischer Betätigung. Dichtung soll einen »Gebrauchswert« haben, soll als Dokument betrachtet werden können. Die Beschreibung sportlicher Vorgänge und die Verherrlichung der Kämpfer schien Brecht nützlicher und schwieriger als lyrische Stimmungsmalerei. Sportberichte las er mit größerem Gewinn als Gedichte. So nahm er eine Fortsetzungsserie über die Weltmeister im Mittelgewicht in einem Fachblatt für Boxsport als Ausgangspunkt für seine »Gedenktafel für 12 Weltmeister«, und gerade die »poetischsten« Zeilen des Gedichts, das Fritz Kortner bei einem Sportfest 1927 vortrug, sind fast wörtlich abgeschriebene Formulierungen aus dem Fachblatt:

> Stanley Ketchel berühmt durch 4 wahre Schlachten
> Gegen Billie Papke
> Und als rauhster Kämpfer aller Zeiten
> Hinterrücks erschossen mit 23 Jahren
> An einem lachenden Herbsttage
> Vor seiner Farm sitzend
> Unbesiegt.

Brecht selbst betrieb als einzigen Sport Autofahren. 1925 erwarb er den Führerschein und einen Gebrauchtwagen, den Müllereisert zu einem günstigen Preis aufgetrieben hatte. Auch die Beschaffung eines Automobils faßte er als Sport auf. Als er die Scherereien mit Gebrauchtwagen satt hatte, organisierte ihm Elisabeth Hauptmann auf originelle Weise ein neues Steyr-Modell: als Gegenleistung verlangte die Firma lediglich ein Werbegedicht. Brecht schrieb eine Huldigung über »Singende Steyrwägen« und lachte nur über Dichter, die solche Aufträge als unwürdig ablehnten. Schon nach kurzer Zeit hatte er das Auto in Trümmer gefahren, so daß das Problem einer Neuanschaffung akut wurde. Der Werbeleiter der Firma Steyr hatte die glänzende Idee, eine Reportage über Brechts »lehrreichen Autounfall« abzufassen, die bebildert »mit freundlicher Unterstützung der Steyr-A.G.« in der Zeitschrift »Uhu«

erschien: »Der Dichter Brecht hatte kürzlich einen für viele Autounfälle typischen Unfall. Er steuerte seinen Steyr auf der Straße nach Fulda im 70-Kilometer-Tempo. Die Straße war gar nicht so schmal, aber auf seiner Seite schoß hinter einem entgegenkommenden Lastwagen ein Wagen, der viel stärker war als der seine, überholend vor, ohne sich vorher überzeugt zu haben, daß ein anderer Wagen (Brechts Wagen) ihm entgegenkam. Für Brecht war die Lage außerordentlich gefährlich; nach links konnte er wegen des Lastwagens, der sich in ziemlicher Fahrt befand, nicht ausweichen, rechts standen Bäume, und hinter diesen Bäumen fiel die Straße ungefähr 5 Meter in einer Böschung ab. Brecht hatte zwei Möglichkeiten: einmal, die Böschung hinabzufahren und sich im offenen Auto mehrmals zu überschlagen oder im 70-km-Tempo gegen einen Baum zu fahren und zu zersplittern. Der Abstand zwischen dem entgegenkommenden und seinem eigenen Wagen bei einer gegenseitigen Geschwindigkeit von 70 km, war sehr gering. Brechts Wagen war also gezwungen, auszuweichen, und Brecht vermochte, die Bremsen mehrmals stark anziehend und sofort wieder öffnend, auf den ihm zunächst erreichbaren Baum aufzufahren. Es gelang ihm, genau mit der Mitte des Kühlers den Baum zu treffen und so den Wagen aufzufangen. Der Kühler zerbrach, und die aufstoßende Vorderseite des Chassis bog sich ringförmig um den Baum, aber sie hielt den Wagen auch zugleich fest. Das Ergebnis waren nur unbedeutende Verletzungen.« So kam Brecht innerhalb kurzer Frist wieder in den Besitz eines fabrikneuen Steyr-Wagens.

Für Leute, die Sport als eine Art von Körperpflege betrachteten und als Mittel, »den Stuhlgang zu heben«, hatte der Stückeschreiber nur Verachtung übrig. Von der These gar, Körperkultur sei die Voraussetzung geistigen Schaffens, hielt er nichts: »Es gibt wirklich, allen Turnlehrern zum Trotz, eine beachtliche Anzahl von Geistesprodukten, die von kränklichen oder zumindest körperlich stark verwahrlosten Leuten hervorgebracht wurden, von betrüblich anzusehenden menschlichen Wracks, die gerade aus dem Kampf mit einem widerstrebenden Körper einen ganzen Haufen Gesundheit in Form von Musik, Philosophie und Literatur gewonnen haben. Freilich wäre der größte Teil der kulturellen Produktion der letzten Jahrzehnte durch einfaches Turnen und zweckmäßige Bewegung im Freien mit großer Leichtigkeit zu verhindern gewesen, zugegeben.« Als Brecht Anfang 1927 die Produktion von über vierhundert Lyrikern kennenlernte, war er so entsetzt, daß er sich die Bemerkung »Die Leute sollten erst mal zum Militär kommen« nicht verkneifen konnte. Die Redaktion der »Literarischen Welt« hatte Brecht zum Gutachter eines Lyrik-Preisausschreibens bestimmt. Kein einziges der eingesandten Gedichte entsprach dessen Vorstellung von Lyrik. Der Gutachter entdeckte nur Belege für »Sentimentalität, Unechtheit und Weltfremdheit«. Die Vorbilder der jungen Dichter waren Rilke, George und Werfel, deren Erzeugnisse Brecht nicht beurteilen, sondern nur ablehnen konnte: »Da sind ja wieder diese stillen, feinen, verträumten Menschen, empfindsamer Teil einer verbrauchten Bourgeoisie, mit der ich nichts zu tun haben will!« Da er keinen der Teilnehmer des Preisausschreibens auszeichnen wollte, entschied sich Brecht für das Gedicht von Hannes Küpper »He! He! The Iron Man!«, das er in einem Radsportblatt gefunden hatte. Es war ein Song über den »Eisernen Mac«, den Sechs-Tage-Champion Reggie Mac Namara. Einer der Einsender, ein Dichter namens Hellmut Schlien, protestierte öffentlich gegen Brechts Entscheidung. Er fühlte sich nicht verstanden, nur beurteilt. Als Antwort erhielt Schlien die Empfehlung, ein Radsportblatt zu abonnieren, bei dessen Lektüre er unter anderem erfahren könne, »daß es in ungebildeten und der ›Literarischen Welt‹ fernstehenden Kreisen als unfair gilt, einen Schiedsrichter nach dem Rennen abzulehnen«.

Rainer Maria Rilke, Stefan George und Franz Werfel wurden befehdet, ihre Kunst empfand Brecht weder nützlich noch schön. »Ich richte Ihre Aufmerksamkeit darauf, daß Rilkes Ausdruck, wenn er sich mit Gott befaßt, absolut schwul ist.« Von seiner Lyrik einmal abgesehen, vermittle Rilke aber den Eindruck »eines sonst wirklich guten Mannes«. Die Dichtungen Stefan Georges waren Brecht zu leer, ihre Form zu selbstgefällig, die in ihnen geäußerten Ansichten »belanglos und zufällig«, lediglich originell: »Er hat einen Haufen von Büchern in sich hineingelesen, die nur gut eingebunden sind, und mit Leuten verkehrt, die von Renten leben. So bietet er den Anblick eines Müßiggängers, statt den vielleicht erstrebten eines Schauenden. Die Säule, die sich dieser Heilige ausgesucht hat, ist mit zuviel Schlauheit ausgesucht, sie steht an einer zu wolkenreichen Stelle, sie bietet einen zu malerischen Anblick.« An der Lyrik Franz Werfels mißfiel Brecht das Zusammentreffen von komischer Geste und mangelndem Weltverständnis. So vermochte er die eklektischen Verse des »Weltfreunds« nur mit einem »entstellenden Grinsen« zu lesen. Werfel wurde hauptsächlich anläßlich einer nicht ganz im Sinne der Veranstalter abgelaufenen Matinee im Staatlichen Schauspielhaus zu Dresden zum Objekt der Spottlust Brechts. Der Vorgang erregte damals einiges Aufsehen und war für die Feuilletonredaktionen ein gefundenes Fressen. Im März 1926 hatte in Dresden Verdis Oper »Die Macht des Schicksals« in der Übersetzung und Bearbeitung von Werfel Premiere. Die Direktion der Sächsischen Staatstheater entschloß sich, die Bedeutung der Aufführung als literarisches Ereignis herauszustellen, und lud die in der Presse vielgenannten Autoren Brecht, Bronnen und Döblin zu einer Dichterlesung ein, die am Tag nach der Opernpremiere im Schauspielhaus stattfinden sollte. Die »drei Götter« reisten aus Berlin an, die Gelegenheit als Ehrengäste und Repräsentanten der jüngeren literarischen Generation auftreten zu können, wollten sie sich nicht entgehen lassen. Aber sie wurden nicht mit den erhofften Ehren überschüttet. Die Direktion hatte ihnen für »Die Macht des Schicksals«, wie sich an der Opernkasse herausstellte, nur ganz schlechte Plätze zugedacht, und der Teilnahme am anschließenden Festempfang für Werfel hatte man Brecht, Bronnen und Döblin nicht für wert erachtet. Empört gaben sie die Karten zurück und drohten mit ihrer Abreise. Leo Franck vom Dresdner Sybillen-Verlag schaltete sich am nächsten Morgen vermittelnd ein, so daß die Lesung schließlich doch noch zustande kam. Brecht hatte seinen Zorn inzwischen »in einer kleinen balladesken Allegorie abreagiert«, die er gleich vortrug, aber nur von den unmittelbar Beteiligten verstanden wurde. In biblischem Tonfall schilderte er die unehrenhafte Behandlung von drei Gottheiten in Alibi am Flusse Alibe, wo ein Fest gefeiert wurde zu Ehren des »großen Alea« und sich deshalb niemand bereitfand, den Göttern zu huldigen:

Sprach Sibillus, Mann aus der Stadt Alibi:
Laßt uns hingehen zum Tische des Dicken Alea
Welcher ein Weltfreund ist, daß wir aufsammeln die Brosamen

Die von seinem reichen Tische fallen.
Und sie gingen und kamen an vor den Tischen.
Es fiel aber da kein Brosamen.

Dann sorgte Bronnen für den Theaterskandal, indem er das Publikum über die Begebenheiten am vergangenen Tag informierte und mächtig auf die Dresdner Direktion und Werfel schimpfte.

Jeden öffentlichen Auftritt und selbst die blödsinnigsten Zeitungsumfragen nahm Brecht als Anlaß, seine literarische Gegenposition hervorzukehren. Seine Standpunkte waren prinzipiell und unduldsam. Versöhnung war ausgeschlossen. Nur wenige der anerkannten und repräsentativen Schriftstellerpersönlichkeiten wurden damals nicht von Brecht attackiert. Die »feine« Literatur betrachtete er ohne Einschränkungen als »Kitsch«. Da war ihm doch jede Art von Literatur lieber, die nicht den Anspruch erhob, als Literatur behandelt zu werden. Sie hatte wenigstens »Gebrauchswert«. »Wenn ich sage, daß Franz Werfel Kitsch ist, dann muß ich zugeben, daß Edgar Wallace auch Kitsch ist. Aber das kann mich doch höchstens abhalten, den Werfel zu lesen. Den großen Wallace laß ich mir doch nicht nehmen!« Kriminalromane waren für Brecht immer eine Gelegenheit, bei der er gegen Literatur ausfällig wurde. Sein ganzes Leben lang gönnte er sich den Spaß, täglich einen zu lesen. Ihn interessierte das Grundschema dieser Literaturgattung, das er mit der Arbeitsweise eines Physikers verglich. Ein Schema zu pflegen, hielt Brecht überhaupt für sehr wichtig. Es war nur vorteilhaft, wenn der Autor die Kenntnis des Schemas beim Publikum voraussetzen konnte: »Wenn Sie einen Kriminalroman aufschneiden, dann wissen Sie genau, was Sie wollen.« Der Kriminalromanleser kennt die Spielregeln wie der Sportpalastbesucher. Für sein »episches Theater« wollte nun Brecht auch ein Schema entwickeln, das zu einem Begriff und zur selbständigen Kunstgattung werden sollte wie der Kriminalroman, der Wildwestfilm, die Revue, die Operette, das Fußballspiel. »Das Schema ist gesund. Ich meine: An dem Tag, an dem unsere Dramen zum Beispiel wieder Wert haben werden, werden sie einander gleichen wie ein Ei dem andern. Sie werden ein Schema haben. Das Schema ist der beste innere Widerstand für den Schriftsteller. Er kann nicht ohne ihn auskommen. Es mag sehr verlockend sein, wenn man einmal durch 300 Jahre hindurch einige 100000 Dramen verfaßt hat wie jeder von uns, die Widerstände einfach wegzulassen, aber es rächt sich. Es wird Leute geben, die als Widerstand für ihre formalistischen Bedürfnisse Stoff, das heißt Inhalt brauchen, aber das Gesündere wird es doch sein, für seinen Stoff in der Form Widerstände zu unterhalten.« Keine Originalität, sondern Konkretisierung der Form. Das Schema gibt Auskunft über die Haltung, in der ein Buch oder ein Stück geschrieben ist. Es beweist seine Kraft durch Variation.

Zur »jungen Kunst« rechnete Brecht nur wenige Künstler seiner Zeit. In erster Linie die ihm unmittelbar treu Ergebenen wie Bronnen, Burri, Marieluise Fleisser, Caspar Neher. Außerdem Regisseure wie Erich Engel und Erwin Piscator, Bühnenbildner und Maler wie George Grosz, John Heartfield und Rudolf Schlichter. »Jung« und »alt« war für ihn keine Generationsfrage. Karl Valentin war für den Stückeschreiber nach wie vor ein »junger« Mann. Gleichfalls Feuchtwanger, dessen Bemühungen um den »dramatischen Roman« und die Präsentation epischer Stoffe auf der Bühne Brechts Entwurf eines »epischen Theaters« beeinflußten. Neben Feuchtwanger schätzte der Augsburger Alfred Döblin, mit dem er dann besonders während seiner marxistischen Lehrzeit viel zusammentraf und in dessen Romanen und Theorien Brecht seine Auffassungen bestätigt sah. »Es handelt sich doch wirklich nur darum«, schrieb er Döblin, »eine Form zu finden, die für die Bühne dasselbe möglich macht, was den Unterschied zwischen Ihren und Manns Romanen bildet!«

Thomas Mann vor allen Dingen gehörte nach Auffassung Brechts zu den alten Leuten, zu jenen Schriftstellern, die an den überlebten bürgerlichen Vorstellungen festhielten, den jungen Künstlern »Unordnung« und »Chaos« vorwarfen, die bestehende Gesellschaftsordnung nur bestätigten, sie aber nie in Frage stellten. Brecht mokierte sich über ihre demokratische »Seichtheit, Geistesschwäche und Harmlosigkeit«, führte diese Eigenschaften aber nicht wie viele seiner Freunde auf Talentlosigkeit, sondern auf »angeborene Bestechlichkeit, Trägheit und Willensschwäche« zurück. »Diese alten Leute«, formulierte er im Hinblick auf Thomas Mann und seinen Roman »Der Zauberberg«, »benützen Formen, die sich so sehr von ihrem ursprünglichen Zweck emanzipiert haben, daß die großartigsten Stoffe zu nichts Besserem mehr ausreichen als zu Bucherfolgen«.

Die zahlreichen Leser nahm Brecht dem »Zauberberg«-Autor schon 1920 in Augsburg übel, der dort im Börsensaal aus seinem Roman vorlas, in einem Raum, dessen Atmosphäre viel besser für Varieté und Podiumskunst geeignet war, für Theater also im Sinne Brechts. Mit listiger Ironie erklärte er sich zum Anwalt der »Kunst« von Thomas Mann: »Der Saal erfüllte zwar seine Hauptaufgabe: möglichst viele (zukünftige) Abonnenten zu fassen, in zuvorkommenderweise, machte es aber dem Dichter infolge seines Stiles und seiner Ausdehnung ganz unmöglich, die erlesene Kammermusik seiner fein ziselierenden, zartfarbenen Wortkunst zur Wirkung zu bringen.« Über den Roman selbst referierte der Augsburger 1920 im großen ganzen noch wohlwollend, den Mannschen Stil behutsam parodierend. Später polemisierte er scharf gerade gegen dieses Werk, gegen die vorgegebene Ironie als Prinzip des Erzählens. Daß Thomas Mann ein großer Erzähler war, wollte er übrigens nicht bestreiten, die formale Geschicklichkeit, die Brauchbarkeit seiner »Apparate« hob er ausdrücklich hervor, nur die ironische Haltung, mit der sie bedient werden, ihre rein subjektive Bezüglichkeit, verwarf er: »Da erfindet einer im Schweiße unseres Angesichts lauter Dinge, über die er ironisch lächeln kann. Vor irgend etwas anderes auf dem Papier steht, ist dieser Herr schon für alle Fälle einmal ironisch. Ich habe einen Sinn für Methoden. Ich würde mit Vergnügen betrachten, wie einer von unseren Leuten, um zum Beispiel eine Sterbeszene herzustellen, um ein Sterbebett einige kleine Apparate aufstellte, einen phonetischen, einen optischen und so weiter, und dann seine Aufnahmen ironisch zusammenstellt, aber ich sehe es mit aufsteigendem Unwillen, wenn einer für seine Apparate etwas Ironisches braucht und dann glaubt, seine Kühnheit, dafür eine Sterbeszene zu benützen, verschaffe ihm allein schon einen Platz in der Literaturgeschichte (wo seine Apparate übrigens unbedingt hingehören).« Im Gegensatz zu Thomas Mann zog es Brecht vor, lieber einen Gedanken zu gestalten, »als alle Gedankenarbeit in Gestalten zu investieren«.

Es gab weitere Gründe für die Gegnerschaft. Thomas Mann hatte die »Betrachtungen eines Unpolitischen« geschrieben, ein Buch der Emigration nach innen, der Abkehr also von der Gesellschaft, um die Welt vom Geist her neu aufzubauen. Das Festhalten des Verfassers an der bürgerlichen Idealität, die sich immer im Widerspruch zur jeweiligen bürgerlichen Praxis befand, war die wesentlichste Quelle seiner Ironie. Thomas Mann beklagte den Niedergang des Bürgertums, seinen ideologischen Verfall, Brecht sehnte ihn herbei. Er setzte alle Hoffnungen auf Amerika, das Mann wiederum als »Tugenddemokratie« verwarf, und je mehr dieser dann sein bürgerliches Ideal demokratisierte und auf dem Umweg über Weimar zum »Amerikaner« wurde, um so weiter entfernte sich Brecht ideell von Amerika. Gerade der Umstand, daß Thomas Mann eine Ansicht einmal gehabt hat, unkte später der Autor der »Flüchtlingsgespräche«, beweise, »daß er sie nicht mehr hat«. Brecht unterstellte Thomas Mann Opportunismus, er passe seine Ansichten nur jeweils den Gegebenheiten an und im Hinblick auf sein »Lesepublikum«.

In den Dramen des jungen Brecht sah Thomas Mann, wie er in einem seiner »German Letters« für die amerikanische Monatsschrift »The Dial« schrieb, »much storming and stressing«. Die beiden ersten Akte von »Trommeln in der Nacht« lobte er, »Im Dickicht« fand er weniger gut, aber beide Stücke hielt er doch bei aller vorsichtigen und abwägenden Einschätzung, die für ihn bezeichnend war, für Beispiele radikal intellektualistisch und bolschewistisch ausgerichteter Kunst. Die Proteste der reaktionären Zuschauer verurteilte er selbstverständlich. Nicht aus politischer Einsicht, sondern auf Grund seiner guten Erziehung. Zwischenrufe schickten sich nicht: »It will not stand for any Bolshewist Art.« Zwar hinterließ dann »Leben Eduard des Zweiten von England« bei dem Rezensenten »a strongly intellectuall impression«, aber die »proletarian shabbiness« des Verfassers störte ihn wieder sehr, so daß er das Stück als einen Ableger »of dramatic ›Proletkult‹« ebenfalls verwarf.

Brecht erkannte immerhin die wesentlichen Merkmale der Thomas Mannschen Prosa, wenn er sie auch kategorisch ablehnte. Die kritischen Einwände des »Zauberberg«-Autors beruhten jedoch auf einem Mißverständnis. Thomas Mann sah keinen Unterschied zwischen Brecht und den Expressionisten, den realistischen Sprachgestus des Augsburgers empfand er nur als gemein, »proletarisch« und unliterarisch. Trotz seiner negativen Kritik war Thomas Mann um Versöhnung und Ausgleich bemüht. Väterliche Ratschläge gab er immer gern. Auch die jungen Leute, meinte er, würden mit der Zeit weise, und ihr Zorn würde verrauchen. Ähnlich drückte er sich über »Die neuen Kinder« in einem Interview aus, das er im Juli 1926 dem Magazin »Uhu« gab: Die Jugend zeige jetzt mehr Verständnis für die Eltern, sie sei neu, d. h. älter und einsichtiger geworden. Eine Welle »analytischer Revolution« gehe durch Europa, er selber halte nichts von Bolschewismus, Kollektivismus, Amerikanismus und Versportlichung, er glaube an die seelisch-geistigen Kräfte Deutschlands oder Frankreichs. »Die Bolschewisten«, meinte er mit dem diskret entsetzten Charme des Bürgers, »sie hassen die Seele«. Die junge Generation habe leider keine Ziele, die Generationen würden überhaupt immer »schmächtiger«. Mit Wehmut blickte er zum Schluß auf die »letzten Alten«: Björnson und Tolstoi. In der gleichen Nummer des »Uhu« schrieb Thomas Manns Sohn Klaus einen Artikel über »die neuen Eltern«, in dem er sich von den »revolutionären Kindern« distanzierte. Die Zeit der Vatermörder sei vorbei, er und seinesgleichen ertrügen den Generationsgegensatz ohne Groll: »Nicht die schrillen Ergüsse und wirkungssüchtigen Konstruktionen der ›revolutionären‹ Jugend sind es, denen unsere Verehrung vornehmlich gilt, sondern die großen Werke der heute Fünfzig- und Sechzigjährigen oder derer, die um die Jahrhundertwende starben.«

Das war Wasser auf die Mühlen von Brecht. Er antwortete prompt und mit aller Entschiedenheit: »Heute früh las ich den ›Uhu‹. Darin blickt Herr Thomas Mann (wer ist Thomas Mann?) sorgenvoll auf seinen berühmten Sohn (wer kennt ihn nicht?) und sagt (nach einer Pause): Wenn ich da an die Riesen Björnson und Tolstoi denke ...! Ich lasse ja auf dieses gelungene Paar nichts kommen, aber man kann es mir nicht verübeln, wenn ich es nicht gern habe, daß so ein Aufatmen durch den Blätterwald geht. Aber ich bitte euch! Wenn jetzt wirklich, statistisch betrachtet, in der letzten Zeit ein paar Väter weniger ermordet wurden (es geschah sowieso nur, um das Handgelenk etwas zu üben, und kann jederzeit wieder aufgenommen werden) – das ist doch noch kein Grund zur Beruhigung! Man könnte zum Beispiel noch erleben, daß unser Auge begehrlich auf unsere Söhne fällt! Gerade jetzt, wo wir diesen Babies die

Kanonenkugeln, womit wir empfangen wurden, zum Fußballspielen gegeben haben, brennt, wenn man einmal nicht herschaut, so ein stilles Kind durch und spielt wieder im Mastdarm des seligen Opapa!!« Die Einsicht und das Bestreben der Kinder, das Vermächtnis der Väter zu bewahren, schien Brecht gefährlich. Er bestand unbedingt auf dem Gegensatz, kündigte jetzt auch den Kindern, »deren größte Erlebnisse eingestandenermaßen die Sechzigjährigen sind«, den Kampf an und ließ keinen Zweifel daran, daß er sich seinem Ruf als Vertreter des »strengen Prinzips« und als bolschewistisches »Schreckgespenst« würdig erweisen würde: »Heute, wo wir kaum die ersten rein technischen Vorbereitungen zu den uns vorschwebenden Ausschweifungen in Angriff genommen haben, heute, wo eine auch nur einigermaßen befriedigende Unordnung noch nicht einmal in Sicht steht, sind diese Knaben schon müde vom Zusehen! Sollten sie sich aber wirklich erdreisten, etwa gar ebenso stille und feine Menschen werden zu wollen wie ihre Opapas (deren Häuschen, das sei ein für allemal gesagt, unwiderbringlich versoffen sind), so werden wir unserem umstrittenen Ruhm als Vatermörder den ganz unbestreitbaren als Kindesmörder hinzufügen. Damit wir jung bleim.«

Thomas Mann reagierte gekränkt. Die gesunde Vulgarität stieß ihn ab. Aber den Bruch, den der Augsburger längst vollzogen hatte, wollte er dennoch vermeiden. Für die Kühnheit der dramatischen Entwürfe und die sprachliche Kraft der Lyrik Brechts hatte er kein Gespür. Was sich in dessen Dichtungen an Zukünftigem ankündigte, war Thomas Mann nicht bewußt, er hielt den jungen Dramatiker für einen Epigonen der Naturalisten und Expressionisten. Was Nietzsche, der Naturalismus, George geleistet hätten, entgegnete Mann, wäre »mehr Erneuerung, Schollenumbruch, Revolution« gewesen, »als das bißchen Tempo, Dynamik, Kinotechnik und Bürgerfresserei, womit unser Nachwuchs uns vergebens in bleiche Wut zu treiben sucht«. Der Unterschied zwischen seiner und Brechts Generation sei trotzdem nur geringfügig, und in »Worte an die Jugend« empfahl er zum Jahresanfang 1927 das Zusammengehen aller »geistigen Menschen«, damit man sich gegen die »ungeistigen, gegengeistigen« behaupten könne. Brecht wollte kein Bündnis. »Es liegt in unserer Natur, daß Sie vornehm, ich unvornehm kämpfe. Sie werden mich doch nicht umbringen wollen! Aber ich Sie.« In einem eventuellen Disput zwischen einer Droschke und einem Auto sei es ganz offensichtlich nur die Droschke, »die den Unterschied geringfügig findet«.

Die Polemiken galten in erster Linie Thomas Mann, weil der Stückeschreiber in ihm den erfolgreichsten Typ des »bourgeoisen Herstellers künstlicher, eitler und unnützlicher Bücher« sah. »Geistesriesen« wie Mann verhinderten nach Brechts Auffassung die revolutionäre Umgestaltung, sie blockierten nur die Produktionsmittel und verliehen der Bourgeoisie eine Aura von Liberalität: »Erlauben Sie also, daß ich Ihnen mitteile, daß der Kampf zwischen Ihrer und meiner Generation (der bisher durch 20-30 Vorpostenscharmützelchen angedeutet wurde) nicht ein Kampf um Meinungen, sondern ein Kampf um die Produktionsmittel sein wird. Ein Beispiel: In der Polemik werden wir um Ihren Platz zu kämpfen haben, nicht in der deutschen Geistesgeschichte, sondern an einem Zeitungsblatt mit 200000 Lesern. Ein anderes Beispiel: Im Theater müssen wir nicht Ibsens Meinungen und Hebbels Gipsformen, sondern jene Leute bekämpfen, die uns die Theaterräume, die Schauspieler nicht übergeben wollen. Ihre Meinungen sind harmlos, Ihre ästhetischen Formen unschädlich, Ihre politische Stellung (zum Bürgertum: verehrungsvoll ironisch) unauffällig (und erledigt noch von dem Bürgertum selber).« Es ging Brecht nicht um seine Einwände gegen den Stil von Thomas Mann, er wollte nur verhindern, daß dessen Bücher und »viele andere« gedruckt werden: »Ich gebe offen zu, daß ich geradezu Geldopfer bringen würde, um das Herauskommen gewisser Bücher zu unterbinden.«

Brecht begann in den folgenden Jahren zu begreifen, daß der Kampf der Künstler um die Produktionsmittel nicht isoliert geführt werden konnte, sondern nur im Rahmen des Kampfs der Klassen. Über einen Appell an den Geist konnte er nur lachen, er verwies auf die Bedeutung von gesellschaftlicher Theorie und Praxis. In »schallendes Gelächter« brach er aus über Thomas Manns Behauptung, der Gegensatz zwischen seiner und Brechts Generation sei ja gar nicht so groß.

An der Gegnerschaft zu Thomas Mann hielt Brecht bis zu seinem Tod fest. Es ärgerte ihn sehr, daß es ihm nie gelang, die Popularität des bürgerlichen Romanciers einzudämmen. Auch in den sozialistischen Ländern hatte Thomas Mann immer eine angesehenere Stellung als Brecht. Mit einer Mischung aus Spottlust, Neid und ohnmächtiger Wut verfaßte er später zwei »pornographische« Sonette, in denen er die Vornehmheit, Grandezza und vergeistigte Haltung des Mannschen Stils satirisch umkehrte, mit Baalischem Lebensgefühl konfrontierte. Die Gedichte, deren Titel »Sauna und Beischlaf« und »Über die Verführung von Engeln« waren, signierte Brecht mit Thomas Mann. Sie knüpfen an die »Augsburger Sonette« an, deren Druck er um 1927 plante, erotische Gedichte in der Manier der »Sonetti lussuriosi« und der »Ragionamenti« des italienischen Renaissancedichters Pietro Aretino. Brecht nannte sie »Augsburger Sonette«, weil er sie zum größten Teil während seiner Sommeraufenthalte in seiner Heimatstadt geschrieben hatte, »aus purer Langeweile« angeblich, aber wohl auch in glücklicher Erinnerung an die Zeit des »Baal«.*

»Meine Lyrik hat mehr privaten Charakter«, erläuterte Brecht 1926 Bernard Guillemin, einem Mitarbeiter der »Literarischen Welt«: »Sie ist mit Banjo- und Klavierbegleitung gedacht und bedarf des mimischen Vortrags. Im Drama hingegen gebe ich nicht meine private Stimmung, sondern gleichsam die Stimmung der Welt. Mit anderen Worten: eine objektiv angeschaute Sache, das Gegenteil von Stimmung im gewöhnlichen und poetischen Sinn.« Den offensichtlichen Widerspruch zwischen dem mehr subjektiven Charakter seiner Lyrik und dem zur Sachlichkeit tendierenden und die Prozeßhaftigkeit betonenden Charakter seiner dramatischen Produktion emp-

* Brecht schrieb Zeit seines Lebens solche »Achillesverse«, die zum größten Teil ungedruckt sind. Daß er sie gerne herumzeigte und seinen Freunden in Kopien überließ, bezeugt ein Hinweis Scholems in seinem Buch über Walter Benjamin, »Geschichte einer Freundschaft«: »Er las mir damals einige wunderbare, wie er sagte, noch ungedruckte Gedichte von Brecht vor. Ich entsinne mich lebhaft der Art, wie er Brechts ›Sonett über die Gedichte Dantes auf Beatrice‹ sprach, wobei er die privat überlieferte obszöne Fassung der zweiten Zeile mit völliger Gelassenheit, als ob es sich um das gewöhnlichste Kommunikationswort handle, sagte, mich dabei aber mit großen Augen ansah. Er versprach, es mir später abzuschreiben, was er auch tat, wobei er nicht verbarg, daß die Kopie sich von dem gesprochenen Text, wie mir wohl erinnerlich sei, unterschiede. Er sagte mir, Brecht habe viele obszöne Gedichte geschrieben, von denen er mehrere unter seine besten rechnete.« Die inoffizielle zweite Zeile des betreffenden Sonetts lautet: »In der sie liegt, die er nicht vögeln durfte.«

fand Brecht als störend, er bemühte sich jedenfalls, die Bedeutung seiner Lyrik herunterzuspielen, bewertete sie eine Zeitlang als eine Art Laster oder besser Luxus, von dem er so leicht nicht lassen konnte. Den derb-sinnlichen Gedichten räumte er schon ziemlich früh eine Sonderstellung ein, das waren die »Achillesverse«, Gedichte also über seine Achillesfersen, seine verwundbaren Stellen: Tabakrauchen, Scheu vor Wasser, Weiberverbrauch, Billardspielen und Cooncannot. Die Herstellung von Gedichten war von persönlichen Umständen unmittelbar abhängig und war Unterhaltung wie die anderen Tätigkeiten auch. Voraussetzung war eine Atmosphäre produktiven Müßiggangs, Behaglichkeit und körperliches Wohlbefinden. Aber Brecht fühlte die Gefahr, die in dem Reichtum seiner dichterischen Fähigkeiten enthalten war, das Selbstzerstörerische und Ziellose seiner Produktion. Sein Weg zum Kommunismus war kein Suchen nach einem weltanschaulichen Halt, sondern das Erlernen einer besseren Arbeitsmethode.

Seit 1922 war die Herausgabe der Balladen Brechts unter dem Titel »Die Hauspostille« geplant. Der Autor, der von seinem Verlag inzwischen eine monatliche Rente ausgezahlt bekam, ließ sich Zeit mit der Fertigstellung des Manuskripts. Mit der Hilfe von Elisabeth Hauptmann wurde die endgültige Anordnung der Gedichte aus der lyrischen Produktion eines Jahrzehnts festgelegt und der Druck vorbereitet. Durch die Forderung des Verlages, die »Legende vom toten Soldaten« herauszunehmen, wurde das Erscheinen des Buches abermals verzögert. Brecht lehnte Streichungen ab und beauftragte seine Mitarbeiterin, mit anderen Verlagen über die Herausgabe der »Hauspostille« zu verhandeln. Gustav Kiepenheuer verlor durch die törichte Forderung seiner reaktionären Geldgeber seinen besten Autor 1926 für vier Jahre an den Ullstein angegliederten Propyläen-Verlag, der alle vertraglichen Verpflichtungen übernahm. Als freundschaftliche Geste gegenüber Brecht ließ Kiepenheuer für den privaten Gebrauch des Autors die »Taschenpostille« in fünfundzwanzig Exemplaren auf Dünndruckpapier drucken. Die Gedichte waren zweispaltig gesetzt und mit roten Überschriften und Nummern versehen, und einige Exemplare des Büchleins ließ Brecht in schwarzes, einige auch in rotes Leder binden, so daß der Eindruck eines Gesangbuches entstand. Anfangs 1927 erschien dann im Propyläen-Verlag »Bertolt Brechts Hauspostille mit Anleitungen, Gesangsnoten und einem Anhange«, die gegenüber der »Taschenpostille« nur geringe Textänderungen aufwies.

Das Gedichtbuch war nach Gesichtspunkten des Gebrauchs gegliedert: es sollte benutzbar sein. Die Vorstellung vom »Gebrauchswert« seiner Dichtungen galt es gerade an Hand von Texten zu demonstrieren, die er in einer anderen Haltung geschrieben hatte. Der Dichter übernahm die Rolle des Wegweisers durch sein Brevier. Der Titel war ironisch gemeint. Brecht adaptierte die Form des christlichen Erbauungsbuches, aber der Inhalt seiner Lektionen war antichristlich. Es handelte sich um umfunktionierte Theologie. Konsequenter Atheismus. Jegliche Transzendenz wird geleugnet. Die Welt ist reine Immanenz:

Über der Welt sind die Wolken, sie gehören der Welt.
Über den Wolken ist nichts.

Die eigentliche Wirklichkeit des Menschen ist »die Kälte, die Finsternis und das Verderben«. Im Kontext der »Hauspostille« wirkte jetzt die Aussage der meisten Gedichte aus der Augsburger Zeit schärfer und kritischer. Sie zielten auf die bürgerliche Gesellschaft. Der Dichter warnte vor den Lehren, die sie verbreitet.

Das Erscheinen der »Hauspostille« stand schon im Schatten der ersten Texte für ein »Lesebuch für Städtebewohner«, Gedichte, in denen das lyrische Subjekt nun völlig hinter die Demonstrationsobjekte zurücktrat. Der Dichter faßte seine Rolle jetzt als Vermittler objektiver Gesetzmäßigkeiten auf. Die neuen Lektionen handelten von Städtebewohnern und waren auch für sic bestimmt. Das Lesebuch war ein lyrisches Vorhaben parallel zu dem Plan, einen Dramenzyklus über den »Einzug der Menschheit in die großen Städte« zu schreiben.

Wenn Sie noch etwas sagen wollen, dann
Sagen Sie es mir, ich vergesse es.
Sie brauchen jetzt keine Haltung mehr zu bewahren:
Es ist niemand mehr da, der Ihnen zusieht.
Wenn Sie durchkommen
Haben Sie mehr getan, als
Wozu ein Mensch verpflichtet ist.

Die Gesetze des »Dschungels« sind hart. Hier kämpft jeder gegen jeden. Wenn man sich in dem Kampf um Besitz und Geld behaupten will, wenn man durchkommen will, muß man sich rücksichtslos anpassen. Mitleid, Güte und Freundlichkeit führen nur den Untergang herbei. Auch der Kamerad, die Eltern, der Nachbar sind als Gegner zu betrachten. Man darf alles, nur nicht menschlich reagieren. Das könnte tödlich sein. Man darf nicht auffallen, der Rat »Verwisch die Spuren!« ist auf jeden Fall zu befolgen. Die Verhältnisse empfehlen es, als Unperson aufzutreten. Die Menschen sieht Brecht wie Marx als »Produkte der Umstände«, aber er hält es noch für so gut wie ausgeschlossen, »daß die Umstände eben von den Menschen verändert werden«.

Laßt eure Träume fahren, daß man mit euch
Eine Ausnahme machen wird.
Was eure Mutter euch sagte
Das war unverbindlich.
Laßt euren Kontrakt in der Tasche
Er wird hier nicht eingehalten.

Laßt nur eure Hoffnungen fahren
Daß ihr zu Präsidenten ausersehen seid.
Aber legt euch ordentlich ins Zeug
Ihr müßt euch ganz anders zusammennehmen
Daß man euch in der Küche duldet.

Ihr müßt das Abc noch lernen.
Das Abc heißt:
Man wird mit euch fertig werden.

Denkt nur nicht nach, was ihr zu sagen habt:
Ihr werdet nicht gefragt.
Die Esser sind vollzählig
Was hier gebraucht wird, ist Hackfleisch.
(Aber das soll euch nicht entmutigen!)

Dieses Gedicht deckt sich mit dem Schlußkapitel der »Hauspostille«. Das Leben ist kümmerlich genug. Man soll sich keinen falschen Hoffnungen hingeben, sich nicht mit Religion, bürgerlicher Moral oder Kontrakten abspeisen lassen. Die anarchistische Perspektive, die das »Lesebuch für Städtebewohner« mit der »Hauspostille« verbindet, ist verkürzt um die Möglichkeit, das diesseitige Leben voll zu genießen. Genuß gibt es nicht mehr. Alle menschlichen Anstrengungen erschöpfen sich schon in der Sicherung der bloßen Existenz, im Kampf ums Dasein. Walter Benjamin verweist in seiner Interpretation des »Lesebuchs« auch auf eine revolutionäre Perspektive der Gedichte hin: »Das letzte Lustrum seiner politischen Arbeit in der Weimarer Republik bedeutete für den einsichtigen Kommunisten eine Krypto-Emigration. Brecht erfuhr es als eine solche. Das mag den nächstliegenden Anlaß zur Entstehung dieses Zyklus gegeben haben. Die Krypto-Emigration war die Vorform der eigentlichen; sie war auch eine Vorform der Illegalität.« Die Anweisung »Verwisch die Spuren!« ist demnach als eine Vorschrift für den Illegalen zu betrachten. Nur wer ohne Illusion kämpft, wem klar ist, daß es auf ihn nicht ankommt, daß er nur als »Hackfleisch« gebraucht wird, kann auch den Entschluß fassen, sich nicht zusammenzunehmen und es auf sich ankommen zu lassen. Er wird zum Klassenkämpfer. »Am besten wird der zu seiner Sache stehn, der den Anfang damit gemacht hat, sich selbst fallen zu lassen.«

Von diesen Städten wird bleiben: der durch sie hindurchging, der Wind!
Fröhlich machet das Haus den Esser: er leert es.
Wir wissen, daß wir Vorläufige sind
Und nach uns wird kommen: nichts Nennenswertes.

Bei den Erdbeben, die kommen werden, werde ich hoffentlich
Meine Virginia nicht ausgehen lassen durch Bitterkeit
Ich, Bertolt Brecht, in die Asphaltstädte verschlagen
Aus den schwarzen Wäldern in meiner Mutter in früher Zeit.

IX
Soziologische Experimente

Auf der Suche nach epischem Material – Die Kameliendame – Der Fünfjahresvertrag mit Kiepenheuer – Die Trennung von der »Jungen Bühne« – Episches Theater – Joe Fleischhacker – Acht Schuh tief im »Kapital« – Diskussionen mit dem Soziologen Fritz Sternberg – Absage an den Amerikanismus und an die Neue Sachlichkeit – Die Theaterarbeit Erwin Piscators – Die Zukunft des Theaters ist eine philosophische

> In der Praxis ist es so, daß das Theater seine soziale Funktion nicht ausübt. In einer solchen Zeit sind die wahrhaft praktischen Begabungen, um sich aktionsfähig zu erhalten, auf das Gebiet der Theorie verwiesen.

Jürgen Fehlings Inszenierung von »Leben Eduard des Zweiten von England« im Staatstheater und Erich Engels »Dickicht«-Inszenierung im Deutschen Theater, beide im Oktober 1924, waren Erfolge im Rahmen des üblichen Theaterbetriebs. Die neuen Stücke wurden so inszeniert, als ob sie alt wären. Eine falsche, selbst eine miserable Aufführung, sagte sich Brecht, sei besser als gar keine. Perfektion interessierte ihn jedoch wenig. Ausschlaggebend war für ihn das Ausprobieren neuer Methoden. Die »nahezu geschlossene Abwanderung der besseren Elemente zum Kino und die der besten zum Boxkampf« stimmte ihn zuversichtlich. Die Stellung als dramaturgischer Mitarbeiter des Deutschen Theaters behielt Brecht nur aus finanziellen Gründen. Einfluß auf den Spielplan hatte er nicht. An eine »Machtübernahme«, die er und Carl Zuckmayer, der ebenfalls als Dramaturg engagiert worden war, ins Auge gefaßt hatten, war überhaupt nicht zu denken. Die beiden Dramatiker beschränkten sich bald darauf, ihre Gage abzuholen. Ihre Verträge wurden nach einem Jahr nicht verlängert.

Auf der Suche nach »epischem Material« kam Brecht nur in Engels »Coriolan«-Inszenierung auf seine Kosten. Der Regisseur ließ nämlich nicht auf einen dramatischen Höhepunkt hinspielen, sondern gab die Geschichte des Coriolan so, »daß jede Szene für sich stand und nur ihr Ergebnis für das Ganze benützt wurde«. Totalität, hob Brecht hervor, stand »unbewegt« in jeder Szene. An die Diskussion mit Engel und dessen Inszenierung erinnerte er sich noch genau, als er Jahrzehnte später seine eigene »Coriolan«-Bearbeitung in Angriff nahm. Das »Hannibal«-Projekt, das ihn 1925 immer noch beschäftigte und das er wieder ins Gespräch brachte, wurde vom Deutschen Theater weiterhin abgelehnt.

Es bot sich aber die Gelegenheit, »Die Kameliendame« von Dumas zu bearbeiten. Bernhard Reich studierte das Stück in der Bühnenfassung Ferdinand Bruckners ein, die ihm jedoch wenig zusagte. Er schlug Brecht vor, den romantischen Tod der Kurtisane Marguerite Gautier zu versachlichen und die sozialen Motive der Handlung zu verstärken. Da Elisabeth Bergner, die die Titelrolle spielte, an der Idee Gefallen fand, stimmte auch die Dramaturgie des Theaters zu. Bruckner verständigte man lieber nicht. Wenn er seine Tantiemen bekäme, würde er Änderungen schon hinnehmen. Brecht verzichtete seinerseits auf die Nennung seines Namens, verlangte aber eine gute Bezahlung. Den vierten Akt überarbeitete er leicht, die Vergnügungsgier und Verschwendungssucht der höheren Schichten wurden betont, und der leidenden, »edlen« Kurtisane wurden zwei freche Kokotten gegenübergestellt, die sich keine Skrupel leisten konnten. Die Esther, eine der Kokotten, spielte Asja Lacis. Der fünfte Akt wurde neu geschrieben: Die Gautier stirbt in tiefstem Elend; ihr ist klar, daß sie nicht mehr geliebt wird. Duval, ihr Liebhaber, stellt sich nur verliebt aus Mitleid und verstummt schnell unter dem Eindruck ihrer großen Klage. Die Liebe hat den Abstieg der Kurtisane ins Elend nur beschleunigt. »Die Vorstellung, die Dumas und Verdi nährten, daß einmal dem unglücklichen aber guten Freudenmädchen das Glück geschenkt würde, hielt Brecht für eine ideologische Falschmeldung, die dementiert werden mußte.«

Reich bekam die neue Konzeption nicht recht in den Griff, aus dem immerhin raffiniert konstruierten Boulevardstück wurde nur ein schwacher Ibsen, und Elisabeth Bergner hatte dann doch viele Einwände, weil sie den Widerstand des Publikums fürchtete. Die Kritiken waren alle negativ. Ihering fand es abwegig, daß man sich überhaupt mit der »Kameliendame« beschäftigte, Kerr sprach von einer »wenig glücklichen Darstellung in einer überflüssigen Bearbeitung«, und Monty Jacobs charakterisierte die Bearbeitung »als ein zaghaftes Umbiegen kleiner Nebenmotive, ohne das Wagnis entscheidender Eingriffe, mit dem einzigen Ergebnis, den Sterbeakt in peinliche Monotonie zu tauchen«. Für alle Beteiligten endete die Aufführung mit großem Ärger. Ferdinand Bruckner verklagte die Direktion des Theaters und verlangte die vertraglich vereinbarte Aufführung seiner Bearbeitung sowie Schadenersatz für die ihm entgangenen Aufführungseinnahmen aus den Provinztheatern, die die Bearbeitung nach dem Mißerfolg in Berlin nicht nachspielen wollten. Im Theater verfluchte man Reich und Brecht, Elisabeth Bergner sah sich um ihren Erfolg gebracht, und Brecht, dessen Mitarbeit nun doch öffentlich bekannt wurde, war doppelt wütend, weil die Aufführung ein Mißerfolg war und weil er nicht bezahlt wurde. Sein katastrophaler Geldmangel war schließlich der entscheidende Grund für seine Mitarbeit gewesen.

Der Stückeschreiber mußte inzwischen Geld für die Erziehung von drei Kindern aufbringen: für den sechs Jahre alten Frank, die zwei Jahre alte Hanne und Steff, den Sohn von Brecht und Helene Weigel, der im Oktober 1924 geboren worden war. Die Scheidung von Marianne Zoff, die mit Hanne bei Verwandten in Wien, dann eine Zeitlang in Münster und zwischendurch auch in Berlin lebte, zog sich hin. Brecht wohnte allein im ehemaligen Atelier von Helene Weigel in der Spichernstraße. Während der ersten Monate in Berlin ging es ihm finanziell noch immer ziemlich schlecht. Erst der Fünfjahresvertrag mit Kiepenheuer, später mit Ullstein, setzte ihn instand, wenig produktive Nebenarbeiten wie das Umschreiben der »Kameliendame« abzulehnen. Der Verlag garantierte dem Autor eine monatliche Vorschußzahlung von fünfhundert Mark. Das betraf nur die Werke, die er innerhalb der nächsten fünf Jahre allein schreiben würde. »Die Dreigroschenoper«, die später Brechts Bankkonto anwachsen ließ, fiel demnach nicht unter diesen Vertrag. Gegenüber Fritz Sternberg machte der in geschäftlichen Dingen immer versierte Dramatiker einmal die Bemerkung, er sei wahrscheinlich einer der seltenen Fälle, »in denen Ullstein von einem Autor ausgebeutet werde«.

Immer wieder versuchte Brecht, im Deutschen Theater die Aufführung des »Baal« durchzusetzen. Er wollte das Stück selbst inszenieren, nicht mehr das wilde Jugendwerk, sondern eine versachlichte Bearbeitung, die das Phänomen, die »Abnormität« Baal zur Darstellung bringen sollte. Die Lebensgeschichte dieses Baal sollte jetzt den Wert eines Dokuments bekommen. Nur ungern akzeptierte Brecht das Angebot Moriz Seelers, den »Baal« in der »Jungen Bühne« zu inszenieren. Seeler hatte wenig Geld, die einzige Funktion seines Unternehmens war nach Auffassung des Autors der Zwang, »kühn sein zu müssen«. Hier wurden die Stücke aufgeführt, die die Staatstheater als Risiko betrachteten und der Rechtspresse zuwider waren. Man spielte auch hier im herkömmlichen Stil und meistens noch etwas dilettantischer als an den großen Theatern. Während der Proben überwarf sich Brecht mit Seeler, der die Umarbeitung in vielen Punkten kritisierte und nicht einsehen wollte, daß die neuen Elemente, die der Autor in sein Stück einbrachte, die gestrichenen aufwogen. Oskar Homolka und Paul Bildt, die Darsteller des Baal und des Ekart, hatte der Regisseur auf seiner Seite.

Auch Marieluise Fleissers Stück »Die Fußwaschung« brachte Brecht unter dem Titel »Fegefeuer in Ingolstadt« bei der »Jungen Bühne« unter. Paul Bildt übernahm die Inszenierung, im Hintergrund dirigierte Brecht, der das Stück während der Proben laufend umänderte, alles Atmosphärische radikal wegstrich, um die Vorgänge des Stücks zu zeigen und die naive Beobachtungskunst der Dramatikerin zu betonen. Seeler war noch entsetzter als bei »Baal«, mit allen Mitteln versuchte er die Fleisser auf seine Seite zu ziehen. Sie aber mußte zu Brecht halten, sie ließ alles geduldig mit ihrem Stück geschehen. »Sie müssen kindlich schreiben«, hatte er ihr schon bei früherer Gelegenheit geraten, »auf die Naivität kommt es an, schreiben Sie ganz naiv. Lieber machen Sic Fehler, das ist nicht wichtig.« Im großen ganzen behielt der Lehrmeister recht. Das Stück kam bei der Presse gut an. Nach dieser Aufführung wollte Brecht nichts mehr mit Seeler zu tun haben. Die Hauptaufgabe der neuen Dramatik, »die vollständige Umänderung des Theaters und die Kreierung eines neuen, auch für ältere Dramen mit Materialwert nötigen Theaterstils«, konnte die »Junge Bühne« nicht übernehmen. Seeler war ein literarisch ambitionierter Mann, ein wirklicher Parteigänger der jungen Literatur, aber er hatte eine bürgerliche Kunstauffassung, die mit Brechts Ansichten kollidierte.

»In den alten Theatern sind wir mit unseren Stücken ebensowenig am Platze, wie Jack Dempsey bei einer Rauferei in einer Kneipe voll zur Geltung kommen kann: da haut ihm einfach jemand mit einem Stuhl über den Kopf, und er ist k. o.« Der Umstand, daß ihm die praktische Mitarbeit an den bürgerlichen Theaterunternehmen mehr Schaden als Nutzen einbrachte, lenkte Brechts Aufmerksamkeit auf die Theorie. Bisher ging es ihm hauptsächlich darum, neue Regiemethoden zu entwickeln, Gesten und Haltungen zu zitieren, Stücke wie Dokumente darstellen zu lassen. Unter Anfertigung von Dokumenten verstand er: »Monographien bedeutender Männer, Aufrisse gesellschaftlicher Strukturen, exakte und sofort verwendbare Information über die menschliche Natur und heroische Darstellung des menschlichen Lebens, alles von typischen Gesichtspunkten aus, und durch die Form nicht, was die Verwendbarkeit betrifft, neutralisiert.« Epische Darstellungsformen allein, wie er sie in seiner Münchner Inszenierung von »Leben Eduards des Zweiten von England« ausprobiert hatte, konnten diese Aufgabe nicht erfüllen. Während der Arbeit an dem Stück »Mann ist Mann« verwendete Brecht zum ersten Mal die Formel »episches Theater«. Für die Darstellung der gesellschaftlichen Prozesse und der Lebensläufe von Menschen erschien ihm die bisherige Form des Dramas nicht mehr geeignet. »Diese Dinge sind nicht dramatisch in unserem Sinn, und wenn man sie ›umdichtet‹, dann sind sie nicht mehr wahr, und das Drama ist überhaupt keine solche Sache mehr, und wenn man sieht, daß unsere heutige Welt nicht mehr ins Drama paßt, dann paßt das Drama eben nicht mehr in die Welt.«

Für »Joe Fleischhacker« besorgte sich Brecht Literatur über Nationalökonomie. Als Hintergrund des Stücks brauchte er die Weizenbörse Chicagos. Fasziniert las er »Die Geschichte der großen amerikanischen Vermögen« von Gustavus Myers, er studierte die Tricks und Methoden von Pionieren des Kapitalismus wie Dan Drew oder Vanderbilt. Elisabeth Hauptmann fragte eine Reihe von Spezialisten aus, sie zog Erkundigungen auf den Börsen in Berlin und Breslau ein und studierte die Manöver der Spekulanten. In Wien lernte Brecht über Egon Erwin Kisch den Wirtschaftsfachmann Dr. J. Singer kennen, den man ihm als Kenner der Chicagoer Börse empfohlen hatte. Niemand konnte dem Dramatiker die Börsen-und Bankgeschäfte hinreichend erklären, die Praktiken mit Geld blieben undurchsichtig: »Ich gewann den Eindruck, daß diese Vorgänge schlechthin unerklärlich, das heißt von der Vernunft nicht erfaßbar, und das heißt wieder einfach unvernünftig waren. Die Art, wie das Getreide der Welt verteilt wurde, war schlechthin unbegreiflich. Von jedem Standpunkt aus außer demjenigen einer Handvoll Spekulanten war dieser Getreidemarkt ein einziger Sumpf.«

Nach der Darmstädter Aufführung von »Mann ist Mann« beschaffte sich Brecht auch marxistische Literatur. Erst jetzt bekam er Antwort auf seine Fragen. Wenig später schrieb er an Elisabeth Hauptmann: »Ich stecke acht Schuh tief im ›Kapital‹. Ich muß das jetzt genau wissen.« Die Lektüre von Marx machte ein generelles Umstellen seiner Arbeit notwendig. Denn Brecht erkannte, daß der Marxismus eine wissenschaftliche Methode war, mit der er die Gegenstände, die ihn als Dramatiker interessierten, analysieren und auf die Bühne bringen konnte: »Die totale Umstellung des Theaters darf natürlich nicht einer artistischen Laune folgen, sie muß einfach der totalen geistigen Umstellung unserer Zeit entsprechen.« Die Forderung, neues Theater zu machen, bedeutet gleichzeitig, eine neue Gesellschaftsordnung zu verlangen. Nicht erst durch Marx kam Brecht dazu, vom Niedergang des bürgerlichen Theaters zu sprechen und die Theorie eines »epischen Theaters« zu begründen. Marx bestätigte ihn in seinen Auffassungen und half ihm, seine Stücke zu verstehen: »Ich entdeckte natürlich nicht, daß ich einen ganzen Haufen marxistischer Stücke geschrieben hatte, ohne eine Ahnung zu haben. Aber dieser Marx war der einzige Zuschauer für meine Stücke, den ich je gesehen hatte. Denn einen Mann mit solchen Interessen mußten gerade diese Stücke interessieren. Nicht wegen ihrer Intelligenz, sondern wegen der seinigen. Es war Anschauungsmaterial für ihn.«

Anfang 1927 begegnete Brecht im Künstlerrestaurant Schlichter, das dem Bruder des Malers Rudolf Schlichter gehörte, dem Soziologen Fritz Sternberg. Dessen Buch »Der Imperialismus« war gerade im Malik-Verlag erschienen und wurde viel diskutiert. Sternberg half dem Dramatiker bei der Vertiefung des marxistischen Studiums, sein Einfluß bewirkte, daß Brecht historische Kategorien in sein Denken aufnahm, die allerdings noch rein soziologisch bestimmt waren. Nach mehreren Gesprächen über den Niedergang des Dramas und die Notwendigkeit seiner Liquidierung legten beide ihre Standpunkte in einem polemischen Schriftwechsel dar, den Herbert Ihering im »Börsen-Courier« veröffentlichte. Sternberg erläuterte, daß der Niedergang des Dramas kein historischer Zufall sei, sondern ganz im Gegenteil eine historische Notwendigkeit, eine Folge der Ablösung des Individuums durch Kollektivwesen. Das Drama Shakespeares spiegle den Wendepunkt zweier Epochen: »Was wir mit dem Namen Mittelalter umgreifen, wirkte sich in ihm aus; aber schon war der mittelalterliche Mensch aus seinen Bindungen herausgebrochen worden durch die Dynamik der Epoche; das Individuum war geboren worden als Individuum, als ein nichtteilbares, nicht vertauschbares ... Beziehungen von Individuum zu Individuum waren möglich geworden, Beziehungen, Konflikte von Individuum zu dem Ganzen des Staates und der Gesellschaft wurden immer sichtbarer. Und es wurde das Shakespearesche Drama zum Drama des mittelalterlichen Menschen wie des Menschen, der sich immer mehr als Individuum zu entdecken begann und als solches in dramatischen Situationen zu seinesgleichen wie zu übergeordneten Gewalten geriet.« Mit dem Sieg des Bürgertums über den Feudalismus, »dem geistesgeschichtlich die immer stärkere Ausgeprägtheit des Individuums entsprach«, sei es zur Aufgabe des Dramas geworden, die Konflikte der einzelnen Individuen untereinander darzustellen, die Konflikte, »die durch sich selbst die Zeit charakterisieren sollten«. Das bürgerliche Drama sei nun immer gleichförmiger geworden und drehe sich inzwischen nur noch um die Mann-Frau-Beziehung. Auch das Drama über den Outsider der Gesellschaft (Strindberg, Wedekind) habe sich erschöpft. Im Ausgang des kapitalistischen Zeitalters werde wieder das Kollektive bestimmend, während das Individuum als Individualität, Unteilbares und Unvertauschbares immer mehr verschwinde. Dem habe das zeitgenössische Drama Rechnung zu tragen. Die neuen Kollektivkräfte seien die Klassen, »die heute die Geschichte nicht nur bestimmen, sondern auch nach außen immer mehr als die bestimmenden Geschehnisträger sichtbar werden«. Warum also zögere Brecht, dieses Drama, »das nichts als eine Photographie des Gestern, ein historischer Überrest ist, zu liquidieren?«

Mit dieser Bestandsaufnahme war der Dramatiker einverstanden. Er sprach allerdings nicht generell vom Drama, sondern vom »alten« bzw. »heutigen« Drama, dem die Existenzberechtigung abzusprechen sei, weil es keinen »soziologischen Raum« habe. Der Ästhet halte immer noch eine Verbesserung des Dramas für möglich, jetzt aber entscheide der Standpunkt des Soziologen, der nicht nach den Kriterien von »gut« oder »schlecht« urteile, sondern von »richtig« oder »falsch«. Die junge Generation habe die Verpflichtung und die Möglichkeit, »das Theater einem anderen Publikum zu erobern«. Diese Aufgabe könne das »epische Theater« erfüllen, »das der soziologischen Situation entspricht«. Sternberg lenkte nunmehr ein, in »seiner jetzigen uns vorliegenden Form« sei das Drama zu liquidieren und keine »Modifikation« könne es mehr retten, unter der Voraussetzung aber, »daß gleichzeitig eine Inhalts- und Formänderung gegeben ist«, könne wieder das Wort Drama benutzt werden: »Und ich hoffe, Sie richtig verstanden zu haben, daß Ihr Zusatz ›episch‹ dieses neue Element anzeigen soll.« Das »epische Theater«, befürchtete Sternberg zunächst, sei eine zu persönliche Angelegenheit Brechts, weil dieser den Begriff als formale Kategorie schon verwendet hatte, ehe er ihn soziologisch faßte. Dieser Hinweis war dem Dichter gegenüber nicht notwendig, er wußte längst, was er Marx zu verdanken hatte. Aber dem Publikum mußte klar gemacht werden, daß Brechts »episches Theater« nicht eine neue Gattung von Drama war, die als eine Mischung aus Epos und Drama zustande gekommen ist, sondern ein an der gesellschaftlichen Wirklichkeit orientiertes Theater, ein Theater, das wissenschaftliches Niveau erstrebte.

Kurze Zeit besuchte Brecht Kurse von Sternberg, in denen »gewisse Zusammenhänge des Marxismus mit den Geisteswissenschaften« abgehandelt wurden. Dann verabredete er mit dem Soziologen lieber Diskussionen im kleinen Kreis, wo Gelegenheit war, den behandelten Lehrstoff in Anwendung zu sehen und seine Brauchbarkeit auszuprobieren. »Sie denken nicht in geraden Linien, Sie denken im Rösselsprung«, sagte Sternberg. »Sie denken in Assoziationen, auf die sonst niemand käme.« Unter dem Einfluß des Soziologen verschärfte sich noch Brechts ablehnende Haltung zur klassischen Dichtung, er betrachtete sie als eine Art »Überbau« im Dienste der

Ausbeuter. Herbert Ihering, in den meisten Fragen ein dem Stückeschreiber treu ergebener Kritiker, formulierte vorsichtiger: »Das klassische Drama diente zur Bestätigung einer Welt, gegen die es entstanden war.« Er unterschied zwischen den objektiven Gehalten der klassischen Dichtung und ihrer Rolle als Kulturgut und »geistigem Mobilar« des Bürgertums. Obwohl Brecht in der Diskussion mit Sternberg gerade die historische Relativität des Kunstwerks hervorgehoben hatte, lehnte er eine Historisierung der Klassiker ab. Sie waren »alt«, konnten nur als »Gerümpel« betrachtet werden. Allein ihren Materialwert wollte er gelten lassen.

Dieses oberflächliche Gesindel
Das seine Stiefel nicht zu Ende trägt
Seine Bücher nicht ausliest
Seine Gedanken wieder vergißt
Das ist die natürliche
Hoffnung der Welt.
Und wenn sie es nicht ist
So ist alles Neue
Besser als alles Alte.

Dem »Amerikanismus« brachte Brecht keine vorbehaltlosen Huldigungen mehr dar. Er versuchte, ihn dem Marxismus einzuverleiben, indem er die Technik einfach ideologisch umfunktionierte. Als Land der Zukunft feierte er jetzt die Sowjetunion. »Die Fordsche Fabrik ist«, äußerte er im Kölner Rundfunkgespräch mit Ihering und Sternberg, »technisch betrachtet, eine bolschewistische Organisation, paßt nicht zum bürgerlichen Individuum, paßt besser zur bolschewistischen Gesellschaft.« Mit einem »gewissen Recht« mache der Amerikanismus die Verfallserscheinungen des »Alten« sichtbar, er beschleunige die Entwicklung, aber er sei ebenfalls »krankhaft«. Die damals als Kunstrichtung propagierte »neue Sachlichkeit« lehnte er ab, hielt sie aber für unvermeidlich: »Die Sachlichkeit wird kommen, und es wird gut sein, wenn sie kommt – ich wünsche es bei Lenin – vorher kann man gar nichts weiter unternehmen; aber dieser unvermeidliche und absolut nötige Fortschritt wird eine reaktionäre Angelegenheit sein, das ist es, was ich behaupten möchte: Die neue Sachlichkeit ist reaktionär.« In Dichtern wie Hannes Küpper, dem er 1927 den Lyrik-Preis verliehen hatte, sah er knapp zwei Jahre später einen Gegner, und in dem Gedicht »700 Intellektuelle beten einen Öltank an« verspottete Brecht die Vergötzung der Technik durch die Vertreter der neuen Sachlichkeit und kritisierte ihre wertneutrale kollektivistische Haltung. Das Gedicht war gleichzeitig ein ironischer Abgesang auf seinen eigenen Technikkult und seinen kunstfeindlichen Intellektualismus.

Eilet herbei, alle
Die ihr absägt den Ast, auf dem ihr sitzet
Werktätige!
Gott ist wiedergekommen
In Gestalt eines Öltanks.

Du Häßlicher
Du bist der Schönste!
Tue uns Gewalt an
Du Sachlicher!
Lösche aus unser Ich!
Mache uns kollektiv!
Denn nicht wie wir wollen
Sondern wie du willst.

Die Beschäftigung mit Politik und Sozialismus lenkte Brechts Interesse auf die Theaterarbeit Erwin Piscators. Als der Vorstand der Volksbühne 1926 Piscator kündigte, konnte der Stückeschreiber auch dieses Unternehmen von der Liste der Theater streichen, wo noch eine Aufführung seiner Stücke möglich war. Bei dieser Gelegenheit äußerte er sich auch über Piscators Inszenierungen. Die Wendung des Theaters zur Politik, die sie bewirkt hatten, rechnete er ihm hoch an. Piscator habe das Theater auf den technischen Standard der Zeit gebracht, so daß die moderne Aufführung älterer und moderner Stücke gewährleistet sei. Neue Stücke jedoch seien für diese Art von Bühne nicht unbedingt notwendig. Brecht bestritt sogar, »daß die Piscatorbühne eine neue Art von Drama ermögliche.«

1927 eröffnete Piscator das Theater am Nollendorfplatz und gründete ein dramaturgisches Kollektiv, in dem Brecht ein gutes Jahr mitarbeitete. Er benutzte diese Gelegenheit zum Studium der technischen Neuerungen, wie die Verwendung des Films, Projektionen, neue Bühnenbildformen und das laufende Band. Piscator und nicht Brecht war im Grunde ein Dramatiker nach dem Geschmack des Soziologen Fritz Sternberg. An die Stelle des Individuums stellte Erwin Piscator die Massen als handelndes Subjekt auf die Bühne. Die Steigerung privater Szenen ins Historische wurde für ihn zum Ausgangspunkt des Bühnengeschehens. Gemeint war damit aber nur die Umsetzung ins Politische, Ökonomische und Soziale. Ein Stück war für ihn nur noch ein Mittel, Zeitgeschehen unmittelbar auf die Bühne zu bringen. »Was Piscator ermöglicht«, meinte Brecht zu den Aufführungen im Theater am Nollendorfplatz, »ist das Erfassen neuer Stoffe.« Diese Methode genügte dem Stückeschreiber nicht. Für ihn stand fest, daß die technischen Mittel nicht als Ersatz für die Form dienen dürfen. Neue Stoffe müßten erst »alt« gemacht werden, sonst könnten sie vom Drama nicht erfaßt werden. Obwohl sich Brecht nach außen hin mit Piscator solidarisierte, lehnte er dessen Inszenierungen, so sehr sie ihn oft im Detail faszinierten, grundsätzlich ab: »Man neigt gegenwärtig dazu, den Piscatorschen Versuch der Theatererneuerung als einen revolutionären zu betrachten. Er ist es aber weder in bezug auf die Produktion noch in bezug auf die Politik, sondern lediglich in bezug auf das Theater.« Wie unterschiedlich Brechts und Piscators Auffassungen über Theater waren, zeigt ein 1928 protokolliertes Gespräch zwischen beiden über »Trommeln in der Nacht«, an dem auch Sternberg teilnahm. Piscator machte ungewöhnliche Vorschläge für die Änderung des Stückes, er kennzeichnete die schwachen Punkte der Fabel, jedoch die praktischen Lösungen, die er für eine Aufführung als Korrekturen in Erwägung zog, erschreckten Brecht nicht wenig. Denn Piscator – und Sternberg stand ihm dabei nicht nach – illustrierte das Stück von außen mit politischen Fakten und füllte es mit seinen Ansichten auf. Er wollte Berlin im Aufruhr zeigen, das Aufmarschieren der Noske-Truppen, den Tod von Rosa Luxemburg und Karl Liebknecht. Das »Netz« der Befehle, Kommandos, den revolutionären Atem: »Das war zufällig dazwischen, dein ganzes Stück.« Brecht lehnte alle Vorschläge ab, sie waren ihm zu impressionistisch und zu direkt. Piscator ging nicht dialektisch vor. Er idealisierte, er war nicht interessiert an Widersprüchen. Er wollte Geschichte und Tageskampf dramatisieren. Brecht wollte Übersetzungen. Theater betrachtete er nicht als moralische Anstalt, sondern als Stätte der Unterhaltung, die Erkenntnisse auslöst. Im Hinblick auf die Piscatorbühne notierte der Stückeschreiber: »Die Requirierung des Theaters für Zwecke des Klassenkampfes bietet eine Gefahr für die wirkliche Revolutionierung des Theaters. Es ist kein Zufall, daß diese Requirierung nicht von der Produktion, sondern von der Aufmachung (Regie) her erfolgte. Diese künstlerische Mittel usurpierenden Klassenkämpfer mußten von Anfang an zu neuen Mitteln (Jazz und Film) greifen und konnten zu keiner Revolutionierung des Theaters selbst vordringen. Die politisch verdienstvolle Übertragung revolutionären Geistes durch Bühneneffekte, die lediglich eine aktive Atmosphäre schaffen, kann das Theater nicht revolutionieren und ist etwas Provisorisches, das nicht weitergeführt, sondern nur durch eine wirklich revolutionierte Theaterkunst abgelöst werden kann. Dieses Theater ist ein im Grund antirevolutionäres, weil passives, reproduzierendes. Es ist angewiesen auf die pure Reproduktion schon vorhandener, also herrschender Typen, in unserem Sinne also bürgerlicher Typen, und muß auf die politische Revolution warten, um die Vorbilder zu bekommen. Es ist die letzte Form des bürgerlich naturalistischen Theaters.«

Brecht verwendete für jedes Werk neue Bauprinzipien und er änderte die Spielweise der Schauspieler, Piscator beschränkte sich darauf, für jedes Werk sein Theater vollständig umzubauen. Im »Messingkauf« wertete Brecht Piscators Verdienste später wieder etwas auf, er feierte ihn als den einzigen »fähigen« Dramatiker außer ihm und als »einen der größten Theaterleute aller Zeiten«, dessen Versuche freilich zuzeiten nur noch »sehr wenig mit Kunst zu tun« gehabt hätten und der nur wenig von Schauspielkunst verstanden hätte. »Es schien ihm leichter, die großen Stoffe kritisch zu bewältigen vermittels ingeniöser und grandioser szenischer Präsentationen als vermittels der Schauspielkunst«. Der Anteil Brechts an den Bearbeitungen für das Theater am Nollendorfplatz war gering und hatte keine weiteren Folgen. Piscator wollte damals das »Fleischhacker«-Stück spielen. Unter dem Titel »Weizen« wurde es für die Spielzeit 1927/28 angekündigt. Andere Stücke waren geplant, wurden aber nie realisiert. Erst nach dem Tod von Brecht inszenierte Piscator »Mutter Courage und ihre Kinder« und die »Flüchtlingsgespräche«. Eine Zusammenarbeit zwischen den Vertretern des epischen und des politischen Theaters wurde von beiden nach 1929 noch hin und wieder erwogen. Sie erwies sich immer als unmöglich. Piscators Bekenntnis lautete: »Wenn schon das Theater die flüchtigste, vergänglichste Kunst ist, so hat es gerade durch diesen, seinen transitorischen Charakter den Vorzug unmittelbarster Offenheit für die Strömungen des Augenblicks. Das Theater weigert sich konstant – und in dieser Weigerung liegt die Bedingung seiner Lebendigkeit –, seine eigene Historie anzuerkennen. Es ist pure Gegenwart, oder es ist nichts.« Im Gegensatz dazu erkannte Brecht bei seiner Arbeit die Schwierigkeit, das Drama offen zu halten für die Strömungen des Augenblicks. Der Stückeschreiber brauchte Distanz, er suchte Parabeln, Umschreibungen, Übersetzungen.

Anfang 1929 entschied er: »Die Zukunft des Theaters ist eine philosophische.« Piscator habe die »Stoffrage« gestellt und sei damit durchgedrungen. Nur zweimal sei aber in letzter Zeit die »Formfrage« angeschnitten worden: bei der »Dreigroschenoper« und bei Jessners »Ödipus«-Inszenierung. »Die große Form ist auf die Verwertung der Stoffe für die ›Ewigkeit‹ gerichtet. Es gibt das ›Typische‹ auch in der zeitlichen Ebene. Wer sich der großen Form bedient, erzählt seine Stoffe nachkommenden Zeiten so gut oder besser als seiner eigenen Zeit.« Die Bemühungen um die große dramatische Form, die epische, verband Brecht mit seinem Kampf für eine neue Gesellschaftsordnung.

X
»Mann ist Mann« oder das Verhältnis des Individuums zum Kollektiv

> Im Faschismus erblickt der Sozialismus sein verzerrtes Spiegelbild. Mit keinem seiner Tugenden, aber allen seinen Lastern.

Das Lustspiel »Mann ist Mann« stellt die Zusammenfassung der weltanschaulichen und theatertheoretischen Überlegungen Brechts um die Mitte der Zwanziger Jahre dar. Das Problem der menschlichen Entfremdung, das Gegenstand von »Im Dikkicht der Städte« war und das unlösbar schien, wird als sekundär verdrängt und zynisch als Preis für die technische Entwicklung angesehen. Die Entpersönlichung, den Abbau der Individualität, bewertet Brecht positiv. Der Einzelne ist austauschbar, er hat keine unverkennbaren Eigenschaften mehr: Mann ist Mann.

In einer Vorrede zu seinem Stück von 1927 unterscheidet der Autor zwischen einer alten und einer neuen Menschenschicht, einer niedergehenden und einer aufsteigenden Zeit. Er stellt fest, daß die Menschen der alten Zeit nicht mehr zu produktiven Lebensäußerungen fähig sind, keine »Appetite« mehr entwickeln. Sie könnten weder Kunst machen noch sie aufnehmen. Die Riesenstädte und die Technik erscheinen Brecht als die letzten großen Leistungen der alten Menschenschicht, die aber ihren Untergang auch nicht mehr aufhalten würden. Der marxistische Gedanke, daß das gesellschaftliche Sein das menschliche Bewußtsein verändert, scheint sich in diesen Ausführungen anzukündigen: »Die großen Gebäude der Stadt New York und die großen Empfindungen der Elektrizität allein vermehren noch nicht das Triumpfgefühl der Menschheit. Denn, wichtiger als sie, bildet sich jetzt, eben jetzt, ein neuer Typus von Mensch heraus, und das gesamte Interesse der Welt ist auf seine Entwicklung gerichtet.«

Brecht verspricht sich einiges von dem »neuen« Menschen des Maschinenzeitalters und hat die feste Überzeugung, daß dieser durch Entpersönlichung nur menschliche Substanz hinzugewinnen kann und erst in der Masse wichtig und stark wird. »Dieser neue Typus Mensch wird nicht so sein, wie ihn der alte

Typus Mensch sich gedacht hat. Ich glaube: Er wird sich nicht durch die Maschinen verändern lassen, sondern er wird die Maschinen verändern, und wie immer er aussehen wird, vor allem wird er wie ein Mensch aussehen.« Daß die Mechanisierung der Arbeit im Kapitalismus die Ausbeutung verschärft, weil die Abhängigkeit des Arbeiters von den Produktionsmitteln, die ihm nicht gehören, noch wächst, übersieht Brecht ebenso, wie das von Marx erwähnte Phänomen der »Verkrüppelung« des Individuums, die Maschinenarbeit verursacht: »Selbst die Erleichterung der Arbeit wird zum Mittel der Tortur, indem die Maschine nicht den Arbeiter von der Arbeit befreit, sondern seine Arbeit vom Inhalt.« Durch den Abbau seiner Persönlichkeit wird der Mensch noch unkenntlicher, schwächer und leichter manipulierbar. Nur in einer sozialistischen Gesellschaft, die die Menschen in ihren individuellen Fähigkeiten fördert, die Persönlichkeit im Kollektiv zur Entfaltung kommen läßt und sie nicht abschafft, ist die Entwicklung dieses neuen Typus Mensch denkbar.

Galy Gay, die Hauptfigur von »Mann ist Mann«, ist kein sozial positiver Held. Seine »Ummontierung« vom Hafenpakker in eine »menschliche Kampfmaschine«, seine Verwandlung vom Charakterkopf in ein kollektives Wesen, verdeutlicht nicht seine Menschwerdung, sondern seine Enthirnung. Brecht betrachtet den Vorgang hauptsächlich als »lustige Sache«, auf die sich jeder seinen Vers machen soll. Er selbst sei zwar der Meinung, daß dieser Galy Gay durch die Verwandlung menschlich gewinne, doch könne er auch verstehen, daß jemand zu einer anderen Auffassung komme: »Wogegen ich am wenigsten etwas einzuwenden habe.« Das Stück läßt aber zwei entgegengesetzte Deutungen gar nicht zu.

Herr Bertolt Brecht behauptet: Mann ist Mann.
Und das ist etwas, was jeder behaupten kann.
Aber Herr Bertolt Brecht beweist auch dann
Daß man mit einem Menschen beliebig viel machen kann.
Hier wird heute abend ein Mensch wie ein Auto ummontiert
Ohne daß er irgend etwas dabei verliert.

Der Packer Galy Gay geht eines Morgens auf den Markt, um einen Fisch zu kaufen, landet aber in den Militärbaracken von

Kilkoa, weil er nicht nein sagen kann. Drei Soldaten einer Maschinengewehrabteilung der englischen Armee überreden den Packer, beim Appell den vierten Mann zu spielen, der bei einem Einbruch in eine Pagode abhanden gekommen ist. Zunächst reagiert Galy Gay schwerfällig wie ein »Elefant«, läuft dann aber, nachdem er ins Laufen gekommen ist, »wie ein Güterzug«. Er spielt seine Rolle gut, und sie gefällt ihm: »Und es kommt auch nur darauf an in der Welt, daß man auch einmal einen kleinen Ballon steigen läßt und ›Jeraiah Jip‹ sagt wie ein anderer ›guten Abend‹ und so ist, wie die Leute einen haben wollen, denn es ist ja so leicht.« Da Jeraiah Jip nicht zurückkommt, bitten die Soldaten Galy Gay, die Rolle zu behalten. Sie locken den Zögernden mit einem »Geschäft«: Sie hätten einen Elefanten an der Hand, den könne er haben, und ein Käufer sei auch da. Der Packer nimmt an, verleugnet sogar seine Frau, die der Sergeant Fairchild hereinführt, um die Einbrecher endlich zu identifizieren. Auf Galy Gay ist jedoch Verlaß. Jetzt hat er »Blut geleckt«. Die Soldaten montieren ihn vollständig um, noch ehe die Armee nach der nördlichen Grenze aufbricht, denn sie wissen, ein Mann ist wie der andere, »man macht zuviel Aufhebens mit Leuten«.

Der Elefant, den die Soldaten vorführen, besteht aus nichts anderem als aus zwei Männern und einigen Zeltbahnen. Doch Galy Gay unterdrückt seine Zweifel, weil die Kantinenwirtin Witwe Begbick das Tier vorbehaltlos kauft. Dann wird der Packer wegen Betrugs verhaftet, in einem fiktiven Prozeß zum Tode verurteilt und anschließend erschossen. Als Jeraiah Jip darf er überleben und dem Füsilierten die Totenrede halten. Wirklichkeit und Spiel kann Galy Gay nicht mehr auseinanderhalten, am Schluß der Prozedur fragt er verwirrt: »Wer aber bin ich?« Die Soldaten versichern ihm, daß er ein Mann geworden ist, »der in den kommenden Schlachten seinen Platz ausfüllen wird«. Immer noch hat der Packer Rückfälle, er meldet Zweifel an der Auslöschung seiner Individualität an. Das traurige Los des Sergeanten Fairchild, einst berühmt und gefürchtet als »Blutiger Fünfer« und »menschlicher Taifun«, jetzt aber ein erbärmliches Wrack, ein Zivilist, der von niemand respektiert wird, bestimmt Galy Gay, sich endgültig dem Kollektiv anzuvertrauen und seine Persönlichkeit an den Nagel zu hängen. Der Typ des alten Kolonialoffiziers, ein gemeiner Sadist mit menschlichen Anwandlungen, hat ausgespielt. Fairchild will der Blutige Fünfer bleiben und entmannt sich, um seinen Namen behalten zu können. Galy Gay verzichtet auf seinen Namen, will nicht länger ein Charakterkopf sein und wird dadurch zum »Mann«. Erst als Soldat gewinnt er Lebenskraft, Selbstbewußtsein und ist »unaufhaltsam wie ein Kriegselefant«, eine »menschliche Kampfmaschine«. Der unscheinbare Packer blüht auf, endlich darf er sich verwirklichen, das Kriegsspiel ist für ihn so schön wie ein Orgasmus. Er schießt eine ganze Festung zusammen und ebnet der Armee den Weg nach Tibet. Die Fähigkeit, sich anzupassen, sich den Forderungen des Kollektivs unterzuordnen, erscheint Brecht hier als ein Zeichen von Stärke. Als »menschliche Kampfmaschine« bewunderte er damals auch den Boxer Paul Samson-Körner. Nach den Opfern, die der Krieg kostete, wird nicht gefragt. Wichtig ist die sportliche Leistung. Und wenn Galy Gay am Schluß eine ganze Bergfestung erobert, »so ist das nur deshalb, weil er damit anscheinend den unbedingten Willen einer großen Menschenmasse ausführt, die durch eben diesen Engpaß will, den diese Bergfestung verstopft.«

Das Motiv der Verwandlung bestimmt die Struktur des Stücks. Es gibt insgesamt vier Verwandlungen, drei gipfeln in dem sogenannten Montageakt, dem neunten Bild, das in mehrere Nummern aufgeteilt ist. Der Bonze der Pagode, in die die Maschinengewehrabteilung eingedrungen ist, verwandelt den zurückgebliebenen Soldaten Jip in einen »Gott« und kassiert von den Gläubigen, die das Wunder sehen wollen, Geldspenden und Opfergaben. Die Soldaten müssen nicht nur den Galy Gay ummontieren, sondern auch die Kantine der Witwe Begbick umbauen, ihren Bierwaggon marschbereit machen. Ihre Gegenleistung ist die Verwandlung des Sergeanten Fairchild in einen Zivilisten. Gongschläge, ein Megaphon und Jazz bilden den Rahmen der verschiedenen Verwandlungen, setzen sie voneinander ab, führen sie ineinander über. Das Stück als Sportveranstaltung und großer Spaß. Der technische Apparat umrahmt groteske Komik, Zirkuseinlagen und Clownsnummern im Geiste Valentins und Chaplins. Kilkoa, das Kunstmilieu des Stückes, ist halb indisch und halb chinesisch. Als Anregung benutzte Brecht Kiplings »Balladen aus dem Biwak« und Döblins Roman »Die drei Sprünge des Wang-Lun«.

Noch im April 1928 bewertet der Autor das Verhalten der Hauptfigur von »Mann ist Mann« positiv: »Dieser Zeitgenosse Galy Gay wehrt sich überraschenderweise durchaus dagegen, daß aus seinem Fall eine Tragödie gemacht wird, er gewinnt etwas durch den mechanischen Eingriff in seine seelische Substanz und meldet sich nach der Operation strahlend gesund.« In den Lehrstücken korrigiert Brecht wenig später seine Auffassung von Individuum und Masse. Wenn er nun fordert, daß der Einzelne sich in das Kollektiv einzuordnen hat, handelt es sich nicht »um eine mechanische Abrichtung und nicht um die Herstellung von Durchschnittstypen«, sondern um gesellschaftliche Bewußtwerdung in einem Kollektiv, das eine sozialistische Gesellschaftsordnung erkämpfen will. Vom Massenhaften her wird das Individuum aufgebaut. Die »Person« wird zertrümmert, das heißt, jener individuelle Bezirk, der im Kapitalismus eine Art Zufluchtsort darstellt und eine unbewußte Schutzmaßnahme des Einzelnen gegenüber den unmenschlichen Lebensbedingungen ist, wird den Forderungen der Masse geopfert. Der Einzelne wird zur »kleinsten Größe« und erkennt seine »neue und eigentliche Unentbehrlichkeit im Ganzen«: »Erst gut eingeführt in große und in starker Bewegung befindliche Bewegungen gewinnt das Individuum einige Sicherheit und ist kalkulierbar. Die Marxisten tragen dem Rechnung, wenn sie auch das ›große‹ Individuum erst für verstehbar erklären, wenn es mit großen Bewegungen großer Klassen verknüpft werden kann, und sie verfahren auch dann noch am glücklichsten, wenn sie ihm nicht völlig ausdeterminierte Eigenbewegungen zuerkennen, einen gewissen Spielraum. Der ›Durchschnitt‹ ist eine wirklich nur gedachte Linie, und daher ist kein einziger Mensch in Wirklichkeit ein Durchschnittsmensch. Die völlige Totheit der Type, ihre Billigkeit, Falschheit, Unlebendigkeit ist notorisch.«

Wichtig ist also die »Qualität« eines Kollektivs und die Rolle, die es dem Individuum zuweist. Die englische Kolonialarmee zum Beispiel ist ein asoziales Kollektiv, nur ein Instrument zur Durchsetzung machtpolitischer Ziele, zur Aufrechterhaltung der Ausbeutung. Der Erste Weltkrieg, erläutert Brecht in seinen Notizen zu einer »dialektischen Dramatik«, zeigte die Rolle, »die dem Individuum in Zukunft zu spielen bestimmt war. Der einzelne als solcher erreichte eingreifende

Wirkung nur als Repräsentant vieler. Aber sein Eingreifen in die großen ökonomisch-politischen Prozesse beschränkte sich auf ihre Ausbeutung. Die ›Masse der Individuen‹ aber verlor ihre Unteilbarkeit durch ihre Zuteilbarkeit. Der einzelne wurde immerfort zugeteilt, und was dann begann, war ein Prozeß, der es keineswegs auf ihn abgesehen hatte, der durch sein Eingreifen nicht beeinflußt und der durch sein Ende nicht beendet wurde.«

Für die zweite Berliner Aufführung 1931 im Staatstheater, bei der er selbst Regie führte, versuchte Brecht sein Lustspiel im Sinne dieser Überlegungen umzuändern. Galy Gay wurde nun zu einem sozial negativen Helden, gezeigt wurde die Ummontierung eines armen Schluckers, der nichts zu verlieren hat, in einen mörderischen Soldaten und anonymen Befehlsempfänger. Über ihn heißt es jetzt im Zwischenspruch: »Man kann, wenn wir nicht über ihn wachen / Ihn uns über Nacht auch zum Schlächter machen.« Die Kiplingsche Kolonialromantik wurde zurückgenommen, die Jazzkapelle gestrichen. Brecht ließ das Stück mit dem Montageakt enden, weil er, wie er später kommentierte, »keine Möglichkeit sah, dem Wachstum des Helden im Kollektiv einen negativen Charakter zu verleihen.« Das Hauptproblem wurde geschickt umgangen, um keine Diskussion über die Qualität des Kollektivs, dem der Packer zugeordnet wird, führen zu müssen. 1931 wurde »Mann ist Mann« als groteskes Antikriegsstück gespielt. Die Soldaten erschienen als fürchterliche Ungeheuer, sie liefen auf Stelzen, trugen Teilmasken und Riesenhände. Galy Gay, dargestellt von Peter Lorre, verwandelte sich am Schluß ebenfalls in solch ein Ungeheuer.

Erst nach dem Zweiten Weltkrieg entschloß sich Brecht, auch die Darstellung des Wachstums seines Helden ins Verbrecherische zu zeigen. »Das Problem des Stückes«, sah er nun ein, »ist das falsche, schlechte Kollektiv (der ›Bande‹) und seine Verführungskraft, jenes Kollektiv, das in diesen Jahren Hitler und seine Geldgeber rekrutierten, das unbestimmte Verlangen der Kleinbürger nach dem geschichtlich reifen, echten sozialen Kollektiv der Arbeiter ausbeutend.« Zu zeigen wäre demnach der Punkt, wo sich Kommunismus und Faschismus ganz nahekommen und sie dennoch alles trennt. Zu einer Bearbeitung von »Mann ist Mann«, in der das Problem des positiven und negativen Kollektivs konsequent zu behandeln wäre, hatte Brecht weder die Kraft noch die Zeit. Er schlug nur vor, die beiden letzten Szenen der Fassung von 1926 wieder zu spielen und fügte in diese noch einige Sätze ein, in denen der imperialistische Charakter des Krieges, in den die englische Armee verwickelt ist, betont wird.

Auch die Rolle der Witwe Begbick hat Brecht 1931 entscheidend verändert. Jetzt feuert sie die Soldaten nicht mehr mit Abenteuerromantik an, sondern kommt ihnen mit Poesie. Statt des Kipling nachempfundenen Songs »Ach, Tom, bist du auch beir Armee, beir Armee« singt sie das »Lied vom Fluß der Dinge«, damit die Ummontierung Galy Gays kommentierend:

Wie oft du auch den Fluß ansiehst, der träge
Dahinzieht, nie siehst du dasselbe Wasser
Nie kehrt es, das hinunterfließt, kein Tropfen von ihm
Zu seinem Ursprung zurück.

Beharre nicht auf der Welle
Die sich an deinem Fuß bricht, solange er
Im Wasser steht, werden sich
Neue Wellen an ihm brechen.

Offenbar ist es die Absicht des Autors, mit einem poetischen Kommentar eine positive Vorstellung von Verwandlung zu geben. Der philosophische Gehalt des Liedes steht aber den weltanschaulichen Theoremen des frühen Brecht näher als dem Marxismus. Der Gedanke vom Fluß der Dinge ist hier noch ganz undialektisch aufgefaßt, alles, wird behauptet, ist ständiger Veränderung unterworfen; nicht nur die Persönlichkeit, auch die Dinge sind relativ und vergänglich. Die Veränderung, von der die Begbick spricht, ist ohne Inhalt und ohne historische Dimension. Festgestellt wird nur, daß alles fließt, die Frage, wie es fließt und wie es zum Fließen zu bringen ist, wird nicht gestellt. Auf die »Gefahren der Idee vom Fluß der Dinge« macht Brecht im »Me-ti« aufmerksam: »Die Anhänger der Entwicklung haben oft eine geringe Meinung vom Bestehenden. Der Gedanke, daß es vergeht, macht es ihnen unwichtig. ... Darüber, daß sie sich bewegen, vergessen sie, daß sie sind.«

XI
Stücke für das Theater am Schiffbauerdamm und Lehrstücke

Der Weg zu den Lehrstücken – Misuk – Brecht lernt Kurt Weill kennen – Die legendäre Dreigroschenoperpremiere – Carola Neher – Die unvermeidliche Heirat – Die Weltbühne lehnt Brecht ab – Der Plagiatvorwurf Alfred Kerrs – Laxheit in Fragen geistigen Eigentums – Karl Kraus plädiert für Brecht – Zensur – Polizeipräsident Zörgiebel erscheint im Theater am Schiffbauerdamm – Pioniere in Ingolstadt – Happy End – Das neue Mahagonny – Das Baden-Badener Musikfest – »Der Flug der Lindberghs« und das »Lehrstück vom Einverständnis« – Ende der Zusammenarbeit mit Paul Hindemith – Die »Neue Musik« lehnt »Die Maßnahme« ab

Deutschland braucht für seine Zukunft nichts anderes als andere Länder: die möglichst geschickte Anwendung marxistischer Gesichtspunkte auf Gesellschaft und Wirtschaft. Dann hätte es natürlich ebenso wie andere Länder die Chance, aus seinem kulturellen Sumpf herauszukommen.

Die Begegnung mit der marxistischen Theorie und die dadurch verursachte »Umstellung« seiner Arbeit hatte zur Folge, daß Brecht mehrere Stücke nicht schreiben konnte. Ihre Ausarbeitung war einerseits ohne theoretische Vorarbeiten nicht möglich, andererseits brachte die Auseinandersetzung mit dem Marxismus nun zuviel neue Elemente in die Fabelkonzeption hinein. Im Mittelpunkt dieser Projekte standen noch typische Figuren, große Einzelne wie der Fleischkönig Joe Fleischhakker und der Eisenbahnkönig Dan Drew. Brecht mußte nun erst einmal Stücke zur Selbstverständigung entwerfen, in denen er seine neuen Erkenntnisse unmittelbar formulieren und seinen Lernprozeß besser dokumentieren konnte. Erst mit der »Heiligen Johanna der Schlachthöfe« gelang ihm die Synthese von großer Form und szenischer Demonstration marxistischer Theorie.

Zur Form der Lehrstücke kam Brecht auf dem Umweg über

die Musik. Die eigenen Kompositionen reichten für seine Bedürfnisse nicht mehr aus. Bei seinen Inszenierungen von »Leben Eduard des Zweiten von England« und »Baal« verwendete er noch Musik in der landläufigen Form; es handelte sich um Lieder oder Märsche, deren Motivierung sich aus dem Text ergab und die Leichtigkeit, Abwechslung und Poesie in den Ablauf der Handlung brachten. Für sein »episches Theater«, das die »Trennung der Elemente« vorsah, wollte er eine andere Art von Musik. Sie sollte Selbstwert haben und die Handlung kommentieren, nicht illustrieren. Brecht nannte sie Misuk. Die Misuk war Ausdruck seines Verlangens nach Vernunft auch in der Musik. Eine Polemik gegen die »Gefühlsverwirrung«, die oft bei Sinfoniekonzerten und Opern eintritt.

Im Frühjahr 1927 wandte sich der Busoni-Schüler Kurt Weill an Brecht wegen eines Textes für eine Komposition, die er für Baden-Baden machen wollte. Georg Kaiser, der einzige expressionistische Dramatiker, den der Augsburger gelten ließ und den er auch zu seinen Lehrern zählte, hatte die Bekanntschaft vermittelt. Da Brecht gerade in einer anderen Arbeit steckte, schlug er Weill die alten Mahagonny-Gesänge aus der »Hauspostille« zur Vertonung vor. Der Komponist verstand es aber, Brecht doch für eine Zusammenarbeit zu interessieren, und mit großem Spaß funktionierten sie die Gesänge um und montierten sie zu einem »Songspiel«, das sie dann im Rahmen der »Deutschen Kammermusik« in Baden-Baden in eigener Regie zur Aufführung brachten. Die Bühne stellte einen Boxring dar, dahinter war eine Wand, auf die Bilder von Neher projiziert wurden. Daß Weill, der bis dahin ziemlich komplizierte ernste Musik geschrieben hatte, in die Komposition »mehr oder weniger banaler Songtexte« einwilligte, rechnete ihm Brecht hoch an. Der Komponist ging auch auf die Vorstellungen des Dichters von gestischer Musik ein: »Die Musik arbeitete so, gerade indem sie sich rein gefühlsmäßig gebärdete und auf keinen der üblichen narkotischen Reize verzichtete, an der Enthüllung der bürgerlichen Ideologien mit.«

Brecht und Weill beschlossen, die erfolgreiche Zusammenarbeit fortzusetzen und wollten gemeinsam eine abendfüllende Oper schreiben. Ein Stoff würde sich schon finden, andernfalls wollten sie das Songspiel, wie Hans Curjel, der Dramaturg der Krolloper vorgeschlagen hatte, zu einer Oper umarbeiten. Elisabeth Hauptmann, immer auf der Suche nach geeigneten Stoffen für Brecht, wurde 1927 auf die »Beggar's Opera« des John Gay aufmerksam, die 1920 vom Lyric Theatre in London ausgegraben und dort über zwei Jahre gespielt worden war. Sie begann, den Text der im Geiste Swifts geschriebenen Satire aus dem 18. Jahrhundert, in der die Regierung Sir Robert Walpoles als eine Bande von Dieben und Bettlern porträtiert ist, ins Deutsche zu übersetzen, und Brecht entschloß sich gleich, das Stück zu bearbeiten. Mit Weill ging er die Originalmusik von Pepusch durch und fand sie nicht aggressiv genug. Sie war völlig unbrauchbar für den Ton seiner Couplets, Songs und Balladen, die er für die Bearbeitung schrieb und bei denen er Gedichte von Villon und Kipling benutzte. Weill sollte eine völlig neue Musik schreiben.

»Gesindel«, so hieß die Bearbeitung zunächst, betrachtete Brecht aber nur als Nebenwerk. Als ihn im Frühjahr 1928 der Schauspieler und Unternehmer Ernst Josef Aufricht um ein Stück anging, mit dem er sein Theater am Schiffbauerdamm eröffnen könnte, erzählte der Stückeschreiber die Fabel von »Joe Fleischhacker«. Er sei mitten in der Arbeit und könne noch gar nicht sagen, wann es fertig würde, auch habe er das Stück schon Piscator versprochen. Dann erst erwähnte Brecht beiläufig die Bearbeitung der »Beggar's Opera«, von der bereits sechs Szenen geschrieben waren. Aufricht wollte sie gerne einmal ansehen. Am nächsten Tag holte Heinrich Fischer, der Dramaturg des Theaters am Schiffbauerdamm, das Manuskript in der Spichernstraße ab. Erst nachdem »Gesindel« angenommen war, teilte Brecht mit, daß Kurt Weill an der Bearbeitung beteiligt sei und eine neue Musik schreibe. Aufricht war entsetzt: dieser Weill komponierte atonal und war sicher nicht in der Lage, eine publikumswirksame Musik zu einem Theaterstück zu machen. Vorsichtshalber beauftragte er Theo Mackeben, den er für die musikalische Einstudierung engagiert hatte, die Pepusch-Partitur als Ersatz bereit zu halten. Die Premiere sollte am 31. August stattfinden. Noch war das Stück nicht fertig, die meisten Songs nicht geschrieben. Während Aufricht und Erich Engel, der die Regie übernommen hatte, die Besetzung zusammenstellten, schrieben Brecht und Weill die letzten Szenen in Le Lavendou an der Riviera und am Ammersee. Anfang August begannen die Proben.

Carola Neher, die die Polly spielen sollte, reiste nach etwa zehn Tagen zu Klabund, der in einem Sanatorium in Davos im Sterben lag. Nach seinem Tod am 14. August sagte sie die Proben ab. Alle Bemühungen von Brecht und Engel, sie doch noch umzustimmen, waren vergeblich. Vier Tage vor der Premiere übernahm Roma Bahn die Rolle der Polly.

Helene Weigel wollte die Inhaberin des Hurenhauses in Turnbridge als Beinamputierte spielen. Sie ließ sich im Rollstuhl auf die Bühne fahren und auf einen Tisch heben, um von oben als Dame ohne Unterleib den Betrieb zu dirigieren. Wegen einer Blinddarmreizung mußte Helene Weigel plötzlich absagen. Die Rolle wurde gestrichen und die Szene umgeschrieben. Eine Hiobsbotschaft jagte die andere. In Theaterkreisen war man allgemein der Ansicht, daß das Stück durchfallen würde. Der Kabarettstar Rosa Valetti, die Darstellerin der Frau Peachum, schimpfte furchtbar auf das »Saustück« und wollte aussteigen. Sie unterschrieb einen Vertrag mit dem Kabarett der Komiker, weil sie sicher war, daß sie dort schon einen Tag nach der Premiere auftreten könnte. Als der überaus eitle Operettenschauspieler Harald Paulsen als Macheath um jeden Preis eine himmelblaue Krawatte tragen wollte und außerdem meinte, er müsse einen effektvolleren ersten Auftritt haben, brüllte Brecht los. Diesen Typ von Schauspieler konnte er nicht ausstehen. Dann hatte er einen Einfall: »Lassen wir ihn so süßlich und charmant. Weill und ich führen ihn durch eine Moritat ein, die seine grausigen Schandtaten besingt, um so unheimlicher wirkt er mit seiner hellblauen Schleife.« So entstand die berühmte Moritat von Mackie Messer. Erich Engel zerstritt sich am Ende mit Brecht, der ein besonderes Arrangement haben wollte, das die Handlung von den Songs deutlich absetzte. Wenn die Songs kamen, ließ der Autor die Bühne abdunkeln, vom Schnürboden pendelten altmodische Petroleumlampen herab, und im Hintergrund wurde eine Orgelattrappe sichtbar, vor der die Musiker saßen. Engel wollte lieber ganz auf die Musik verzichten, als dieses Arrangement akzeptieren. Er konnte sich aber nicht durchsetzen. Die Theaterbesessenheit Brechts überzeugte die anderen mehr als die praktischen Erfahrungen, auf die sich Engel berief.

Die Generalprobe der »Dreigroschenoper«, wie das Stück auf einen Vorschlag Feuchtwangers hin dann genannt wurde, dauerte bis zum frühen Morgen. Brecht strich in letzter Minute den Salomon-Song und kürzte die Rolle des Peachum. Erich Ponto, der Darsteller des Bettlerkönigs, wäre deshalb fast noch abgereist. »Der Schlußchoral muß auch weg«, verlangten dann Aufricht und Engel, »das hört sich ja an wie Bach«. Weill lehnte ab, unterstützt von Caspar Neher, der ihn beschwor, den Choral zu verteidigen: »Wenn Sie nachgeben und ihn streichen, dann ist es aus zwischen uns.« Der Choral also blieb. Nachmittags wurde noch einmal geprobt. Der reitende Bote sollte auf einem Pferd kommen. Die Maschinerie war erst jetzt fertig geworden und klappte nicht. »Das Pferd kommt, oder das Stück wird nicht gespielt!« erklärte Brecht und zog das Tier strahlend mit der Hand auf die Bühne. Da Aufricht kein »Kindertheater« wollte, mußte der reitende Bote zu guter Letzt doch zu Fuß auf die Bühne kommen. Vor der Vorstellung fing Weill zu toben an, weil der Name seiner Frau Lotte Lenya, die die Jenny spielte, im Programmheft vergessen worden war. Im Büro Aufrichts meldete sich unterdessen der Darsteller des Filch, ein stellungsloser Lehrling, der Buchhändler werden wollte; er verlangte eine höhere Gage, Vorschuß und einen Vertrag über zwei Monate: »Ich bin kein Schauspieler und will auch keiner werden. Sie können mich nicht auf die schwarze Liste setzen lassen oder mir irgend etwas tun, ich besitze nichts. Ich verlange dreißig Mark pro Abend oder ich verschwinde jetzt, ich bin heute unauffindbar, und sie haben keine Premiere.« Brecht, der den Lehrling empfohlen hatte, handelte grinsend die Forderung seines Protegés auf zwanzig Mark herunter. Der Mann schien während der Proben etwas gelernt zu haben.

Die Uraufführung der »Dreigroschenoper« ging als größter Erfolg der Zwanziger Jahre in die Theatergeschichte ein. Das Stück lief fast ein Jahr in Berlin. Die turbulenten Proben, die vielen Auseinandersetzungen wurden schnell vergessen. Carola Neher gratulierte als erste und wollte wissen, wie lange Roma Bahn unter Vertrag sei: »Ich muß die Polly spielen!« Brecht war sofort einverstanden. Die Neher war in seinen Augen die bessere Schauspielerin. Launen zählten dann nicht. Nach der Polly bekam sie die Rolle des Heilsarmeeleutnants Lilian Holiday in »Happy End«, und Brecht schrieb schließlich für sie »Die Heilige Johanna der Schlachthöfe«. In einem kleinen Lehrgedicht gab er damals der Neher Anweisungen, wie sie sich am Morgen zu waschen habe, »wie eine berühmte Person und so, daß Maler davon Bilder gewinnen könnten«:

Erfrische dich, Schwester
An dem Wasser aus dem Kupferkessel mit den Eisstückchen -
Öffne die Augen unter Wasser, wasch sie -
Trockne dich ab mit dem rauhen Tuch und wirf
Einen Blick in ein Buch, das du liebst.
So beginne
Einen schönen und nützlichen Tag.

Carola Neher war ziemlich empört, als Brecht sie im April 1929 am Bahnhof abholte und ihr nebenbei mitteilte, er habe soeben Helene Weigel geheiratet. »Es war unvermeidlich, aber es hat nichts zu bedeuten«, so ungefähr lautete sein erklärender Kommentar.

Für Elisabeth Hauptmann kam Brechts Entscheidung am unerwartesten. Enttäuscht unternahm sie damals einen Selbstmordversuch, von dem sie sich glücklicherweise erholte. Schließlich akzeptierte sie das Verhalten des Freundes, der mit einem Gedicht um Nachsicht bat und an die »besondere Einsicht« appellierte:

Auf dich wurden Lasten gelegt, die man
Nur auf die sichersten Schultern legt,
Du wurdest übersehen wie das Nächstliegende.
Von dir wurde erwartet
Die besondere Einsicht.
So essen am letzten die, denen das Werk am
nächsten steht: die Köche.

Dagegen bestand Marieluise Fleisser auf Trennung. Die Heirat und den Skandal, den Brechts »Pioniere«-Bearbeitung kurz darauf machte, wollte sie nicht einfach hinnehmen. Voller Trotz ging sie eine übereilte Verlobung mit dem kauzigen Schriftsteller Helmut Draws-Tychsen ein, an dessen Seite sie nun quer durch Europa reiste. Allen Versuchen Brechts, sie zurückzugewinnen, widersetzte sie sich standhaft. Vor allen Dingen als Autorin wollte sie sich nun endlich von seinem beherrschenden Einfluß freimachen, zumal sie sich bei Brecht und seinen Freunden als Mensch immer sehr allein fühlte. Draws-Tychsen wiederum, den sie in einem Stück als »Tiefseefisch« zu charakterisieren begann, wollte ihr »ganzes Wesen nehmen«. Als die beiden um sie werbenden Männer 1933 emigrieren mußten, ging Marieluise Fleisser endgültig nach Ingolstadt zurück. Da ihre Bücher verbrannt wurden und ihr Schreibverbot erteilt wurde, schien ihr die Ehe mit einem Jugendfreund, von dem sie sich nun aus Dankbarkeit ausbeuten lassen mußte, der einzige Ausweg. Als »ganz gewöhnliche Vorhölle« pflegte sie diese bitteren Jahre später zu bezeichnen: »Ich hatte es mir zugezogen. Der Mann tilgte mich aus und half kein Schutzgeist dafür, nur die Hand schaute von mir noch heraus, und ich mußte versaufen.«

Aufricht betrachtete nach dem Erfolg der »Dreigroschenoper« Brecht als seinen Hausautor, und der Stückeschreiber das Theater am Schiffbauerdamm als sein Theater. Der Kern des Ensembles bestand hauptsächlich aus »seinen« Schauspielern: Helene Weigel, Carola Neher, Lotte Lenya, Oskar Homolka, Peter Lorre, Theo Lingen und Ernst Busch. Nur wenige Stücke wurden aufgeführt, nur wenige Schauspieler wurden ausgebildet. »Seine Schauspieler«, erinnert sich der Dramaturg im »Messingkauf«, »waren keine Kellner, die das Fleisch zu servieren hatten und deren persönliche, private Gefühle unverschämte Belästigungen genannt wurden. Sie waren weder die Diener des Dichters noch die des Publikums. Seine Schauspieler waren keine Beamten der politischen Bewegung und keine Priester der Kunst. Sie hatten als politische Menschen ihre soziale Sache vorwärtszubringen vermittels der Kunst und vermittels aller anderen Mittel.« Die »Dreigroschenoper« war laut Aufricht eine »literarische Operette mit einigen sozialkritischen Blinklichtern«. Brecht versuchte später, die politische Tendenz – gelebt wird nicht in Moral, sondern von Moral – zu verschärfen, um die Konsumierbarkeit des Stücks durch ein bürgerliches Publikum zu erschweren. Aber der »fragwürdige Mythos« der »Dreigroschenoper« überlebte alle Korrekturen, die der Autor vornahm. Nur als Inszenierung zählt das Werk zum »epischen Theater«, als Stück ist es allenfalls ein geglückter Versuch, »der völligen Verblödung der Oper entgegenzuwirken«.

Die Kritiker waren übrigens gar nicht so begeistert wie das

Publikum. Daß die Rechtspresse schimpfte, konnte Brecht nur angenehm sein. Ein Lob aus dieser Richtung wäre für einen ernstzunehmenden Dichter peinlich gewesen. Ärgerlich waren die Einwände von links. Brecht reagierte sehr empfindlich auf linken Feuilletonismus, auf Kritiker, die Kunst als eine Sache der Ansichten behandelten. Politisches Theater konnte man bei Piscator sehen, nicht bei Brecht, der sich nur wenig für »Zeitstücke« interessierte. Die »verzweifelten Bemühungen der Literaten, die Ansichten der Proletarier zu treffen«, wirkten auf ihn nur »unsäglich komisch«. Wurde dem Stückeschreiber von Laien mangelnde gesellschaftliche Konkretheit vorgeworfen, diskutierte er ernsthaft, aber politisierende Literaten, Gesinnungslinke und Weltanschauungsdramatiker fertigte er ungehalten ab. Es reizte Brecht, gegen diese Kritiker Stellung zu beziehen und ihnen persönliche und eitle Motive nachzusagen. Bei Harry Kahn etwa, der »Die Dreigroschenoper« in der »Weltbühne« als einen »mit viel zu großartigen Mitteln aufgezogenen Künstlerklamauk« und als »Schwabinger Atelierscherz« bezeichnet hatte, war er ziemlich sicher, daß ein schlechter Platz in der Vorstellung für die negative Kritik ausschlaggebend gewesen war: »Sie sagten gleich, es wäre im Interesse einer objektiven Kritik wichtig, daß ich Ihnen einen Platz weiter vorn verschaffte. Ich meinte damals, daß Ihr Platz für eine objektive Kritik nicht zu weit hinten sei, aber da habe ich mich eben getäuscht. Jetzt Ihre Kritik lesend, sehe ich ein, daß ich unrecht und Sie recht hatten: Ihr Platz war für eine objektive Kritik zu weit hinten.«

Die Polemik war läppisch, wurde aber von den Beteiligten mit großem Eifer und wenig Humor betrieben. »Die Weltbühne« entgegnete oberlehrerhaft: »Herr Brecht erwartet Lob und unterstellt niedrige Motive, weil unser Kritiker ihm nicht das gewünschte Quantum Lorbeer geliefert hat. Ein törichter Terrorisierungsversuch, eines Dichters wie Brecht nicht würdig.« Kurt Tucholsky, einer der engsten Mitarbeiter der »Weltbühne«, wiederholte später die Vorwürfe Kahns, als er sich in einem Artikel mit den Protesten gegen Brecht in den Provinzstädten auseinandersetzte: Die »Überzeugung« des Dichters sei schwer zu eruieren, das Leben sei gar nicht so, wie es in der »Dreigroschenoper« und in »Mahagonny« dargestellt werde. Die Beziehung zu Deutschland 1930 bleibe »flau«, der Hintergrund sei »stilisiertes Bayern«. Alfred Kerr belebte dann die Diskussion um »Die Dreigroschenoper« durch die Anschuldigung, Brecht habe mehrere Verse Villons in der Fassung K. L. Ammers benutzt, ohne den Namen des Übersetzers zu nennen. Der Stückeschreiber beantwortete den törichten Plagiat-Vorwurf mit einer kurzen Erklärung: »Eine Berliner Zeitung hat spät, aber doch noch gemerkt, daß in der Kiepenheuerschen Ausgabe der Songs zur ›Dreigroschenoper‹ neben dem Namen Villon der Name des deutschen Übersetzers Ammer fehlt, obwohl von meinen 625 Versen tatsächlich 25 mit der ausgezeichneten Übertragung Ammers identisch sind. Es wird eine Erklärung verlangt. Ich erkläre also wahrheitsgemäß, daß ich die Erwähnung des Namens Ammer leider vergessen habe. Das wiederum erkläre ich mit meiner grundsätzlichen Laxheit in Fragen geistigen Eigentums.«*

Für Brecht war der Vorwurf Kerrs philologische Kleinkrämerei, die verzweifelte Spekulation eines Bildungsphilisters auf die Unbildung seiner Leser. Die Größe eines Schriftstellers, meinte er, erweise sich erst durch die Zitierbarkeit und Verwendbarkeit seiner Produktion, nicht durch geistige Originalität: »Natürlich basiert so ziemlich jede Blütezeit der Literatur auf der Kraft und Unschuld ihrer Plagiate.« Kerrs »Enthüllung« wurde von allen Provinzblättern nachgedruckt und kolportiert. Endlich war jemand dem Stückeschreiber auf die Schliche gekommen, und das Stichwort zu seiner literarischen

* Zum Plagiat-Problem nahm Brecht auch im »Film-Kurier« vom 4. Mai 1929 Stellung. Da dieser Text in der Ausgabe der »Gesammelten Werke« fehlt, sei er hier mitgeteilt: »Es ist ja schon weiten Kreisen bekannt, daß ich in Sachen geistigen Eigentums ganz lax denke. Infolgedessen hätte ich auch beinahe vergessen, den Namen François Villon auf dem Zettel anzugeben. Man hat mich noch rechtzeitig darauf aufmerksam gemacht, deshalb wurde er genannt. Den Namen von Kipling habe ich ebenfalls auf den Zettel setzen lassen, weil ich die Absicht hatte, eine Ballade mitaufzunehmen. Das wurde dann aber nicht ausgeführt.

Der Name von Kipling steht also jetzt noch auf allen Theaterzetteln im Reiche, weil ich ganz einfach vergessen habe, ihn zu streichen. Genau wie ich vergessen habe, den Namen des deutschen Übersetzers von Villon anzugeben.

Ein Name mehr also und ein Name weniger – beides aus Vergeßlichkeit. Und diese Vergeßlichkeit ist erklärbar aus meiner sicher verwerflichen Gleichgültigkeit gegen geistiges Eigentum.

Geistiges Eigentum ist eben so eine Sache, die zu Schrebergärtchen- und dergl. Angelegenheiten gehört.«

Erledigung war gefallen. Schon nach der Berliner Aufführung des Schauspiels »Dickicht« hatte Herwarth Walden von Plagiat gesprochen und auf die Verwendung von Versen Rimbauds und Verlaines hingewiesen. In diesem Fall konnte Brecht auf sein Manuskript verweisen, in dem er die Stellen durch Anführungszeichen als Zitate kenntlich gemacht hatte: »Die Bühne besitzt anscheinend keine Technik, Anführungszeichen auszudrücken. Besäße sie eine, so würde sie eine große Anzahl anderer beliebter Werke für Philologen vielleicht schmackhafter, für das Publikum aber ziemlich unleidlich machen.« Brechts Bekenntnis zur »Laxheit in Fragen geistigen Eigentums« wurde von den um ihre Tantiemen besorgten Autoren als »finsterste Entschlossenheit, sich auf fremde Kosten zu bereichern« aufgefaßt. Auch »Die Weltbühne« meldete sich wieder zu Wort. Tucholsky unkte: »Was dem einen brecht ist, ist dem andern billig.« In der darauffolgenden Nummer druckte er den Kanonensong aus der »Dreigroschenoper« mit dem Vermerk: »Trotz seiner grundsätzlichen Laxheit in Fragen geistigen Eigentums verzichtet der Verfasser auf das Honorar.« Als Autor des Songs war ein Egon Jacobson angegeben. Die Angriffe nützten der Popularität Brechts und seiner »Dreigroschenoper« außerordentlich, und sogar die Übersetzung Ammers wurde jetzt berühmt. Der Stückeschreiber setzte beim Kiepenheuer Verlag eine Neuausgabe der Ammerschen Villon-Nachdichtungen durch und schrieb ein Einleitungssonett, das zum fleißigen Gebrauch des Büchleins aufforderte:

Nehm jeder sich heraus, was er grad braucht!
Ich selber hab mir was herausgenommen ...

Schlau entschuldigte sich Brecht: nur weil das Theater die Betonung des Gestischen verlange, habe er die Stücke, die er für »Die Dreigroschenoper« entnahm, »stellenweise« stark verändern müssen: »Die Deutlichkeit der Szene ist eine andere als die Deutlichkeit des Buches.« Er bezeichnete die Arbeit Ammers als »klassische Nachdichtung«, und in einem Nachwort feierte der Übersetzer wiederum Brecht und verglich die Figur des Macheath mit Villon.

Die Abfertigung Kerrs übernahm Karl Kraus: »Im kleinen Finger der Hand, mit der er fünfundzwanzig Verse der Ammerschen Übersetzung von Villon genommen hat, ist dieser Brecht originaler als der Kerr, der ihm dahintergekommen ist ... So wenig ein Zweifel darüber bestehen kann, daß eine geistige Existenz ausgelöscht wäre, die auch nur mit einem einzigen fremden Vers zu glänzen versuchte, so ausbündig ist die Trottelei, die einem weismachen will, dieser so geartete, so begabte und so sichtbar abwegige Autor hätte es nötig gehabt und für möglich gehalten, die Verse, die ihm für den Bühnenzweck praktikabel schienen wie Versatzstücke und Personen, und deren autorrechtliche Fatierung er für den Druck verschlampt hat, als literarische Kontrebande auf die Seite zu bringen. Eine Bewußtseinshandlung, die hier noch ein ›Copyright‹ anbringt, zu unterstellen, ist nicht die Bosheit der Satire, sondern der Idiotie, oder gar die Gesinnung, die deren Anschein nicht verschmäht, um auf Idioten eine Augenblickswirkung zu erzielen.«

Kraus und Brecht wurden übrigens nicht nur durch die gemeinsame Feindschaft gegenüber Kerr zu Verbündeten. Beide haßten linke Gesinnungshuberei und sozialdemokratische Politik. Zur marxistischen Theorie hatte Karl Kraus keine Beziehung, aber er fühlte sich politisch eine Zeitlang der kommunistischen Bewegung verbunden. Seine Position war eingespannt in die extremen Pole der Annäherung an Aristokraten und Arbeiter. Walter Benjamin konstatiert bei Kraus ein »Wechselspiel zwischen revolutionärer Praxis und reaktionärer Theorie«. Liberale verachtete er, sie waren für ihn Repräsentanten einer fragwürdigen, menschenfeindlichen bürgerlichen Sittlichkeit. Der Liberalismus leistete in seinen Augen der Zerstörung der Kultur enormen Vorschub. Wortführer des liberalen Bürgertums war die Presse, die »freie« Presse, der Kraus das größte aller Übel anlastete, die Entwertung der Sprache durch die Phrase. Die »reaktionäre Theorie« von Kraus war sein Ursprungsgedanke, das Leugnen jeder Möglichkeit zukünftigen Glücks. Die Welt verlief in seinen Augen nur noch wie sein Angsttraum. Seine »revolutionäre Praxis« war die kompromißlose Zertrümmerung aller als Ballast mitgeschleppten »Werte«, die nur Unheil anrichten, außerdem die Erkenntnis, daß nicht Reformen, sondern revolutionäre Taten Änderungen bewirken können. Brecht notierte bewundernd: »In einem riesigen Werk stellt Kraus, der erste Schriftsteller unserer Zeit, die Entartung und Verworfenheit der zivilisierten Menschheit dar. Als Prüfstein dient ihm die Sprache, das Mittel der Verständigung zwischen Mensch und Mensch.« Kraus war bei den »Dreigroschenoper«-Proben dabei gewesen und hatte sich von der Theaterbegabung Brechts überzeugt, an der er »nicht die Spur eines Spekulantentums« feststellen konnte. In seiner Begeisterung hatte er sogar zum »Eifersuchtsduett« ein paar Verse beigesteuert, ein Geschenk, das Brecht mit der Selbstverständlichkeit benutzte, wie er sich der Verse von Villon und Kipling bedient hatte.

Ernst Josef Aufricht wollte nicht auf dem Erfolg der »Dreigroschenoper« ausruhen. Er mietete ein zweites Theater, um am Schiffbauerdamm neue Inszenierungen herausbringen zu können. Mit der Wahl von »Giftgas über Berlin« von Peter Martin Lampel entschied er sich für ein Zeitstück nach dem Geschmack Piscators. Hier wurde der Kampf gegen die Reichswehr geführt, und das linke Engagement des Ensembles unter Beweis gestellt. Der sozialdemokratische Polizeipräsident Zörgiebel verlangte die Absetzung des Stücks und drohte mit der Schließung des Theaters. Brecht, obwohl kein Anhänger von Lampel und dessen dramatischer Technik, riet zum Widerstand gegen die Zensur und unterstützte die von Aufricht und seinen Mitarbeitern gegründete »Vereinigung gegen die Wiedereinführung der Zensur«. Als der Theaterkritiker Monty Jacobs den Vorschlag machte, doch erst einmal den literarischen Wert des Objektes zu untersuchen, für das man sich einsetzen wollte, fuhr ihn Brecht an: »Das möchte Ihnen so passen, ein literarisches Kaffeekränzchen zu veranstalten. Wir kämpfen bedingungslos gegen jede Zensur, auch wenn sie das ›Dreimäderlhaus‹ verbietet.« Aufricht erhielt die Genehmigung zu einer einmaligen geschlossenen Aufführung vor Presseleuten und geladenen Gästen, die der Polizeipräsident auswählte. Hinter den Kulissen organisierte Brecht, der selbst nicht gerade mutig war, den Widerstand der Schauspieler und regte an, die Offiziere im Saal vor Beginn der Vorstellung aufzufordern, ihre Säbel in der Garderobe abzugeben. Dazu kam es nicht mehr, da einige junge Kommunisten, die in den Besitz von Eintrittskarten gekommen waren, die Begrüßung Zörgiebels übernahmen: »Bluthund, Verbrecher, Arbeiterschinder! An den Galgen mit dir!« Wegen Gefährdung der öffentlichen Sicherheit wurde die

Aufführung von »Giftgas über Berlin« endgültig verboten.

Noch während der Verhandlungen Aufrichts mit dem Polizeipräsidium hatte Brecht mit den Proben zu Marieluise Fleissers zweitem Stück, »Pioniere in Ingolstadt«, begonnen: »Das Lustspiel stellt die Sitten und Gebräuche im innersten Bayern dar. Man kann an ihm sehr gut gewisse atavistische und prähistorische Gefühlswelten studieren. So ist die Urform der Liebe in ihm, wie eine gewisse Urflora in Kalkformationen, noch ziemlich rein erhalten geblieben.« Regie führte eigentlich Brechts Münchner Freund Jakob Geis, der sich jedoch gegenüber den Schauspielern nur schwer durchsetzen konnte. Der Stückeschreiber baute das Stück für seine Zwecke um. »Hier ging es nicht zu wie in den andern Häusern, wo man sich an einen Text hielt, der war hier nicht interessant ... Hier war das Lernen Methode, hier fiel man nicht vom Himmel, man probierte was aus ... Ein Text wurde gar nie fertig, das war seine vornehmste Eigenschaft und das merke sie sich, ein Text war Rohstoff und ein Autor das Letzte, jeder Schauspieler galt mehr beim Theater.« Die Fleisser versuchte, sich zu wehren, sich dem Einfluß Brechts zu entziehen, was nur sehr schwer möglich war. Den meisten Mitarbeitern erging es ähnlich wie ihr. Der Stückeschreiber blieb für sie zeitlebens »höchste Autorität«. Die politische Bedeutung ihres Stückes war der Fleißer damals überhaupt nicht klar. Sie hatte eine fast alltägliche Geschichte erzählen wollen. Pioniere kommen nach Ingolstadt, bauen eine Brücke, bandeln mit Mädchen an und ziehen wieder ab. »Für ein Stelldichein in der Nacht hatte sie ›Platz am Friedhof‹ geschrieben, ganz naiv. Sie brauchte eben einen verlassenen Platz. Es zeigte sich, daß auf der Bühne die Grabsteine dann direkt hinter dem Liebespaar standen. Der Tod gleich hinter der Todsünde, die Kulisse ließ man sich doch nicht entgehn.« Die Autorin war auf den Skandal, den die Aufführung machte, nicht vorbereitet. Die Friedhofsszene, die Liebesszene in einer Kiste und die Gemeinheiten eines Feldwebels beim Strafexerzieren mußten gestrichen werden. Sonst wäre die Aufführung wieder verboten worden. Das ganze Vaterland, an der Spitze Ingolstadt, fielen über die Fleisser her, so daß sie sich vorerst verängstigt zurückzog. Kerr und Ihering lobten Stück und Inszenierung; diesmal waren sich die beiden Kritiker, die sich sonst bekämpften, ausnahmsweise einig. Brecht hatte mit den einfachsten Mitteln den Realismus und die Poesie des Stücks herausgestellt. »Die Regie war so leise, daß man keine bemerkte«, schreibt Ernst Josef Aufricht, der »Pioniere in Ingolstadt« für die gelungenste Aufführung hält, die im Theater am Schiffbauerdamm unter seiner Leitung produziert worden ist.

Die Lehrstücke, an denen Brecht inzwischen arbeitete, eigneten sich nicht für das Schiffbauerdammtheater. Sie waren nicht mehr zum Konsum durch ein bürgerliches Publikum bestimmt, sondern zur Unterweisung der Spieler, der Produzierenden. Den Massenerfolg der »Dreigroschenoper« nahm der Autor mit einem gewissen Zynismus hin. Er versprach Aufricht ein zweites Stück dieser Art, »Happy End«, verlor aber beim Schreiben das Interesse daran. Die Fabel basierte auf einer Erzählung Elisabeth Hauptmanns, die in großer Eile dramatisiert wurde: Der Heilsarmeeleutnant Lilian Holiday verliebt sich in den Gangsterchef Bill Cracker, sie küßt ihn und wird wegen des Kusses aus der Heilsarmee verstoßen. In ihrer Not geht sie wieder zu Bill, hält ihn von einem Einbruch ab und bekehrt ihn. Er tritt in die Heilsarmee ein. Seine Kumpane, die ihn töten wollen, werfen sich ebenfalls in die Arme der Religion, und die Bandenführerin »Die Fliege« resümiert: »Was ist ein Dietrich gegen eine Aktie, was ist ein Einbruch in eine Bank gegen die Gründung einer Bank.« Die Heilsarmee fungiert als kapitalistische Tarnorganisation, ein von Geldleuten ausgehaltenes Unternehmen, das ihre Betrügereien decken soll. Die banale Geschichte und die Tendenz paßten nicht so recht zusammen.

Brecht lieferte zwei Akte ab und fuhr nach Baden-Baden, um dort seine Lehrstücke einzustudieren. Den Rest wollte er dann aus Augsburg schicken. Als Anfang August die Proben von »Happy End« begannen, kam Neher mit der Nachricht, Brecht erwarte Aufrichts Besuch, er würde den dritten Akt nicht schicken. Schließlich erschien der Stückeschreiber doch und erklärte, er würde den Schluß noch während der Proben schreiben. Erich Engel weigerte sich, unter diesen Umständen Regie zu führen und löste seinen Vertrag. Brecht nannte ihn »einen müden, verbrauchten Mann« und übernahm selbst die Inszenierung. Emil Burri assistierte. Dann kamen Slatan Dudow, Asja Lacis und Bernhard Reich dazu. Sie unterstützten Brechts ideologische Bedenken gegen das Stück. Die klaren Arrangements, die gepfefferten Songs und die Musik von Weill genügten ihnen nicht. Dudow war ein bulgarischer Filmstudent, den sich Brecht für die Filmszenen im »Badener Lehrstück« geholt hatte. Asja Lacis arbeitete inzwischen bei der sowjetischen Handelsvertretung in Berlin, ihr Mann Bernhard Reich lebte als Dramaturg in Moskau und war gerade zu Besuch in Berlin. Die Schauspieler reagierten ärgerlich auf diese »seltsamen Gestalten«, auf die »roten Agitatoren«, die von Brecht etwas verlangten, was ihn offensichtlich davon abhielt, in gewohnter Weise neuen Text zu liefern, der unbedingt noch gebraucht wurde.

Während der Inszenierung dachte Brecht schon über sein Stück hinaus, ihn interessierte nur das, was an der Geschichte wirklich brauchbar war. Es war ihm ziemlich klar, daß »Happy End« kein Erfolg werden würde. So zog er seinen Namen zurück und sprach von einer amerikanischen Magazingeschichte der Autorin Dorothy Lane, die von Elisabeth Hauptmann für das Theater bearbeitet worden sei. Kurt Weill bestand allerdings darauf, daß Brecht wenigstens für die Songs verantwortlich zeichnete. »Happy End« wurde nach wenigen Vorstellungen abgesetzt. Die Neuauflage der »Dreigroschenoper« zog kein Publikum mehr an. Die Presse war vernichtend.

In der Oper »Aufstieg und Fall der Stadt Mahagonny«, die auf »Happy End« folgte, parodierten Brecht und Weill nicht nur den kulinarischen Charakter des Theaters, sondern stellten das Kulinarische selbst als Inhalt der bürgerlichen Gesellschaft zur Diskussion. Konsequenter Abbau der Kunst als Ablenkung und Rauschmittel, unter Berufung auf Freud, der diesen Funktionen in »Das Unbehagen in der Kultur« die Schuld gibt, »daß große Energiebeträge, die zur Verbesserung des menschlichen Lebens verwendet werden könnten, nutzlos verlorengehen.«

Den Begriff »Mahagonny« hatte Brecht für jenen Spießertraum geprägt, der ihm wie eine Mischung aus Anarchie und Alkohol vorkam. Die ersten Gesänge zu diesem Thema waren Ausdruck seiner zwiespältigen Faszination für die männlichen Exzentriks, mit denen er in den Augsburger und Münchner Vorstadtkneipen Bekanntschaft gemacht hatte. Spürbar genoß er das Imponiergehabe und die Stammtischgeilheit dieser Holzfäller, Fuhrleute, Landstreicher und Skatbrüder. Die

»Männer von Mahagonny« schilderte er als einen Trupp gescheiterter Individualitäten und zeigte, wie sie im Kollektiv Energien entwickeln, die sie allein nicht aufbringen können. Noch im Songspiel von 1927 erschien der anarchische Charakter des Milieus in einem angenehmen, romantisch-zynischen Licht. Während der Zusammenarbeit mit Weill gewann Brecht nun Interesse an einer parabelhaften Darstellung der bis jetzt nur flüchtig skizzierten Vorgänge, jedenfalls sah er in dem Stoff nun eine gute Möglichkeit, die Krisenanfälligkeit des Kapitalismus theatralisch abzuhandeln. Das Mahagonny der Oper, die Netzestadt, hatte nur mehr wenig Ähnlichkeit mit dem bajuwarischen Vorläufer. Die eher gemütliche, behagliche Welt der Schnapsdestillen und Spieltische bekam Großstadtformat. Das neue Mahagonny war als ein großes Geschäft aufgezogen, wo jeder alles darf, wenn er Geld hat, während Geldmangel als das schlimmste Verbrechen mit dem Tode bestraft wird. Das Vorbild für dieses kapitalistische Paradies fand Brecht am Kurfürstendamm: von der Gedächtniskirche an bis zur Halenseer Brücke und von da noch ein Stück in die Rummelplätze hinein. In diesem »glänzenden, funkelnden Exkrement« der »tollen« Großstadt Berlin tummelten sich die Vergnügungssüchtigen, »die Unzufriedenen aller Kontinente«, hier betätigte sich die Heilsarmee, lungerten Bettler und Kriegsversehrte herum. Bereits 1926 verwendete Brecht Ausdrücke wie »Hexenkessel« und »Sündenbabel« als Bezeichnungen für Berliner Vergnügungszentren, wo die Frauen amerikanisiert und in Girls verwandelt und dem kleinen Max Träume von der Südsee verkauft werden.

Die Mahagonny-Welt war ein Spiegelbild der kapitalistischen Welt, so wie sie sich dem Stückeschreiber Ende der Zwanziger Jahre darbot. Im Regiebuch ihrer Inszenierung von 1931 in Aufrichts Theater am Kurfürstendamm gebrauchten Brecht, Neher und Weill die Formulierung »Sittenbilder des 20. Jahrhunderts«. Die Stadt Mahagonny war gedacht als ein »Gleichnis vom heutigen Leben«. Es war keine parabolische Moralität. Brecht wertete die Vorgänge in der Netzestadt, in deren Gesetzen der Glückseligkeit der Mensch sich verstrickt, realistisch: In Mahagonny herrscht das Gesetz des Geldes, das die totale Verdinglichung der zwischenmenschlichen Beziehungen mit sich bringt. Es gibt Ausbeuter und Ausgebeutete, die Gruppe der Gründer und die Gruppe der Ankommenden. »Die schräge infantile Betrachtung«, schreibt Adorno, »die sich an Indianerbüchern und Seegeschichten nährt, wird zum Mittel der Entzauberung der kapitalistischen Ordnung, deren Höfe sich in Koloradofelder, deren Krisen sich in Hurrikane, deren Machtapparatur sich in parate Revolver verwandeln. In Mahagonny wird Wild-West als das dem Kapitalismus immanente Märchen evident, wie es Kinder in der Aktion des Spieles ergreifen.«

In den anschließenden Arbeiten versuchten Stückeschreiber und Komponist, das Lehrhafte auf Kosten des Kulinarischen immer stärker zu betonen: »Also aus dem Genußmittel den Lehrgegenstand zu entwickeln und gewisse Institute aus Vergnügungsstätten in Publikationsorgane umzubauen.« Das geeignete Forum dieser pädagogischen Versuche war das Musikfest in Baden-Baden.

Gerade die Vertreter der musikalischen Avantgarde wollten die Struktur ihres traditionellen Produktionsapparates verändern. Ihre Musik sollte hauptsächlich von Laien gespielt werden. Sie war nicht für ein sich passiv verhaltendes Konzertpublikum bestimmt. Es entstand eine Art musikalische Jugendbewegung in Verbindung mit den Bestrebungen der »Neuen Musik«: »Die Grundlage ihres Musizierens bildete die Überzeugung, daß die gemeinsame Aufführung eines musikalischen Werkes gemeinschaftsbildende Kräfte weckt.« Man wollte die Kunst bei der Erziehung der Jugend anwenden. Die Stichworte waren »Musikverständnis« und »Musikpflege«. Brecht genügten die pädagogischen Ziele der »Neuen Musik« nicht. Er faßte die Kunst selbst als pädagogisches Unternehmen auf. Statt für Kunsterziehung plädierte er für Erziehung durch die Kunst.

Im Juli 1929 kam Brecht mit zwei Lehrstücken nach Baden-Baden. Das eine war das Radiolehrstück »Der Flug der Lindberghs«, das dem Rundfunk nicht zum Gebrauch dienen, sondern ihn verändern sollte: »Die zunehmende Konzentration der mechanischen Mittel sowie die zunehmende Spezialisierung in der Ausbildung – Vorgänge, die zu beschleunigen sind – erfordern eine Art Aufstand des Hörers, seine Aktivierung und seine Wiedereinsetzung als Produzent.« In dem Stück stehen sich Radio und Hörer gegenüber. Das Radio stellt die Stadt, die Kontinente, ein Schiff, die Naturgewalten und die Masse dar, der Hörer verkörpert Lindbergh. Nicht der Flieger, der als erster den Atlantik überflog, soll verherrlicht werden, sondern seine Tat. Er tritt im Plural auf als die Lindberghs:

> Sieben Männer haben meinen Apparat gebaut in San Diego
> Oftmals 24 Stunden ohne Pause
> Aus ein paar Metern Stahlrohr.
> Was sie gemacht haben, das muß mir reichen
> Sie haben gearbeitet, ich
> Arbeite weiter, ich bin nicht allein, wir sind
> Acht, die hier fliegen.

Der Intendant des Kölner Rundfunks, Ernst Hardt, interessierte sich für den »Flug der Lindberghs« und übernahm die Produktion für Baden-Baden. Kurt Weill und Paul Hindemith schrieben die Musik. »Auf der linken Seite des Podiums war das Rundfunkorchester mit seinen Apparaten und Sängern, auf der rechten Seite der Hörer aufgestellt, der, eine Partitur vor sich, den Fliegerpart als den pädagogischen durchführte. Zu der instrumentalen Begleitung, die der Rundfunk lieferte, sang er seine Noten. Die zu sprechenden Teile las er, ohne sein eigenes Gefühl mit dem Gefühlsinhalt des Textes zu identifizieren, am Schluß jeder Verszeile absetzend, also in der Art einer Übung. Auf der Rückwand des Podiums stand die Theorie, die so demonstriert wurde.« Brecht arrangierte selbst noch eine konzertante Aufführung des »Lindberghflugs«, bei der er den Fliegerpart von einem Chor singen ließ, um den Hörern des Konzerts keine Gelegenheit zu geben, sich in den Helden einzufühlen. »Nur durch das gemeinsame Ich-Singen kann ein weniges von der pädagogischen Wirkung gerettet werden.«

Das zweite Lehrstück, das Brecht in Baden-Baden vorstellte, knüpfte thematisch an das erste an: Vier abgestürzte Ozeanflieger wollen gerettet werden. Zunächst wird untersucht, ob es üblich ist, »daß der Mensch dem Menschen hilft«. Die Antwort fällt negativ aus. Den Gestürzten kann nicht geholfen werden. Das Kollektiv rät ihnen, sich mit ihrem Schicksal einverstanden zu erklären, ihrer Entindividualisierung zuzustimmen. Nur der Pilot widersetzt sich und stirbt, die drei Monteure geben sich auf und werden vorm Tode bewahrt.

Brecht inszenierte das »Badener Lehrstück vom Einverständnis«, zu dem Hindemith die Musik geschrieben hatte, mit Filmeinlagen und Projektionen, die er dann zum Bestandteil des Stücks machte. In einem Zwischenspiel ließ er drei Clowns auftreten, dem einen, gespielt von Theo Lingen, wurden von den beiden anderen nach und nach sämtliche Körperteile abgesägt. Angeblich wollten sie ihm helfen. Einige Zuschauer sollen bei der Szene ohnmächtig geworden sein. Gerhart Hauptmann, der sich die Aufführung ansah, verließ empört den Saal. Autor und Komponist hielten sich während der Vorstellung auf der Bühne auf und gaben Anweisungen an die Spieler und Musiker, um das Publikum zu provozieren und zur Stellungnahme herauszufordern. Als die Bilder von Toten gezeigt wurden und im Publikum große Unruhe entstand, gab Brecht dem Sprecher den Auftrag, am Schluß der Projektion auszurufen: »Nochmalige Betrachtung der mit Unlust aufgenommenen Darstellung des Todes«, und die Bilder wurden ein zweites Mal gezeigt.

Die Form des Lehrstücks setzte sich sehr schnell durch und wurde von vielen Künstlern nachgeahmt. Anders als Brecht, der belehren wollte, benutzten sie das Lehrstück zu rein experimentellen Zwecken. Auch Paul Hindemith hatte den Stückeschreiber mißverstanden, und von dem Moment an, wo Brecht sich mit der Arbeiterklasse und der Kommunistischen Partei solidarisierte, war eine weitere Zusammenarbeit nicht mehr möglich. Das gemeinsame Auftreten in Baden-Baden bewertete Hindemith ganz anders. Für ihn hatte das »Badener Lehrstück« nur den Zweck, »alle Anwesenden an der Ausführung eines Werkes zu beteiligen«. Text und Partitur betrachtete er als Vorschlag, der beliebig verändert werden konnte. »Auslassungen, Zusätze und Umstellungen sind möglich. Ganze Musiknummern können wegbleiben, der Tanz kann ausfallen, die Clownszene kann gekürzt oder ausgelassen werden. Andere Musikstücke, Szenen, Tänze oder Vorlesungen können eingefügt werden, wenn es nötig ist und die eingefügten Stücke nicht den Stil des Ganzen stören.« Brecht hatte inzwischen sein marxistisches Studium weiter ausgebaut und war dabei, die Lehre zu konkretisieren, um die es ihm ging. Der rein musikalisch-formale Schulungszweck, wie ihn Hindemith vorschlug, schien dem Stückeschreiber ganz unerheblich: »Selbstverständlich wäre der Lehrwert einer solchen musikalischen Übung an einem ›besinnlichen und die Phantasie des Übenden ansprechenden‹ Text viel zu gering. Selbst wenn man erwartete, daß der einzelne ›sich in irgendwas dabei einordnet‹ oder daß hier auf musikalischer Grundlage gewisse geistige formale Kongruenzen entstehen, wäre eine solche künstliche und seichte Harmonie doch niemals imstande, den die Menschen unserer Zeit mit ganz anderer Gewalt auseinanderzerrenden Kollektivbildungen auf breitester Basis auch nur für Minuten ein Gegengewicht zu schaffen.« In Hanns Eisler fand Brecht jetzt den ihm kongenialen Komponisten. Konsequenterweise wurde ihr erstes gemeinsames Werk, das Lehrstück »Die Maßnahme«, von der künstlerischen Leitung der »Neuen Musik« abgelehnt. »Die Maßnahme« sollte im Rahmen des Musikfestes im Sommer 1930 in Berlin aufgeführt werden. Einige Wochen vor dem verabredeten Termin forderten Heinrich Burkhard, Paul Hindemith und Georg Schünemann ihre Kollegen Brecht und Eisler auf, den Text ihres Lehrstücks einem Programmausschuß »zur Zerstreuung politischer Bedenken« vorzulegen. Beide lehnten ab und machten den Vorschlag, die Veranstaltungen der »Neuen Musik« aus allen Abhängigkeiten herauszunehmen und sie von denen machen zu lassen, »für die sie bestimmt sind und die allein eine Verwendung dafür haben: von Arbeiterchören, Laienspielgruppen, Schülerchören und Schülerorchestern, also von solchen, die weder für Kunst bezahlen noch für Kunst bezahlt werden, sondern Kunst machen wollen.«

XII
Studium des Marxismus

Brecht empfiehlt Kollegen marxistische Broschüren – Versuche der Selbstverständigung eines lernenden Marxisten – Die Schuloper »Der Jasager« – »Der Jasager« und »Der Neinsager« – »Die Maßnahme« – Die Wahrheit ist immer konkret – Der 1. Mai 1929 – Die klägliche Rolle der Sozialdemokraten

> Lichtenberg sagt: »Nicht wovon einer überzeugt ist, ist wichtig. Wichtig ist, was seine Überzeugungen aus ihm machen.« Dieses Was heißt bei Brecht: Haltung. Sie ist neu, und das Neueste an ihr, daß sie erlernbar ist.
> *Walter Benjamin*

In der ersten Zeit seiner Beschäftigung mit dem Marxismus konzentrierte sich Brecht auf die Auseinandersetzung mit marxistischer Theorie. Sein Lehrer und hauptsächlicher Ratgeber war Fritz Sternberg. Durch die Bekanntschaft mit Karl Korsch und Hermann Duncker bekam der Stückeschreiber 1929 Verbindung mit Arbeitern, Gewerkschaftlern und Vertretern der Kommunistischen Partei. Der Erfolg der »Dreigroschenoper« setzte ihn finanziell instand, sein Studium zu intensivieren und grundsätzlicher zu betreiben. Wenn man sich eine »halbwegs komplette Kenntnis des Marxismus« verschaffen wollte, war das mit ziemlich hohen Kosten verbunden. Kurse und Diskussionen allein genügten nicht. Zahlreiche Bücher mußten angeschafft und die wichtigsten Fachzeitschriften abonniert werden. Brecht kaufte beispielsweise alle Jahrgänge der »Neuen Zeit«, die er als unentbehrliches Arbeitsmaterial zu schätzen wußte und die später eine große Attraktion in seiner Bibliothek in Svendborg waren.

Es gab damals auch sehr preiswerte Ausgaben der wichtigsten Schriften von Marx und Engels und andere Broschüren zur Einführung in den Marxismus, die sich Brecht gleich in mehreren Exemplaren kommen ließ und zu einer kleinen Handbibliothek zusammenstellte. Er zeigte sie jedem Schriftsteller, der ihn besuchte und um ein Urteil über seine Stücke bat. Kannte der Besucher die Bücher noch nicht, erhielt er sie als

Geschenk und wurde aufgefordert, sie unbedingt zu lesen: »Wenn Sie, nachdem Sie sie gelesen haben, Ihr Stück aufrecht erhalten, kommen Sie wieder.« Das Studium beanspruchte nicht nur viel Zeit, es war vom Standpunkt der bürgerlichen Gesellschaft auch geschäftsschädigend: Die Lehrstücke brachten kaum etwas ein, und der Autor hatte als Kommunist mit Schikanen zu rechnen. Der Komplex der Lehrstücke war das Ergebnis des Lernprozesses von Brecht. Die ständigen Umarbeitungen und Veränderungen geben Aufschluß über die Art und Weise seiner Auseinandersetzung mit den Schriften der marxistischen Klassiker. Die Stücke waren wenig geeignet, bei Außenstehenden die kommunistische Lehre zu popularisieren; es waren Versuche der Selbstverständigung eines lernenden Marxisten, die nur denen nützlich sein konnten, die sich selber als Lernende damit auseinandersetzten. Nebeneinander untersuchte Brecht verschiedene Themen, die dann auch die formale Konzeption der Stücke mitbestimmten. Wichtig schien ihm das Herausarbeiten neuer gesellschaftlicher Verhaltensweisen, die Demonstration von kommunistischer Ethik mit einer neuen historischen und humanen Qualität. »Unsere Sittlichkeit leiten wir aus den Interessen des proletarischen Klassenkampfes ab.«

Die Schuloper »Der Jasager« wurde zum ersten Mal im Sommer 1930 im Zentralinstitut für Erziehung und Unterricht aufgeführt. Als Brecht und Weill vom gemeinsamen Sommerurlaub in Südfrankreich zurückkehrten, waren sie erstaunt über den ungewöhnlichen Erfolg ihres Lehrstücks, das auf dem No-Spiel »Taniko« von Seamis Schwiegersohn Zenchiku basierte. Elisabeth Hauptmann hatte die Vorlage aus dem Englischen übersetzt. Das kleine Stück behandelte das Problem von gesellschaftlich richtigem und falschem Einverständnis. Ein Knabe schließt sich der Forschungsreise seines Lehrers an, um für seine kranke Mutter »bei den großen Ärzten in der Stadt jenseits der Berge« Medizin und Unterweisung zu holen. Unterwegs wird der Junge ebenfalls krank. Einem alten Brauch zufolge muß der, welcher auf einer solchen Reise erkrankt, ins Tal hinabgeworfen werden. Allerdings muß der Betroffene dazu sein Einverständnis geben. Der Knabe erklärt sich, wie es von ihm »dem Brauch gemäß« erfordert wird, einverstanden, er wird getötet, und die Expeditionsteilnehmer setzen ihre Reise fort.

Das »Brauch«-Motiv der Vorlage hatte Brecht säkularisiert. Dadurch war die Idee des Stückes verfälscht und reaktionär geworden, sie schmeckte fatal nach einer autoritären Botschaft. Das »Einverständnis«, das der Stückeschreiber meinte, war ein anderes. Er war über das eigenartige Interesse an diesem Werk und die Zustimmung besonders von kirchlicher Seite ziemlich entsetzt. Zum Beispiel feierte Walter Dirks die Schuloper als eine »Predigt« und sprach von einem »ethischen Grundgebot«, dem hier Rechnung getragen würde, und dem Ruf Gottes, »dem es zu lauschen und in Freiheit zu gehorchen gilt«. Daraufhin bat Brecht seine Freunde von der Neuköllner Karl-Marx-Schule, Lehrer und Schüler, die Schuloper einzustudieren und die Wirkung von Stück und Aufführung auf das Schülerpublikum zu untersuchen. Auf Grund der Diskussionsprotokolle schrieb er eine Neufassung des »Jasagers«. Die Mutter des Knaben ist jetzt an einer Seuche erkrankt, von der die ganze Stadt betroffen ist. Die Reise des Lehrers in die Stadt jenseits der Berge, der sich der Knabe anschließt, wird unternommen, um die Seuche zu bekämpfen. Die Teilnehmer der Reise beschließen, als auch der Junge unterwegs krank wird, ihn zu fragen, ob er einverstanden ist, daß sie ihn töten, weil eine ganze Stadt auf die Medizin wartet. Der Knabe antwortet mit »Ja« nicht »dem Brauch gemäß«, sondern »der Notwendigkeit gemäß«. Außerdem schrieb Brecht noch als Ergänzung den »Neinsager« und ordnete an: »Die zwei kleinen Stücke sollten womöglich nicht eines ohne das andere aufgeführt werden.« Im »Neinsager« ist der Knabe nicht mehr einverstanden mit dem Brauch: »Wer A sagt, der muß nicht B sagen.« Denn sein Plan, für seine kranke Mutter Medizin zu holen, ist durch seine Krankheit hinfällig geworden. Er fordert die Einführung eines neuen Brauchs, der lehrt, in jeder veränderten Lage neu nachzudenken. Ihr Lernen kann warten. Die ablehnende Antwort bezieht sich auf die Handlung und die Fragestellung der ersten Fassung des »Jasagers«. Die zweite Fassung und »Der Neinsager« sollen sich ergänzen, das Nein des Knaben ist keine Widerlegung seines Ja im anderen Stück, sondern seine Rechtfertigung.

Die eigentliche Konkretisierung des Problems vom »Einverständnis« unternahm dann Brecht mit der »Maßnahme«, bei der Hanns Eisler und Slatan Dudow mitarbeiteten. Das Stück stellt eine »Maßnahme« von drei Agitatoren der kommunistischen Partei zur Diskussion, die den Auftrag haben, die Revolution in China vorzubereiten. Sie haben einen jungen Genossen, der sich ihnen anschloß, getötet, weil er durch sein Verhalten erfolgreiche Parteiarbeit verhinderte und die Bewegung in Gefahr brachte. Der junge Genosse hat Ja gesagt zu seiner Liquidierung, sein Einverständnis gab er im Interesse des Vormarschs der proletarischen Massen. Er hat »der Wirklichkeit gemäß« geantwortet. Auch der Kontrollchor ist am Ende einverstanden mit dem Vorgehen der Agitatoren, ihre Maßnahme wird gebilligt.

Die Vertreter der Kommunistischen Partei, die an der Uraufführung am 13. Dezember 1930 in der Philharmonie in Berlin teilnahmen, fanden wenig Gefallen an dem Stück. Es wurde hauptsächlich als Kommentar zur bolschewistischen Praxis verstanden, der der bürgerlichen Kampagne gegen den Terror und die Unmenschlichkeit der Bolschewiki nur Argumente in die Hand spiele. Weitere Vorwürfe zielten auf die mangelnde historische Konkretheit und die Abstraktheit der Fragestellung. Man verlangte von Brecht die Dramatisierung revolutionärer Erlebnisse und Erfahrungen. Seine Arbeitsweise bewirkte jedoch, daß er keinen Widerspruch zwischen dichterischem Erfassen und intellektuellem Verstehen der Wirklichkeit kannte. Parteiarbeiter, meinte er, wird man nicht durch leidenschaftliche Bekenntnisse zur Arbeiterklasse, sondern durch die Aneignung politischer Kenntnisse und der Lehren der marxistischen Klassiker. In der »Maßnahme« versuchte Brecht, wesentliche Punkte der Gedanken Lenins in szenische Vorgänge umzusetzen. Der Stückeschreiber hatte gar keinen Sinn für abstrakte Wahrheiten. Als einen Hauptgrundsatz der Dialektik betrachtete er Lenins Postulat: »Die Wahrheit ist immer konkret.«

Auch jene Kritiker, die als Absicht Brechts lediglich die Propagierung von Parteidisziplin herauslesen, ignorieren die marxistische Fragestellung des Stücks. Einverständnis ist nicht einfach mit Parteidisziplin gleichzusetzen. Der junge Genosse wird nicht für seine Fehler bestraft. Er wird unkenntlich gemacht, weil er, der die Gefahren illegaler Arbeit unterschätzt und aus seinen Fehlern nicht gelernt hat, den Auftrag und das Leben der Agitatoren gefährdet. Er darf nicht gesehen werden, weil die Polizei ihn kennt. Da seine Mitkämpfer ihn nicht aus der Stadt wegbringen können, beschließen sie, ihn zu töten. Gewalt und Terror sind demnach möglich als Konsequenz revolutionärer Arbeit, die der Veränderung der kapitalistischen Welt in eine humane dient, jedoch nicht als Rechtfertigung fragwürdiger Beschlüsse eines Zentralkomitees. Zum vorweggenommenen Schlüsselstück über die Moskauer Prozesse taugt »Die Maßnahme« nicht.

Brecht und seine Mitarbeiter wurden durch die Kritiken von links veranlaßt, das Thema des Stücks noch mehr zu verdeutlichen. Die Gründe, mit denen das Versagen des jungen Genossen motiviert wird, lauten in der zweiten Fassung anders, seine Schuld liegt nun klarer auf der Hand. Während er beispielsweise in der ersten Fassung nur den Auftrag hat, bei den Reiskahnschleppern kommunistische Propaganda zu machen, soll er in der zweiten die Reiskahnschlepper dazu bringen, Schuhe mit Brettern zu fordern, die ihnen die Arbeit erleichtern würde. Der »Fehler« des jungen Genossen besteht nicht mehr nur darin, daß er aus Mitleid den Kulis Steine unter die Füße schiebt; sein Mitleid verhindert außerdem, daß die erfolgreich begonnene Agitation Folgen hat. Der junge Genosse bestärkt die Kulis nicht, die Arbeit zu verweigern, sondern er hilft ihnen, und als er sie dann an die Forderung nach praktischeren Schuhen erinnert, sehen die Kulis dafür keine Notwendigkeit mehr, weil es auch so gegangen ist. Ihr Aufseher hat das Heft wieder in der Hand, die Unterdrückten folgen sogar seinem Befehl, den »Narren« zu verjagen. Einen weiteren Fehler begeht der junge Genosse beim Verteilen von Flugblättern vor den Toren einer Textilfabrik. Als fälschlicherweise ein Arbeiter als Flugblattverteiler verhaftet werden soll, greift der junge Genosse ein, der Polizist erschlägt den Arbeiter und wird dann von Arbeitern entwaffnet. »So entstand der Streik der Textilarbeiter; aber der Kuliverband verlangte die Bestrafung des Polizisten, und der Polizist wurde bestraft; der Streik aber war abgebrochen für lange Zeit, und die Wachen wurden verstärkt in den Fabriken.« Der spontane Streik, den der junge Genosse durch sein Gerechtigkeitsgefühl auslöst, lenkt von den ökonomischen und politischen Forderungen nur ab. Alfred Kurella erklärte die Argumentation Brechts für »rechtsopportunistisch«: die Agitatoren hätten den Streik der Textilarbciter revolutionär weiter treiben müssen, statt ihn reformistisch durch den Kuliverband abwürgen zu lassen. In der geänderten Fassung ist der Streik in der Fabrik nun schon im Gange. Die Arbeiter, die in den Vorfall mit dem Polizisten verwickelt werden, sind Streikbrecher. Der Auftrag des jungen Genossen lautet, die Solidarität der Arbeiter herbeizuführen. Aus Gerechtigkeitssinn beschimpft er aber die Streikbrecher als »gekaufte Hunde«. Durch seine Handlungsweise verhindert er die Solidarität. Brecht hat in diesem Fall die Situation zwar verdeutlicht, aber in der ersten Fassung wird die Frage der *Spontaneität* doch viel radikaler zur Diskussion gestellt.

Bei aller Offenheit für kritische Einwände und nützliche Änderungsvorschläge hielt Brecht am Lehrstückcharakter seiner Versuche fest, und er warnte zugleich davor, »ohne Kenntnis des ABC des dialektischen Materialismus« aus einem Stück wie der »Maßnahme« Rezepte für politisches Handeln zu entnehmen.

Fritz Sternberg, der Ende der zwanziger Jahre politisch viel dogmatischer orientiert war als Brecht, warf seinem Schüler später unkritisches Verhalten bei seinem Eintreten für die Ziele der KPD vor. Parteigläubig war der Stückeschreiber aber nie, seine politische Unabhängigkeit betonte er unbedingt, lehnte es allerdings auch ab, sich an den kleinlichen Streitereien linker kommunistischer Gruppierungen zu beteiligen. Der KPD gegenüber verhielt er sich genauso loyal und kritisch wie gegenüber Wissenschaftlern und Funktionären, die wegen abweichender Meinungen aus der Partei ausgeschlossen worden waren. Brecht beurteilte die Leistungen eines jeden im Klassenkampf und benutzte ihre Kenntnisse. Er wurde nicht Kommunist, weil er sich nach seiner etwas anarchistischen Vergangenheit »mit irgendetwas identifizieren wollte oder mußte«, sondern weil er entdeckte, daß die marxistisch-leninistische Theorie für seine schriftstellerische Arbeit eine neue Qualität einbrachte. Die sozialen Kämpfe, deren teilnehmender Beobachter Brecht war, beschleunigten diesen Prozeß und formten sein sozialistisches Bewußtsein.

Das nachhaltigste Erlebnis, das den Stückeschreiber zum Kommunisten werden ließ, waren die Ereignisse am 1. Mai 1929, die er vom Fenster der Wohnung Fritz Sternbergs in unmittelbarer Nähe des Karl-Liebknecht-Hauses, der Berliner

KPD-Zentrale, miterlebte. Der sozialdemokratische Polizeipräsident Zörgiebel hatte an diesem Tag jegliche öffentliche Demonstration untersagt. Es war nicht das erste Mal, daß Sozialdemokraten sich für die Sache der Unternehmer einsetzten. Da sich die Arbeiter ihr Recht auf Demonstration nicht nehmen lassen wollten, kam es zu schweren Auseinandersetzungen mit der Polizei, die schließlich das Feuer auf die Arbeiter eröffnete. Brecht sah, wie Menschen tödlich getroffen wurden. In seinem Steyr-Auto fuhr er nachmittags mit Sternberg noch zu verschiedenen Orten, wo Protestaktionen vorgesehen waren. Da sie nicht zum »Pöbel« gehörten, wurden sie von der Polizei höflich behandelt und auf die Umleitungen hingewiesen. Ganze Straßenzüge waren für den Verkehr gesperrt und von Polizei umstellt. Die Kämpfe jenes Tages, die Behandlung der Arbeiter als Pöbel wirkten sich auf die Haltung Brechts in den nächsten Jahren nachdrücklich aus. Den 1. Mai 1929 lastete er der verhängnisvollen Anpassungspolitik der Sozialdemokraten an. Noske war für den Tod von Rosa Luxemburg und Karl Liebknecht verantwortlich, Zörgiebel nun für die Ermordung von 35 Arbeitern. Der Antikommunismus hatte sich als ein wesentlicher Bestandteil der sozialdemokratischen Politik erwiesen, der mit zum Zusammenbruch der Demokratie beitrug. Brecht sah damals deutlich, daß die Sozialdemokraten allenfalls zu einem Bündnis mit den Nationalsozialisten bereit waren, der Bildung einer Einheitsfront aller Arbeiterparteien, wie sie die Kommunisten vorschlugen, aber niemals zustimmen würden. Die weiteren Ereignisse bestätigten seine Auffassung. Die Rede des Parteivorsitzenden Otto Wels in der Sitzung des Reichstags vom 21. März 1933, als das Ermächtigungsgesetz für die Reichsregierung zur Debatte stand, war schließlich nicht »der einzig würdige Abgesang der sterbenden Demokratie«, zu dem sie Parteihistoriker nach 1945 hochstilisiert haben, sondern diese Rede deutete an, daß die SPD unter bestimmten Voraussetzungen zur Anpassung an das System und zur loyalen Mitarbeit entschlossen war. Die Nazis wiesen das Angebot verächtlich zurück, Hitler entgegnete: »Ich will auch gar nicht, daß Sie für das Ermächtigungsgesetz stimmen. Deutschland soll frei werden, aber nicht durch Sie!«

Der Sieg des Nationalsozialismus wurde dadurch erleichtert, daß sich Sozialdemokraten und Kommunisten so erbittert bekämpften. Die Folge dieser Auseinandersetzungen war, daß die kleinbürgerlichen Schichten und ein großer Teil der proletarischen Massen zum Faschismus abwanderten. Auf die klägliche Rolle, die die SPD beim Aufstieg des Faschismus gespielt hat, wies nun Brecht bei jeder Gelegenheit hin. Von Friedrich Ebert, dem ersten Reichspräsidenten der Weimarer Republik, entwarf er in der Emigration für die »Kriegsfibel« folgendes Portrait:

> Ich bin der Sattler, der dem Junkerpack
> Von neuem in den Sattel half. Ich Sau
> Ließ mich von ihnen kaufen, noch im Sack
> Des Armen Groschen. Gabs für mich kein Tau?

Mit Rücksicht auf den Sohn Eberts, der Oberbürgermeister von Ostberlin und Mitglied der SED geworden war, wurde das Foto des sozialdemokratischen Reichspräsidenten und der Vierzeiler aus dem Manuskript, das noch in anderer Hinsicht politisch inopportun war und erst 1955 erscheinen konnte, herausgenommen. »Es genügt nicht, für die Mittelschichten und das Proletariat vermittels Politik Vorteile herauszuschinden, wenn man nicht die ganze Produktion umstellt. Der Sozialismus ist keine Frage der Verteilung, sondern der Produktion von Gütern.« Sozialismus in der Form eines sozialdemokratischen Wohlfahrtsstaates lehnte der Marxist Brecht ab. Obwohl er die antifaschistische Einheitsfrontpolitik unterstützte, wollte der Stückeschreiber nicht darauf verzichten, die politischen Gegensätze von Kommunisten und Sozialdemokraten, die ja weiterhin bestanden, offen zu diskutieren. So hielt er es vor 1933, dann während des Exils, und auch die »Blockpolitik« Ulbrichts veranlaßte ihn nach dem Krieg nicht, seine Meinung zu ändern. Brecht hatte keine Neigungen zum Revisionismus.

XIII
Die heilige Johanna der Schlachthöfe

Die Lehrstücke waren mehr für ein Theater der Zukunft in einem sozialistischen Staat geschaffen, in dem die Zuschauer nicht mehr nur Anwesende, sondern Mitwirkende sein sollten. Vorläufig nützten diese Texte vor allen Dingen den Spielern, die sie zur Selbstverständigung einübten, und sie hatten nach außen hin nur insofern eine revolutionäre Wirkung, als der bürgerliche Staat kein Interesse zeigte, die Veranstaltung derartiger Übungen zu unterstützen. Parallel zu den Lehrstücken bemühte sich Brecht um die Konstruktion des von ihm geforderten Dramas der großen Form, in der die für die Zeit entscheidenden Stoffe zur Darstellung gebracht werden konnten. Die neue Form der Dramatik mußte der »Ungeheuerlichkeit« gegenwartsnaher Stoffe gerecht werden. Bei sämtlichen Stückplänen, die er in diesem Zusammenhang verfolgte, suchte er nach einer Möglichkeit, die angeblich undurchschaubaren Gesetze des Kapitalismus auf simple wirtschaftliche Vorgänge zurückzuführen. Als Modell schwebten ihm die Börsenkämpfe um Weizen oder die Börsengeschäfte Chicagoer Fleischkönige vor. Auf dem klärenden Umweg der Beschäftigung mit marxistischer Theorie und ökonomischen Prozessen entstand schließlich aus dem Material verschiedener Stückprojekte das Schauspiel »Die heilige Johanna der Schlachthöfe«. Akuter Anlaß war die Wirkung der Weltwirtschaftskrise, die der New Yorker Börsenkrach im Oktober 1929 ausgelöst hatte.

Die Handlung der »Heiligen Johanna« besteht aus drei Fabelsträngen, der Geschichte des Heilsarmeeleutnants Johanna Dark, der Geschichte des Fleischfabrikanten Mauler und der Geschichte der Arbeiter in den Chicagoer Schlachthöfen. Die drei Geschichten, die von den gleichen Widersprüchen bewegt werden, sind alle in Beziehung gesetzt zu den klassischen, von Marx im »Kapital« angeführten Wechselperioden des industriellen Zyklus. Der Grundgedanke des Marxschen Werkes, »das ökonomische Bewegungsgesetz der modernen Gesellschaft zu enthüllen«, ist der gemeinsame Nenner von ursprünglich drei verschiedenen, nebeneinander entwickelten Stückprojekten. Das älteste ist der Plan eines Dramas über das elende Leben und Sterben eines Arbeiters im Großstadtdschungel, basierend auf Upton Sinclairs Roman »Der Sumpf«. Der Weg des Jurgis Rudkus, »der in den Schlachthöfen Chicagos zu Tod gehungert wird«, spiegelt sich bereits deutlich im Verhältnis Gargas zu seiner Familie in den frühen Fassungen von »Im Dickicht der Städte«.

Sinclair hatte auf die grauenhaften Mißstände in den Schlachthöfen aufmerksam gemacht, die es zuließen, daß ein verunglückter Arbeiter in den Sudkesseln verschwand und zu Blattspeck verarbeitet wurde. Eine der Hauptwirkungen des Romans in Amerika war, daß die Gesetze zur Lebensmittelüberwachung verschärft wurden und die Nachfrage nach Fleisch vorübergehend zurückging. Weil das Interesse des Lesers mehr auf die skandalösen Zustände bei der Fleischverarbeitung als auf den Kampf gegen die kapitalistischen Ausbeuter gelenkt wurde, nannte Lenin den Autor »einen Gefühlssozialisten, ohne theoretische Bildung«. Bei Sinclair fand Brecht zwar viele Hinweise auf die Machenschaften der Monopolherren, Trusts und Kartelle, jedoch kein Material über die Hintergründe und Ursachen der wirtschaftlichen Aufschwünge und Krisen. Aus dem Roman und aus einem weiteren Buch Sinclairs, »Die Börsenspieler«, ging nur hervor, daß die Börse damals eine zentrale Stellung in der kapitalistischen Produktion einnahm. Die Lage auf dem Arbeitsmarkt schien ebenfalls durch das Börsengeschehen bestimmt zu werden. In diesem Punkt gab die Marx-Lektüre Aufschluß darüber, daß »Expansion und Kontraktion des Kapitals« die Nachfrage und Zufuhr von Arbeit regelt.

Um Aufstieg und Fall eines Chicagoer Börsenhelden ging es nun in der zweiten Gruppe von Stückentwürfen. Die Biographien der Schlüsselfiguren des amerikanischen Großkapitals brachten Brecht auf den Gedanken, ein Weltanschauungsdrama von klassischer Strenge zu schreiben, in dem Unternehmer wie Vanderbilt, John Pierpont Morgan oder Carnegie als eine Art Macbeth oder Hamlet der Weizenbörse auftreten, die Schlechtes tun, um Gutes wirken zu können. So war Joe Fleischhacker, ein gerissener Geschäftemacher und passionierter Philantrop, als ein Typ von Unternehmer angelegt, dessen Auftreten unterstreicht, daß der Geschichtsprozeß analog zu Shakespeare von wirkenden Individuen getragen wird.

Zu den bevorzugten Zielgruppen unternehmerischer Philantropie gehörte die Heilsarmee. Da es hier verdächtig nach einer Verquickung von Geschäft und Religion roch, übernahm es Elisabeth Hauptmann, das nötige Material über Entstehung, Finanzquellen und Struktur der Heilsarmee zusammenzutragen. Auf diese Weise ergab sich ein dritter Stückkomplex mit der Figur des weiblichen Heilsarmeeleutnants Marie Andersen, später Lilian Holiday genannt. Wiederholt suchte Elisabeth Hauptmann die Heime, Suppenküchen und Werbebüros der Heilsarmee in Berlin auf, um deren religiöse Praktiken und Methoden zu studieren. Durch ein Foto von Carl Koch, das sie in Heilsarmeeuniform zeigt und als Illustration zu ihrer Erzählung »Bessie Soundso« im »Uhu« erschien, geriet sie zeitweilig bei Freunden in Verdacht, selbst Mitglied dieser Vereinigung zu sein, während wieder andere unkten, Brecht habe sie den Klauen der Heilsarmee entrissen.

Das wichtigste Ergebnis der Nachforschungen über die weltweite Organisation, die übrigens 1929 ihren 100. Geburtstag feierte, war die Beobachtung, daß ihre Sendboten den an Hunger und Kälte leidenden »kleinen Leuten« nicht nur eine Suppe, sondern Geborgenheit und Gefühlswerte vermittelten, die diese von politischer Erkenntnis und Protesthandlungen abhielten. Das gewaltige Heer fanatisierter Gotteskämpfer wurde von den kleinen Rockefellers aller Länder unterstützt. Es handelte sich um eine Firma, die mit Religion gute Geschäfte machte. Nichts lag näher, als diese Art von Kriminalität auf hoher Ebene im Gaunermilieu spielen zu lassen. Allerdings verschleuderten Brecht und seine Mitarbeiter das Thema Heilsarmee in »Happy End« auf eine nur amüsante, oberflächlich aggressive Weise. Deshalb sollte nun, parallel zur Wiederaufnahme der Arbeit an den laufenden Projekten wie »Fatzer« und »Joe Fleischhacker«, in einem neuen Stück »Der Brotladen«, in dessen Mittelpunkt die große Arbeitslosigkeit von 1929 stand, noch einmal die unternehmerfreundliche Rolle der Heilsarmee in den sozialen Kämpfen gezeigt werden.

In der Schlacht um den Brotladen, in die der Zeitungsjunge Washington Meyer die Arbeitslosen führt und in der er sein Leben verliert, steht die Heilsarmistin Leutnant Hippler auf Seiten des Bäckermeisters. Die religiöse Organisation verständigt sich mit dem Ausbeuter über die Aneignung des Holzes, das von rechtswegen der Witwe Queck gehört. Letztere aber fügt sich ergeben in das Unrecht, um in »Verklärung« unterzugehen. Washington Meyer spricht und handelt hier wie ein heiliger Johannes der Berliner Hinterhöfe.

»Happy End« war der unmittelbare Vorläufer des Fragments »Der Brotladen«, das nun seinerseits seine vollendete Ausformung in der »Heiligen Johanna der Schlachthöfe« erfuhr. Die Titelgestalt des noch 1929 in Angriff genommenen Schauspiels, Johanna Dark, entstand aus einer Kombination von Lilian Holiday mit Washington Meyer. Eine Vertiefung der Figur erbrachte der Einfall, sie nach dem Vorbild des Bauernmädchens Jeanne d'Arc zu gestalten. Bald zeigte sich, daß für eine solche Glaubensstreiterin ein Gangsterchef wie Bill Cracker aus »Happy End« kein geeigneter Gegenspieler mehr war. Wenn die historische Johanna den designierten König Frankreichs zu überzeugen vermochte, konnte auch einer der neuzeitlichen Großkapitalisten der bevorzugte Mann ihres missionarischen Eifers sein. Die Chicagoer Schlachthöfe empfahlen sich als ein ausgezeichnetes Operationsfeld für die Heilsarmee. Johannas Dauphin bekam den Namen John Pierpont Mauler, dessen Börsengeschäfte sie unbeabsichtigt durch ihre klassenversöhnlerischen Unternehmungen fördert, weil sie vom Vertrauen auf Gott mehr als von revolutionärer Gewalt hält.

In einer Zeit großer Unordnung und »blutiger Verwirrung« entschließt sich Johanna Dark mit ihren Schwestern, den »schwarzen Strohhüten«, den Kampf gegen das Elend aufzunehmen und Gott wieder einzuführen auf dieser Welt, die einem Schlachthaus gleicht. Das gutgläubige Mädchen gerät in Schwierigkeiten, weil sie »ohne Vorsicht« Fragen stellt. Die Arbeitslosen auf den Schlachthöfen nennen ihr Mauler als die Schlüsselfigur und Ursache ihres Unglücks. Deshalb sucht sie den Unternehmer auf und appelliert an seine Menschlichkeit. Mauler läßt sein Herz erweichen und erfüllt die Wünsche des Mädchens. Nur die Lage der Hungernden ändert sich nicht. Das Argument von der »Schlechtigkeit« der Armen zieht bei Johanna nicht mehr, sie erkennt, es muß etwas gegen die Armut der Armen unternommen werden. Sie merkt nicht, daß sie von Mauler raffiniert getäuscht wird. Ihre Bitten gehen nämlich in Erfüllung, weil sie sich immer haargenau mit den Anweisungen seiner ökonomischen Ratgeber decken. So liefert die Heilige der Schlachthöfe dem Unternehmer die moralische Rückendeckung für seine Börsenspekulationen, sie verschleiert seine Verbrechen. Mit der Zeit wird ihr der Betrug klar, sie lehnt Maulers Angebot ab, für ihn gegen gute Bezahlung weiterhin die Trommel zu rühren. Nun will sie nicht mehr Gott, sondern den Armen helfen. Doch weiterhin hält sie Mauler als Mensch für ansprechbar, sie glaubt an seine Güte im entscheidenden Moment mehr, als an die solidarische Gegenwehr der Ausgebeuteten: »Es kann nicht gut sein, was mit Gewalt gemacht wird.« Johanna versäumt es, einen Brief zu übergeben, der die Massen vom bevorstehenden Generalstreik in allen Chicagoer Betrieben unterrichten soll. Nur ein Teil der Arbeiter erfährt vom Streik, und diesen Teil kann die Polizei mit Gewalt auseinandertreiben. Johanna, die weggegangen ist, als »der eigentliche Schnee« kam, kehrt zu spät zu den Geschlagenen zurück und sinkt erschöpft im Schneetreiben zu Boden. »Die da gehört nicht zu uns«, stellen die Arbeiter fest, »laß sie liegen, bis die Soldaten kommen, die werden sie dann aufheben.«

Polizisten liefern die Obdachlose bei den »schwarzen Strohhüten« ab, wo die Unternehmer die Rückkehr von Ruhe und Ordnung feiern. Johanna kommt ihnen wie gerufen: »Wir wollen sie groß herausbringen, denn sie hat uns durch ihr menschenfreundliches Wirken auf den Schlachthöfen, ihre Fürsprache für die Armen, auch durch ihre Reden gegen uns über schwierige Wochen hinweggeholfen. Sie soll unsere heilige Johanna der Schlachthöfe sein.« Das sterbende Mädchen kann ihre Kanonisierung nicht verhindern, ihr Protest wird von den Schlächtern und Viehzüchtern überschrieen. Am Ende erkennt sie, daß ihre Güte folgenlos war und nur Gewalt hilft, wo Gewalt herrscht, »und es helfen nur Menschen, wo Menschen sind«. Der schlimmste Vorwurf, der einem Menschen gemacht werden kann, erklärt sie, ist, nichts getan zu haben, was diese Welt verändert: »Sorgt doch, daß ihr die Welt verlassend / Nicht nur gut wart, sondern verlaßt / Eine gute Welt!«

Der Aufbau des Schauspiels folgt den Phasen des periodischen Zyklus, den laut Marx die moderne Industrie durchläuft: Die Szenen 1-4 bezeichnen das Ende der Prosperität, 5-8 verdeutlichen die Überproduktion, Szene 9 zeigt die Krise, die Szenen 10 und 11 entsprechen der Stagnation. In der Schlußapotheose (Szene 12) wird die Wiederherstellung des Kreislaufs gefeiert und seine Gesetzmäßigkeit von den Kapitalisten bestätigt. Jede der Phasen wird durch einen Brief mit ökonomischen Ratschlägen eingeleitet, die Mauler von Freunden aus New York erhält. Diesen Botschaften, die die »Bewegung« auslösen, steht der Brief gegenüber, den Johanna nicht überbringt. Ein erfolgreicher Generalstreik hätte eine eingreifende Änderung herbeigeführt, der Mechanismus des kapitalistischen Reproduktionsprozesses wäre durchbrochen worden. Das Scheitern des Generalstreiks versetzt die Schlachtherren in die Lage, die Krise zu überwinden, in die sie durch die Profitgier Maulers gestürzt sind. Durch die Zerstörung von Produktivkräften – Vieh wird vernichtet, damit die Preise hoch gehalten werden können – wird der Ausgleich zwischen Produktionskraft und Konsumtionskraft wiederhergestellt.

Sind die Drehpunkte der Fabel den Phasenwechseln des industriellen Zyklus angepaßt, so ist das inhaltliche Geschehen im wesentlichen als Gegenentwurf zu Schillers romantischer Tragödie »Die Jungfrau von Orleans« aufgefaßt. Ausgehend von seiner These der Unvereinbarkeit von Dramaturgie und Versformen der Klassik mit der Kompliziertheit neuer Stoffgebiete, schafft Brecht sich dennoch die Möglichkeit, die Weltwirtschaftskrise in einer Bühnenhandlung darzustellen und in der Form des Jambus über Geld zu sprechen. Er verwendet Zitate und Situationen Schillers »zum Zweck des parodistischen Kontrasts«. Das klassische Drama wird erledigt, indem es erfüllt wird. Mit der Apotheose der Johanna durch die Kapitalisten wird außer Schiller auch noch die Rettung Fausts, wie sie Goethe am Schluß seiner Tragödie vorführt, parodistisch kommentiert. Denn »Die heilige Johanna der Schlachthöfe« soll »die heutige Entwicklung des faustischen Menschen« zeigen. Brecht veranschaulicht, was das Bürgertum unter Selbstverwirklichung allein noch zu verstehen bereit ist: erfolgreiches Unternehmertum. Mauler ist nicht die »bloße Inkarnation des Kapitals«, sondern entspricht vollkommen dem bei Marx beschriebenen modernisierten Kapitalisten, der ein »menschliches Rühren« für seinen eigenen Adam zu fühlen beginnt und deshalb einen faustischen Konflikt »zwischen Akkumulations- und Genußtrieb« durchleidet.

Die Johanna Schillers will Frankreich retten, sie ahnt nicht, daß sie mit ihren Siegen vor allen Dingen die Herrschaft des Königs sichert. Ihr Opfer findet Erfüllung in der Verklärung. Ihr guter Wille ist entscheidend, die Machtverhältnisse bedeuten dagegen nichts. Johanna Dark aber erreicht ihr Ziel nicht. Ebenfalls von Natur ein guter Mensch wie das lothringische Bauernmädchen, will sie den Armen helfen. Sie glaubt an die Güte der Menschen. Es gelingt ihr, Mauler, den König der Schlachthöfe, zu guten Taten zu veranlassen, die jedoch, wie sie zu spät einsieht, nur ihm selber nützen. Für die Geschädigten zahlt sich das Gutsein nicht aus, vielmehr schwächt es noch ihre Position im Kampf gegen ihre Schädiger. Die Siege der Johanna Dark vermögen die Welt nicht zu ändern. Brecht akzeptiert die Schillersche (an Kant anknüpfende) Formel vom guten Menschen nicht und widerspricht damit dem klassisch-idealistischen Begriff von Humanität. Gutsein allein genügt nicht, wichtiger ist es, eine gute Welt zu hinterlassen:

Ich zum Beispiel habe nichts getan.
Denn nichts werde gezählt als gut, und sehe es aus wie immer, als was
Wirklich hilft, und nichts gelte als ehrenhaft mehr, als was
Diese Welt endgültig ändert: sie braucht es.

Die Arbeit an dem Schauspiel, bei der außer Elisabeth Hauptmann und Emil Burri vor allen Dingen noch der Lehrer Hans Borchardt als Diskussionspartner beteiligt war, wurde im Herbst 1931 abgeschlossen. Der Verlag Felix Bloch-Erben bemühte sich in den folgenden Monaten vergeblich, »Die heilige Johanna der Schlachthöfe« bei einem Theater anzubringen. Gustaf Gründgens dachte an eine Aufführung im Komödienhaus Rotter in Berlin, Piscator hatte den Plan, »in einem Theater und mit dem gleichen Ensemble« nacheinander Brechts Stück und eine Bühnenfassung der »Amerikanischen Tragödie« von Dreiser herauszubringen. Ende 1932 verhandelte Berthold Viertel über eine Aufführung in Wien mit Carola Neher und Peter Lorre, die später auf Tournee durch Deutschland gehen sollte, im Januar 1933 kündigte Heinz Hilpert eine Inszenierung am Deutschen Theater in Berlin mit Eugen Klöpfer als Mauler an. Schließlich ließ noch das Hessische Landestheater Darmstadt verlauten, daß man die Uraufführung des

Stücks plane, für die, wie es dann in der Presse hieß, der »Stockjude« Kurt Hirschfeld plädiert hatte. Sie wurde wenige Tage danach vom Stadtrat verboten. Die deutschen Intendanten, unter dem Druck ständiger Subventionskürzungen, fürchteten um ihre Stellungen, der Vorwurf, »Kulturbolschewismus« zu begünstigen, konnte nunmehr gefährliche Folgen haben. So blieb die einstündige Funkfassung, die Brecht für die Berliner Funkstunde von Alfred Braun zusammengestellt hatte, die einzige öffentliche Darbietung der »Heiligen Johanna der Schlachthöfe«. Sie wurde von Herbert Ihering damals mit folgenden Worten eingeleitet: »Es wird einmal zu den denkwürdigsten, aber unrühmlichsten Merkmalen in der Kulturgeschichte unserer Zeit gehören, daß das Theater die Vermittlung eines der größten und bedeutendsten Dramen der Epoche dem Rundfunk überlassen mußte.«

Gustaf Gründgens, der das Stück schließlich 1959 erstmals auf die Bühne brachte, war übrigens der erste deutsche Regisseur, dem Brecht nach seiner Rückkehr aus dem Exil die »Johanna« wiederum anbot: »Sie fragten 1932 um die Erlaubnis, ›Die heilige Johanna der Schlachthöfe‹ aufführen zu dürfen. Meine Antwort ist ja.« Gründgens telegrafierte zurück: »Über Brief zu Tode erschrocken – freue mich aber sehr, daß Sie sich noch dran erinnern und bitte mir Buch umgehend zukommen zu lassen.« Von Zürich aus bemühte sich dann Kurt Hirschfeld im Frühjahr 1949, den Plan Brechts bei Gründgens durchzusetzen, der das Stück »herrlich wie am ersten Tag« fand und den Mauler wie 1932 mit Fritz Kortner besetzen wollte. Diesen bat er kurz darauf, das Projekt »allen vergangenen Ekelhaftigkeiten zum Trotz« gemeinsam zu realisieren: »Ich habe eine gewisse Neigung, das Symbolhafte darin zu sehen, und wäre glücklich, wenn wir das damals Versäumte nachholen könnten. Es wäre so etwas wie ein Triumph des Geistes über die Zeit.« Kortner allerdings war nun zu dieser Versöhnungsgeste so ohne weiteres nicht bereit und nahm wohl auch dem in solchen Dingen eher skrupellosen Stückeschreiber den Mut, Gründgens zu einer anderen Mauler-Besetzung zu überreden.

XIV
Lob der Dialektik

Ein Leninist der Schaubühne – Der operierende Schriftsteller Sergej Tretjakow – Keine Vorpostengefechte – Organisation als wesentlicher Bestandteil künstlerischer Arbeit – Der proletarische Spielfilm »Kuhle Wampe« – Ein soziologisches Experiment über die Revolutionierung der Mutter – Die intellektuelle Radikalität Brechts – Sozialismus muß wie eine Wissenschaft betrieben werden – Der marxistische Lehrer Karl Korsch – Die Gesellschaft für Dialektik – Lehrer und Lernender der Partei – Brechts »Verarmung« – Exil

Das Proletariat besitzt keine andere Waffe im Kampf um die Macht als die Organisation.
Lenin

Für Brecht war der Kommunismus keine Bekenntnisfrage. Er hatte die Sache des Proletariats zu der seinen gemacht, zählte sich aber nach wie vor zu den bürgerlichen Dichtern. Er unternahm erst gar nicht den Versuch, sich mit dem Proletariat zu verschmelzen: »Wollen die Intellektuellen sich am Klassenkampf beteiligen, so ist es nötig, daß sie ihre soziologische Konstitution als eine einheitliche und durch materielle Bedingungen bestimmte intellektuell erfassen.« Wichtigster Gedanke seines dichterischen Schaffens war, die Methode des dialektischen Materialismus in Anwendung zu zeigen und die Welt als veränderbar darzustellen. Er betrachtete sich, wie ihn Ernst Bloch später nannte, als »Leninist der Schaubühne«. Den bürgerlichen Literaturbetrieb hielt Brecht für keine Plattform seiner schriftstellerischen Interessen, und selbst Vereinigungen wie der »Bund proletarisch-revolutionärer Schriftsteller« schienen ihm nur eine dürftige linke Spielart überlebter Organisationsformen. Umgekehrt warfen die Wortführer des Bundes Brecht vor, mit der Theorie des »epischen Theaters« die Liquidierung aller »Gefühlsfaktoren« zu verfolgen: »Das Weltbild kommt nicht nur auf Grund von Erkenntnissen, sondern auch durch Erleben zustande.« Brecht jedoch wollte Emotionen gar nicht bekämpfen, sie nur im Gegensatz zum herkömmlichen Theater zum Gegenstand von Untersuchungen machen.

Ehe der Stückeschreiber an ein »Lob« der Kommunistischen Partei überhaupt denken konnte, mußte er sich die nötigen Informationen und das theoretische Wissen verschaffen, die ihn instand setzten, gesellschaftliche Prozesse zu verstehen und zu analysieren. Er lehnte es ab, das Thema Revolution oder Sowjetunion als literarische Pflichtübung zu vollziehen. Sein Interesse am »Experiment« Sowjetunion begann zu einer Zeit, als die ersten »Gefühls«-Kommunisten sich schon wieder enttäuscht zurückzogen. Nach Asja Lacis war es vor allen Dingen der Schriftsteller Sergej Tretjakow, der Brecht für die neuen sozialen und literarischen Probleme im Land der Oktoberrevolution zu interessieren vermochte.

Ein erster Kontakt mit Tretjakow ergab sich anläßlich der Aufführung von dessen Stück »Brülle, China!«, das im Rahmen des Meyerhold-Gastspiels in Berlin im Frühjahr 1930 gezeigt wurde. Beide entdeckten große Ähnlichkeit in ihren Auffassungen von der gesellschaftlichen Funktion des Theaters. Während die deutschen Theaterkritiker, auch die meisten Anhänger proletarischer Kunst, hier wiederum das »Erlebnis« vermißten, würdigte Brecht die Inszenierung Meyerholds als Versuch »zu einem großen rationelleren Theater«, das als Resultat vieler Diskussionen anzusehen ist. Anfang 1931 kam Tretjakow erneut nach Berlin, um mit deutschen Intellektuellen über seine »faktographische« Schreibweise und seine Erfahrungen in einem sozialistischen Dorf zu sprechen. Damals erschien auch sein Bericht über den Kampf um eine Kollektivwirtschaft unter dem Titel »Feld-Herren« im Malik Verlag. Tretjakows Baumaterial waren Dokumente, Fakten, Interviews, deren tendenzielle literarische Aufbereitung nicht nur über die Wirklichkeit informieren, sondern auch dazu beitragen sollte, diese Wirklichkeit zu verändern. Walter Benjamin, wie Brecht an experimentellen Haltungen interessiert, nahm an den Berliner Diskussionen mit Tretjakow teil und führte ihn dann in seinem Aufsatz »Der Autor als Produzent« als Beispiel für einen Schriftsteller an, der die Scheidung zwischen Leser und Autor einer Revision unterzogen hat, weil er weiß, daß die politische Tendenz, »und mag sie noch so revolutionär erscheinen, solange gegenrevolutionär fungiert, als der Schriftsteller nur seiner Gesinnung nach, nicht aber als Produzent seine Solidarität mit dem Proletariat erfährt«. Georg Lukács bezeichnender Weise, der orthodoxe marxistische Literaturwissenschaftler, widersprach Tretjakow heftig und bestritt in einer Rezension der Reportageromane Ernst Ottwalts, daß mit einem derart gehandhabten Verhältnis von Tatsache und Tendenz künstlerische Totalität erreicht werden könne. Noch entschiedener polemisierte der Dichter Gottfried Benn gegen die »innere Raumlosigkeit dieser Tretjakow-Vorstellung«, gegen eine neue Kollektivliteratur, die das Leben organisieren will und nicht die Kunst. Für Benn hieß nämlich Kunst machen: »das Leben ausschließen, es verengen, ja es bekämpfen, um es zu stilisieren«. Lukács in vielen Punkten verwandt, wollte Benn an der hergebrachten Bestimmung von Kunst festhalten, da sie für ihn lediglich dazu dienen soll, Welt zu beschreiben und über sie zu reflektieren; er war eben nur bereit, sie mit den Augen des Konsumenten zu sehen. Tretjakow dagegen forderte, die Menschen und Dinge mit den Augen des Produzenten zu sehen. Als »operierender« Schriftsteller war es seine Mission, wie Benjamin erläuterte, »nicht zu berichten, sondern zu kämpfen; nicht den Zuschauer zu spielen, sondern aktiv einzugreifen«.

Brecht ging es ebenfalls darum, eingreifende künstlerische Unternehmungen zu veranstalten. Er operierte auf verschiedenen Wegen und benutzte alle Wirkungsmöglichkeiten, die sich ihm anboten, ohne Rücksicht auf politische Richtungskämpfe und hartnäckige theoretische Vorpostengefechte. Für Brecht spielten Grundsatzdiskussionen keine Rolle, er hatte Freunde und verläßliche Mitstreiter in allen linken Gruppierungen. Aus der Produktion der »Maßnahme« ging das Filmprojekt »Kuhle Wampe« hervor. Die Lehrstückerfahrungen wurden auf das Medium Film übertragen. Um zu erreichen, daß ihr Drehbuch auch im Sinne ihrer Intentionen realisiert würde, entschieden sich Brecht, Slatan Dudow, Hanns Eisler und Ernst Ottwalt für eine Produktionsform auf nicht rein kommerzieller Basis. Sie setzten einen Vertrag durch, der sie zu Urhebern im rechtlichen Sinn machte: »Dies kostete uns den Anspruch auf die übliche feste Bezahlung, verschaffte uns aber beim Arbeiten sonst unerlangbare Freiheiten ... Selbstverständlich kostete uns die Organisierung der Arbeit weit mehr Mühe als die (künstlerische) Arbeit selber, das heißt, wir kamen immer mehr dazu, die

Organisation für einen wesentlichen Teil der künstlerischen Arbeit zu halten.« Der Film sollte nicht zuletzt auch eine Antwort auf eine Praxis sein, die Brecht im Fall der Verfilmung seines »Dreigroschenoper«-Drehbuchs erlebt hatte und gegen die er vergeblich einen Prozeß angestrengt hatte. Produktionsleiter war jetzt der Rechtsanwalt Georg Höllering, der die Bedenken der kreditierenden Firmen aus dem Weg räumen und das politisch brisante Projekt durch den Zensurdschungel lotsen mußte. »Kuhle Wampe« sollte der einzige Film bleiben, bei dem Brecht in allen Phasen der Arbeit seine Vorstellungen durchsetzen konnte. Zudem war es der einzige kommunistische Spielfilm, der in Deutschland gedreht wurde. Die Herstellung nahm fast ein ganzes Jahr in Anspruch, weil die Beschaffung der Geldmittel in einem Land, in dem sich der Faschismus zunehmend ausbreitete und die Arbeitslosigkeit überhandnahm, mit größten Schwierigkeiten verbunden war. Als der Film im Frühjahr 1932 fertig war, wurde er sofort von der Zensur verboten. Protestaktionen und Aufrufe in der Presse, soweit sie noch demokratisch gesinnt war, erzwangen schließlich die Freigabe.

Auch bei diesem Film meldeten die Kritiker der kommunistischen Presseorgane Vorbehalte an, bezeichneten jedoch die Arbeit des Künstlerkollektivs grundsätzlich als »wertvoll« und »entwicklungsfähig«. Als Ursache für die Unzulänglichkeiten wurde »eine gewisse Unkenntnis des Proletariats« genannt, »die sich durch kein noch so eifriges theoretisches Studium allein, sondern nur durch gleichzeitige revolutionäre Praxis überwinden lassen wird«. Wenn auch diese Begründung hauptsächlich wieder auf die intellektuelle »Kühle« der künstlerischen Methode gemünzt war, so berührten die Einwände gegen die idealisierte Radikalität des Films doch seine entscheidende Schwäche: die schroffe Gegenüberstellung von älteren, in kleinbürgerlichen Lebensformen verharrenden älteren Arbeitern und jungen, sportbegeisterten Proletariern war politisch falsch, wenn sie auch von den Autoren lediglich als charakterisierendes Merkmal für sozialdemokratisches und kommunistisches Verhalten gemeint war. Die Polemik, die dieser Gegenüberstellung zugrunde lag, galt eigentlich dem müden Sicheinrichten gewisser Arbeiterschichten im »Sumpf«, jenem merkwürdigen Besitzdenken armer Leute, die bereits ein Schrebergarten oder der Bezug einer kleinen Rente keinen Gedanken mehr an Revolution verschwenden ließ.

Während der Dreharbeiten wurde das Team Brecht-Dudow-Eisler in ein weiteres Projekt hineingezogen, das eine differenziertere Darstellung der Fragen von Klassenbewußtsein und solidarischem Handeln erlaubte. Im Auftrag der Volksbühne sollten der Dramaturg Günther Stark und der Schriftsteller Günther Weisenborn den Roman »Die Mutter« von Gorki dramatisieren. Weisenborn legte die Bearbeitung Brecht vor und erreichte, daß die Sache völlig neu angegangen wurde. Damit war das Projekt für die Volksbühne erledigt, da hier ein Stück von Brecht politisch nicht mehr genehm war. Ein weiterer Plan für dieses Theaterunternehmen, eine Bearbeitung von »Maß für Maß«, die Ludwig Berger gemeinsam mit Brecht herstellen wollte, war gerade abgesagt worden, weil der Stückeschreiber eine völlig neue Fabel zu konstruieren begann. Lediglich die »junge Volksbühne«, die damals viele Rezitations- und Liederabende mit Brecht, Eisler, Ernst Busch und Helene Weigel organisierte, zeigte noch großes Interesse für das Zustandekommen dieser Arbeiten. Für »Die Mutter« begeisterte sich vor allen Dingen das Kollektiv »Gruppe junger Schauspieler«, dessen Mitglieder an »Kuhle Wampe« beteiligt waren. Die »junge Volksbühne« und Ernst Josef Aufricht, der gleichzeitig die Berliner Aufführung der Oper »Aufstieg und Fall der Stadt Mahagonny« produzierte, teilten sich in die Produktionskosten.

Von Stark und Weisenborn waren alle politischen Details des Gorkischen Romans auf das rein menschliche reduziert worden. Brecht reizte vor allen Dingen die Figur der Mutter eines Arbeiters und deren Rolle im Klassenkampf. Ihm ging es zunächst überhaupt nicht um die Darstellung der spezifisch russischen Verhältnisse, er plante vielmehr eine neue Art von »Familiendrama«, das politische Verhaltensweisen für die Zuschauer praktikabel machen sollte. Er führte die Handlung bis zum Sieg der Arbeiterklasse in der Oktoberrevolution 1917 fort. An den Beispielen Reformismus und Kriegsgefahr machte er ein weiteres Mal die Unterschiede von kommunistischer und sozialdemokratischer Politik deutlich. Pelagea Wlassowa zeigte der Stückeschreiber als eine zweifach Ausgebeutete, denn sie ist eine Arbeiterin und Frau und Mutter. Gegenstand der szenischen Untersuchung war die Frage, ob die soziale Funktion der Mutter, die ja den Fortbestand der bürgerlichen Familie insoweit bestimmt, als sie den Nachwuchs produziert, zu einer revolutionären werden kann und wie. Die Bearbeitung betrachtete Brecht, wie Walter Benjamin es nach der Aufführung formulierte, als »ein soziologisches Experiment über die Revolutionierung der Mutter«.

Gegen die Aufführung, die das wichtigste Theaterereignis des Winters 1931/32 war, wurden von kommunistischer Seite ähnliche Einwände wie bei den Lehrstücken geltend gemacht: das Gesellschaftliche werde abstrakt betont, dem Zuschauer kein Erlebnis vermittelt. Bei Gorki habe die marxistische Theorie keine didaktische Selbständigkeit wie bei Brecht. Die politische Seite sei den Gestalten Gorkis immanent, Brecht aber biete wissenschaftliche und politische Exkurse. Der Kampf des Proletariats sei nur aus eigenem Erleben darstellbar. In der ästhetischen Debatte hatten sich hier merkwürdige Reste der Spontaneitätstheorie erhalten, die auf politischem Gebiet längst verfemt war. Für die Verfechter der Spontaneität war sozialistisches Bewußtsein das notwendige und direkte Ergebnis des proletarischen Klassenkampfes, Kautsky dagegen meinte, daß sozialistisches Bewußtsein nur von außen in die Arbeiterbewegung hineingetragen werden könne: »Das moderne sozialistische Bewußtsein kann nur erstehen auf Grund tiefer wissenschaftlicher Einsicht ... Das sozialistische Bewußtsein ist also etwas in den Klassenkampf des Proletariats von außen Hineingetragenes, nicht etwas aus ihm urwüchsig Entstandenes.« Lenin knüpfte an diese Überlegungen Kautskys an und schrieb in »Was tun?«: »Ohne revolutionäre Theorie gibt es keine revolutionäre Bewegung.« Das spontane Element hatte für ihn nur Wert und Qualität, wenn es »nichts anderes darstellt als die Keimform der Bewußtheit«. Schließlich erinnerte er daran, daß der Sozialismus nur, wenn er wie eine Wissenschaft betrieben, das heißt *studiert* wird, materielle Gewalt werden kann, die die Massen ergreift. Brecht bemühte sich, insbesondere die Auffassungen Lenins in den Schriften »Was tun?« und »Ein Schritt vorwärts, zwei Schritte zurück« in der »Mutter« zu kommentieren. Solche Übungen freilich »nützen dem einzelnen nur, indem sie dem Staat nützen und sie nützen nur einem Staat, der allen gleichmäßig nützen will«.

Lenins Forderung, sich gegenüber dem Marxismus wissenschaftlich zu verhalten, veranlaßte Brecht, die marxistische Theoriebildung als ständigen Impuls zur Entfaltung seiner Produktion einzusetzen. Im Rahmen der Kommunistischen Partei wurden leider keine an der Praxis orientierte Theoriediskussionen mehr geführt, es gab nur Ausschlußverfahren und polemische Stellungnahmen gegen von der Moskauer Zentrale abweichende Theoretiker. Die vorbildlichen Einführungskurse in den Marxismus von Hermann Duncker, dem maßgeblichen Initiator und bekanntesten Lehrer der Marxistischen Arbeiterschule, genügten Brecht bald nicht mehr. In Diskussionen mit Lehrgangsteilnehmern wurde er auf Arbeiten von Karl Korsch verwiesen, die der Reaktivierung der marxistischen Theorie gewidmet waren. Besonders dessen Auseinandersetzung mit Kautsky über materialistische Geschichtsauffassung schien ihm nützlich. Gemeinsam mit Alfred Döblin besuchte er Vorlesungen Korschs, der die beiden Schriftsteller auch gelegentlich in seiner Tempelhofer Wohnung zu Gesprächen empfing. Die speziellen politischen Interessen der Gruppe um Korsch und die Zeitschrift »Kommunistische Politik« unterstützte Brecht nur insoweit, als es Bemühungen waren, den Marxismus sowohl als wissenschaftliche Methode als auch als Ausdruck der proletarischen Bewegung ständig neu zu konstituieren. Das Lehrstück »Die Mutter«, das meistens nicht mehr vor bürgerlichem Publikum, sondern in Sälen vor Arbeitern gespielt wurde, schloß mit dem »Lob der Dialektik«: »Wer seine Lage erkannt hat, wie soll der aufzuhalten sein?« Bei den Diskussionen mit Korsch und seinen Freunden drängte Brecht auf eine neue handhabbare revolutionäre Formel für Dialektik und regte deshalb eine »Gesellschaft für Dialektik« an. So fand parallel zu Korschs Vorlesungsreihe über »Lebendiges und Totes im Marxismus« in Brechts Wohnung eine Arbeitsgemeinschaft statt, an der Elisabeth Hauptmann, Slatan Dudow, der Maler und Filmpionier Hans Richter und auf Seiten Korschs Hanna Kosterlitz, Paul Partos und Heinz Langerhans teilnahmen. Korschs Hilfe war für Brecht unschätzbar. Allerdings machte er dem aus der KPD ausgeschlossenen Lehrer den Vorwurf, zu sehr nur an das Proletariat zu glauben: »Manchmal scheint es mir, daß er sich verpflichtet fühlte, mehr zu tun, wenn er weniger daran glaubte.« Brecht kritisierte das akademisch-perfektionistische, sozusagen absolute Element in Korsch, das ihn seiner Meinung nach davon abhielt, selber »tätig« zu werden. Die Arbeitshypothese für Dialektik, als »jene Einteilung, Anordnung, Betrachtungsweise der Welt, die durch Aufzeigung ihrer umwälzenden Widersprüche das Eingreifen ermöglicht«, genügte Korsch nicht, denn er wollte auch »die Nabelschnur zur leninistischen Ideologie« durchschneiden, auf der der Stückeschreiber bestand. Ihm ging es darum zu berücksichtigen, daß man denkend »immerzu im Kampfe befindlich« ist. Brecht war viel pragmatischer, wollte sich nicht, einer reinen Ideologie zuliebe, von den Massen isolieren. »Und wo hat man gehört, daß das Auge / Falls der Mensch, der es besitzt, einen Fehler begeht / Sich einfach entfernt? / Wo will es denn leben?« Wenn er auch der Meinung Korschs war, daß die KPD gegenüber Moskau jedes Rückgrat verloren hatte und eine eher revolutionshemmende Rolle spielte, so war sie für ihn dennoch die größte Arbeiterpartei, auf die er einwirken und auf deren organisatorischer Plattform er mit seinen Möglichkeiten wirksam werden konnte.

Brecht gebrauchte gern das Wort »Lehrer«. Am wenigsten dachte er dabei an Schullehrer, die kraft ihrer Stellung und ihres Vorwissens über Schüler Macht ausüben und diese im Sinne der Vorschriften auszeichnen oder bestrafen. Als seine Lehrer betrachtete er auch nicht bestimmte Schriftsteller und Philosophen, die er vorzugsweise las oder schätzte, sondern Autoren, Wissenschaftler und Freunde, mit denen er zusammenarbeitete, von denen er nicht nur Wissen empfing, sondern die Denken und Arbeiten als ein Verhalten praktizierten, die wie Brecht selbst als Lehrer zugleich Schüler blieben, weil Wissen keine bleibende Größe ist und ständiger Veränderung bedarf, »in Fluß« bleiben muß. In diesem Sinn ernannte der Stückeschreiber Lion Feuchtwanger, Karl Valentin, Frank Wedekind, Alfred Döblin, Karl Kraus und Sergej Tretjakow zu seinen Lehrern. Mit Hilfe von Fritz Sternberg lernte Brecht, in Karl Marx seinen bestmöglichen Zuschauer zu erkennen. Karl Korsch wurde dann sein »marxistischer Lehrer«.

Die Lehre war der Marxismus, ihr Inhalt: die Dialektik, ihre Praxis: der Klassenkampf. Brecht war nie eingeschriebenes Mitglied der Kommunistischen Partei, aber er war als Schriftsteller ihr denkbar bester Lehrer und ihr gelehriger Schüler. Er ging in die Lehre der Partei und warb seinerseits lehrend für die Partei. »Zu euch kam ich als Lehrer, und als Lehrer / Hätte ich von euch gehen können. Da ich aber lernte / blieb ich.« Die Kritik, die seinen Stücken von Seiten der Partei widerfuhr, akzeptierte er, solange sie für ihn verwendbar war. Am wenigsten konnte er mit den Einwänden der von der Partei abgesandten Kritiker anfangen, aber dennoch wurden die Argumente eines Alfred Kurella oder Alfred Durus, wie die späteren Fassungen der »Maßnahme« zeigen, auf ihre Stichhaltigkeit hin überprüft. Viel nützlicher für Brecht waren die Gespräche und Diskussionen mit Genossen, wie den Schülern der Neuköllner Karl-Marx-Schule und den Zuschauern der »Mutter«-Aufführung.

Lehrer und Schüler zugleich sein, war der Grundgedanke des Brechtschen Werkes, vor allen Dingen seiner Theatertheorie. Ein Stück war erst gut, wenn Änderungen es verbesserten. Auch ein Stück sollte Lehrer im Sinne von Brecht sein, es mußte hinzulernen können. Durch die Machtübernahme der Nazis im Februar 1933 wurde der Stückeschreiber gezwungen, seine Versuche, die Form der Lehrstücke zu vervollkommnen, abzubrechen. Das Theater erhielt nun wieder eine kurzfristigere Aufgabenstellung, mußte aufklärerisch wirken und die Zuschauer emotional erregen. Vom formalen Ansatz her, aber auch politisch gesehen, mußte Brecht zurückgehen. Die Möglichkeit für Zuschauer, lernend und lehrend Teilnehmer einer Aufführung zu sein, war nicht mehr gegeben.

»Die Entwicklung des deutschen Theaters und der deutschen Dramatik wurde durch den Faschismus abgebrochen – gehindert wurde sie schon unter den letzten demokratischen und halbdemokratischen Regierungen ... Für Tarnungen war die Reaktion schon zu weit vorgeschritten. Es wurde bereits alles unterbunden, was auch nur artistische Fortschritte zeigte. Wir antworteten mit verschärfter politischer Tendenz. Eine Dramatisierung der Gorkischen Mutter lehrte den illegalen Kampf, die Herstellung und Vertreibung von Flugblättern, Konspiration in Gefängnissen, versteckte Bekämpfung der Kriegsideologie. Die Darstellerin der Mutter, Helene Weigel, wurde von der bürgerlichen Presse ihrer Leistung wegen noch zu den größten deutschen Schauspielern gezählt, aber in der Vorstellung saßen immer mehr Polizeibeamte und am Ende wurde sie von der Bühne herunter verhaftet ... Dann kam der offene Faschismus.«

Für Brecht war klar, was er durch die Entscheidung für den Marxismus aufgegeben und was er hinzugewonnen hatte: »Wenn man sich mit der Armut verbündet, so bedeutet das eine Verarmung.« Für die meisten seiner bürgerlichen Kollegen war dieser Preis zu hoch, sie wollten Dichter bleiben und keine Propagandisten sein. Aber auch die linken Autoren und Freunde, die an seiner Parteilichkeit keinen Anstoß nahmen, verstanden seine intellektuelle »Radikalität« nicht. Der »Sprung« von Werken wie der »Dreigroschenoper« oder »Mahagonny«, deren kulinarische Opulenz sie verwarfen, zu den kargen Lehrstücken blieb ihnen fremd. Erst 1931, als die Begeisterung des bürgerlichen Publikums für linke Kunst und politisches Theater spürbar nachließ, merkten die unpolitischen Gesinnungslinken, daß die vielgerühmte Freiheit der Weimarer Republik ein Trugschluß und die Reaktion nicht tatenlos geblieben war. Die deutschnationalen Kreise verlangten nun Maßnahmen des Staates gegen die »bolschewistische« Verhöhnung und Vernichtung der wertvollsten Güter des Volkes. Viele Künstler resignierten. Piscator gab auf und ging nach Moskau. Erich Engel wandte sein Interesse ausschließlich dem unverbindlichen Leinwandlustspiel zu. Nicht unbeträchtlich war aber auch die Zahl derjenigen, die, wie Arnolt Bronnen, auf die Seite der kommenden Sieger überliefen. Im Exil notierte Brecht: »Ich konnte niemand belehren und auch andere konnten es nicht; nach der Zeit, wo alles nach links gegangen war, aber zu wenig, waren die Leute unzufrieden und es ging ›alles‹ nach rechts und zwar weit. Da bemerkte ich, wie meine Freunde jetzt diese Zeit begrüßten und ihre Freunde waren, da sie sie für die *neue* Zeit hielten.«

Brecht ging nicht den »üblichen Weg«. Er gehörte zu denen, die bis zuletzt versuchten, die Entwicklung nach rechts zu bekämpfen. Die Berliner Polizeibehörde hatte zwar im Herbst 1932 über ihn, wie sie auf Anfrage nach München meldete, im »diesseitigen Archiv« noch keine Vorgänge registriert, wußte aber längst, »daß Brecht überzeugter Kommunist und als solcher auch schriftstellerisch für die KPD tätig ist«. Nachdem Hitler zum Reichskanzler bestimmt worden war, hatte der Stückeschreiber allen Anlaß zur Vorsicht. In den letzten Februartagen 1933 war er operiert worden und lag glücklicherweise in einer Klinik. Am Morgen nach dem Reichstagsbrand verließ er, ohne in seine Wohnung zurückzukehren, mit Helene Weigel Berlin in Richtung Prag.

Drittes Buch
Exil

XV
Auf der Flucht

Ein Flüchtling, wartend des Tags der Rückkehr – Die Stationen Prag und Wien – Brechts Freundschaft mit Karl Kraus – Wiedersehen mit Kurt Kläber in Zürich – Eine Künstlerkolonie am Luganer See? – Morgendliche Zeitungslektüre in Carona – Eine unerwartete Einladung nach Paris – Das Ballett »Die sieben Todsünden« – Karin Michaelis lädt die Familie Brecht nach Thurö ein – Brecht kauft ein Haus in Skovbostrand auf Fünen – Ruth Berlau bittet den Stückeschreiber um ein Exemplar der »Mutter« – Sonette für Margarete Steffin – Bei Feuchtwanger – Großschriftsteller und kleine Meister – Brecht entschließt sich, auch einen Roman zu schreiben – Ein seltsamer Pakt – Das Emigrantenzentrum Paris – Brecht gehört keiner der zahlreichen linken Parteien an – In Dänemark geht die Welt stiller unter

Brecht war klar, was das Exil für ihn bedeutete: eine völlige Umstellung seiner Arbeitsweise, ein Abgetrenntsein von seinem wichtigsten Produktionsmittel, den Theatern, außerdem die erneute Unsicherheit seiner finanziellen Verhältnisse, die sich erst in letzter Zeit so günstig entwickelt hatten, daß er und seine Familie angenehm von den Honoraren für seine Arbeiten leben konnten. Vom Tag seiner Flucht an waren seine Konten gesperrt, und selbst die Tantiemen, die sich noch durch Aufführungen seiner Stücke im Ausland ergaben, fielen kraft bestehender Verträge seinen deutschen Verlagen zu. Obwohl Brecht mit dem Schlimmsten, der Diktatur der Nazis, gerechnet hatte, traf ihn die politische Entwicklung unvorbereitet. Die Notwendigkeit, ins Exil zu gehen, stand für ihn sofort fest. Seiner Herkunft nach war er zwar ein »Arier«, aber seine Frau war Jüdin, was allein schon für Brecht Grund genug gewesen wäre, aus Deutschland wegzugehen. Auch seine gesamte bisherige Produktion war nazifeindlich. Die Nazis haßten ihn, hätten ihn aber, wenn er wie so mancher andere Kollege »umgefallen« wäre und sich dem »neuen Deutschland« gegenüber wohlwollend geäußert hätte, gewiß akzeptiert. Brecht verließ Deutschland nicht aus freiem Entschluß, er ging aus politischer Überzeugung. Er war kein Auswanderer, sondern ein Flüchtling:

»Vertriebene sind wir, Verbannte./ Unruhig sitzen wir so, möglichst nahe den Grenzen/ Wartend des Tags der Rückkehr.«

Die schnelle Flucht war Brecht und seiner Familie möglich dank der Hilfe vieler Freunde, die Geld bereit stellten und die Manuskripte und Arbeitsmaterialien in Sicherheit brachten. Wenn es irgendwie ging, wollte Brecht in einem Nachbarland von Deutschland bleiben, wo er sich, der fremde Sprachen nur unzulänglich beherrschte, leicht verständigen konnte und wo Publikationsmöglichkeiten vorhanden waren. Von Berlin aus war die Flucht nach Prag naheliegend, denn die Tschechoslowakei verlangte kein spezielles Einreisevisum, außerdem bot die junge Republik für linke politische und kulturelle Organisationen die freiesten Entfaltungsmöglichkeiten. Das Asylrecht wurde hier großzügig gehandhabt. Jedoch wie in den meisten europäischen Zufluchtsländern fanden die Vertriebenen auch in der Tschechoslowakei eine besonders schwierige ökonomische Situation vor, die es den Behörden nicht erlaubte, Ausländern in größerem Umfang Arbeitserlaubnis zu gewähren. Die Emigranten waren auf die Unterstützung tschechischer Freunde oder der Flüchtlingskomitees angewiesen.

Der vom Paß her tschechische Schriftsteller Franz Carl Weiskopf, der in deutscher Sprache schrieb und die letzten Jahre in Berlin gelebt hatte, gab Ratschläge, Adressen und hätte ihm auch bei den Ämtern die nötige Unterstützung angedeihen lassen. Doch Prag schien dem Stückeschreiber, der zuallererst nach Bühnen Ausschau hielt, die seine Werke spielen würden, kein geeignetes Operationsfeld zu sein. Die wenigen deutschsprachigen Theater pflegten einen unverbindlichen konservativen Schauspielstil und scheuten auch die politische Konfrontation. Die deutschen Autoren und Künstler, die sich in Prag zu versammeln begannen, waren außerdem Brecht gegenüber nicht besonders aufgeschlossen. So schien die Weiterreise nach Wien geboten, wo die Angehörigen Helene Weigels lebten und aufwendige Hotelkosten vermieden werden konnten. In Wien fand Brecht Hanns Eisler vor, der hier gerade die Einstudierung der »Maßnahme« besorgt hatte, Fritz Sternberg und Peter Suhrkamp, der ihn in Verlagsfragen beraten und ihm dabei wertvolle Hilfestellung leisten konnte. Über die Dauer der

Naziherrschaft hatte man immer noch zu optimistische Vorstellungen, denn man hoffte, in einigen Monaten, höchstens aber nach ein, zwei Jahren wieder in Deutschland sein zu können. Die Wohnungen wollte man jedenfalls nicht aufgeben und die Möbel und Kleider nicht nachkommen lassen. Wien war zwar ein internationaler Treffpunkt, aber kein Ort, wo man arbeiten und ein Brecht entsprechendes Publikum finden konnte. Selbst Karl Kraus lebte hier isoliert und zurückgezogen. Als der durchreisende Dichter auf der Flucht bei ihm vorsprach, vermochte er ihn nicht zu einem längeren Aufenthalt zu ermuntern. Daß ihm Kraus, den er übrigens, wie aus einer privaten Aufzeichnung hervorgeht, als seinen wichtigsten Helfer in Österreich angesehen hat, damals eine finanzielle Unterstützung zukommen ließ, dankte ihm Brecht mit einer solidarischen Anhänglichkeit, zu der viele Krausianer wegen der fatalen politischen Haltung ihres Vorbilds nicht mehr fähig waren.

Brecht zählte sich ja nicht zum engen Kreis der Anhänger von Karl Kraus, fühlte sich ihm aber dankbar und freundschaftlich verbunden. Er schätzte die Autorität dieses unbestechlichen Kritikers, der wie kein anderer Dummheit und Verbrechen, die Verlotterung der Sprache und den Verfall der bürgerlichen Kultur auf allen Gebieten bekämpfte. Mit seiner Methode der unveränderten Wiedergabe gesprochener oder gedruckter Worte gab Kraus alles dem fruchtbarsten Zweifel preis. Im Gegensatz zu ihm hatte Brecht jedoch eine andere Auffassung von »Fortschritt«, denn ihm ging es darum, nicht nur »die Entartung und Verworfenheit der zivilisierten Menschheit« darzustellen, sondern auch die Ursachen zu untersuchen, »warum die Menschheit bei dem Aufbau der modernen Produktion in einen Zustand geraten mußte, wo jeder neue Fortschritt, beinahe jede einzige Erfindung, die Menschen in immer tiefere Entmenschung hineintreiben muß«.

Der Kritiker nun, der jahrzehntelang gegen fast unschilderbare Scheußlichkeiten Stellung bezogen hatte, blieb, was seine Verehrer ziemlich enttäuschte, bei der Machtergreifung der Nazis stumm. Zur Publikation der in dieser Zeit verfaßten »Dritten Walpurgisnacht« mochte er sich nicht entschließen. Erst im Oktober 1933 erschien eine Nummer der »Fackel« mit der Grabrede für Adolf Loos und einem zehnzeiligen Gedicht, in dem Kraus das Erlebnis des Inkommensurablen, die

Unmöglichkeit, das politische Geschehen satirisch zu gestalten, zum Ausdruck brachte.

Man frage nicht, was all die Zeit ich machte.
Ich bleibe stumm;
und sage nicht, warum.
Und Stille gibt es, da die Erde krachte.
Kein Wort, das traf;
man spricht nur aus dem Schlaf.
Und träumt von einer Sonne, welche lachte.
Es geht vorbei;
nachher war's einerlei.
Das Wort entschlief, als jene Welt erwachte.

Die Emigrantenpresse reagierte mit Bitterkeit und Empörung auf dieses Gedicht, die Gegner mit Hohn. Zu den wenigen, die Verständnis für sein Schweigen hatten, gehörte Brecht, denn er wußte, daß in Kraus eine weit größere Unruhe wirksam war, »als auf sämtlichen Papierbarrikaden Platz hat«. In einem Band mit »Stimmen zum 60. Geburtstag« des Satirikers im April 1934 publizierte der mittlerweile unters »dänische Strohdach« geflohene Dichter die Verse »Über die Bedeutung des zehnzeiligen Gedichts in der 888. Nummer der Fackel« und entschuldigte hier das Verstummen des sonst so Beredten: »Wenn die Greuel ein bestimmtes Maß erreicht haben/ Gehen die Beispiele aus./ Die Untaten vermehren sich/ Und die Weherufe verstummen./ Die Verbrechen gehen frech auf die Straße/ Und spotten laut der Beschreibung.« Die Redseligkeit linker Feuilletonisten und deren Laxheit gegenüber Sprache und Grammatik veranlaßten Kraus, sich dann doch wieder zu Wort zu melden. Weil sein Gedicht verspottet, mißverstanden und mehrfach mit einem sinnentstellenden Beistrichfehler veröffentlicht worden war, stellte er eine Nummer der »Fackel« mit Schmähartikeln, fiktiven Nachrufen und seinen jeweiligen Berichtigungen zusammen. Ende Juli 1934 kam ein umfangreiches Heft »Warum die Fackel nicht erscheint« heraus, in dem er gegen das »Geistgesindel« polemisierte, gegen »alle politisierten Zweckhungrigen«, die weiterhin von der Unsterblichkeit des Geistes und der Macht des Wortes gegenüber der Barbarei überzeugt waren. Die Auffassung, daß Worte zu Kanonen werden können, schien Kraus nur einen unangemessenen Anspruch auf Wirkung zu bekunden, und die Zuversicht des »Sie töten den Geist nicht, ihr Brüder!« schien ihm nurmehr der Trost einer Phraseologie zu sein, »die andere der Gewalt ausgeliefert hat«.

Kraus hatte von seinem Standpunkt aus recht, aber er verkannte völlig die politischen Umstände. Für den Sieg der Nationalsozialisten in Deutschland machte er die Politik der Halbheiten, der Unentschlossenheit und des Opportunismus der sozialdemokratischen Funktionäre verantwortlich. Die österreichische Sozialdemokratie gar betrachtete er inzwischen als ein nur noch verfallsreifes und absurdes Gebilde »neben der größeren Konstruktion des Kommunismus«. Weil er sich entschieden gegen den Nationalsozialismus ausgesprochen hatte, war Bundeskanzler Engelbert Dollfuß in den Augen von Kraus die einzige Persönlichkeit, die zum Widerstand entschlossen schien und Mut zeigte. Seine Hoffnung, daß Dollfuß wie ein David, der über Goliath siegte, Österreich vor Hitler und dem Anschluß an Deutschland retten könne, beruhte aber auf einer Fehleinschätzung der Politik der konservativen Kräfte, die damals lediglich aus den Spannungen zwischen Hitler und Mussolini Profit schlagen zu können glaubten, in Wirklichkeit aber entschlossen auf den Faschismus zu marschierten. Dollfuß gegenüber war Kraus keiner satirischen Anwandlung fähig. Den Gedanken, daß eine Einigung zwischen der Regierung Dollfuß und der Sozialdemokratie am Einspruch Mussolinis scheitern mußte, hielt er für ausgeschlossen. Um so größer war seine Erbitterung gegen die starre Haltung der Sozialdemokraten, die die Arbeiter, wie er meinte, in einen von vorneherein aussichtslosen Aufstand geführt hätten, statt sie zum Widerstand gegen Nazideutschland an der Seite der Regierung anzuhalten.

Nun bestand aber die Tragik der Februarereignisse 1934 in Österreich gerade in der flauen, gegen die Interessen der Arbeiter gerichteten Haltung der Parteiführer, die sich erst in letzter Minute zum Generalstreik und zum bewaffneten Widerstand entschlossen hatten. Der Aufstand war nämlich nicht das Ergebnis einer Verhetzung durch die Führer, sondern Ausdruck eines politischen Willens der Arbeiter, dem die Funktionärsbürokratie widerwillig Rechnung tragen mußte. Kraus verstieg sich, in Verkennung der tatsächlichen Machtverhältnisse in Österreich, zu einer Rechtfertigung der brutalen Maßnahmen der rechtsradikalen Heimwehr gegen das Proletariat und den republikanischen Schutzbund. Wider besseres Wissen hatte er sein Schweigen gebrochen. Aus Haß gegen die nationalsozialistische Barbarei entschloß er sich, den Austrofaschismus als das kleinere Übel hinzunehmen. Daß diese Rechnung nicht aufging, wurde ihm bald schmerzlich bewußt.

Die Rechtfertigung des weißen Terrors in Österreich durch Kraus traf Brecht schwer. Er schrieb in Ergänzung zu dem lobenden Gedicht ein zweites »Über den schnellen Fall des guten Unwissenden«, das er Kraus über Karl Jaray zustellen ließ. Die Abkanzelung der sozialistischen Kampfliteratur als »Gehirnschande« konnte Brecht ja noch hinnehmen, zumal er in diesem Zusammenhang von Kraus vorbehaltlos ausgeklammert wurde, über die Entscheidung jedoch, sich auf die Seite der Unterdrücker zu stellen, konnte er sich nicht schweigend hinwegsetzen. Dennoch kündigte ihm Brecht die Freundschaft nicht auf. Das zweite Gedicht blieb unveröffentlicht, und auf allzu forsche Kritik von links an Kraus reagierte er weiterhin gereizt und unwillig. Als Helene Weigel im Spätherbst 1934 nach Wien fuhr, bat Brecht sie von London aus, wo er sich damals mehrere Wochen aufhielt, Kraus nicht aus dem Weg zu gehen, sondern nett zu ihm zu sein und ihm zu berichten, daß er, Brecht, eben bekümmert gewesen sei, weil er gegen Arbeiter Stellung genommen habe, die sich wehrten. Das ärgerliche Juliheft der »Fackel« dürfte Brecht ähnlich wie Walter Benjamin beurteilt haben, der dazu aus Svendborg an Gershom Scholem schrieb: »Hier ist wirklich ein neuer Timon aufgestanden, der den Erwerb seines Lebens hohnlachend unter die falschen Freunde verteilt!«

Da er in Wien gehört hatte, daß ihm nahestehende Autoren wie Döblin und Feuchtwanger mit dem Gedanken spielten, sich in der Schweiz anzusiedeln, entschloß sich Brecht noch im März 1933, nach Zürich zu fahren, um dort die Situation zu erkunden. Helene Weigel blieb vorläufig bei ihren Verwandten und erhielt dann das Angebot von der dänischen Schriftstellerin Karin Michaelis, mit Brecht und den Kindern fürs erste in ihr Haus nach Thurö zu kommen. Karin Michaelis hatte die Schauspielschülerin Helene Weigel einst in Wien kennengelernt und durch die gemeinsame Freundin Maria Lazar, die in der Nähe von Thurö wohnte, war die Verbindung aufrecht erhalten worden.

Der erste Kollege aus Berlin, den er in Zürich traf, war Kurt Kläber, der Herausgeber der »Linkskurve«, Mitglied der Kommunistischen Partei und des Bundes der proletarisch-revolutionären Schriftsteller. Dieser Kulturfunktionär, der sich als Schriftsteller Kurt Held nannte und sich mit dem Amerikareisebuch »Die Passagiere der Dritten Klasse« einen Namen gemacht hatte, war nach dem Zeugnis des Filmpioniers Hans Richter »ein herzensguter Mensch aus Sachsen, dessen Ideale von Stalinschen Grundsätzen zwar definitiv abwichen, aber für die er standfest bis an sein Lebensende eintrat«. Obwohl Brecht kein Autor der »Linkskurve« war und bei deren Mitarbeitern im allgemeinen schlecht angesehen war, hatte er zu Kläber ein sehr gutes persönliches Verhältnis gefunden und schätzte ihn als Diskussionspartner sehr. Die Verbindung war durch Bernard von Brentano zustandegekommen, der sich in den beiden letzten Berliner Jahren radikalisiert hatte und unter großen Vorbehalten, wie die Rezensionen seiner Schrift »Kapitalismus und schöne Literatur« in der »Linkskurve« belegen, in die Kommunistische Partei aufgenommen worden war, um dann Ende 1933 wegen mangelnder Parteidisziplin wieder ausgeschlossen zu werden.

Kläber erkannte zufällig die Stimme Brechts, als dieser im benachbarten Hotelzimmer sich gerade am Telefon mit Alfred Döblin verabredete. Wie sich herausstellte, war auch Anna Seghers in Zürich eingetroffen. Man beschloß, für alle Unterkünfte am Luganer See zu suchen. Das Ehepaar Kläber besaß seit einigen Jahren ein Ferienhaus im Tessin und versprach jetzt, die Sache in die Hand zu nehmen. Brecht nahm die Einladung der Kläbers nach Carona an, machte aber vorher noch einige Tage in einem Hotel in Lugano Station, das er mit Feuchtwanger als gemeinsamen Treffpunkt ausgemacht hatte. Jetzt schien es für Brecht doch endgültig festzustehen, daß man sich für länger außerhalb Deutschlands einrichten mußte, denn er schlug seiner Frau vor, »alles« aus Berlin kommen zu lassen. Nicht zuletzt auch deshalb, weil die Preise für Neuanschaffungen unerschwinglich waren. Die Suche nach einem Domizil im Tessin, die er bald aufgab und an seine Frau delegierte, war die einzige und letzte eigene Initiative Brechts in dieser Beziehung, von da an war es wieder Helene Weigel, die vorausfuhr und die Wohnungsfragen und die sonstigen organisatorischen Dinge erledigte. Brecht notierte damals alle Lebensmittelpreise, rechnete die Schulwege aus und erkundigte sich nach Fahrgelegenheiten. Kläbers Wohnung gefiel ihm sehr, aber sie war ihm doch zu weit von der Stadt entfernt, sie lag ihm zu »einsam«. Für einen längeren Aufenthalt in Carona dünkte ihm ein Auto notwendig. Zürich, »eine deutsche Stadt«, wäre ihm als Aufenthaltsort lieber gewesen, aber Lugano war eben doch billiger. Das bestätigte ihm auch ein Brief Brentanos, der Basel als »sündhaft teuer« schilderte. Ein Leben im Tessin konnte sich Brecht nur vorstellen, wenn sich dort auch Brentano, Fritz Sternberg und Karl Korsch niederlassen würden. Wenigstens Anna Seghers und ihren Mann, den Wirtschaftswissenschaftler Johann Lorenz Schmidt, wollte er als Gesprächspartner außer den Kläbers dort vorfinden: »Wenn wenigstens die noch herkämen! Der Schmidt ist zwar kein Marx, aber immerhin ...« Gerade in diesen Zeiten der sich überstürzenden politischen Ereignisse, als es nötig wurde, eine Verständigung unter den in alle Richtungen zerstreuten Emigranten herbeizuführen, brauchte Brecht klärende Gespräche und die Aussprache mit dem Kommunismus nahestehenden Genossen. Mit Helene Weigel wohnte er dann einige Wochen in dem idyllischen Carona bei Kläber und dessen Frau Lisa Tetzner, der bekannten Märchenerzählerin, die seit ihrer Jugend gelähmt war und sich nur am Stock humpelnd bewegen konnte. In späteren Briefen an die Gastgeber erwähnte Brecht vor allen Dingen die morgendliche Zeitungslektüre im Grünen: »Ich würde gerne wieder einmal die Zeitungen zusammen mit euch lesen. Man verdaut besser zusammen.«

Ein längerer Aufenthalt in der Schweiz, das wurde bald allen klar, die Tessiner Pläne erwogen hatten, kam nicht in Frage. Höchstens den Sommer über gedachte Brecht noch zu bleiben. Da erreichte ihn aber die Aufforderung von Kurt Weill, nach Paris zu kommen. Dort hatte eben Edward James, der Gatte der Tänzerin Tilly Losch, die mit Lotte Lenya befreundet war, eine internationale Ballettvereinigung unter der künstlerischen Leitung von Boris Kochno gegründet. Für diese Truppe, die sich »Les Ballets 1933« nannte, sollte Weill ein Ballett schreiben. Von Brecht erhoffte er sich ein geeignetes Libretto, und Caspar Neher reiste für die Bühnenbilder aus Berlin an. In wenigen Tagen wurde die Arbeit erledigt. Am 7. Juni 1933 fand die Uraufführung der »Sieben Todsünden« im Théâtre des Champs Elysées statt. Für Brecht war es eher eine Gelegenheitssache, die ein wenig Geld brachte, ganz hübsch, »allerdings nicht so bedeutend«.

Das Ballett für eine Tänzerin und eine Sängerin sowie ein Männergesangsquartett, das die Familie darstellt, erzählt den Weg des Mädchens Anna in die großen Städte, wo es als Tänzerin das nötige Geld für die Familie und den Bau eines Hauses verdienen will. Das Mädchen muß seine Schönheit und sein Talent als Ware verkaufen. Ihr anderes Ich, als ihre Schwester sich präsentierend, warnt Anna auf Schritt und Tritt davor, dem natürlichen Glücksverlangen nachzugeben und so eine der sieben Todsünden zu begehen. Anna opfert ihre Jugend und ihr Glück. Nach sieben Jahren hat sie ihr Ziel erreicht: Das Haus der Familie steht. Es ist durch Vermeidung der sieben Todsünden verdient worden. Als Todsünden bezeichnet der christliche Moralkodex diejenigen Sünden, die den Verlust des Gnadenstandes und die Verdammnis zur Folge haben. Nach den Bestimmungen des Scholastikers Petrus Lombardus, von denen Brecht ausgeht, gelten Trägheit des Herzens, Hochmut, Zorn, Völlerei, Wollust, Geiz und Neid als Todsünden. Brecht erklärt diese Verfehlungen zu Tugenden. Sünden sind sie nur für den Kleinbürger, weil er es sich unter kapitalistischen Bedingungen nicht leisten kann, ein natürliches, menschliches Leben zu führen. Stolz auf die persönliche Würde ist geschäftsschädigend. Man muß tun, was von einem verlangt wird, wenn dafür bezahlt wird. Nicht zulässig ist der Zorn über die Rohheit der Praktiken im Kampf um das tägliche Brot. Sich satt essen, kann einen ruinieren: Der Marktwert einer Tänzerin richtet sich nach der Zierlichkeit ihrer Figur. Das Streben nach den Fleischtöpfen wird vorsichtshalber Völlerei genannt. Die Herrschenden raten den unteren Klassen, sich nicht »niedrigen materiellen Genüssen« in die Arme zu werfen. Liebe aus Neigung ist verpönt und wird als Unzucht gewertet. Geliebt werden soll nur, wer Geld hat und zahlt. Aber auch Habsucht gilt nicht als Empfehlung, wenn sie das Begehen von Verbrechen offensichtlich macht. Und Neid auf die Glücklichen, welche die gesellschaftlichen

Konventionen mißachten, darf der Kleinbürger sich gleichfalls nicht erlauben. Als »frei geborener« Mensch hat er nur die Freiheit, sich den Normen der bürgerlichen Ordnung zu beugen. »Bedenk, was geschieht, wenn du tätst, was dir läge!« wird Anna gewarnt. Tut einer, was ihm liegt, so lehnt er sich gegen das Bestehende auf und riskiert den eigenen Ruin. Für Anna bewahrheiten sich die Ratschläge der »Schwester« und die Ermahnungen der Familie. Nach sieben Jahren beginnt ihr sozialer Aufstieg, »sie geht stolzer und stolzer, im Triumpf endlich, während die anderen Annen verfallen und ihr demütig eine Gasse bahnen müssen«.

Das Ballett hat Parabelcharakter. Erläutert wird die Feststellung, daß es in einer Gesellschaft, in der Ausbeutung herrscht, unmöglich ist, »gut zu sein und doch zu leben«. Entlarvt wird der Asketismus in der Moral als Zubehör unmenschlicher Verhältnisse. Wie später Shen Te im »Guten Menschen von Sezuan« zerfällt Anna in zwei Hälften: in Anna I, die »praktische«, »vernünftige« Managerin und Verkäuferin der Ware Liebe, und in Anna II, die zur Ware degradierte Künstlerin, die immer wieder im Begriff ist, durch menschlich-natürliches Verhalten den eigenen Marktwert zu beeinträchtigen. »Die Ware Liebe« ist übrigens der Titel eines Stücks, das Brecht um 1930 plante und an das er sich beim Sezuanstück wieder erinnerte. Hauptfigur ist eine junge Prostituierte, die erkennt, »daß sie nicht zugleich Ware und Verkäufer sein kann«. Sie eröffnet einen Tabakladen, »in dem sie in Männerkleidern den Zigarrenhändler spielt, während sie ihren Beruf als Prostituierte fortsetzt«. Das Mädchen führt ein Doppelleben: als Ware und als Verkäufer dieser Ware. Als ihr eigener Zutreiber »hat sie sozusagen eine erstklassige Ware in der Hand, die sie nach allen Marktregeln ausschlachtet«. Brechts Ziel ist nicht der »gute Mensch«, sondern die »gute Welt«. Das »Gut« und »Böse« stellt sich ihm nicht als Frage der Moral. Entscheidend ist, ob die Handlungsweise eines Menschen sich gut oder böse auswirkt, dann ist die Gesellschaft nichts wert, in der dies geschieht. Moralische Prästationen, so verlangt Brecht, müssen sozial motiviert sein. In seiner Sicht haben die Todsünden materialistische Qualitäten, sie tragen zur Verwirklichung der menschlichen Natur bei. Den Kleinbürgern aber werden sie von den Herrschenden als Verfehlungen dargestellt.

Für Brecht, wie gesagt, war dieses Ballett eine Gelegenheitsarbeit, eine leichte Fingerübung, die ihm Spaß machte, die für ihn aber weder formal noch inhaltlich etwas entscheidend Neues brachte. Mit Weill war nur noch eine Arbeit nach bewährtem Muster möglich. Die Musik der »Sieben Todsünden« verhielt sich zu den in der bürgerlichen Welt beliebten Melodien analog zur Methode Brechts, deren Absicht darin bestand, die herrschende Moralauffassung anzuzweifeln und umzufunktionieren. Mit gleicher Virtuosität wie in der »Dreigroschenoper« und in »Aufstieg und Fall der Stadt Mahagonny« denunzierte Weill noch einmal die Musikformen, die er verwarf, durch ironische Paraphrasierung. Die Unbedenklichkeit, mit der hier durch eine raffinierte Montagetechnik Klänge und Rhythmen aus Trümmern abgenutzter Musik eingesetzt wurden, ergab die Spannung und verschärfte die Aussage Brechts. Da der gewohnte Erfolg ausblieb, setzte Weill von nun an nicht mehr auf die Karte Brecht. Er machte dem Stückeschreiber den Vorwurf, er befände sich in einer Periode, wo er die Musik generell verabscheue. Ihm gelang dann, was auch Brecht in Amerika später anstrebte, aber nie erreichte: den Broadway zu erobern. Doch es wurde ein Pyrrhussieg Weills, denn der Broadway vereinnahmte ihn und nahm seiner Musik alle Schärfe und Kontur.

Der Großstadtcharakter von Paris, die vielen Kinos und Theater imponierten Brecht sehr, so daß er sich eine Zeitlang mit dem Gedanken trug, hier eine Wohnung zu nehmen. Als sich aber die Projekte zerschlugen, die sich via Ernst Josef Aufricht abgezeichnet hatten, der wieder ein Theaterunternehmen aufziehen und vor allen Dingen »Die Spitzköpfe und die Rundköpfe« aufführen wollte, kam er dankbar auf die Offerte von Karin Michaelis zurück. Helene Weigel reiste von Carona aus mit Steff nach Thurö, wo sich auch die Haushälterin Mari Hold mit der kleinen, von einer Engländerin aus Deutschland herausgeschmuggelten Barbara einfand, die während des eiligen Aufbruchs aus Berlin beim Großvater in Augsburg gewesen war. Ende Juni 1933 traf Brecht in Thurö ein, wo inzwischen auch Ernst Ottwalt und seine Frau Unterschlupf gefunden hatten. Mit Hans Henny Jahnn, der seit Pfingsten Gast von Karin Michaelis war, kam kein näherer Kontakt zustande. »Wir haben uns damals kaum gesehen«, bedauerte später

Jahnn, »ich bereitete meine Reise in die Schweiz vor, und Brecht versuchte irgend etwas anderes, um seine Zukunft zu gewinnen.«

In den »Flüchtlingsgesprächen« schilderte Brecht die Dänen als gastfreundliche und gemütliche Leute, vor allen Dingen lobte er ihren sprichwörtlichen Humor, fand aber zugleich boshafte Worte für ihre bauernschlaue Art in politischen Dingen. Demokratie, so dünkte es den Flüchtling, war für sie in erster Linie das verbriefte Recht, einen Witz zu machen: »Sie waren alle überzeugt, daß der Faschismus bei ihnen nicht geht, weil sie zuviel Humor haben. Sie leben mehr oder weniger vom Schweineverkauf und so haben sie sich mit den Deutschen gut stellen müssen, denn die haben Schweine gebraucht, aber sie haben über sich selber gute Witze gemacht, daß man beim Schweineverkaufen leise treten muß, weils sonst dem Schwein schadet.« Aus der Sicht des politischen Emigranten vom Typ Ziffel oder Kalle fiel das Dänemark-Bild notgedrungen höhnisch aus: man war geduldet, aber unerwünscht. Für Brecht selbst wurden die Jahre des dänischen Exils eine verhältnismäßig angenehme Zeit. Was dem Stückeschreiber jedoch zusetzte, war die offensichtliche Diskrepanz, die zwischen erhoffter Einwirkung auf das vom Faschismus beherrschte Deutschland und der Auflage bestand, im Gastland politisch unbemerkt zu bleiben.

Auch Dänemark war von den Folgen der Weltwirtschaftskrise nicht verschont geblieben, in dem zum großen Teil noch agrarisch strukturierten Land herrschte große Arbeitslosigkeit. Die politischen Verhältnisse in Deutschland kümmerten die Dänen zunächst wenig, mit den eigenen radikalen Kommunisten hatte die sozialdemokratische Koalitionsregierung genügend Scherereien. Am 15. Februar 1933 hatte man in Stockholm den Führer der dänischen Kommunisten, Aksel Larsen, wegen der Aufforderung zum Umsturz der kapitalistischen Gesellschaftsordnung vorsichtshalber verhaften lassen. Die meisten dänischen Zeitungen kommentierten den Anbruch des Dritten Reichs entweder als notwendige Pferdekur für das seit langem »kranke« Deutschland oder als Ausbruch momentanen Wahnsinns. Man machte Witze und verhielt sich vorsichtig abwartend. Als die ersten Flüchtlingsströme nach Dänemark fluteten, setzte sich allmählich ein realistischeres Bild von den

Verbrechen des Faschismus durch. So gut es ging, half man, und den meisten Flüchtlingen wurde von der Bevölkerung großzügig Obdach gewährt. Vergeblich bemühten sich deutsche Stellen um eine entschiedenere »Neutralität« Dänemarks. In dem Geflecht von wirtschaftlichen Interessen, von der Gefahr, die durch von Deutschland eingeschleußte Spitzel und eigene Faschistengruppen drohte, und von diplomatischen Pressionen operierte die dänische Regierung mit einigem Geschick zugunsten der Verfolgten. Allerdings lieferte man doch gelegentlich Politische wie den Kommunistenführer Funcke an die Nazis aus.

Thurö, eine kleine, im Süden an Fünen angrenzende Insel, lag zwar von der deutschen Grenze gar nicht so weit entfernt, innerhalb Dänemarks aber eher abgelegen. Die nicht sehr dicht besiedelte Gegend eignete sich gut als Zufluchtsstätte. Anfang August unterzeichnete Brecht den Kaufvertrag für ein Haus, das man durch Vermittlung von Karin Michaelis in einem Dorf in der Nähe von Svendborg auf Fünen gefunden hatte. In Dänemark standen übrigens auch die Chancen für Brecht, sich als deutscher Schriftsteller niederzulassen und einigermaßen zu behaupten, nicht schlecht. Selbstverständlich kannte man seinen Namen hauptsächlich nur in Verbindung mit der »Dreigroschenoper«, aber auch »Trommeln in der Nacht« war in Kopenhagen gespielt worden. Schließlich war kurz vor Brechts Ankunft »Der Jasager« herausgekommen und für Ende des Jahres war »Mahagonny« angekündigt. Unter den linken Theaterleuten schien auch ein spezielles Interesse für die Lehrstücke vorhanden zu sein, und der Kritiker und Dramatiker Svend Borberg, der sich 1932 auf den Rat Fritz Kortners hin an Brecht gewandt hatte, übernahm es, Brecht dem dänischen Publikum in Zeitungsaufsätzen vorzustellen. Er übersetzte damals auch »Die heilige Johanna der Schlachthöfe«, in der Hoffnung, das Schauspiel am Königlichen Theater unterbringen zu können, was nicht gelang, obwohl ein Vertrag bereits vereinbart und die beliebte Künstlerin Bodil Ipsen die Titelrolle spielen wollte. Als die Kunde von Brechts Aufenthalt bei Karin Michaelis sich in Kopenhagener Theaterkreisen herumsprach, machte sich die Schauspielerin Ruth Berlau auf den Weg nach Thurö, um sich von Brecht ein Exemplar des Stücks »Die Mutter« zu erbitten, das sie mit einer kommunistischen Laiengruppe einstudieren wollte. Die »rote Ruth«, wie das ehemalige Mitglied des Königlichen Theaters von ihren Freunden genannt wurde, seit ihre enthusiastischen Berichte von ihrer Reise mit dem Fahrrad durch die Sowjetunion erschienen waren, rührte schon im voraus kräftig die Trommel für den Autor des Stücks, in dem sie 1930 die Rolle der Anna Balicke gespielt hatte. Ihr Bekenntnis zum Kommunismus und ihr Einsatz für das von Per Knutzon geleitete »Revolutionäre Theater« erregte einiges Aufsehen, weil sie mit dem angesehenen Arzt Professor Robert Lund verheiratet und in den Kopenhagener Salons bekannt war. Da Brecht ihren Wunsch nicht sofort erfüllen konnte, weil er selbst gerade nur ein Handexemplar der »Mutter« zur Verfügung hatte, nahm sie dieses in einem günstigen Augenblick einfach an sich. Sie würde es schon zurückbringen, dachte sie, denn der Dichter hatte ihr einen unzweideutigen Antrag gemacht, der sie zu sehr verblüffte, als daß sie ihn gleich hätte erfüllen können. In ihrer Begleitung befand sich noch der junge Architekt Mogens Voltenen, den Helene Weigel für ihre Einrichtungsprobleme in dem eben in Skovbostrand erworbenen Landhaus zu interessieren wußte. Die ersten Fäden für die von Brecht in den nächsten Jahren viel benutzte Achse Svendborg-Kopenhagen waren damit geknüpft.

Das Geld für den Kauf des Hauses, das 7000 Kronen kostete, setzte sich aus Beträgen, die die Väter von Brecht und Helene Weigel beisteuerten, sowie Honoraren zusammen. Nachdem nun Skovbostrand als fester Aufenthaltsort für die nächste Zeit feststand, wurden die Bücherkisten und wichtigsten Möbel aus Deutschland angefordert. Brechts Deckname in der Korrespondenz mit den Freunden, die die Transporte erledigten, war Berta. Für die Koordination in Berlin sorgte Otto Müllereisert, in Augsburg liefen alle Briefe über Georg Pfanzelt, und als Postanlaufstelle in Svendborg diente die Adresse von Maria Lazar. Da das Haus erst noch hergerichtet und der Stall an der Westseite zum Arbeitsraum ausgebaut werden mußte, zog es Brecht vor, die nächsten Monate lieber in Paris zu verbringen, wo er sowieso noch Verlagssachen erledigen und sich an antifaschistischen Schriftstelleraktivitäten beteiligen wollte.

In Paris war außerdem Margarete Steffin zurückgeblieben, eine junge Kommunistin, die der Stückeschreiber während der »Mutter«-Proben in Berlin kennengelernt hatte, als sie die

Rolle des Dienstmädchens in der Kupfersammelstellenszene spielte. Zwischen ihr und Brecht bestand eine ungemein herzliche Liebesbeziehung. Im Sommer 1933 sandte ihr Brecht aus Dänemark zahlreiche Briefe und erotische Sonette. Im Gegensatz zu den vielen Verhältnissen mit anderen Frauen hatte diese Verbindung etwas Verschwörerisches und zärtlich Vertrauliches. Zwischen den Liebenden wurde vorerst die Abmachung getroffen, die Sympathie füreinander gegenüber Dritten nicht zu erkennen zu geben. Als Zeichen des Einverständnisses vereinbarten sie ein unauffälliges Codewort, »das sollte heißen: ich berühre dich .../ Und wenn um uns die fremden Leute standen/ Gebrauchten wir geläufig dieses Wort/ Und wußten gleich: wir waren uns gewogen.«

In den Sonetten rekapitulierte Brecht die ungewöhnlichen Bedingungen dieser Liebe, für deren Entfaltung so wenig Zeit und Möglichkeiten bestanden hatten, deren erzwungene Unauffälligkeit aber gerade ihre Beständigkeit und Tiefe ausmachte. Die Flüchtigkeit der Begegnungen, von Brecht in der Regel angestrebt, in diesem Fall bedauerte er sie meistens. Er kam in Eile und eilig mußte er wieder gehen, weil Margarete Steffin ihn kaum in ihrer Zehlendorfer Unterkunft, wo sie 1932 wohnte, empfangen konnte: »Denn ohne das war seiner man nicht froh/ Schnell abgefertigt, schien er unwillkommen/ Ihn da zu haben, schien recht unerquicklich!/ So war der Mut ihm, da zu sein, genommen/ All seine Wünsche schienen ihm jetzt roh/ Und seine Eile schien ihm nicht mehr schicklich.«

Margarete Steffin war ein Berliner Arbeiterkind und hatte sich noch als Schülerin dem kommunistischen Jugendverband angeschlossen. Sie war von zarter Gestalt und litt an einer chronischen Tuberkulose. Brecht liebte sie nicht nur, er betrachtete sie auch als seine Schutzbefohlene, sie war eine Genossin, deren Wohlergehen ihm sozusagen die Partei überantwortet hatte. Dieser »Soldat der Revolution« war ein unermüdlicher Vermittler seiner Werke. Auch als sie schon sehr schwach war, erhob sie sich immer wieder vom Krankenlager, um Arbeitern »den Nutzen der Lehrstücke zu erklären«. Sie war der Vertreter der Partei bei Brecht: »Daß sie prüfe/ Alles, was ich sage; daß sie verbessere/ Jede Zeile von nun an/ Geschult in der Schule der Kämpfer/ Gegen die Unterdrückung./ Seitdem unterstützt sie mich –/ Schwacher Gesundheit, aber/

Fröhlichen Geistes, unbestechlich/ Auch von mir.« Der Stükkeschreiber lobte einerseits die Tapferkeit, den soldatischen Verstand und das Geschick seiner Mitarbeiterin, andererseits pries er ihre Geschicklichkeit im Bett, ihr Feuer und ihre Wollust. Am liebsten nannte er sie »Muck«, denn griff er ihr bei der Arbeit unter den Rock, muckte sie auf und wies den »Klassiker« zurecht: »Zornig und fremd sitzt du mir gegenüber/ ›Was wagt der Mensch, er ist mir unbekannt!‹/ Und mein Erstaunen ist noch nicht vorüber/ Wenn in dir sichtlich eine Freude wächst/ Und streng noch schreibst du hin den neuen Text/ Und plötzlich holst du dir dann meine Hand.« Margarete Steffin war die »gute Genossin«, die Adressatin großer politischer Lehrgedichte und revolutionärer Botschaften, zugleich aber auch die Muse seiner »Achillesverse«, für die er Gedichte schrieb, wie Dante für seine Beatrice, nur mit dem Unterschied, daß Brecht nicht »schon beim bloßen Anblick sang«. Mit großer Fürsorge achtete er darauf, daß seine Freundin sich nicht zu sehr in Arbeit verzehrte und immer warm gekleidet war. Als sie 1934 zu einem Erholungsaufenthalt in die Sowjetunion verschickt wurde, kaufte ihr Brecht Wollsachen und dicke Hosen: »So zog ich diesmal dich mit Sorgfalt an/ Wie ich dich manchmal auszog (viel zu selten!/ Ich wünscht', ich hätt das öfter noch getan!)/ Mein Anziehn sollt dir wie ein Ausziehn gelten!/ Nunmehr ist, dacht' ich, alles gut verwahrt/ Daß es auch nicht erkalt', so aufgespart.« Herrn Keuners Lieblingstier war der Elefant: »Er hat eine dicke Haut, darin zerbrechen die Messer; aber sein Gemüt ist zart.« Als Talismann trug Margarete Steffin gerne Elefanten, deren Wesen ihr entsprachen und die sie als Wächter so nötig brauchte.

Anfang September 1933 kam Brecht in Paris an, die meisten Leute, die er hier wieder zu treffen hoffte, waren jedoch noch nicht in die den Sommer über zu heiße Stadt zurückgekehrt. Deshalb fuhr er gleich mit Margarete Steffin nach Sanary weiter zu Lion Feuchtwanger. Sein Mentor und Freund, der zu den internationalen Berühmtheiten zählte und mit seinen Romanen immer große Auflagen erzielte, hatte sich in dem südfranzösischen Küstenstädtchen eine Villa gekauft, in der die weniger begüterten Autoren freundlich empfangen und bewirtet wurden. Feuchtwanger gehörte übrigens nur zu den gutverdienenden Schriftstellern, nicht zu den Spitzenverdienern wie Stefan Zweig, Franz Werfel, Emil Ludwig, Vicky Baum oder Erich Maria Remarque, die zum Teil eine filmstarähnliche Glanzexistenz führten und sich deshalb, obwohl sie sicher in Einzelfällen ärmeren Kollegen geholfen haben, boshaften Angriffen ausgesetzt sahen. Besonders Thomas Mann, als Nobelpreisträger der in der Welt angesehenste deutsche Autor, nahm man die nach außen so auffällig auf Repräsentanz bedachte Lebensführung übel, hinter der sich nicht zuletzt die Weigerung verbarg, das Exil als ökonomische Realität zu akzeptieren. Mann selbst hat sich, im Vergleich zu anderen Autoren, nie als vermögend empfunden. Zur »anständigen« Lebensführung rechnete Feuchtwanger eine Sekretärin, ein Dienstbotenehepaar für die Pflege von Haus und Garten sowie ein Automobil, und das war auch in den Augen der meisten Kollegen der für einen solide arbeitenden Schriftsteller übliche Standard. Was damals den Unterschied zwischen Stefan Zweig, Emil Ludwig, Franz Werfel und Thomas Mann auf der einen, Arnold Zweig, Lion Feuchtwanger, Alfred Döblin und Heinrich Mann auf der anderen Seite ausmachte, waren zunächst gar nicht so sehr ihre Vermögensverhältnisse, sondern viel mehr ihre Art, sich als Dichter zu präsentieren. Die einen waren eben »Großschriftsteller«, die anderen »kleine Meister«. Sie alle waren vielgelesene Romanciers. Die erste Gruppe aber nahm eher am gesellschaftlichen Leben teil und hielt Hof, die andere interessierte sich für gesellschaftliche Fragen und setzte ihre gesicherte bürgerliche Existenz immer wieder aufs Spiel. Brecht, der im billigen Dänemark ein Bauernhaus besaß und auf Reisen in drittklassigen Pensionen abstieg, war im Verhältnis zu den erwähnten Autoren fast mittellos. Für »Extras« waren besonders glückliche Umstände erforderlich. Den gebrauchten Ford, den er dann in Svendborg zur Verfügung hatte, besorgte ihm Ruth Berlau, als er Vorschuß bekam für die dänische Ausgabe des »Dreigroschenromans«, und 1936 diente ihm das Entgeld für die Beteiligung am Drehbuch eines Richard-Tauber-Films zum Erwerb einer kleinen Handdruckmaschine.

Feuchtwangers kleiner Reichtum gründete sich hauptsächlich auf die günstigen Vertragsabschlüsse, die er mit seinem neuen Roman »Geschwister Oppenheimer« erzielte. Brechts Entschluß, es nun ebenfalls mit einem Roman zu versuchen, dessen Verbreitung unter den Bedingungen des Exils leichter als ein Stück durchzusetzen war, ging auf Feuchtwangers Rat und Beispiel zurück. Zusätzlich drängte es ihn, die marxistische Variante der »Dreigroschenoper«, die er als Filmfabel nicht realisieren durfte, noch einmal genauer zu erzählen, um seine neue Haltung zu dem Werk zu bekunden. Zur Konstruktion diente ihm die Technik des Kriminalromans als Vorbild, für die Erzählhaltung benutzte er vorzugsweise die satirische Manier Swifts.

Feuchtwangers Roman erschien im deutschsprachigen Verlag Querido in Amsterdam, dessen literarischer Agent und finanzieller Teilhaber Fritz Landshoff war, der einstige Mitinhaber des Gustav Kiepenheuer Verlags, in dem die »Versuche« von Brecht herausgekommen waren. Zwei weitere Kiepenheuer-Mitarbeiter betreuten die ebenfalls in Amsterdam gegründete deutschsprachige Filiale des Verlags Allert de Lange: Hermann Kesten als literarischer Leiter und Walter Landauer als Geschäftsführer. Alle drei hielten sich regelmäßig in Paris auf, da hier die meisten Autoren aufkreuzten, um Verhandlungen zu führen. Sie wohnten im gleichen Hotel und verständigten sich untereinander über ihre Abmachungen, schoben auch manche Autoren zu deren Gunsten zwischen den Verlagen hin und her, wenn die Inhaber zu große Bedenken gegen die Weiterzahlung monatlicher Vorschußzahlungen anmeldeten. Brecht wurde mit Landauer handelseinig. De Lange zahlte ein besseres Honorar, im Fall Brechts sogar ein ungewöhnlich günstiges, behielt allerdings bei Übersetzungen im Unterschied zu Querido den »verlagsüblichen« Anteil ein. Inwieweit Kesten damals als Lektor des »Dreigroschenromans« fungierte, läßt sich eindeutig nicht mehr klären, Brecht notierte jedenfalls 1942 nach der Lektüre einer Kritik von »Furcht und Elend des Dritten Reichs«, daß er ihm »wegen seiner feindlichen Einstellung den Einblick in den Plan zum ›Dreigroschenroman‹ verweigert« hätte. Andererseits fanden im Spätherbst 1933 mehrere Gespräche zumindest geschäftlicher Natur und über literarische Pläne zwischen Brecht und Kesten statt. Hauptpunkt einer Unterredung am 14. Dezember war der Vorschlag Brechts, trotz verschiedener Weltanschauungen einen literarischen Freundschaftspakt zu schließen. Durch mündliche Vereinbarung, meinte der Stückeschreiber, sollten beide Autoren für die nächsten fünf Jahre sich verpflichten, das Werk des anderen mit Respekt zu behandeln. Auch der Hinweis, ähnliche Pakte habe er mit Döblin und mit Feuchtwanger abgeschlossen, vermochte Kesten von seiner ablehnenden Haltung nicht abzubringen. Empört wies er das Angebot noch einmal schriftlich zurück und erklärte: »Zur Erläuterung dieses umfassenden Vorschlags erklärten Sie mir, daß Sie in erster Linie nicht Dichter, sondern ein ›Verhaltenslehrer‹ seien; daß Sie der gesamten bürgerlichen Welt als Marxist feindlich gegenüberständen und gezwungen und willens seien, mit den allerschärfsten, sonst von Ihnen mißbilligten Mitteln der kapitalistischen Welt, gegen Ihre Gegner vorzugehen; daß Sie sich gezwungen sähen, die wirtschaftliche oder literarische Existenz Ihrer Gegner oder Nicht-Freunde mit allen Ihnen zur Verfügung stehenden Mitteln zu vernichten; daß Sie dazu willens und fähig seien; daß Sie es bereits öfters getan hätten; daß Sie aber, im Gegenteil, Ihren Freunden gegenüber zu größten Gefälligkeiten und Unterstützungen bereit seien; daß Sie etwa Caspar Neher die Existenz geschaffen hätten.« Brecht bat auf dieses Schreiben hin Kesten und Landauer in ein Café und bedauerte die Angelegenheit, erklärte sie für ein Mißverständnis und bat den unbestechlichen Kesten, seinen Brief zurückzunehmen. Selbstverständlich hatte Brecht die Sache nicht nur als Spaß vorgebracht, solche Pakte pflegte er tatsächlich gerne abzuschließen. Erst als Kesten sich ernsthaft gegen das Angebot wehrte, begründete wahrscheinlich Brecht den Vorschlag im obigen Sinn, um den in derlei Dingen offenbar empfindlichen Gesprächspartner zu provozieren. Grundsätzlich war ihm an solchen Bündnissen gelegen. In ein Notizbuch von 1933 trug er folgendes Zitat des Politikers Macdonald ein: »Jeder Vertrag ist heilig, kein Vertrag ist ewig.« Bekannt war Brecht für seine »Verträge« mit Frauen, er traf detaillierte Abmachungen, die die Beziehungen miteinander regeln und falsche Ansprüche oder Erwartungen von vornherein ausschließen sollten.

Außer dem Abschluß mit Allert de Lange vereinbarte Brecht noch mit Willi Münzenbergs Verlag Editions du Carrefour die Herausgabe eines Gedichtbands »Lieder Gedichte Chöre«, den er mit Hanns Eisler und Margarete Steffin zusammenstellte und an dessen endgültiger Redaktion dann auch noch Elisabeth Hauptmann teilnahm. Auch sein »Tui-Roman«-Projekt versuchte Brecht damals bereits vertraglich optimal unterzubringen, wobei er die Taktik verfolgte, Allert de Lange und Editions du Carrefour als Interessenten an dem Buch gegeneinander auszuspielen, um eine möglichst hohe Vorschußsumme herauszuhandeln. Auch beim Film hoffte Brecht irgendwie Fuß fassen zu können. Aber selbst die in der Branche Kundigeren, die Rang und Namen hatten, fanden in Frankreich kaum offene Türen vor und nur selten Geldgeber und Produktionsfirmen, wenn sie antifaschistische Filme herstellen wollten. Max Ophüls und Ludwig Berger konnten an ihre deutschen Filmerfolge anknüpfen, ihr Stil war einigermaßen gefragt, Fritz Lang dagegen bekam nach der Verfilmung von Molnars »Liliom« keinen Auftrag mehr. Der einzige politische Spielfilm, der in den ersten Exiljahren in Frankreich hergestellt werden konnte, war Slatan Dudows »Seifenblasen«, eine noch in Deutschland weitgehend in der Illegalität vorbereitete Arbeit, deren französische Version mit der Unterstützung von Jacques Prévert zustandekam. Dudow konnte Brecht kein Angebot machen, er mußte sich dann auf Theaterproduktionen beschränken und realisierte in Paris die Uraufführung von »Die Gewehre der Frau Carrar« sowie unter dem Titel »99%« Szenen aus »Furcht und Elend des Dritten Reiches«. Mit Jean Renoir, den er durch Carl Koch kennenlernte, kam Brecht in freundschaftlichen Kontakt, der später in Amerika erneuert wurde. Eine Zusammenarbeit ergab sich leider nicht, dennoch profitierte der Stückeschreiber von den Erzählungen und der Kochkunst Renoirs. In der kleinen, in Finnland geschriebenen Erzählung »Eßkultur« skizzierte er zum Beispiel das Milieu eines Abendessens bei Renoir in Meudon. Brecht bat den Regisseur, alte französische Lieder zu singen, und Margarete Steffin begleitete ihn dabei auf einer alten Concertina.

Paris war 1933 der wichtigste Umschlagplatz für die emigrierten Künstler, Wissenschaftler und Politiker. Hier fanden die meisten Besprechungen statt, hier wurde das weitere gemeinsame Vorgehen erörtert und zugleich über die Sicherstellung der materiellen Existenz der Flüchtlinge verhandelt. Die Gegnerschaft zu Hitler war das einzige einigende Band der Emigranten, deren Interessen und Meinungen ansonsten oft stark kollidierten. Bereits die Ursache, weshalb man im Ausland war, schlug sich in der politischen Haltung des Einzelnen nieder: Es gab Emigranten, die aus Überzeugung gegangen waren, und es gab solche, die man ausgewiesen hatte oder die den Häschern entkommen waren. Für die einen war die Judenfrage entscheidender, für die anderen das Faschismusproblem. Entsprechend hielten die einen die projüdische Solidarität, die andern die antifaschistische Solidarität für wichtiger. Der schon erwähnte Hermann Kesten etwa gedachte eine Anthologie jüdischer Erzähler herauszugeben, ein Plan, den Brecht, der in der jüdischen Frage ähnlich wie Benjamin, Bloch und Karl Kraus dachte, für töricht erklärte. Die ebenfalls nach Paris geflohene Anna Seghers, Jüdin und Kommunistin, antwortete Kesten: »Ein Buch aus ausschließlich jüdischen Autoren halte ich gerade jetzt für unrichtig.«

Brecht verhielt sich in diesem Durcheinander der verschiedenen Interessen, Machenschaften und edlen Programme außerordentlich klardenkend, realistisch und uneigennützig. Daß er wie alle zunächst einmal dafür Sorge tragen mußte, den »Svendborger Schornstein rauchen zu machen«, war eine Selbstverständlichkeit. Persönliche Feindschaften, Animositäten und politische Vorurteile stellte er sofort zurück, wenn es darum ging, eine möglichst breite und einheitliche Front für antifaschistische Aktivitäten zu schaffen, wobei er allerdings der Meinung war, daß die Gegensätze und Differenzen festgehalten und eine allgemeine politische Aufklärung geleistet werden müßte. In der Diskussionsrunde in Cafés liebte er es, in den offenen Wunden zu rühren und durch Provokationen Standpunkte herbeizuführen. Er wollte keine Volksfrontpolitik um jeden Preis, aber eine wirksame Front antifaschistischer Solidarität. Obwohl er dem Bund der proletarisch-revolutionären Schriftsteller nie angehört hatte, hielt er jetzt die Vereinigung politisch für so wichtig, daß er J. R. Becher, dem Sekretär des Bundes, die Einberufung einer Konferenz vorschlug, »auf der Ziel und Methoden unserer künftigen Arbeit endgültig festgelegt werden«. Becher, der um den Mangel an theoretischem Wissen gerade der Arbeiterschriftsteller wußte, bemühte sich damals um die Sammlung der in alle Welt zerstreuten Autoren zu einer wirksamen Einheitsfront. In allen Zentren der Emigration schuf er organisatorische Stützpunkte. In Moskau gründete er eine deutschsprachige Ausgabe der Zeitschrift »Internationale Literatur«, in Prag half er Wieland Herzfelde beim

Aufbau der Redaktion der »Neuen Deutschen Blätter«, und in Paris gelang es ihm, den Schutzverband Deutscher Schriftsteller neu zu schaffen, dessen Ehrenvorsitz im Oktober Heinrich Mann angetragen wurde. Nachdem er in Prag die Weiterführung der »AIZ« gesichert hatte, schuf Willi Münzenberg mit Unterstützung der Komintern und sowjetischen Geldern hauptsächlich in Paris größere publizistische Organe und Verlage. Auch sein Ziel war die Überwindung der verhängnisvollen Zersplitterung der Linken und der zwischenparteilichen Machtkämpfe. Münzenberg, der Pressezar der Linken in der Weimarer Republik und Antipode des Hugenbergkonzerns, war nicht nur ein geschickter Manager und Funktionär, sondern auch der Herausgeber des Ersten Braunbuchs über den Reichstagsbrand und den Hitlerterror sowie der Gründer eines Instituts zur Erforschung des Faschismus, um das ihn Kurt Kläber, der ein ähnliches Projekt in der Schweiz aufziehen wollte, aber keine Geldgeber fand, sehr beneidete.

Die Rivalitäten, die Vielfalt der Meinungen und das obskure Sektierertum setzten sich im Exil nicht nur fort, sondern verstärkten sich noch. Der Gründung einer kleinen Zeitschrift folgte die Gegengründung meist hinterher, und gelang es einem Schriftsteller, einen größeren Verlag oder einen engagierten Verleger zu finden, so war der Kollege, der darin den Wurm entdeckte, sogleich zur Stelle. Die Vielzahl der geflüchteten Intellektuellen unterschiedlicher Herkunft machte ein breites Spektrum von Publikationen zwar wünschenswert, aber es gab insgesamt doch, wenn man die Absatzmöglichkeiten und die politische Effektivität in Betracht zieht, zu viele, nur immer die eigene Meinung bestätigende Winkelblättchen. Tucholskys Kritik, »anstatt ein gutes Journal zu gründen, gründet sich jeder seins«, war gar nicht so unberechtigt. Bei einer Anzahl von Verlagsgründungen waren durchaus nicht immer politische Gründe, sondern Marktüberlegungen im Spiel. Als »der erste Hochstapler am Rande der Emigration«, wie ihn Maximilian Scheer bezeichnete, entpuppte sich der Herausgeber des »Blauen Hefts« und einer billigen Buchreihe, Jo Lherman, den Brecht noch gut als Produzent seiner Jahnn-Inszenierung in Berlin 1923 in Erinnerung hatte und der auch jetzt wieder mit dem Trick des ungedeckten Wechsels arbeitete, durch den das Unternehmen auch prompt wieder zum Platzen kam. Die meisten Projekte scheiterten jedoch an der politischen Zerrissenheit. Statt einer einheitlichen Kampffront erreichte man nur neue Spaltungen. Aus unterschiedlichen Standpunkten bildete sich keine gemeinsame Linie, sondern aus einer zuerst einmal gesetzten einheitlichen und vorschriftartigen Idee entstanden allmählich wild wuchernde Ableger. Nie wurde aus vielen Meinungen eine einheitliche Position, sondern umgekehrt, aus einer Meinung ergaben sich mit der Zeit viele. Nicht aus einer Vielfalt kommunistischer Zellen entstand im entscheidenden Augenblick die Kommunistische Partei, sondern die einst starke Kommunistische Partei, hervorgegangen aus der verbürgerlichten Sozialdemokratischen Partei, zeugte über fünfundzwanzig Splittergruppen. Und zwischen den beiden großen Arbeiterparteien tummelten sich weitere linksunabhängige Vereinigungen, darunter die Sozialistische Arbeiterpartei, der Internationale Sozialistische Kampfbund, der sich durch die Betreibung von vegetarischen Restaurants in Paris und London finanzierte, die Revolutionären Sozialisten oder die Gruppen »Neu Beginnen« und »Neuer Weg«. Brecht gehörte keiner dieser Parteien an, aber bei fast allen hatte er Freunde oder doch gute Bekannte, mit denen er Kontakt hielt, um sich zu informieren und Standpunkte auszutauschen. An allen wichtigen Pariser Emigrantentreffpunkten tauchte Brecht auf, bei allen Streitigkeiten versuchte er klärend zu vermitteln und bei wichtigen politischen Projekten sich zu beteiligen. Er schrieb eine Reihe von Texten zu schnellem propagandistischen Gebrauch, verfaßte revolutionäre Lieder, Manifeste, Reden und offene Briefe. Auch den Entwurf eines zweiten Braunbuchs arbeitete er damals aus. Bei aller Aktivität hielt aber Brecht doch große Distanz. Die eitlen, egozentrischen Haltungen der Intellektuellen mißfielen ihm. Leute wie Jean Renoir, an denen er persönliches Interesse hatte, begegneten ihm zu wenige. Ein herzliches Einvernehmen herrschte in jenen Pariser Herbsttagen nur zwischen Brecht, Margarete Steffin, Elisabeth Hauptmann, Hanns Eisler und Walter Benjamin. In diesem Kreis diskutierte man offen, man betrieb keine Astrologie und stellte keine Prognosen auf. Brechts Hotel befand sich nur zwei Häuser von der Wohnung Walter Benjamins in der Rue du Four entfernt. Als der Stückeschreiber kurz vor Weihnachten nach Dänemark fuhr, wünschte er diesen Kreis nach Svendborg zu verlegen. Elisabeth Hauptmann war aber auf dem Weg nach Amerika, Hanns Eisler hatte noch viele Konzerte zu betreuen und arbeitete an Filmmusiken, versprach aber im Frühjahr zu kommen, Walter Benjamin schließlich sagte zu und bat den Freund um einen detaillierten dänischen Wirtschaftsbericht. Obwohl ihm das Pariser Emigrantenmilieu mißfiel, wollte er sich doch erst noch nach Verdienstmöglichkeiten umsehen, um finanziell nicht von Brecht abhängig zu sein. Dieser meldete sich gleich nach seiner Ankunft in Skovbostrand: »Es ist hier angenehm. Gar nicht kalt, viel wärmer als in Paris. Sie kämen nach Ansicht Hellis mit 100 Kronen (60 Reichsmark, 360 Francs) im Monat aus. Außerdem verschafft die Svendborger Bibliothek *jedes* Buch. Wir haben Radio, Zeitungen, Spielkarten, bald Ihre Bücher, Öfen, kleine Kaffeehäuser, ungemein leichte Sprache und die Welt geht hier *stiller* unter.«

XVI
Unterm dänischen Strohdach

Wozu in einer fremden Grammatik blättern? – Verurteilt zur politischen Untätigkeit in idyllischer Landschaft – Karl Korsch entwirft eine dänische Zeitschrift – Hilfe für den eingekerkerten Genossen Langerhans – Die namenlosen Kämpfer in Deutschland – Gegenüber den Menschen Materialist sein – Korsch verläßt das »ultrareformistische Eldorado« London – Ruth Berlau verschafft Brecht Zugang zu den linken Künstlerkreisen in Kopenhagen – Für die dänischen Behörden lebt Brecht still und ruhig – Brecht möchte von seiner persönlichen Lage als Emigrant absehen – Das Festhalten am pädagogischen Theater – Lehrmeister sein und doch kein Pestalozzi

Ach, die Stille der Sunde täuscht uns nicht! Wir hören die Schreie/ Aus ihren Lagern bis hierher.

Die »ungemein leichte Sprache« des Landes zu lernen, in dem er sich immerhin sechs Jahre aufhielt, weigerte sich Brecht indessen beharrlich. Für die Nachbarn in seiner Umgebung blieb er der sonderbare Fremde, der mit tief ins Gesicht gezogener Mütze, stumm grüßend, an ihnen vorbeiging. Dieses Verhalten war keine Unfreundlichkeit den Leuten gegenüber, sondern rührte von der Ungeduld her, mit der er, wartend auf die Rückkehr, auf die idyllische Landschaft reagierte. Ein Haus gemütlich einzurichten, alle Handlungen, die auf ein Sich-Abfinden mit der Lage hinzudeuten schienen, kamen ihm wie Verrat vor. Gerade in den ersten Jahren des Exils hatte Brecht auch die Furcht, durch das Erlernen einer Fremdsprache könnten seine Fähigkeiten, sich in der eigenen Sprache auszudrükken, Schaden nehmen. »Wozu in einer fremden Grammatik blättern?/ Die Nachricht, die dich heimruft/ Ist in bekannter Sprache geschrieben.«

Die Weigerung, dänisch zu lernen, blieb allein von der Härte übrig, die er sich als Zeichen des Protests verordnete. Für seine Arbeit war ein intakter Haushalt Voraussetzung. Das Haus mußte gut ausgerüstet und versorgt sein, wenn er die Gäste, die er einlud, mit dem Nötigsten bewirten wollte. Auch wegen der

Kinder, die zur Schule gehen mußten, war es notwendig, sich dauerhafter zu installieren. Die dänische Zufluchtsstätte bot Bequemlichkeit und war sicher: »Ein Ruder liegt auf dem Dach. Ein mittlerer Wind/ Wird das Stroh nicht wegtragen.« Aber: »Das Haus hat vier Türen, daraus zu fliehn.«

Nach den vielen Monaten mit hektischen Aktivitäten, die dem Überleben und dem politischen Kampf gegen den Faschismus galten, begann Brecht wieder an langfristigeren literarischen Projekten zu arbeiten. Außer Benjamin bemühte er sich, Karl Korsch nach »Dänisch Sibirien« zu locken. Auch ihm gegenüber pries er die für wissenschaftliche Zwecke gut bestückte Bibliothek, seine Bücherkisten aus Berlin inklusive der Jahrgänge der »Neuen Zeit« standen zur Verfügung, und das Eintreffen von Benjamins Bibliothek wurde erwartet. Brecht lag daran, mit Korsch die marxistischen Übungen des letzten Berliner Winters fortzusetzen: »Freilich ist das Menschenmaterial sehr zerstreut; andererseits ist gerade deswegen Klärung der Methoden nötig, sonst gibt es überhaupt keine Möglichkeit, an verschiedenen Punkten zu leistende Arbeit zu kumulieren.« Bis zum letzten Moment in »qualvoller Unentschiedenheit«, beschloß aber Korsch im März 1934, vorläufig noch in London zu bleiben, weil er hoffte, daß die ausschlaggebende Schlacht zwischen Faschismus und Sozialismus in Europa in nächster Zeit erfolgen würde, die Februarkämpfe in Österreich, der antifaschistische Generalstreik in Frankreich und vorrevolutionäre Ereignisse in Spanien schienen ihm darauf hinzudeuten.

Erst nach Brechts Londonaufenthalt kam er Anfang 1935 für einige Wochen unters »dänische Strohdach«, um von hier Entlastungsmaterial für Heinz Langerhans zusammenzutragen, der von den Nazis wegen Landesverrats vor Gericht gestellt wurde und dem eine Zuchthausstrafe von mindestens fünfzehn Jahren drohte. Der Fall des gemeinsamen Kameraden Langerhans, der eine Widerstandsgruppe geleitet hatte, die im Dezember 1933 aufgeflogen war, bestärkte Brecht, der zahlreichen anonymen Hitlergegner und Kämpfer in den Konzentrationslagern zu gedenken und den Glauben an ein anderes Deutschland nicht zu verlieren. Langerhans hatte Drucksachen über Rüstungsvorgänge und Kriegsvorbereitungen in Deutschland in Umlauf gebracht und dem Untersuchungsrichter dann erklärt, die Informationen einer dänischen Zeitschrift entnommen zu haben. Korschs Aufgabe war es nun, ein Belegexemplar der nicht existierenden Publikation zu entwerfen. Die Herstellung übernahm eine anarchistische Gruppe in Kopenhagen. Langerhans konnte draufhin nur wegen Hochverrats verurteilt werden. Er erhielt eine zweieinhalbjährige Gefängnisstrafe, wurde danach in ein Konzentrationslager gebracht, aus dem ihm 1939 die Flucht gelang.

Mit vielen »Illegalen« hatte Brecht über Mittelsmänner Kontakt, gelegentlich gelangten ihre Druckschriften in seine Hand, und Freunde aus Deutschland, die ihn oder Margarete Steffin in den ersten Jahren des Exils in Skovbostrand besuchten, überbrachten ihm Nachrichten über Vorgänge, die ihm dann als Materialgrundlage für Gedichte und die Szenen von »Furcht und Elend des Dritten Reiches« dienten. Die geringen Publikationschancen und Wirkungsmöglichkeiten für seine Arbeiten in Rechnung stellend, kam es vor, daß Brecht jene jungen, »unbelasteten« Antifaschisten beneidete, die in Deutschland kämpfen konnten. Künstlern und Kommunisten, die aus Deutschland geflohen waren und die, wie zum Beispiel der Bildhauer Fritz Cremer, in London weder künstlerisch noch politisch ein einigermaßen befriedigendes Betätigungsfeld finden konnten, riet er zur Rückkehr und zur unauffälligen List. Vor dem Widerstand der Kämpfer in den Konzentrationslagern, ihrem Mut und ihrer unbeirrbaren Überzeugung hatte er jedenfalls mehr Respekt als vor den redegewaltigen Salonkommunisten, die eine Zeitlang Stalin und die Sowjetunion zu feiern pflegten, um sich dann enttäuscht abzuwenden. Leute wie Langerhans blieben ihm immer sympathisch, ihnen gegenüber verhielt er sich offen und aufgeschlossen. Gegenüber Renegaten wie Sidney Hook oder Ruth Fischer trat Brecht unbeirrbar stalinistisch in Erscheinung, den ehemals radikalen marxistischen Sinologen K. A. Wittfogel nannte er 1943 einen Mann mit der »Hitze und dem Trauma des enttäuschten Troubadours«. Antistalinist zu sein war für ihn nicht abendfüllend.

Brecht war kein Redner, kein Mann lautstarker und demonstrativer Gesten. Schlauheit und List, die Methoden der Untergrundkämpfer, lagen ihm mehr als aufmunternde Phrasen und säbelrasselnde Appelle. Im Unterschied zu Autoren mit einer rigorosen antifaschistischen Moral wie Klaus Mann oder Ferdinand Bruckner, die kompromißlos alle Beziehungen zu Deutschland abbrachen und für Freunde, die das »Schlimmste« verhüten und den Geist über die braunen Jahre hinweg retten wollten, nur höhnische Verachtung aufbringen konnten, hatte Brecht großes Verständnis für die Haltung von Emil Burri, Caspar Neher, Herbert Ihering oder Peter Suhrkamp, die auf möglichst anständige Art und mehr oder weniger unauffällig ihrer Arbeit nachgingen, obwohl sie eben noch an der Seite des kommunistischen Dichters extrem linke Positionen vertreten hatten. Nur für eine moralisch saubere Weste empfand er das Exil als einen zu hohen Preis. »Aber ein Materialist dem Menschen gegenüber ist nur, wer den Menschen als die Materie, die er konkret ist und als die er sich verhält, nimmt oder besser: zu nehmen weiß.«

Als ihm im Sommer 1935 die Aufenthaltsgenehmigung für England entzogen wurde, weil er wegen des Selbstmords einer befreundeten deutschen Kommunistin in Emigrantenkreisen verdächtigt wurde, ein Hitlerspitzel zu sein, sah sich Karl Korsch nunmehr genötigt, das »ultrareformistische Eldorado« London ganz zu verlassen und in Skovbostrand Zuflucht zu suchen, wo er im folgenden mit seiner Familie wohnte und sein Marx-Buch schrieb, ehe er im Spätherbst 1936 nach Amerika übersiedelte. »Man weiß nicht, wann er abreist, seine Koffer stehen immer gepackt«, sagte Brecht von seinem marxistischen Lehrer, dessen Anmerkungen und Ratschläge ihm für seine schriftstellerischen Arbeiten auch jetzt wieder willkommen waren: »Er entdeckt alle Schwächen. Und er macht sogleich Vorschläge. Er weiß viel. Ihm zuzuhören, ist schwierig. Seine Sätze sind sehr lang. So bringt er mir Geduld bei.« In Fragen der marxistischen Methodik vertraute ihm Brecht mehr als in Angelegenheiten aktueller Politik. Korsch schien ihm ein Mann des alles oder nichts.

Die erste größere Arbeit Brechts in Dänemark war die Fertigstellung des »Dreigroschenromans«, dessen Umfang unerwartet groß wurde. Als Hanns Eisler im März 1934 endlich als erster der dringend erwarteten Freunde in Svendborg eintraf, wurde die schon länger geplante Umarbeitung des Stücks »Die Spitzköpfe und die Rundköpfe« in Angriff genommen, für das sich der junge dänische Regisseur Per Knutzon sehr interessierte. Das Lustspiel, das 1932 aus einer geplanten Bearbeitung von Shakespeares »Maß für Maß« hervorgegangen war, wurde vollkommen umgebaut, die Auseinandersetzung mit der faschistischen Rassenpolitik wurde vertieft und die Reste der Shakespeare-Fabel getilgt. Außerdem wurden die epischen Elemente noch mehr betont und viele Songs eingefügt. Der Titel des Stücks lautete nunmehr »Die Rundköpfe und die Spitzköpfe«. Ehe allerdings Eisler mit den Vertonungen beginnen konnte, mußte er schon wieder abreisen, und ein neues Projekt, das kleine Lehrstück »Die Horatier und die Kuriatier«, mußte ohne die Mitarbeit des Komponisten geschrieben werden. Die Partei hatte Eisler telegrafisch unerwartet nach Prag beordert zu einem internationalen Musikkongreß, wo über die Vereinigung der sozialdemokratischen und kommunistischen Arbeitersängerschaft verhandelt werden sollte. Es brauchte einige Zeit, bis Brecht, der sich im Stich gelassen fühlte, seinem Freund die Parteitreue verzieh.

Neben Margarete Steffin, die sofort dänisch lernte und sich nach und nach auch die Kenntnis der anderen skandinavischen Sprachen aneignete, wurde nun auch Ruth Berlau Brechts Mitarbeiterin und Geliebte. Sie übernahm es, den aus Deutschland emigrierten Stückeschreiber mit den progressiven Kopenhagener Theaterleuten bekannt zu machen, mit dem Regisseur Per Knutzon, der »Trommeln in der Nacht« inszeniert hatte, mit ihrer Kollegin Lulu Ziegler und mit den Autoren Otto Gelsted und Johannes Weltzer, die sich sogleich mit Brecht-Übersetzungen hervortaten. Ruth Berlaus Freunde gehörten zum größten Teil dem linken Flügel des dänischen Freisinns an. Sie begeisterten sich für den Dichter Brecht. Viele Zeitungen brachten, meistens auf ihre Vermittlung hin, Interviews und Artikel über ihn, die allerdings den gewünschten Effekt, Aufführungen der ihm selbst wichtigen Stücke durchzusetzen, nicht erreichten. Die negativen Erfahrungen veranlaßten Brecht, immer mehrere Leute mit der gleichen Sache zu betrauen, im Fall von Überschneidungen konnte er dann auch noch die jeweils bessere Möglichkeit wählen. Diese, seinen Freunden meistens schwer verständliche Taktik behielt er auch später vorsichtshalber bei. Zwar bat er den gelehrigen Adepten und ersten Verfechter seiner Ideen in Amerika, Eric Bentley, seine Stücke zu übersetzen, ließ jedoch gleichzeitig Thornton Wilder wissen, daß er sich keinen besseren Übersetzer als ihn für seine Stücke vorstellen könne. Viele Gedichte gab er Eisler und Weill, später Eisler und Dessau zum Vertonen, und wenn außer Paul Dessau sich Igor Strawinsky für die Vertonung seines »Lukullus«-Textes begeistert hätte, wäre es ihm nur recht gewesen.

Journalisten, Schriftsteller, überhaupt Künstler interessierten Brecht nur, wenn er von ihnen lernen und sie zu seinen Mitarbeitern machen konnte. In näheren Kontakt zu ihm und zur Familie Brecht kam damals nur der junge sozialdemokratische Journalist Frederik Martner, den Karin Michaelis mit dem Rat »Sagen Sie Brecht, daß ich es möchte« zu dem mit Auskünften meistens geizenden Autor nach Skovbostrand geschickt hatte. Die Interviews, die Martner veröffentlichte, hatten außer der Absicht, den dänischen Leser mit den Werken und Theorien Brechts bekannt zu machen, vor allen Dingen die Funktion, das Interesse der Behörden abzuwiegeln. Es galt, Skovbostrand als Arbeitsstätte zu sichern. Brecht erklärte, er lebe »still und ruhig« und »schreibe nicht in dänischen Blättern«. Außerdem huldigte er Dänemark als freiem Land mit einer sozialdemokratischen Regierung, die ihm erlaube, in Ruhe und Frieden zu arbeiten: »Hier, wo ich wohne, ist es schön, und es erinnert mich an die Gegend meiner Heimat bei Augsburg in Bayern. Von meinem Fenster habe ich genau die gleiche Aussicht wie dort. Es fällt mir schwer, in ausländischen Großstädten zu arbeiten, nicht in deutschen, verstehen Sie, aber in London, Paris und ähnlichen.« Nach Kopenhagen fuhr Brecht in jenen Jahren auch nicht gerade oft, obwohl die dänische Hauptstadt in fünf Stunden erreichbar war. Er traf sich dort nur gelegentlich mit Ruth Berlau, um mit ihr nach Vallensbaek zu fahren, wo sie ein Wochenendhaus hatte. Im ersten Jahr, solange die Arbeit am »Dreigroschenroman« noch nicht abgeschlossen war, empfand Brecht Skovbostrand als angenehm, zumal hier viele Besucher auftauchten. Sobald ihn »Langeweile« befiel, beziehungsweise das unangenehme Gefühl, abseits vom politischen Geschehen zu stehen und Verrat an den Kämpfenden zu üben, fuhr er nach Paris, London und nach Moskau. Die Aufenthalte in den Zentren der Emigration verbrauchten seine Kräfte, verwickelten ihn in unproduktive Scheingefechte, die er allenfalls als Material für eine Satire über Intellektuelle verwenden konnte. Die ungeheure Produktivität Brechts in den Jahren 1938–1941 ging nicht zuletzt auf seine Einsicht zurück, daß seine Kunstauffassung und seine politischen Meinungen kaum mehr gefragt waren.

Wie aus dem »Tui-Roman«-Projekt hervorgeht, das er erstmals in größerem Zusammenhang zur Diskussion stellte, als ihn Walter Benjamin im Sommer 1934 besuchte, sah Brecht in der satirischen Grundtendenz des Werks eine Möglichkeit, von seiner persönlichen Lage als Emigrant abzusehen. Noch weigerte er sich nämlich, die Emigration als Grundlage von literarischen Unternehmungen und Plänen anzuerkennen, er wollte lieber über die Emigration hinausdenken und seine alten Studien und Versuche im Umkreis des epischen Theaters fortsetzen. Andererseits bereitete ihm sein Hang zu satirischen und ironischen Haltungen enorme Schwierigkeiten, da er auf einer artistischen und spielerischen Auffassung von Kunst beruhte, die, wie Benjamin in seinem Tagebuch notierte, möglicherweise nun mit seinen Bemühungen kollidieren würde, »die Kunst dem Verstande gegenüber zu legitimieren«. Das Stück »Die Horatier und die Kuriatier« schien Brecht damals der einzig mögliche Weg aus dem Dilemma. Er verstand es als Lehrgedicht auf einer streng formalen Basis. Walter Benjamin empfand es, als er es 1935 las, als das »vollkommenste« der Lehrstücke.

Aus Stücken von Ibsen, Strindberg oder Schnitzler, die er als Dramen mit abgenutzter Form einschätzte, konnte seiner Meinung nach der Zuschauer nichts mehr lernen: es handelte sich hier lediglich um seelische Stimmungsbilder. Die Stücke hatten keinen Gebrauchswert als historische Dokumente. Zu seiner Auffassung von Theater paßten nur Vorbilder mit einem festen Grundschema. Ihn interessierten damals vornehmlich die Elemente chinesischer und japanischer Schauspielkunst, versetzt und aufgelockert durch verschiedene Slapstickeffekte, wie sie Chaplin zu gebrauchen verstand. Brecht wollte seine Zuschauer mit Effekten und Späßen belehren. Lehrstücke wie »Die Mutter«, »Die Rundköpfe und die Spitzköpfe« sowie »Die Horatier und die Kuriatier« wollte er unbedingt als Lustspiele aufgeführt sehen, sie sollten ganz leicht, spielerisch und elegant dargeboten werden. Im Zusammenhang mit den schönen Liedkompositionen Eislers zur »Mutter« oder der Musik zum Film »Heldenlied« von Joris Ivens über den Bau des

Stahlwerks von Magnitogorsk sprach der Stückeschreiber gerne von »gesungener Theorie«. Brecht verstand sich als ein strenger Schuldramatiker, dem es um die Lehre, die Theorie ging, nicht um das Engagement. Er haßte jede Art von sogenannter Tendenzkunst. Er wollte keine erregten Leidenschaften oder Wutgefühle erzeugen, sondern den Verstand der Menschen ansprechen, in ihnen eine praktische Denkweise auslösen. Den Haß auf Hitler hielt er politisch für wertlos, solange er nicht auf einem Wissen über die Ursachen von Barbarei und Faschismus beruhte. Gegen die Bezeichnung »Pädagogik« für seine Theaterarbeit hatte er keine Einwände: »Hauptinhalt des Dramas muß das Verhältnis des Menschen zum Menschen sein, so wie es heute ist, und das zu untersuchen und zum Ausdruck zu bringen, interessiert mich in erster Linie.« Für die dänischen Freunde war Brecht ein Lehrmeister, und er gefiel sich in dieser Rolle. Es bürgerte sich allmählich ein, ihn ihm Gespräch und bei der Arbeit mit »Meister« anzusprechen. Wenn den Schülern aber der Humor ausging und sie den Meister allzu wörtlich nahmen, stellte Brecht vorsichtig das Erreichte infrage und kratzte entschlossen am Standbild des Pädagogen: »Ich bin doch kein Pestalozzi.«

Brecht in seiner Wohnung
am Charlottenburger Knie.

Bert Brecht zu dieser Aufnahme: »Ein Bild zustande zu kriegen, aus dem zu ersehen ist, wie man arbeitet, ist nicht leicht. Wahrscheinlich wird man morgen eine Arbeitweise haben, die photographiert werden kann. Aber bisher war Arbeiten und Photographiertwerden oft schwer unter einen Hut zu bringen. Ich selber arbeite fast alles mit andern zusammen, ließ also den Photographen zu einer Zeit kommen, wo ich das Zimmer voll hatte, wenn auch nicht gerade zum Arbeiten. Zu unserer Entschuldigung muß ich noch erwähnen, daß unsere unnatürliche Haltung auf unserm Entschluß beruht, ausnahmsweise so zu tun, als wüßten wir, daß wir photographiert werden.«
Das Bild, aufgenommen 1927 in Brechts Atelier in der Spichernstraße, zeigt von links nach rechts: Paul Samson-Körner, Bert Brecht, Samson-Körners Manager Seelenfreund, Hein Heckroth, Hannes Küpper und Elisabeth Hauptmann.

Links oben: Brecht und der Boxer Paul Samson-Körner, aufgenommen 1927 in Brechts Atelier in der Spichernstraße.

Rechts oben: Elisabeth Hauptmann in ihrer Berliner Wohnung um 1929.

Unten: Emil Burri und Brecht in Le Lavandou 1930.

Oben: Walter Benjamin.
Mitte: Fritz Sternberg.
Unten: Karl Korsch.

Carola Neher bei der Anprobe
von Kostümen für die Rolle
der »Polly« in der »Dreigroschenoper«.
Aufgenommen in der Wohnung
von Elisabeth Hauptmann in
Berlin 1928

Brecht beim Skat mit seinen Augsburger Freunden Rudolf Hartmann und Georg Pfanzelt, die ihn 1934 in Skovbostrand besuchten.

Margarete Steffin, der »kleine Soldat der Revolution«.

Karin Michaelis bei Brecht in Skovbostrand 1934.

Folgende Seite: »Warum soll mein Name genannt werden?« Brecht 1934 in Skovbostrand.

»Der, den ich liebe
Hat mir gesagt
Daß er mich braucht.«
Ruth Berlau, die »rote Ruth«,
von Brecht Schwester Lai-tu oder
Ute genannt.

Sondervorstellung von Brechts »Die Gewehre der Frau Carrar« am 14. 2. 1938 in Kopenhagen.

Oben: Ruth Berlau, die Schauspielerin Bodil Ipsen, Brecht und Helene Weigel.

Unten: Martin Andersen Nexö mit Margarete Steffin.

Folgende Seite: Brecht mit seinem Sohn Stefan in Lidingö, August 1939.

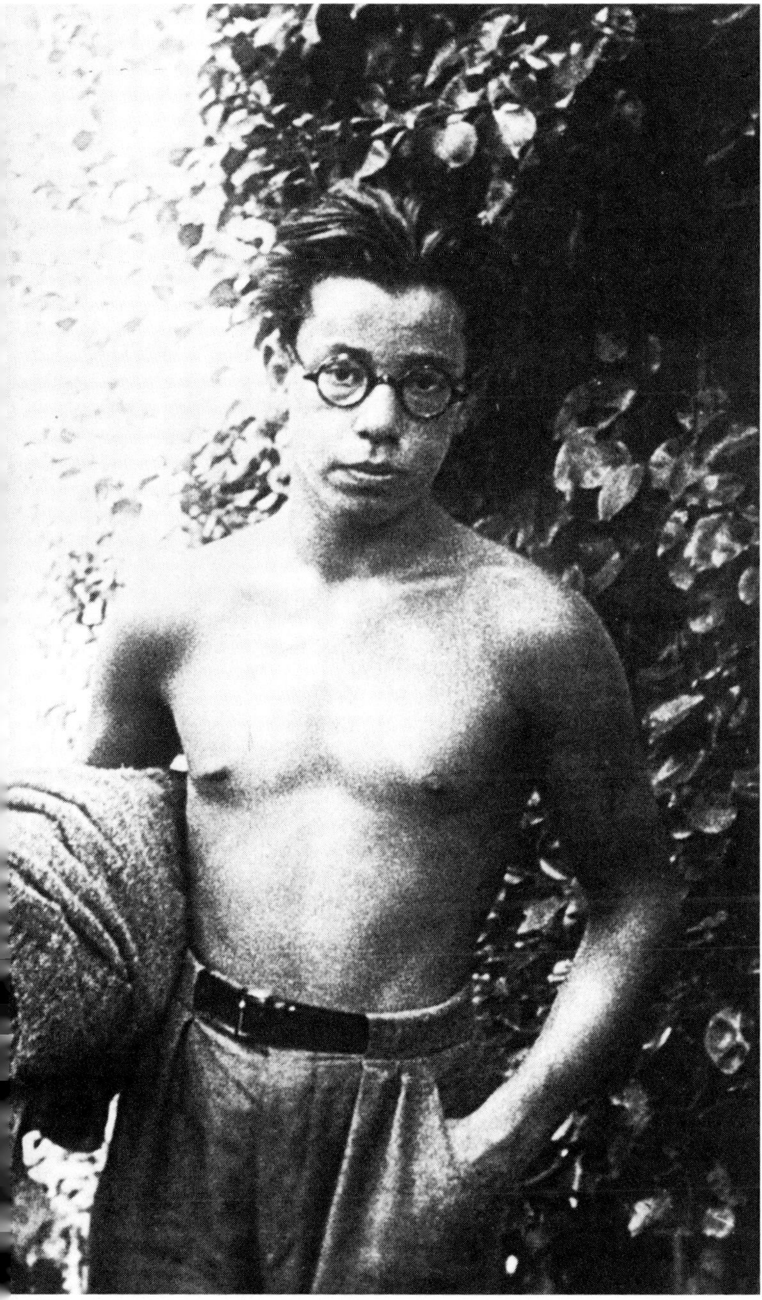

1 Der Einakter »Was kostet das Eisen?«, inszeniert von Brecht und Ruth Berlau im August 1939 in Stockholm.

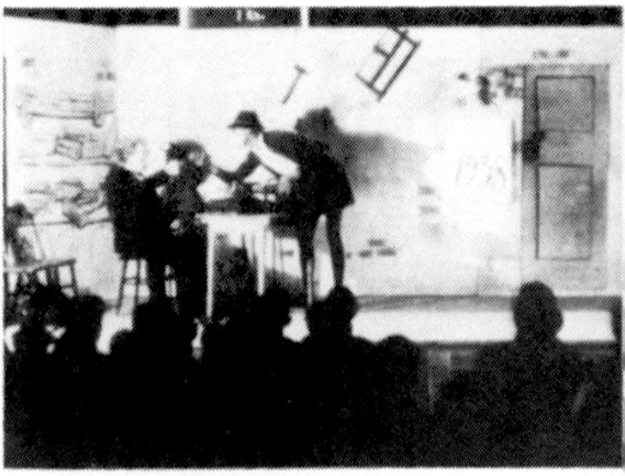

2 »Tabak gefällig? Echte Austrillos!«

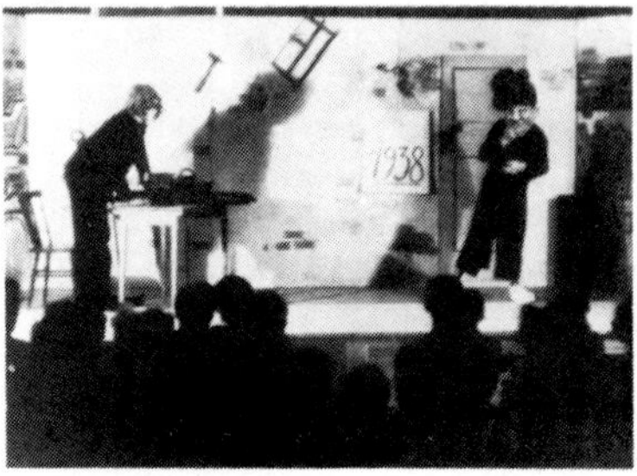

5 »Ihr Gesicht kommt mir so bekannt vor.«

6 »Dann muß es Blut sein. Wollen Sie das Geld haben oder nicht?«

9 Eine Schuhhändlerin.

10 »Elf Kronen das Stück, echt tschechisches Fabrikat.«

13 »Und dann hat ihn ein Höherer zu sich gerufen.«

14 Er wischt sich eine Träne aus dem Auge. Dabei fällt ihm ein Revolver aus dem Ärmel.

3 Svendson steht auf und macht mit seinen Eisenstäben schwedische Gymnastik.

4 Ein »Kunde« betritt den Laden des Eisenhändlers.

7 »Das ist nur mein Magen, der knurrt.«

8 »So, bei Dir hat er auch gekauft?«

1 »Immer noch nicht billiger?«

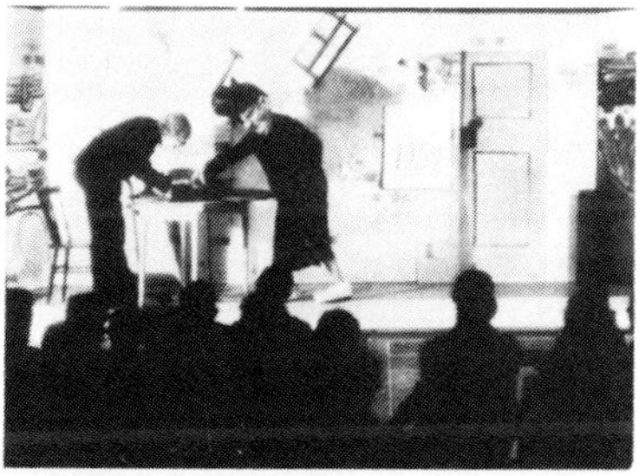

12 »Aber ich lasse sie Ihnen, unter Vettern, für acht Kronen, also für das Eisen.«

5 Herein eine Dame und ein Herr.

16 »Frau Gall und ich wollten mit Ihnen eine kleine Beratung abhalten, wenn Sie die Zeit erübrigen können.«

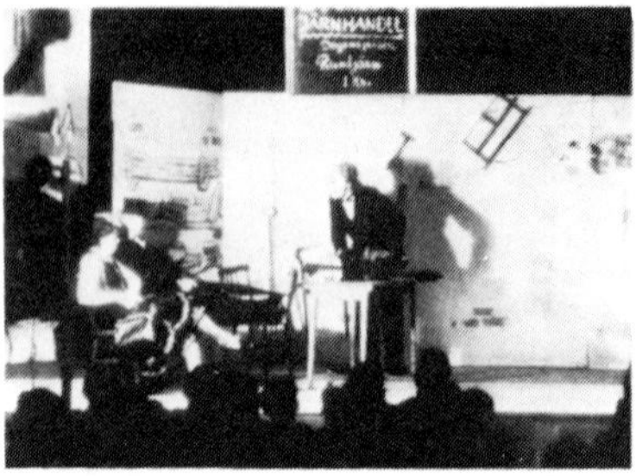

17 »Was? Frau Tschek umgebracht?«

18 »Ich kann Ihnen sagen, mir ist jede Gewalttätigkeit tief zuwider.«

19 »Ach, da ist ja eine ganze Gesellschaft versammelt.«

20 »Aber ich sehe, es herrscht hier eine mir feindselige Atmosphäre.«

21 »Hier habe ich Ihnen Schuhe mitgebracht.«

22 »Und das kommt Ihnen zugute, Svendson.«

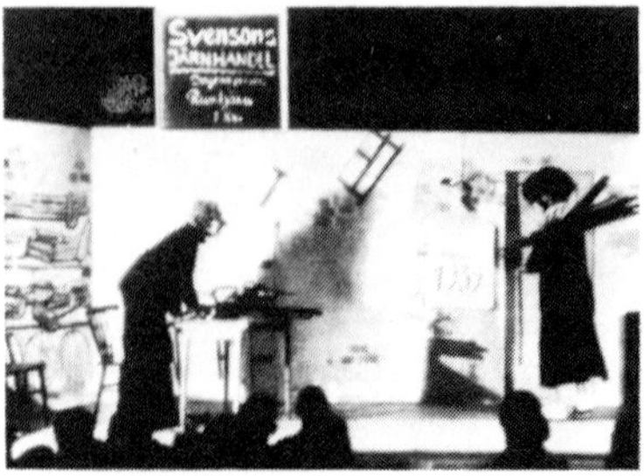

23 Der Kunde geht schwerbeladen hinaus.

24 »Was kostet das Eisen?«

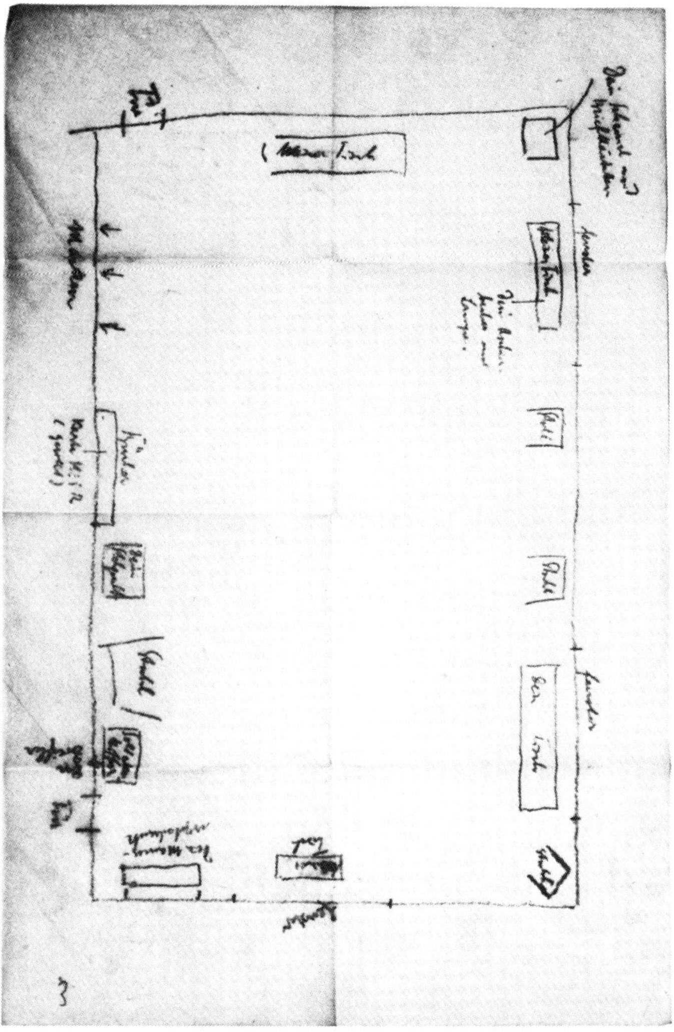

Mitte August 1942 zog Brecht in Santa Monica in ein größeres Haus mit Garten, in em er sich zum erstenmal seit seiner Ankunft in Amerika »halbwegs wohl« fühlte. Ruth Berlau, die er aus New York zurückerwartete, sandte er einen Brief mit Grundrißskizzen und pries die vorteilhafte Lage seines Arbeitszimmers, »ohne urch bewohnte Räume zu müssen«. In dem hier abgebildeten Plan vom Arbeitszimmer vermerkte Brecht u. a.: Dein Manuskriptschrank, Der Zweifler, Soldatenkoffer, Dein Stehpult, Masken, Dein Schemel mit Briefkästchen, Dein Aschenbecher und Lampe, Dein Tisch.

Brecht und Lion Feuchtwanger,
1945 in Santa Monica.

Peter Lorre liest im Garten
von Brechts Haus in Santa Monica
in den »Svendborger Gedichten«.

Brecht vor seinem Haus in der
26. Straße in Santa Monica

»Die Vaterstadt, wie empfängt sie mich wohl?
Vor mir kommen die Bomber. Tödliche Schwärme
Melden euch meine Rückkehr. Feuersbrünste
Gehen dem Sohn voraus.«

Brecht kurz vor der Rückkehr
nach Europa, Oktober 1947.

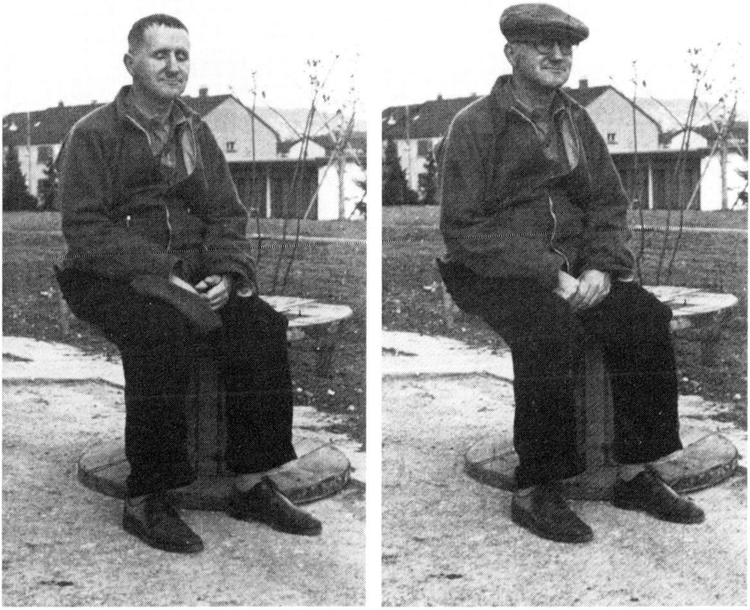

»Als ich wiederkehrte
War mein Haar noch nicht grau
Da war ich froh.
Die Mühen der Gebirge liegen hinter uns
Vor uns liegen die Mühen der Ebenen.«

Brecht im Letzigraben, Zürich 1949.

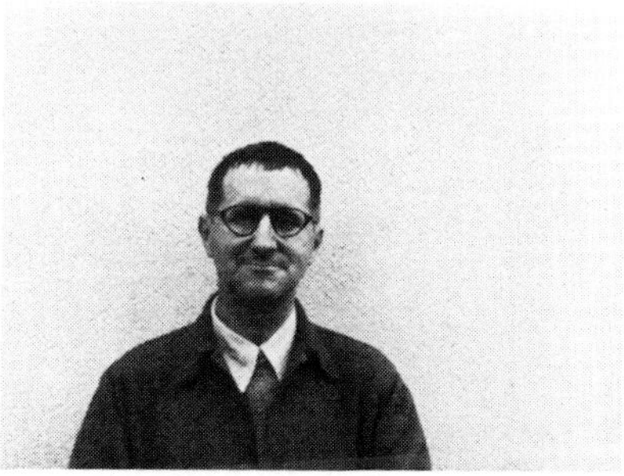

Brecht 1949 in Zürich

Oben: Brecht und Fritz Kortner am Bühneneingang des Schauspielhauses in Zürich 1949.

Unten: Brecht und Caspar Neher in Zürich 1947.

Max Frisch erläutert Brecht die Konstruktion des Sprungturms beim Besuch der Schwimmbadbaustelle im Letzigraben, Frühjahr 1949: »Ruth Berlau war dabei, als Frau bald gelangweilt, während Brecht pflichtschuldig, wenn auch ängstlich, Gerüst um Gerüst erstieg, schließlich sogar einen Zehnmeter-Sprungturm, wo man das Areal am besten überblicken konnte. Hier oben war er allerdings für Erläuterungen nicht zu haben, nur für Respekt... erst unten war er für Statik-Unterricht empfänglich.«

Linke Seite oben: Am 3. September 1949 fährt Brecht in seine Vaterstadt Augsburg und besucht Georg Pfanzelt.

Linke Seite unten: Brecht in Zürich 1949.

Unten: Brecht Anfang März 1949 bei der Basler Fastnacht.

Folgende Seite: »Freunde, ich wünschte, ihr wüßtet die Wahrheit und sagtet sie!« Brecht beim Zeitunglesen in seiner Berliner Wohnung in der Chausseestraße.

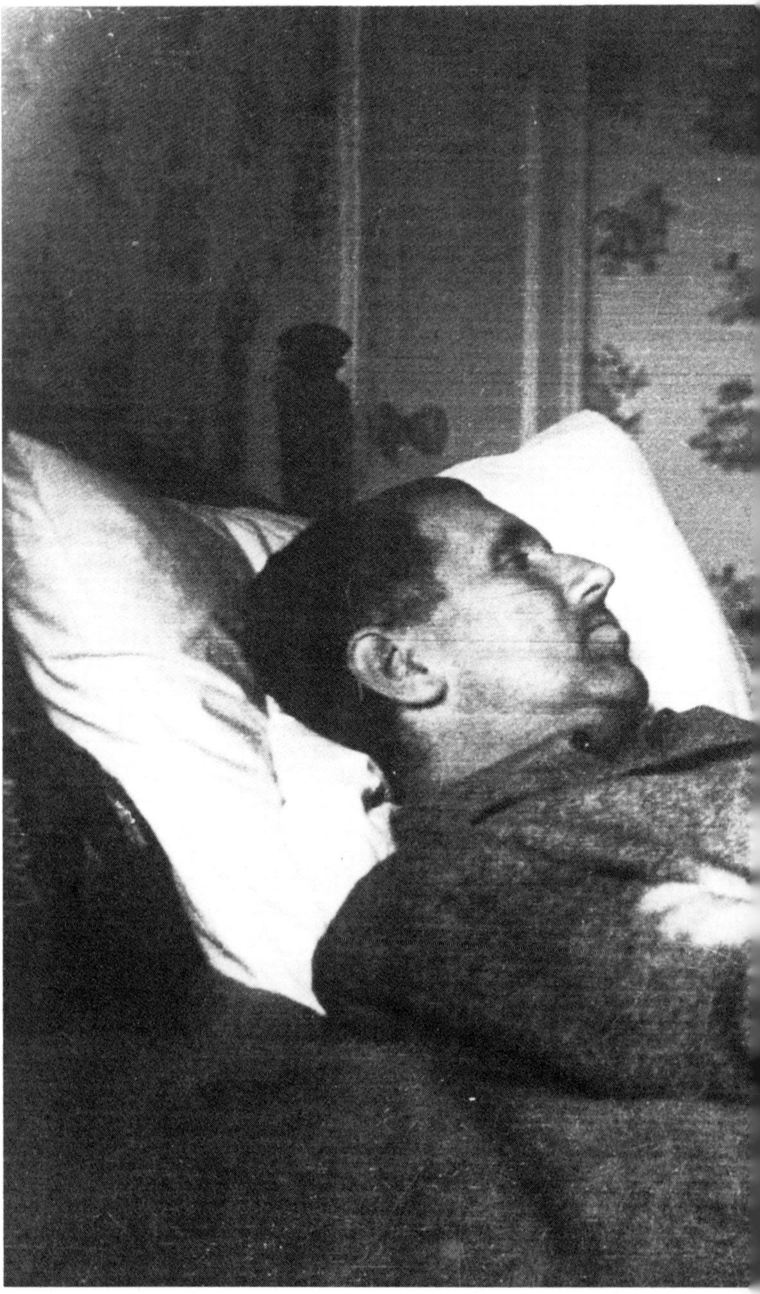

BRECHT

Linke Seite: Brecht und Helene Weigel beim Bücherbazar am 1. Mai 1953 auf der Stalin-Allee in Berlin. Im Hintergrund der Schriftsteller Erwin Strittmatter.

Unten links:
Elisabeth Hauptmann
1897–1973.

Unten rechts:
Ruth Berlau 1906–1974.

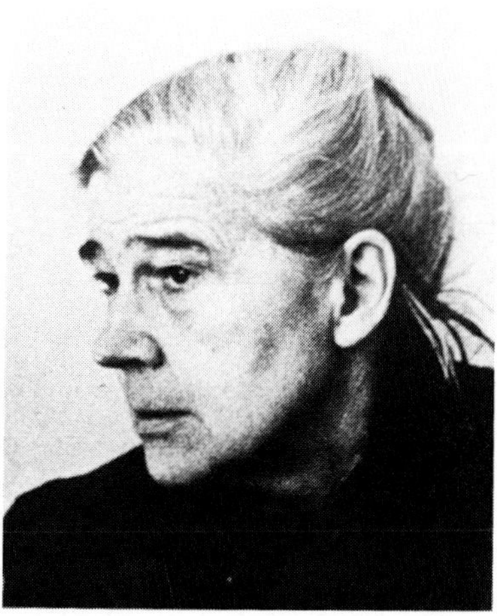

Helene Weigel 1900–1971.

XVII
Moskau 1935

Die Aufhebung des Profits zugunsten der Produktion – Deutsches Theater in der Sowjetunion – Piscator plant ein antifaschistisches Kulturzentrum – Der Weg der Agitpropschauspieler zum Akademischen Staatstheater – Wenig Aussichten für Experimente und Brechts Stücke – Piscator kehrt nicht mehr in die Sowjetunion zurück – Brechts Moskauer Freunde werden verhaftet – Volksfrontpolitik – Kontakte zu Michail Kolzow, Wilhelm Pieck und Béla Kun – Die Inbesitznahme der Metro durch die Moskauer Arbeiterschaft – Der Kommunismus ist das Mittlere

> Die Umwandlung der alten Welt in die neue erfolgt nicht außerhalb der Welt, wie das einige der Kritiker erwarten.

Von seinem ersten Aufenthalt in Moskau war Brecht 1932 sehr beeindruckt zurückgekehrt, ohne allerdings wie viele seiner Kollegen, die sich später enttäuscht von der Sowjetunion abwandten, seine Meinung in begeisterten politischen Manifestationen kundzutun. Als das entscheidende Verdienst der Revolution bezeichnete er die Aufhebung des Profits zugunsten der Produktion. Trotz der gerechteren gesellschaftlichen Verhältnisse war aber der Lebensstandard der sowjetischen Arbeiter immer noch geringer, als der der meisten Arbeiter in westeuropäischen Ländern. Brecht erachtete es als die vordringlichste Aufgabe des sozialistischen Staates, die Produktion zu steigern, um auf diese Weise die Stellungsunterschiede der verschiedenen gesellschaftlichen Schichten im Produktionsprozeß auszugleichen. Eine soziale Gleichsetzung zu fordern, die Abschaffung der Lohnhierarchien vor allen Dingen, hielt er für idealistisch. Er warnte vor den apologetisch gestimmten Bewunderern sozialistischen Aufbaus, »die in der Sowjetunion den Arbeiter solche Dinge wie das ›beseeligende Bewußtsein, sich einer großen Sache zu widmen‹, gewinnen und seinen vielen Entbehrungen und Anstrengungen keinen irdischen Lohn winken lassen«. Die Politik Stalins hielt er im großen und ganzen für notwendig und richtig, er sah allerdings auch keinen Anlaß, die mit seiner Herrschaft noch verbundene Form von Unterdrückung zu glorifizieren. Ohne Unterdrückung und Gewalt, argumentierte Brecht gegenüber den um die persönliche Freiheit besorgten Intellektuellen, liesse sich das Ende von Unterdrückung und Gewalt gar nicht herbeiführen. Die Illusion vieler Schriftsteller, die aus Ländern, in denen soviel Unfreiheit herrschte, in die Sowjetunion kamen, um die Freiheit zu sehen, hatte Brecht nicht. Nicht Freiheit schlechthin hatte seiner Meinung nach die Revolution gebracht, sondern es war die Freiheit zu produzieren geschaffen worden: »Der Staat dient nunmehr der Produktion. Er funktioniert gut, sofern er die Produktion ermöglicht, und er ist nötig, solang sie ihn braucht.«

Daß sich Brecht 1933 nicht sofort ins Vaterland der Werktätigen begeben hatte, wie es sich nach Meinung seiner politischen Gegner für einen kommunistisch engagierten Schriftsteller gehört hätte, hing zunächst einmal mit der erklärten Absicht des Stückeschreibers zusammen, sich von Deutschland nicht allzuweit zu entfernen und nicht in ein Land zu gehen, wo völlig andere kulturelle Traditionen wirksam waren, in denen seine dramatischen Versuche kaum Verständnis finden würden. Nachdem man nun mit einem schnellen Ende der Naziherrschaft nicht mehr rechnen konnte, mußte die Frage abermals gründlich geprüft werden, ob nicht die Sowjetunion das geeignetere Land zum Leben und Arbeiten für einen marxistisch orientierten Schriftsteller war. Deshalb nahm Brecht Anfang 1935 gerne eine Einladung aus Moskau an, um sich genau über die Situation und die Arbeitsmöglichkeiten dort zu informieren. Anlaß seiner Reise war ein von Erwin Piscator angeregter Brecht-Abend deutscher emigrierter Künstler im Moskauer Club Ausländischer Arbeiter, in dem auch das Deutsche Theater Kolonne Links, das sich aus ehemaligen Mitgliedern des Berliner Agitproptheaters Kolonne Links und der Truppe 1931 zusammensetzte, eine Spielstätte gefunden hatte.

Erwin Piscator war bereits 1931 in die Sowjetunion gekommen, um hier seinen Film »Der Aufstand der Fischer von Santa Barbara« nach der Erzählung von Anna Seghers zu drehen, dessen Herstellung unerwartet lange Zeit in Anspruch nahm. 1934 hatte man Piscator zum Präsidenten des MORT (Internationaler Revolutionärer Theaterbund) gewählt, den er zu einer internationalen Kommunikationsstelle für antifaschistische Künstler auszubauen gedachte. Nach seinen Vorstellungen sollte der MORT auch eine Zeitschrift herausgeben, Filme produzieren und Bühnenstücke vermitteln. Piscators ehrgeizigster Plan aber war die Gründung eines antifaschistischen Kulturzentrums in der Sowjetunion. Bei der Verwirklichung seiner Pläne sollte Brecht eine führende Rolle spielen. Dessen Einladung hatte er nicht zuletzt aus diesem Grund in die Wege geleitet.

Brecht hätte wahrscheinlich jederzeit die Genehmigung zu einem längeren Aufenthalt in der Sowjetunion erhalten, für weniger prominente Emigranten allerdings war ein Einreisevisum nur sehr schwer zu bekommen. Der erste Arbeiter- und Bauernstaat gewährte im Verhältnis zu den westeuropäischen Ländern nur in sehr bescheidenem Umfang Exil. Die Verweigerung betraf auch die Mehrheit kommunistisch eingestellter Emigranten. Moskau war kein Exilzentrum wie Prag oder Paris. Alle Flüchtlinge, die schließlich Aufnahme fanden, bekamen allerdings ausreichende Unterstützung und Arbeitsplätze. Außerdem flossen sehr viele sowjetische Gelder in Solidaritätsfonds und Hilfskomitees nach Westeuropa.

Den in Moskau weilenden Schriftstellern, wie J. R. Becher, Erich Weinert, Friedrich Wolf, Willi Bredel, Fritz Erpenbeck, Ernst Ottwalt, Julius Hay und Maria Osten ging es 1935 vor allen Dingen um die Gründung einer deutschsprachigen Bühne. Man plante ein bewegliches Theater, das in alle Gebiete reisen sollte, wo noch ausreichend die deutsche Sprache verstanden wurde. Besonders die Sowjetrepublik der Wolgadeutschen bot sich als Operationsfeld für derartige Überlegungen an. Zunächst jedoch ging es erst einmal um die Eroberung einer Position in Moskau. Piscators ehrgeizige, im wesentlichen auf künstlerische Experimente abgestellte Pläne kollidierten nämlich mit den Ambitionen der mehr den neuen Losungen vom »proletarischen Humanismus« ergebenen Künstler um Gustav von Wangenheim.

Nach den ersten Gesprächen in Moskau war Brecht klar, daß die Aussichten auf ein deutsches Theater nur sehr gering waren, und ein Theater, daß ihm und Piscator entsprechen würde, hatte schon überhaupt keine Chancen. Am 1. Mai 1935 erfolgte schließlich die Gründung eines deutschen Gebietstheaters

Dnjepropetrowsk, dem sich die meisten Mitglieder des Deutschen Theaters Kolonne Links sofort anschlossen. Die Leitung übernahm Maxim Vallentin. Auf Lastwagen fuhr man in die ukrainischen Dörfer, wo auf den Marktplätzen und in den Volkshäusern gespielt und diskutiert wurde. Die ersten Tourneen waren noch ganz vom Geist der Agitproptheaterspielformen geprägt, bald mußte man aber auch hier zur Pflege des klassischen Erbes übergehen, und nach dem endgültigen Abbrechen jeglicher experimenteller Versuche übernahm dann der der Partei treu ergebene Teil des Ensembles das Akademische Deutsche Theater in Engels, so daß Piscator hier keinen Einfluß mehr geltend machen konnte. Im Frühjahr 1935 versuchte Curt Trepte, ein Mitarbeiter Vallentins beim deutschen Gebietstheater in der Ukraine, der 1937 ins schwedische Exil zurückkehrte, unabhängig von Brecht, Helene Weigel zur Mitarbeit als Schauspielerin zu gewinnen. Der Stückeschreiber riet seiner Frau, höchstens zwei Monate eine Tournee mitzumachen, um die Sache erst einmal näher zu »begucken«: »Man weiß ja auch nicht, wie sowas ist da unten, und es ist natürlich keine erstklassige, kaum eine drittklassige Sache.«

In Moskau unterdessen ergaben sich weder Aufführungsmöglichkeiten für seine Stücke, noch konnte er am Theater oder beim Film eine Rolle für Helene Weigel definitiv vereinbaren. Brechts episches Theater hatte in der Sowjetunion damals keine Aussicht auf Anerkennung und Erfolg. Es war auch politisch wenig gefragt, weil hier der Kommunismus nicht blind als die größte und schönste Sache gepriesen, sondern als »die geringste Forderung«, als etwas von Menschen für Menschen Gemachtes dargestellt wurde. Man bevorzugte akademisches, naturalistisches Theater, Milieuschilderungen mit entsprechender Tendenz. Wenn schon die Schauspielkunst einer Carola Neher, die in Moskau lebte, nicht geschätzt wurde, kam ein Engagement von Helene Weigel schon gar nicht infrage. Brecht konnte nur auf wenige Freunde zählen, und diese standen jetzt selbst im Kreuzfeuer der Auseinandersetzungen um die richtige Konzeption des sozialistischen Realismus. Sergej Tretjakow, der Übersetzer seiner Stücke, die kurz vor seiner Moskaureise in russischer Sprache herausgekommen waren, war als Theaterautor 1935 bereits in Ungnade gefallen, und Meyerhold, den Brecht von allen sowjetischen Regisseuren am meisten schätzte, wurde bei seiner Arbeit zunehmend behindert. Lediglich Piscators Plan, in Engels ein antifaschistisches Mustertheater zu schaffen, sah eine seinem Rang entsprechende Beteiligung Brechts vor. Die Verhandlungen mit Regierungsvertretern der Wolgadeutschen Republik zogen sich nun aber über Monate hin. Erst im Sommer 1936 wurde Brecht, der inzwischen zur Einstudierung der »Mutter« in New York gewesen war und auch dort ähnlich entmutigende Erfahrungen wie in Moskau gemacht hatte, über Margarete Steffin die nunmehr verbindliche Offerte Piscators überbracht, dem er sofort antwortete: »Grete erzählt mir von dem Engelsplan. Den Gedanken, ein großes Experimentaltheater zu machen, in dem wir unsere theatralischen Untersuchungen wieder aufnehmen und weiterführen können, finde ich großartig. Ich habe in New York gesehen, mit welcher Gier eine ganze Menge Menschen alles über die neue Technik aufnehmen. Diese Leute merken immer deutlicher, daß sie mit den alten Mitteln und dem kümmerlichen Rüstzeug, das sie haben, die neuen Aufgaben nicht lösen können.«

Wenige Wochen später, als Piscator im Auftrag der Komintern mit Arthur Pieck in Paris weilte, wurde der MORT als internationale Organisation aufgelöst. Gleichzeitig erhielt Piscator von Wilhelm Pieck aus Moskau die Mitteilung, daß der für Engels vorgesehene Auftrag vorerst nicht auszuführen sei: »Also in Übereinstimmung mit den zuständigen Instanzen teile ich Dir mit, daß Du nicht zurückzukommen brauchst und vorläufig eine Realisierung des Auftrags in Engels nicht zur Diskussion steht.« Piscator wußte nur zu gut, was diese Nachricht zu bedeuten hatte, und kehrte daraufhin nicht mehr in die Sowjetunion zurück. Soweit es ihnen möglich war, reisten in den folgenden Monaten viele Emigranten in westliche Länder. Brechts Freunde Tretjakow, Ernst Ottwalt und Carola Neher wurden verhaftet und kamen in Arbeitslagern ums Leben. Lion Feuchtwanger gelang es Anfang 1937 noch, die Ausreise des bereits verhafteten Schauspielers Alexander Granach zu erwirken.

Die sehr zögernde und immer mit Mißtrauen erfüllte Haltung sowjetischer Stellen gegenüber den emigrierten deutschen Kommunisten und speziell gegenüber Künstlern wie Brecht war nicht zuletzt in den unterschiedlichen Beurteilungen der politischen Lage in Deutschland begründet. Die sowjetische Bevölkerung war nach 1933 über die Niederlage der deutschen Arbeiterbewegung nie richtig informiert worden, so daß selbst die antifaschistischen Stücke eines Friedrich Wolf eine gewisse Ratlosigkeit beim Publikum hervorriefen. Ein Drama des Autors der »Optimistischen Tragödie«, Vsevolod Wischnewski, über den »Kampf im Westen« mußte sogar verboten werden, weil es das Bündnis von KPD und SPD forderte und damit indirekt die Politik der Komintern als verhängnisvoll kritisierte. Von der Moskauer Parteizentrale wurden noch 1935 Hoffnungen auf ein deutsches Proletariat genährt, das es längst nicht mehr gab. Die Jahre der forcierten Volksfrontpolitik von 1935–1937, der Brecht überaus zwiespältige Gefühle entgegenbrachte, weil sie eine rein taktische Maßnahme war, brachten dann eine spürbare Entkrampfung in das Verhältnis der sowjetischen Parteiorgane zu den deutschen Emigranten in der Sowjetunion, das sich aber während der Moskauer Prozesse und nach dem Hitler-Stalin-Pakt verständlicherweise wieder verschlechterte. Von der Freundschaft des sowjetischen und des deutschen (vom Nazitum verseuchten) Volkes, von der ein Walter Ulbricht im Jahre 1940 zu sprechen wagte, wollten die Emigranten wirklich nichts wissen. Antifaschistische Propaganda war offiziell zwei Jahre lang, bis zum Rußlandfeldzug der Nazis, strengstens verboten. Ein Anhänger der Sache des Sozialismus in der Sowjetunion und ihrer sozialistischen Errungenschaften zu bleiben, die ein Stalin trotz alledem vorantrieb, war in jener Zeit äußerst schwer und erforderte jene »Kälte« des Wissens, die sich ein Marxist wie Brecht angeeignet hatte. »In Su«, schrieb er über die vernunftmäßig manchmal gar nicht richtig faßbaren Vorgänge, »wurde alle Weisheit auf den Aufbau verwiesen und aus der Politik verjagt. Außerhalb Sus machte sich jeder der Bestochenheit verdächtig, der Ni-ens Verdienste lobte, selbst die unleugbaren, in Su jeder des Verrats, der seine Fehler aufdeckte, selbst wenn es die waren, unter denen er selber litt.«

Als Brecht 1935 in Moskau war, begann gerade jene kurze Phase verstärkter Volksfrontpropaganda. Über den Moskauer Sender konnte er sein Gedicht »An die Gleichgeschalteten« vortragen, und mit den verantwortlichen Kulturfunktionären kamen Gespräche zustande, die später zur Gründung der Zeitschrift »Das Wort« führten, an deren Redaktion außer Brecht noch Heinrich Mann und Lion Feuchtwanger teilnehmen sollten. Als auf dem Pariser Schriftstellerkongreß im Juni bekannt wurde, daß demnächst die Zeitschriften »Neue Deutsche Blätter« und »Die Sammlung« ihr Erscheinen einstellen müßten, versprach Michail Kolzow, der Leiter des sowjetischen Verlags Jourgaz, sich um Mittel für die von allen Delegierten dringend gewünschte repräsentative deutschsprachige Exilliteraturzeitschrift erneut bemühen zu wollen. Die Zeitschrift war so, wie sie Kolzow, Brecht und Feuchtwanger planten, nur möglich als Folge der Volksfrontpolitik. In eine Zeitschrift für Dichtung und marxistische Kritik, wie sie Brecht gerne gehabt hätte, ließ das Projekt sich nicht umwandeln, aber besser als die von Becher geleitete »Internationale Literatur« würde sie werden.

Die Komintern sandte damals ihre Vertreter in alle Länder, in denen das gesellschaftliche Gefüge in Bewegung geraten war. Nachdem man bisher die Sozialdemokraten überall bekämpft hatte, betrachtete man sie plötzlich als Bündnispartner und ließ sich jetzt sogar auf Bündnisse mit bürgerlich-demokratischen Parteien ein, um mit deren Hilfe die linkssektiererischen Gruppen besser bekämpfen zu können. Auf dem kulturpolitischen Sektor hieß Volksfrontpolitik: Bündnisse mit großbürgerlichen Literaten wie Thomas Mann und Stefan Zweig, jedoch entschiedener Kampf gegen intellektuelle Sektierer wie Joyce oder Tretjakow. Der Beginn dieser Politik bedeutete zunächst einmal ein vorsichtiges Abbauen der Abkapselung. Viele sowjetische Parteileute und Schriftsteller konnten als Propagandisten für die Sache der Volksfront ins Ausland reisen. Zwei Jahre später bereits kostete dieser agitatorische Einsatz die meisten dieser Botschafter, soweit sie Kontakten mit selbständig denkenden Leuten nicht aus dem Weg gegangen waren, das Leben.

Die ersten Verbindungen zu Kolzow und dessen Gattin Maria Osten, die alle vorbereitenden Sekretariatsarbeiten für »Das Wort« erledigte, knüpfte Brecht 1935 in Moskau an. Zu emigrierten Politikern der Kommunistischen Partei Deutschlands hatte Brecht keine engeren Kontakte, nur mit Wilhelm Pieck freundete er sich ein wenig an, und in dem ungarischen Parteiführer Béla Kun fand er einen interessierten Gesprächspartner. Auf eine Begegnung mit Stalin legte er es erst gar nicht an, auf solch hoher Ebene waren nur Großmeister des Humanismus und international renommierte Romanschriftsteller zugelassen. Als die wichtigsten Ereignisse in Moskau konnte Brecht 1935 das Gastspiel des chinesischen Schauspielers Meilan-Fan verbuchen sowie die Einweihung der Metro am 27. April, deren Inbesitznahme durch die Moskauer Arbeiterschaft er in einer Chronik feierte: »Und all dies/ War in einem einzigen Jahr gebaut worden und von so vielen Bauleuten/ Wie keine andere Bahn der Welt. Und keine/ Andere Bahn der Welt hatte ja so viele Besitzer.«

Denen, die gearbeitet hatten, fiel nunmehr die Frucht ihrer Arbeit zu. Brecht lobte diese Helden der Arbeit und ließ sich gerne von deren Begeisterung mitreißen. Zum erstenmal in der Geschichte der Menschheit waren die Bauherren mit den Bauleuten identisch. Dieser Gesichtspunkt war für den Stückeschreiber entscheidend und ließ ihn die Ausschmückung der Stationen mit Marmor und edlen Hölzern, den Ballsaalcharakter und die Protzsucht vergessen, die seinem nüchternen ästhetischen Empfinden und seinen klaren künstlerischen Auffassungen widersprachen. Der »wunderbare« Bau war damals ein geradezu symbolhaftes Zeichen für den Triumph des Sozialismus. Die Opfer und Entbehrungen hatten einen Sinn bekommen, der gesellschaftliche Nutzwert der geleisteten Arbeit war ersichtlich, und der Stolz der Massen auf »ihre« Metro machte jeden Einwand unwichtig.

Der gesellschaftliche Aufschwung, der gewaltige Sprung der Sowjetunion von einem Agrarland zu einem mächtigen Industriestaat, wurde indessen mit der Zeit zum alleinigen Gesichtspunkt und Inhalt für den Weg zum Kommunismus. Auch Brecht verfiel oft in den Fehler, die »Schnelligkeit« des sozialistischen Aufbaus schon für eine Qualität und als eine Garantie für die Durchdringung der Menschen mit sozialistischem Bewußtsein zu halten. Letzteres blieb bei soviel Arbeit und so vielen Leistungen, bei einer Technifizierung und Industrialisierung um jeden Preis nur allzu oft auf der Strecke. Kommunismus sollte aber laut Brecht »das Mittlere« und nicht »das Äußerste« sein:

Der Kommunismus ist nicht das Äußerste
Was nur zu einem kleinen Teil verwirklicht werden kann, sondern
Vor er nicht ganz und gar verwirklicht ist
Gibt es keinen Zustand, der
Selbst von einem Unempfindlichen ertragbar wäre.

XVIII
In London

Deutsche Künstler in London – Zweckehen – Brecht versucht, am »internationalen Rauschgifthandel« teilzunehmen – Fritz Kortner vermittelt einen Auftrag – Brecht will 500 Pfund nicht einfach kassieren – Eine kränkende Niederlage – Der Großschriftsteller Stefan Zweig rächt sich für einen anspielungsreichen Liedvortrag – Gedanken an die in der Sowjetunion weilende Geliebte – Liebe als Produktion – Ruth Berlau will mit Brecht eine Operette schreiben – Jedes Tier kann es – Die Sache, für die man sich aufsparen muß

Den Herbst 1934 und einige Wochen des Frühjahrs 1936 verbrachte Brecht in London. Karl Korsch hatte die englische Hauptstadt als Aufenthaltsort gewählt, weil es in ihr kein spezifisches Exilklima gab, keine untereinander verfeindeten deutsche Emigrantenzirkel, sondern Gesprächspartner und Gesinnungsfreunde aus allen Ländern der Welt. Wenn man die englische Sprache beherrschte, konnte man am kulturellen und politischen Leben teilnehmen. Daß gerade sein Aufenthalt dort als schlechte Politkomödie endete, bestätigte nur Brechts Bild von Korsch als Theoretiker, der sehr schwer zu Entschlüssen »in Dingen seiner persönlichen Existenz« kommt. Die nach England emigrierten Autoren und Wissenschaftler schrieben großenteils für die englische Öffentlichkeit, und die Schauspieler, die sich in London zu akklimatisieren wußten, spielten für englische Zuschauer. Auf Londoner Bühnen oder in Filmen reüssierten Elisabeth Bergner, Lucie Mannheim, Grete Mosheim, Oskar Homolka, Conrad Veidt, Adolf Wohlbrück und Ernst Deutsch. Die meisten Emigranten empfanden England als ein liberales und verständnisvolles Exilland.

Allerdings galten bis 1938 für Flüchtlinge aus Nazideutschland die üblichen Einreisebestimmungen. Eine Aufenthaltserlaubnis wurde nur erteilt, wenn der Antragsteller einen gültigen Paß mit Visum hatte, im Besitz ausreichender finanzieller Mittel war und die Bürgschaft eines gut situierten britischen Staatsbürgers vorweisen konnte. So blieb der Kreis der aus Deutschland um Asyl Bittenden auf eine geringe Zahl privilegierter Flüchtlinge beschränkt, die sich meistens unauffällig an die Verhältnisse des Gastlands anzupassen wußten. Die Zusammenarbeit mit englischen Kollegen klappte vorzüglich, und wenn es galt, irgendwelche behördlichen Bestimmungen zu erfüllen, half man sie geschickt zu umgehen. Viele Künstler wurden beispielsweise durch Heirat englische Staatsbürger, es gab viele »Zweckehen«, die nur der Papiere wegen geschlossen wurden. Der Dichter Auden heiratete Erika Mann, und eine politisch aufgeschlossene Verwandte des englischen Königshauses vermittelte der Schauspielerin Therese Giehse einen entsprechend passenden Ehemann. Christopher Isherwood, ein junger, damals mit Auden befreundeter Schriftsteller, arbeitete als Assistent bei Berthold Viertel, der seit 1933 mehrere Filme in England drehte. Man kannte sich, half sich untereinander und schob sich gegenseitig Aufträge zu, ohne das Bedürfnis zu haben, eine organisatorische, den Emigrantenstatus unterstreichende Bindung einzugehen.

Brecht erhoffte sich in London Geschäfte. Die Theater, die er als »vorsintflutlich« empfand, zeigten kein Interesse für seine Stücke, und auch bei den englischen Verlagen konnte er allenfalls mit einer Übersetzung des »Dreigroschenromans« Zugang finden. Mit Wieland Herzfelde, dessen Prager Verlag mit Rücksicht auf tschechische Bestimmungen eine Londoner Firma war, fanden jedoch erste Gespräche über eine Ausgabe seiner »Gesammelten Werke« statt, deren erste beide Bände schließlich 1938 erschienen, gerade noch rechtzeitig vor der Annexion der Tschechoslowakei durch Nazideutschland. In England hatte Brecht allenfalls Aussichten, Mitarbeiter bei einem Filmprojekt zu werden. Mit dem ehemaligen Piscator-Mitarbeiter Leo Lania, für den er auch zwei Gedichte zur Neufassung des Stücks »Das Ölfeld« schrieb, skizzierte er eine Story über den Wiener Arzt Semmelweis, den Bekämpfer des Kindbettfiebers. Lania wollte das Skript dem Regisseur und Produzenten Alexander Korda verkaufen, der dafür aber keine Verwendung hatte.

Über Hanns Eisler, den er in London wieder zu neuen »vulgären« Exzessen, also zur Komposition von Arbeitermarschliedern verführte, wurde auch eine Verbindung zu Berthold Viertel hergestellt, der aber keine Drehbuchaufträge zu vergeben hatte. Brechts mangelndes Geschick, sich in einer fremden

Sprache auszudrücken, war ein Haupthindernis bei dem Versuch, im Filmsektor Fuß zu fassen. Er war angewiesen auf in dieser Branche versierte Scriptwriter, die seine Vorschläge bereits in die übliche verkäufliche Ware umsetzten, ehe er sie überhaupt ausformuliert hatte. Brecht war ein Verjagter, ein seiner Produktionsstätten Beraubter, der sich auf fremdem Boden nicht zurecht fand. Viertel, der bereits vor 1933 in Hollywood Filme inszeniert hatte und nicht ausschließlich auf die deutsche Sprache angewiesen war, schrieb über den »ausgebürgerten« Stückeschreiber, der kein Emigrant sein wollte: »In deiner Lederjacke treibst du dich in fremden Städten umher, deren Mundart du nie erlernen wirst, weil Zunge und Seele sich gegen das fremde Kauderwelsch sträuben.« Ohne einen besonderen Erfolg verbucht zu haben, kehrte Brecht Weihnachten 1934 nach Svendborg zurück, die Dinge, meinte er, gestalteten sich zwar zäh, aber nicht ganz aussichtslos.

Die Hoffnung des Stückeschreibers, doch noch eine Scheibe vom Kuchen des »internationalen Rauschgifthandels« abzubekommen, erfüllte sich im Frühjahr 1936. Fritz Kortner war es gelungen, Karl Grune, den Regisseur eines »Bajazzo«-Films mit Richard Tauber, von der Notwendigkeit zu überzeugen, Brecht am Drehbuch zu beteiligen. Die Londoner Firma, die »Pagliacci« drehte und sich von der Mitarbeit prominenter Persönlichkeiten einiges versprach, forderte den Autor aus Dänemark telegrafisch an und überreichte ihm einen Vertrag über 500 Pfund. Strahlend meldete sich Brecht bei Eisler, der als musikalischer Berater und Dirigent bei dem Projekt in Erscheinung treten sollte und überrascht war, wie schnell Kortners »Intrige« geklappt hatte. Während Eisler die gute Bezahlung als Finanzierung seiner Arbeit an der »Deutschen Sinfonie« auffaßte und jedes freie Wochenende zu Reisen nach Paris auf Kosten der Filmfirma ausnutzte, war Brecht zur ernsthaften Mitarbeit finster entschlossen. Er wollte für sein Geld etwas leisten und machte tatsächlich Vorschläge, die die Produzenten nicht wenig entsetzten und die Drehbuchschreiber Drinkwater und Burford sowie Richard Tauber nur in ihrer Routine störten. Die Arbeit des Stückeschreibers fand kein Interesse, und als er hartnäckig an seinen Ideen festhielt, wurde er einfach ausbezahlt und vor die Tür gesetzt. Brecht war über diese Behandlung durch das »Filmgesindel« so empört, daß er von

Kortner und Eisler Solidarität erwartete und sie aufforderte, ihrerseits auf jede Mitarbeit zu verzichten. Da beide dieses Projekt von Anfang an nur als Geldquelle betrachteten, dachten sie nicht daran zu protestieren, ehe sie kassiert hatten. Diebisches Lachen fiel Brecht in diesem Fall äußerst schwer: er hatte eine ihn tief kränkende Niederlage erlitten.

Was der Filmindustrie recht war, schien auch einem der Großmeister der Literaturindustrie nur billig zu sein. Bei Eisler traf nämlich Brecht mit Stefan Zweig zusammen, dessen Werk er nicht lesen, sondern nur verachten konnte. Nicht seinen Reichtum warfen ihm die beiden marxistischen Künstler vor, sondern die auf seinem Reichtum basierende Gesinnung, die sich in seinem Werk auffallend spiegelte. Eisler bezeichnete sie als »Börsenhumanismus«. Brecht bat seinen Freund, dem berühmten Schriftsteller bei Gelegenheit der üblichen Frage »Woran arbeiten Sie?« doch das »Lied von der belebenden Wirkung des Geldes« vorzuspielen. Eisler krächzte effektvoll dieses hübsche, für die Neufassung von »Die Spitzköpfe und die Rundköpfe« geschriebene Kampflied »niedriger Materialisten«, setzte seinen Vortrag mit der »Ballade vom Wasserrad« fort und schloß mit dem »Saarlied«, einer Gelegenheitsdichtung. Mit versteinertem Gesicht hörte sich Stefan Zweig diese Lieder an, gab als einzigen Kommentar ein zögerndes »interessant« von sich und entgegnete spitz, als Brecht das kleine Wahlliedchen entschuldigend eine Kleinigkeit nannte, die man gemacht habe, »um ein bißchen der Sache zu helfen«: »Sagen Sie nicht Kleinigkeit, Herr Brecht, das ist vielleicht Ihr Bestes.«

Hinter uns lassend die Hölle der Enttäuschten
Gelangten wir in die Hölle der Enttäuscher.
In einer grauen Stadt, erfüllt von Marktgeschrei
Trafen wir, die ihr Gesicht verloren hatten.

1934 war Brecht allein nach London gekommen. Beim Gang durch die neblige Stadt, frühmorgens beim Bummel an Marktständen vorbei, vermißte er Margarete Steffin, seinen kleinen »Soldaten der Revolution«, der sich zur Erholung in der Sowjetunion aufhielt: »Schreib mir, was dir fehlt! Ist es mein Arm?« Wenn er einen Obstkarren sah, fischte er automatisch nach Geld, um, wie er es von Paris gewohnt war, eine Orange zu kaufen, mußte aber mit Bitterkeit feststellen: »Du bist ja gar nicht da in dieser Stadt.« Beim zweiten Londoner Aufenthalt befand sich Ruth Berlau in seiner Begleitung, die er Lai-tu nannte, seine Schwester und seinen Schüler: »Es ist das Wesen der Liebe wie anderer großer Produktionen, daß die Liebenden vieles ernst nehmen, was andere leichthin behandeln, die kleinsten Berührungen, die unmerklichsten Zwischentöne. Den Besten gelingt es, ihre Liebe in völligen Einklang mit anderen Produktionen zu bringen; dann wird ihre Freundlichkeit zu einer allgemeinen, ihre erfinderische Art zu einer vielen nützlichen, und sie unterstützen alles Produktive.«

Es war Ruth Berlau, die Verteidigerin und überzeugte Anhängerin seiner Lehrstücke, die ihn zu einem Bühnenhit im Stil der »Dreigroschenoper« ermunterte, damit man Geld hätte für die Finanzierung proletarischen Theaters. Schon im Juni 1935 hatte Brecht reklamehalber verlauten lassen, daß er eine Operette in Arbeit habe, in deren Mittelpunkt eine weibliche Piratin stünde. Hanns Eisler würde die Musik schreiben und mit Mae West wolle er über die Uraufführung verhandeln. 1936, als sie in London untätig herumsaßen, weil sie noch an einem antifaschistischen Schriftstellerkongreß teilnehmen wollten, begannen Brecht und Ruth Berlau in Erinnerung an den voreilig angekündigten Plan ein Stück mit dem Titel »Freuden und Leiden der kleineren Seeräuber« zu entwerfen, in dem eine liebende Witwe singt:

Ich bezweifle, ob er meiner wert ist
Ob es wirklich Liebe bei ihm ist?
Wenn all mein Gespartes aufgezehrt ist
Wirft er dann die Schale auf den Mist?
Ach, ich weiß warum ich mich so wehrte:
Wenn ich ihn nur nicht so sehr begehrte.

Bei allen literarischen Projekten, die von Ruth Berlau angeregt wurden, spielte das Thema der Bedingungen für Liebe in der von Männern beherrschten Gesellschaft eine zentrale Rolle. Ruth Berlau arbeitete damals an einem Novellenband »Jedes Tier kann es«, bei dessen Fertigstellung Brecht Ratschläge gab und korrigierend half. Es handelte sich um die Erzählungen von sieben Frauen, die in ihrem Sarg im Schauhaus nebeneinander aufgebahrt sind und sich dort Rechenschaft über ihr Leben geben. Keine hat Freude beim Liebesakt empfunden, nur Schmerz, denn jede Umarmung geschah nur als eine »Umarmung von Ringern«: »Die Frauen haben den Arm zur Abwehr erhoben, während sie von ihren Besitzern umfangen werden.« In einem Fragment zum »Lehrgedicht von der Natur des Menschen« wurde der »Verfall der Liebe« auf folgende Formel gebracht: »Zwischen ›laß los‹ und ›ich halts‹ bewegt sich das Leben und beiden, dem der hält und dem der entreißt, krümmt die Hand sich zur Klaue. Wer soll da lernen zu geben, wo keinem gegeben wird?«

Ruth Berlau selbst lebte, wie ihr Brecht damals vorhielt, schlecht mit ihrem Mann, sie schlief nurmehr mit ihm, weil sie verheiratet war. Ihr Mann aber hing an ihr, erlaubte ihr alle Freiheiten und arbeitete für die »dritte Sache«, um seiner Frau nahe zu sein. Der Stückeschreiber meinte tadelnd: »Was hat es für einen Wert, eine dritte Sache zu finden, die euch eint, und eine andere dritte Sache beizubehalten, die euch vereinigt? Das heißt: Ein Stück Brot zu bekommen und es mit Gift hinunterzuspülen.« Robert Lund achtete die Gefühle seiner Frau und ertrug ihre Launen mit großer Geduld. Er behandelte die lungenkranke Margarete Steffin und stand Brecht und seiner Familie als Arzt jederzeit zur Verfügung. Ruth Berlau litt unter ihrer Unaufrichtigkeit ihrem Mann gegenüber, nahm jedoch Brechts Moralpredigt nicht besonders ernst, weil sie wußte, daß auch er seine Maximen nicht so genau nahm. Grundsätzlich hatte er recht, aber der eigentliche Grund seines Mißfallens war der Umstand, daß seine Geliebte nicht nur mit ihm schlief. Die Entscheidung für Brecht ergab sich bald durch das politische Geschehen: Als die Nazis Dänemark besetzten und der Dichter Schweden in Richtung Finnland verließ, bestand er darauf, daß seine »Schwester« ihm folgte, und sie hatte dann gar keine andere Wahl mehr, als er ihr folgende Botschaft zustellte: »Ich liebe dich. Und es wird unverändert sein. Solange unsere Trennung dauern mag. Auch in zehn, auch in zwanzig Jahren. Und für Lai-tu: Sie bekommt den Auftrag, auf sich achtzugeben und sich durch die Gefahren zu bringen, bis *unsere* Sache beginnt, die echte, für die man sich aufsparen muß, liebe Ruth. In der Nähe, in der Ferne.« Ruth Berlau wurde von Brecht geliebt, aber sie verlor an ihn ihre ordnende, das Leben allein beherrschende Kraft. Sie zehrte sich in der Liebe für Brecht auf, wurde benutzt und verbraucht. Das kleine Gedicht »Schwächen«, das sich in Brechts Nachlaß fand, betrachtete sie immer als ihr Gedicht:

Du hattest keine
Ich hatte eine:
Ich liebte.

XIX
Aber warum fürchten, was neu ist?

Ein Brief an das Arbeitertheater »Theatre Union« – Polemik gegen naturalistische Aufführungspraktiken – Brecht reist nach New York – Wird Amerika seine Größe erkennen? – Brechts kleine Diktatur bei den Proben – Die Parteileitung erweist sich als zu schlapp – Brecht und Eisler werden von den Proben ausgeschlossen – Der Einstein der neuen Bühnenform appelliert vergeblich an die werten Genossen – Nur nichts zu tun haben mit sogenannten linken Theatern – Fragen an Clifford Odets – Das Arbeitertheater in der Altstadt von Kopenhagen – Das Warten auf den dänischen Rum – Die New Yorker Situation wiederholt sich im Riddersalen – Helene Weigel vermittelt – Der Erfinder des epischen Dramas kommt nicht an – Der dänische Kerr geht mit dem talentlosen Sektierer ins Gericht – Nazis und Katholiken verlangen Maßnahmen gegen Brecht – Ein weiterer Skandal im Königlichen Theater – Die liberalen Kollegen ziehen den Kopf ein – Brecht muß froh sein, daß seine Aufenthaltsgenehmigung erneuert wird

> Das Proletariat muß in einer Epoche, wo es in schwierige Kämpfe verwickelt ist und noch schwierigeren entgegengeht, von seinem Theater die außerordentlichsten Anstrengungen verlangen, ein ganz außerordentliches Tempo der Qualifizierung, das schnellste Erreichen eines ganz außerordentlichen Standes der politischen Erkenntnis.

Nachdem Brecht in Moskau, der Metropole einer neuen, alles verändernden Gesellschaftsform, kaum mehr Spuren eines progressiven proletarischen Theaters vorgefunden hatte, suchte er verstärkt wieder in westlichen Ländern nach Möglichkeiten für seine theatralischen Unternehmungen. Da wirklich epochemachende und umwälzende Versuche ohne staatliche Zuschüsse gar nicht durchzuführen waren, kamen vorläufig nur Kompromißformen in Betracht. Brecht wollte nicht einsehen, daß der einzige Unterschied des proletarischen zum bürgerlichen Theater die politische Aussage sein sollte. Immer noch war er der Auffassung, daß das junge proletarische Theater politische Wirkungen nur durch eine veränderte artistische Haltung erreichen würde. Seine ganze Hoffnung richtete sich deshalb auf die New Yorker Aufführung der »Mutter«, die die »Theatre Union«, das bedeutendste amerikanische Arbeitertheater, 1935 plante. Die Entscheidung für sein Stück »Die Mutter« wertete Brecht allzu voreilig als ein positives Zeichen für die Durchschlagskraft seiner Ideen. Zum Mut, ein Stück vom Typus der »Mutter« aufzuführen, gehörte nach Auffassung des Stückeschreibers selbstverständlich auch der Mut, Änderungen in der Produktionsweise vorzunehmen, ohne die die nötigen politischen Wirkungen gar nicht zu erzielen waren. In New York indessen hatte man sich hauptsächlich für die Dramatisierung eines Romans von Gorki entschieden, für ein Stück mit einem revolutionären russischen Stoff, keineswegs jedoch für die epische Spielweise Brechts. Als dieser Ende August die Adaption von Paul Peters in Skovbostrand erhielt, legte er sofort sein Veto gegen die beabsichtigte naturalistische Aufführung seines Stücks ein: »Ich hatte mir meinerseits größte Mühe gegeben, Naturalismen zu vermeiden, weil es mir schien, daß die Arbeiterbewegung große und einfache Formen braucht. Ich fürchte immer, das Milieu zu übermächtig werden zu lassen, weil dann die Art, wie die Personen handeln, vom Zuschauer immer aus dem Milieu heraus erklärt wird und das subjektive Moment, richtiges oder falsches politisches Verhalten, unter den Tisch fällt.« Da die »Theatre Union« ein Arbeitertheater war und von der amerikanischen Kommunistischen Partei gefördert wurde, zeigte sich Brecht kooperationsbereit. Mit Hilfe des Kulturbeauftragten der Agitpropabteilung der KP, V. J. Jerome, an den er sich in der Angelegenheit der »Mutter«-Aufführung wandte, hoffte Brecht, die Mitarbeiter des Theaters von seinem Standpunkt überzeugen zu können. Er verfaßte außerdem einen Brief an das Arbeitertheater in Gedichtform, in dem er die naturalistischen Elemente der Bearbeitung von Peters polemisch denunzierte und dagegen das Leichte, Lustige und Einfache einer vom Geist der sozialistischen Klassiker erfüllten berichtenden Spielweise stellte:

Genossen, die Form der neuen Stücke
Ist neu. Aber warum
Fürchten, was neu ist? Ist es schwer zu machen?

Aber warum fürchten, was neu ist und schwer zu machen?
Für den Ausgebeuteten, immer Getäuschten
Ist auch das Leben ein ständiges Experiment
Der Erwerb einiger Pfennige
Ein unsicheres Unternehmen, das nirgends gelehrt wird.
Warum sollte er das Neue fürchten anstatt das Alte?
Aber selbst wenn
Euer Zuschauer, der Arbeiter, zögerte, dann müßtet ihr
Nicht hinter ihm herlaufen, sondern ihm vorangehen
Rasch vorangehen, mit weiten Schritten, seiner endlichen Kraft
Unbedingt vertrauend.

Brecht bot sich als Regisseur an und erklärte sich bereit, nach New York zu kommen, »wenn man mir nur die Fahrtkosten aufbringt. Ich bin auch bereit, sie dann aus den zu erwartenden Tantiemen zurückzuzahlen.« Brechts Irrtum war, daß er die »Theatre Union« für ein Arbeitertheater in der Art jener Truppe hielt, mit der Ruth Berlau damals erfolgreich »Die Mutter« einstudierte. Die Schauspieler und Mitarbeiter des amerikanischen Unternehmens waren nicht ausschließlich Kommunisten, sondern setzten sich aus Kommunisten, Sozialdemokraten und Liberalen jeder Färbung zusammen. Man spielte zwar für Arbeiter, aber der größere Teil der Zuschauer gehörte der bürgerlichen Klasse an. Der Fortbestand der Truppe hing immer vom finanziellen Erfolg einer Aufführung ab. Das war der Hauptgrund für die mangelnde Experimentierlust der Autoren und Regisseure der amerikanischen Linken, die in den dreißiger Jahren für die »Theatre Union« arbeiteten.

Jerome, der durch Hanns Eisler auf »Die Mutter« aufmerksam gemacht worden war und das Stück empfohlen hatte, schaltete sich zunächst erfolgreich als Vermittler zwischen den Theaterleuten und Brecht ein. Auf seine Anregung hin sandte man einen Vertreter des Theaters, Manuel Gomez, nach Dänemark, um die unüberwindlichen Differenzen aus dem Weg zu räumen. Gomez schloß mit dem Autor einen Vertrag ab, sicherte ihm die volle Kontrolle über die Integrität seines Textes zu und überbrachte ihm die Schiffskarte für die Überfahrt nach New York. An Ort und Stelle, so glaubte jeder der Vertragspartner, würde sich ein gangbarer Weg finden. Einmal auf amerikanischem Boden, so glaubte die »Theatre Union«, würde sich Brecht schon von der Richtigkeit der naturalistischen Aufführungspraxis überzeugen lassen. Umgekehrt war der Stückeschreiber fest entschlossen, bei den Proben seine Regievorstellungen durchzusetzen. Zuversichtlich verließ »der Klassiker« am 7. Oktober seine dänische Zufluchtstätte. In einem Gedicht, das er Ruth Berlau zum Abschied übergab, scheute er sich nicht, seine Reise mit der Pioniertat des Kolumbus in Verbindung zu bringen:

Sieh seinen Ruhm wie einen Staub verwehen.
Seit lang ist's nur das Ei, von dem man spricht.
Gern steht das Allerneuste dort im Licht.
Ob sie jedoch ein Lehrstück schon verstehen?
Traust Du denn diesen, daß sie Dich erkennen
Trotz Deiner Größe einen Großen nennen?

Die ersten Gespräche in Amerika ließen sich gut an, man fand sich nett, und fürs erste schien man den Wünschen von Brecht und Eisler voll Rechnung zu tragen. Die Theaterleitung stimmte sofort zu, als die Gäste zu einer Umbesetzung der Mutter-Darstellerin rieten, und außerdem erklärte man sich jetzt auch bereit, den dritten Akt in Brechts ursprünglicher Fassung zu spielen. Anfang November berichtete der Stückeschreiber nach Svendborg, daß er tief in den Proben stecke und die alte Fassung des Stücks nunmehr völlig wiederhergestellt sei. Eine »ganz hübsche kleine Diktatur« war dazu nötig gewesen. Daß er die Darsteller eher als schwach einschätzte und auch sonst mit deutlicher Kritik nicht gerade sparte, schluckten die amerikanischen Theaterleute erst einmal, die Härte und Unmittelbarkeit der politischen Aussage, die Brecht und Eisler ansteuerten, konnten sie aber nicht billigen. Sie empfanden sie als überhaupt nicht theatergerecht. Der Übersetzer Paul Peters und der Regisseur Victor Wolfson intervenierten schließlich, machten Anweisungen Brechts wieder rückgängig und ordneten Striche an. Was er sich in Deutschland selbst immer verbeten hatte, nämlich Eingriffe seitens der Partei, in New York betrachtete nunmehr Brecht ein Machtwort der Parteileitung als einziges Mittel, die Künstler von der »Theatre Union« politisch zu überzeugen. Den schlappen Genossen setzte der

Stückeschreiber vehement zu, er erteilte ihnen politischen Nachhilfeunterricht und provozierte sie mit radikalen Losungen. Ihr Entsetzen ermutigte ihn, ihnen in einer Weise einzuheizen, die arg nach sowjetischem Politkommissar klang. Dem marxistischen Intellektuellen Sidney Hook gegenüber nannte er die amerikanischen Kommunisten einen »Misthaufen« und empfahl die sowjetischen als Vorbild. Als ihm Hook den Mord an Kirow vorhielt und von weiteren Verhaftungen in der Sowjetunion sprach, soll Brecht geantwortet haben: »Je unschuldiger sie sind, desto mehr verdienen sie den Tod.« Wenn er sich bei Gesprächspartnern über mangelnde Einsicht in politische Zusammenhänge ärgerte, ließ sich Brecht oft zu noch viel schlimmeren Schocksätzen hinreißen. Dummheit und Borniertheit machten ihn leidenschaftlich ungerecht.

Knapp zwei Wochen vor der Premiere kam es im Theater zum unvermeidlichen Eklat. Als Brecht die Arbeit des musikalischen Leiters Jerome Moross einen »Dreck« nannte, wurden ihm Prügel angedroht, wenn er nicht sofort das Theater verließe. Die Lage war dermaßen gespannt, daß Brecht und Eisler es vorzogen, das Feld zu räumen. Von den an der Produktion Beteiligten hielt jetzt lediglich noch der Bühnenbildner Mordecai Gorelik zu den Autoren. Letzterer hatte längst seinen Ärger über Brechts Kritik an seinen zu »pittoresken« Bildern überwunden. Inzwischen begrüßte er sogar die Vorschläge dieses Theaterarbeiters, der sich ihm gegenüber als »Einstein der neuen Bühnenform« bezeichnete. In einer ersten Erklärung an die Theaterleitung drohte Brecht, sein Stück zurückzuziehen, da es ihm unmöglich gemacht werde, das Theater zu betreten und der Regie »die Anweisungen zu geben, die ich mir kontraktlich ausbedungen habe«. In einem weiteren Schreiben an die »werten Genossen« zeigte er sich dann doch wieder kooperationswillig, ohne allerdings irgendeine seiner Forderungen fallen zu lassen: »Die Armut eines Theaters braucht solange kein Hindernis für gute Leistungen zu sein, als genügend Verständnis, Fleiß und Arbeitsdisziplin investiert werden. Solltet Ihr tatsächlich keine Möglichkeit sehen, mir einige letzte ungestörte Proben zu gewährleisten, dann fühle ich mich verpflichtet, gegen eine Aufführung zu protestieren. Denselben Schritt zwingt Ihr mich zu tun, wenn Ihr Eisler nicht die Gewähr geben könnt, die er verlangt, damit seine Musik zur Wirkung kommen kann.« Von den weiteren Proben blieben die Autoren dennoch ausgeschlossen. Jerome, bei dem sie erneut Unterstützung suchten, verlangte von der Theaterleitung, Brechts Forderungen zu erfüllen und keine von ihm nicht gebilligten Striche vorzunehmen. Gleichzeitig bat er Brecht und Eisler, keine Schritte gegen die Aufführung zu unternehmen und sich nicht an die Presse zu wenden. In Brechts Apartment-Wohnung fanden daraufhin Gespräche mit Gomez statt, Elisabeth Hauptmann fungierte als Verbindungsmann und Telefonkurier sowohl zur Parteileitung als auch zur »Theatre Union«. Man machte Versprechungen, gab Zusicherungen, einigte sich und zerstritt sich gleich wieder. Anweisungen wurden angeblich ausgeführt und erwiesen sich dann doch als unausführbar.

Das Ergebnis war ein totaler Mißerfolg für Stück und Aufführung, die Presse schrieb fast nur vernichtende Verrisse, die den finanziellen Ruin für die »Theatre Union« bedeuteten. Noch nach der Premiere gaben Brecht und Eisler ihre Hoffnung, mit der »Mutter« die Arbeitermassen New Yorks politisch beeinflussen zu können, nicht völlig auf. Daß die Presse ihr Urteil abgegeben hatte, kümmerte sie wenig, es ging ihnen um die Zuschauer, denen das Stück noch gezeigt werden sollte. Sie erachteten es für sinnvoll, neue Arbeit in die Aufführung zu investieren und baten um die Erlaubnis, ihr Stück »in die politisch und artistisch würdige Form« zu bringen. Proben nach einer Premiere waren aber im Reglement des Theaters nicht vorgesehen, außerdem betrachtete man das erreichte politische und künstlerische Niveau als durchaus zufriedenstellend. In einem Memorandum, in dem sie den Hergang der Auseinandersetzung noch einmal minutiös rekapitulierten, kamen Brecht und Eisler zu der für sie enttäuschenden Einsicht: »Das Theater verhielt sich nicht anders als jedes beliebige Broadway-Theater, das ein Stück einfach als Ware oder als Rohmaterial zu einer leicht verkaufbaren Ware behandelt.« An Piscator in Moskau, der ja dort ähnliche Querelen mitmachte, schrieb Brecht wenige Tage später: »Die *Mutter* ist uns hier verhunzt worden (dumme Verstümmelungen, politische Ahnungslosigkeit, Rückständigkeit aller Art usw.) . . . Ganz im allgemeinen eine Erfahrung: nur nichts zu tun haben mit den sogenannten linken Theatern. Die sind durch kleine Klicken beherrscht, in denen die Stückeschreiber dominieren, und haben die übelsten

Producer-Manieren des Broadway ohne dessen Fachkenntnisse, die nicht sehr hoch sind, aber immerhin.«

Bei den dominierenden Stückeschreibern dachte Brecht in erster Linie an Clifford Odets, dessen Drama »Waiting for Lefty« er mit einigem Interesse gesehen hatte, dessen »Paradise Lost« ihn aber zu einer grundsätzlichen Polemik herausforderte. Odets warf er vor, daß er in seinem Stück Ausbeuter zeige, die »der Zerstörung anheimfallen«. Beuten etwa verkommene Unternehmer weniger aus, fragte Brecht, oder »willst du uns sagen, daß unsere Unterdrücker schon geschwächt sind? Sollen wir unsere Hände in den Schoß legen?« Nach seiner Rückkehr bat er Jerome von Svendborg aus, die Diskussion um solche Dramen wie »Paradise Lost« unbedingt zu eröffnen, damit die jungen Leute, die zur kommunistischen Bewegung kommen, über die Ursache der Übel dieser Welt nicht im unklaren gelassen werden. Er bedauerte im nachhinein, daß in New York nicht öfter Gelegenheit gewesen sei, über Fragen der Literatur zu diskutieren. Nicht an Leuten wie Jerome war ja die amerikanische Aufführung der »Mutter« gescheitert, sondern an Künstlern, die nicht über genügend politisches Wissen verfügten. Brechts Lehrstück befremdete sie nur, störte sie in ihren gewohnten Denkkategorien und Arbeitsformen. In New York machte der Stückeschreiber dieselben Erfahrungen wie wenige Monate zuvor in Moskau: Ablehnung und Unverständnis bei Parteileuten und linken Künstlern. In Moskau freundete er sich mit Béla Kun an, in New York mit V. J. Jerome. Mag Brecht auch zunächst an die »Nützlichkeit« solcher Verbindungen gedacht haben, am Ende schadeten sie ihm mehr, als sie nützen konnten: Béla Kun wurde liquidiert, und in Amerika hatte man besser keine Beziehungen zu Kommunisten. In Erinnerung an die New Yorker Begebenheiten sandte Brecht dem Ehepaar Jerome im Februar 1939 aus Anlaß der Geburt ihres Sohnes Fred das kleine Gedicht nach dem Chinesischen des Su Tung-p'o:

> Familien, wenn ihnen ein Kind geboren ist
> Wünschen es sich intelligent.
> Ich, der ich durch Intelligenz
> Mein ganzes Leben ruiniert habe
> Kann nur hoffen, mein Sohn

Möge sich erweisen als
Unwissend und denkfaul.
Dann wird er ein ruhiges Leben haben
Als Minister im Kabinett.

Nach dem Mißerfolg in New York, nach dem Scheitern von Piscators Plänen eines deutschsprachigen Theaters in der Sowjetunion und nach solchen Niederlagen wie in London bei der Filmfirma blieb Brecht nur die Hoffnung, wenigstens in Dänemark als Autor politischer Stücke künstlerisch ernst genommen zu werden. Das lange Warten auf die ihm zugesagte Inszenierung von »Die Rundköpfe und die Spitzköpfe« machte ihn ungeduldig und bitter. Seine rigorose Ablehnung aller Spielarten »naturalistischen« Theaters befremdete zunehmend auch viele der ihm bisher wohlgesinnten dänischen Künstler. Die Bereitschaft, ihn wenigstens mißzuverstehen, wurde geringer. Als schöne und gute Arbeit empfand Brecht die Aufführung der »Mutter«, die Ruth Berlau unter seiner und Helene Weigels Aufsicht mit der kleinen Amateurtruppe »Revolutionäres Theater« einstudiert hatte. In die Arbeit war viel Geduld und äußerste Sorgfalt investiert worden. Die Beteiligten spielten nicht nur ein Stück, sondern, es einstudierend, eigneten sie sich seine Lehre an und lernten, lehrend von der Bühne herab zu spielen. Auf Drängen von Ruth Berlau verfaßte Brecht für die Truppe das Lehrgedicht »Rede an die dänischen Arbeiterschauspieler über die Kunst der Beobachtung«: »Eure Aufgabe, Schauspieler, ist es / Forscher zu sein und Lehrer in der Kunst der Behandlung der Menschen.« Als wichtig für Schauspieler, die zugleich Arbeiter sind, erachtete er die Fähigkeit, ihre Menschenkenntnis in Anwendung zu bringen, die Welt als von Menschen gemacht und als veränderbar zu zeigen:

Du, der Schauspieler
Mußt vor allen anderen Künsten
Die Kunst der Beobachtung beherrschen.
Nicht wie du aussiehst nämlich ist wichtig, sondern
Was du gesehen hast und zeigst. Wissenswert
Ist, was du weißt.
Man wird dich beobachten, um zu sehen
Wie gut du beobachtet hast.

In einem Keller in der Altstadt von Kopenhagen versammelte sich die Truppe abends unter der roten Fahne, um zu diskutieren und zu probieren. Die »rote Ruth« kochte Kaffee und schmierte Stullen. Helene Weigel sang die Lieder Eislers vor, Brecht spielte vor, kontrollierte Gesten und Haltungen. Der dänische Lyriker Otto Gelsted, der die Liedtexte übersetzt hatte, erteilte Sprachunterricht. Ruth Berlau betätigte sich in diesem Kreis als »hundertzwanzigprozentige Parteikommunistin« und verlangte immer wieder von Brecht, daß er Erläuterungen gab und Kommentare schrieb: »Wenige Kommunisten waren dabei, als wir die Proben anfingen, viele, als wir unsere Arbeit beendeten.«

Die Wirkung des »Revolutionären Theaters« war auf einen kleinen Zuschauerkreis begrenzt, und da es Brecht auf einen guten Start bei den großen Theatern Kopenhagens ankam, wurde die bürgerliche Presse auch nicht in dem Maße mobilisiert, wie es vielleicht nötig gewesen wäre. Im Fall dieser Aufführung der »Mutter« wären ja doch nur die Vorurteile gegen politisches Theater überhaupt zur Sprache gekommen. Den gewünschten Erfolg erhoffte Brecht, mit seinem Parabelstück »Die Rundköpfe und die Spitzköpfe« erzielen zu können. Die Inszenierung hatte sich hinausgezögert, weil Per Knutzon und Lulu Ziegler, die Mitdirektoren einer Experimentalbühne geworden waren, ihr neues Unternehmen mit einem sozialkritischen Musical eröffnet hatten, das unerwartet lang gespielt werden konnte. Nach einer Laufzeit dieser »Verlorengegangenen Melodie« von über einem Jahr begannen im Herbst 1936 endlich die Proben zu Brechts Stück. Per Knutzon hatte sich mit dem Autor sehr gut über die dramaturgischen Fragen und die stilistischen Prinzipien der Inszenierung verständigen können, er wollte sich durchaus auf eine vollkommen epische und nichtaristotelische Spielweise einlassen, zerstritt sich dann aber doch mit Brecht, wenn es darum ging, Satz für Satz auf seinen gesellschaftlichen Gestus hin zu prüfen. Verärgert zog sich der Stückeschreiber nach Skovbostrand zurück, wo ihn Mordecai Gorelik in jener ihm aus New York so vertrauten Situation vorfand, schimpfend über die Unart von Theaterleuten, sich für Höhepunkte und Spannungen in einem Stück zu interessieren. Helene Weigel vermittelte unterdessen im Riddersalen und erreichte, daß Brecht bei den letzten Proben sich wieder beteiligen konnte. Im Gegensatz zur New Yorker Inszenierung der »Mutter« entsprach die Aufführung im Riddersalen in den wichtigsten Punkten Brechts Vorstellungen und er sah auch keinen Anlaß, sich grundsätzlich vom Ergebnis zu distanzieren. Die Reaktionen in den dänischen Zeitungen auf dieses Stück und die Aufführung sollten ihm dann endgültig zeigen, daß er mit seinen Experimenten nicht da unbeirrt fortfahren konnte, wo ihn die Nazis unterbrochen hatten. Er verlangte zuviel. Die Haltungen und Konflikte seiner Bühnenfiguren vermittelten sich nur abstrakt. Er lieferte nur Anschauungsmaterial. Die Zuschauer erwarteten Vorbilder.

Mit aller Vorsicht und diplomatischem Geschick wurde für die Premiere am 4. November 1936 geworben. In Interviews wurde der politische Charakter der Veranstaltung heruntergespielt und das gute Verhältnis zum Zensor betont, der keine Einwände gemacht habe. Daß es sich um eine Uraufführung handelte, wurde verschwiegen, man berichtete stattdessen vom Erfolg des Stückes in New York und Moskau und erwähnte eine bevorstehende Inszenierung in Prag.

Der Beifall des Premierenpublikums war herzlich, war aber wohl in erster Linie den mit Brecht sympathisierenden dänischen Freunden zu verdanken, die zahlreich erschienen waren, unter ihnen Karin Michaelis und Frederik Martner. Die bürgerlichen Zeitungen bestritten diesen prominenten »Salonradikalen« jede Kompetenz. Ansonsten griffen sie kaum die politische Tendenz des Stücks an, bemängelten vielmehr die ihrer Meinung nach schlechte Konstruktion. Zu seiner Erledigung hatte der Autor im Programmheft selbst das Stichwort geliefert, denn er hatte sich dort gegen die »Dramatik« von Zeitstücken ausgesprochen. Jetzt schrieb ein Kritiker: »Brecht empfiehlt sich im Programm als Erfinder des epischen Dramas. Würde er uns dramatische Dramen erfinden, wären wir froher.« Schlimm war, daß der »dänische Kerr«, Frederik Schyberg, der im Fall der Aufführungen der »Dreigroschenoper« und von »Mahagonny« für Brecht plädiert hatte, einen massiven Verriß schrieb. Er hatte von den Streitigkeiten mit Knutzon gehört, lobte deshalb die Inszenierung und ging mit dem Autor als »bleichem Sektierer mit magerem Talent« hart ins Gericht. Er nannte »Rundköpfe und Spitzköpfe« nicht nur undramatisch, sondern verwarf das Schauspiel wegen der

Skepsis und Menschenverachtung, die in ihm zum Ausdruck kämen. Er sprach von einer groben Maskenkomödie ohne Menschen, in der er nur Intelligenz, jedoch keine Dichtung zu entdecken vermochte. Fast alle Kritiker, auch die weiter links stehenden, fanden die Form des Stücks seinem Thema nicht angemessen, satirische Mittel eigneten sich ihrer Meinung nach nicht zur Behandlung der Rassenfrage, man vermißte positive Menschen. Ein sozialdemokratisches Blatt meinte: »Er hätte uns – um seine Ideen zu unterstreichen – eher ahnen lassen müssen, daß die meisten von uns im tiefsten Kern doch gut sind und nur von einer moralisch zerstörenden Gesellschaftsform in die Irre geführt werden.« Daß das Schauspiel doch nicht ganz so unaktuell war und Hitlers völkisches Programm auch in Dänemark einen fruchtbaren Boden hatte, bewiesen dann die konservativen und unverblümt nationalsozialistischen Zeitungen, die zur Hexenjagd riefen.

Katholiken und Nazis taten sich zusammen, um Maßnahmen gegen den »jüdischen Kommunisten«, den man gleich auch noch zum Pornografen beförderte, zu erwirken. In einer dem »Stürmer« durchaus ebenbürtigen Weise hieß es: »Wenn Brechts Schauspiel den dänischen Katholiken die Augen über den wahren Charakter der Juden öffnet, so ist es nicht vergebens geschrieben worden.« Brecht war über Nacht zum Politikum geworden. Jetzt war er berühmt und bekannt in einer Weise, die er nicht brauchen konnte. Man forderte, die Frage seiner Aufenthaltsberechtigung zu überprüfen. Die Aufführung im Kopenhagener Riddersalen allerdings fand nun die Zuschauer, die vorher von den negativen Kritiken vom Besuch abgehalten worden waren. »Die Rundköpfe und die Spitzköpfe« konnten dank der antisemitischen Hetzartikel einundzwanzig Mal gespielt werden. Als man richtigstellen mußte, daß Brecht gar kein Jude war, wurden die Angriffe noch bösartiger. Nur Kommunist sein, war noch ärger. Die Angelegenheit wurde auch noch dadurch verschlimmert, daß das Königliche Theater, wo man überaus vorsichtig den Spielplan machte, im Hinblick auf die bevorstehende große Brecht-Premiere im Riddersalen ebenfalls ein Werk dieses offenbar wichtigen Autors herausbringen wollte. Der Mut war zwar längst von der »Heiligen Johanna der Schlachthöfe« auf »Die sieben Todsünden der Kleinbürger« geschrumpft, ganz vertragsbrüchig gedachte man dennoch nicht zu werden. Die Inszenierung wurde sorgfältig in Zusammenarbeit mit den Autoren vorbereitet. Für einige Tage zogen sich der Ballettdirektor Harald Lander und die Darsteller mit Brecht, Kurt Weill und dem Übersetzer Otto Gelsted zu Karin Michaelis nach Thurö zurück, die ihr Haus zur Verfügung stellte. Unglücklicherweise fiel nun die Premiere des Balletts genau mit dem Skandal um die »Rundköpfe und Spitzköpfe«-Aufführung zusammen. Daß Schyberg im Fall der »Todsünden« wieder schwärmte, weil er alles Lob Kurt Weill angedeihen lassen konnte, nutzte nicht viel. Es war weiteres Wasser auf die Mühlen der Faschisten, wenn dieser kommunistische Autor jetzt auch im Königlichen Theater zu Ehren kam und dort die katholische Religion verhöhnen und den »Glauben Tausender in den Schmutz« ziehen durfte. Die fanatische Kampagne gegen Brecht und ein Wink von Seiten der Regierung, nachdem die Nazis in der Sache offiziell beim dänischen Botschafter in Berlin vorstellig geworden waren, veranlaßten die Theaterleitung, das Ballett nach zwei Vorstellungen abzusetzen.

Gegen den Autor wurden die angedrohten behördlichen Schritte nicht unternommen, aber außer Kommunisten setzte sich publizistisch damals niemand für ihn ein, weil man offenbar einen Sieg der Nazis in Dänemark so ohne weiteres nicht mehr ausschließen konnte. Der Schriftsteller Hans Kirk hielt enttäuscht seinen Kollegen vom Freisinn ihr Schweigen vor: »Die bürgerliche Intelligenz hat solche Angst davor, mit Kommunisten verwechselt zu werden, daß sie nichts anderes tut, als den Kopf einzuziehen.« Brecht wurde nicht zuletzt durch diese Kampagne klar, daß er in nächster Zeit nicht mehr an experimentelle Theaterarbeit mit entsprechender Wirkung in der Öffentlichkeit denken konnte. Man hatte ihn belehrt, worauf es im Exil ankam: sich unbemerkt zu machen. Er war Gast in einem Land, das auf Nazideutschland Rücksicht nehmen mußte. Sein Ruf als Kommunist schadete ihm nur. Er mußte für bürgerliche Kritiker wieder zu einem Dichter werden, zum »wahren Dramatiker«, um überhaupt politisch zu Wort kommen zu können. Es war ein Fehler, daß er 1934 in einem Interview erklärt hatte: »Wir müssen wegkommen von der naturalistischen Schauspielkunst, der dramatischen mit den großen Emotionen, der, die Leute wie Jannings, Poul Reumert, ja die allermeisten benutzen.« Besonders diesen Angriff auf Reumert bereute Brecht später sehr, denn er war der einzige Schauspieler, der in Dänemark dem »Galilei« zur Aufführung und zum Erfolg hätte verhelfen können. Brecht, dem es auf Wirkung in der Gegenwart ankam, sah sich gezwungen umzudenken und ließ sich auf Kompromisse in seiner Schreibweise ein. Er verfaßte nunmehr Stücke, in denen »Emotionen« eine Rolle spielen durften. Die Schauspiele »Die Gewehre der Frau Carrar« und »Leben des Galilei« bedeuteten die Zurücknahme der Postulate des Theaters der Pädagogik. An Karl Korsch, der damals nach Amerika übersiedelte, schrieb Brecht: »Ich mußte doch recht froh sein, daß nach den Rundköpfen meine Aufenthaltserlaubnis erneuert wurde. Es gibt übrigens auch genug Freunde, die sagen: ich müßte entweder einen reaktionären Inhalt oder eine reaktionäre Form wählen, beides zugleich sei zuviel des guten. Und ein prominenter Kommunist sagte: Wenn das Kommunismus ist, dann bin ich kein Kommunist. Vielleicht hat er recht.«

XX
Kleiner Exkurs über das Schauspiel »Die Rundköpfe und die Spitzköpfe«

»Die Rundköpfe und die Spitzköpfe« ist das einzige der großen Stücke Brechts, das immer noch keine seiner Bedeutung angemessene Resonanz gefunden hat. Es wird wahrscheinlich so selten aufgeführt, weil man es nicht als parabelhafte theatralische Abhandlung über den Satz »Reich und reich gesellt sich gern« auffaßt, sondern lediglich als satirisches Schlüsselstück über die Rassenideologie des Dritten Reiches und die Rolle Hitlers gegenüber dem Großkapital. Inzwischen sind genügend Jahre vergangen, so daß es erlaubt sein muß, das Stück in dem Swift entlehnten Phantasieland Jahoo anzusiedeln und von Ausschwitz, beziehungsweise der spezifisch deutschen »Endlösung« der Judenfrage bei einer Inszenierung abzusehen. Bei der Durchsicht des Stücks heute empfiehlt es sich zu prüfen, inwieweit die bei den späteren Umarbeitungen von Brecht vorgenommenen Änderungen, die auf die Entwicklung des Faschismus in Deutschland Bezug nehmen, dem philosophisch-politischen Anspruch des Stücks noch gerecht werden können. Allerdings ist es Brecht auch 1936, trotz aller Bemühungen, auf aktuelle Parallelen hinzuweisen, nicht um eine äußere Hitlerähnlichkeit gegangen: »Schon die Tatsache, daß er in gewisser Weise ein sehr idealisiertes Abbild eines Rassepropheten ist (was für die Parabel ausreicht), verbot dies auch dort, wo es die Polizei nicht verboten hätte.«

Die Komödie »Maß für Maß« betrachtete Brecht als das »fortschrittlichste« aller Shakespeare-Stücke: »Er verlangt von den Hochgestellten, daß sie nicht nach anderem Maß messen, als sie selbst gemessen sein wollen. Und es zeigt sich, daß sie nicht von ihren Untertanen eine moralische Haltung verlangen dürfen, die sie selber nicht einnehmen.« Der Versuch, das elisabethanische Stück, dessen Fabel Shakespeare in einem Schauspiel von George Whetstone gefunden hatte, in eine zeitgemäße spielbare Form zu bringen, genügte ihm nicht. Die alte Fabel erwies sich aber als geeignete Grundlage für das Erzählen einer völlig neuen Geschichte. Die Angelo-Fabel Shakespeares, in der ein Herzog von Wien einen Statthalter einsetzt und unpopulär sein läßt, um sich selbst nicht beschmutzen zu müssen, bot Brecht die Möglichkeit zu zeigen, wie wenig das von der Klassengesellschaft hochgehaltene Prinzip der Gerechtigkeit wert ist. Sein Angeler der ersten Entwürfe zur Bearbeitung von »Maß für Maß« war eine Komödienfigur, deren moralischer Rigorismus nicht zum Zuge kommen kann, weil die kapitalistische Gesellschaftsordnung gewisse ökonomische Gesetzmäßigkeiten in sich birgt, über die sich einer nicht einfach hinwegsetzen kann, wenn er reüssieren will. Dieser Angeler sollte jede Art von Reformismus bloßstellen, Reformen, wollte Brecht vor allen Dingen veranschaulichen, erweisen sich, auch wenn sie noch so gut gemeint sind, als geschickte Ablenkungsmanöver und schwächen nur die Chancen für revolutionäre Auseinandersetzungen, für den unvermeidlichen Krieg der Klassen.

Die zunehmende Bedeutung, die ein Mann wie Hitler im Jahr 1932 bekam, veranlaßte Brecht, die Figur des Angeler, den er jetzt Angelas und schließlich Angelo Iberin nannte, mehr zu einer Marionette der Kapitalisten zu machen und als wichtigsten Punkt des Stücks die Funktion einer Rassenideologie als Ablenkungsmanöver vom Klassenkampf zu zeigen. Die Regierenden der ersten abgeschlossenen Fassung des Schauspiels von 1932 sehen den einzigen Ausweg aus der wirtschaftlichen Krise des Staates in der Einführung einer Salzsteuer, sie haben aber nicht den Mut, diese unpopuläre Maßnahme anzuordnen, weil mit einem Aufstand der unterdrückten Pächter zu rechnen ist. Als rettender Ausweg wird dem Rassenideologen Angelas, der die Bevölkerung nicht in arm und reich, sondern in Rundköpfe und Spitzköpfe einteilt, die Macht übertragen. Allerdings muß er sich verpflichten, nach der Niederlage der revolutionären Pächter, die sich in der »Sichel« vereinigen und eine Armee aufstellen, die Salzsteuer zu erheben. Parallel zur Geschichte des Angelas hat Brecht nunmehr die in dialektischer Beziehung zu Kleists Novelle »Michael Kohlhaas« gestaltete Callas-Handlung eingeführt, in der ein Mann zum Verräter an seiner Klasse wird, weil er die neue Rassenlehre für ein gerechtes Mittel hält, zu zwei Pferden zu kommen, die er notwendig für die Bestellung seines Ackers braucht.

Nach dem Machtantritt Hitlers und den zunehmenden Judenververfolgungen in Deutschland baute Brecht eine Reihe von weiteren aktuellen Anspielungen in sein als politische Parabel gedachtes Stück ein, er verstärkte den Gleichnis-Charakter und die Elemente des »Greuelmärchens« und betonte das Phrasenhafte der Rassenideologie unter antikapitalistischen Vorzeichen. Das Salzsteuer-Motiv wurde gestrichen und stattdessen die Pachtherren als Kriegstreiber vorgeführt, die ihre wahren Absichten vorläufig aber noch zu verbergen wissen. Der Figur des Angelo sind nun alle Züge subjektiver Ehrlichkeit genommen, er erweist sich als skrupelloser Demagoge, der ohne weiteres am Schluß auf die vom Großkapital befohlene Linie umschwenkt. Der ursprüngliche Ausgangspunkt der Komödie, der Angriff auf den Reformismus, ist nun völlig getilgt zugunsten des politischen Gleichnisses über den geglückten Versuch der herrschenden Geldleute, das Volk mit Hilfe einer Rassenideologie als Volksgemeinschaft zu einigen, um ihre Einigung unter revolutionären Vorzeichen zu verhindern.

Sieht man von der politischen Entwicklung ab, die der Faschismus in Deutschland genommen hat, und wendet das Gleichnis mehr auf Länder an, wo es revolutionäre Situationen gegeben hat, die aber mittels militärischer Stärke der Machthaber und mangels einer Einigung der Arbeiterklasse auf der Grundlage von revolutionärer Gewalt sich nicht entfalten konnten, dann dürften durchaus die parabelhaften Vereinfachungen dieses »Greuelmärchens« stimmen und funktionieren.

XXI
Reden wir nicht nur für die Kultur!

Der 1. Schriftstellerkongreß zur Verteidigung der Kultur – Brecht und Walter Benjamin studieren Dichterphysiognomien – »Das Wort« beginnt zu erscheinen – Brecht kritisiert und verteidigt die Sowjetunion – Die Volksfrontpolitik in Frankreich – Der Spanische Bürgerkrieg und die Nichteinmischungspolitik der westlichen Demokratien – Brecht schreibt ein Stück zur Unterstützung des Kampfs des spanischen Volkes – Wozu kämpfen? – Ein Filmprojekt über die Blockade von Bilbao – Der Plan einer Diderot-Gesellschaft – Ein zweiter Kongreß zur Verteidigung der Kultur – Brecht weigert sich, nach Madrid zu fliegen – Der Dichter bangt um das Leben seiner »Schwester Lai-tu« – Das »Versagen« seiner Geliebten – Brecht sagt den Satz »Ich schäme mich« – »Die Gewehre der Frau Carrar« in Kopenhagen – Die epische Spielweise der Weigel – Lob des Zweifels

> Denn die Menschlichkeit muß kriegerisch werden in solchen Zeitläuften, um nicht ausgerottet zu werden.

Die Stücke »Die heilige Johanna der Schlachthöfe«, »Die Mutter« und »Die Rundköpfe und die Spitzköpfe«, auf ihre Art alle Lehrstücke der großen Form, waren Ausdruck von Brechts entschieden revolutionärer Haltung, in denen die Einheitsfront der Arbeiterklasse propagiert wird. Zu den ideologischen Prämissen der damals praktizierten Volksfrontpolitik paßten diese Stücke eher nicht. Als Teilnehmer des Internationalen Schriftstellerkongresses zur Verteidigung der Kultur in Paris 1935 befand sich der Stückeschreiber ebenfalls abseits der von der Kommunistischen Partei verfolgten Strategie. Seine Feststellungen über die Ursachen des Faschismus, den an sich barbarischen Charakter bürgerlicher Besitzverhältnisse und die Notwendigkeit revolutionärer Umgestaltung betonten nicht das Gemeinsame, sondern das Trennende der im Geiste antifaschistischer Gesinnung versammelten Autoren. Für Brecht war zwar die Aktionseinheit der verfolgten Schriftsteller wichtig, aber ein im Zeichen von lauter Rücksichtnahmen und von

Eitelkeiten geprägter Kongreß deprimierte ihn beträchtlich und verlockte ihn zu sarkastisch gefärbten Kommentaren.

So stellte für ihn der Pariser Kongreß, zu dem er mit Karin Michaelis gekommen war, in nur ganz geringem Maße ein Forum für politische Aktivitäten dar, vielmehr mußte er sich hier auf die Rolle des Sammlers von Material für seinen satirischen Roman über die Tuis, die Tellekt-Uell-Ins, beschränken. Für Walter Benjamin war die Begegnung mit Brecht und dessen Rede »das erfreulichste – fast das einzig erfreuliche – Element der Veranstaltung«. Die Beiträge der einzelnen Redner waren für beide wenig ergiebig und in ihrem politischen Stellenwert eher ein Ärgernis, interessant fanden sie es dagegen, die Physiognomien und Verhaltensweisen von Schriftstellern wie André Gide, Aldous Huxley oder Henri Barbusse zu studieren. Kommunistischen Gesinnungsliteraten und reinen Funktionären der Partei vermochten sie wenig Sympathie entgegenzubringen. In der ablehnenden Beurteilung von »Figuren wie diesen Alfred Kantorowicz« waren sie sich einig. Wissenschaftler marxistischer Provenienz zogen sie als Gesprächspartner vor. An der Diskussion mit dem sozialistischen Theologen Fritz Lieb aus Basel zum Beispiel lag Brecht mehr, als an Debatten über Ästhetik mit Alfred Kurella.

Die Vorbereitungen zur Zeitschrift »Das Wort«, für die Kolzow in Paris die baldige Bereitstellung der finanziellen Mittel angekündigt hatte, blieben vorläufig die einzige Aktivität Brechts im unmittelbaren Umkreis der Kommunistischen Partei. Man hatte sich mittlerweile auf Willi Bredel als Moskauer Sitzredakteur geeinigt. Brecht hatte von allen »Nicht-Moskauern« zunächst die wenigsten Bedenken, daß die Zeitschrift zu einseitig geraten würde, während Lion Feuchtwanger unbedingt am Konzept einer literarischen Zeitschrift für alle deutschsprachigen Exilautoren festhalten wollte. Um Heinrich Manns Beteiligung als Herausgeber bemühte man sich bis zum Erscheinen der ersten Nummer im Sommer 1936. Auch er plädierte für ein »Organ der freien deutschen Literatur« und erklärte gegenüber Feuchtwanger: »Persönlich billige ich die kommunistische Demokratie, wie die Sowjetunion sie hervorbringt. Für Deutschland brauchen wir den einfachen Freiheitskampf – ohne Doktrin: die kommt später, und wird natürlich sozialistisch sein.« Brecht dagegen war der Auffassung, daß ein wirksamer Kampf gegen die faschistische Barbarei auch gegen die kapitalistischen Eigentumsverhältnisse gerichtet sein müsse. Von dem Rezept: erst die Freiheit erkämpfen und dann den Sozialismus propagieren, hielt er nicht besonders viel.

Einerseits wandte sich Brecht gegen den Reformismus und befürwortete den revolutionären Kampf, andererseits teilte er nicht den Vorwurf linksoppositioneller Kreise, die KPdSU betreibe einen nationalistischen Sozialismus: »Die Leute, welche diese Haltung einnehmen, haben bisher keinerlei Beweis dafür erbracht, daß sie eine internationalistische Politik der Proletariate zu praktizieren bereit sind . . . Indem sie der Sowjetunion vorwerfen, diese gemeinsame Politik zu verfolgen, das heißt die proletarischen Interessen aller Länder als gemeinsame zu betrachten und zu verfolgen, indem sie der KPdSU einen Strick daraus drehen, daß sie ihre eigenen Angelegenheiten als die aller anderen Proletariate betrachtet und betrachtet wissen möchte, geben sie selber eine internationale proletarische Politik preis.«

Brecht überschätzte zweifellos das Interesse, das man in Moskau noch an einer fortschreitenden internationalen Bewegung hatte, und sein Versuch, den Anspruch der sowjetischen Kommunisten, alle Bruderparteien zu bevormunden und ihnen das Ausmaß ihrer revolutionären Betätigung vorzuschreiben, als einleuchtende ökonomische und politische Notwendigkeit zu interpretieren, war eine Beschönigung der bestehenden Praktiken. Andererseits hatte Brecht ein berechtigtes Mißtrauen gegen Revolutionäre, die ohne ausreichende materielle Gewalt und Disziplin handeln zu können glaubten. Die Volksfrontpolitik war eine notwendige Abwehrmaßnahme gegenüber dem Hitlerfaschismus. In Frankreich kam es 1935 zur gemeinsamen Regierungsbildung der sozialistischen Parteien mit den Kommunisten. Die Nazis reagierten darauf ziemlich nervös, und als in Spanien 1936 der Bürgerkrieg ausbrach, eilten sie den Franco-Generälen sofort zur Hilfe, um ein sozialistisches Spanien zu verhindern. Außenpolitisch war die Volksfrontregierung in Frankreich eine gute Sache, innenpolitisch erwies sie sich als eher den revolutionären Willen der Arbeiterschaft hemmend. Als das Land von einer großen Streikwelle erfaßt wurde und der Widerstandskampf des spanischen Volkes die französischen Arbeiter zu revolutionären Aktionen zu ermuntern drohte, dachte keine der an der Regierung beteiligten Parteien mehr daran, über das liberale und sozialreformerische Programm der Volksfront hinauszugehen. Maurice Thorez, der Führer der Kommunistischen Partei, erklärte dem revolutionären Sozialisten Marceau Pivert im Juli 1936, daß keineswegs alles möglich sei und es jetzt nur darauf ankomme, den Streik beizulegen, dessen Ziele ja schließlich durch die Schaffung der Volksfront bereits erreicht worden seien. Der unterschwelligen Faschisierung vermochte eine derart auf Ruhe und Ordnung bedachte Volksfrontregierung nicht entgegenzuwirken. Über den reaktionären Charakter solcher Politik und den unkritischen Enthusiasmus linker Zeitungen war sich Brecht im klaren und er dachte in dieser Beziehung genauso wie sein Freund Walter Benjamin, der im Juli 1937 an Fritz Lieb schrieb: »Willst Du aber Deine Anschauung von der Politik der Volksfront noch weiter fördern, so wirf in die französische Presse der Linken einen Blick: sie alle hängen nur an dem Fetisch der ›linken‹ Majorität und es stört sie nicht, daß diese die Politik macht, mit der die Rechte Aufstände provozieren würde.«

Die Bedrohung der Spanischen Republik brachte die vorübergehende Einigung der Emigranten unter politischen Vorzeichen, und gerade in Frankreich war jetzt eine große Solidaritätskampagne im Gange, die zum erstenmal seit 1933 auch politische Theaterveranstaltungen ermöglichte. Brecht machte sich an die Aufgabe, ein Agitationsstück zu schreiben, das zur Solidarität mit dem spanischen Volk und zum bewaffneten Kampf aufforderte. Das Material, das er dafür aus Zeitungen sammelte, bezog sich hauptsächlich auf die Ereignisse um Bilbao. »Generäle über Bilbao« hieß noch die erste, Ende März 1937 abgeschlossene Fassung des Stücks, zu dem dann jedoch der Einakter »Riders to the Sea« des irischen Dichters J. M. Synge als unmittelbarer Ausgangspunkt für die Handlung diente. In dem kleinen Stück versucht eine Mutter vergeblich, wenigstens den letzten ihrer Söhne vor der stürmischen See zurückzuhalten, aber auch er ertrinkt in den Fluten. Die große Klage der Mutter mündet in Resignation: »Kein Mensch kann für immer leben, und wir müssen's zufrieden sein.«

Brecht übernahm den dramaturgischen Aufbau des Stücks, funktionierte jedoch den klagenden, fatalistischen Schluß der

Vorlage in die anklagende und revolutionäre Gewalt bejahende Entscheidung der Mutter Carrar um. Formal steckte der Stückeschreiber zurück, politisch blieb er dem Programm seiner Pariser Rede von 1935 treu. Später, aus Anlaß einer Aufführung in Schweden, als die Sache der Freiheit in Spanien verloren war, verschärfte Brecht noch durch eine Rahmenhandlung sein Plädoyer für den bewaffneten Kampf gegen Barbarei und Ausbeutung. Auf die Frage eines Wachtpostens im französischen Internierungslager, in dem Spanienkämpfer gefangen gehalten werden, nach dem Sinn des Kämpfens, erwidert Teresa Carrars Bruder, auf seine Schwester zeigend: »Sie stellte ebenfalls die Frage: Wozu kämpfen? Sie fragte das nicht bis zuletzt, aber sehr lange, fast bis zuletzt, und wie sie stellten diese Frage ›Wozu kämpfen?‹ viele ihresgleichen sehr lange, fast bis zuletzt. Und daß sie diese Frage solange stellten, das war einer der Gründe dafür, daß wir geschlagen wurden, seht ihr. Und wenn ihr diese Frage einmal stellen werdet wie sie, dann werdet auch ihr geschlagen werden.« Eine Mutter wie Frau Carrar, sollte dem Zuschauer vor Augen geführt werden, war nicht für die Generäle, aber sie hatte gehofft, sich und ihre Familie aus dem Krieg heraushalten zu können, und es deshalb unterlassen, sich gegen die Generäle zu erheben. Im Verlauf des Geschehens muß sie einsehen, daß sie nicht neutral bleiben kann. Brecht wollte sein Stück auch als Angriff auf die Nichteinmischungspolitik der westlichen demokratischen Regierungen angewandt wissen.

So sehr der propagandistische Effekt, den das Stück hatte, ihm gefiel, die Nachteile der konventionellen Technik, in der es verfaßt war, nahm er nur ungern in Kauf. Viel lieber hätte Brecht ein Stück verfaßt, in dem die Ursachen des Spanischen Bürgerkriegs und die komplizierten gesellschaftlichen Widersprüche hätten dargelegt werden können. Ihm fehlte die Kommentarebene, die er in seinen Lehrstücken durch die Verwendung von Chören geschaffen hatte. Den Regisseuren von »Die Gewehre der Frau Carrar« empfahl er deshalb, die notwendigen politischen Informationen durch die Verwendung von Dokumentarfilmen in die Aufführung einfließen zu lassen. Die Bezugnahme auf den Einakter von Synge ermöglichte ihm die notwendige Übersetzung des Stoffs in theatralische Handlung. Andererseits war damit die Möglichkeit ausgeschlossen, klärende Aussagen über den Spanischen Bürgerkrieg zu machen. Im Verlauf der Arbeit an »Die Gewehre der Frau Carrar« probierte Brecht mehrfach aktuellere Versionen eines Spanien-Stücks. Als Filmstoff skizzierte er für Piscator die Geschichte eines Michael Kohlhaas im Golf von Biskaya, zu der ihn Zeitungsberichte über die Versuche englischer Kapitäne angeregt hatten, sich nicht an die von ihrer Regierung verfügte Weisung zu halten, die von den Generälen angeordnete Blokkade von Bilbao zu respektieren. Furore machten damals besonders die lustigen Antworten eines Kapitäns, der Kartoffeln für die hungernde spanische Bevölkerung geladen hatte und im französischen Hafen von St. Jean de Luz festgehalten wurde. Einer der Kollegen dieses »Kartoffel-Jones« durchbrach am 19. April 1937 erfolgreich die Blockade und bewies mit seiner Handlungsweise, daß dem spanischen Volk nur mit aktivem Einsatz zu helfen war, während Nichteinmischung nur den reaktionären aufständischen Generälen nützte. Brechts Vermutung, daß die Londoner Admiralität genau wußte, daß im Golf von Biskaya kein einziges spanisches Schiff schwamm, bestätigte sich. Im Mittelpunkt seines Films über »Kartoffel-Jones« sollten Gespräche stehen, »welche die englischen Behörden mit ihm auf seinem Schiff über Frieden, Nichtinterventionspolitik und Neutralität führen: sie müssen sich dabei unbedingt die Nasen zuhalten, weil die faulen Kartoffeln im Schiffsraum so stinken«. Das ganze Projekt hätte man laut Brechts Vorstellungen schon mit fünf Schauspielern, einem alten Frachtkahn und ein paar hundert Meter spanischer Wochenschauen produzieren können.

Im Zusammenhang mit Solidaritätskundgebungen für die spanische Republik gab Brecht seine Svendborger Zurückgezogenheit wieder auf, die er sich nach den Diskussionen um seine Aufenthaltsgenehmigung in der dänischen Presse verordnet hatte. Lediglich sein Projekt einer »Diderot«-Gesellschaft hatte er den Winter über betrieben. Hierbei ging es ihm um die systematische Erfassung und Sammlung arbeitstechnischer Probleme von Künstlern, denen an der richtigen Darstellung der Welt und der Bedingungen menschlichen Zusammenlebens gelegen war. Brecht war am Meinungsaustausch von experimentell tätigen Künstlern interessiert, die in Form von Berichten an die Gesellschaft Beschreibungen ihrer Methoden und Erkenntnisse liefern sollten. Die Mitglieder sollten auf diese Weise ihr technisches Vokabular in Einklang bringen und eine gemeinsame Terminologie schaffen helfen. Da die ästhetischen Debatten im Umkreis der kommunistischen Parteien für künstlerische Arbeit nur hemmend und unaufrichtig waren, beschritt Brecht diesen Weg der Selbsthilfe. Der Plan zur Gesellschaft war in Diskussionen mit dem Bühnenbildner Gorelik entstanden. Ihr Name stammte von Brecht, der den französischen Enzyklopädisten wegen seiner materialistisch-philosophischen Abhandlungen über Theater schätzte: »Ich habe einfach einen Namen gesucht, da jede Beschreibung im Titel entweder banal oder preziös klingt.« An Jean Renoir, dessen Beitritt zur Gesellschaft er wünschte, schrieb Brecht: »Da wir uns nur an produzierende Leute wenden, wird das etwas Zeit brauchen, aber dafür wird sich dann doch das Bild einer neueren antimetaphysischen und sozialen Kunst formen.« Wäre die Mitgliederliste im Kulturamt der Kommunistischen Partei erstellt worden, dann hätte sich die Gesellschaft aus Leuten von J. R. Becher, Alfred Kurella, Georg Lukács, Maxim Vallentin bis zu Scholochow und Thomas Mann zusammensetzen müssen, während Brecht an einen Zusammenschluß von Künstlern wie Eisenstein, Ochlopkow, Dudow, Piscator, Renoir, Tretjakow, Hanns Eisler, Fritz Kortner, Auden, Isherwood und Rupert Doone dachte.

Im Sommer 1937 kam Brecht mit Ruth Berlau und Karin Michaelis nach Paris zu einem Schriftstellerkongreß, dessen Hauptthema die Stellung der Intellektuellen zum Spanischen Bürgerkrieg war. Die Spannungen, die zwischen unabhängigen Kommunisten und den »Moskauern« bestanden, bestimmten die Diskussionen sehr stark, und den Organisatoren lag im Grunde mehr an einer Verurteilung der Meinungen eines André Gide über die Sowjetunion, als an einer Solidaritätskundgebung für die spanische Republik. Malraux und Kolzow regten sehr bald eine Fortsetzung des Kongresses in Madrid an, was die meisten Delegierten begeistert begrüßten, weil es für sie eine Gelegenheit war, sich einen persönlichen Eindruck vom Kriegsschauplatz zu verschaffen. Viele Schriftsteller gehörten bereits einer der kämpfenden internationalen Brigaden an. André Malraux war einer der ersten Intellektuellen gewesen, die sich spontan für den Kampf mit der Waffe an der Seite der bedrängten Republikaner entschlossen hatten; im Herbst 1936 war er mit einer Fliegerstaffel nach Spanien gekommen. Seinem Beispiel folgten die Schriftsteller Ludwig Renn, Willi Bredel, Stephen Spender, Gustav Regler und Ernest Hemingway. Brecht war schon eine kurze Reise in die belagerte und hungernde Stadt Madrid viel zu gefährlich. Er vermochte nur mit Worten und Gedanken zu kämpfen. Sollte man ihn ruhig für feige erklären, die Abenteuerlust eines Hemingway blieb ihm als Schriftsteller fremd. Wenn er Gefahr spürte, mußte er sich in Sicherheit bringen, an eine literarische Produktion war dann überhaupt nicht mehr zu denken. Für ihn war es einfach unvorstellbar, wie man in einem Madrider Hotel, das täglich an die dreißig Geschoßtreffer erhielt, wohnen und nebenbei dort noch ein Schauspiel verfassen konnte. Kolzow, ein »rasender Reporter« wie Egon Erwin Kisch und von der Rolle des Schriftstellers als Zeuge an den Brennpunkten historischer Ereignisse überzeugt, war ziemlich enttäuscht, als Brecht die Einladung nach Madrid ausschlug und sich darauf beschränkte, eine Rede zu verfassen, die dann auf dem Kongreß verlesen wurde und in der er sich für einen Krieg einsetzte, der als Krieg geführt werden muß: »Die Kultur, lange, allzu lange nur mit geistigen Waffen verteidigt, angegriffen aber mit materiellen Waffen, selber nicht nur eine geistige, sondern auch und besonders sogar eine materielle Sache, muß mit materiellen Waffen verteidigt werden.«

Der Entschluß Ruth Berlaus, mit Kolzow nach Spanien zu fliegen und dort zum Gewehr zu greifen, entsetzte Brecht und kränkte ihn zutiefst. Die Geliebte zurückzuhalten, gelang ihm nicht, ihr nachzureisen, fehlte ihm der Mut. Er weigerte sich, ihr Verhalten als revolutionär zu begreifen, die Kriegskunst, die er ihr beigebracht hatte, war nur für einen Krieg gedacht, wo nicht geschossen wird. Außerdem wurmte ihn, daß Kolzows Argumente mehr bewirkt hatten als seine Ratschläge. Zurück in Svendborg, bangte er um das Leben seiner »Schwester« im Bürgerkrieg. Ein poetisches Billett, das er ihr nach Madrid sandte, sollte sie Vorsicht lehren, morgens und abends sollte sie seine Anweisungen immer wieder lesen und seiner Liebe gedenken: »Der, den ich liebe / Hat mir gesagt / Daß er mich braucht. / Darum / Gebe ich auf mich acht / Sehe auf meinen Weg und / Fürchte von jedem Regentropfen / Daß er mich erschlagen könnte.« Er schickte ihr noch weitere Gedichte nach Madrid und bat sie zurückzukommen, um die Zeit seiner Furcht zu begrenzen. Als Ruth Berlau endlich ihre Rückkehr mit einem bestimmten Schiff ankündigte, fuhr Brecht mit seinem Ford »über die Inseln«, um sie abzuholen, fand sie aber nicht vor. Gerhart und Hilde Eisler, die mit dem gleichen Schiff gekommen waren, erinnerten sich zwar an eine Frau, auf die Brechts Beschreibung zutraf, konnten aber keine näheren Auskünfte über deren Verbleib geben. Ruths Nichtkommen empfand Brecht als »Versagen«, das Schlimme, meinte er damals, war die Notwendigkeit, sie von jetzt an »mit gewöhnlichem Maß« messen zu müssen. In einem Gedicht schrieb er: »Wenn deine Freundin schreibt, daß sie kommen will / Glaube ihr nicht. Hier ist keine Naturkraft am Werke.« Der Dichter war sie abholen gekommen, um sie in das Haus mit dem Strohdach nach Skovbostrand zu bringen. Seine Freundin stellte sich aber als unberechenbar und unzuverlässig heraus. Als sie ihm ihre Ankunft gemeldet hatte, bestand offenbar bei ihr noch gar kein fester Plan zu kommen, und weil er sich im Recht glaubte, sagte er den Satz »Ich schäme mich«:

Also fuhr der gekommen war
Wieder zurück über die Inseln und den Meeresarm
Und durch alle Stunden der Fahrt
Schämte er sich.

In diesem Fall hatte Brecht tatsächlich Grund zur Enttäuschung, denn Ruth Berlau war mit dem fraglichen Schiff gekommen, hatte sich nur unterwegs mit einem schwedischen Spanienkämpfer angefreundet, mit dem sie, da sie sich einen auf sie wartenden Brecht schwer vorstellen konnte, einfach bis Kopenhagen weiterfuhr, um ihn dort mit in ihr Domizil in Vallensbaek zu nehmen. Die geliebte Lai-tu durchbrach gelegentlich die Abmachung, keine Beziehungen zu anderen Männern zu unterhalten, da ja Brecht auch ständig mit anderen Frauen schlief. Etwas »Wertvolles«, so schien es ihm damals, war plötzlich zerbrochen, das geheime Zwiegespräch gestört. Er war gewohnt, sie als Liebende zu behandeln, jetzt aber schrieb sie ihm, daß sie recht hätte, und er wußte natürlich, daß er ihr gegenüber unrecht hatte.

Während Brecht wieder in Paris war und dort an den Proben zu einer »Dreigroschenoper«-Produktion von Ernst Josef Aufricht und der »Carrar«-Inszenierung Slatan Dudows teilnahm, kümmerte sich Ruth Berlau in Kopenhagen um die Vorarbeiten zur dänischen Erstaufführung der »Gewehre der Frau Carrar« mit Dagmar Andreasen, die schon die Rolle der Pelagea Wlassowa gespielt hatte. Durch Arbeit, die sie verband, geriet somit die mangelnde Folgsamkeit der Freundin bald in Vergessenheit, denn Brecht wußte: »Lai-tu liebt mich. Sie kommt zu mir, wenn sie sich freut und wenn sie traurig ist... Sie lacht mit mir über ihre Narrheit und ist stolz mit mir über ihre Klugheit. Und so halten wir es auch mit meiner Narrheit und mit meiner Klugheit.« Zudem sollte sich jener unerwartet aufgetauchte schwedische Liebhaber von Ruth Berlau später noch als sehr nützlich für Brecht erweisen. Es war der sozialdemokratische Reichstagsabgeordnete Georg Branting, der 1939 die Visa für den Aufenthalt in Schweden verschaffte.

Die dem »heroischen Freiheitskampf des spanischen Volkes« gewidmete Pariser Aufführung der »Gewehre der Frau Carrar« gab Brecht wieder etwas Auftrieb und ermunterte ihn, »die kleinen Stücke über Deutschland« fertigzustellen. Es war politisch sinnvoll und bedeutete zugleich eine Möglichkeit, besser als irgend sonst »die epische Spielweise weiterzubilden«. Gegenüber Korsch nannte Brecht das Spiel seiner Frau »das beste und reinste, was bisher an epischem Theater irgendwo gesehen werden konnte«. Der Stückeschreiber war stolz auf diese »klassische Arbeit« von Helene Weigel und war ihr wieder, wie seit langem nicht mehr, »sehr gewogen«. Bis Ende 1937 spielte sie die Rolle abwechselnd in Paris und Prag, während Brecht sich in Skovbostrand um die Geburtstagsfeier der Kinder kümmern mußte und zwischendurch zu den letzten »Carrar«-Proben nach Kopenhagen fuhr. Ende des Jahres wurde die »werte Genossin« Schauspielerin per Resolution vom Svendborger Gatten- und Söhnerat aufgefordert, »nach Erledigung deiner Obliegenheiten ohne Verzug zurückzukehren und Deine Tätigkeit hier wieder aufzunehmen«.

Außer einer weiteren Reise im Mai 1938 nach Paris zur Einstudierung einiger Szenen aus »Furcht und Elend des Dritten Reiches« und Abstechern nach Kopenhagen verließ nun Brecht seinen Zufluchtsort am dänischen Sund nicht mehr. Die zunehmende Macht des Faschismus und die deprimierende Entwicklung in der Sowjetunion veranlaßten ihn, sich verstärkt um den Fortgang seiner künstlerischen Produktion zu bemühen, um sich soviel Vernunft als möglich zu bewahren und nicht in unproduktiver Verzweiflung zu verkommen. Verpflichtendes Vorbild bei seiner Arbeit, an der Margarete Steffin und Ruth Berlau meistens beteiligt waren, war »der Zweifler«, jener weise Mann auf einem alten chinesischen Rollbild, das Brecht in seinem Arbeitszimmer aufgehängt hatte:

> Nachdenklich betrachteten wir mit Neugier den zweifelnden
> Blauen Mann auf der Leinwand, sahen uns an und
> Begannen von vorne.

XXII
Es geht um den Realismus

Positiv kritisch zur Sowjetunion – Die marxistischen Tuis machen Brecht zu schaffen – Lukács hatte immer den längeren Arm – Lukács ehrt posthum Brecht als Erbe von Lessing und Aristoteles – Brechts Schönheitsfehler: der Verfremdungseffekt – Lukács begrüßt den »Spitzel« – Streng epische Darstellung und Einfühlung erlaubter Art – Die Realität soll meisterbar sein – Lukács predigt einen Realismus im Zeichen der Volksfront – Expressionismusdebatte im »Wort« – Weite und Vielfalt realistischer Schreibweise – Der unproduktive Ton der Kontroverse – Die Literatur wurde von der Machtübernahme des Proletariats überrascht – Der Herr Professor schreibt gigantischen Stumpfsinn – Brecht erklärt sich gegen die Verurteilung moderner literarischer Techniken zugunsten von »bleibenden Gestalten« – Realismus ist keine Formsache – Brecht feiert den »Ulysses« als großen satirischen Roman – Brecht, Bloch und Eisler negieren die pietätvolle Rührung vor dem Erbe

Wo die Parole »Für den Humanismus« noch nicht ergänzt ist durch die Parole »Gegen die bürgerlichen Besitzverhältnisse«, ist die Wendung der Literatur zum Volk noch nicht erfolgt.

Über die politische Entwicklung in der Sowjetunion versuchte sich Brecht, wie die Svendborger Tagebucheintragungen Walter Benjamins vom Juli 1938 zeigen, genauestens Rechenschaft abzulegen. Er plädierte für eine skeptische Betrachtung der russischen Dinge und verglich schließlich seine Stellung zum ersten Arbeiter- und Bauernstaat mit der Marxens zur deutschen Sozialdemokratie: er verhielt sich »positiv kritisch«. Auf dem Hintergrund der Folgen, die die Moskauer Prozesse für viele Freunde Brechts hatten, machten ihm die Publikationen der marxistischen Tuis Georg Lukács, Alfred Kurella und Andor Gabor schwer zu schaffen. Diese Kritiker waren für ihn nicht nur Feinde der künstlerischen Produktion, sondern letztlich auch politische Gegner. In seinen Augen waren sie opportunistische Ideologen verbrecherischer Cliquen. Die falschen Kämpfer für Volkstümlichkeit und Realismus, deren Kritiken

er als Drohungen auffaßte, kannte er nur zu gut aus Berlin, als sie im Namen der Kommunistischen Partei eine Kritik als Legislative ausübten, zu der die Kunst dann als die Exekutive fungieren mußte.
Der marxistische Stückeschreiber Bertolt Brecht und der marxistische Literaturhistoriker Georg Lukács haben nie viel voneinander gehalten. In Moskau kam es 1941 allerdings zu einer kurzen Begegnung, bei der sich beide versöhnlich zeigten. Brecht verfolgte damals ähnlich wie im Fall Hermann Kesten das Ziel eines literarischen Nichtangriffspakts, indem er Lukács den Vorschlag machte, öffentlich nicht mehr gegeneinander zu polemisieren: »Hören Sie, es gibt eine Masse Leute, die mich ununterbrochen gegen Sie aufhetzen. Sicher gibt es eine Masse Leute, die Sie gegen mich aufhetzen. Es wäre besser, wenn keiner von uns darauf etwas hören würde.« In der DDR später erwiesen sich die alten Gegensätze erst einmal als unwichtig, gegenüber den dogmatischen Funktionären der Partei wurden plötzlich J. R. Becher und Georg Lukács für den Stükkeschreiber zu wichtigen Verbündeten. Im Unterschied zu Becher, der, wie seine nie verleugnete Sympathie für die Lyrik Benns beweist, bei aller Parteilichkeit genügend künstlerische Inkonsequenz bewahrt hatte, hielt Lukács unbeirrt an seinen ausgesprochen bürgerlichen Kunstanschauungen fest. Bei der Lektüre von Lukács' Einleitung zum Briefwechsel zwischen Goethe und Schiller, in der analysiert wird, wie die deutschen Klassiker die Französische Revolution verarbeiten, dachte Brecht 1947 an die Art und Weise, wie nunmehr die deutschen Schriftsteller, »noch einmal keine eigene habend«, daran gehen werden, nach den Anweisungen des Literaturhistorikers die Russische Revolution zu »verarbeiten«. Als passende Vorbilder hatte dieser Tolstoi und Scholochow empfohlen. Als Satyrspiel folgte, was Brecht nicht mehr erlebte, das begeisterte Plädoyer für Solschenizyn. Babel, Majakowski oder gar Tretjakow kamen für Lukács nur am Rande und mit den größten Vorbehalten in Betracht, während dagegen Brecht immerhin geneigt war, in Kafka den »einzig wahrhaften bolschewistischen Schriftsteller« zu sehen.

In der Auseinandersetzung Brechts mit Lukács hatte letzterer zu Lebzeiten Brechts immer den längeren Arm: die offizielle Kunstdoktrin des sozialistischen Realismus in kommunistisch regierten Ländern stützte sich auf die Losungen von Shdanow und die theoretischen Arbeiten des ungarischen Gelehrten. Die dogmatischsten Schüler von Lukács behandeln ihren Lehrer zwar seit seiner Parteinahme für die Aufständischen in Ungarn 1956 als »Revisionisten«, während sie, die viel schlimmeren Revisionisten, Brecht inzwischen kanonisiert haben. Aber auch zu dieser Heiligsprechung hat Lukács noch das Stichwort geliefert. Er, der Brecht immer als einen geheimen Vertreter der »Dekadenz« ansah, der eifrig die Liquidierung des klassischen Erbes betrieb, hielt bei der Trauerfeier im Berliner Ensemble überraschend eine Gedenkansprache. Bei dieser Gelegenheit erklärte Lukács Brecht zu einem »echten Dramatiker«, dem er zubilligte, daß er die Massen, die Zuschauer und Zuhörer seiner Dichtung, habe umwandeln wollen. Bei Brecht habe die ästhetische Wirkung auch eine moralische hervorgebracht: »Dies aber war der tiefste Sinn der aristotelischen ›Katharsis‹. Sie sollte – so verstand sie mit Recht Lessing – die Erschütterung in eine Fertigkeit zum Sittlichen erheben. Weil Brecht dies wollte und in seinen besten Werken verwirklichte, war er ein wirklicher Dramatiker.«

So wurde Brecht von Lukács posthum zum Nachfahren von Aristoteles und Lessing gemacht und in die Reihe seiner Dramatikerlieblinge Ibsen, Tschechow und Shaw aufgenommen. Im Vorwort zur westdeutschen Ausgabe des Bandes »Skizze einer Geschichte der neueren deutschen Literatur« schließlich entschuldigte sich Lukács auf eine merkwürdige Art dafür, daß er nie eine genaue Analyse des Brechtschen Werkes gegeben hat: »Zu seiner Produktion am Anfang der dreißiger Jahre sowie zu seinen Theorien stand ich ablehnend. Das spiegelt sich in diesem Buche. Erst als ich nach meiner Heimkehr mit Stükken wie ›Der gute Mensch von Sezuan‹, ›Mutter Courage und ihre Kinder‹ usw. bekannt wurde, änderte sich meine Anschauung von Grund aus.« Allerdings fand Lukács bis zu seinem Tod weder Zeit noch Gelegenheit, seine Meinungsänderung theoretisch auszuformulieren.

Seine wenigen positiven oder reserviert zustimmenden Äußerungen über Brecht zeugen von keiner grundlegenden Wandlung; sie legen aber die Vermutung nahe, daß er nur beweisen wollte, er habe gegen Brecht immer recht gehabt und der Stückeschreiber habe sich mit seinen späten Dramen der ästhetischen Position von Lukács angenähert: »Und mit seiner Reife fiel dies Allzuunmittelbare immer stärker ab, es entstanden gewaltige Dramen – dem ›Verfremdungseffekt‹ zum Trotz –, jedoch die ihnen zugrunde liegende Gesinnung zu dichterisch gestaltender Größe erhebend.« Trotz »formalistischer« oder »avantgardistischer« Verirrungen gestand Lukács Brecht dann zu, daß sein Spätwerk »auf das richtige Verändern der Wirklichkeit« orientiert sei: »Die Wirklichkeit, die der Avantgardismus leugnet und ästhetisch zu vernichten bestrebt ist, ist Ausgangspunkt und Zielsetzung des ›Verfremdungseffekts‹«. Brechts Theorie der Verfremdung aber lehnte Lukács weiterhin entschieden ab. Er hielt an seiner alten ästhetischen Konzeption und seiner Realismustheorie fest, die von Goethe und dem bürgerlichen Roman des 19. Jahrhunderts ausging. Entdeckte Lukács bei einem Schriftsteller die gewünschte Schreibweise und »bleibende Gestalten«, ernannte er ihn gleich zum Realisten. Brecht nun, meinte er rückblickend, habe wirkliche Menschengestalten erst nach Aufgabe seiner »abstrakten Opposition« im Exil geschaffen. Damals habe er »im Laufe des Kampfes gegen den Hitlerismus immer klarer die Rettung der menschlichen Substanz aus ihrer äußeren und inneren Gefährdung als Zentralproblem der dramatischen Gestaltung« erkannt. Elemente der Abstraktheit seiner mittleren Periode zeigten freilich auch die späteren Dramen. Denn Brecht habe nicht entschieden genug einsehen wollen, daß das »dichterisch Rationale« seines Programms auch ohne Verfremdungseffekt zu verwirklichen sei.

Diese schulmeisterliche Würdigung Brechts deckt sich in der Aussage mit dem ersten mühsamen Lob von 1938, das einer Szene aus »Furcht und Elend des Dritten Reiches« galt und das der Stückeschreiber in seinem Tagebuch mit einigem Befremden registrierte: »Lukács hat den ›Spitzel‹ bereits begrüßt, als sei ich ein in den Schoß der Heilsarmee eingegangener Sünder. Das ist doch endlich aus dem Leben gegriffen! Übersehen ist die Montage von 27 Szenen und daß es eigentlich nur eine Gestentafel ist, eben die Gesten des Verstummens, sich Umblickens, Erschreckens usw. Die Gestik unter der Diktatur. Das epische Theater kann damit zeigen, daß sowohl ›Interieurs‹, als auch beinahe naturalistische Elemente in ihm möglich sind, nicht den Unterschied ausmachen. Der Schauspieler tut jedenfalls gut, die ›Straßenszene‹ zu studieren, bevor er eine der kleinen Szenen spielt. Die erwähnten Gesten sind nicht so zu vollführen, daß der Zuschauer wünscht, den Fortgang der Szene aufzuhalten, die Einfühlung ist sorgfältig zu meistern, sonst fällt alles unter den Tisch«.

Als die Quelle des Verfremdungseffekts sah Lukács »Brechts erbittert-einseitige, historische Tatbestände und Zusammenhänge verdeckende Polemik« gegen die Einfühlungstheorie. Nun ist es allerdings richtig, daß Brecht in den zwanziger und Anfang der dreißiger Jahre gegenüber dem klassischen Erbe eine radikale Gegenposition bezog, die er dann aufgab. Manche seiner späteren Stellungnahmen zu Klassikern darf man jedoch wiederum nicht überbewerten, weil man sie unter kulturpolitischen Gesichtspunkten betrachten muß. Es handelt sich oft nur um rhetorische Gefälligkeiten, um eine Aufführung, die formal Neuland erobern soll, gegen Angriffe abzusichern. Lukács' Lob des »Spitzels« kam andererseits auch nicht zufällig zustande. In der Szenenfolge »Furcht und Elend des Dritten Reiches« steckte ja Brecht tatsächlich formal zurück. Es handelte sich offensichtlich um eine mehr oder weniger bewußte Zurücknahme, die seinen Stücken Aufführungsmöglichkeiten verschaffen sollte. Nach Abschluß der Arbeit am »Galilei« bedauerte er wieder diese Art von Taktik: »›Leben des Galilei‹ ist technisch ein großer Rückschritt, wie ›Frau Carrars Gewehre‹ allzu opportunistisch. Man müßte das Stück vollständig neu schreiben, wenn man diese ›Brise, die von neuen Küsten kommt‹, diese rosige Morgenröte der Wissenschaft haben will. Alles mehr direkt, ohne die Interieurs, die ›Atmosphäre‹, die Einfühlung. Und alles auf planetarische Demonstrationen gestellt. Die Einteilung könnte bleiben, die Charakteristik des Galilei ebenfalls. Die Arbeit, eine lustige Arbeit, könnte nur in einem Praktikum gemacht werden, im Kontakt mit einer Bühne.«
Brecht wollte bei der Arbeit am Sezuanstück in Bezug auf die epische Technik »endlich wieder auf den Standard kommen. Für die Schublade braucht man keine Konzessionen«. Diese Bemerkung zeigt, daß der »Opportunismus« Brechts, den Lukács später als »das echt dramatische Gestalten« wertete, nur ein Versuch war, Stücke zu schreiben, die unter den erschwerten Bedingungen des Exils aufgeführt werden konnten und die

die Spieler allmählich in Richtung auf ein besseres episches Theater führen sollten. Lukács versah 1963 in seiner »Ästhetik« den »Opportunismus« Brechts mit einem positiven Vorzeichen. Das »echt dramatische Gestalten« sei im »Galilei« und in anderen späten Dramen theoretisch noch inkonsequent, »aber dramatisch-dichterisch desto fruchtbarer in den Mittelpunkt gerückt«. Das epische Theater betrachtete Lukács weiter als theoretischen Irrtum Brechts. Als Beispiel für seine These, daß das »dichterisch-Rationale« auch ohne Verfremdungseffekt zu verwirklichen sei, nannte er Tschechow, der seine Dramen auf dem Gegensatz der subjektiven Intentionen der Gestalten und deren objektiver Richtung und Bedeutung aufgebaut habe. Bei ihm sei demnach das Drama selbst der ›Verfremdungseffekt‹. Nun war aber Brecht nicht darauf aus, daß der Zuschauer ein Programm in Form von Dichtung schlucken sollte. Lukács zufolge hatte Brecht den Verfremdungseffekt als Taschenspielertrick erfunden. Das Mittel der Verfremdung diente aber dem Stückeschreiber nicht zur Verdunkelung irgendwelcher Absichten, sondern zu ihrer Erhellung. Sein Theater sollte auf unterhaltsame Art die Lust an gesellschaftlich eingreifendem Denken und Handeln lehren. Nur scheinbar waren Stücke wie »Galilei« ein Zugeständnis Brechts an die Realismus-Kriterien von Lukács. Ernst Schumacher weist in seiner Arbeit über den »Galilei« darauf hin, daß Brecht trotz erheblicher Einwände an der Form des Stükkes auch später nichts geändert, und daß er die »planetarischen Demonstrationen«, die er für wünschenswert hielt, nicht realisiert hat. »Galilei« ist nämlich das einzige Stück Brechts, in dem er sich bei der »Historisierung«, der Verfremdung aktueller Ereignisse, der Historie bediente. Die Verfremdung ist von Brecht nicht aufgegeben, aber sie kommt auf andere Art zustande. »Die Antwort«, schreibt Schumacher, »kann nur darin gefunden werden, daß er es nicht mit einer erdachten, sondern mit einer wirklichen Geschichte zu tun hatte, die er zur Verdeutlichung der gegenwärtigen Geschichte benützte.« Um Mißverständnissen vorzubeugen, suchte Brecht im Fall dieses Stückes Lösungen, die dem Zuschauer klarmachen sollten, daß es sich auch hier um episches Theater handelte. Am 23. 11. 38 notierte er, auf den »Kunstgriff« am Schluß anspielend: »Selbst der unbedenklich sich Einfühlende muß zumindest jetzt, auf dem Weg der Einfühlung selber in den Galilei, den V-Effekt verspüren. Bei streng epischer Darstellung kommt eine Einfühlung erlaubter Art zustande.«

Zufrieden war Brecht mit diesem Kompromiß nicht. 1945 kritisierte er wieder, anläßlich der Umarbeitung des Stückes in Amerika, die herkömmliche Art der Dramaturgie: »Im ›Galilei‹ mit seinen Interieurs und Stimmungen wirkt die dem epischen Theater entnommene Bauart der Szenen merkwürdig theatralisch.« Brecht war nicht »theoretisch inkonsequent«, wie Lukács meinte, sondern kam nur zu keinem befriedigenden Ergebnis bei der praktischen Gestaltung des formalen Problems. Wenn der Stückeschreiber anmerkt, daß er mit dem V-Effekt nicht Gefühle verhindern will, sondern vor allem das Auslösen »richtiger Gefühle« gesichert sehen möchte, räumt er damit der Einfühlungstheorie von seinem Standpunkt aus zwar Konzessionen ein, aber aufgegeben ist sie auch im »Galilei« nicht. Gerade an Lukács' Bemerkungen zu diesem Stück wird besonders deutlich, daß er nicht imstande ist, das »Verfremdungstheater« Brechts von der Dialektik her zu verstehen. Im Sinn der Interpretation von Lukács ist die Courage noch eine tragische Figur, die subjektiv ihrem Untergang entgegengeht, weil sie mit ihren Handlungen im Gegensatz zur objektiven Richtung und Bedeutung der gesellschaftlichen Gesamtentwicklung steht. Die Tragik der Courage interessiert dagegen Brecht überhaupt nicht. Ihm kommt es darauf an, daß der Zuschauer erkennt, warum die Courage untergeht. Die Gefühle der Courage zu verstehen, scheint ihm eine ›Einfühlung‹ erlaubter Art. Diese neue Qualität der Einfühlung des Zuschauers hat zur Folge, daß vom Standpunkt der sozialistischen Gesellschaft aus die Figuren Tschechows zum Beispiel ebenfalls nicht mehr tragisch aufzufassen sind. In einer als Dialog fixierten Abhandlung über »das Tragische« meint Brecht, daß die epische Spielweise nicht an der »Hervorbringung« von tragischer Stimmung interessiert sei, damit sei jedoch nicht gesagt, daß durch diese Spielweise überhaupt keine tragische Stimmung mehr entstehen könnte: »Sie würde die tragische Stimmung zulassen, wenn eine Darstellung, welche die Historizität und Praktikabilität der gesellschaftlichen Grundlage berücksichtigt, eine solche Stimmung hervorrufen würde.«

Brecht argumentiert gegenüber den Kritikern, deren berechtigte Forderung, »die Realität so darzustellen, daß sie meisterbar wird«, er unterstützt, daß Realität »ohne Erkennen ihrer dialektischen Natur« nicht darstellbar ist. Für ihn ist es also notwendig, »auf den widerspruchsvollen, prozessualen Charakter der Zustände, Vorgänge, Figuren hinzuweisen«. Aufgabe des Verfremdungseffekts ist es, »diese dialektische Natur« darstellbar zu machen, »durch sie erklärt er sich«. Tragik ist sekundär geworden. Verfremdung heißt, »einen Widerspruch anmelden«. Die Dialektik muß konkret werden können: »Die Welträtsel werden nicht gelöst, sondern gezeigt.« Brecht will V-Effekte zur Wirkung bringen, um widerspruchsvolle Emotionen auszulösen, um auch den Zuschauer zum Dialektiker zu machen. Lukács dagegen geht es nicht um Einflußnahme auf die Wirklichkeit, er sucht das »Kunsterlebnis«. Brechts episches Theater ist der Versuch, dieses »Kunsterlebnis« der Metaphysik zu entreißen, es zu »verirdischen«. An dieser Stelle beginnt für Brecht die Frage nach der Form, denn »die politische Nutzbarkeit der nichtaristotelischen Dramatiker zu erklären, ist ein Kinderspiel; die Schwierigkeiten beginnen in der ästhetischen Sphäre«.

1937/38 veranstaltete die von Brecht, Bredel und Feuchtwanger herausgegebene Zeitschrift »Das Wort« die sogenannte »Expressionismusdebatte«. In dieser Debatte standen auf der einen Seite Lukács und seine Anhänger, auf der anderen jene Sünder, die der Dekadenz, des Modernismus und Avantgardismus verdächtig waren. Rückblickend unterteilte Lukács die »Front« seiner Gegner, jene, »die den Expressionismus durch dick und dünn verteidigten«, in radikale Neuerer wie Benn, deren Kritik zur Stabilisierung des Kritisierten beitrug, und »ehrliche Sucher« wie Anna Seghers und Hanns Eisler, »die von den neuen Erscheinungen des gesellschaftlichen Lebens im Innersten gepackt und erschüttert waren und die zugleich eine humanistische und revolutionäre Antwort auf die spezifischen Greuel dieser Periode zu finden ausgingen«. Lukács vermutete später richtig, daß Brecht, obwohl er nicht unmittelbar wie Bloch, Eisler und Anna Seghers an der Diskussion teilnahm, das Zentrum der gesellschaftlich interessierten Avantgarde war. Brecht seinerseits sah damals in Lukács den Anführer der »Moskauer Clique«.

Die Diskussionen um den sozialistischen Realismus hatten Ende der dreißiger Jahre ihren ersten Höhepunkt. Die Stalinsche Kunstpolitik sollte von Moskau aus international wirksam werden. Brecht schaltete sich in die Diskussionen ein, seine Auffassung kam aber nicht zu Wort. Selbst die programmatische Arbeit »Weite und Vielfalt der realistischen Schreibweise«, in der Lukács namentlich nicht genannt ist, wurde damals nicht gedruckt. Sie enthielt Brechts Forderung, »den Realismusbegriff weiter, großzügiger und eben realistischer« aufzufassen. In einer wahrscheinlich für die Redaktion des »Worts« bestimmten Anmerkung zu seinem Aufsatz erklärte sich Brecht für den Abbruch der Debatte, weil sie die Gegensätze unerträglich verschärft habe. Er wollte den Streit vermeiden, um die breite Front gegen Hitler nicht nach außen hin zu zersplittern: »Ich habe deshalb eine positive Form meiner Ausführungen gewählt und so geschrieben, daß die Sache (die im letzten Heft der *Internationalen Literatur* schon eine recht bösartige Form angenommen hat, indem Lukács dort »gewisse Dramen Brechts« ohne weitere Beweisführung als formalistisch denunziert) damit ihr Bewenden haben kann.« Brechts Position in der »ästhetischen Sphäre« war der von Lukács völlig entgegengesetzt. Die von Moskau aus verordnete Kunsttheorie, die »den« realistischen Stil proklamierte, lehnte der Stückeschreiber vollkommen ab, er attackierte viele damals hochgespielte »sozialistische Klassiker« und zeigte den spießbürgerlichen Hintergrund ihres Realismusbegriffs auf. Selbst das bedeutendste Prosawerk noch aus den ersten Jahren der Stalinära, Scholochows »Stiller Don«, war für Brecht eher ein impressionistischer Roman, der zwar moralische Forderungen an die Figuren stelle, aber kaum etwas über den sozialen Ort seiner Figuren aussagen könne, also kein realistischer Roman. Realistische Kunst aber war für Brecht »eine Kunst, welche die Realität gegen die Ideologien führt und realistisches Fühlen, Denken und Handeln ermöglicht«.

Anläßlich der Kontroversen von Sowjetliteraturhistorikern notierte er: »Eigentliche Untersuchungen werden nicht veranstaltet oder sie haben Prozeßcharakter. Der Ton ist erschrekkend unproduktiv, gehässig, persönlich, autoritär und servil zugleich. Offensichtlich ist das keine Atmosphäre, in der eine lebendige, kämpferische, üppige Literatur gedeihen könnte.

Tatsächlich gibt es nicht nur keinen bedeutenden Roman, sondern es gelten sogar solche Kitschromane wie die des Alexej Tolstoi als gut. Und es gibt nicht ein Drama, nicht eine dramatische Figur, weder komische noch tragische, nicht eine sprachliche Leistung, nicht eine philosophische Qualität in irgendeinem Stück und das bei einem sehr leistungsfähigen Theater.«

Brecht – und das unterschied ihn selbstverständlich von ähnlich argumentierenden Kritikern außerhalb der Sowjetunion – nahm die schlechte und verhängnisvolle Kunstpolitik nun nicht zum Anlaß, generell gegen das Land, in dem die Oktoberrevolution stattgefunden hatte, zu polemisieren. Seine Kritik im einzelnen diente nicht der Absicht, »tiefliegende Brüche zu enthüllen« oder nachzuweisen, daß überhaupt da etwas faul sein müsse: »Zunächst ist wohl nur zu sagen, daß die Bolschewiki es eben nicht verstanden, eine Literatur zu entwickeln. Man muß nicht einmal behaupten, daß ihre Methoden auf diesem Feld versagten, es genügt vielleicht zu sagen, daß die Methoden, die sie auf diesem Feld anwendeten, versagten. Die Situation war bestimmt unglücklich. Die Literatur wurde von der Machtübernahme des Proletariats überrascht.« Später führte Brecht diese Überlegungen theoretisch noch weiter, als er auf die verhängnisvollen Auswirkungen der Forderungen der Partei an die Schriftsteller einging: »Die Sowjetunion hat, die bürgerliche Revolution sofort in die proletarische verwandelnd, die vorhandenen fortschrittlichen Schriftsteller zu einem Sprung gezwungen, der manchen das Genick oder zumindest die Beine gebrochen hat. In einem Kerenskirußland wäre ein Ehrenburg eine literarische Weltfigur geworden. Für eine große Anzahl von Schriftstellern war, was für Majakowski Freiheit war, harter Zwangszustand. Sie rächten sich an Majakowski.« Für Majakowski wie für Brecht waren im Sinne Lenins revolutionäre Theorie und Praxis eine Einheit. Sie konnten »im Auftrag der Partei« dichten, einigen anderen Schriftstellern, die nur Mitläufer oder Romantiker der Revolution waren und sich ehrlich bemühten, für die Sache des Volkes einzutreten, bereiteten die Aufträge und Forderungen der Partei den künstlerischen Ruin. Für die Partei waren die folgsamen Schriftsteller bequemer als die sozialistischen. So kam es zu der komischen Situation, daß Brecht und Majakowski von der Partei kritisiert wurden, weil sie Fehler aufzeigten und Widersprüche behandelten, während ihnen gleichzeitig ihre bürgerlichen Kollegen vorwarfen, sie fügten sich willenlos den Wünschen der Kommunistischen Partei.

Im Vorwort zur westdeutschen Ausgabe seines Buches »Der russische Realismus und die Weltliteratur« von 1964 bezeichnete Lukács sein Engagement für die Alten in der Expressionismus- bzw. Realismusdebatte als ein »reculer pour mieux sauter« im Leninschen Sinn. Er habe indirekt durch Analyse der großen Realisten der Vergangenheit »die schematisierend-ärarische Literatur« der Stalinzeit bekämpfen wollen. Das Festhalten an den Traditionen sei bei ihm nur Ausdruck der »Sehnsucht nach einer angemessenen künstlerischen Widerspiegelung der gegenwärtigen Wirklichkeit« gewesen. Diese Feststellung war jedoch nur eine eigenartige Beschönigung seiner verhängnisvollen Rolle, die er im Moskauer Exil gespielt hatte. Er polemisierte schließlich nicht nur im Namen des Realismus gegen den Formalismus und die Dekadenz von Proust, Joyce, Kafka, Dos Passos und Brecht. Die Tendenzen, die Lukács »liquidieren« wollte, waren keineswegs bei den Repräsentanten des »höchst ärarischen, schematisch-naturalistischen Durchschnitts des sozialistischen Realismus« zu finden, sondern bei sozialistischen Autoren wie Ehrenburg, Olescha oder Tretjakow.

Zwei seiner Aufsätze, gedruckt in der Zeitschrift »Internationale Literatur«, gingen der Debatte im »Wort« voraus: »Größe und Verfall des Expressionismus« und »Erzählen oder Beschreiben?« Besonders der zweite Aufsatz erregte Brechts Mißfallen. Lukács konfrontierte hier die erzählerischen Haltungen von Tolstoi, Balzac und Scott mit Flaubert und Zola. Bei den ersteren seien Ereignisse dargestellt, »die an sich bedeutsam sind durch das Schicksal der an ihnen beteiligten Personen, dadurch, was die Personen in der reichen Entfaltung ihres menschlichen Lebens für das Leben der Gesellschaft bedeuten«. Bei Flaubert und Zola aber seien die Personen Zuschauer von Begebenheiten. Entscheidend für Schriftsteller sei ihre »Stellung zum Leben«. Erzählen und Beschreiben seien die beiden grundlegenden Darstellungsmethoden zweier Perioden des Kapitalismus, die zwei verschiedene Stellungen des Schriftstellers zur Wirklichkeit zur Folge hätten. Beschreibung fördere die Tendenz zu Nivellierung, deshalb bedeute diese

Methode eine Gefahr für den Realismus in der Literatur. Im Roman forderte Lukács die »Gestaltung des ganzen Lebens in seiner vollständigen entfalteten Breite«. Bei den Modernen führe eine ausdrücklich angestrebte Wissenschaftlichkeit »zu vollendetem Subjektivismus«. Es dürfe aus diesem Grund keine von menschlichen Schicksalen unabhängige »Poesie der Dinge« geben: »Die Dinge leben dichterisch nur durch ihre Beziehungen zum Menschenschicksal. Darum beschreibt sie der echte Epiker nicht. Er erzählt von der Aufgabe der Dinge in der Verkettung der Menschenschicksale.« Die Menschen müßten »in wirklichen Handlungen« erprobt werden und »die menschlichen Schicksale der Dargestellten« müßten imstande sein, uns dichterisch zu erregen. Nur »echte Epik« schaffe »bleibende Gestalten«. Die modernen Realisten schwächten die kapitalistische Wirklichkeit ab. Äußere Beschreibung läßt Lukács nicht mehr zu, besonders vom sozialistischen Schriftsteller verlangt er die Überwindung der »Überreste des Kapitalismus«. Flaubert gilt als entschuldigt, weil es zu seinen Lebzeiten noch keine Oktoberrevolution gab. In der Sowjetunion aber dürfe es zum Beispiel kein »reportagehaftes Verhalten zu den Problemen der Epik« mehr geben.

Lukács' Kritik zielte namentlich auf die Romane Tretjakows, für den Menschen nur noch Illustrationsmaterial seien. Er schreibe »Dokumentenromane« und vertrete die Theorie einer »Biographie der Dinge«. Wenn in einem Roman eine »individuelle« Fabel fehlt, so sieht Lukács darin rein soziologische und gesellschaftliche Tendenzen: »Der unendliche Reichtum des Lebens muß verloren gehen, wenn die komplizierte Verschlungenheit jener Wege und Umwege, auf denen die individuellen Menschen das Allgemeine bewußt oder unbewußt, gewollt oder ungewollt verwirklichen, ungestaltet bleibt.« Die Methode der Beschreibung nehme den Romanen jede Spannung. Als positives Gegenbeispiel nennt Lukács Scholochow: »Es genügt, auf Kunst und auf das Leben Scholochows hinzuweisen.« Auch die eigene Lebensweise sei schließlich entscheidend für den realistischen Schriftsteller, denn »Überreste im Bewußtsein deuten immer auf solche im Sein«.

Brecht bemerkte zu diesem Aufsatz in seinem Tagebuch: »Dieser Stumpfsinn ist gigantisch.« Er machte sich lustig über die verräterische Terminologie und gab dem »Herrn Professor« zu verstehen, daß doch wohl die gesellschaftlichen Veränderungen die traditionelle Erzählform fragwürdig gemacht hätten: »Da ist bei Lukács im frühen bürgerlichen Roman *(Goethe)* ein ›breiter Reichtum des Lebens‹ und der Roman erweckt ›die Illusion der Gestaltung des ganzen Lebens in seiner vollständigen entfalteten Breite‹. Nachmachen! Nur, daß sich jetzt nichts mehr entfaltet und kein Leben mehr breit wird! Der Rat wäre höchstens, man solle es breit treten! Ein solches Breittreten besorgt der Kapitalismus übrigens, die berühmte eiserne Ferse. Wir haben tatsächlich lauter Umwege, Abwege, Hindernisse, Bremsvorrichtungen, Bremsschäden usw. zu beschreiben. Aber mit der zunehmenden Quantität ist da der Umschlag eingetreten. Lukács, der geneigt ist, alles aus der Welt ins Bewußtsein zu verlegen, beobachtet ihn (indigniert) nur in der Sphäre des Bewußtseins. Bei Zola rückt ein Tatsachenkomplex in den Mittelpunkt der Romane, das Geld, das Bergwerk usw. Aus organischer Vielfalt der Komposition wird mechanische Verknüpfung, Montage. Zunehmende Entmenschung des Romans! Daraus dreht der unselige Mann nun den unseligen Schriftstellern, die aus ›Erzählern‹ zu ›Beschreibern‹ herabgesunken sind, den Strick. Sie kapitulieren. Sie stellen sich auf den Standpunkt des Kapitalismus, sie entmenschen das Leben. Die Proteste, die sie anfügen, läßt er nicht gelten. Sie sind post festum, in die Sache hineingetragen, es sind Scheinradikalismen. Aber daß das entmenschte Proletariat tatsächlich seine ganze Menschlichkeit in den Protest legt und von da aus in den Kampf gegen die Entmenschlichung der Produktion geht, übersieht der Herr Professor. Die Umwegigkeit der neuen Wege soll den Roman nicht umprägen. In der Tat hat er da einen Reichtumsbegriff (in Sätzen wie dem von ›diesem Reichtum des Gewebes‹), der sich recht schnell überlebt hat. Viel ist mehr geworden und von Reichtum ist keine Spur mehr. Aus dem Kalkulieren ist ein Theoretisieren geworden. Es nimmt nicht die gleiche Stellung ein, es rangiert nicht mehr unter den ›Reflexionen des Helden‹. Der Schriftsteller sieht etwas Neues, wenn er den Proleten beim Abstrahieren sieht, das muß man sich klarmachen. An den ›seelenlosen‹ Tatsachenkomplexen Bergwerk, Geld usw. ist die Erzählungsform der Balzac, Tolstoi usw. in die Brüche gegangen. Die Ermahnungen der Professoren leimen sie nicht wieder zusammen. All the kings horses and all the kings men couldn't humpty dumpty put together again. Gide schreibt seinen Hauptroman über die Schwierigkeit, einen Roman zu schreiben *(Die Falschmünzer)*. Joyce schreibt einen Katalog von Beschreibungsarten und die einzige große volkstümliche Erzählung der Zeit, Hašeks *Schweyk,* hat die nach dem Drama hin orientierte Romanform des frühen bürgerlichen Romans verlassen.«

Lukács' Lob für die Szene »Der Spitzel« wies Brecht mit der Bemerkung zurück, er hätte doch eben hier die inkriminierte Technik der Montage angewendet. Auch in anderen Werken »montierte« der Stückeschreiber, er selbst berief sich immer wieder auf entsprechende Versuche im Film und bei anderen Schriftstellern. Brecht benutzte die Montage, wo es ihm angebracht schien, er verteidigte sie auf jeden Fall gegen die Argumente eines Lukács: »Ich habe keinen Grund, auf Gedeih und Verderb die dospassosche Montagetechnik zu propagieren ... Aber ich möchte eine Verurteilung dieser Technik lediglich zugunsten der Schaffung bleibender Gestalten doch nicht zulassen. Erstens hat gerade Dos Passos ›kampfvolle und verschlungene Wechselbeziehungen von Menschen‹ ausgezeichnet dargestellt, wenn auch seine Kämpfe nicht die der Tolstoischen Gestalten und seine Verschlingungen nicht die der Balzacschen Fabeln waren. Zweitens steht und fällt der Roman durchaus nicht mit der ›Gestalt‹ und besonders nicht mit der Gestalt der Art, wie sie im vorigen Jahrhundert existierte. Man sollte nicht die Vorstellung nähren von einer Art Walhalla der bleibenden Gestalten der Literatur, einer Art von Madame Toussaudschen Panoptikums, in dem von der Antigone bis zur Nana und von Aeneas bis Nechljudow lauter bleibende Gestalten stehen.«

Brecht warf also Lukács vor, daß er die Frage des Realismus zu einer Frage der Form machte, wo er Technik meinte: »Man sollte ohne große Erwartungen Leute anhören, die zugern das Wort Form benutzen, als etwas anderes als Inhalt, oder in Beziehung zum Inhalt oder wie immer, und das Wort Technik allzusehr verabscheuen, etwa als etwas ›mechanisches‹. Man soll sich nicht darum kümmern, daß sie die Klassiker (des Marxismus) zitieren und dort das Wort Form vorkommt: sie haben nicht die Technik des Romanschreibens gelehrt. Und das Wort mechanisch braucht niemanden zu schrecken, solang es sich auf Technik bezieht; es gibt eine Mechanik, die der Menschheit große Dienste erwiesen hat und noch erweist, eben die der Technik. Die ›Rechtgläubigen‹ unter uns, die, auf anderem Gebiet, Stalin von den Schöpferischen unterscheidet, pflegen mit gewissen Wörtern, willkürlichst angewandt, die Geister zu bannen.« Formale Fragen würden von Lukács und seinen Anhängern formalistisch behandelt. Ihr Marxismus sei eher ein »Murxismus«. Brecht charakterisierte ihre Argumentation: »Die bürgerlichen Realisten hatten einen unvollständigen Realismus, hatten noch Idole; lassen wir die weg und alles ist in Ordnung. Ihre Fakten werden akzeptiert und neu geordnet. Marx ist der mit den richtigen Folgerungen versehene Ricardo. Nichts weiter. Scholochow der von einigen Scheuklappen befreite Balzac. In Wirklichkeit haben die Scholochows nicht die Spur von Balzacs Materialismus (einem merkwürdigen Gebräu von Romantik, Faktenhunger, Sammlerwahn, Spekulation usw.) und unzählig mehr Scheuklappen.«

Die Behandlung aktueller Probleme und Stoffe hielt Brecht nicht ohne Erfindung neuer Formen für möglich. Er wies den Versuch von Lukács, den Realismus zu einer Formsache zu machen, als unmarxistisch zurück. Dem Stückeschreiber ging es weder um die alte, noch um die neue Form, er forderte die geeignete: »Alles Formale, was uns hindert, der sozialen Kausalität auf den Grund zu kommen, muß weg; alles Formale, was uns verhilft, der sozialen Kausalität auf den Grund zu kommen, muß her.« Lukács wollte alte Formen rein formal erhalten. Seine Abhandlungen betrachtete Brecht nicht als Analysen, sondern als Bauvorschriften für zeitgemäße Romane. Was nützt auch aller »Reichtum des Lebens«, wenn die Zustände, die zu beschreiben sind, zum Himmel schreien. Mit seinen Forderungen nach »runden«, »harmonischen« und »seelisch reichen« Figuren machte Lukács die Schriftsteller und nicht die gesellschaftlichen Verhältnisse für den »Verfall« der Literatur verantwortlich. Brecht bezeichnete den Kummer von Lukács über die Sprengung bürgerlicher Erzählformen als »eigentümlichen Hang zum Idyllischen«: »Die Technik der Balzac macht aus Henry Ford keine Persönlichkeit von der Art des Vautrin, aber, was schlimmer ist, sie gestattet nicht, die neue Menschlichkeit des klassenbewußten Proletariers unserer Zeit zu gestalten. Upton Sinclairs Technik ist nicht zu neu, sondern zu alt für solche Aufgaben. Das ist nicht zu wenig Balzac, sondern zuviel Balzac.«

Angeregt von der heftigen Kritik Lukács' beschäftigte sich Brecht mit einigen Werken der »Avantgardisten«. Er studierte den Katalog von Sünden wie die der Montage, der Verfremdung, des Stilwechsels und des Inneren Monologs und entdeckte in diesem Zusammenhang den »Ulysses« von Joyce als einen »großen satirischen Roman«. Er fragte sich, ob »der Josefsroman wirklich so viel volkstümlicher« geschrieben sei als der »Ulysses«. In einem Beitrag «Praktisches zur Expressionismusdebatte« schrieb Brecht: »Das Buch Joyces habe ich von ganz intelligenten Lesern wegen seines Realismus loben hören. Nicht daß sie die Schreibweise als solche gelobt hätten (einige sprachen von Manieriertheit). Aber es schien ihnen einen realistischen Inhalt zu haben. Wahrscheinlich wird man mich einen Kompromißler nennen, wenn ich gestehe, daß ich über den »Ulysses« beinahe ebenso gelacht habe als über den »Schweyk« und für gewöhnlich lacht unsereiner nur bei realistischen Satiren.« Bei Joyce fand Brecht sogar mehr Realismus als bei Thomas Mann oder Scholochow, zwei der wenigen von Lukács neben Gorki ohne wesentliche Einschränkungen akzeptierten Schriftstellern des 20. Jahrhunderts. Obwohl er im Grundsätzlichen recht hatte, war Brecht nun im Detail nicht überlegen genug, etwa für Thomas Mann auch Argumente geltend zu machen, wie er sie für sich im Falle von »Furcht und Elend des Dritten Reiches« angeführt hatte. Vom Urteil über Thomas Mann und Scholochow einmal abgesehen, lieferten jedoch die Stellungnahmen Brechts zu den Fragen einer realistischen Ästhetik einen brauchbaren Ansatz für eine marxistische Realismustheorie. Lukács bot dagegen in seinen Essays nur Maßstäbe zweifelhafter Natur. Er formulierte Richtlinien, die der Ästhetik des bürgerlichen Romans abgewonnen waren. Seine Bauvorschriften bestimmen auch heute noch die offiziellen marxistischen Verlautbarungen zum Realismusproblem. Marxistischen Kritikern schlug der Stückeschreiber damals vor, den Stoff eines Dramas »als Marxist, als Historiker, Politiker, Ökonom und Dialektiker durchzuarbeiten und dann, wenn sie über formale Elemente ästhetischer Art ein Urteil abgeben wollen, das für den Bau von Stücken fruchtbar sein soll, diese Elemente abzuwiegen, wieweit sie dem Stoff gerecht werden«.

Die Auseinandersetzung zwischen Brecht und Lukács, die im Zeichen der Volksfront öffentlich nicht entschieden genug ausgetragen werden konnte, erreichte ihren Höhepunkt mit Lukács' Arbeit »Marx und das Problem des ideologischen Verfalls«. Es war dies eine Zusammenfassung seiner bisherigen Thesen und zugleich ein Generalangriff auf alle Schriftsteller, denen kein »wirkliches Durchstoßen zu den Quellen des Lebens« gelang. Brecht wies in seiner Erwiderung jetzt auch auf die gefährliche Übereinstimmung von faschistischer und sozialistischer Kunstauffassung à la Lukács hin:

»Lese Lukács' ›Marx und das Problem des ideologischen Verfalls‹. Wie ›der Mensch‹ sich einbaut auf allen vom Proletariat geräumten Positionen! Die Rede ist wieder vom Realismus, den sie jetzt glücklich so heruntergebracht haben wie die Nazis den Sozialismus. Der realistische Schriftsteller der ›Verfallszeit‹ (das ist unsere Epoche; am Anfang immer ein paar gemurmelte ›bürgerliche Verfallszeit‹, dann nur noch Verfallszeit – es zerfällt das Ganze, nicht das Bürgertum) wird davon entbunden, dialektischer Materialist zu sein. Er muß nur ›*gestaltend* der richtig wahrgenommenen und erlebten Wirklichkeit vor der anerzogenen Weltanschauung, vor den anerzogenen Vorurteilen den Vorzug geben‹. Da die Balzac und Tolstoi das taten, geben sie die Wirklichkeit wieder! Die Scholochows und die Thomas Manns werden damit gerechtfertigt, sie geben die Wirklichkeit wieder! Zwischen den Realisten des Bürgertums und denen des Proletariats ist kein Gegensatz. (Ein Blick auf die Scholochows scheint das allerdings zu beweisen.) Wohl auch nicht zwischen Bürgertum und Proletariat selber? Wie auch, im Zeichen der Volksfront? Hoch der Pastor Niemöller! Realist reinsten Wassers! Zum *Gestalten* ist wieder einmal kein Wissen nötig (denn Thomas Mann gestaltet doch wohl und weiß doch wohl nichts). Gestaltend geben diese halfwits der Wirklichkeit den Vorzug vor den Vorurteilen, ohne es zu wissen. Es ist ein direkter Erlebnisvorgang: du bekommst einen Tritt, sag: au! Er bekommt einen Tritt, laß ihn ›au‹ sagen. Oh Einfalt! Dieser Lukács wird von dem Problem der ideologischen Verfälle magisch angezogen. Das ist sua res. Die Marxschen Kategorien werden da von einem Kantianer ad absurdum geführt, indem sie nicht widerlegt, sondern angewendet werden. Da ist der *Klassenkampf,* ein ausgehöhlter, verhurter, ausgeplünderter Begriff, ausgebrannt bis zur Unkenntlichkeit, aber er ist da und er tritt auf. ›Gesehen wurde auch ...‹, ›unter anderen liefen ...‹ Kein Fakt mehr, kein Konkretum. In dem erwähnten Aufsatz ein kurzes Marxzitat. Marx lobt bei Sue die Gestaltung einer Rinnsteinfigur. Die Fleur De Marie wird von ihm mit schönen Eigenschaften ausgestattet, damit wird ›den Vorurteilen der Bourgeoisie ins Gesicht geschlagen‹. Das ist schließlich konkret, es wird ins Gesicht geschlagen und überhaupt, es wird auf die Realität eingegangen, eben die entmenschte Lage der Fleur de Marie. Bei den Lukács ist der Klassenkampf nur noch ein Dämon, ein leeres Prinzip, das die Vorstellungen der Leute verwirrt, nichts mehr, was stattfindet. Er ist ja drin in der Wirklichkeit, der Schriftsteller schildere also die Wirklichkeit und er wird in ihren Schilderungen drin sein! Und wie ähnelt dieser Zug, da diese Leutchen ihre formalistische Kritik mit einem Kampf gegen den Formalismus starten, den national›sozialistischen‹ Manövern!«

Ähnlich argumentierte auch Ernst Bloch, der schon 1937 in einem Aufsatz zur Expressionismusdebatte die »Übereinstimmung einiger Moskauer Intellektueller schematischen Schlags mit Hitler« festgestellt hatte. Er kritisierte, daß von Marxisten wie Lukács »rote Fanfaren gegen den Expressionismus geblasen werden«, von einem Klassizismus her, den auch Hitler besitze. Zu dem Vorwurf Lukács', die Expressionisten hätten das kulturelle Erbe durch Schändung mißachtet, meinte Bloch: »Die Menschen mit ›unserer Väter Werke‹ vom vorigen Jahrhundert waren keine Erben, sondern Epigonen; auf ihnen lastete Goethes Wort: ›Weh dir, daß du ein Enkel bist.‹ Die Jugend aber, die sich in unserem Jahrhundert erneuert, immer wieder erneuert, hat die große Vergangenheit nicht als Fluch, sondern als Zeugnis.« In seinem Diskussionsartikel für »Das Wort« ging Bloch erneut mit der mechanischen, undialektischen Abkanzelung aller neueren künstlerischen Versuche durch Lukács ins Gericht: »Dauernder Neuklassizismus oder der Glaube, daß alles, was nach Homeros und Goethe hervorgebracht wurde, unrespektabel sei, wenn es nicht nach deren Vorbild, vielmehr der Abstraktion daraus gemacht sei, dieses ist allerdings keine Warte, um die Kunst der vorletzten Avantgarde zu beurteilen und in ihr nach dem Rechten zu sehen.« Lukács habe einen »objektivistisch-geschlossenen Realitätsbegriff«, der ihn dazu verführe, gegen jeden Künstler Stellung zu nehmen, der den Versuch macht, »ein Weltbild zu zerfällen (und wenn das Weltbild das des Kapitalismus ist)«. Das Experiment des Zerfällens setze Lukács mit dem Zustand des Verfalls gleich: »Die Expressionisten waren ›Pioniere‹ des Zerfalls: wäre es besser, wenn sie Ärzte am Krankenbett des Kapitalismus hätten sein wollen?« Das Werk Brechts hielt Bloch dem Literaturhistoriker, der damals auffallend oft mit dem Wort »liquidieren« operierte, entgegen: »Brecht will ›kärgliche Sprache, reinlich die Worte setzend‹, aber er will eben damit eine exakte Phantasie, die die Dinge beim Namen nennt und sich nicht schmälern läßt. Brechts Einfachheit hat dadurch gerade mit der abstrakten ›Liquidierung‹ nichts gemein; vielmehr es melden sich politische Säure und Fülle ... Von diesem Werk gilt, was ein Plakat von Mahagonny verspricht: ›Dort wurde gestern erst nach euch gefragt‹. Und die Finsternisse antworten, mit Ärger die Kapitalfreundlichen, die nicht gefragt wurden, mit Torheit die Schematischen links, die es nicht verstehen.«

Gemeinsam mit Hanns Eisler publizierte Bloch schließlich einen polemischen Beitrag zum kulturellen Erbproblem für die »Neue Weltbühne«, den Lukács zum Anlaß nahm, auch mit dem Komponisten und Mitarbeiter Brechts scharf ins Gericht zu gehen. Eisler hielt den Schematismus Lukács' nicht nur für eine künstlerische, sondern auch für eine politische Katastrophe: »Was die Künstler brauchen, ist nicht die Mitteilung, daß alles, was in heutiger Zeit produziert wird, notwendigerweise faul sein muß und faul sein wird, sondern sie brauchen Verständnis und Kenntnis ihrer spezifischen Produktionsprobleme ... Der Formalismus wird nicht durch Akademismus überwunden, sondern einzig von den neuen Stoffen her, die nach einer ihnen gemäßen, inhaltlich bestimmten Form drängen.« Eisler schlug deshalb eine produktive Übernahme des Erbes vor und sprach sich gegen akademische Klassikerpflege aus, wie sie die Nazis betrieben. Das historische Erbe sei, »dem Mißbrauch der Nazis gegenüber, durchaus kritisch zu verarbeiten«. Aus diesen Anmerkungen folgerte Lukács ein fremdes, hochmütiges und ablehnendes Verhalten »zu der glorreichen literarischen Vergangenheit des deutschen Volkes«. In Eislers Position sah er einen Avantgardismus der schlimmsten Art. Der Komponist blieb die Antwort nicht schuldig: »Durch die Kritik von Lukács veranlaßt, könnte mancher sogar, aus Angst, sich ›fremd, hochmütig‹ zu benehmen, die antifaschistische Praxis in Deutschland als Barbarei bezeichnen und sich in eine Oberlehrer-Museums-Ästhetik zurückziehen, die es ihm ermöglicht, die Klassiker mehr innerlich nachzuerleben. Einen anderen Vorschlag für die Praxis in Deutschland hat Lukács nicht gemacht. Denn eine Stammtischformulierung wie die ›glorreiche literarische Vergangenheit des deutschen Volkes‹ wäre auch nur ein magerer Bissen für durchaus reale Bedürfnisse. (Das Wort ›glorreich‹ übrigens wurde in Deutschland mehr zum Ruhme der preussischen Armee angewendet als zur Ehrung Goethes und Beethovens.)« Brecht entwarf eine »Kleine Berichtigung«, die wiederum nicht gedruckt wurde. Darin hieß es: »Mit meinem Freund Eisler, der wenigen als blasser Ästhet vorkommen wird, hat Lukács gleichsam den Ofen geputzt, weil er bei der Testamentsvollstreckung angesichts des Erbes nicht die vorgeschriebene pietätvolle Rührung gezeigt haben soll. Er kramte sozusagen darin herum und weigerte sich, alles in Besitz zu nehmen. Nun, vielleicht ist er als Exilierter nicht in der Lage, soviel mit sich herumzuschleppen.«

Es sollte nicht vergessen werden, daß sich diese Auseinandersetzungen, die an Deutlichkeit nichts zu wünschen übrig ließen, vor dem Hintergrund der wachsenden Bedrohung durch den Faschismus und angesichts der Moskauer Prozesse abspielten. Abweichende Meinungen von Gleichgesinnten wurden heftiger bekämpft als faschistisches Gedankengut. Brecht war empört über das Hiebeausteilen. Die Diskussionen blockierten seine schriftstellerische Arbeit. Die Beiträge vor allen Dingen von Lukács waren die theoretische Rechtfertigung für die endgültige Verdammung aller fortschrittlichen Tendenzen in der Literatur. Seine platte, vom Idealismus geprägte schematische Kunsttheorie übersah die Leistungen aller modernen Künstler, das Werk Picassos, Strawinskis, Schönbergs, Eislers, Joyces ebenso wie das Werk von Brecht. Nur wenige dieser Künstler hatten so viel Kenntnisse von Marxismus, daß sie in der Lage gewesen wären, zwischen der Lehre Lenins und dem Vulgärmarxismus der Moskauer Kritiker zu unterscheiden. Ausgesprochen bürgerliche Schriftsteller wie

Romain Rolland, Sinclair Lewis oder Thomas Mann, deren Parteinahme für den Kommunismus sich allenfalls in ihren Reden, aber nicht in ihren Werken niederschlug, bekamen bessere Noten als sozialistische Schriftsteller wie Brecht, Majakowski oder Tretjakow, die die Wirklichkeit umfassender und parteilicher zur Darstellung brachten. Die Bürgerlichen wurden in Moskau zu Säulenheiligen des Realismus erklärt und als Vorbild empfohlen.

Die Weltanschauung der Alten, mit deren Realismusauffassung Lukács einverstanden war, durfte mit reaktionären Zügen durchsetzt sein, bei ihnen verhinderte das nicht »die umfassende, richtige und objektive Darstellung der gesellschaftlichen Wirklichkeit«. Bei einem Schriftsteller wie Tolstoi trennte Lukács die Darstellungsform von der Weltanschauung des Künstlers, weil ihm die Form gefiel. Den Modernen aber machte der Literaturhistoriker mangelndes richtiges Bewußtsein zum Vorwurf und erklärte damit gerade ihre angeblich unrealistische Schreibweise. Diesen Widerspruch räumte Lukács im Falle Tolstois durch die Erklärung beiseite, daß dessen reaktionäre Vorurteile untrennbar mit einer »gesunden, aufstrebenden und zukunftsvollen Volksbewegung« verbunden gewesen wären: »Tolstois Fall ist nicht der einzige in der Weltliteratur, wo ein Künstler auf der Basis einer grundfalschen Weltanschauung unvergängliche Meisterwerke geschaffen hat. Aber bei aller verschlungenen Wechselwirkung und Größe der realistischen Gestaltung kann selbstverständlich nicht eine beliebige falsche Weltanschauung zur Unterstützung eines großen Realismus dienen. Die Illusionen und Irrtümer der großen realistischen Schriftsteller werden nur dann künstlerisch fruchtbar, wenn sie historisch notwendige Irrtümer und Illusionen sind, verbunden mit einer großen fortschrittlichen gesellschaftlichen Bewegung.« Den zeitgenössischen Schriftstellern bot Lukács diesen Ausweg nicht an. Der Expressionismus etwa war für ihn »die literarische Ausdrucksform der USP-Ideologie in der Intelligenz«. Allen, die keine »echtgeborene Söhne des alten Homer« waren, sollte es schlimm ergehen.

Brechts ästhetische Theorie war dem Realismus und der politischen Praxis mehr verpflichtet als die von Lukács, dessen Festhalten an alten Formen nur zum Verweilen in höheren ästhetischen Regionen einlud. Daß der Theoretiker sich dabei auf Marx, Engels und Lenin berief, deren literarischer Geschmack wahrscheinlich auf Lukács einen zu tiefen Eindruck gemacht hatte, war ein Mißverständnis. Mit Marxismus hatte seine Methode kaum etwas gemein. Gegenüber der politischen Realität von 1938 verhielt sich Lukács fremd und dogmatisch, er forderte nicht den Kampf gegen den Faschismus, sondern gegen die Dekadenz. Er orientierte sich allein an der Literatur und an wenigen vorbildlichen Formen. »Über literarische Formen aber«, polemisierte Brecht, »muß man die Realität befragen, nicht die Ästhetik, auch nicht die des Realismus. Die Wahrheit kann auf viele Arten verschwiegen und viele Arten gesagt werden. Wir leiten unsere Ästhetik, wie unsere Sittlichkeit, von den Bedürfnissen unseres Kampfes ab.«

XXIII
Auf einer kleinen Insel, wo die Leute freundlich sind

Brecht trennt Theorie und Praxis – Der Versuch, einen historischen Roman zu schreiben – Cäsar als Geschäftsmann – Martin Andersen Nexö bekennt sich zu Brecht – Brecht huldigt dem dänischen Gorki – Kurze Begegnung mit Nordahl Grieg – Ein Stück über den Physiker Galilei – Der wissenschaftliche Beitrag wiegt schwerer als soziales Versagen – Von den Trägern des Wissens – Übersiedlung nach Schweden – Die Bildhauerin Ninan Santesson stellt ihr Haus auf dem Inselchen Lidingö zur Verfügung – Zwei Einakter im Knockaboutstil – Kriegsausbruch – Arbeit, eine gute Medizin – Eine unbelehrbare Kriegsgewinnlerin – Brechts Stücke bleiben ungetestet – Gespräche und Diskussionen in Lidingö – Brecht hält den Maler Hans Tombrock zu einem »Œuvre« an

> Deutet nicht alles darauf hin, daß es Nacht wird, und nichts, daß eine neue Zeit beginnt? Soll man also nicht eine Haltung einnehmen, die sich für Leute schickt, die der Nacht entgegengehen?

Weil es die politischen Umstände erforderten und weil er gespielt werden wollte, sah sich Brecht als Autor beim Bau seiner Stücke zu Kompromissen gezwungen. Er trennte Theorie und Praxis. War bisher für ihn die praktische Arbeit ohne Theorie gar nicht denkbar, so schrieb er nun in jeweils wenigen Wochen Stücke nieder und arbeitete parallel dazu die Theorie eines epischen Theaters aus. Neben »Die Gewehre der Frau Carrar«, »Furcht und Elend des Dritten Reiches« und »Leben des Galilei« entstand »Der Messingkauf«, ein dramaturgisches Brevier in Dialogform, in dem demonstriert wird, wie aus einer Kritik des bestehenden Theaters eine neue Theaterform gewonnen werden kann. Die Arbeit am »Messingkauf« war für Brecht das Gegengift zu seinen Zugeständnissen an die Praxis.

Da seine finanzielle Lage seit 1937 alles andere als rosig war, entschloß er sich, nach dem Vorbild seines Freundes Feuchtwanger politische Themen der Zeit anhand eines historischen Stoffs abzuhandeln. Nachdem sich das Projekt eines Cäsar-

Stücks, das Erwin Piscator in Paris aufführen wollte, wieder zerschlug, begann Brecht, diesen Stoff in Romanform zu erzählen, wobei er versuchte, seine plebejische Art der Geschichtsbetrachtung zu den politischen Ereignissen der Gegenwart in Beziehung zu setzen. Fast alle historischen Romane seiner Kollegen basierten auf der Ausgangsposition bürgerlicher Geschichtsauffassung, die besagt, daß große Männer die Geschichte machen. Die Unterschiede von Cäsar und Hitler interessierten den Dialektiker Brecht schließlich mehr als die moralisierende Gleichsetzung ihrer bösen Taten. Geschichtserkenntnis war ihm wichtiger als moralische Empörung. Die faschistische Diktatur auf dem Umweg über ein geschichtliches Modell anzugreifen, reizte ihn einerseits, im Verlauf der Arbeit bekam er andererseits immer mehr Skrupel, den beabsichtigten Analogiebeweis anzutreten, ehe er nicht geklärt hatte, welche gesellschaftlichen Verhältnisse einem Cäsar die Macht zugespielt hatten. Gegen Feuchtwanger hatte Brecht 1935 in seiner Pariser Rede eingewendet, daß Rohheit nicht von der Rohheit herrühre, »sondern von den Geschäften, die ohne sie nicht mehr gemacht werden können«. Dementsprechend sollte sein Cäsar, das Vorbild so vieler Diktatoren, als »Geschäftsmann« vorgeführt werden.

Merkwürdigerweise waren es dann Walter Benjamin und Fritz Sternberg, die im Cäsarroman, soweit sie ihn damals kennenlernten, mehr »menschliches Interesse, mehr vom alten Roman« investiert haben wollten, während es Brecht vorwiegend um die Entfaltung der geschäftlichen Talente seiner Gestalt ging. Die satirische Polemik überholte dabei im Verlauf der Arbeit sein historisches Interesse. Die Reduzierung seines Helden auf eine Haupteigenschaft reichte nun für die geplante weitläufige historische Biographie und den Gegenentwurf zum traditionellen historischen Roman doch nicht aus. Das Werk blieb Fragment, die 1939 von äußeren Umständen erzwungene Unterbrechung kam dem Verfasser gar nicht so ungelegen.

Während es Per Knutzon gelang, die von dem Schauspiel »Die Rundköpfe und die Spitzköpfe« entsetzten bürgerlichen Kritiker durch eine Inszenierung der »Dreigroschenoper« im Riddersalen mit Brecht zu versöhnen, konnte auch der Stückeschreiber das Wohlwollen der Kopenhagener freisinnigen und kommunistischen Künstler mit dem Stück und der Aufführung von »Die Gewehre der Frau Carrar« zurückgewinnen. Die Ereignisse in Spanien bewirkten außerdem endlich vereinte Aktivitäten und Kampagnen aller im weiteren Sinn »linken« Künstler gegen alle faschistischen Tendenzen. Zugunsten des republikanischen Spanien fand am 14. Februar 1938 in Borups Hoejskole in Kopenhagen eine Sondervorstellung von Ruth Berlaus »Carrar«-Inszenierung mit deutschen Emigranten statt, in der anstelle von Dagmar Andreasen Helene Weigel spielte. Die gefeierte Schauspielerin Bodil Ipsen las Spanien-Gedichte verschiedener Autoren und huldigte am Schluß der Veranstaltung ihrer deutschen Kollegin, indem sie Brechts Gedicht über »Die Schauspielerin im Exil« in der Übersetzung von Otto Gelsted vortrug. Die Anwesenheit Martin Andersen Nexös, der im literarischen Leben Dänemarks eine Gorki vergleichbare Rolle innehatte, war ein deutliches Zeichen für die Unterstützung, die man jetzt einem von den Nazis verfolgten Autor wie Brecht gewährte. Der derart geehrte Flüchtling revanchierte sich 1939 für diese Huldigung mit dem Martin Andersen Nexö zum 70. Geburtstag gewidmeten Gedicht »Wie künftige Zeiten unsere Schriftsteller beurteilen werden«:

> Aber in jener Zeit werden gepriesen werden
> Die auf dem nackten Boden saßen, zu schreiben
> Die unter den Niedrigen saßen
> Die bei den Kämpfern saßen.

Obwohl ihm die »Seelenzergliederungen und die Moralismen« in Nexös Erinnerungen mißfielen, bekundete der Stükkeschreiber großes Interesse für den Stoff dieser Bücher und lobte ihren »respektablen Proletarismus«. Er beteiligte sich auch gerne an der Übersetzung der drei ersten Bände der Erinnerungen, die Margarete Steffin für einen deutschsprachigen Verlag in Moskau besorgte. Weniger begeistert war er dagegen von dem Stück »Die Niederlage«, das Margarete Steffin aus dem Norwegischen übersetzt hatte und dessen Autor Nordahl Grieg kurz in Skovbostrand aufgetaucht war, wo er sich ein brillant formuliertes Kolleg über dramaturgische Techniken anhören mußte. »Die Tage der Commune« schrieb Brecht später als Gegenentwurf zu dem engagierten Tendenzdrama Griegs, der im Zweiten Weltkrieg als antifaschistischer

Kämpfer in einem britischen Bomber über Berlin abstürzte. Grieg war in den Augen Brechts ein weiterer Vertreter jener »hard boiled men«, die nur »hot stuff« herstellten und Emotionen erzeugten. Er zählte ihn zu den romantischen Naturen, die er als »Mitglieder des großen Emotionsracket« bezeichnete.

Im Herbst 1938 begann Brecht, sich mit dem Plan eines Stücks über den Physiker Galilei zu beschäftigen. Auch dieses Schauspiel war für den schnellen Gebrauch gedacht, dem Autor lag an einer Fassung für Arbeiter, die zum Widerstand ermuntern sollte. Galilei wollte er als Lehrer des Volkes darstellen, als schlauen Partisan und Kämpfer für die Ideen des Fortschritts. Die Niederschrift der ersten Fassung, der er den Titel »Und sie bewegt sich doch« gab, erfolgte im November. Zunächst hielt er eine Aufführung in Dänemark noch für opportun, die politische Entwicklung in Europa zwang ihn aber bald, auch andere Möglichkeiten abzuklären. Der Gedanke an eine Übersiedelung in die USA tauchte nach der Niederlage der Spanischen Republik und dem Abschluß des Münchner Abkommens, das die Kapitulation der bürgerlichen Demokratien vor dem Faschismus offenbarte, zum erstenmal auf. Sofort nach der Fertigstellung des Stücks sandte Brecht eine Kopie zum Übersetzen nach Amerika. In einem Interview, das Anfang Januar 1939 in Kopenhagen erschien, erklärte er vorsichtshalber im Hinblick auf die erneut empfindlich gegenüber politischen Aktivitäten der Emigranten reagierenden Behörden, daß er ein Stück »für New York« geschrieben habe, in dem »der heldenmütige Kampf Galileis für seine moderne wissenschaftliche Überzeugung« gezeigt werde. Ferner versicherte er, daß dieses Stück keine aktuellen Spitzen gegen Deutschland und Italien enthalte. Brecht hatte darauf verzichtet, ein kämpferisches Stück zu schreiben. Während der Arbeit begann er, seine persönlichen Gedanken über die wachsende Verfinsterung in das Schauspiel einfließen zu lassen. Die Angst vor dem Vordringen des Faschismus und das Entsetzen über die Nachrichten aus der Sowjetunion veranlaßten Brecht, seiner Figur folgendes Bekenntnis in den Mund zu legen: »Ich bleibe dabei, daß dies eine neue Zeit ist. Sollte sie aussehen wie eine blutbeschmierte alte Vettel, dann sähe eben eine neue Zeit so aus.« Brecht vertraute auf den künftigen Sieg der Vernunft und auf den grundsätzlich fortschrittlichen Charakter wissenschaftlicher Erkenntnis. Sein Physiker, ein Vertreter der Aufklärung, war ein eingefleischter Gegner der Dummheit und der Barbarei. Die Meldung von der geglückten Spaltung des Urankerns durch die Forscher Hahn und Strassmann im Dezember 1938 bestärkte Brecht zwar in der Auffassung, den Aspekt der Verantwortung des Intellektuellen nachträglich mehr zu akzentuieren und seinen Galilei eine Haltung einnehmen zu lassen, »die sich für Leute schickt, die der Nacht entgegengehen«. In der dänischen Fassung des »Galilei« wog dennoch der wissenschaftliche Beitrag des Physikers schwerer als sein soziales Versagen. Der Widerruf war ein zulässiger Opportunismus im Namen der Wissenschaft. Galileis Entschluß, insgeheim weitere Studien zu betreiben und das Wissen aus dem Land der Unterdrückung herauszuschmuggeln, wurde für höher bewertet als heroisches Märtyrertum. Für Galilei galt noch immer die Verhaltensvorschrift, die Brecht in einer Keuner-Geschichte aus dem Jahr 1930 formuliert hatte: »Wer das Wissen trägt, der darf nicht kämpfen; noch die Wahrheit sagen; noch einen Dienst erweisen; noch nicht essen; noch die Ehrungen ausschlagen; noch kenntlich sein. Wer das Wissen trägt, hat von allen Tugenden nur eine: daß er das Wissen trägt.«

Unbemerkt von der dänischen Fremdenpolizei verließ der Stückeschreiber Ostern 1939 mit Ruth Berlau Skovbostrand. Eine Woche später folgten Helene Weigel und Margarete Steffin mit den Kindern. Eine Einladung zu einem Vortrag in Stockholm vom Reichsverband der Amateurtheater, die Georg Branting und der Schriftsteller Henry Peter Matthis vermittelt hatten, ermöglichte Brecht die Einreise nach Schweden. Margarete Steffin mußte erst Dänin werden, um ungehindert die schwedische Grenze passieren zu können: ein dänischer Genosse stellte sich für die Ehe auf dem Papier zur Verfügung. An Matthis schrieb Brecht als Begründung für den eiligen Aufbruch: »Ich bin sicher, Sie haben eine Vorstellung von der Peinlichkeit, auf einem dieser Inselchen zu sitzen, wenn die Schlächterei anzufangen scheint. Schließlich ist in diesem Jahre jede Woche ohne Weltkrieg für die Menschheit ein bloßer unbegreiflicher Glückstreffer.«

Während Ruth Berlau in Kopenhagen noch den Druck der »Svendborger Gedichte« überwachte, fanden Brecht und seine Familie in einem Haus auf dem Inselchen Lidingö in der Nähe von Stockholm Unterkunft, das die Bildhauerin Ninan Santesson freundlicherweise zur Verfügung stellte. Den dänischen Freunden meldete der ehemalige Fünen-Bewohner: »Ich bin wieder auf einer kleinen Insel gelandet, wo die Leute freundlich sind.« Das Haus war ideal, es lag inmitten eines kleinen Tannenwalds, eignete sich zur ungestörten Arbeit und war dennoch ein leicht erreichbarer Treffpunkt für Emigranten, die in der schwedischen Hauptstadt wohnten. Durch Branting und Zuhörer seines Referats »Über experimentelles Theater« bei der Stockholmer Studentenbühne wurde Brecht veranlaßt, an Sitzungen zur Gründung einer Amateurtheatergruppe teilzunehmen, die von den sozialdemokratischen Gewerkschaften gefördert wurde. Er sagte zu, für die Truppe, die ihre Landsleute von der Notwendigkeit einer geschlossenen antifaschistischen Front der europäischen Völker gegen Nazideutschland überzeugen wollte, ein kleines Stück zu verfassen. Er hatte gerade den Einakter »Dansen« fertiggestellt, der noch für dänische Zuschauer gedacht war und den er über Ruth Berlau den Kopenhagener Arbeiterschauspielern zustellen wollte. Jetzt entwarf er nach dem gleichen Prinzip das Stück »Kleine Geschäfte mit Eisen«, das unter dem Titel »Was kostet das Eisen?« im August 1939 vom Amatörteater Riksförbund in einer Stockholmer Volkshochschule uraufgeführt wurde. Da er sich offiziell nicht politisch betätigen durfte, nannte sich Brecht als Autor in diesem Fall John Kent und wählte bei einer anderen Gelegenheit auch das Pseudonym Sherwood Paw.

»Dansen« und »Was kostet das Eisen?« sind Agitationsstücke im »Knockaboutstil«, die politische Aufklärung vermitteln sollen. Im Gegensatz zu »Furcht und Elend des Dritten Reiches«, einer realistischen Szenenfolge, in der Zeit und Ort jeder Szene genau bestimmt sind, handelt es sich bei den Einaktern um kleine, grob skizzierte und leicht zu entschlüsselnde Parabelstücke, die möglichst unrealistisch, als handfestes Kasperletheater mit Gruseleffekten, in Szene zu setzen sind: »Der Eisenhändler muß eine Perücke mit Haaren haben, die sich sträuben können; die Schuhe müssen sehr groß sein, auch die Zigarren.« Brecht zielte auf plakathafte und überdeutliche Wirkungen.

Im Mittelpunkt des ersten Stückes steht der Schweinehändler Dansen, der auch den Schlüssel zu den Eisenlagern seines Freundes Svendson verwaltet. Dansen beobachtet den Überfall eines »Fremden« auf benachbarte Geschäfte. Aus dem Tabakladen Österreicher macht der Räuber die Firma »Ostmärker & Co«, aus dem Schuhgeschäft der Frau Tschek entsteht die »Bemm & Mährer GmbH«. Auch am Geschäft des Dansen zeigt sich der Fremde sehr interessiert, mehr noch an den Eisenlagern, zu denen der Schweinehändler Zugang hat. Für Dansen aber wird wider besseres Wissen aus dem Fremden schnell ein Kunde. Brecht kommentiert: »Er fragt nicht länger: was haben Sie mit meinem Nachbarn gemacht? sondern nur noch: was wollen Sie mit meinem Schwein machen? So sieht man die Schwierigkeit, zugleich Schweine zu verkaufen und Moral zu haben.« Weil der neue Kunde ihm viele Schweine abkauft, schließt Dansen mit ihm einen Vertrag. Seinen Freund Svendson versucht er zu beschwichtigen: »Dein Lagerhaus ist jetzt bombensicher.« Eine gemeinsame Abwehrfront hält Dansen für unnötig. Schließlich erscheint der Fremde und fordert den Schlüssel zum Eisenlager. Dansen hält ihm seine Vertragsrolle wie ein Gewehr geschultert entgegen, aber der bis an die Zähne bewaffnete Kunde zerfetzt den Vertrag, nimmt sich den Schlüssel und verlangt ab sofort kostenlose Schweinelieferungen.

»Was kostet das Eisen?« spielt im Eisenladen des Herrn Svendson. In den Jahren 1938 und 1939 erscheint bei ihm regelmäßig ein unheimlicher Kunde, dem er gegen gute Bezahlung Eisen verkauft, obwohl dieser Mann nacheinander Svendsons Geschäftsfreunde, den Tabakhändler Österreicher und die Schuhgeschäftsbesitzerin Frau Tschek, überfallen hat. Svendson hält sich lieber aus all den »ekelhaften Streitigkeiten« heraus und beruft sich auf seine Neutralität. Er fühlt sich als Geschäftsmann und nicht als Politiker. Aus Geschäftsgründen lehnt es Svendson deshalb ab, einem Verein gegen den Verbrecher beizutreten, den Frau Gall und Herr Britt gründen wollen. Aber dann bricht der Krieg aus, und der unheimliche Kunde erscheint mit Maschinenpistolen und nimmt sich alles Eisen umsonst. Kurz zuvor wollte Svendson noch schnell seine Preise erhöhen.

In Form von einfachen Gleichnissen wollte also Brecht den Zuschauern seines Gastlandes seine Meinung über die politische Lage erläutern, um ihnen vor Augen zu führen, daß sich die Neutralitäts- und Nichteinmischungspolitik ihrer Regierungen verhängnisvoll auswirken wird. Das dänische Stück kam, als es geschrieben war, für eine Aufführung schon nicht mehr in Frage, und als Brecht mit Ruth Berlau, die inzwischen ebenfalls nach Stockholm gekommen war, »Was kostet das Eisen?« inszenierte, lieferte Schweden große Mengen Eisen an Nazideutschland. Der Zweite Weltkrieg stand unmittelbar bevor.

Brecht verfaßte in jenen Tagen des Kriegsausbruchs ein Stück nach dem andern. Als die Arbeit am Sezuanstück, das er, anknüpfend an das Fragment »Die Ware Liebe« aus der Berliner Zeit vor 1933, noch in Skovbostrand begonnen hatte, ins Stocken kam, schrieb er in knapp fünf Wochen »Mutter Courage und ihre Kinder«, jene dramatische Chronik über eine Frau, die sich den Krieg nicht madig machen läßt und ihm hinterherläuft, weil sie unbeirrt ihren Schnitt zu machen gedenkt. Und sie bleibt auch dann noch im Krieg, nachdem sie ihre drei Kinder an ihn verloren hat. In einer Diskussion über die geplante Verfilmung der »Courage« erklärte Brecht 1950, diesen Aspekt seines Stücks noch verschärfend: »Die Frauen, die einen Sohn verloren haben, sind immer die wildesten Kriegshetzer, weil eine Beendigung des Krieges den Sinn des Krieges nicht erfüllen würde und ihrer Ansicht nach alles umsonst gewesen wäre.« Nicht die Mutterfigur, sondern der Zuschauer sollte aus dem Geschehen Konsequenzen ziehen. Zur Niederschrift veranlaßt wurde der Autor durch die Geschichte von der nordischen Marketenderin Lotte Svärd in »Fähnrich Stahls Erzählungen« von Johan Ludvig Runeberg, die ihm die schwedische Schauspielerin Naima Wifstrand vorgelesen hatte. Naima Wifstrand hatte »Die Gewehre der Frau Carrar« ins Schwedische übersetzt und in der Inszenierung Hermann Greids im März 1938 die Titelrolle gespielt. Sie war die Leiterin einer Schauspielschule, in der jetzt auch Helene Weigel Unterricht geben konnte. Brecht steuerte kleine Übungsstücke für Schauspieler bei und schrieb für Naima Wifstrand die Rolle der Courage, während er die Courage-Tochter Kattrin als stumme Rolle anlegte, damit sie von Helene Weigel in einer schwedischen Aufführung gespielt werden konnte. Obwohl die Übersetzung sofort in Angriff genommen wurde, kam keine Aufführung in Schweden zustande, und auch das im Anschluß an die »Courage« in wenigen Tagen entstandene Hörspiel »Das Verhör des Lukullus« wurde vom Stockholmer Rundfunk entgegen einer ursprünglichen Zusage nicht gesendet, es kam damals lediglich zu einer Darbietung des Textes durch eine kleine Arbeiterspieltruppe als Schattenspiel. Sämtliche Stücke seit »Die heilige Johanna der Schlachthöfe« blieben mit Ausnahme von »Die Mutter« und »Die Rundköpfe und die Spitzköpfe« ungetestet.

Brecht flüchtete sich in Arbeit, verfolgte aber dennoch alle Einzelheiten des Kriegsgeschehens und analysierte die politische Lage mit regelmäßig in Lidingö zu Besuch weilenden deutschen Künstlern, Wissenschaftlern und Politikern oder auch den schwedischen Autoren Arnold Ljungdal, Johannes Edfelt und Henry Peter Matthis. Mit dem Schauspieler und Regisseur Hermann Greid, der ein Buch über Dialektik verfaßt hatte, diskutierte Brecht Fragen marxistischer Ethik. Greids Auffassung vom Sozialismus als künftiger Gesellschaftsordnung, in der der Mensch tierische Verhältnisse in menschliche verwandelt, hielt der Stückeschreiber für eine idealistische Betrachtungsweise. »Sozialismus«, erklärte er, »ist nichts als eine Sammlung von Projekten des Proletariats.« Brecht ging es in den Gesprächen in Lidingö vor allen Dingen darum, produktiv zu bleiben, sich nicht von den manchmal schwer zu verstehenden politischen Vorgängen wie beispielsweise dem Abschluß des Hitler-Stalin-Paktes verwirren zu lassen. Er erachtete es für zweckmäßig, sich weder den pauschal nur die Sowjetunion verdammenden noch den vorbehaltlos auf Moskau schwörenden Emigranten anzuschließen: »Ich glaube nicht, daß mehr gesagt werden kann, als daß die Union sich eben rettete, um den Preis, das Weltproletariat ohne Losungen, Hoffnungen und Beistand zu lassen.« Als eine Möglichkeit der sinnvollen politischen Arbeit mit den untereinander zerstrittenen Gesprächspartnern, die sich aus SAP-Leuten um August Enderle, ehemaligen Spanienkämpfern und Gewerkschaftlern zusammensetzten, brachte er den Plan eines »Schlagwörterbuchs des Faschismus« in die Diskussion. Bei allem Verständnis für die Notwendigkeiten einer flexiblen, pragmatischen, auf den existenziellen Fortbestand der Sowjetunion ausgerichteten Politik, war es dennoch auch für Brecht sehr schwer, sich an die nackte Realität, »das Zersetzen aller ideologischen Verhüllungen« zu gewöhnen. Für marxistische Theorie und offen geführte Grundsatzdebatten war in der politischen Praxis kein Platz mehr.

Eine der zahlreichen Zusammenkünfte in Lidingö, bei der über die Niederlage im Spanischen Bürgerkrieg diskutiert wurde, dokumentierte der Maler und ehemalige Bergwerkskumpel Hans Tombrock, den Brecht aufforderte, ein »Œuvre« herzustellen, und den er dazu brachte, das Zufällige und Romantische seiner künstlerischen Intentionen in die Fähigkeiten umzusetzen, »das Prinzip von der sozialen Gruppierung als bildkompositorische Kategorie« anzuwenden. Wie er Eisler und später Dessau regelmäßig Gedichte und Lieder zur Vertonung gab, um ihrem »Gebrauchswert« eine weitere Qualität hinzuzufügen, so hielt er Tombrock dazu an, Bilder zu seinen Stücken und Gedichten zu zeichnen. Das wichtigste Ergebnis der Zusammenarbeit mit diesem Maler waren großformatige Tafeln für Volkshäuser in Schweden, »von denen immer eine ein Bild und eine einen Text trägt«. Für das Volkshaus in Gävle entstanden zum Beispiel die beiden Tafeln »Fragen eines lesenden Arbeiters«. Zu seinem Gedicht wünschte sich Brecht von Tombrock einen Arbeiter mit »Größe«, sein Aussehen sollte überlebensgroß, ungemütlich und drohend sein: »Man muß den Eindruck haben, daß ihm vielleicht eben das Buch noch fehlt, nichts sonst, nur die Macht fehlt zur Herrschaft. Da sitzt, muß man denken, der wahre Erbauer des siebentorigen Theben, der Eroberer Asiens und studiert finster die Lügen über seine Eroberungen und Bauten. Für die Volkshäuser ist es von großer Wichtigkeit, daß das Volk an seine Kraft erinnert wird.« Im Arbeiter sollte der Kämpfer, Konstrukteur und Politiker angesprochen werden. Brechts Stärke im Umgang mit anderen Künstlern war die Fähigkeit, ihre Schwächen und Skrupel aufzubrechen, ihnen zu einer Arbeitsmethode zu verhelfen und sie zur Produktivität anzuhalten. Gerade für den sozialistischen Künstler galt es, gegen die zunehmende Verschlechterung der Lage standzuhalten und sich nicht von den deprimierenden Zeitläuften lähmen zu lassen. »Sicher ist es schwierig, jetzt überhaupt etwas zu malen«, bestätigte Brecht nach seiner Ankunft in Helsinki dem in Schweden zurückgebliebenen Tombrock, beschwor ihn aber trotzdem: »Versuch es – Arbeit ist gute Medizin.«

XXIV
Warten auf Pässe

Nach Finnland – Appelle an die kranke Genossin Steffin – Hella Wuolijoki verbündet sich mit Helene Weigel – Ruth Berlau läßt sich nicht nach Hause schicken – Was ist Liebe? – Marlebaek muß verkauft werden – Überall tauchen Nazispitzel auf – Im Wartesaal des Bahnhofs von Helsinki – Brecht schreibt ein Gangsterstück – Verse und Manuskriptfetischismus als Maßnahme wider den Ungeist der Zeit – Die Komödie nimmt die Leiden der Menschen nicht auf die leichte Achsel – Schwierigkeiten des guten Menschen in einer schlechten Welt – Die begehrten Reisepapiere treffen endlich ein – In Moskau muß Margarete Steffin ins Sanatorium – Tod des kleinen Soldaten der Revolution

Mit jedem Siegesrapport Hitlers verliere ich an Bedeutung als Schriftsteller.

Von Schweden aus wollte Brecht die Überfahrt nach Amerika arrangieren. Der Vormarsch der Nazitruppen erfolgte aber schneller, als die Frage der Visabeschaffung zufriedenstellend geklärt werden konnte. Eine Woche nach dem Einrücken der Wehrmacht in Dänemark und Norwegen verließ Brecht mit seiner Familie und Margarete Steffin vorsichtshalber Schweden, das er zuletzt fast wie eine zweite Heimat empfunden hatte. War die Übersiedelung von Svendborg nach Lidingö noch fast wie ein Umzug vor sich gegangen, so war die Weiterreise nach Finnland im April 1940 ein eiliger Aufbruch in ein Land, wo noch eine von den Nazis unkontrollierte Fluchtmöglichkeit bestand. Die Möbel und die Bibliothek blieben bei schwedischen Freunden zurück, nur die Manuskriptkoffer wurden mitgenommen. Auch in Helsinki konnten die Flüchtlinge mit der Hilfe fortschrittlicher Künstler und Genossen rechnen, die von Stockholm aus verständigt worden waren. Die Schriftsteller Hella Wuolijoki und Elmer Diktonius, der »finnische Horaz«, kümmerten sich an erster Stelle und sorgten für Unterkünfte und Geneigtheit bei den Behörden. Finnland befand sich damals in einer sehr schwierigen Lage, es war ein sehr armes Land, in dem Lebensmittelknappheit herrschte, weil das

Land von Importen abgeschnitten war und auch die Folgen des Bürgerkriegs noch nicht überwunden hatte. Da die amerikanischen Visa auf sich warten ließen, mietete man doch eine kleine Wohnung im Arbeiterbezirk Tölö, um Geld zu sparen und selber kochen zu können.

Auf der Flucht vor meinen Landsleuten
Bin ich nach Finnland gelangt. Freunde
Die ich gestern nicht kannte, stellten ein paar Betten
In saubere Zimmer. Im Lautsprecher
Höre ich die Siegesmeldungen des Abschaums. Neugierig
Betrachte ich die Karte des Erdteils. Hoch oben in Lappland
Nach dem Nördlichen Eismeer zu
Sehe ich noch eine kleine Tür.

Man hoffte, im August von Petsamo aus ein Schiff nach den Vereinigten Staaten nehmen zu können. Brechts Fürsorge galt außer der Familie den beiden Freundinnen, für die er die Verantwortung übernommen hatte. Margarete Steffin war sehr krank und kaum mehr reisefähig, immer wieder mußte der Stückeschreiber sie ermuntern, der Erschöpfung nicht nachzugeben, sie daran erinnern, daß sie »gebraucht« wird: »Ich aber brauche dich, wie's immer sei / Ich sage ich und könnt auch sagen wir.« Daß Margarete Steffin mit zum Haushalt gehörte, hatte Helene Weigel mittlerweile akzeptiert. Nicht Eifersucht, sondern die Furcht, die Kinder könnten tuberkulosekrank werden, waren hauptsächlich die Ursache ihrer bisherigen Anstrengungen, für Brechts Mitarbeiterin und Muse seiner erotischen Sonette anderswo eine Unterkunft zu finden. Als nun auch noch Ruth Berlau dem Haushalt angegliedert werden sollte, lehnte Helene Weigel ab. Der dänischen Freundin, die im Frühjahr 1940 zu Proben wieder nach Kopenhagen gefahren war, hatte er die Mitteilung zukommen lassen, daß er fortan immer ihre Reise mitorganisieren wolle. In Helsinki bat er auch sofort Hella Wuolijoki, etwas zugunsten Ruth Berlaus zu unternehmen, ihr direkt ein paar Zeilen zu schreiben und sie aus dem besetzten Dänemark herauszulotsen: »Nur damit du verstehst, daß ich eine ziemliche Verantwortung für Ruth fühle: es kann, wenn sich der Naziapparat erst einmal einspielt, unmöglich verborgen bleiben, was sie in Zusammenarbeit mit mir alles gemacht hat ... Sie kann meiner Meinung nach nicht zurück, bevor der Krieg aus ist.«

Der Aufforderung, ihn schnell zu erreichen, kam Ruth Berlau sehr bald nach. Seiner Liebesbekundungen und der Platte mit den Gedichten »Biwak« und »Ardens sed virens« gedenkend, die er in Stockholm eigens für sie hatte pressen lassen, fuhr sie nach Kausala zum Gut Marlebaek, wo Hella Wuolijoki ihre deutschen Freunde inzwischen untergebracht hatte. Da im Haus kein Platz war, schlug die Freundin kurz entschlossen ein Zelt in der Nähe des Gutes auf. Das zudringliche Verhalten, das Brecht zunächst gar nicht störte, empfand die Gastgeberin als skandalös. Sie wurde zur Bundesgenossin Helene Weigels und erließ ein Hausverbot. Ruth Berlau wurde allmählich klar, daß ihre Reise nicht mitorganisiert war. Helene Weigel hatte selbstverständlich nur fünf Schiffskarten reservieren lassen. Es kam zu heftigen Auseinandersetzungen, die ausgeschlossene Geliebte war verzweifelt, sie fing an, Obstbranntwein zu trinken und erklärte allen, daß sie nicht daran denke, sich »nach Hause schicken« zu lassen. Brecht machte die Aufsässigkeit und Exaltiertheit Ruth Berlaus zu schaffen, allerdings mußte er zugeben: »Ich weiß, daß andere solche getrennten Reisen vorzögen.« Er bekannte sich neuerdings zu seinen Versprechungen, riet zu Ruhe, praktischem und kritischem Verhalten sowie zu Humor, »wie du immer bist, wenn du mir helfen sollst«. Am 4. September 1940 versicherte er der Geliebten erneut: »Du mußt nicht unruhig sein, ich denke an dich und gehe nicht ohne dich.«

Derartige Erklärungen gab Brecht nicht leichtsinnig ab. Die Beziehungen zu den drei Frauen, mit denen er einige Jahre ständig zusammenlebte, waren von schöner Herzlichkeit und gegenseitiger Erfüllung bestimmt. Sie alle waren für ihn Partner, in denen er sich verwirklichen konnte, mit denen er auch befreundet war, wenn man sich liebend umarmte. Helene Weigel war die Mutter seiner Kinder und die Schauspielerin, die am besten die Idee seines Theaters von der Bühne in den Zuschauerraum vermittelte. Margarete Steffin war ein »Führer« in finsteren Zeiten, deren Tapferkeit und Stärke ihn empfindsam und zärtlich machte. Ruth Berlau schließlich war für Brecht eine Herausforderung ihrer Leidenschaftlichkeit und Güte wegen. Sie erlaubte sich Gefühle und Freundlichsein bis zur

Selbstaufgabe. Weil sie ein guter Mensch sein wollte, geriet sie immer wieder in ausweglose Schwierigkeiten und nahm Zuflucht zum Alkohol, der sie überraschend böse machte und ihre Freunde zwang, sich endlich mit ihren Problemen zu beschäftigen. Ruth Berlau gegenüber empfand Brecht die Liebe als etwas, »was sich immerzu in Fürsorge verwandeln kann und dann wieder aus der Fürsorge in Liebe und überhaupt noch in viele Dinge und immer zurück«.

Anfang Oktober 1940 mußte Hella Wuolijoki ihr Gut aus finanziellen Gründen verkaufen. Die wirtschaftliche Lage Finnlands war noch prekärer geworden, und inzwischen hatte die Regierung bereits den Nazis ein Transitrecht nach Norwegen einräumen müssen. Brecht fand nun im Hafenviertel von Helsinki eine kleine Wohnung und schrieb hier, während täglich im Radio neue Nachrichten vom unaufhaltsamen Wachsen der Macht des Dritten Reichs gemeldet wurden, die »Flüchtlingsgespräche«, in denen Finnland als eine Nation bezeichnet wird, deren Volk in zwei Sprachen schweigt. Treffpunkt der »leisen« Gespräche des Physikers Ziffel mit dem Arbeiter Kalle ist das Bahnhofsrestaurant von Helsinki, in das Brecht damals oft einkehrte, um dort ein Bier mit Diktonius oder Hermann Greid zu trinken. Nazispitzel tauchten immer häufiger auf, das Warten auf den Paß, der zum »edelsten Teil« des Menschen geworden war, wurde für die Emigranten ein Wettlauf mit der Zeit. Die Aussicht, aus Finnland ohne Kontrollen fliehen zu können, wurde mit jedem Tag geringer, und da man außerdem mit dem Eingreifen Amerikas in den Krieg rechnen mußte, drohte dort die Gefahr einer Einreisesperre. Als er im Dezember die ebenfalls beantragten mexikanischen Einreisevisa erhielt, rieten ihm deshalb viele Freunde dringend zu, die Überseefahrt sofort anzutreten. Der Stückeschreiber lehnte jedoch ab, weil die Papiere für Margarete Steffin fehlten.

Obwohl inzwischen überhaupt keine Aussicht mehr auf eine Aufführung bestand und er mit seiner Produktion völlig isoliert war, erhielt sich Brecht seine Kräfte durch Arbeiten fürs Theater. Wenn es irgend ging, wollte er sich nicht kleinkriegen lassen und den Nazis nicht den Triumph gönnen, ihn von der Liste ihrer Gegner streichen zu können. Im März faßte er inmitten all des Trubels um die Pässe und Reisemöglichkeiten den Entschluß, für das amerikanische Theater ein »Gangsterstück« zu schreiben, das die Vorgänge erklärt, die zur Machtergreifung Hitlers geführt hatten. Gangstermilieu und großer Stil sollten die notwendige Verfremdung der politischen Argumentation erzeugen. Die Gangsterhandlung benutzte er also nicht zur Symbolisierung der politischen Vorgänge, sondern er betrachtete sie als eigenständige Story mit »enthüllendem« Charakter. »Der aufhaltsame Aufstieg des Arturo Ui« war gedacht als Gangsterhistorie, nicht als Schlüsselstück über Hitlers Werdegang. Nach der Niederschrift, die in knapp drei Wochen erfolgte, notierte Brecht: »Ich bin gespannt, ob es mir gelungen ist, dem Epischen Geschwindigkeit zu verleihen – man muß ja nicht glauben, daß es grundsätzlich gemächlich sein muß. Prinzipiell kann man im Epischen sowohl Zeitraffer als Zeitlupe benutzen. Auch das Bewegte, der offene Konflikt, das Aufeinanderprallen der Antagonisten ist natürlich im Epischen wie ebenso im ›Dramatischen‹ möglich.« Mehrere Tage verbrachte dann Brecht noch mit der Glättung der Jamben, wozu ihn Margarete Steffin mit ihrer hartnäckigen Kritik anhielt, immer um die richtigen und genauesten Wirkungen bedacht. Es war notwendig, neues formales Material für einen modernen Vers mit unregelmäßigen Rhythmen zu schaffen. Solche Exerzitien, die sich auch noch in der Anstrengung ausdrückten, sein Manuskript ästhetisch auf der Höhe zu halten, waren Gegenmaßnahmen des Autors zu den Zerstörungen aller humanen Werte und zu der Einsicht in die vorläufige Vergeblichkeit von dichterischen Bemühungen. Brecht ging von der realistischen Annahme aus, daß seine Ideen einige Zeit brauchten, um sich durchzusetzen. So legte er es darauf an, seinen Werken eine lange Dauer zu verleihen.

Mit dem »Ui« setzte Brecht die im Cäsarroman begonnene Demontage großer historischer Persönlichkeiten fort. Es war seine Absicht, die romantische Geschichtsauffassung der kleinbürgerlichen Schichten abzubauen und den Respekt vor den Tötern zu zerstören. Wie Chaplin, der damals seinen Film »Der große Diktator« drehte, war auch der Stückeschreiber der Auffassung, daß ein blutbefleckter Mann wie Hitler satirisch darstellbar sei und der Lächerlichkeit preisgegeben werden könne: »Der Lump im kleinen darf nicht, wenn ihm die Herrschenden gestatten, ein Lump im großen zu werden, eine Sonderstellung nicht nur in der Lumperei, sondern auch in unserer Geschichtsbetrachtung bekommen. Und im allgemeinen gilt wohl der Satz, daß die Tragödie die Leiden der Menschen häufiger auf die leichte Achsel nimmt als die Komödie.«

In Finnland legte Brecht auch letzte Hand an sein Parabelstück »Der gute Mensch von Sezuan«, das veranschaulichen sollte, wie schön es ist, gut und freundlich zu sein, wie anstrengend dagegen böse zu sein ist. Die schlechte Welt zwingt zu unmenschlichem Verhalten, denn Güte zahlt sich nicht aus und gefährdet den Menschen. Die Verwandlungen des guten Mädchens Shen Te in den bösen Vetter Shui Ta erweisen sich als notwendig in einer Welt, in der nurmehr das nackte Interesse die Beziehungen zwischen den einzelnen Menschen bestimmt, die »gefühllos bare Zahlung«. Die Geldverhältnisse verhindern die natürliche Entfaltung von Liebe und Produktivität. Das Stück brachte viele Kunstmittel des chinesischen Theaters zur Anwendung, auf den klaren Demonstrationscharakter der Szenen legte der Autor größten Wert. Die Form des Stückes sollte eine Vorstellung vermitteln von der Utopie uneingeschränkter, lustvoller Produktivität.

Am 12. Mai 1941 endlich trafen die begehrten amerikanischen Reisepapiere ein, für Margarete Steffin ein Besuchervisum, mit dem man erst einmal die obligatorischen Gesundheitskontrollen umgehen konnte. Um das Risiko einer Verhaftung in Petsamo zu vermeiden, entschied man sich für den Weg mit der transsibirischen Eisenbahn nach Wladiwostock. Während der Reise verschlechterte sich der Gesundheitszustand von Margarete Steffin von Tag zu Tag. In Moskau, wo man einen kurzen Zwischenaufenthalt einlegte, war die Überführung in ein Krankenhaus unvermeidlich. Brecht wollte bleiben, wurde aber zur Weiterfahrt gedrängt, da der Junidampfer von Wladiwostock nach den USA möglicherweise die letzte Fluchtgelegenheit war. Margarete Steffin fand diese Entscheidung in Ordnung, sie reagierte ruhig und gefaßt, getröstet mit einem Ring und einem kleinen Elefanten als Abschiedsgeschenk: »Ich komme nach, nur zwei Dinge können mich abhalten: Lebensgefahr und der Krieg ... Du hast mir solche Dinge gesagt, daß ich ganz ruhig bin.« Jenseits des Baikalsees, vier Tage später, erhielt Brecht ein von den Schriftstellern Apletin und Fadejew unterzeichnetes Telegramm mit der Nachricht vom Tod seiner kleinen Lehrmeisterin.

Im neunten Jahr der Flucht vor Hitler
Erschöpft von den Reisen
Der Kälte und dem Hunger des winterlichen Finnland
Und dem Warten auf den Paß in einen andern Kontinent
Starb unsere Genossin Steffin
In der roten Stadt Moskau.

XXV
Herr Puntila und sein Knecht Matti

> Die Versuche eines in den Sumpf Gefallenen, den festen Boden zu erreichen, sind natürlich keine Experimente. Neues zu wollen ist veraltet, neu ist, Altes zu wollen.

»Diese hellen Nächte sind sehr schön. Gegen drei Uhr stand ich auf, der Fliegen wegen, und ging hinaus. Hähne krähten, aber es war nicht dunkel gewesen. Und ich liebe es so, im Freien das Wasser abzuschlagen.« Der Zeit des Schwimmens in Seen und Flüssen, als er mit den Augsburger Freunden den Lech entlang bummelte oder in den Allgäu fuhr, war Brecht nie mehr so nahe wie im Sommer 1940 auf Gut Marlebaek in Kausala. Die fischreichen Gewässer, die Birkenwälder, der Beerengeruch und das Klirren der Milchkannen erfüllten ihn mit einem Glücksgefühl, dessen er sich nicht schämen konnte und das ihm dennoch unerlaubt schien, wenn er an das Kriegsgeschehen dachte. Während die Schlacht um England tobte und die Nazis ihren Feldzug gegen die Sowjetunion vorbereiteten, berauschte er sich an den finnischen Sommernächten und schrieb eine Komödie über einen Gutsbesitzer, der nur menschlich ist, wenn er betrunken ist, »da er dann seine Interessen vergißt«. Die Titelfigur und das Handlungsgerüst entstammten einem bereits vorliegenden Schwank seiner Gastgeberin Hella Wuolijoki. Brecht sah seine Aufgabe darin, die psychologisierenden Gespräche des Konversationsstücks »niederzureißen«, um stattdessen »Platz für Erzählungen aus dem finnischen Volksleben oder für Meinungen zu gewinnen, den Gegensatz ›Herr‹ und ›Knecht‹ szenisch zu gestalten und dem Thema seine Poesie und Komik zurückzugeben«. Im Unterschied zu den unmittelbar nach dem »Puntila« entstandenen »Flüchtlingsgesprächen«, in denen der Autor seine persönlichen Ansichten und Erfahrungen auf den bürgerlichen Wissenschaftler und den Arbeiter verteilte, investierte er hier alles Persönliche in die Figur des Gutsbesitzers. In dem Bild »Nocturno«, eine völlig neu entworfene Szene, ließ Brecht den Puntila schwärmen: »Ich könnt nicht in der Stadt leben. Warum, ich will zu ebener Erd herausgehen und mein Wasser im Freien lassen, unterm

Sternenhimmel, was hab ich sonst davon? Ich hör, auf'm Land ist's primitiv, aber ich nenn's primitiv in ein Porzellan hinein.« Die Literatur als Praxis erwies sich als wegverlegt »von den Zentren der alles entscheidenden Geschehnisse«. Der Stückeschreiber mußte sich eingestehen: »Der Puntila geht mich fast nichts an, der Krieg alles; über den Puntila kann ich fast alles schreiben, über den Krieg nichts.« Für wie wichtig Brecht diese Komödie hielt und wie sehr ihn beim Schreiben der ständig notierte Widerspruch von Kunst und Wirklichkeit bewegte, zeigte der Umstand, daß er sie in Zürich nach seiner Rückkehr aus Amerika sofort inszenierte und sie auch als Eröffnungspremiere des Berliner Ensembles wählte. Der äußere Anlaß für die Entstehung des »Puntila« war ein Volksstückwettbewerb, an dem sich Hella Wuolijoki gemeinsam mit Brecht beteiligen wollte. Als ihr letzterer von seinem Sezuanstück erzählte, das er eben beendet hatte, und sie von der Doppelexistenz eines Mädchens als guter und böser Mensch hörte, erinnerte sie sich an ihre Komödie über den Gutsbesitzer, der im Suff verspricht, was er nüchtern nicht halten kann. Diese Geschichte von einem Säufer mit zwei Seelen beruhte auf einem authentischen Vorfall, der tollen Schnapsfahrt ihres Onkels Roope, die Mitte der Zwanziger Jahre in Kausala einiges Aufsehen erregt hatte. Außer als Stück hatte sie den Stoff auch als Filmskript mit dem Titel »Die Sägespänprinzessin« bearbeitet. Die Schwankkonstruktion störte Brecht nicht, nur die konventionelle dramatische Technik, in der der Stoff präsentiert wurde. Als er »Puntila« 1950 im 10. Heft der »Versuche« erstmals drucken ließ, merkte Brecht an: »Es ist ein Volksstück und wurde 1940 in Finnland nach den Erzählungen und einem Stückentwurf von Hella Wuolijoki geschrieben.« Beide Vorlagen waren aber abgeschlossene dramatische Arbeiten, denen lediglich eine kurze Prosaskizze voranging. Im Werk der finnischen Schriftstellerin gibt es keine Erzählungen. Der Hinweis des Stückeschreibers galt demnach den mündlichen Erzählungen seiner Gastgeberin, die er oft von Margarete Steffin mitschreiben ließ und die ihn weit stärker beeindruckten als ihr literarisches Schaffen. Wenn sie erzählte, war sie für ihn eine »hinreißende Epikerin«, in ihren Stücken aber vermißte er Beobachtungen aus der Wirklichkeit, er konnte keine Spuren ihrer so reichen Lebenserfahrung darin entdecken.

Hella Murrik, eine gebürtige Estin, war 1904 zum Studium der Philologie nach Helsinki gekommen und hatte hier den Anwalt und sozialdemokratischen Politiker Sulo Wuolijoki geheiratet. Ehe sie Dramen zu schreiben anfing, war sie als Leiterin verschiedener Holzhandelsfirmen, als Diplomatin und Journalistin tätig gewesen. Sie sprach sechs Sprachen. Von den »heroischen« Zeiten Finnlands, dem Bürgerkrieg von 1918, wußte sie beispielhafte Geschichten zu erzählen. Ihre Sympathien gehörten den »Roten«, die Haltung, in der sie Geschichten vortrug, war volkstümlich. »Alles wirkte bei ihr«, meinte Brecht, »biblisch einfach und biblisch komplex«. Ihre Kunstauffassung jedoch war einer anderen Welt verhaftet; sie entsprach noch jener Gesellschaftsschicht, die sie bekämpfen wollte. Indem er nun das Stück Hella Wuolijokis mit ihren Geschichten auffüllte, hoffte Brecht, sie auch künstlerisch zu einer Sozialistin zu machen. Obwohl er viele Fabelelemente, fast alle Figuren und teilweise auch wörtliche Wendungen übernahm, stellte das neue Stück, das er in knapp drei Wochen schrieb, einen radikal die Vorlage verändernden Gegenentwurf dar.

Im Mittelpunkt der »Sägespänprinzessin« von Hella Wuolijoki steht Eva, die Tochter des Gutsbesitzers Puntila, deren Verlobung mit einem Mann der besseren Gesellschaft ins Auge gefaßt ist. Ein gesellschaftsfähiger Schwiegersohn ist dem Vater ein Sägewerk als Mitgift wert. Auf Gut Kurgela, das finanziell von ihm abhängig ist, säuft Puntila mit Honoratioren der Umgebung und will der Gastgeberin Tante Hanna ein Ständchen bringen. Um Schlimmeres zu verhindern, verstecken die Frauen die Flaschen. Aus Protest gegen den gewaltsamen Entzug des Alkohols beschließt jedoch der gedemütigte Gutsbesitzer, sich ungesetzlichen Schnaps zu besorgen. Die Zeit seiner Abwesenheit benutzt der Chauffeur Kalle, der soeben engagiert worden ist, um Eva den Hof zu machen. Als Puntila nach seiner Rückkehr alle Menschen zu seinen Brüdern erklärt, von seiner Verlobung mit fünf Weibern erzählt und Geldscheine verteilt, ergreift Kalle die Gelegenheit, sich mit seinem Dienstherrn wegen Eva ins Benehmen zu setzen. Weil er seinem Herrn dann hilft, die auf ihrem Recht bestehenden Bräute loszuwerden, stimmt Puntila zu. Kalle schwärmt nun seiner Geliebten, um ihr zu beweisen, daß es ihm nicht um die Mitgift geht, von einem romantischen Armeleuteleben vor und will sie entführen. Als ihn der inzwischen wieder nüchterne Gutsbesitzer entlassen will, gibt sich Kalle als Dr. Vuorinen zu erkennen, so daß einer ordentlichen Hochzeit nichts mehr im Wege steht. Puntila fügt sich seinerseits unter das strenge Regiment der Tante Hanna.

»Die Sägespänprinzessin« ist, wie diese kurze Inhaltsangabe zeigt, eine Komödie wie tausend andere, ohne echte Widersprüche, alle Konflikte lösen sich in Wohlgefallen auf. Geradezu auffällig ist die Ähnlichkeit mit Zuckmayers Lustspiel »Der fröhliche Weinberg«, in dem der reiche Weingutinhaber Gunderloch sein Klärchen mit dem Couleurstudenten Knuzius verloben will und am Schluß noch froh sein kann, daß sie den redlichen Schiffer Jochen erhält. Und auch für Gunderloch findet sich ein prachtvolles Frauenzimmer. Zugleich stellt das Stück, worauf Hans Peter Neureuter hingewiesen hat, eine zur Komödie verwandelte Variante des Geschlechterkampfs in Strindbergs Schauspiel »Fräulein Julie« dar. Das Komödienschema seiner Vorlage läßt Brecht unangetastet, er ändert nur die Erzählperspektive. Die Klassenunterschiede werden bei ihm nicht für die Dauer der Komödie aufgehoben. Kalle ist nun tatsächlich ein Chauffeur, er ist ein Mann ganz nach dem Geschmack von Eva und auch von Puntila, nur ist er eben nicht gesellschaftsfähig. Herr und Knecht finden sich sympathisch, aber sie können zueinander nicht kommen: »Weil halt in diesem Leben / Das Korn nicht den Flegel drischt / Und weil das Oel sich eben / Nicht mit dem Wasser mischt.« Puntila ist kein »Zerrissener« mehr, den die Reue und schlechte Laune überkommen, wenn er nüchtern wird, sondern ein Mensch mit zwei Seelen, die die Trennung in Mensch und Vertreter seiner Klasse verdeutlichen, zu der die gesellschaftlichen Verhältnisse zwingen. Der mit dem Titel »Die zwei Seelen des Herrn Puntila oder Der Regen fällt immer nach unten« versehene erste Fabelentwurf von Brecht lautet: »Der Herr von Puntila hat zwei Seelen. Wenn er besoffen ist, ist er ein Mensch, aber wenn er nüchtern ist, ist er ein Gutsbesitzer. Wenn er nüchtern ist, prügelt er seinen Chauffeur, aber besoffen engagiert er einen Chauffeur, der sich nichts gefallen läßt. Wenn er besoffen ist, heiratet er jede Frau, die früh aufsteht und ein gutes Leben haben soll, aber nüchtern will er nichts zahlen und fragt empört, ob er jeder Kuhmagd, mit der er schlief, eine Pension geben soll. Wenn er besoffen ist, verspricht er seinem Chauffeur seine Tochter, aber nüchtern verlobt er sie mit dem Attaché. Wieder besoffen, verstößt er sie, weil sie ihm gehorcht hat. Besoffen verurteilt er seine Haushälterin, weil sie das Gesinde mißhandelt, aber nüchtern heiratet er sie. Er hat einen Knecht, der das alles weiß und der ihm demonstriert, daß alles, was er besoffen will, in Wirklichkeit nicht geht.« An diesen Entwurf hat sich Brecht bei der Niederschrift des Stücks gehalten. Nur die Haushälterin, die Puntila am Ende heiratet, hervorgegangen aus der Figur der Tante Hanna, läßt er dann wieder fallen. Er beschränkt sich auf eine resolute Wirtschafterin und eine Tante Klinkmann, die aber nicht auftritt.

Der Knecht Kalle dient als Sprachrohr der plebejischen Vernunft, er verhindert, daß über die Klassengegensätze einfach hinweggegangen wird. Er fügt der Denkweise des Gutsbesitzers die Dimension sozialer Kategorien hinzu. Der Puntila als Mensch wird dabei nicht angetastet, sein Rausch soll im Gegenteil etwas von einer »göttlichen, dionysischen Trunkenheit« haben. Als die eigentlichen Schlüsselfiguren für die Darstellung eines sozialen Gegenstandpunkts betrachtet jedoch Brecht nicht Kalle, sondern die Frauen von Kurgela. Sie läßt er nun die Geschichten erzählen, die Hella Wuolijoki für nicht literaturfähig gehalten hat. In ihrem Stück ist nur Platz für »von oben« erzählte Witze und Anekdoten gewesen, wie sie der Attaché, Probst, Richter und Advokat auf Lager haben. Diese sind bei ihr aber nicht des Sprechgestus', sondern der Pointe wegen hineingekommen.

Aus dem Schwank über eine heiratsfähige Tochter, deren Vater im Suff einige tolle Streiche vollbringt, die ihn hinterher reuen, entstehen Szenen über die »tavastländische Trunkenheit«. Brechts erste Niederschrift ist noch um einiges geschichtenreicher als die nachfolgenden Fassungen. Kalle, der dann später den Namen Matti bekommt, ist hier etwas gesprächiger, er steigt noch mehr auf Eva und Herrn Puntila ein, er ist eher dessen soziales Gewissen, nicht so sehr der gesellschaftskritische Kontrahent. Ein Gesindemarkt, der in der Nähe von Marlebaek stattfindet, regt Brecht noch zu der gleichnamigen Szene an, die er dem Manuskript hinzufügt.

Als Arbeitsvorlage benutzte übrigens Brecht eine von Hella

Wuolijoki nach Gesprächen mit ihm hergestellte Neufassung ihrer Puntila-Komödie, die sie Margarete Steffin auf deutsch diktiert hatte. Die größere Künstlichkeit des neuen Stücks, die episierenden Elemente und der Abbau der Pointen befremdeten die finnische Autorin nicht wenig. Dennoch konnte der Stückeschreiber sie von seinen Änderungen einigermaßen überzeugen und sie überreden, mit der Übertragung ins Finnische zu beginnen. Im großen und ganzen akzeptierte Hella Wuolijoki die Brechtsche Version, sie hielt sich zwar nicht wörtlich an den Text, behielt aber den szenischen Aufbau nahezu unverändert bei. Sie fügte noch Herrn Kurgela (beziehungsweise Klinkmann) ein, weil sie offenbar vom Einfall Brechts, Puntila zeitweise an eine Heirat mit der Witwe von Kurgela denken zu lassen, um einen Wald zu sparen, wenig begeistert war. In ihrer Version verzichtete sie außerdem auf die Szene »Nocturno« und die große Erzählung der Schmuggleremma vom Athi.

Die finnische, 1946 von Hella Wuolijoki publizierte Fassung hat den Titel »Gutsherr Iso-Heikkilä und sein Knecht Kalle«, der Name Puntila ist aus persönlichen Gründen ausgemerzt, da der Hof von Onkel Roopes Stiefvater Puntila hieß und der porträtierte Gutsbesitzer noch lebte. Bis 1948 blieb das Stück im wesentlichen unverändert, von Kürzungen und kleinen Änderungen abgesehen. Für Therese Giehse, die die Schmuggleremma spielte, schrieb Brecht in Zürich das »Pflaumenlied«. Auf Grund der zu großen Sympathien, die man dem Puntila entgegenbrachte und um die gesellschaftskritischen Aspekte zu verstärken, fügte Brecht für die Aufführung im Berliner Ensemble dann die Figur des roten Surkkala ein, um dem Matti, der nur der Knecht seines Herrn ist, eine wirklich proletarische Figur an die Seite zu stellen. Die Ergänzung ergab sich hauptsächlich durch den Gesichtspunkt, daß das politische Modell mit dem Gutsbesitzer für die neue gesellschaftliche Realität in der DDR historisch geworden war. Man wollte ein Stück zeigen aus der Geschichte der Klassenkämpfe. Zusätzlich entstand das Puntilalied, das die Darstellerin der Köchin während der Szenenumbauten sang. Es sollte die Vorgänge auf Gut Puntila »von der Küche aus« kommentieren.

Neben der »Dreigroschenoper« dürfte »Herr Puntila und sein Knecht Matti« das heute meistgespielte Stück von Brecht sein. Es gilt als sein komischstes und scheint »unverwüstlich«. Die Gesellschaftskritik bezeichnet man als veraltet, dafür lobt man das Allgemein-Menschliche in Form von Sex und Suff. Endlich einmal kein episches Theater, keine Theorie, sondern eine prächtige Typenkomödie. Der Schwank, gegen den das Stück einst entworfen worden ist, scheint durch die Hintertür wieder gegenwärtig zu sein. Ist »Puntila« wirklich veraltet? Fritz Kortner hat diese Frage in seinem Buch »Letzten Endes« mit einem vehementen »nein« beantwortet: »Um seine Gültigkeit anschaulich zu machen, verlege man den Schauplatz etwa nach Texas und kleide den Puntila texanisch ein und mache die Hautfarbe des Matti schwarz. Dann würde das Stück als zu krasse Literatur engagé von jenen verurteilt werden, die sich jetzt über seine mangelnde Aktualität beschweren ... Nun ja, in manchen Aufführungen werden neuerdings die jeweiligen Puntilas auf den »Fröhlichen Weinberg« versetzt, die sozialen Unholde werden als lebenslustige Saufbolde bejubelt und die strafwürdigen Sybariten nicht als das angeprangert, was sie sind: schmatzende Schmarotzer, Raubritter am allgemeinen Gut, Zechbrüder, für die die Gesamtheit die Zeche bezahlen muß, Nachkommen jener Junker, die Vaterland sagen und Großgrundbesitz meinen, die sich mit der Großindustrie verbündeten und zum Schutz dieser unheiligen Allianz die allgemeine Wehrpflicht einführten zur Erhaltung und Erweiterung des Großgrundbesitzes.«

Kortners Argumente für einen Brecht-Text als Nichtlibretto und gegen die schwankhafte Verharmlosung stimmen; er hat auch recht, wenn er sich gegen die politisch allzu durchsichtigen Klagen über den veralteten Brecht wehrt. Eine Aktualisierung allerdings, wie er sie vorschlägt, ignoriert völlig die menschlichen Züge, die die Puntila-Figur zweifellos hat. Ein Stück gegen den Junker Puntila gibt politisch bei uns nicht mehr allzuviel her. Die Gleichsetzung von Gutsbesitzer und Kapitalist geht nur auf, wenn wir das Stück in Finnland 1940 ansiedeln. Von heute aus gesehen, scheint uns der Typ Gutsbesitzer, wie Brecht ihn schildert, als politisch zwar gefährlich, aber doch nicht repräsentativ und historisch auf dem absterbenden Ast sitzend. Viel interessanter sind doch die autobiographischen, die Baalischen Elemente der Figur, alles das, was am Menschen Puntila »aufhebenswert« ist. Die Tendenz der Zuschauer, sich mit der volleren, vitaleren Gestalt des Puntila zu identifizieren und den Matti als »blaß« abzutun, sollte ausgenützt werden. Wie weit können wir dem Puntila folgen, und wie weit können wir dem Matti nicht (mehr) folgen?

Die Grundkonstruktion der Komödie stimmt. Sie zeigt, »was die Knechtschaft im Verhältnisse der Herrschaft ist« (Hegel). Mattis Knechtschaft ist seine Lehrzeit. Mit dem richtigen Gespür dessen, der zur Herrschaft drängt, ahnt er, daß die Unberechenbarkeit seines Herrn, dessen Anfälle von Menschlichkeit, ihm schaden können. Matti fürchtet sich vor den Momenten, wo ihn sein Herr als Mensch anspricht und ihn damit auf eine irrationale Weise an sich binden könnte. Indem Herr Puntila vergißt, daß er seinen Diener braucht, wird dieser an der Entfaltung seines »knechtischen Bewußtseins« gehindert. Das aber ist, wie Hegel in der »Phänomenologie des Geistes« zu entwickeln versucht, die Voraussetzung zur wahren Selbständigkeit. In Diderots Dialogroman »Jacques und sein Herr« bleibt der Diener, da er Fatalist ist, seinem Herrn treu, ihm genügt das Wissen um die Freiheit, ohne ihn auskommen zu können. Brechts Matti ist Optimist. Er will nicht nur Herrschaft, sondern auch Macht. Er will sein eigener Herr werden. Es steht zu befürchten, daß er sich nur eine neue Stelle sucht bei einem Herrn, dem er besser gewachsen ist. Er wird warten, bis die Surkkalas Revolution gemacht haben, oder, wie es unserer gesellschaftlichen Realität mehr entspricht, seinen Gewinn aus der wirtschaftlichen Vernunft schlagen, die das Gut Puntilas wegrationalisieren wird.

Puntila hat ein Gut, ein Sägewerk, eine Mühle und 90 Kühe. Er ist Großgrundbesitzer, ein einflußreicher Mann in Kausala, und er ist um besseren Einfluß bemüht bei der Regierung in Helsinki. Deshalb seine Idee, die Eva mit dem Attaché zu verloben. Die geplante Verbindung ist ihm sogar einen Wald wert. Er könnte diesen Wald auch sparen, wenn er die Tante des Attachés, die seit langem ein Auge auf ihn geworfen hat, heiraten würde. Die alte Frau ist aber ein unangenehmer Drachen und ungeheuer häßlich. Der Mensch in Puntila lehnt sich gegen alle diese Manipulationen und Zweckheiraten auf. Er verlobt sich viel lieber ohne Hintergedanken und so oft es ihm Spaß macht. Besoffen findet er zu seinen menschlichen Qualitäten, dann spricht er fast wie ein Kommunist. Nüchtern ist er ein Ekel, ein Mensch auf »Abwegen«. Selbstverständlich ist es leicht zu genießen, wenn man hat. Herr Puntila kann gut die Kühe preisen und sich am Scheppern der Milchkannen berauschen; der Melker sieht die Sache anders, und der Holzfäller wird über den Wald, der ihm nicht gehört, nur fluchen können, während Herrn Puntila bei seinem Anblick das Herz aufgeht. Dennoch ist dieser Puntila kein schmarotzender Saufkopp, kein sozialer Unhold, sondern eine große, nationale Figur, ein »tavastländischer Bacchus«. Er hat etwas Biblisches, Gotthaftes. Auf keinen Fall ist er ein »Raffke«, weder eine Sternheim-Gestalt, noch eine George-Grosz-Type. Puntila ist, das soll nicht unterschlagen werden, ein reaktionärer Dickschädel, Mitglied der finnischen Heimwehr, und in Bayern wäre er heute ein Maulheld am Vilshofener Stammtisch. Allerdings funktioniert diese Aktualisierung nicht in umgekehrter Richtung. Ein Franz Josef Strauß ist eben kein Puntila. Dieser Politiker kann sich zwar noch einen gewissen Raufboldanarchismus leisten, aber dennoch ist er mehr »nüchtern« als »besoffen«. Das Gefährliche an Puntila darf nicht verdeckt werden, doch das, was ihn sympathisch und für uns wichtig macht, ist seine Fähigkeit, Phantasie spielen zu lassen, sein Charme, seine Genußfähigkeit.

Puntila ist ein Unvernünftiger, wie Herr Quitt in Peter Handkes Stück »Die Unvernünftigen sterben aus«. Auch er wird aussterben, denn er unternimmt nichts zur Sicherung seines Besitzes, zur Rettung seines Guts in die neue Zeit. Wenn er sich in Sachen Rentabilität und Profit auskennen würde, wäre das klügste, was er tun könnte, den Matti an sich und das Gut zu binden, indem er ihn an Eva kettet. Nur Matti ist in der Lage, das Gut wirtschaftlich rentabel zu führen, er ist der einzige, der etwas von Maschinen versteht. Wenn er Matti an seinem Besitz beteiligen würde, wäre er die ökonomischen Überlebensprobleme los. Doch eine Zusammenarbeit des vitalen Kolosses mit dem asketischen Funktionär und Technokraten ist undenkbar. Puntila merkt allmählich, daß Matti nicht der Mensch ist, den er zunächst in ihm gefunden zu haben glaubt. Der rote Surkkala würde viel besser zu ihm passen, das ist einer, »der für seine Überzeugung alles auf sich nimmt«.

Matti ist ein Aufsässiger, aber kein Revolutionär. Er ist eine Schweyk-Figur, der Prototyp des kleinen Mannes, der sich mit einiger Gewitztheit durchs Leben schlägt, auch immer rechtzeitig weiß, wann er sich umstellen muß. Störend an Matti ist vor allen Dingen seine Genußunfähigkeit und seine ziemlich spießige Moral. Ausgesprochen kleinbürgerlich ist seine Haltung Eva gegenüber, die am unangenehmsten in seinen Vorstellungen von einer guten Arbeiterehefrau zum Ausdruck kommt.

Im »Arbeitsjournal« notiert Brecht zu »Puntila«: »Es ist ein kleines fettes Kalb von einem Stück. Mehr Landschaft drin als in irgendeinem meiner Stücke, ausgenommen vielleicht ›Baal‹.« Mehr noch als an »Baal« erinnert der »Puntila« an »Im Dickicht der Städte«, die Komödie wirkt wie eine heitere Paraphrase des frühen Schauspiels. Das Verhältnis Puntila-Matti erweist sich als eine Reminiszenz an den Kampf von Shlink und Garga. Das Abrücken des Matti von Puntila ist zu werten als Aufgeben des Kampfes aus der Erkenntnis, daß seine eigene Stunde gekommen ist – Übernahme der Macht, nicht an der Seite von Puntila. Über Puntila geht die neue Zeit einfach hinweg. Matti wird aufräumen und Ordnung in das Gut bringen, wo immer mehr die Schlamperei um sich greift.

Bei der Ausarbeitung der Szenen mit den Frauen von Kurgela, den eigentlichen Helden seiner Komödie und den Trägern der Hoffnung des Volkes, bemerkt Brecht: »Für die unteren Klassen gibt es nur süßliche Muster und solche, die vor 1848 liegen. Die Sympathie führt zur Verbravung, zur volkstümlichen (oder folkloristischen) Leutseligkeit der Romantik.« So entwirft Brecht eine sinnlich-derbe, wunderbar komische Gruppe von vier Frauen, mit denen sich Puntila »besoffen« sofort verlobt. Diese Verlobung könnte auch für eine Vorwegnahme späteren Einverständnisses stehen, dem Dauer beschieden ist und bei dem alle Figuren, die der finnischen Landschaft entstammen und ihr verhaftet sind, sich zusammentun. Puntila gehört dann zu diesen Frauen, während Matti als Feind dieses Glücksbilds erscheint. Matti ist nur der Vertreter des Staates, für den es die Anarchie des Glücks nicht geben kann.

XXVI
Hollywood

Die Freunde raten, sich in der amerikanischen Filmmetropole niederzulassen – Sein »Führer« fehlt ihm beim Eintritt in die Wüste – Die letzte Arbeit Walter Benjamins – Das Theater ist dazu da, um Geld zu verdienen – Brecht sehnt sich nach der Kunst des Brotbackens – Ferdinand Reyher, Brechts amerikanischer »Cicerone« – Roosevelts Politik des »New Deal« – Keine Illusionen über den Charakter der amerikanischen Demokratie – Brecht in einer würdelosen Umgebung – Die Feindschaften unter den Emigranten gedeihen wie die Orangen – Die Frankfurtisten – Ist Zwölftonmusik volkstümlich? – Respekt vor Arnold Schönberg – Eisler hat nichts gegen ein Abendbrot bei Thomas Mann – Die »Wohltätigkeitsorganisation« Brecht-Weigel – Ein peinlicher Vorfall – Gespräche mit Oskar Homolka über Henri Dunant – Filmpläne – Ein Drehbuchauftrag für Fritz Lang – Der Anblick geistiger Verstümmelung – Nicht nur die Verhältnisse verantwortlich machen – Luft für drei Stücke – Das große Filmgeschäft bleibt aus

Fast an keinem Ort war mir das Leben schwerer
als hier in diesem Schauhaus des easy going.

Amerika war längst nicht mehr das Land der Sehnsucht von Brecht. Solange es nicht unbedingt nötig war, hatte der Stückeschreiber Europa nicht verlassen. Aber immer mehr Länder waren von der Naziwehrmacht unterworfen worden. Selbst im Pazifischen Ozean mußte man mit dem Aufkreuzen deutscher Flottenverbände rechnen. Einen Taifun fürchteten die Flüchtlinge dort weniger als deutsche »Piratenschiffe«, die Überlebenschance dünkte ihnen im ersten Fall größer. Am 21. Juli 1941 traf Brecht mit der »Annie Johnson«, von Manila kommend, wo der Dampfer einige Tage Zwischenaufenthalt eingelegt hatte, in San Pedro ein. Hier, im Hafen von Los Angeles, wurde er von Marta Feuchtwanger und Alexander Granach in Empfang genommen. In Amerika hatten bereits sehr viele mit ihm befreundete Künstler ein Unterkommen gefunden. Bei der Beschaffung der Einreisepapiere und des Geldes für die Überfahrt waren vor allen Dingen William Dieterle, Oskar Homolka, Fritz Kortner, Fritz Lang und Ferdinand Reyher behilflich gewesen. Auch ein Haus war schon vorsorglich gemietet worden, und Lion Feuchtwanger, der während der ersten Kriegsmonate in einem französischen Internierungslager festgehalten worden und seinen Häschern in letzter Minute noch entkommen war, riet dringend, sich trotz aller Vorbehalte in Hollywood niederzulassen, weil es für amerikanische Verhältnisse nicht teuer sei und sich hier noch am leichtesten Arbeitsmöglichkeiten ergäben.

Das Haus in Santa Monica, dem Wohnviertel von Hollywood, sagte Brecht wenig zu, er empfand es als viel »zu hübsch«, und es war auch viel zu klein, so daß Ruth Berlau sich in der Nachbarschaft bei einem holländischen Malerehepaar ein Zimmer nehmen mußte. Für den politischen Flüchtling aus Europa erschien die idyllische Landschaft merkwürdig unrealistisch, sein Beruf war plötzlich Goldgräbertum. Obwohl der Mittelmeerort Sanary schon eher mit der kalifornischen Landschaft zu vergleichen war als der dänische Sund, meinte auch Feuchtwanger: »Man muß sich schon sehr lebhaft vorstellen, wie scheußlich es in Europa wäre, um das Leben hier angenehm zu finden.« Der Stückeschreiber fand sich unwohl wie nie bisher in seinem Leben. Die Diskrepanz von persönlicher Misere und gesellschaftlichem Reichtum, von dem alle möglichst viel profitieren wollten, desorientierte ihn einigermaßen, er kam sich vor, wie aus dem Zeitalter herausgenommen. Es war eine Hölle, die wie das Paradies aussah: »Und gerade hier fehlt Grete. Es ist, als hätte man mir den Führer weggenommen gerade beim Eintritt in die Wüste.« Kein Ereignis berührte Brecht jemals mehr, als der Tod von Margarete Steffin. Und auf die Verlustliste mußte er auch noch den Namen von Walter Benjamin setzen, ein Freund und Gesprächspartner, auf dessen Rat und Widerspruch es ihm ankam. Benjamin hatte sich auf der Flucht vor der Gestapo an der französisch-spanischen Grenze das Leben genommen. Als Günther Anders ihm die Nachricht brachte und ihm die letzte Arbeit, die »geschichtsphilosophischen Thesen«, zum Lesen gab, kam Brecht auf die Klarheit der Überlegungen zu sprechen und er dachte mit Schrecken daran, »wie klein die Anzahl derer ist, die bereit sind, so etwas wenigstens mißzuverstehen«.

Inmitten der vielen Emigranten und all der Künstler, die in den Vorzimmern der Filmstudios auf einen Job warteten, fühlte sich Brecht isolierter als in der Einsamkeit der Wälder Finnlands. Bisher hatten die politischen Ereignisse die schriftstellerische Arbeit fragwürdig gemacht, und es waren politische Umstände gewesen, auf die er in den Gastländern Rücksicht nehmen mußte. In Amerika nun war er einfach als Autor nicht gefragt. Theater war hier etwas, womit man Geld verdienen konnte, und nur die kommerziellen Gesichtspunkte entschieden über die Verwendbarkeit einer Fabel. Wichtigster Aufenthaltsgrund wurde die Hoffnung, irgendwie Geld zu machen. In Gesellschaft anderer Leute eine Idee zu entwickeln, war ein geschäftsschädigender Leichtsinn, denn jeder Einfall war die Dollars wert, die er erbrachte. Das Heer von Schreibern, das jeweils mit einem Projekt beschäftigt war, verkörperte die pervertierte und total kommerzialisierte Form der von Brecht praktizierten kollektiven Arbeitsweise. Die Lebensweise und die gesellschaftlichen Verkehrsformen erwiesen sich als nomadenhaft. Es gab keine Kultur, keine Tradition, keinen Geschmack, keine Werte an sich. Ein Stadt wie Los Angeles schien nur dazu erbaut, damit in ihr Geld verdient werden kann, ein Haus wurde als Schlafstätte errichtet, man erlernte keinen Beruf, sondern ging Jobs nach. Brecht erlebte den Vorgeschmack auf unsere heutige Wegwerf- und Stehimbißkultur.

In einem der ersten Filmskripts, das er in Hollywood mit Ferdinand Reyher skizzierte, beschäftigte er sich deshalb mit etwas »Ehrwürdigem«, mit der Kunst des Brotbackens. Da er nachts gerne frisches Brot mit Butter aß, bedauerte er, daß man in den Läden nur bereits geschnittenes und hygienisch verpacktes Brot kaufen konnte: »Es müssen Schnitten sein, die man schnell, im Weggehen oder Stehen essen kann. Es sind tatsächlich Nomaden. Sie wechseln die Berufe wie Stiefeln, bauen Häuser für nur 20 Jahre und wohnen die Zeit nicht aus, so ist ihre Heimat nichts Lokales.« Brecht war dennoch vorsichtig mit vorschnellen Urteilen über Amerika. Ihm war bewußt, daß der Charakter des Landes nicht allein auf Grund von Eindrükken und Erfahrungen in Hollywood beurteilt werden konnte. Reyher jedoch war Amerikaner, der ihn davor bewahren sollte, aus bestimmten Phänomenen falsche Schlüsse zu ziehen. Der Stückeschreiber betrachtete diesen Schriftsteller, den er 1927 in Berlin kennengelernt hatte, als seinen amerikanischen »Cicerone«, er schätzte ihn als Sportexperten und Schachpartner, der immer unterhaltsame Geschichten zu erzählen wußte. Reyhers Stück »Harte Bandagen«, von Elisabeth Hauptmann ins Deutsche übersetzt, ein spannender, sentimentaler Reißer mit Sportpalastatmosphäre, hatte er seinerzeit zur Aufführung empfohlen. Reyher, der zum Freundeskreis des prominenten Ehepaars Sinclair Lewis–Dorothy Thompson gehörte, war dann mit Brecht wieder anläßlich einer Europareise im Oktober 1938 in Kopenhagen zusammengetroffen und hatte seine Hilfe bei einer Übersiedelung nach Amerika, falls sie notwendig werden sollte, angeboten. Um einen Filmauftrag in Hollywood versprach er sich ebenfalls zu bemühen. Unter dem Titel »The Devil's Sunday« adaptierte Reyher nach seiner Rückkehr einige Szenen aus »Furcht und Elend des Dritten Reiches« für die amerikanische Bühne. Für »Leben des Galilei«, das ihm Brecht sofort nach der Niederschrift geschickt hatte, konnte er leider keinen Produzenten finden.

Seine Aufenthaltsgenehmigung verdankte Brecht den Auswirkungen einer liberalen Politik, die, ähnlich wie die Volksfrontpolitik in Frankreich einige Jahre zuvor, jeden revolutionären Willen der Arbeiterschaft erst einmal erlahmen ließ. Die große innenpolitische Leistung des demokratischen Präsidenten bestand in radikalen wirtschaftlichen und sozialpolitischen Reformen, die von der großenteils reaktionär orientierten Presse und der Großindustrie erbittert bekämpft wurden. Durch das Programm des »New Deal« gewann aber Roosevelt die Unterstützung der Gewerkschaften und die Sympathie der linken und liberalen Intellektuellen. Die Epoche des New Deal erschien Brecht 1942 rückblickend wie ein gigantisches Drama, dem »Hamlet« vergleichbar: die amerikanische Arbeiterbewegung erwies sich als unfähig, eine dialektische Politik zu betreiben, und ein fragwürdiger Gewerkschaftsboß wie John Lewis betrat die politische Szene als Gewinner wie Fortinbras.

Die Emigranten aber hatten allen Grund, Anhänger der Regierung Roosevelt zu sein. Nachdem er beim »Committee for Refugee Writers of the League of American Writers« Anträge zugunsten seines deutschen Kollegen gestellt und viele amerikanische Schriftsteller als Fürsprecher Brechts mobilisiert hatte, war es Reyher gelungen, Dorothy Thompson einzuschalten, die sich viele Jahre als Journalistin für die Republikanische Partei betätigt hatte, dann aber durch viele Gespräche mit Fritz Kortner und anderen Emigranten veranlaßt worden war, sich für die Politik Roosevelts einzusetzen, zu dessen Wiederwahl im Jahr 1940 sie entscheidend beigetragen hatte.

Roosevelt unterstützte nach einigem Zögern die von den Emigranten ersehnte Beteiligung Amerikas am Krieg gegen den Faschismus, die nur dank der ökonomischen Stabilisierung möglich war. Brecht war kein begeisterter Anhänger Roosevelts. Dessen Politik war in seinen Augen allenfalls den Umständen gemäß vernünftig. Über den wahren Charakter der amerikanischen Demokratie machte er sich überhaupt keine Illusionen. Der Präsident wurde nicht gewählt, sondern »gemacht«: »Viele haben das Gefühl, daß die Demokratie von einer Art ist, daß sie von einer Stunde auf die andere verschwinden kann. Wenige wagen, sich ein Bild zu machen davon, was die ungeheure Brutalität, die der ökonomische Kampf auf diesem Kontinent entwickelt hat, dann aus ihm machen würde.« Die Ideen der Herrschenden herrschten in diesem Land nahezu unbeschränkt.

Durfte er, in einer Villa wohnend und in Sicherheit, überhaupt klagen? Aber dann kam ihm doch der Gedanke, daß diese hübschen Hollywood-Villen aus dem gleichen Stoff gebaut zu sein schienen wie die Ruinen drüben: »als hätte ein und derselbe böse Wind, der die Gebäude drüben zusammenriß, allerhand Staub und Schmutz hier zu Villen zusammengewirbelt.« Ein Umzug in ein anderes, besser gelegenes und älteres Haus änderte wenig an Brechts Eindruck, in eine würdelose Umgebung verbannt zu sein. Die amerikanische Lebensweise empfand er als »unedel«, denn der Zwang, ständig auf der Hut sein zu müssen und jede Bewegung, jeden Gedanken »verkaufen« zu müssen, war erniedrigend: »Und so ist man unaufhörlich Käufer oder Verkäufer, man verkauft sozusagen dem Pissoir seinen Urin.«

Die Verhältnisse, beklagte Kortner, verleiteten die Menschen dazu, »mit dem Wochenscheck im Maul« zu reden. Besonders die Verhaltensweisen der Emigranten, die in Hollywood Unterschlupf gefunden hatten, wurden vom Zwang zur Anpassung geprägt. Jeder mißtraute jedem, jeder verdächtigte den nächsten, mehr Zugeständnisse als nötig gemacht zu haben. Wer Geld hatte, war verdächtig, und wer kein Geld hatte, galt als schwierig und ungeschickt. Thomas Mann war in den Augen der auf dem amerikanischen Markt nicht so erfolgreichen Autoren korrupt und ein Höriger der Hearst-Presse, Brecht hielt man für wirklichkeitsfremd und für einen unbelehrbaren Kommunisten. Solidarität wurde mit der Zeit immer seltener. Zwar waren gelegentlich Schriftsteller wie Thomas Mann, Heinrich Mann, Ludwig Marcuse, Bruno Frank, Leonhard Frank, Alfred Döblin und Brecht zu einer Unterschrift unter ein Manifest oder zu einer Huldigung für einen Jubilar in ihren Reihen bereit, aber ein gemeinsames politisches Forum oder gemeinsame Aktivitäten gab es nicht. So schrieb Brecht entsetzt an Karl Korsch, der in Boston von einem kleinen Gehalt des Frankfurter Instituts lebte: »Die Feindschaften gedeihen hier wie die Orangen und haben wie die keine Kerne. Die Juden werfen sich gegenseitig Antisemitismus vor, die arischen Deutschen beschuldigen sich des Philodeutschismus.« Auch Feuchtwanger berichtete einer Bekannten von »ekelhaftestem Klatsch« und viel Gezänk.

Aus all den kleinen Streitereien, Verbandsintrigen und kleinlichen Nervenkriegen versuchte sich Brecht herauszuhalten. Er bemühte sich um Kontakte, wie er es immer gehandhabt hatte, quer durch alle Gruppen und Parteibildungen hindurch. Zunächst enthielt er sich jeder Art von politischer Betätigung, er wollte möglichst unauffällig bleiben und keiner Redrazzia zum Opfer fallen. An den Parties der Filmleute nahm er fast nie teil, im Gegensatz zu seinem Freund Hanns Eisler, der, wie viele Emigranten bezeugen, alkoholbeschwert von Dinner zu Dinner eilte. Eisler war es meistens, der Brecht überredete, studienhalber doch die eine oder andere Gartengesellschaft oder Geburtstagsfeier mitzumachen. Auf diese Weise lernte der Stückeschreiber die Mitglieder des emigrierten Frankfurter Instituts für Sozialforschung kennen, dessen leitende Köpfe Max Horkheimer und Friedrich Pollock ihm bereits durch die Schilderungen Walter Benjamins genügend vertraut waren und die er nun gründlich zu verachten begann. Deren spätere Abkehr vom Marxismus stand bereits damals für ihn fest. Für Brecht waren die »Frankfurtisten« Marxisten ohne Politik, eitle Intellektuelle, deren Denken sich in Kulturkritik erschöpfte. – Im Kreis der Wissenschaftler vom Institut war der marxistisch geschulte Autor kein willkommener Diskussionspartner, denn er argumentierte ihrer Auffassung nach zu platt materialistisch und zu dogmatisch. Produktive Gespräche führte Brecht nur mit dem Physiker Hans Reichenbach und mit Theodor W. Adorno, dessen musiksoziologische Überlegungen ihn interessierten. Die Thesen zu Funktion und Dramaturgie der Musik im Film und auf der Bühne, die Adorno und Eisler zusammen entwickelten, fanden seine Zustimmung. Nur widerstrebend vermochte Brecht allerdings beider Neigungen für die Zwölftonmusik zu teilen. Sie schien ihm zu »hitzig«, zu unnatürlich, nicht zum Gebrauch für seine Zwecke geeignet. Der Stückeschreiber war zwar erstaunt über den ausgesprochen logischen und mathematischen Charakter des musikalischen Materials, dem aber die unnatürliche Deklamation der Texte so gar nicht zu entsprechen schien. Wenn Adorno George-Lieder von Schönberg oder eigene Kompositionen vorspielte und dazu krächzend sang, reizte es ihn zu fragen, was die Musiker zwinge, »wie die sterbenden Schlachtpferde zu wiehern«. Nachdenklicher wurde dann Brecht, als ihm Adorno Eislers Musik zu dem Dokumentarfilm »Regen« von Joris Ivens vorspielte: diese »Vierzehn Arten, den Regen zu beschreiben« erinnerten ihn an chinesische Tuschzeichnungen. Er mußte zugestehen, daß das Quintett schön war und machte nun selbst Eisler den Vorschlag, gemeinsam neue Volkslieder zu schreiben, »komponiert in der neuen Art«. Warum sollte das Volk nicht auch auf diese Weise singen lernen? Ihre Massenchöre und aktivierenden Lieder kamen ihnen hier in Amerika, wo Sprechchöre als Werbemittel eingesetzt wurden, unlauter und banal vor: »Man ruft verzweifelt nach l'art pour l'art.«

Als Eisler sich entschloß, seinen Freund nun doch einmal mit seinem Lehrer Arnold Schönberg zu konfrontieren, mußte Brecht seine Auffassungen von Neuer Musik ganz entscheidend korrigieren. Der Respekt und die Verehrung, die Eisler gegenüber Schönberg bekundete, imponierten ihm. Was er Karl Valentin handwerklich zu verdanken habe, betonte er gegenüber Ruth Berlau, das sei offenbar bei Eisler von Schönberg ausgelöst worden. Im Juli 1942 nahm dann der Stückeschreiber an einer Vorlesung Schönbergs über modernes Komponieren teil. Die Argumente, die er leider nur teilweise verstand, machten auf ihn den Eindruck völliger Klarheit: »Ein Jammer, daß wir noch nicht einmal so in Musik gebildet wurden, daß wir wenigstens verstehen, was wir da nicht verstehen.« Der Komponist nahm wie Brecht auf seinem Gebiet die Haltung eines Ingenieurs ein, der den »Handbetrieb« in der Musik und das Fehlen eines rein musikalischen Begriffsmaterials für die Musik beklagte.

Hanns Eisler war es gelungen, in Hollywood Fuß zu fassen und 1940 war er zum Leiter eines von der Rockefeller Foundation gestifteten Filmmusikprojekts im Rahmen der New School for Social Research bestimmt worden, das ihm für zwei Jahre experimentelles Komponieren ermöglichte. Daneben schrieb er einige Musiken für Filme. Eisler feierte bei Festen mit und aß gerne und reichlich. In vieler Hinsicht war er offener und vorurteilsloser als Brecht. Er hatte zum Beispiel Spaß am Umgang mit großbürgerlichen Schriftstellern. Seiner Meinung nach hatte Brecht bei der Beurteilung von Kunst und vor allen Dingen von Musik oft einen zu puritanischen Aufklärungsstandpunkt. Eisler widerstrebte es, in ästhetischen Fragen allzu jakobinisch zu argumentieren. Es gelang ihm zuweilen, Brechts Unerbittlichkeit oder Ungerechtigkeit so manchen Kollegen gegenüber infrage zu stellen. Im Fall von Thomas Mann allerdings blieb der Stückeschreiber bei seiner alten Einstellung. Wenn Eisler genußvoll von einem Abendbrot bei Thomas Mann und Gesprächen über Wagner berichtete, schwieg Brecht höflich, betrachtete jedoch die Seitensprünge seines Freundes als Landesverrat. Die Humanität Thomas Manns, dessen Antifaschismus nahm Brecht einfach nicht zur Kenntnis. Sein alter Gegner blieb für ihn ein »Reptil«, das sich in seinem Reichtum sonnt und mit jeder Formulierung oder politischen Erklärung nur an die Wirkung bei seinem zahlungskräftigen Lesepublikum denkt. Traf er den Verhaßten zufällig in Santa Monica, hatte er das Empfinden, als schauten 3000 Jahre auf ihn herab. Hinzu kam, daß jemand Brecht den Verdacht eingeredet hatte, Thomas Mann habe ihn bei den amerikanischen Behörden als kommunistischen Schriftsteller und als moskauhörig denunziert. Diese Vermutung war völlig absurd, da Thomas Mann vielen Kommunisten geholfen hatte und später nicht zögerte, ein Hilfskomitee zu gründen, als Hanns

Eisler vor dem Ausschuß für unamerikanisches Verhalten verhört wurde.

Jede Initiative, jede Geste von Thomas Mann verbuchte Brecht negativ, während er dessen älteren Bruder Heinrich Mann immer mehr schätzen lernte und mit voller Sympathie behandelte. Heinrich Mann erwartete ähnlich wie Brecht die Niederkämpfung des Faschismus weniger von den Alliierten als von den Sowjettruppen. Begeistert begrüßten beide den heldenhaften Widerstand des sowjetischen Volkes. »Strahlend« und »vergnügt« reagierte Heinrich Mann, als Brecht die erste militärische Niederlage der Nazis kommentierte und den Widerstand der Rostower Zivilbevölkerung erwähnte. Die Erfolglosigkeit von Autoren wie Heinrich Mann und Alfred Döblin in Amerika, denen Thomas Mann bei der Ankunft 1940 einen Filmvertrag mit der Metro-Goldwin-Mayer-Gesellschaft verschafft hatte, der aber nach einem Jahr gekündigt wurde, empörte Brecht, zumal er miterleben mußte, mit welcher Großzügigkeit hochdotierte Wochenschecks an völlig untalentierte Schreiber ausgestellt wurden. In dieser Umgebung von angepaßten Hollywood-Autoren, die alle tranken, Döblin und Heinrich Mann zu sehen, empfand Brecht als »anstrengend«. Man wurde zum Bittsteller und parasitären Kostgänger eines Rummelplatzunternehmens. Er selber kam sich vor wie »Lenin im Prater«.

Brecht und Helene Weigel waren um die persönlichen Lebensumstände von Döblin und Heinrich Mann rührend besorgt und halfen, so gut es eben ging. Wenn Brecht in seinem Tagebuch vermerkte, daß Thomas Mann seinen Bruder verhungern ließ, so war das gewiß nicht die Wahrheit, denn eine kleine Rente wurde monatlich überwiesen, und auch von sowjetischer Seite erhielt Heinrich Mann regelmäßig eine kleine Summe als Abgeltung für seine in der Sowjetunion verlegten Bücher. Und dennoch muß sich Heinrich Mann von seinem erfolgreichen Bruder im Stich gelassen gefühlt haben. An Maximilian Brantl schrieb er nämlich 1947, als Brecht seine Zelte in Santa Monica abbrach: »Ich kannte nur eine Wohltätigkeitsorganisation, die eingeht, wenn Brecht und Frau nach Europa reisen.« Und ähnlich empfand es Alfred Döblin, der, obwohl oft von Thomas Mann mit Lob und Unterstützung bedacht, nach dem Krieg öffentlich einen haßerfüllten, völlig ungerechten Feldzug gegen den »Großschriftsteller« eröffnete und ihn zum »Musterbeispiel großbürgerlicher Degeneration« erklärte. Die Hilfe, Anerkennung und Förderung, die viele notleidende Autoren im Exil von dem populären, in gesicherten Verhältnissen lebenden Thomas Mann erfleht und erhalten hatten, wurde jenem im Nachhinein als herablassende Generosität ausgelegt. Die gewährte Unterstützung vertiefte nur den Graben, der zwischen dem Wohltäter und den in die Rolle von Bittstellern gedrängten Emigranten bestand. Brecht machte wenigstens aus seiner Gegnerschaft zu Thomas Mann keinen Hehl, doppelzüngig verhielt er sich nie. Döblin dagegen verfaßte noch wenige Monate vor seinen Attacken gegen den »Opportunisten« und »Epigonen« eine Eloge auf den »Josephsroman«, als Dank für die »schönen, aufmerksamen und sorgfältig formulierten Sätze«, die Thomas Mann in gekonnter Routine, aber ehrlich an seinem 65. Geburtstag gesprochen hatte. Damals, am 14. August 1943, überraschte Alfred Döblin seine Freunde und Kollegen mit einem verwirrten, von allen Gästen als peinlich empfundenen Schuldbekenntnis: Da er nicht genügend »Gott« gesucht habe, sei er mitschuldig am Aufstieg der Nazis. Besonders Brecht, der mit Helene Weigel die Feier in einem kleinen Theatersaal arrangiert hatte, ärgerte sich über diese, von aller politischen Realität absehende Erklärung seines Freundes. In einem Gedicht handelte er den »peinlichen Vorfall« ab, bei dem die irreligiösen Gefühle der meisten Feiernden empfindlich verletzt wurden. Einer seiner »Götter« enttäuschte ihn maßlos, und die von ihm aufgebotenen Künstler wie Hanns Eisler, der Pianist Eduard Steuermann sowie die Schauspieler Blandine Ebinger, Alexander Granach, Peter Lorre und Fritz Kortner erklärten sich für genarrt. Als Eisler schimpfend aufstand, rief ihm Brecht ein flehendes »Pssst« zu. Den Ärger galt es zu schlucken, dem verehrten Autor gegenüber wollte er nicht grob und unhöflich werden. Thomas Mann selbstverständlich reagierte vornehm zurückhaltend, drückte sich jedoch dem Jubilar gegenüber um eine zustimmende Stellungnahme und entschuldigte sich mit seiner protestantisch-humanistischen Tradition. Er am wenigsten noch schrieb Döblin als Autor damals ab. Seine Sympathie indessen verstärkte nur den Thomas-Mann-Komplex des Geehrten. Die Geburtstagsfeier für Döblin war eine der seltenen gemeinsamen Unternehmungen von in Hollywood ansässigen Künstlern und Schriftstellern unterschiedlicher Herkunft. Selbst Franz Werfel, gegen den Brecht und Döblin einst in Dresden ausfällig geworden waren, saß huldigend im Parkett.

Es verging mehr als ein Jahr, bis Brecht in diesem »Paradies« Hollywood richtig arbeiten konnte. Noch nie in seinem bisherigen Leben waren soviel potenzielle »Mitarbeiter« und Gesprächspartner um ihn, aber die Situation von Ertrinkenden, in der sie alle waren, verhinderte jeden produktiven Elan. Gemeinsam konnte man schon gar nicht für die Schublade arbeiten. So verbrachte der Stückeschreiber die Tage mit Radiohören, Kriminalromanlektüre und Schachspielen. Sein bevorzugter Schachpartner war der Schauspieler Oskar Homolka, mit dem er gern eine »Galilei«-Aufführung realisiert hätte und der ihn zu einem Stück über den Gründer des Roten Kreuzes animierte. In Henri Dunant sah er eine Mischung aus einem Timon von Athen und Heiligen Antonius und er wollte aus dem Stoff die Tragödie eines Philantropen formen, der sich der Verführung durch die Caritas nicht zu erwehren weiß und ruiniert wird.

Bevor jedoch der Lebensunterhalt nicht gesichert war und er einen seiner zahlreichen Filmpläne nicht in Geld umgemünzt hatte, war an eine ruhige Arbeitsphase, wie er sie für ein Stück brauchte, nicht zu denken. Auch das durch Lion Feuchtwangers Buch »Unholdes Frankreich« angeregte Schauspiel über eine Jeanne d'Arc des Jahres 1940 vermochte er vorläufig nicht zu schreiben. So blieb als die wichtigste Beschäftigung der ersten Monate in Hollywood das Erörtern und Konzipieren von Filmstories. Einerseits versuchte Brecht durch Zusammenarbeit mit Drehbuchschreibern wie Ferdinand Reyher, Robert Thoeren und Salka Viertel, der Autorin vieler Garbo-Filme, ins Geschäft zu kommen, andererseits tat er sich mit Schauspielern wie Fritz Kortner, Peter Lorre oder Elisabeth Bergner zusammen, die gute Beziehungen zu amerikanischen Produzenten oder Studios hatten. Außerdem erhoffte er sich einen Einstieg mit Hilfe der Regisseure William Dieterle, Paul Czinner, Fritz Lang, Jean Renoir und Berthold Viertel. Mit Kortner entwickelte er einen Filmplan für den emigrierten französischen Schauspieler Charles Boyer. Kortners erzählerisches Talent begeisterte Brecht und seiner Meinung nach konnte dessen schauspielerische Begabung damals nur von Charles Chaplin überboten werden. Da er aber Schwierigkeiten machte und auf seinen eigenwilligen Ideen beharrte, zerschlugen sich die meisten seiner Projekte. Kortner war, vermerkte Brecht mit Bewunderung in seinem Tagebuch, »exemplarisch in seiner Fähigkeit, sich nicht anzupassen«.

Da Elisabeth Bergner für New York eine Theaterrolle suchte, bemühte er sich, ihr sein Sezuanstück schmackhaft zu machen, das sie jedoch »so langweilig wie großartig« fand. Eine Besprechung mit Czinner, ihrem Gatten, ergab dann, daß man eher an einen klassischen Reißer, an einen Shakespeare für den Broadway dachte. Bevor schließlich die Arbeit an Websters »Duchess of Malfi« aufgenommen wurde, schlug Brecht eine Version von Thomas Heywoods »A Woman Killed with Kindness« vor, »im elisabethanischen Stil produziert, als exotischen Leckerbissen«.

Das Interesse Brechts für den Film ging, sowie er sich ernsthafter auf eine Idee einließ, sehr bald über die kommerziellen Gesichtspunkte hinaus. Die technischen Möglichkeiten des Films im ästhetischen Bereich setzte er in direkten Zusammenhang mit seiner epischen Dramaturgie. Ihn interessierte das Verschmelzen von Dokumentar- und Spielfilm, das Dokumentarische entsprach der Kommentarebene seiner Stücke. Bereits in Paris hatte er mit Carl Koch, dem Mitarbeiter Jean Renoirs, und dem Trickfilmregisseur Bartosch Pläne in dieser Richtung erörtert. Jetzt in Hollywood ließ er sich von Herbert Kline dessen Reportagefilme über Spanien, die Tschechoslowakei im Jahre 38 und England 1939 vorführen. Zuletzt hatte Kline zusammen mit John Steinbeck den Mexicofilm »Forgotten Village« gedreht, zu dem Hanns Eisler eine pointierende Musik komponiert hatte. Auch mit Eisensteins Filmtechnik setzte sich Brecht auseinander. Beider Methode, die Art und Weise, wie sie Geschichten in einzelne Vorgänge zerlegten, bestand im Reihen »prägnanter Augenblicke«. Roland Barthes hat analysiert, wie in jedem sozialen Gestus bei Brecht, »die Idee des prägnanten Augenblicks« wiederaufgenommen wird.

Jeden Morgen mein Brot zu verdienen
Gehe ich auf den Markt, wo Lügen gekauft werden.
Hoffnungsvoll
Reihe ich mich ein zwischen die Verkäufer.

Ende Mai 1942 endlich nahm ein Hollywood-Projekt konkrete Gestalt an: Fritz Lang hatte die Idee, einen Film über den von Patrioten ermordeten Naziführer Reinhard Heydrich und den Widerstand des tschechischen Volkes zu drehen. Wegen seiner politischen Kenntnisse erschien ihm Brecht als der ideale Mitarbeiter. Sie schrieben gemeinsam eine Story über »Prag, Gestapo und Geiseln« mit dem Titel »Silent City« nieder, die Lang erfolgreich dem Produzenten Arnold Pressburger anbot. Brecht erhielt einen Vertrag als Scriptwriter, der ihm ein Honorar von 5000 Dollar für das Drehbuch und zusätzliche 3000 Dollar für weitere Mitarbeit eintrug. Ein weiterer, deutsch sprechender amerikanischer Autor, John Wexley, wurde von der Firma United Artists zur Fertigstellung des amerikanischen Buchs engagiert. Je näher die Drehtermine rückten, umsomehr stellte sich heraus, daß Lang einen Hollywoodfilm herzustellen gedachte, nicht verzichtend auf »kleine Spannungen, schmutzige Sentimentalitäten und Unwahrhaftigkeiten«. Von der Zusage, bestimmte Schauspielervorschläge Brechts zu berücksichtigen, wollte Lang plötzlich nichts mehr wissen, selbst Helene Weigel durfte die für sie reservierte kleine Rolle einer Gemüsefrau nicht spielen. Der Regisseur wollte, um Mißverständnisse zu vermeiden, keine deutschen Gesichter für tschechische Rollen. Brecht fand das schlechten Naturalismus und faßte die Weigerung als weitere Zugeständnisse Langs an seine Geldgeber auf. In der Hoffnung, am Ende vielleicht doch noch Lang überzeugen zu können, verfaßte er mit Wexley nebenbei ein »Idealskript«, mußte dann aber erleben, daß auch dieser Schreiber, der Mitglied der Kommunistischen Partei war und allgemein als »anständig« galt, seinen Job nicht verlieren wollte. Wexley fügte alle Hauptdummheiten der Story, die Brecht in zehnwöchiger Arbeit mühsam entfernt hatte, hinter seinem Rücken wieder dem Drehbuch ein. Da das Buch zu lang war, mußte es rasch gekürzt werden, was wiederum ein anderer Schreiber, der keine Schwierigkeiten bereitete, besorgte. »Trust the People« hätte Brecht den Film gerne genannt, ein Titel, der bei der Filmfirma nicht die geringste Chance hatte. Lang plädierte dann für »Never Surrender«, noch ehe der Film abgedreht war, erschien aber ein Buch mit diesem Titel. Durch einen Wettbewerb im Studio fand man schließlich »Hangmen Also Die«.

Dem Stückeschreiber machten die Erfahrungen, die er mit Freunden durchmachte, ziemlich zu schaffen: »Der Anblick geistiger Verstümmelung macht mich physisch krank.« Zuguterletzt mußte er wegen der Unstimmigkeiten mit Wexley, der aus Reputationsgründen als alleiniger Skriptautor genannt werden wollte, das Schiedsgericht der Hollywood Screen Writer's Guild anrufen und auf die Mitautorschaft an einem Film bestehen, der nur noch vage seinen künstlerischen Vorstellungen entsprach. Die Nennung im Vorspann war nämlich wichtig, um später wieder einmal einen Filmjob zu erhalten. Obwohl sein Anspruch von Lang und Eisler bestätigt wurde, machte sich das Gericht Wexleys Auffassung zu eigen. Nach der Gerichtstagung haben sich Brecht und Lang nicht mehr gesehen. Lang erwies sich nicht als der »Ketzer«, den Brecht in ihm erblickt hatte, als er ihm einen Glücksgott schenkte. Sich aber angesichts derart unmenschlicher Verhältnisse über private Unmoralität zu empören, war imgrunde unmöglich. Dennoch meinte der Stückeschreiber in seinem Tagebuch einschränkend: »Andererseits kann man die Empörung, diesen sozial so produktiven Affekt, nicht nur gegen die Verhältnisse lenken, weil man sonst die Verhältnisse völlig entpersonifizierte, überhaupt nicht mehr mit Menschen besetzte, also auch nicht mehr als belangbar und änderbar behandelte.«

Wie schon im Fall der »Bajazzo«-Verfilmung war es Brecht nicht gleichgültig, daß sein Drehbuchkonzept nur verwendet wurde. Ohne die Hoffnung, doch etwas Entscheidendes erreichen zu können, hätte er keine Zeile schreiben können. Den »Geiselfilm« hielt er sogar für so wichtig, daß er daran dachte, den Text in die Reihe seiner »Versuche« mitaufzunehmen. Am Ende war der mehrmonatige Zeitaufwand dennoch so gut wie umsonst. Das Finanzielle blieb das einzig Erfreuliche, denn die Filmarbeit mit Lang verschaffte ihm »Luft für drei Stücke«: »Die Gesichte der Simone Machard«, »Duchess of Malfi« und »Schweyk«. Ins große Filmgeschäft allerdings gelang es Brecht nie einzusteigen. In den sechs Jahren, die er in Amerika lebte, arbeitete er an mehr als fünfzig Filmentwürfen. Nur die Geiselstory wurde verkauft. Etwas Geld bekam der Stückeschreiber Ende 1943 noch für ein Filmskript von Peter Lorre, der die Produktion in die Wege geleitet hatte, aber dann doch nicht zustande bringen konnte. Dann fungierte er im letzten Jahr seines Hollywood-Aufenthalts als eine Art »Drehbuchdoktor« bei der Verfilmung des Remarque-Romans »The Arch of Triumph«, eine Brotarbeit, die ihm Charles Laughton vermittelte. Regie führte Lewis Milestone, den Brecht dann vergeblich für eine Verfilmung der Offenbach-Oper »Hoffmanns Erzählungen« zu gewinnen versuchte. Die größte Geldsumme brachte ihm 1944 sein Anteil am Verkauf der Filmrechte von Feuchtwangers Roman »Simone« ein, dem das gemeinsam verfaßte Stück »Die Gesichte der Simone Machard« zugrunde lag. Von diesen Erträgnissen konnte er nach Feuchtwangers Auffassung etwa ein Jahr lang »relativ üppig leben« und das Schauspiel »Der kaukasische Kreidekreis« schreiben.

XXVII
New York, Fifty-Seventh Street

Die Integration der Fremden ist erwünscht – Kein Bedarf für deutsche Kultur in englischer Sprache – Der zur Anpassung unfähige Brecht – New York, die Theaterstadt – Ruth Berlau verläßt Hollywood – Auch ein Haus mit Garten und separatem Eingang bewegt die Freundin nicht zur Rückkehr – Mit Ruth in Gedanken den Broadway hinunter – Die Tribüne für freie deutsche Literatur und Kunst – Beginn der Zusammenarbeit mit Paul Dessau – Ein Theaterstück für Elisabeth Bergner – Die vergebliche Hoffnung, über Weill eine Aufführung zustandezubringen – Die Liebenden haben kein Geld – Brecht schreibt Stücke in Hollywood, wird aber verdächtigt, ein Liebesleben unter kalifornischen Palmen zu führen – New York zieht Brecht dem »Familienglück« vor – »Schweyk im Zweiten Weltkrieg« – Brecht taugt nicht zum Librettisten Weills – Die »Kreidekreis«-Bearbeitung für Luise Rainer – Ruth Berlau soll stark wie Grusche sein – Der kleine Michel stirbt in »Cedars of Lebanon« – Brecht liebend, aber in schlechter Verfassung – Kein Fehler wird gutgemacht durch einen neuen Fehler

Und es sind die finstern Zeiten
In der andern Stadt
Doch es bleibt beim leichten Schreiten
Und die Stirn ist glatt.

Seit Beginn des Zweiten Weltkriegs waren die Vereinigten Staaten zum Hauptexilland deutscher Flüchtlinge geworden, in dem man vor der Notwendigkeit einer neuerlichen Flucht jedenfalls sicher schien. Trotz ziemlich restriktiv gehandhabter Einwanderungsbestimmungen und einer eher fremdenfeindlichen, von antisemitischen Tendenzen nicht freien Politik des State Department versammelte sich in den USA die größte deutsche Emigrantenkolonie. Nach 1940 war es auch für Ausländer wieder möglich, eine auskömmliche Stellung zu finden. Durch den Eintritt Amerikas in den Krieg und die damit verbundene Ankurbelung der Rüstungsindustrie gab es genügend Arbeitsplätze. Lediglich auf kulturellem Gebiet war es um Arbeitsmöglichkeiten schlecht bestellt, da sich hier immer noch die Folgen der wirtschaftlichen Depression von 1930 auswirkten. Die Hälfte der bestehenden Theater blieb weiterhin geschlossen, und die Produktion der Verlagshäuser war nicht gerade üppig. So hofften die meisten Autoren und Schauspieler auf Beschäftigung bei der Filmindustrie in Hollywood. Die hier an sich schon fürchterliche Marktsituation wurde durch den Andrang der Exilkünstler noch verschlimmert. Der Zwang zur Anpassung wurde verstärkt. Ansonsten jedoch betrachtete man den Beitrag der Emigranten als eine nützliche Bereicherung der amerikanischen Wissenschaft und Kultur. Mehr als in jedem anderen Exilland war in Amerika die Integration der Fremden nicht nur möglich, sondern sogar erwünscht. Machte es den älteren Emigranten auch Schwierigkeiten, sich mit den neuen Gegebenheiten abzufinden, ihre Kinder fügten sich leicht ein, und ihre Enkel hatten dann schon Mühe mit der deutschen Sprache.

Die Emigrantenorganisationen und Klubs spielten im Verhältnis zur großen Zahl der Flüchtlinge eine nur geringe Rolle. Das amerikanische Publikum kümmerte sich überhaupt nicht um deren Aktivitäten. Aber auch in englischer Sprache gebotene deutsche Kultur, zum Beispiel eine Jessner-Inszenierung von Schillers »Wilhelm Tell« in Los Angeles, kam nicht an. Die Fremden waren gezwungen, die einheimischen Bedingungen und Spielregeln zur Kenntnis zu nehmen und sich mit ihnen auseinanderzusetzen. Für Max Reinhardt, dessen Inszenierungen reisende Amerikaner in Berlin, Wien und Salzburg einst bewundert hatten, interessierte sich in Amerika fast niemand mehr. Nur wenigen Künstlern gelang die Integration, und viele, denen sie glückte, verloren dabei ihr Gesicht. Wenn man, in Amerika lebend, anerkannt werden und Erfolg haben wollte, mußte man Amerikaner werden. Sonst blieb man isoliert und ein Fremder. Anderssein aber war verdächtig und unhöflich, Anpassung galt im allgemeinen als Talent und Tugend. Es war für Flüchtlinge außerdem ratsam, sich nicht zu kommunistischen Überzeugungen zu bekennen. Seit 1938 gab es nämlich das berüchtigte »Committee on Unamerican Activities«, das bei der Vergabe von Einreisebewilligungen ein Wort mitzureden hatte und sich dann nach Roosevelts Tod auf Kommunistenjagd spezialisierte. Besonders in den Monaten des »curfew«, als alle in den USA lebenden Deutschen, Italiener und

Japaner zu »enemy aliens« erklärt wurden und zu bestimmten Zeiten Ausgangssperre hatten, durfte man nicht auffallen.

Brecht, zwar bemüht, ein amerikanisches Publikum zu finden, blieb Außenseiter und ein Fremder. Er dachte nicht daran, die Grundsätze seiner schriftstellerischen Arbeit über Bord zu werden. Die Beispiele seiner Freunde Kurt Weill oder George Grosz zeigten ihm, welche künstlerischen Opfer man bringen mußte, um Amerikaner zu werden. Aber auch gegenüber Emigrantenorganisationen blieb Brecht distanziert. Er hoffte, einen für ihn adäquaten Weg zu finden, einen vernünftigen Kompromiß nach dem Vorbild von Hanns Eisler oder Erwin Piscator: sie übernahmen Lehrstellen für Filmkomposition beziehungsweise Theater im Rahmen der New School of Social Research und bildeten junge amerikanische Künstler nach ihren Grundsätzen aus. Nur so überhaupt waren Ansätze zu wirksamen Änderungen zu entwickeln. Aus dem von Piscator von 1939 bis 1951 geleiteten Dramatic Workshop, dem ein Studiotheater angegliedert war, gingen immerhin die Schauspieler Marlon Brando und Rod Steiger und die Begründer des Living Theatre, Julian Beck und Judith Malina, hervor.

Trotz der negativen Erfahrungen im Jahr 1935, trotz der Niederlagen von Fritz Kortner und anderen berühmten Regisseuren und Schauspielern zog es Brecht nach New York, einer richtigen Großstadt mit Theatern, die er zu erobern entschlossen war. Hollywood bot die Möglichkeit, etwas Geld zu verdienen, hier konnte er aber nur eine Ware liefern, auf deren weitere Verwendung er keinen Einfluß nehmen konnte. In New York dagegen hoffte er auf mehr Beteiligung an der Produktion. Ein weiterer Grund, der ihn in das Zentrum nicht nur Amerikas, sondern auch der Emigranten zog, war die Aussicht auf politische Gespräche mit Genossen, die er von Berlin, Paris oder Stockholm her kannte. In einer Stadt wie New York konnte man viel eher unbemerkt bleiben und politische Aktivitäten entfalten. Der Hauptgrund seiner mehrmonatigen New York-Aufenthalte in den Jahren 1943 bis 1947 war allerdings Ruth Berlau. Ihretwegen hätte er wahrscheinlich, wenn ihm der Broadway-Start gelungen wäre, sogar sein Haus und die Familie in Santa Monica aufgegeben.

Ruth Berlau litt darunter, daß sie in Hollywood völlig von Brecht abhängig war und keine eigenen Initiativen ergreifen konnte, die ihm genützt hätten. Zuletzt wohnte sie zwar ganz in seiner Nähe in einer Holzhütte, wo er die Nachmittage verbrachte, im Hause Brecht aber war sie, wenn Helene Weigel Gastgeberin spielte, nicht willkommen. So benutzte sie sofort die Gelegenheit zu einer Reise nach Washington, als man sie im Frühling 1942 dorthin einlud, um auf einem Frauenkongreß über Fragen der Demokratie zu sprechen. Brecht ließ seine »Schwester« nur ungern allein reisen, gab ihr Adressen für New York und den Ratschlag, in ihrer Rede zu betonen, »daß Demokratie nicht etwas ist, was man hat oder nicht hat, sondern etwas, um das man ständig kämpfen muß«. Bereits ihre ersten Briefe von unterwegs deuteten ihren Entschluß an, in New York zu bleiben und eine Arbeit zu suchen. Wie seinerzeit in Paris, als sie sich spontan entschied, nach Spanien zu fahren, traf sie, einer plötzlichen Stimmung nachgebend, eine für Brecht unverständliche und ihn herausfordernde Entscheidung: »Du hast wirklich was vom Galy Gay an dir, der ausging, einen Fisch zu kaufen. Und den Himalaya eroberte.« Ihre Argumente bereiteten ihm Kopfschütteln, so berechtigt sie teilweise waren. Auf den Vorwurf, er tue zu wenig gegen ihre schlechte Behandlung durch Helene Weigel, antwortete er resigniert: »Aber was soll ich tun können, wenn ich nicht sehr gut bin mit Helli?« Ruths erpresserische Bemerkungen, ihr ständiges »Erst-müssen-wir-alles-zwischen-uns-ordnen-Reden« fand Brecht bedrückend und schrecklich. Er bat die Freundin, möglichst bald zurückzukommen. Doch selbst die Versicherung »es ist niemand da, der dich ersetzt, in keiner Richtung« vermochte Ruth Berlau nicht zur Rückkehr zu bewegen. Neue Lockrufe Brechts kamen, als er im August 1942 erneut umzog, diesmal in ein geräumiges, zweistöckiges Haus in der 26. Straße, in dem er ein großes Arbeitszimmer hatte, in das man auch durch den Garten von den übrigen Bewohnern unbemerkt hineingelangen konnte. Zum erstenmal seit seiner Ankunft fühlte er sich jetzt in Amerika »halbwegs wohl«. Ruth Berlau schickte er sofort den Lageplan und den Schlüssel zum Gartentor. Die Freundin fehlte ihm sehr. Es war tatsächlich keine andere Geliebte an ihre Stelle getreten, und Brecht vermochte sich allenfalls durch Schachspielen mit Eisler zu trösten: »Wenn Eisler nachmittags nicht kommt, bleibt nur der Simenon.«

Ende des Jahres gelang es Ruth, eine Stellung beim dänischen Kurzwellensender im Office of War Information zu erhalten. Nun sah auch Brecht die Vorteile ihrer New York-Reise ein. Müde und mißmutig von der Arbeit an dem Fritz Lang-Film, wollte er nun, sobald er Geld in Händen hätte, nach New York kommen. Im Dezember mietete die Geliebte dort eine Wohnung und sandte nun ihrerseits den Schlüssel an Brecht. Obwohl er noch bis zum Februar 1943 in Santa Monica zu tun hatte, ging der Stückeschreiber in Gedanken schon längst mit Ruth den Broadway hinunter. Aber einigermaßen betroffen mußte er dann feststellen, daß seine Freundin ihn offenbar gar nicht so dringend erwartete. Sie hatte nämlich mit einem dänischen Seemann ein Verhältnis und hatte den »Keuschheitsgürtel«, einen Stein, den ihr Brecht eigens zur Abwehr sexueller Anfechtungen mitgegeben hatte, entgegen allen Beteuerungen einfach nicht mehr benutzt. Die kleine Enttäuschung war aber schnell verschmerzt, und man war sich nah wie in früheren Zeiten.

New York wirkte auf den Stückeschreiber belebend: das Zusammentreffen mit dem ganzen Stamm seiner Mitarbeiter, Freunde und Diskussionspartner aus Berlin um 1930 begann verheißungsvoll und steigerte seine Lust, hier ein Stück herauszubringen. Seit 1935 hatte er Elisabeth Hauptmann, seit 1936 Karl Korsch nicht mehr gesehen. Mit Heinz Langerhans, den er »sympathisch wie je« fand, besuchte Brecht Aufführungen der »Cantonese Players« im Chinesenviertel. Im Dramatic Workshop Piscators referierte Brecht über Grundsätze des epischen Theaters. George Grosz erzählte lustige Geschichten wie immer, aber seine Haltung als Zeichner war inzwischen sehr sanft geworden und er verdiente sein Geld als Portraitmaler. Mit Fritz Sternberg ergaben sich heftige politische Gespräche und mit Hans Borchardt, dem Autor der »Bluttat von Germersheim«, der bei der »Heiligen Johanna der Schlachthöfe« mitgearbeitet hatte und 1933 als Lehrer in die Sowjetunion gegangen war, kam es zu scharfen Auseinandersetzungen über die sowjetische Politik und den Sozialismus unter Stalin. Hermann Budzislawski schließlich berichtete von seinen Erfahrungen als Sekretär bei Dorothy Thompson.

Ermuntert von Ernst Bloch, Ferdinand Bruckner, Oskar Maria Graf, Berthold Viertel und F. C. Weiskopf bemühte sich

Wieland Herzfelde, in New York einen neuen Verlag für deutsche Literatur zu schaffen. Das Unternehmen sollte »Die Tribüne« genannt werden, bekam aber schließlich nach der Intervention von Brecht und Feuchtwanger den Namen »Aurora«. 1945 konnten die ersten Titel herausgebracht werden. Der erwähnte Autorenkreis veranstaltete seit 1942 dank der organisatorischen und finanziellen Mithilfe des Kunsthistorikers Friedrich S. Alexan Leseabende und Aufführungen. Berthold Viertel hatte es übernommen, einige Szenen aus »Furcht und Elend des Dritten Reiches« einzustudieren, und jetzt wurde von dieser »Tribüne für Freie Deutsche Literatur und Kunst« ein Brecht-Abend veranstaltet. Alexan machte während der Vorbereitungen Brecht mit Paul Dessau bekannt, der die musikalische Gestaltung übernahm. Als die Sängerin des von Dessau vertonten »Kampflieds der Schwarzen Strohhüte« kurzfristig absagte, meinte Brecht: »Eisler singt seine Lieder auch manchmal selbst.« Mit diesem Einspringen begann die Zusammenarbeit mit Paul Dessau, der später nach Santa Monica übersiedelte und dort Elisabeth Hauptmann heiratete. Seit dem Abend im Studiotheater der New School of Social Research, bei dem außerdem Wieland Herzfelde, Elisabeth Bergner und Peter Lorre mitwirkten, ließ Brecht keine Möglichkeit ungetestet, sich wieder ins Gespräch zu bringen und Inszenierungspläne zu verwirklichen.

Mit Paul Czinner einigte sich Brecht endgültig auf eine Adaption der »Duchess of Malfi« für Elisabeth Bergner. Vertraglich wurden ihm 500 Dollar für die Herstellung der Bearbeitung zugesichert. Czinner vermittelte auch ein Zusammentreffen mit dem englischen Dichter W. H. Auden, den man dann für die Arbeit an dem Webster-Stück beratend hinzuzog. Eine weitere Theaterproduktion versuchte Ernst J. Aufricht in Gang zu bringen. Bereits in Paris hatte er mit Brecht und Piscator das Projekt einer »Schweyk«-Fortsetzung erwogen. Nun arrangierte der Theaterunternehmer ein Treffen mit Kurt Weill, der einer Bearbeitung des Hašek-Romans in Amerika einige Chancen einräumte. Weill erkundigte sich auch nach dem Sezuanstück und schlug später vor, eine Fassung als Halboper herzustellen, für die er sich am Broadway einsetzen würde. Brecht vermutete, daß es Weill nur um eine gute Rolle für Lotte Lenya ging und gab Ruth Berlau den Auftrag, die

Sache zwar weiter zu verfolgen, aber doch lieber noch einmal zu versuchen, Elisabeth Bergner für eine Aufführung zu gewinnen.

Mit Hoffnungen, aber ohne definitive Verträge in der Tasche, fuhr der Stückeschreiber nach drei Monaten an die kalifornische Küste zurück, um in Ruhe seine »Schweyk«-Version zu schreiben sowie das im Winter mit Feuchtwanger begonnene Stück über die Visionen eines französisches Mädchens, das die Bevölkerung zum Widerstand gegen die Nazis anhalten will. Ruth bat er, in der Zwischenzeit praktisch, lustig, neugierig, lerneifrig und treu zu sein. Sein baldiges Wiederkommen stellte er in Aussicht. Von unterwegs bat er noch dringend, die weißen Nachthemden, die seine Freundin ihm zuliebe immer anziehen mußte, gut vor der Mitbewohnerin Ida Bachmann zu verstecken: »Ich sehe dich immerfort darin, und es hat etwas von einer guten alten Zeit an sich und etwas von einer neuen.« Länger als geplant mußte Brecht jedoch dann in Hollywood bleiben, denn er hatte kein Geld mehr für den Herbst und wollte erst Abhilfe schaffen. Ein unerwarteter Besuch von Ruth bei ihm in Santa Monica, nachts bei unverschlossener Tür, war genauso undenkbar wie eine Blitzreise nach New York: »Aber natürlich, es ist unmöglich, wir haben ja kein Geld.«

Mit der Zeit wurde Ruth Berlau wieder nervös und ungeduldig, sie sparte nicht mit Verdächtigungen und Vorwürfen, da sie eine andere Frau im Spiel glaubte und sich ausmalte, wie ihr Geliebter unter kalifornischen Obstbäumen bedient und verwöhnt wurde. Als sie ihre Stellung aufgeben mußte und ihre dänische Kollegin Ida Bachmann auf pünktlicher Mietzahlung bestand, drohte auch die Wohnung verloren zu gehen. Brecht versicherte seiner klagenden Freundin, daß nichts gegen ihr Kommen spräche, außer einem vielleicht: »daß wir es in New York besser haben werden«. Wenn sich in ihr ein bestimmter Gedanke einmal festgesetzt hatte, ließ Ruth Berlau nicht mehr von ihm ab. Sie fühlte sich zu Unrecht benachteiligt und gab alle Schuld Brecht, obwohl sie zugleich mit Energie und Sorgfalt seine täglich eintreffenden Anweisungen befolgte. Den Vorwurf, daß er die »Schwester« in der Ferne nicht genug liebe, empfand der Beschuldigte als ein überflüssiges »Kleinbürgerthema«. Wenn er in einer Arbeit steckte, störten ihn

Ungeduld, »Schwäche« und mangelnde Disziplin von Menschen, die er schätzte und denen er vertraute. Gerade jetzt in finanzieller Notlage war ihm seine Familie eher eine Last. Und wie gern hätte er die kalifornische Villa mit dem kleinen Balkon der New Yorker Wohnung in der 57. Straße getauscht und sich dort mit einer Zwiebelsuppe aus der Dose begnügt: »Du ziehst es aber vor, mich andauernd damit zu demütigen, daß ich schlicht und einfach ein spießiges Idyll hier bewahren will und mich ängstige, du könntest mein Familienglück stören.«

Obwohl sich sehr bald abzeichnete, daß Weill eine wesentlich unverbindlichere Unterhaltungssache erwartet hatte, gab Brecht den »Schweyk«-Plan nicht auf. Hanns Eisler übernahm die Komposition der Lieder, und in New York ließ Ruth Berlau keinen Versuch ungenutzt, einen anderen Produzenten zu finden. Am liebsten hätte Brecht die Hauptrolle von Peter Lorre gespielt gesehen, aber erwogen wurde auch eine Besetzung mit einem amerikanischen Filmkomiker vom Format eines W. C. Fields. Jedenfalls schickte er das Stück sofort nach der Niederschrift an Ruth Berlau, die es zur Übersetzung an den amerikanischen Schriftsteller Alfred Kreymborg weiterleitete. Dessen Honorierung wurde durch einen Scheck von Peter Lorre ermöglicht, der sich in diesen finanziell für Brecht sehr kritischen Monaten des Jahres 1943 noch ein weiteres Mal als »Mäzen« betätigte. Brecht tat alles, für dieses Geld gute Arbeit zu liefern, er betrachtete solche Zahlungen als Vorfinanzierung, nicht als Unterstützung. Kreymborgs Übersetzung erwies sich als unzureichend und fehlerhaft, für das spezielle »Schweyk-Idiom« fand er keine im Amerikanischen entsprechende Sprachgestalt, erst mit Hilfe von Ruth Berlau, Stefan Brecht, Mordecai Gorelik und Hans Viertel kam eine spielbare amerikanische Fassung von »Schweyk im Zweiten Weltkrieg« zustande. Als Piscator von Kreymborg erfuhr, daß Brecht einen »Schweyk« geschrieben hatte, reagierte er beleidigt und enttäuscht. Er fühlte sich übergangen und kündigte seine Intervention an, da er für sich Rechte an dem Projekt und dem Stoff beanspruchte. Auch er hatte mit Kreymborg eine Broadway-Version vor Augen gehabt und mußte nun erleben, daß ihm Brecht seinen Mitarbeiter »entführt« hatte. Vorausgesetzt, daß sein Wort bei den Proben den Ausschlag geben würde, wollte Brecht gemeinsam mit Piscator Regie führen. Um Weill nicht abzuschrecken, wurden aber auch Verhandlungen mit einem amerikanischen Regisseur geführt. In der eigens für Lotte Lenya geschriebenen Rolle der Wirtin Kopecka sah der Stückeschreiber ein zusätzliches Mittel, das Projekt Weill schmackhaft zu machen. Der Komponist aber zögerte, betrachtete das Kriegsthema als zu heikel und glaubte nicht an die Möglichkeit, aus dem Schauspiel ein Kassenstück machen zu können. Weills Vorstellungen von einem Zugstück konnte Brecht aber nicht erfüllen, allzu große Kompromisse wollte er einfach nicht machen. Zum Librettisten eines Broadway-Musicals taugte er nicht: »Es sind da politische Fragen involviert in diesem Stück, ich muß mitzureden haben.«

Es zeigte sich, daß kein Theatermann bereit war, das Risiko einer Aufführung dieser bissigen Komödie einzugehen, in die der Autor möglichst viele Effekte und Showelemente eingebaut hatte, um neben der politischen Aussage den Broadway voll zu bedienen. Fast niemand akzeptierte damals das listige Nebeneinander von raffiniertem Entertainment und didaktischem Ernst, den amerikanischen Theaterleuten war das Stück zu trocken und zu wenig sentimental, die Emigranten verstörte die artistische Komik, mit der der Krieg und die Nazigrößen dargestellt waren. Zu den wenigen Anhängern des Stücks gehörte der Schauspieler Charles Laughton, über den Brecht im Frühjahr 1944 eine Aufführungschance zu bekommen hoffte. Laughton jedenfalls lachte schrecklich über den »Schweyk«, als er ihn las und er wußte »sämtliche jokes« richtig einzuschätzen.

»Schweyk im Zweiten Weltkrieg« war kein Rührstück, und ähnlich wie »Mutter Courage« sollte dieser volkstümliche Antiheld Schweyk kein beispielhafter Widerstandskämpfer sein. Er war nur die listige Kehrseite des ewigen, zum Überleben entschlossenen kleinen Manns, von dem man alles, nur keinen Heroismus erwarten darf. Brecht war die Widersprüchlichkeit der Figur bewußt: dank Schweyk waren Kriege möglich und zugleich verkörperte sich in ihm die Hoffnung auf ein Ende der Unterdrückung: »Seine Unzerstörbarkeit macht ihn zum unerschöpflichen Objekt des Mißbrauchs und zugleich zum Nährboden der Befreiung.« Die Frage »wie dem Proletariat den Führungsanspruch lassen und die Unverantwortlichkeit zubilligen?« sollte unbedingt vom Zuschauer gestellt werden.

Nachdem er wieder mehrere Wochen von früh bis spät hinter der kleinen Chance her gewesen war, die ihn nach New York bringen sollte, konnte er Ruth Berlau Ende Oktober endlich definitiv mitteilen, daß er die nächsten Monate finanziell gesichert hatte. Trotz der Einschränkung »Wir werden arm leben müssen, ein bißchen«, war er sicher, daß sie sich, wenn Ruth nur fest und munter und seine »gute Kreatur« bliebe, durchkämpfen und es schaffen würden. Da sein Sohn die vorliegende »Malfi«-Bearbeitung noch für »etwas dünn« befunden hatte, entschloß sich Brecht, diese Arbeit mit Elisabeth Bergner in New York sofort neu in Angriff zu nehmen. Einerseits wollte er gerne ein Stück mit der berühmten Filmschauspielerin, für deren merkwürdigen Charme er nicht unempfänglich war, herausbringen, andererseits schränkten die ständigen vorsichtigen Vorbehalte und die Vorstellungen von Paul Czinner seine Lust erheblich ein. Als die Aufführung im Herbst 1946 endlich Wirklichkeit wurde, steckte er längst in seinem Hollywooder »Galilei«-Projekt mit Laughton, das ihn in jeder Beziehung mehr interessierte. Eine letzte Hoffnung, doch noch am Broadway mit einem Stück herauskommen zu können, tauchte im März 1944 auf, als ihm die Schauspielerin Luise Rainer einen Kontrakt über eine »Kreidekreis«-Bearbeitung vermittelte.

Auch dieses Projekt scheiterte an den Bedenken der Produzenten gegen zu wenig dramatische Spannung und zuviel politischen Kommentar. »Der kaukasische Kreidekreis« blieb das letzte der im amerikanischen Exil verfaßten Dramen, denn ohne Theaterarbeit wollte der Stückeschreiber die Galerie seiner dramatischen Figuren nicht mehr erweitern. Die Rolle der mütterlichen Magd Grusche, die das Kind der Gouverneurin rettet und sich als die wahre Mutter verhält, hatte Luise Rainer, die mit dem Dramatiker Clifford Odets verheiratet war, für sich bestellt. Nicht zuletzt deshalb geriet diese Figur Brecht, bemüht, sich die Aufführungschancen nicht von vornherein zu verscherzen, viel zu rein, zu gut und zu keusch. »Die Grusche sollte«, notierte er kritisierend während der Niederschrift, »indem sie den Stempel der Zurückgebliebenheit ihrer Klasse trägt, weniger Identifikation ermöglichen und so als in gewissem Sinn tragische Figur objektiv dastehen.« Das »Salz der Erde« sollte sie schmecken machen, wie die »tolle Grete« des Breughel aussehen, doch sie wurde zu einer bewundernswerten

Märchengrete, die am Ende ihren aufrechten Hans als Lohn bekommt.

Während der Autor der Grusche viel zu wenig Witz und List zugestand, gestattete er sie überreichlich dem korrumpierbaren, unheldischen und genußfreudigen Armeleuterichter Azdak, ein heruntergekommener Galilei, der den Schweyk-Ton beherrscht. Das Stück, ursprünglich als eine Parabel über Zustände in alten, blutigen Zeiten gedacht, war nur eine goldene Legende, durchsetzt von weisen gesellschaftskritischen Einsichten und Kommentaren eines Sängers. Trotz aller Zugeständnisse war die Technik des Stücks damals immer noch zu kühn und die Aussage zu politisch. Daß Luise Rainer das Stück ablehnen würde, war Brecht schon beim Schreiben der letzten Szenen klar, er fand die Auftraggeberin bald »reichlich widerlich« und erwog Pläne, ohne sie eine Produktion zu realisieren. Feuchtwangers Kritik veranlaßte ihn, einige edle Momente des Stücks und die »netten« Züge der Grusche abzuschwächen sowie das Vor- und Nachspiel neu abzufassen.

Die eigentliche Adressatin der Grusche-Figur war Ruth Berlau, die ein Kind erwartete. Das Stück sollte ihr Mut machen und ihre mütterlichen Gefühle aktivieren. Der Name, den die Eltern dem kleinen Jungen dann gaben, beschützte ihn nicht. Er wurde wie das Kind der Grusche im »Kreidekreis« Michel genannt. Wenige Tage nach der Geburt starb er. Brecht sorgte sich wie immer sehr um Ruth, aber in diesen für sie schwierigen Wochen konnte sie nicht mit seiner Nähe rechnen. In Santa Monica sollte man nämlich vorerst nichts von dem Kind wissen. Peter Lorre gab Ruth Berlau kurz vor der Niederkunft das Geld für eine Flugkarte von New York nach Los Angeles und die Schlüssel zu seiner Villa in Hollywood. Am 3. September 1944 schrieb Brecht nur sachlich in sein Tagebuch: »Ruth wird operiert in Cedars of Lebanon«. Der sie behandelnde Arzt im Krankenhaus »Cedars of Lebanon« durfte nicht wissen, in welchem Verhältnis der Besucher, der sich damals vorsichtig meldete, zu Ruth Berlau stand: »Jetzt versuche ich den Doktor zu sprechen. Kannst Du ihm sagen, daß er mir (Brecht) Auskunft gibt über Dich (für Deine Freunde in New York).«

Als Ruth Berlau später die nüchterne Tagebuch-Eintragung entdeckte, nahm sie sie als Beweis für Brechts kühle und feige Haltung ihr gegenüber, vergessend, daß er so gut wie nie Dinge persönlicher Art notierte. Dennoch entschuldigte er sich für diese Notiz: »Ich war in schlechter Verfassung, als ich sie schrieb und so machte ich sie trocken.« Weil sie es ihrer Umgebung, wenn sie verzweifelt war und trank, so schwierig machte und auf jeden Hilfeversuch mit neuen Vorwürfen reagierte, zog sich Brecht zwar zornig zurück, sandte seiner Lai-tu jedoch freundliche Ermahnungen und poetische Botschaften, die seine Liebe und Betroffenheit ausdrückten. In der Arbeit für den geliebten Dichter fand sie wieder Mut und Stärke. Bis zu ihrer Rückkehr nach New York legte sie ein Filmarchiv sämtlicher Manuskripte an und stellte einige Exemplare einer kleinen »Kriegsfibel« aus dem Material der Fotoepigramme zusammen, jenen Vierzeilern, die Brecht zu Fotos aus Zeitungen geschrieben hatte.

Ihr plötzliches Weggehen konnte er dann wieder nicht verstehen, aber es beunruhigte ihn inzwischen weniger als früher, da er keinen wirksamen Rat mehr gegen die periodische Wiederkehr ihrer depressiven Phasen wußte. Eine gewisse Distanz zu Ruth erwies sich als nötig von Zeit zu Zeit, gerade weil er sie nach wie vor liebte und sie brauchte. Am schwersten traf Brecht der Vorwurf, schuld an ihrer Lage zu sein. Statt ihm ins amerikanische Exil zu folgen, meinte sie Ende 1945, hätte sie in Dänemark im Untergrund kämpfen und eine politisch nützliche Sache erledigen können. Galten die Inszenierungen seiner antifaschistischen Stücke mit Arbeitern in Dänemark und Schweden nicht mehr, waren der Druck der »Svendborger Gedichte« oder ihre Tätigkeit im Office of War Information etwa keine politischen Handlungen mehr? Hatte er seine »Schwester« tatsächlich vom Kämpfen abgehalten? Nach wie vor vertrat er die Auffassung, daß zum Beispiel ihr Entschluß, an der spanischen Front ihren Mann zu stehen, ein Fehler war: keine politische Tat, sondern eine von politischer Romantik erfüllte Kompromißhandlung. Ihre Art des Kämpfenwollens interpretierte er als »Flucht«, die nicht nur die Zurückbleibenden trifft, sondern auch den Flüchtenden schädigt: »Nicht jeder Fehler ist gutzumachen, nicht jeder nichtgutzumachende Fehler ist tödlich, aber kein Fehler wird gutgemacht durch einen neuen Fehler.«

XXVIII
Das Verhör

Kein Lebenszeichen von den Arbeitern – Radioansprachen für deutsche Hörer bleiben Thomas Mann vorbehalten – Das andere Deutschland – Thomas Mann bleibt skeptisch gegenüber dem deutschen Volk und einer deutschen Demokratie – Völker können sich nur selbst erziehen – Der befohlene Antikommunismus – Der abwartende Brecht – Arbeit mit Charles Laughton – Die amerikanische »Galilei«-Inszenierung – Kontakte nach Deutschland – Berlin im Mittelpunkt aller Überlegungen – Die Hexenjagd auf Kommunisten – Brecht wird vor den Ausschuß für unamerikanisches Verhalten zitiert – »Freundliche« und »unfreundliche« Zeugen – Glücklicherweise nicht durch die Verfassung geschützt – Der »feige« Brecht und der »mutige« Hanns Eisler – Ruth Fischer denunziert ihre Brüder – Betrüger sitzen über Antifaschisten zu Gericht – Abflug nach Paris – Die Aufgabe der Kunst

Meine Betätigungen, selbst die gegen Hitler, waren immer rein literarische, und sie waren von niemandem abhängig. Als Gast der Vereinigten Staaten betätigte ich mich in keiner Weise, dieses Land betreffend, auch nicht literarisch.

Ruth Berlau beschäftigte in New York oft die Frage, weshalb Brecht nach Kriegsende abwartend in Amerika ausharrte und sich nicht sofort am Aufbau eines »anderen Deutschland«, an dessen Vorhandensein er doch fest geglaubt hatte, aktiv beteiligen wollte. Mußte man nicht jetzt, nach der Niederlage des Naziregimes, dem deutschen Volk zu Hilfe eilen? Warum zögerte Brecht? Warum war ihm die Versifizierung des »Kommunistischen Manifests« und die Arbeit am »Galilei« mit Charles Laughton wichtiger?

An nichts dachte Brecht damals mehr als an die Rückkehr. Die amerikanische Staatsbürgerschaft, die sein Sohn Stefan inzwischen erhalten hatte, strebte er nicht an. Nur war 1945 überhaupt noch nicht abzusehen, wie sich die Siegermächte dem geschlagenen Deutschland gegenüber verhalten würden. Was er all die Jahre über noch für wahrscheinlich gehalten hatte, daß die deutsche Arbeiterschaft die Stunde Null für sich nutzen würde, trat nicht ein. Nach der Lektüre von Zeitungsberichten über Deutschland notierte er enttäuscht: »Ruinen und kein Lebenszeichen von den Arbeitern.«

In Amerika konnte Brecht keinerlei politischen Einfluß geltend machen, so sehr er sich gelegentlich auch darum bemühte. Man gestattete ihm nicht, am Propagandafeldzug gegen die Nazis teilzunehmen. Auch er hätte gern wie Thomas Mann Radioansprachen für Hörer in Deutschland gehalten. Einem amerikanischen Kollegen im Weißen Haus bot er seine Mitarbeit an: »Es könnte von Bedeutung sein, wenn jetzt von hier aus Radiosendungen nach Deutschland hinein arrangiert würden, in welchen das Volk über die Weltlage aufgeklärt wird... Sie wissen, daß ich mich da wirklich nützlich machen könnte.« Da er einen ablehnenden Bescheid erhielt, blieb Brecht nur die Möglichkeit, sich über sowjetische Sender an die deutschen Soldaten zu wenden:

Tausend Jahre war da nur ein Gelächter
Wenn die Werke von Menschenhand angetastet wurden.
Aber jetzt wird es sich herumsprechen auf allen Kontinenten:
Der Fuß, der die Felder der neuen Traktorenfahrer zertrat
Ist verdorrt.
Die Hand, die sich gegen die Werke der neuen Städtebauer erhob
Ist abgehauen.

Zwar erregte sich der Stückeschreiber in Diskussionen mit deutschen Emigranten vehement über den Nationalismus des »befreundeten Dichters« Johannes R. Becher und verlangte nach dem Speikübel, wenn der »Genius eines ewigen Deutschland« beschworen wurde. Aber Brecht erklärte wie Becher eine »nationale« Friedens- und Freiheitsfront gegen Hitler als Taktik und politische Maßnahme zur Installierung einer sozialistischen Demokratie in Deutschland nach dem Krieg für notwendig. Er wollte einen Unterschied machen zwischen Nazideutschland und Deutschland. Deshalb begrüßte er 1943 sofort die Gründung des »Nationalkomitees Freies Deutschland« in Moskau und regte einen Solidaritätsaufruf der in Amerika lebenden deutschen Autoren an. Thomas Mann, zunächst geneigt, die Aktion zu unterstützen, distanzierte sich, nachdem er herausgefunden hatte, daß die Gründung dieses Komitees im Weißen Haus negativ verbucht worden war. Er beschränkte sich auf eine vorsichtig formulierte, unverbindliche Grußadresse. In New York trat Brecht einem Initiativkomitee zur Bildung einer Bewegung »Freies Deutschland« in Amerika bei, das sich schließlich als »Council for a Democratic Germany« konstituierte. Da Thomas Mann die Präsidentschaft ablehnte, wählte man den protestantatischen Theologen Paul Tillich, um eine möglichst breite Anhängerschaft zu bekommen. Die Manifeste und Erklärungen wurden entsprechend ideologiefrei und ohne irgendwelche Bekenntnisse zum Sozialismus abgefaßt. Man wollte sich dem deutschen Volk gegenüber nicht an den Richtertisch setzen, sondern auf der Bank der Verteidigung Platz nehmen. »Das ganze ist mulmig und quatschig«, raisonnierte Brecht, »aber sogar so will niemand ran, die Feigheit ist ungeheuer.« Ausgerechnet ihm wurde dann die Aufgabe übertragen, Thomas Mann doch noch für die Bewegung zu gewinnen. Die Reaktion des Umworbenen bestätigte Brecht in seiner Behauptung: Thomas Mann handelt, wie ihm das Weiße Haus befiehlt. Ein »anderes Deutschland«, nämlich das antifaschistische, kommunistische, gab es offenbar für den Repräsentanten bürgerlicher Kultur nicht. In der Überzeugung, eine Einigung der Hitlergegner im Exil herbeiführen zu müssen, versuchte der Stückeschreiber so gut es ging, die Zweifel seines Kontrahenten an einem Gegensatz zwischen Hitlergefolgsleuten und den demokratischen Kräften in Deutschland zu zerstreuen. Thomas Mann aber war entschlossen, es bei der Grußadresse bewenden zu lassen. In Vorträgen meinte er, daß das deutsche Volk für die Verbrechen der Nazis eine »gewisse Gesamthaftung« zu übernehmen habe, sprach aber auch von der schweren Mitschuld der Weltdemokratien und spottete über die »blödsinnige Panik der bürgerlichen Welt vor dem Kommunismus«. Thomas Manns Hoffnung verkörperte sich in einer »reinigenden« deutschen Revolution, deren Vorbedingung aber für ihn der Sieg der Allierten über Deutschland war. Die Unterstützung von »deutschen Körperschaften« vor der Niederlage Deutschlands erschien ihm falsch und verfrüht. Brecht antwortete er: »Tatsächlich besteht nicht nur die Gefahr, sondern wir hätten zweifellos damit zu rechnen, daß unser Zusammenschluß als ein nichts als patriotischer Versuch gedeutet werden würde, Deutschland vor den Folgen seiner Untaten zu schützen. Mit der Entschuldigung und Verteidigung Deutschlands und der Forderung einer starken deutschen Demokratie würden wir uns in diesem Augenblick in einen gefährlichen Gegensatz bringen zu den Gefühlen der Völker, die unter dem Nazijoch schmachten und nahe dem Zugrundegehen sind. Es ist zu früh, deutsche Forderungen aufzustellen und an das Gefühl der Welt zu appellieren für eine Macht, die heute noch Europa in ihrer Gewalt hat und deren Fähigkeit zum Verbrechen keineswegs schon gebrochen ist... Lassen Sie die militärische Niederlage Deutschlands sich vollziehen, lassen Sie die Stunde reifen, die den Deutschen erlaubt, abzurechnen mit den Verderbern, so gründlich, so erbarmungslos, wie die Welt es von unserem unrevolutionären Volk kaum zu erhoffen wagt, dann wird auch für uns hier draußen der Augenblick gekommen sein zu bezeugen: Deutschland ist frei, Deutschland hat sich wahrhaft gereinigt, Deutschland muß leben.«

Wenn auch Thomas Mann nicht ein so leidenschaftlicher Verfechter der sogenannten Vansittart-These war wie Emil Ludwig, so stand er dieser Auffassung doch sehr nahe mit seinem eingefleischten Unglauben an die deutsche Demokratie. Lord Vansittart hatte von der Einheit des deutschen Nationalcharakters gesprochen und war der geistige Vater einer Politik, wie sie der amerikanische Außenminister Morgenthau damals entwickelte, nämlich Deutschland nach Kriegsende durch Abbau der Industrie und Aufteilung in viele Kleinstaaten politisch niederzuhalten und eine umfassende »reeducation« einzuleiten. Brecht hielt diese Idee von der »Züchtigung« Deutschlands für den Anfang einer amerikanischen Machtpolitik, deren Aufgabe es war, eine demokratische Revolution zu verhindern. Den Gedanken, ein ganzes Volk mit Gewalt zu »erziehen«, bezeichnete er als absurd: »Völker können sich nur selbst erziehen; und sie werden eine Herrschaft des Volkes nicht errichten, wenn ihre Hirne, sondern nur, wenn ihre Hände sie ergreifen.« Thomas Manns Antifaschismus war letztlich unpolitisch: das Nazitum hielt er für etwas dem deutschen Wesen Entsprungenes. Er betonte immer wieder, wie es in seiner »Entstehung des Doktor Faustus« heißt: »daß es nicht zwei Deutschland gibt, ein böses und ein gutes, sondern nur eines, dem sein Bestes durch Teufelslist zum Bösen ausschlug.« Die politische Haltung von Brecht 1943 war richtig, was die Einschätzung des amerikanischen Demokratiebegriffs und der politischen Interessen in Europa anbelangte, sie war gegenüber der Haltung von Thomas Mann allerdings doch zu optimistisch, was die politischen Kräfte und Möglichkeiten des »anderen Deutschland« betraf. Die Auswirkungen des Faschismus auf die Menschen waren, wie Brecht erst richtig nach seiner Rückkehr feststellen konnte, viel schlimmer und tiefgehender, als er von außerhalb immer angenommen hatte.

Nach Roosevelts Tod änderte sich die amerikanische Politik. Die Regierung Truman schwenkte auf radikalen Antikommunismus um. Deutschland gegenüber hatten die Siegermächte bald ganz unterschiedliche Interessen. Zu einem jedes wirtschaftliche Erstarken verhindernden Vorgehen gegen Deutschland, wie es der Plan Finanzminister Morgenthaus vorgesehen hatte, war Amerika nicht mehr bereit. Die amerikanische Wirtschaft erfand den »Marshall-Plan« und entschied sich für profitreiche Investitionen in den westlichen Zonen. Brecht mußte sich vergegenwärtigen, daß Deutschland ein völlig zu Boden geworfener kapitalistischer Staat war. Die Sowjetunion, schwer in Mitleidenschaft gezogen durch den Raubkrieg dieses Staates, bestand auf Reparationen. Dem ihr unterstellten Teil Deutschlands gegenüber praktizierte sie eine Art »Morgenthau-Plan«. Psychologisch und ökonomisch war die sowjetische Handlungsweise verständlich: »Einen kapitalistischen Staat kann man nicht schonen wegen seiner Arbeiterschaft.« Eine Aussicht für die Entfaltung von Sozialismus war vorerst nicht in Sicht. Was also konnte Brecht jetzt anderes tun, als die Entwicklung abwarten, und die Möglichkeiten für eine ihm nützende Rückkehr auskundschaften.

Im zweiten Nachkriegsjahr gelang es ihm nur sehr selten, sich zu konzentrierter schriftstellerischer Arbeit zurückzuziehen. Die Bemühungen, für »Galilei« einen Geldgeber zu finden, kosteten sehr viel Zeit und Beredsamkeit. Wenn Charles Laughton nicht gerade filmte, besprach er mit ihm die neuen Gesichtspunkte, die sich durch den Abwurf der ersten Atombombe und die damit aufgetauchte Problematik der Verantwortung des Wissenschaftlers ergaben. Dem Stückeschreiber gefiel es, wie Laughton bei der Arbeit »Sinn und Sinnlichkeit«

in Übereinstimmung zu bringen wußte: »So vermochte er die widerspruchsvolle Person des großen Physikers in voller Leiblichkeit zu entwickeln, ohne seine eigenen Gedanken darüber zu unterdrücken oder aufzudrängen.« Nachdem alle Pläne einer Aufführung mit Orson Welles und Paul Czinner an den Finanzierungsmöglichkeiten gescheitert waren, wurde endlich in dem New Yorker Theateragenten T. Edward Hambleton ein engagierter Produzent gefunden. Der junge Filmregisseur Joseph Losey übernahm die Inszenierung, die Ende Juli 1947 im Coronet-Theatre in Beverly Hills Premiere hatte.

In der Zwischenzeit hatte Brecht mit seinen Freunden und Anhängern, die in Deutschland geblieben waren, schriftlich wieder Kontakt aufgenommen und begann nun mit ihnen, die verschiedenen Möglichkeiten einer Rückkehr zu erörtern. Den Antrag auf Ausreise, die vom State Department gebilligt werden mußte, hatte er ebenfalls gestellt, allerdings wollte er nicht in eine bestimmte Besatzungszone Deutschlands zurückkehren, sondern als Staatenloser amerikanische Reisepapiere ausgehändigt bekommen. Als erste Station in Europa visierte er die Schweiz an, wo einige seiner Dramen in den letzten Jahren gespielt worden waren und der Reiss Verlag seine Rechte vertrat. Caspar Neher jedenfalls, der erste Kontakte zum Zürcher Schauspielhaus aufgenommen hatte, bestärkte er, für fest dorthin zu gehen, nachdem es ihm nicht gelungen war, ihn als Bühnenbildner für »Galilei« nach Amerika zu holen. Die politische Situation des zerstörten und besetzten Deutschland vor Augen, ging er daran, sich die günstigsten Startbedingungen zu schaffen für sein Vorhaben, ein Theater nach seinen Vorstellungen mit einer festen Truppe zu gründen.

Während Helene Weigel Care-Pakete an die Verwandten sowie an Neher, Peter Suhrkamp, Otto Müllereisert und Herbert Ihering schickte, erörterte oder sondierte Brecht mehrere Taktiken für die Rückkehr. So wurde zum Beispiel auch, als bei einem Mailänder Verlag das Projekt einer Brecht-Ausgabe auftauchte, eine vorübergehende Niederlassung in Oberitalien erwogen. Berlin jedoch stand von Anfang an im Mittelpunkt aller Überlegungen. Über Herbert Ihering, der dort bei den maßgeblichen Stellen vorsprach, kam der Vorschlag zustande, dem Stückeschreiber das Theater am Schiffbauerdamm »für gewisse Sachen« zur Verfügung zu stellen. Brecht legte es darauf an, mehrere Angebote zu bekommen, um die besten Bedingungen herauszuschlagen. Peter Suhrkamp gegenüber äußerte er die Überzeugung, »daß wir wieder ein Theater aufbauen werden«. Anfang 1947 wollte Brecht von Piscator wissen, was er über »Theatermachen in Berlin« denkt. Obwohl zwischen beiden Theaterleuten in Amerika ein sehr gespanntes Verhältnis herrschte, – bei einer »Furcht und Elend« – Inszenierung in New York 1945, die Berthold Viertel auf Drängen Brechts anstelle von Piscator übernahm, hatte sich gerade wieder die Unvereinbarkeit ihrer theatralischen Standpunkte gezeigt –, hielt es der Stückeschreiber für angebracht, die Verbindung nicht völlig abreißen zu lassen. In bezug auf Berlin dachte er nun nicht daran, gemeinsam ein Theater aufzumachen, sondern von zwei Punkten aus den Kampf gegen Provinzialismus aufzunehmen: »Für einen Teil meiner Arbeiten für das Theater muß ich auch einen ganz bestimmten Theaterstil entwickeln, der sich von Deinem unterscheidet. Das ist der ganze Vorbehalt und es scheint mir ein produktiver.«

Ende März 1947 bekam Brecht einen »exit- and reenter-permit« für die Schweiz. Wegen der bevorstehenden »Galilei«-Aufführung verschob er die Abreise auf den Herbst. Inzwischen begann sich nun allerdings der politische Klimawechsel auch auf dem kulturellen Sektor katastrophal auszuwirken. In Amerika setzte die große »Hexenjagd« auf Kommunisten ein. Auch Brecht geriet in die Mühle der Untersuchungen. Hollywood sollte von den angeblich kommunistisch infiltrierten Autoren und Künstlern gereinigt werden. Seit der Denunziation durch einen deutschen Emigranten stand der Stückeschreiber unter Beobachtung des FBI. Während er schon dabei war, seine Wohnung in Santa Monica aufzulösen, erhielt er eine Vorladung vor den »Ausschuß für unamerikanisches Verhalten« nach Washington. Zu den sogenannten »Hearings Regarding the Communist Infiltration of the Motion Picture Industry« wurden damals neunzehn Schriftsteller, Regisseure und Schauspieler zitiert, darunter die beiden Nichtamerikaner Brecht und Chaplin. Auf die Vorladung Chaplins, der den Ausschuß telegrafisch wissen ließ, man hätte ihn auch in Hollywood zusammen mit seinem Freund Hanns Eisler vernehmen und dem Staat Geld sparen können, wurde verzichtet, Brecht jedoch war für solche Ironie nicht prominent genug und mußte die Prozedur über sich ergehen lassen, weil er als Ausländer die Aussage rechtlich nicht verweigern konnte und außerdem seine Ausreiseerlaubnis nicht gefährden wollte.

Im Verlauf des Verhörs der »Neunzehn« wurden »freundliche« und »unfreundliche« Zeugen angehört. Zu den »freundlichen«, den im Sinne der Anklage aussagebereiten zählten Adolphe Menjou, Robert Montgomery, Gary Cooper, Robert Taylor und Walt Disney, die sich in der Denunziation angeblicher Kommunisten gegenseitig geradezu den Rang abliefen. Die an die Vernunft appellierenden, »unfreundlichen« Zeugen wie der Westernregisseur Edward Dmytryk oder der Drehbuchautor Dalton Trumbo verloren ihre Jobs und wurden geächtet. Wer von seinem Recht, die Aussage zu verweigern, Gebraucht machte, wurde wegen »Mißachtung des Kongresses« angeklagt und mit Gefängnis bestraft. Der eigentliche Sinn der Untersuchungen war nämlich die Einschüchterung aller Kulturschaffenden, die nicht ohne weiteres bereit waren, das Denken einzustellen. Die nicht anpassungswilligen Künstler wurden nicht des Lebens, nur der Mittel zum Leben beraubt. Rückblickend meinte Brecht 1950: »Ich selbst entging der Verurteilung, da ich als Nichtamerikaner die Frage beantworten mußte: Ich war nicht geschützt durch die Verfassung. Meine amerikanischen Kollegen waren geschützt durch die Verfassung, nur war die Verfassung nicht geschützt.«

Hauptpunkt aller Verhöre war immer die Frage nach der Mitgliedschaft in der Kommunistischen Partei. Brecht antwortete wahrheitsgemäß »Ich war und bin kein Mitglied irgendeiner Kommunistischen Partei.« Ansonsten unterlief er alle präzis gestellten Fragen, die ihn in Schwierigkeiten hätten bringen können, mit höchster List und unwahrscheinlich schlagfertiger Begriffsstutzigkeit. Die genaueste Auskunft war ein »Ich glaube, ich bin sicher.« Der Vorsitzende meinte gegen Ende des Verhörs zum Untersuchungsrichter: »Er macht es sehr gut. Er macht es viel besser als viele andere Zeugen, die Sie hierhergebracht haben.« Im Fall Brecht waren die Fragen nach der Betätigung in Hollywood nur der Vorwand, um dessen Beziehungen zu den Brüdern Hanns und Gerhart Eisler zu klären, die bereits früher in anderem Zusammenhang verhört worden waren. Gerhart Eisler, der die Schlüsselfigur des »Council for a Democratic Germany« und der Verbindungsmann zu sowjetischen Stellen war, wurde damals als »roter Atomspion« verdächtigt und von seiner Schwester Ruth Fischer vor dem Ausschuß beschuldigt, führender Agent der sowjetischen Geheimpolizei und ein gefährlicher Terrorist zu sein. Seit 1941, als er auf dem Weg über die USA nach Mexico weiterreisen wollte, wurde Gerhart Eisler gegen seinen Willen festgehalten, und nun wurde auch Hanns Eisler an der Ausreise gehindert. Letzterer wurde dann 1948 ausgewiesen, während es Gerhart Eisler erst 1949 glückte, durch einen Trick den FBI-Beamten zu entkommen und illegal auf ein polnisches Schiff im New Yorker Hafen zu gelangen. Während sich Hanns Eisler beim Verhör zu polemischen und bekennerhaften Antworten provozieren ließ und Stalin als »eine der größten Persönlichkeiten unserer Zeit« pries, trat Brecht als Eulenspiegel auf, schob die mögliche revolutionäre Aussage seiner Lieder und Stücke auf mißverständliche Übersetzungen und verkleinerte sich zum Verfasser »historischer Stücke« gegen Hitler, die selbstverständlich nicht ohne das Studium marxistischer Geschichtswissenschaft hätten geschrieben werden können. Eisler akzeptierte stolz alle Vorwürfe, die man ihm machte und demonstrierte so die Verachtung, die er für den Ausschuß empfand. Diesem Gremium gehörten als Vorsitzende der reaktionäre Politiker Karl E. Mundt an, ferner der Abgeordnete J. Parnell Thomas, der später wegen Betrugs im Gefängnis landete, und als einer der Beisitzer fungierte Richard M. Nixon, der es zu einem der unrühmlichsten Präsidenten der USA bringen sollte.

Noch am Nachmittag seines Verhörs am 30. Oktober 1947 fuhr Brecht mit seinen Begleitern Edward T. Hambleton und Joseph Losey, die die Broadway-Premiere des »Galilei« vorbereiteten, nach New York zurück. Bei Hermann Budzislawski hörte er abends lachend im Radio Teile seines Verhörs. Die befürchteten Schlagzeilen blieben aus. Als sich der Stückeschreiber am folgenden Morgen von ihm verabschiedete, zeigte sich Charles Laughton sehr erleichtert, daß es nunmehr doch keinen besonderen Mut brauchte, das Stück über Galilei zu spielen, dessen Verfasser auch keinen Mut bewiesen hatte. Widerrufen allerdings, wie ihm viele Freunde enttäuscht vorwarfen, hatte Brecht vor dem Ausschuß nicht, er hatte sich lediglich auf die Rolle des Schriftstellers zurückgezogen, der schreiben und tun will, was er für richtig hält, dessen Aufgabe es nicht sein kann, der Kommunistischen Partei beizutreten.

Vierundzwanzig Stunden nach dem Verhör saß er im Flugzeug nach Paris. In seiner Erklärung, die er in Washington nicht vorlesen durfte, hatte er zum Schluß eine kritische Bilanz künstlerischer Betätigung vorgelegt und die Aufgabe formuliert, die das letzte Jahrzehnt seines Lebens für ihn bestimmend sein sollte: »Wir mögen das letzte Geschlecht der Spezies Mensch auf dieser Erde sein. Die Ideen darüber, wie man die neuen Produktionsmöglichkeiten benutzen könnte, sind nicht sehr entwickelt worden seit den Tagen, als das Pferd tun mußte, was der Mensch nicht konnte. Denken Sie nicht, daß in solch mißlicher Lage jede neue Idee sorgfältig und frei untersucht werden sollte? Die Kunst kann solche Ideen klarer und sogar edler machen.«

Viertes Buch
Vor uns liegen die Mühen der Ebenen

XXIX
Zürich

Brecht trifft Anna Seghers in Paris – Ein neutraler Beobachtungsposten – Von allen Seiten wird Brecht das Rechte zugetragen – Italienpläne – Heimatgefühle – Das andere Bauen mit Cas – Seine Zartheit war mehr nach außen gekehrt als früher – Keine Rolle für die Weigel am Schauspielhaus – Nichts wird gedacht – Hans Curjel lädt Brecht nach Chur ein – Eine Art Preview für Berlin – Neher sehnt sich nach einem Striese in Chur – Das erste Modellbuch entsteht – Brecht hält die Antigone-Bühne Nehers für exemplarisch – Der Charme von Hans Albers – »Herr Puntila und sein Knecht Matti« im Schauspielhaus – Brecht im Werktagskleid – Die Trümmer der Schauspielkunst – Das Vokabular der Überlebenden – Ganz von vorne anfangen – Brecht möchte nicht als Bittsteller nach Berlin kommen – Verhandlungen in Salzburg – Empfang in Berlin – Eine Besprechung über ein Theaterprojekt – Helene Weigel wird Leiterin des Berliner Ensembles – Kein Führer führt aus dem Salat – Auch Karl Korsch sieht kaum eine »dritte Chance« – Die Startbedingungen in der SBZ – Die Literatur kann sich nicht hinter die Elbe zurückziehen – Ein zweiter Aufenthalt in Zürich – Brecht bewirbt sich um einen österreichischen Paß – Der »Salzburger Totentanz« – Gottfried von Einem kommt in Schwierigkeiten

Er steht sehr weit links wie immer, und im Grunde meiner Seele muß ich ihm recht geben.
Caspar Neher

Brecht wollte nicht vorbehaltlos nach Berlin zurückkehren. Als er in Paris erfuhr, daß Anna Seghers aus Berlin zu Besuch bei ihren Kindern eintreffen würde, verschob er die Weiterreise nach Zürich um einen Tag, um sich von ihr einen authentischen Bericht über die Verhältnisse in Deutschland und im besonderen über die Lage in Berlin geben zu lassen. Nach dem Gespräch stand für ihn fest, daß er »eine residence außerhalb Deutschlands« haben mußte, wenn ihm daran gelegen war, Verbindung zu den Theatern in allen Zonen Deutschlands zu halten. Obwohl der »Eiserne Vorhang« noch nicht gefallen war, kündigte sich die ideologisch konträre Frontstellung zweier deutscher Staaten bereits an. Was die Arbeitsmöglichkeiten in Berlin anbelangte, so gewann Brecht den Eindruck, daß man dort nur als starke Gruppe etwas ausrichten könnte: »Allein oder fast allein kann man da nicht existieren.« Die Seghers erzählte ihm von Intrigen und Bespitzelungen. Um ihren mexikanischen Paß behalten zu können, wohnte sie nicht im russischen Sektor, sondern im Haus von Herbert Ihering in Zehlendorf. Sie äußerte die völlig berechtigte Befürchtung, daß sie andernfalls ihre Leser in den westlichen Zonen verlieren würde. Andererseits wiederum erhielten die aus dem Exil zurückkehrenden Schriftsteller nur im russischen Sektor Vergünstigungen, »ohne die Arbeit unmöglich ist«.

Zürich bot sich für Brecht als geeigneter neutraler Beobachtungsposten der Entwicklung im besetzten Deutschland an. Das Schauspielhaus am Pfauen, noch immer unter Leitung von Oskar Wälterlin, Kurt Hirschfeld, Leopold Lindtberg, Leonard Steckel und Teo Otto, die drei seiner großen, im Exil entstandenen Stücke während des Kriegs uraufgeführt hatten, würde sicher weitere Dramen möglichst unter seiner künstlerischen Aufsicht herausbringen. Des weiteren fand Brecht aber auch Gefallen an dem Gedanken, eine Truppe von Schauspielern um sich zu sammeln und mit einzelnen Stücken nach Deutschland auf Tournee zu schicken. Für Helene Weigel hoffte er in jedem Fall fürs erste beim Schauspielhaus ein Engagement aushandeln zu können. Seine Frau war mit Barbara zunächst nach Wien gefahren, er selbst setzte alles daran, in der Zwischenzeit ein eigenes Zimmer zu finden, um dann unabhängig von der Familie zu sein. Nach wenigen Tagen im Hotel Urban überließ ihm der Dramaturg Uz Oettinger für einige Monate sein Atelier in der Gartenstraße, was Caspar Neher ein wenig neiderfüllt mit der Bemerkung quittierte: »Es ist aufschlußreich, wie ihm von allen Seiten das Rechte zugetragen wird.« Auch die Frage einer passablen Unterkunft für die Familie war bald geklärt. Das junge Ehepaar Mertens stellte eine kleine Dachwohnung im Haus der Eltern in Feldmeilen oberhalb des Bahndamms mit Blick auf den Zürichsee zur Verfügung.

Einerseits richtete sich Brecht, wenn auch nur für kurz, wie er Ruth Berlau ausdrücklich versicherte, in Zürich ein, andererseits malte er sich auch die Vorzüge eines Italienaufenthalts aus. Noch in der Hoffnung, mit der »Galilei«-Aufführung den großen Durchbruch am Broadway zu erzielen und viel Geld zu verdienen, beabsichtigte er nämlich, so bald als möglich mit seiner Freundin nach Italien zu gehen. Ruth Berlau war noch in New York geblieben, um die Foto- und Filmdokumentation zu »Galilei« zu vervollständigen und gleichzeitig den Kontakt zu T. Edward Hambleton und Joseph Losey zu halten, mit denen der Stückeschreiber den Plan eines Films über Galilei besprochen hatte, der in Italien an historischen Schauplätzen gedreht werden sollte. Der amerikanische Produzent verlor allerdings allen Mut, nachdem die Bühnenaufführung keine günstigen Pressereaktionen auslöste und sehr bald abgesetzt werden mußte. Noch im April 1948 äußerte sich Brecht über den »Galilei«-Film Ferdinand Reyher gegenüber optimistisch: »Wir könnten dann das Skript in Italien schreiben und viel Spaß haben.«

Allein es erwies sich schon als ungeheuer schwierig, überhaupt Reisepapiere von der Schweiz aus in andere europäische Länder zu erhalten, vom fehlenden Geld ganz zu schweigen. Brecht mußte froh sein, daß ihm die Fremdenpolizei in Zürich zweimal die Frist seiner Aufenthaltsgenehmigung verlängerte. Nach den deprimierenden amerikanischen Erfahrungen empfand er, bei allen Vorbehalten in politischer Hinsicht, die allgemeinen Lebensbedingungen in der Schweiz als ungeheuer wohltuend. Er war wieder in Europa, die Natur erschien ihm weniger künstlich, die Farben kamen ihm viel frischer vor: »Die Planung ist nicht durchmathematisiert wie die der Ziergärten oder Plantagen Kaliforniens. Und die Villen bedeuten zumindest ältere Sünden.« Im »Kropf«, einer prachtvollen bayrischen Bierhalle mit Deckengemälden, konnte er Erinnerungen auffrischen und heimatliche Gefühle entwickeln.

Um seine finanzielle Basis zu verbessern, versuchte Brecht wie üblich einen Filmauftrag zu bekommen. Schon bei der Niederschrift eines Filmentwurfs nach Gogols Erzählung »Der Mantel« im Frühjar 1947 rechnete er sich dafür Verkaufsaussichten in der Schweiz aus. Er dachte vor allen Dingen daran, mit Lazar Wechsler, dessen Zürcher Praesens-Firma sich bei der Herstellung von »Kuhle Wampe« finanziell beteiligt hatte, zu einem Abschluß kommen zu können. Aber weder »Der Mantel« noch die neu skizzierte Geschichte »Der große Clown

Emaël«, über die er dann mit Basler Filmleuten verhandelte, konnten realisiert werden. Brechts Schweizer Aufenthalt blieb auf kleine Aktivitäten beschränkt: Auf eine Lesung in der Kellerbuchhandlung des Zürcher Volkshauses, bei der Max Frisch einleitende Worte sprach und Therese Giehse und Helene Weigel Gedichte rezitierten, auf Diskussionen mit Arnold Niederer und Konrad Farner, die die Zeitschrift sozialistischer Studenten, »Bewußtsein und Sein«, redigierten und dort den Stockholmer Vortrag »Über experimentelles Theater« druckten, auf Streitgespräche mit jungen Zürcher Intellektuellen im Café Odeon und auf die zahlreichen Begegnungen mit durchreisenden Autoren, Verlegern und Theaterleuten.

Obwohl sich geeignete Voraussetzungen für systematische Theaterarbeit nicht schaffen ließen, ergab sich immerhin zweimal die Gelegenheit zum Inszenieren. Als seinen wichtigsten Partner im Theater betrachtete Brecht den Bühnenbauer Caspar Neher, der, aus Hamburg kommend, ebenfalls in Zürich gelandet war, sich hier aber arbeitsmäßig nicht richtig wohl fühlte. Aus Amerika hatte ihn der Stückeschreiber wissen lassen, daß er in allen Ländern des Exils niemand gefunden hätte, »der zu meinen Stücken (oder zu andern Stücken) die Bilder machen kann«, und auf die Klage über das Wiedererstehen der alten Scheußlichkeiten in Deutschland und den weiterexistierenden gewöhnlichen Faschismus hatte Cas folgendes Dekret erhalten: »Aber wie sie weitermachen, werden wir auch weitermachen. Da ist Wiederaufbau des alten Seuchenherdes und da wird das andere Bauen sein.«

Für Neher war die Ankunft Brechts am 5. November 1947 in Zürich, wo der Ausgangspunkt ihrer künftigen Unternehmungen und beabsichtigten Aufbauarbeit sein sollte, ein denkwürdiger Tag: »Ich war ziemlich deprimiert die ganze Zeit, nichts wollte klappen und war schon wieder in der Misere, mich dem alten Zürcher Trott hinzugeben. Da kam die Nachricht. Das Wiedersehen war schön nach so langer Zeit. Er war dicker geworden, männlicher, zurückhaltender und seine Zartheit war mehr nach außen gekehrt als früher. Seine Fassade der Härte war vollkommen von ihm abgefallen. Seine angeborene Güte kam zum Vorschein ... So war der lang ersehnte Tag gekommen, was sicher für uns beide wichtig war. Natürlich werden sich jetzt alle Pläne ändern. Man wird das und jenes machen müssen, was wichtig ist.« Beispielsweise hatte der Stückeschreiber gleich nach der Ankunft die Idee, den »Galilei« gemeinsam am Schauspielhaus herauszubringen. Die Übersetzung der mit Laughton erarbeiteten amerikanischen Fassung wurde sofort in Angriff genommen. Die fünf Jahre jedoch, die seit der Uraufführung erst verstrichen waren, betrachteten die Verantwortlichen im Haus am Pfauen als ein Hindernis. Seinen Inszenierungswünschen gegenüber blieb man bei aller Freundschaft äußerst skeptisch. Auch für die Weigel hatte man keine Rolle. War das Vorsicht, Taktik, Angst oder einfach Ignoranz? »Wir gehen zugrunde an den Mittelmäßigkeiten«, lautete der oft wiederholte Stoßseufzer des Stückeschreibers, und Neher ging noch schärfer mit den herkömmlichen Theaterauffassungen seiner Zürcher Kollegen ins Gericht: »Wir haben die Zerstörung Europas erlebt. Sie ist über uns hinweggegangen und hier in der Schweiz macht man das älteste Theater, was man sich denken kann. Nichts wird gedacht.«

Nun war Brecht in den Jahren des Exils nicht gerade verwöhnt worden, er hatte mit kleinen Laienbühnen und Emigrantentheatern arbeiten müssen. Selbst unter den schwierigsten und bescheidensten Bedingungen entwickelte er eine für alle Beteiligten letztlich gewinnbringende Produktivität. So zögerte jetzt Brecht auch keinen Moment, als ihm Hans Curjel, der ehemalige Dramaturg Otto Klemperers an der Berliner Kroll-Oper, das Churer Stadttheater, das er nun leitete, für eine Inszenierung anbot. Am 24. November 1947 gingen Brecht und Neher zu Curjel, der in Zürich wohnte, »um die Frage einiger Aufführungen an seinem Theater näher zu untersuchen und zu realisieren«. Folgende Stücke standen an jenem Abend zur Diskussion: »Antigone«, »Phädra«, »Macbeth«, »Mutter Courage« und »Die heilige Johanna der Schlachthöfe«. Man entschied sich für die »Antigone«, die Brecht sofort auf der Grundlage der Hölderlinschen Übersetzung zu bearbeiten begann. Bereits am 29. November legte er die erste Szene vor, woraufhin Curjel sämtliche weiteren Vorschläge akzeptierte. Mitte Dezember war die Bearbeitung abgeschlossen. Im Hölderlinschen Text hatte der Stückeschreiber schwäbische Tonfälle gefunden und gymnasiale Lateinkonstruktionen, so daß er sich »daheim« fühlte: »Auch Hegelisches ist da herum. Vermutlich ist es die Rückkehr in den deutschen

Sprachbereich, was mich in das Unternehmen treibt. Was das Dramaturgische angeht, eliminiert sich das »Schicksal« sozusagen von selbst, laufend ... Nach und nach, bei der fortschreitenden Bearbeitung der Szenen, taucht aus dem ideologischen Nebel die höchst realistische Volkslegende auf.«

Brecht betrachtete die Aufführung in Chur als eine Art »Preview für Berlin«, eine Einübung in praktische Theaterarbeit, mehr oder weniger zum Selbstverständnis veranstaltet. Die Weigel, die seit Jahren nicht mehr auf der Bühne gestanden hatte, sollte die Antigone im Hinblick auf die Rolle der Courage spielen. »Mutter Courage« hatte er nämlich inzwischen in Berlin als erstes Projekt vorgeschlagen. Die Umstände, unter denen die Churer Inszenierung zustande kam, waren denkbar ungünstig. Mehrere Male tauchten zwischen Brecht, Neher und Curjel Unstimmigkeiten auf, die aber durch neue Arbeitsergebnisse immer wieder beigelegt werden konnten. Die ersten Proben fanden noch im Zürcher Volkshaus statt, am 16. Januar 1948 fuhr man dann nach Chur, wo abwechselnd auf der Bühne und im Volkshaussaal probiert wurde. Die Arbeit wurde noch dadurch erschwert, daß die Schauspieler alle paar Tage nach Arosa oder woanders hin gastieren fahren mußten. Dennoch hob Brecht später das große Interesse der beteiligten Schauspieler hervor. Besonderen Gefallen hatte er an Hans Gaugler, der den Kreon spielte, aber erst am 20. Januar die Rolle übernommen hatte, für die lange keine Besetzung gefunden worden war. Während Brecht improvisieren konnte und aus jeder Not nicht gerade eine Tugend machte, aber doch einen produktiven Ausweg fand, neigte Neher eher zum Kapitulieren. Nach der Bauprobe notierte er: »Das Theater ist abends zwei- oder dreimal zum Kino degradiert und ist in einem Zustand wie kein Theater in Deutschland. Wenn dort auch Zerstörungen viel Unheil angerichtet haben, so ist das Improvisierte besser, als das durch schlechte Führung heruntergekommene Haus. Man soll hier einen Striese hersetzen, der mehr leisten könnte als literarisch ambitionierte Gestalten wie Curjel, der von der Unzulänglichkeit aufgefressen wird. Obwohl das Theater sehr passabel spielt, ist es doch nur halb voll, was bei dem kleinen Einnahmeetat eine Menge ausmacht.«

An Hand der »Antigone« überprüfte Brecht seine These von der Nützlichkeit, Inszenierungen modellhaft zu überliefern.

Ruth Berlau traf gerade noch rechtzeitig ein, um die notwendigen Bilder aufzunehmen. Während der »Mutter«-Inszenierung mit dänischen Arbeiterschauspielern war von ihr der Grundstein zu Brechts Modell-Theorie gelegt worden. Für die Darstellung der Wlassowa, gespielt von Dagmar Andreasen, dienten Fotos der Berliner Aufführung mit Helene Weigel als Vorlage. Nach dem gleichen Prinzip arbeitete Ruth Berlau bei der Einstudierung von »Die Gewehre der Frau Carrar«. Dabei ging es nicht darum, das Modell sklavisch zu kopieren, sondern es schöpferisch zu benutzen, das heißt, es weiterzuentwickeln: »Die Abänderungen, richtig vorgenommen, haben selber modellhaften Charakter, der Lernende verwandelt sich in den Lehrer, das Modell ändert sich.«

Das größte Gewicht wurde auf die Entwicklung gelegt, nicht einmalige, unnachahmbare Leistungen sollten erbracht, sondern verwendbare, gebrauchsfähige Modelle geschaffen werden. Das »Antigone-Modell«, zu dessen Druck sich der Berliner Verleger Weiss sehr schnell entschloß, lieferte einen ersten Vorgeschmack auf Brechts künftige Theaterarbeit. Ihr experimenteller Charakter beinhaltete die Forderung, den individuellen Schöpfungsakt in einen kollektiven Schöpfungsprozeß umzuwandeln und damit ein »Kontinuum dialektischer Art« zu stiften.

Der experimentelle Charakter der »Antigone«-Bearbeitung wurde erst viel später erkannt, die Aufführung 1948 blieb so gut wie unbemerkt und wurde lediglich im Zürcher Freundeskreis diskutiert. Sie wurde insgesamt viermal in Chur gezeigt, und Mitte März gab es an einem Sonntagvormittag noch eine Matineevorstellung im Zürcher Schauspielhaus. Brecht war ziemlich enttäuscht, daß Oskar Wälterlin und Kurt Hirschfeld nicht mehr Zutrauen in diese Arbeit setzten und nur eine Vorstellung ermöglichten. Caspar Neher fand jetzt in Zürich die Aufführung, die er in Chur wegen anderer Verpflichtungen nur bis zur technischen Einrichtung verfolgt hatte, »merkwürdig gut« und konnte jetzt stolz auf das Lob sein, das er nach der ersten Probe mit Publikum aus Chur erhalten hatte: »Deine Antigone-Bühne (inklusive Kostüme und Requisiten und Grundgruppierungen) ist exemplarisch und muß beibehalten werden, umsomehr als sie jede Variation verträgt. Auch deine Chorlösung gehört meines Erachtens zu deinen Dauerkontributionen. Ich bin sehr froh, daß wir diese Sache machen konnten.«

Noch während der Arbeit an der »Antigone« vereinbarte Kurt Hirschfeld mit Brecht, den »Puntila« am Ende der Spielzeit im Schauspielhaus auf die Bühne zu bringen. Als Darsteller für die Titelrolle dachte man zu allererst an Hans Albers, der aber in der fraglichen Zeit nicht frei war. An Albers schätzte Brecht den vulgären Charme, »nicht ohne Gewalttätigkeit«. Dieser Darsteller hatte seiner Ansicht nach alle Qualitäten eines Volksschauspielers. Seine Auffassung, die aus Filmen resultierte, sah er beim »Liliom«-Gastspiel mit Albers im Schauspielhaus bestätigt. Sofort erwog er für ihn den Plan eines Eulenspiegel-Stücks und förderte dann entgegen seiner Absicht, Aufführungen des Werks in Deutschland vorerst nicht mehr zuzulassen, eine Tournee-Inszenierung der »Dreigroschenoper« mit Albers als Mackie Messer.

Auf der Suche nach dem geeignetsten Darsteller für die Puntila-Rolle entschied sich Brecht schließlich für Leonard Steckel, dessen Regiekünste ihn allerdings wenig überzeugten. Nachdem sie gemeinsam eine Konzeption festgelegt hatten und schon viele Skizzen vorlagen, stand dann Neher, der in Italien und Salzburg Opernausstattungen übernommen hatte, plötzlich nicht mehr zur Verfügung. Um die Arbeit nicht zu unterbrechen, wandte sich Brecht an Teo Otto, dessen »Courage«-Bühne ihm nicht schlecht gefallen hatte. Wenn dann doch Neher unvorhergesehen Zeit erübrigen konnte, wurde er um weitere Blätter zu »Puntila« gebeten und in die Arbeit an einem neuen Stück, »Der Wagen des Ares«, hineingezogen, eine Revue über die politische Situation nach dem Zweiten Weltkrieg, die auf die hohe Warte zielte, »von der aus die Schweizer (Intellektuellen) die Misere betrachten«. Regie bei »Puntila« führte offiziell Kurt Hirschfeld, da Brecht keine Arbeitserlaubnis hatte und man Schwierigkeiten mit der Fremdenpolizei vermeiden wollte. Auch diese Inszenierung betrachtete der Stückeschreiber als Vorübung, bei der er nur Grundarrangements zur »Entfesselung« der Schauspieler ausprobieren konnte. Unter solchen Bedingungen war es notwendig, die »Diskussionszeit« auf drei Minuten in vier Wochen zu reduzieren. Dennoch wurden erstaunliche künstlerische Ergebnisse erzielt, die »Landschaft« der Komödie kam trotz des unvollkommenen Beleuchtungsapparats sehr gut zur Wirkung. Seit langer Zeit hatten Publikum und Kritik nicht mehr so zustimmend seiner Arbeit gegenüber reagiert. Glücklich über diesen Erfolg, ließ der Stückeschreiber einmal seine Scheu beiseite und zeigte sich auf der Bühne, im »Werktagskleid«, wie der Kritiker der Basler Nationalzeitung leicht schockiert feststellte, die bei einer Junifestwochenpremiere unübliche Kleidung aber in Anbetracht des »einfachen und unzeremoniellen Stils« der Inszenierung dann doch als angemessen akzeptierte.

Am Schauspielhaus, wo ein künstlerischer »Auftrag« während der Nazizeit den Zusammenhalt des Ensembles geprägt hatte, war ein Theater als ästhetisches Unternehmen im Sinne von Brecht nicht realisierbar. Die Produktionsbedingungen waren denkbar schlecht. Der künstlerische Alltag wurde von Routine und Schlamperei bestimmt. Zwar waren die Verhältnisse besser als am Broadway, aber Denken gehörte auch hier offensichtlich nicht zu den Vergnügungen. Der Stückeschreiber wußte das große schauspielerische Potential, von dem der Ruf des Schauspielhauses noch lange zehren sollte, ungeheuer zu schätzen, andererseits traten jedoch damals neben einer Therese Giehse oder der jungen Regine Lutz, neben Steckel oder Seyferth zunehmend Schauspieler wie Walter Richter und Will Quadflieg auf, die den Berliner Nazistaatstheaterstil importierten. Nach einer »Woyzeck«-Probe notierte Brecht angewidert: »Schon bevor ich die Trümmer der Theaterhäuser sehe, bekomme ich die der Schauspielkunst zu sehen.« Max Frisch hat in seinen Erinnerungen an Brecht den Wutausbruch geschildert, den der Stückeschreiber nach seinem ersten Theaterbesuch in Deutschland nach dem Krieg hatte. Das Vokabular der Schauspieler des »Deutschen Theaters Konstanz«, ihre Wichtigtuerei und Arroganz, machte ihn stumm, bis ihn eine Bemerkung von Wilfried Seyferth, der aus Zürich mitgekommen war, zum Bersten brachte: »Das Deutsche Theater befinde sich in Berlin, meinte er, nicht in Konstanz, nur weil Heinz Hilpert heute in Konstanz sitze. Seyferth verstand nicht, was mit Brecht los war. Das Vokabular dieser Überlebenden, wie unbelastet sie auch sein mochten, ihr Gehaben auf der Bühne, ihre wohlgemute Ahnungslosigkeit, die Unverschämtheit, daß sie einfach weitermachten, als wären bloß ihre Häuser zerstört, ihre Kunstseligkeit, ihr voreiliger Friede mit dem eigenen

Land, alldies war schlimmer als befürchtet.« Brecht hatte es befürchtet, seit jenem Augusttag des Jahres 1948 wußte er es: Man konnte nicht da anknüpfen, wo er 1933 aufgehört hatte, man mußte wirklich ganz von vorne anfangen.

Fritz Kortner kam aus Deutschland nach Zürich und schimpfte noch viel heftiger, und auch der von Brecht als umsichtiger Handwerker geschätzte Berthold Viertel urteilte ganz ähnlich: »Der Darstellungsstil, den ich in Berlin am Werke gesehen habe, weicht dem Drama aus ... Ein kaltes Pathos wird hörbar, das erfroren klingt, eine falsche Sachlichkeit, die vom Redestil der Nazizeit übrig geblieben ist. Das ist arg genug. Aber vielleicht noch problematischer ist das Spielerische, das äußerlich vollendete, das Choreographische, das eine sauber geordnete Welt, eine glatte Maschinerie der Illusion in Bewegung setzt: eine Welt ohne Perspektive, ohne Zwischentöne, malerisch aufgefaßt und durchgepinselt; sich, vogelgewichtig leicht, in Ekstasen aufschwingend, die der Koketterie nicht entbehren. Es fehlt diesem Spiel an Realität, an durchdringender Motivierung und Charakterisierung, an kräftiger und wuchtiger Aussage.«

Brecht wollte nicht als Bittsteller nach Berlin gehen, sondern als Fordernder. Je mehr Alternativen er hatte, umso günstiger war seine Position, und ihm lag viel daran, Verbindung zu allen deutschsprachigen Ländern zu behalten. So ging er auch sofort auf das Angebot des österreichischen Komponisten Gottfried von Einem ein, mit ihm über eine Neuorganisation der Salzburger Festspiele zu sprechen. Gleichzeitig versuchte Kurt Hirschfeld über den US-Kulturoffizier Benno Frank ein Einreisevisum in den amerikanischen Sektor von Deutschland für Brecht zu erhalten, der auch die Möglichkeiten einer Zusammenarbeit mit Erich Engel an den Münchner Kammerspielen erkunden wollte. Das Visum wurde erst zugesichert, dann aber auf Grund eines Einspruchs vom State Departement in Washington verweigert. Nach langem Warten trafen aus Bern im Herbst 1948 die Reisepapiere für Salzburg ein. Dort hatten sich aber inzwischen keine wesentlich neuen Gesichtspunkte ergeben. Man blieb im Gespräch, auf Anraten Berthold Viertels bat der Stükkeschreiber noch darum, das Burgtheater in die Salzburger Überlegungen miteinzubeziehen.

Am 22. Oktober 1948 traf Brecht, über Prag kommend, im Ostsektor von Berlin ein. Nun war er plötzlich eine prominente Persönlichkeit. Schon an der tschechisch-deutschen Grenze begrüßte ihn eine Abordnung von Kultur- und Parteileuten, angeführt von Ludwig Renn. Ein großes Aufgebot von Fotografen und Radioreportern umringte ihn »wie in USA« beim Verhör vor dem Ausschuß für unamerikanisches Verhalten. An der Berliner Stadtgrenze wurde der Rückkehrer von Alexander Abusch in Empfang genommen und zum Kulturbund gebracht, wo ihn bereits Herbert Ihering, Johannes R. Becher und Slatan Dudow erwarteten. Mit Becher verabredete Brecht sogleich, daß er beim offiziellen Empfang des Kulturbunds »nichts sagen muß«. Anläßlich einer Friedenskundgebung zwei Tage später, bei der Arnold Zweig eine Rede hielt, notierte Brecht: »Ich selber spreche nicht, entschlossen, mich zu orientieren und nicht aufzutreten.« Ein Theater hatte man ihm nicht ausdrücklich angeboten, das war nur das Ziel, das er und einige seiner Freunde im Auge hatten. Vor allen Dingen Wolfgang Langhoff, Herbert Ihering und der sowjetische Kulturoffizier Alexander Dymschitz setzten sich für Brecht ein, der zwar von den »Moskauern« als Antifaschist, aber nicht als getreuer Verfechter des sozialistischen Realismus anerkannt wurde. Auch waren den Stanislawski-Epigonen die Trümmer der Nazischauspielkunst weitaus sympathischer als die Postulate des epischen Theaters. Der Graben, der Brecht von Oscar Fritz Schuh und Heinz Hilpert trennte, trennte ihn auch von Ottofritz Gaillard, Maxim Vallentin und Gustav von Wagenheim. Als erste Inszenierung im Deutschen Theater sah der Stückeschreiber das ihm verhaßte Drama »Haben« von Julius Hay: »Miserable Aufführung, hysterisch, verkrampft, völlig unrealistisch.« Für Pathos, falsche Gefühle, Lobhudelei und Beschönigung hatte Brecht nichts übrig. Ihn konnten nur realistische Haltungen, Wahrheit und Nüchternheit überzeugen.

Er war eingeladen worden, eines seiner Stücke im Deutschen Theater zu inszenieren. Erst kurz vor der Premiere von »Mutter Courage und ihre Kinder«, am 6. Januar 1949, fand die erste Besprechung statt, bei der mit Brecht offiziell über ein »Theaterprojekt« verhandelt wurde. Seine Vorschläge wurden nicht gerade begeistert aufgenommen. Oberbürgermeister Ebert und die anderen Vertreter von Partei und Regierung ließen den Dichter »den stinkenden Atem der Provinz hier« spüren. Verabredet wurde schließlich der Aufbau einer eigenen Truppe, die vorläufig im Deutschen Theater, das von Wolfgang Langhoff geleitet wurde, Gastrecht haben sollte. Helene Weigel kümmerte sich um die organisatorischen Aufgaben und wurde Leiterin des »Berliner Ensembles«. Im Kulturclub »Möwe« hatte sie ihr Büro. Brecht sah sich unterdessen sehr genau um und führte viele Gespräche mit Arbeitern und Studenten. Mit allen Vorzügen und Nachteilen der Kulturpolitik im sowjetisch besetzten Teil Deutschlands wurde er allmählich vertraut. Im Aufbau-Verlag sollte damals ein Band seiner »Neuen Gedichte« erscheinen. Das Projekt kam über den Umbruch nicht hinaus, viele Gedichte waren unerwünscht, politisch nicht opportun oder zu »formalistisch«. Brecht wußte also, wohin er ging und was auf ihn zukam.

Damit er sich in einer möglichst unabhängigen Position behaupten und mit seiner Arbeit etwas bewirken konnte, mußte er ein Mittel zur Abwehr ungerechtfertigter Zensurmaßnahmen in der Hand haben. Von außen freiwillig für die Ziele der Partei und des sozialistischen Staates einzutreten, war sinnvoller, als sich in den Fesseln einer opportunistischen Parteipolitik bewegen zu müssen. Symptomatisch war der Streit mit einem Funktionär der »Freien Deutschen Jugend«, der Brecht aufforderte, die Zeile »Und kein Führer führt aus dem Salat« im »Aufbaulied« zu ändern, weil das Thema Hitler niemand mehr interessiere, eine Führung durch die Partei aber erwünscht sei. Solchen Argumenten vermochte der Autor, der für produktive Kritik und Änderungsvorschläge immer ein offenes Ohr hatte, nicht zu entsprechen: »Die Strophe ist auf das Motiv des Sich-Selbst-Führens aufgebaut, und das ganze Lied dazu.« Brecht hatte sich entschieden, am Aufbau einer sozialistischen Gesellschaftsordnung teilzunehmen. Den westlichen Demokratiebegriff lehnte er ab, die imperialistische amerikanische Politik und die amerikanische Lebensweise hielt er auch in friedlicher Gestalt für inhuman. In dieser Ansicht bestätigte ihn damals Karl Korsch, der sich 1947 »trotz der fürchterlichen Roheiten im besetzten Gebiet und noch mehr in Rußland selber« zu einer Korrektur seiner bisherigen Haltung gegenüber der Sowjetunion veranlaßt sah: »Eine Weltherrschaft der Yankees wäre nicht nur das Schlimmste, was ich mir für diese Welt noch ausdenken könnte, sondern außerdem nur eine reaktionäre Utopie. Sogar ›Imperialismus‹ muß erst gelernt sein, und im Gegensatz zu den Briten würden die Amerikaner noch für lange Zeit mit dieser Aufgabe nur herumdaddeln, und die übrige Welt würde nicht nur am amerikanischen Imperialismus zu leiden haben. Anders ausgedrückt, der bisherige US-Imperialismus in der karibischen Region, in Mittel- und Südamerika und in den Philippinen, und wahrscheinlich auch seine bevorstehenden neuen Formen in Japan werden gar nicht einmal den Interessen des Gesamtkapitalismus der USA dienen, sondern immer nur einer verhältnismäßig geringen Spezialgruppe von kolonial-prädatorischen Ausbeutern. In allen diesen Hinsichten ist der russische Imperialismus für die Welt heute besser als der Yankee-Imperialismus, und es gibt kaum eine dritte Chance.«

Das Problem des Neubeginns in der sowjetisch besetzten Zone Deutschlands waren die Startbedingungen: ein verordneter Sozialismus, repräsentiert von den überlebenden Kämpfern in den Konzentrationslagern und Rückkehrern aus dem Exil, geführt von einer Partei, die ihre Befehle aus Moskau entgegennehmen mußte. Die Sowjets wurden von der Bevölkerung nicht als Befreier, sondern als Unterdrücker empfunden. Wer die Barbarei entfesselt hatte, war vergessen. Das Idol der Deutschen wurde der reiche Onkel aus Amerika. »Die mächtigen Impulse werden von den Russen gegeben«, meinte Brecht zur politischen Situation in Berlin, »aber die Deutschen tummeln sich mehr in dem Strudel, der dadurch entsteht, daß die anderen Besatzungsmächte sich der Bewegung widersetzen.«

Soweit sich die emigrierten Künstler in den ersten Nachkriegsjahren zu einer Rückkehr nach Deutschland entschließen konnten, zog es sie in erster Linie in die sowjetisch besetzte Zone. Hier herrschte damals, trotz aller Beschränkungen, das kulturell lebendigste Klima, hier wurden auch den Künstlern Aufgaben gestellt und Rechte gewährt. Auch Brecht profitierte von dieser Sonderstellung, die den Geistesschaffenden eingeräumt wurde, wenn ihn auch störte, daß das Motiv der Parteiinstanzen kaum der sozialistisches Bewußtsein schaffende Effekt war. Es ging viel mehr darum, die Attraktivität des politischen Systems nach außen zu demonstrieren. Man wollte sich mit möglichst vielen prominenten Namen schmücken. Nicht die sozialistische Kunstauffassung gab den Ausschlag, sondern die Bereitschaft, sich mit der Sozialistischen Einheitspartei zu solidarisieren. Noch war Deutschland nicht endgültig geteilt. Brecht glaubte immer noch an die Strahlkraft fortschrittlicher Ideen und sozialistischen Bewußtseins in allen Zonen. Er war der Meinung, daß in ganz Deutschland ideologisch gekämpft werden sollte: »Die Literatur kann sich nicht hinter die Elbe zurückziehen und lediglich eine von den Russen militärisch (und polizeilich) verteidigte Musterprovinz aufbauen helfen.« Jedenfalls wollte er sich selbst über ganz Deutschland hin »in den Kampf bringen«.

Da die endgültige Zustimmung der amtlichen Stellen zum »Berliner Ensemble«-Projekt immer noch ausstand, begab sich der Stückeschreiber mit Ruth Berlau wieder nach Zürich, auf seinen Beobachtungsposten außerhalb von Deutschland. Er mietete im Haus »Au bien être« in der Hottingerstraße ein Zimmer, betätigte sich in telefonischer und brieflicher Abstimmung mit der Weigel in Berlin als Besetzungsbüro und schrieb in Zusammenarbeit mit Ruth Berlau und Caspar Neher das Schauspiel »Die Tage der Commune«, mit dem er sein Theater im Herbst eröffnen wollte. Die »Courage«-Inszenierung am Deutschen Theater, so stellte er zufrieden fest, hatte bis nach Zürich Wellen geschlagen. Dem Berliner Unternehmen blickte man mit wirklichem Interesse entgegen, weil das Schauspielhausensemble sich immer mehr aufzulösen begann: »Die Bindungen Giehses und Steckels werden immer dünner, Knuth ist längstenteils in München, Seyferth geht ganz weg. Kein Regisseur. Hauptdarsteller Quadflieg ... Ich komme so schnell zurück als möglich.« Zürich empfand er nach Berlin als »ungeheuer langweilig«.

Immer noch war Brecht ein Staatenloser. Seine Lust, sich in Berlin einen deutschen Paß ausstellen zu lassen, war nicht besonders groß. So bemühte er sich in Bern um möglichst langfristige neue Reisepapiere für sich und seine Tochter Barbara, die jetzt mit nach Berlin übersiedeln sollte. Die Schweizer Behörden machten aber große Schwierigkeiten. Da Gottfried von Einem ihn erneut aufgesucht, bei ihm ein Festspiel bestellt und eine langfristige Strategie für Salzburg entwickelt hatte, kam ihm nun die Idee, als Äquivalant für dieses Festspiel keinen Vorschuß, sondern einen Paß zu erbitten: »Wenn das überhaupt möglich wäre, sollte es natürlich ohne jede Publizität gemacht werden. Und vielleicht wäre ein Weg wie der folgende der beste: Helle (Helene Weigel) ist ja gebürtige Österreicherin (Wienerin) und wie ich seit 1933 staatenlos, und jetzt existiert keine deutsche Regierung. Könnte sie wieder einen österreichischen Paß bekommen? Und könnte dann ich, einfach als ihr Mann, einen bekommen? Sie verstehen, ich kenne nicht den legalen Weg. Jedoch wäre für mich tatsächlich ein Paß von enormer Wichtigkeit. Ich kann mich ja nicht in irgendeinen Teil Deutschlands setzen und damit für den anderen Teil tot sein.«

Am 20. April 1949, inzwischen lag die offizielle Genehmigung des Berliner Theater-Projekts vor, richtete Brecht an den österreichischen Bundesminister Dr. Felix Hurdes und an den Salzburger Landeshauptmann Josef Rehrl Paßgesuche, in denen er seine Sehnsucht nach Österreich erklärte und versicherte, daß sein künftiges Schaffen Österreich zur Verfügung stehen solle und er dabei in erster Linie an die Salzburger Festspiele und das Wiener Burgtheater denke. Das versprochene Festspiel, das den »Jedermann« ablösen sollte, begann der in solchen Dingen nie verlegene Autor tatsächlich zu schreiben. Er benutzte dafür die an einen alten Stückentwurf »Der Pestkaufmann« anknüpfenden Dialoge und Notizen, die er nach dem Besuch der Basler Fastnacht Anfang März 1949 für ein Stück »Der Tod von Basel« aufgeschrieben hatte. Ende Mai fuhr Brecht über Salzburg zurück nach Berlin. An den Festspielplänen war ihm auch von der Paßangelegenheit abgesehen sehr gelegen, weil er sich eine Zusammenarbeit erhoffte, die es ermöglichen sollte, daß Regisseure wie Fritz Kortner und Berthold Viertel und Schauspieler wie Therese Giehse, Käthe Gold, Helene Weigel, Oskar Homolka und Peter Lorre sowohl zum Berliner Ensemble als auch zum Salzburger Festspielensemble gehörten. Die Pläne scheiterten nicht an dem Dichter, der seinen Paß wollte und den er ein Jahr später tatsächlich auch bekam. Am 14. September 1950, er inszenierte damals an den Münchner Kammerspielen »Mutter Courage und ihre Kinder«, konnte Brecht Gottfried von Einem mitteilen, daß er die österreichische Staatsbürgerurkunde nunmehr in Händen habe. Im Dezember 1950 arbeiteten Brecht und Neher erneut an dem Festspiel für Salzburg, das den Titel »Salzburger Totentanz« haben sollte. Für die Besetzung waren Fritz Kortner, Therese Giehse, Karl Paryla, Peter Lorre und Rudolf Forster vorgesehen. Der Entrüstungssturm, der sich erhob, als durch eine Indiskretion im Sommer 1951 die Verleihung der Staatsbürgerschaft an Brecht bekannt wurde, zeigte, daß dessen Mitwirkung bei den Salzburger Festspielen in welcher Form auch immer nie durchgesetzt worden wäre. Gottfried von Einem mußte nach dem Eklat aus dem Direktorium der Festspiele ausscheiden. Brecht schrieb ihm am 18. Oktober 1951: »Cas sagte mir, und aus den Zeitungen ersehe ich leider auch, daß Sie durch Ihre Hilfsbereitschaft mir gegenüber jetzt in Schwierigkeiten geraten sind. Schreiben Sie mir doch gleich, ob Sie irgendwelche Aussagen oder Briefe von mir benötigen. Soll ich Ihnen einige Seiten des »Salzburger Totentanzes« schicken, dessen Konzeption fertig ist? Ich verstehe nicht, wie man Ihnen als Künstler übelnehmen kann, daß Sie einem anderen Künstler geholfen haben – ich hatte ja damals überhaupt keine Papiere! Herzlich Ihr alter Bertolt Brecht.«

XXX
Weg der alte, her der neue Staat!

Ein Kulturzentrum Berlin – Alles ist noch im Fluß – Theater und Kulturpolitik für das ganze Deutschland – Das Berliner Ensemble kann nicht mit »Die Tage der Commune« eröffnet werden – Gegenwartsstoffe können nicht radikal behandelt werden – Die Regierung spart nicht mit Beifall – Brecht und die Politiker der DDR – Notwendig wäre ein sozialistischer Gegen-Gangster – Ein Stück über die »deutsche Misere« – Brecht sieht die Jugend nicht ohne Befürchtungen – Kein Sinn für positive Helden – Säuberungen – Ist Pessimismus negativ? – Brecht und Becher ehrlich für die Republik – Der Kritik muß man begegnen oder sie verwerten – Auftragsarbeiten lassen den Meister erkennen – Die Kantate »Herrnburger Bericht« – Brecht kann politische Dichtung nicht aus dem Herzen dichten – Arbeiter und Künstler – Brecht und Eisler setzen sich mit dem Faust-Stoff auseinander – Die »galileische« Sicht des Faust – Eisler wird jegliche Lust zu komponieren genommen – Eisler kehrt zurück, aber andere Künstler geben die Zusammenarbeit mit dem Berliner Ensemble auf – Auch Neher erneuert seinen Vertrag nicht

> Es ist ein großes Unglück unserer Geschichte, daß wir den Aufbau des Neuen leisten müssen, ohne die Niederreißung des Alten geleistet zu haben.

Das Berliner Ensemble in Ostberlin, in den ersten Jahren nur eine Truppe, die in einem anderen Theater Gastspiele gab, war kein großzügiges Geschenk der Partei an einen von ihr verehrten Theatermann. In zähen Verhandlungen hatten Brecht und seine Freunde die Zustimmung und die Gelder den verantwortlichen Stellen abgetrotzt. Der Stückeschreiber wurde nicht »in die Küche« gebeten, er drängte sich vielmehr auf, überzeugt, daß er hier unter neuen gesellschaftlichen Bedingungen erfolgreicher arbeiten konnte. Einen »Standard«, eine Kontinuität der Entwicklung, konnte er nur mit großzügiger staatlicher Unterstützung erzielen. Brechts Anspruch, in Berlin ein progressives Kulturzentrum zu schaffen, wurde 1949 mit Achselzucken beantwortet, man war vielmehr bestrebt, es allen recht zu machen und niemand vor den Kopf zu stoßen. In der verständlichen Bemühung, erst viele Anhänger zu bekommen und eine Politik der kleinen Schritte zu versuchen, wurden die sozialistischen Gesichtspunkte vernachlässigt und die großen Chancen der »Stunde Null« verpaßt. »Meine Ausführungen über den kläglichen künstlerischen Zustand des Theaters der ehemaligen Reichshauptstadt«, klagte Brecht, »wurden als mehr oder weniger beleidigende Meckereien eines sich überschätzenden stellungsuchenden Künstlers abgetan.« In Anbetracht seiner schwachen Position den Behörden gegenüber, bei denen sich zu viele minder talentierte Kollegen durch brave Gefolgschaft Privilegien sicherten, ließ Brecht keine Gelegenheit aus, von ihm geschätzte, Maßstäbe setzende Künstler zur Rückkehr nach Berlin zu bewegen. Piscator bot er an, die Regie des Commune-Stücks von Grieg zu übernehmen: »Es würde eine gute Gelegenheit für Dich, Dich umzuschauen und das Arbeitsfeld zu überprüfen.« Auch Kortner und Lorre bat er dringend zu kommen. Man müßte möglichst viele Positionen besetzen und verhindern, daß die falschen Leute Einfluß bekämen: »Der Zeitpunkt ist gut, es sollte nicht viel später sein, jetzt ist alles noch im Fluß und seine Richtung wird bestimmt werden durch die vorhandenen Potenzen.«

Die Gründung der Bundesrepublik und die Wahl der Adenauer-Regierung waren dann der Auftakt für die endgültige Spaltung Deutschlands, auf die die Sozialistische Einheitspartei im Oktober 1949 mit der Konstituierung der Deutschen Demokratischen Republik reagierte. Die Entscheidung, Brechts Einladung nach Berlin anzunehmen, war damit für die politisch zögernden Emigranten schwerer geworden. Trotz der veränderten politischen Situation hielt Brecht an der Absicht, ein beispielgebendes Theater für das ganze Deutschland zu machen, unbeirrt fest. Er bestärkte Peter Huchel, den Chefredakteur der von Becher und Paul Wiegler herausgegebenen Literaturzeitschrift »Sinn und Form«, die Hefte ebenfalls offen, auf ein gesamtdeutsches Lesepublikum hin zu konzipieren. Es galt, möglichst viele Stützpunkte zu schaffen und mit kompetenten Leuten zu besetzen, die für eine ziemlich breite Streuung fortschrittlicher Ideen Sorge tragen würden. Das Berliner Ensemble sollte durch Austausch von Künstlern Kontakt halten zu Zürich, München, Hamburg und Wien. Ruth Berlau betreute eine Inszenierung von »Mutter Courage und ihre Kinder« in Wuppertal und übernahm dann die Einstudierung der »Mutter« in Leipzig. Nicht nur auf dem Gebiet des Theaters, sondern für den gesamten kulturpolitischen Bereich war Brecht in der DDR bald die wichtigste treibende Kraft. Seine Stimme galt etwas und wurde gehört. Brecht und neben ihm Becher, Anna Seghers, Arnold Zweig, Ludwig Renn, Peter Huchel, Hanns Eisler, Paul Dessau, Ernst Bloch, Hans Mayer, Paul Rilla, Walter Felsenstein, Wolfgang Langhoff und Helene Weigel stellten in den Fünfziger Jahren das künstlerische Gewissen des anderen Deutschland dar. Auf internationalen Tagungen und Kongressen warben sie für Frieden und Völkerverständigung. Brecht meldete sich bei allen politischen Schritten der Bundesregierung kritisch zu Wort, die die Wiedervereinigung immer mehr erschwerten. Er protestierte gegen die Wiederbewaffnung, gegen die Eingliederung Westdeutschlands in die Europäische Verteidigungsgemeinschaft und gegen die Wiedereinführung der Wehrpflicht in beiden Teilen Deutschlands: »Wenn Deutschland einmal vereint sein wird – jeder weiß, das wird kommen, niemand weiß, wann – wird es nicht sein durch Krieg.« Es war nicht ungewöhnlich, sondern naheliegend, daß Brecht in dem Teil Deutschlands lebte, in dem der Kampf um eine neue, bessere Lebensweise begonnen und fortgeführt wurde.

Wenn der Stückeschreiber trotzdem Schwierigkeiten in der DDR hatte, dann nicht, weil er zu wenig Kommunismus vertrat, sondern weil er zu viel forderte. Beispielsweise behandelte sein Schauspiel »Die Tage der Commune« ein für die DDR politisch viel zu brisantes Thema. Ursprünglich hatte er mit Nordahl Griegs »Die Niederlage« die Spielzeit in Berlin eröffnen wollen. Nach eingehender Beschäftigung mit diesem unter dem Eindruck der in Spanien erlittenen Niederlage verfaßten Stück begann er es zu bearbeiten und schrieb einen Gegenentwurf, bei dem er streng der Wahrheit folgte, »die manchem wie bekannt, nicht gefällt«. Weil eine Komödie viel weniger »controversial« war, erschien ihm dann »Herr Puntila und sein Knecht Matti« für den Beginn geeigneter. Im Dezember 1949 mußte der Plan, »Die Tage der Commune« zu inszenieren, abermals zurückgestellt werden, schon weil die Volksbühne, die die Hauptmasse des Publikums stellte, nur wenige Arbeiter als Mitglieder hatte. Da gab es nun aufgrund der neuen gesellschaftlichen Ordnung einen sozialistischen Staat, aber er mußte den Massen als gute und richtige Sache erst noch schmackhaft gemacht werden. Der Hauptimpuls der Stücke Brechts, der auf die Kategorie der Veränderbarkeit zielte, fiel hier erst einmal weg. Was erreicht werden sollte, war ja erreicht. Den Stillstand der Dialektik einfach hinzunehmen, war der Stückeschreiber nicht bereit. Er war deshalb bestrebt, einen sinnvollen Kompromiß zu finden, der die besondere gesellschaftliche Realität in der DDR berücksichtigte, zugleich aber doch das Bewußtsein von der Dialektik der Widersprüche mobilisierte. Für die Theaterarbeit hieß das, auf die Behandlung von Gegenwartsstoffen zu verzichten, solange sie nicht radikal behandelt werden konnten. Brecht wollte sozialistisches Bewußtsein bei seinem vorwiegend kleinbürgerlichen Publikum auf dem Umweg über eine ästhetische Erziehung schaffen. Er hielt es für angebracht, seine Zuschauer anzuregen, künftig die Dinge mit anderem Blick, im Hinblick auf eine andere gesellschaftliche Perspektive zu sehen. Das Commune-Stück war insofern unzeitgemäß, als es eine Machtübernahme durch die Niederen zeigte, bei der die Partei keine führende Rolle spielte und bei der das Zerschlagen einer Ordnung verlangt wurde, die jetzt aber nötig war.

Die offizielle Eröffnungsvorstellung des Berliner Ensembles am 12. November 1949 mit »Puntila« ging in Gegenwart der neuen Regierung unter Otto Grotewohl vor sich, die zur Genugtuung des Stückeschreibers mit Gelächter und Beifall nicht sparte. Auch die Zeitungen reagierten auf die zweite gemeinsame Inszenierung von Brecht und Erich Engel überaus positiv, die neue Spielweise wurde akzeptiert. Nach Meinung der Regisseure war es allerdings »nur so viel episches Theater, als heute akzeptiert (und geboten) werden kann«. Ein erster Schritt war getan: »Aber wann wird es das echte, radikale epische Theater geben?«

Der Regierung der DDR gegenüber verhielt sich Brecht nicht nur überaus loyal, er versuchte auch durch ständigen Dialog mit Politikern in einer für seine Arbeit produktiven Verbindung zu bleiben und im Sinne sozialistischer Bewußtseinsbildung für sie zu wirken. Er schätzte Wilhelm Pieck, den ersten Präsidenten der Republik, dessen Amtsantritt er ausdrücklich begrüßte und den er sich als Sprecher seines Gedichts »An meine Landsleute« wünschte. Am liebsten hatte Brecht alte Genossen, die wie Jakob Walcher durch die Schule von Rosa Luxemburg, Karl Liebknecht und Lenin gegangen waren, Arbeiterführer, die die Welt gesehen, unabhängig denken gelernt und gegen die Faschisten gekämpft hatten. Mit Walter Ulbricht verband ihn persönlich nichts. Auf eine hinterfotzig-ironische Weise huldigte er dem in Fragen der Literatur oft dilettierenden Politiker mit einem alten chinesischen Volksstück, das Peter Palitzsch und C. M. Weber 1955 unter dem Titel »Der Tag des großen Gelehrten WU« im Berliner Ensemble inszenierten. Kleinbürgerliche Gesinnung, Borniertheit und Bravheit empfand der Stückeschreiber als die schlimmsten Eigenschaften, mochte es sich auch um sogenannte aufrechte, gute Sozialisten, beziehungsweise in SED-Mitglieder umgewandelte Sozialdemokraten wie Oberbürgermeister Friedrich Ebert handeln. Für eine Stadt wie Berlin war der Mann seiner Meinung nach einfach ungeeignet: »Was hier nottäte, das wäre ein Sozialist, der gleichzeitig die Qualitäten eines Gangsters hat, ein sozialistischer Gegen-Gangster.« Das wenig kämpferische Klima, der Mief, das Duckmäusertum verstörten Brecht, aber wenn es sich darum handelte, die sozialistischen Errungenschaften der DDR zu verteidigen und für die Sache der Kommunisten Partei zu ergreifen, war er dabei. Mit Gerhart Eisler oder mit Paul Wandel konnte sich der Stückeschreiber leicht verständigen, in schlechterem Einvernehmen stand er dagegen mit den meisten Kulturpolitikern, denen er den Vorwurf machte, den schlechten Geschmack des Proletariats, »aufgezwungen von der Bourgeoisie«, als Maßstab zu nehmen. Sie handelten ständig aus der Defensive heraus, scheuten Auseinandersetzungen, Risiken und machten den Künstlern Vorschriften. Sie scheuten Kritik und Widerspruch, belohnten Opportunismus und Unterwürfigkeit. Die Folge war eine verhängnisvolle Verkümmerung der Literatur und die völlige Liquidierung kontroverser sozialistischer Theorie. »Von geduckten Leuten bekommt man nicht leicht souveräne Werke.« Diese Warnung Brechts stieß auf taube Ohren.

Statt »Die Tage der Commune« setzte er kurzfristig den »Hofmeister« von Lenz auf den Spielplan, ein Stück über die

»deutsche Misere«, in dem ein Mann, um gesellschaftsfähig zu bleiben, sich entmannt. Die Bearbeitung, die den tragikomischen Charakter der Vorlage verstärkte, sollte ein Beitrag zu der großen Erziehungsreform in der DDR sein. Der ernste Aspekt war, daß da einer unterdrückt wurde, der komische, daß es einer auf so erniedrigende Weise mit sich geschehen ließ: »Schüler und Lehrer einer neuen Zeit/ Betrachtet seine Knechtseligkeit/ Damit ihr euch davon befreit!« Deutschland, auch wenn es sich um das andere, bessere handelte, war dem Stückeschreiber nicht mehr ganz geheuer, es wurde ihm zuweilen, was er im Exil überhaupt nicht für möglich gehalten hatte, »unheimlich«. Sollte er den jungen Leuten »Hoffnung« machen? Wichtiger schien ihm plötzlich die Frage, ob man die Jugend »ohne Befürchtungen« betrachten kann. Der Anblick der »Ruinenmenschen« verursachte ihm einen größeren Schock als der Anblick der zerstörten Städte. Die jungen Intellektuellen, mit denen er sprach, suchten schon wieder ein »großes Ziel« und Leitbilder: »Es ist, als sähet ihr euch um nach einem, der euch wieder gebrauchen könnte. Ihr wünscht, er möge euch diesmal nicht mißbrauchen? Aber warum wünscht ihr, es möge euch einer gebrauchen?« In Diskussionen mit Berliner Studenten oder Hörern der Vorlesungen von Hans Mayer in Leipzig, in Gesprächen mit Wissenschaftlern oder bei Akademiesitzungen bekundete Brecht deutlich seine engagierte, aber skeptische Haltung. Seine Auffassung vom sozialistischen Realismus, den er auf seine Art propagierte, deckte sich selten mit der offiziellen Kunstdoktrin: »Ich stehe nicht auf dem Standpunkt, daß das Theater sich entwickeln soll in Richtung auf den positiven Helden.« Schnelle Verallgemeinerungen, die Reglementierung von Künstlern und das Verordnen kunsttheoretischer Rezepte lehnte er ab. Der Forderung nach mehr Optimismus begegnete er mit dem Satz: »Man kann mich langsam am Arsch lecken. Damit wird die Kunst echt degradiert.«

Die ersten sechs Aufführungen des Berliner Ensembles in den Jahren 1949-1951 wurden im großen und ganzen noch in ihrem Anspruch, zum Aufbau eines neuen Deutschland und eines nationalen Theaters beizutragen, offiziell begrüßt und gewürdigt. Die Eigenarten dieser Inszenierungen, »Mutter Courage und ihre Kinder«, »Herr Puntila und sein Knecht

Matti«, »Wassa Schelesnowa«, »Der Hofmeister«, »Die Mutter« und »Biberpelz und roter Hahn«, die Brecht und seine Mitarbeiter in dem Buch »Theaterarbeit« dokumentierten, wurden als Versuche respektiert, das gesellschaftlich Neue auch auf neue Weise künstlerisch darzustellen. Die theatralischen Mittel stießen zwar vielfach auf Widerspruch und riefen Mißverständnisse hervor, aber die Auseinandersetzungen wurden öffentlich geführt und behinderten die künstlerische Arbeit nicht.

1951 verschlechterte sich das politische Klima in der DDR, was einerseits mit den zunehmenden wirtschaftlichen Schwierigkeiten zusammenhing, denen man sich gegenübersah, andererseits auf die sowjetischen Säuberungskampagnen zurückzuführen war, die auch in den sozialistischen Bruderländern Schule machten und sich vornehmlich gegen die Westemigranten unter den Genossen richteten, deren Rückgrat noch nicht gebrochen war. Jakob Walcher beispielsweise, der Brecht gemeinsam mit Hermann Duncker und Albert Schreiner in New York bei der Versifizierung des Kommunistischen Manifests beraten hatte und in Ostberlin zu den engsten Freunden des Dichters gehörte, verlor alle Ämter und wurde wieder einmal aus der Partei ausgeschlossen. Aber auch ein Alexander Abusch sah sich sämtlicher politischer Funktionen enthoben und mußte sich später durch besondere Gefälligkeit als treuer Genosse bewähren. Im Unterschied zur Tschechoslowakei oder zu Ungarn ging diese Form von Stalinismus in der DDR ohne Todesurteile über die Bühne. Den Massen wurden jetzt überhaupt keine sozialistischen Inhalte mehr vermittelt, sondern nur sowjetische Propaganda eingeimpft, und insoweit diese als Kunst drapiert war, sollte sie in gewohnten Formen verabreicht werden. Alle wahrhaft politische Kunst wurde als formalistisch verdammt. Sogar die Fotomontagen von John Heartfield waren unerwünscht. Die Betroffenen fanden die westliche »Freiheit« keineswegs attraktiver. Die USA rüsteten zum Korea-Krieg, in Westdeutschland wurde die Wiederbewaffnung beschlossen. Antikommunismus war hier das beherrschende Moment aller politischen Entscheidungen. In Anbetracht solcher Verhältnisse notierte Brecht: »Es hängt von der Zeit ab, ob Pessimismus negativ zu bewerten ist.«

Umso dringlicher unterstützte er mit allen Mitteln, über die er verfügte, die Forderung nach mehr Politik, er engagierte sich vor allen Dingen leidenschaftlich für die Friedensbemühungen der DDR. Wenn er in Westdeutschland oder Westberlin Zuhörern vom schwierigen Kampf der SED erzählte, die Politik der Landverteilung pries oder begeistert vom Kommunistischen Weltjugendtreffen berichtete, hörte man bestenfalls höflich zu, und in der Presse wurde er als Propagandist und Höriger des Zonenregimes abgekanzelt. Seine Adressen an den westdeutschen Bundestag, an die Schriftsteller und Künstler blieben ohne Echo und wurden belächelt. Man warf ihm seine Privilegien vor und hielt ihn für bestochen. Die Auskunft, »ich habe meine Meinung nicht, weil ich hier bin, sondern ich bin hier, weil ich meine Meinungen habe«, nahm man ihm nicht ab. Zeitweise fühlte sich Brecht in der DDR plötzlich seiner Aktivitäten wegen so isoliert, daß er den Eindruck hatte, niemand außer ihm und Becher sei ehrlich für die Republik. »Sie machen mit«, sagte er bedauernd zu Käthe Rülicke. Er erklärte sich 1951 ohne weiteres bereit, ästhetische Probleme zurückzustellen, wenn dadurch politisch Fortschritte erzielt werden könnten. Als Paul Dessau die »Lukullus«-Oper rechtzeitig zurückziehen wollte, um sie nicht der Formalismus-Debatte auszusetzen, die er unweigerlich auf sich zukommen sah, entgegnete Brecht nur lakonisch: »Man muß die Kritik nie fürchten, man wird ihr begegnen oder sie verwerten, das ist alles.« Es war ihm wichtig, die Oper in dem Moment herauszubringen, »wo die amerikanischen Drohungen so hysterisch sind«, und von den Einwänden, die dann massiv vorgebracht wurden, ließ er nur die für ihn verwertbaren gelten: die Verdammung des Feldherrn Lukullus am Schluß der Oper wurde dahingehend konkretisiert, daß Verteidigungskriege von der Verurteilung ausgenommen wurden. In der revidierten Fassung konnte »Die Verurteilung des Lukullus« im Herbst 1951 in der Staatsoper gespielt werden.

»Die Gelegenheitsarbeit ist es, die den Künstler zum Professionellen macht, aber mitunter auch zum Kunstgewerbetreibenden.« An Auftragsarbeiten hatte sich das Talent eines Dichters zu bewähren. Was für die Firma Steyr gut genug war, mußte erst recht für die Weltjugendfestspiele brauchbar sein. Kunstverstand war für beide Zwecke nötig. Jedoch kam es Brecht darauf an, aus einem Stoff und Auftrag nicht mehr zu machen, »als drin ist«. Der Text zu einer Kantate von Paul Dessau, »Herrnburger Bericht«, behandelte die »Registrierung« einiger tausend Jugendlicher durch westdeutsche Polizei an der Grenze bei Herrnburg nach ihrer Rückkehr vom Deutschlandtreffen der FDJ in Berlin. Der Text stützte sich im wesentlichen auf die Erzählung dreier Mädchen, die im »Herrnburger Kessel« dabei waren.

Im Westen ergoß sich empörtes Hohngelächter über Werke von Brecht wie den »Herrnburger Bericht«. Auch linke Schriftsteller, die nur das Bild vom oppositionellen Dichter gelten lassen wollten, der zugunsten eines eigenen Theaters mit dem Teufel paktierte und in der DDR ausharrte, betrachteten den »Herrnburger Bericht« als peinliche Entgleisung. Im Unterschied zu schlechten Agitationsliedern und den brav gereimten Gesinnungsliedchen proletarischer Gartenlaubendichter fand immerhin Brecht bei solchen Produkten einen Gestus, der das politische Argument unterstützt und das fragwürdige Genre zugleich leicht ironisiert. Der »Herrnburger Bericht« steckt so betrachtet voller Witz, satirischer Schärfe und hat die Leichtigkeit von Kinderreimen. Es handelt sich nicht um ein Chorwerk für deutsche Männergesangsvereine, es ist weder bierselig noch kriegsbegeistert, sondern stellt eine Mischung aus politischem Referat und Ballade mit Liedeinlagen dar. Die Jugendlichen, von denen hier berichtet wird, ignorieren einfach die Grenzen, entwerfen das Bild von einem friedlichen, anderen Deutschland ohne Unterdrückung und Polizei. »Schlagbaum und Schanzen/ Hat denn das Zweck?/ Seht doch, wir tanzen/ drüber hinweg.« – »Der Mond, er trat aus den Wolken/ Und sah ein lachendes Heer/ Und wie er die Polizisten sah/ Da lachte auch er.« Brecht dozierte nicht mit pathetischem Schaum vor dem Mund, quälte sich nicht mit Auftragsversen ab, sondern argumentierte spielerisch, er machte nicht mehr daraus, als eben Auftrag und Genre hergaben: »Schumacher, Schumacher, dein Schuh ist zu klein/ In den kommt ja Deutschland gar nicht hinein./ Adenauer, Adenauer, zeig deine Hand!/ Um dreißig Silberlinge verkaufst du unser Land.« Den Auftraggebern in Ostberlin gefiel das gar nicht. Auf Beschluß der Parteileitung wurde die Aufführung der von Egon Monk einstudierten Kantate abgesetzt. Paul Dessau arrangierte dann für Brecht eine geschlossene Vorführung, zu der Wilhelm Pieck,

Otto Grotewohl und weitere Regierungsmitglieder eingeladen wurden. Jetzt war man konzilianter, erklärte die Einwände der unteren Funktionäre für übertrieben, aber das Befremden war dennoch zu spüren. Grotewohl ließ das Wort »kathedermäßig« fallen. Durch Formales fand man die Lieder aus der unmittelbaren Reichweite entführt. Politische Dichtung mußte ihnen aus dem Herzen gedichtet sein, sie spürten die »Kälte«, die gewitzte Freude, mit der das »gemacht« war. »Bei derlei Urteilen stößt man auf den Wunsch, den künstlerischen Ausdruck einfach als einen gesteigerten Ausdruck zu haben, ohne Umschlag in eine neue Qualität, eben die der Kunst.«

Die Verpflichtung zu immer höheren Produktionsleistungen, das Heraufschrauben der Normen ohne Äquivalent riefen Unwillen und Widerstand in den Betrieben hervor. Von Seiten der Partei durfte man sich nicht mehr der Illusion hingeben, daß man mit der spontanen Zustimmung der Arbeiterklasse rechnen könne. So bemühte sich die SED in verstärktem Maße um das Vertrauen der Bevölkerung des Arbeiter- und Bauernstaates. Die Künstler sollten dabei ideologische Zubringerdienste leisten. Man proklamierte eine realistische volksverbundene Kunst, und von den Schriftstellern wurde erwartet, »die schöne Wahrheit unserer Zeit« zu verkünden und in der Literatur die Erfahrungen wiederzugeben, die die Politiker als Wünsche und Vorstellungen hegten. »Die Arbeiter«, schrieb Brecht nach dem 17. Juni 1953, der die Partei an die Wirklichkeit erinnerte, »drängte man, die Produktion zu steigern, die Künstler, dies schmackhaft zu machen. Man gewährte den Künstlern einen hohen Lebensstandard und versprach ihn den Arbeitern. Die Produktion der Künstler wie die der Arbeiter hatte den Charakter eines Mittels zum Zweck und wurde in sich selbst nicht als erfreulich oder frei angesehen.«

Die Klassiker sollten aus der Verlegenheit helfen und wurden folglich von den Schulmeistern der Partei zu unmittelbaren Vorläufern und Vorbildern der neu zu schaffenden sozialistischen Nationalkultur erklärt. Alles Brüchige, Widersprüchliche, Unharmonische wurde als formalistisch und klassenfeindlich gebrandmarkt. Brecht und Eisler, in diesen Fragen gebrannte Kinder seit der Expressionismusdebatte, beschlossen deshalb, einen nützlicheren Beitrag zur Auseinandersetzung mit dem klassischen Erbe zu liefern. Beide stießen jedoch mit ihrer Bemühung, neue Lesarten des Faust-Stoffs anzubieten, auf heftigsten Widerstand. Aufgemuntert von wachsamen Hütern des Erbes wie Alexander Abusch und Wilhelm Girnus, manifestierte Walter Ulbricht den Willen der SED, es nicht zuzulassen, »daß eines der bedeutendsten Werke unseres großen deutschen Dichters Goethe formalistisch verunstaltet wird, daß man die großen Ideen in Goethes ›Faust‹ zu einer Karikatur macht, wie das in einigen Werken, auch in der DDR, geschehen ist, zum Beispiel in dem sogenannten Faust von Eisler und in der Inszenierung des ›Urfaust‹ «.

In dem Streit, der 1952/53 um das Textbuch der von Hanns Eisler geplanten Oper »Johann Faustus« entbrannte, ging es in erster Linie um die historische Bewertung der Titelfigur: war Faust ein Held, ein Mann der Wissenschaft, der ketzerische Gedanken vertrat und für die Sache des Fortschritts stritt – oder war er ein Wissenschaftler, der angesichts von Revolution und Gewalt die Sache des Volkes verriet und den utopischen Anspruch seines wissenschaftlichen Tuns zurücknahm, ein »Renegat«, wie Ernst Fischer etwas mißverständlich formulierte? Beide Möglichkeiten, die positive und die negative Sicht, kann man beim Faust-Stoff in Anwendung bringen. Hanns Eisler entschied sich aus guten Gründen für die zweite Lesart. Er wollte den Stoff so volkstümlich wie möglich gestalten und eine aufrührerische Oper schreiben. Ähnlich wie Brecht mit »Leben des Galilei« gedachte er das Dilemma eines Wissenschaftlers zu behandeln, der sich im entscheidenden Moment dem gesellschaftlichen Auftrag, den er kraft seiner Herkunft, Ausbildung und geistigen Fähigkeiten erfüllen könnte, feige entzieht.

Brecht und Eisler war es darum zu tun, die Stärke der für die Menschheit nützlichen wissenschaftlichen Ideen zu betonen, als deren Repräsentant ein Faust oder Galilei zu betrachten ist, den Typ des bürgerlichen Intellektuellen aber zu verurteilen, der sein Tun für unpolitisch hält und im Namen einer angeblich wertfreien wissenschaftlichen Erkenntnis sich auch den Bund mit dem Teufel leisten zu können glaubt. Brecht nahm an der Entstehung von Eislers »Johann Faustus« großen Anteil, da er damals seine Inszenierung des »Urfaust« vorbereitete. Goethes Faust sah Brecht durchaus »galileisch«: »Das historisch Neue an diesem Menschen ist seine Begierde und sein Bemühen, sich zu entwickeln, seine Fähigkeiten auszubilden und sich alles einzuverleiben, was Natur und Gesellschaft sich will entreißen lassen.« Aber der aufgeklärte Geist entpuppt sich zugleich auch als sozialer Verbrecher.

In den Debatten über Faust, die sich über Monate hinzogen, wurde Eisler alle Lust, die Oper zu komponieren, gründlich ausgetrieben. Zutiefst verletzt und mißverstanden fuhr er für mehrere Monate nach Wien, wo ihn Brecht, der dort im Oktober 1953 mit Manfred Wekwerth »Die Mutter« inszenierte, zu neuen Projekten ermutigte und ihn von der Notwendigkeit der Rückkehr überzeugte. Dem Zentralkomitee der SED erläuterte Eisler, wie notwendig für ihn eine Atmosphäre des Vertrauens und der freundlichen Kritik sei: »Nach der Faustus-Attakke merkte ich, daß mir jeder Impuls, noch Musik zu schreiben, abhanden gekommen war. So kam ich in einen Zustand tiefster Depression, wie ich sie kaum jemals erfahren habe. Ich habe nun aber keine Hoffnung, den für mich lebenswichtigen Impuls, Musik zu schreiben, anderswo zu finden als in der Deutschen Demokratischen Republik... Ich kann mir meinen Platz als Künstler nur in dem Teil Deutschland vorstellen, wo die Grundlagen des Sozialismus aufgebaut werden.« Brecht tat alles, den Kreis seiner Freunde und Mitarbeiter zusammenzuhalten, um in möglichst starker Formation und mit künstlerisch kompetenten Leuten der Dummheit entgegentreten zu können. Viele seiner Freunde hielten das unfreundliche kulturpolitische Klima nicht aus und litten zu sehr unter dem Graben, der zwischen ihren Sonderrechten und den Beschränkungen bestand, denen die Bevölkerung der DDR unterworfen war. Es dauerte jetzt Monate, bis sich die Zeitungen überhaupt zu Aufführungen des Berliner Ensembles äußerten, aus dem Westen kamen oft mehr Zuschauer als aus den Ostberliner Stadtbezirken. Im März 1953 mußte Brecht feststellen, daß die Aufführungen des Ensembles fast kein Echo mehr hatten. Berthold Viertel konnte sich nicht entschließen, weitere Inszenierungen zu übernehmen, Erich Engel, der den »Courage«-Film drehen sollte, hatte die unproduktiven Querelen mit den Funktionären der DEFA satt und arbeitete wieder für einige Zeit in Westdeutschland, Teo Otto lehnte schon 1950 eine Berufung an die Akademie als Lehrer einer Bühnenbildklasse ab, Therese Giehse mochte nach dem 17. Juni 1953 nicht mehr auftreten.

Schließlich kam auch Caspar Neher nur noch selten und schloß keinen neuen Vertrag mit dem Ensemble mehr ab. Als er 1955 die »Hofmeister«-Skizzen erbat, antwortete ihm der Stückeschreiber: »Die Skizzen sind der einzige Punkt, Cas, über den ich mich mit dir ganz und gar zerstreiten könnte. Du solltest nicht an sie rühren. Sie sind das, was wir von glücklichem Zusammenarbeiten behalten haben.« Es handelte sich bei den einzelnen Künstlern um jeweils etwas anders motivierte Entscheidungen, aber sie zwangen doch Brecht sein Theaterkonzept zu überdenken, die gesamtdeutschen Überlegungen fallen zu lassen und die Arbeit mehr auf die jungen Schauspieler abzustellen. Außerdem fand er es an der Zeit, das Problem der Darstellbarkeit von DDR-Gegenwart auf der Bühne an Hand des Stücks »Katzgraben« von Erwin Strittmatter genauer zu untersuchen.

XXXI
Meine Schüler und Freunde sind so wenig unfehlbar wie ich

Ohne die Weigel hätte es vielleicht das Berliner Ensemble nie gegeben – Zu schwach, um weise zu sein – Ruth Belau fordert zu viel, weil sie zu viel gegeben hat – Die Verwandlungen der Shen-Te –Lai-tus Wert – Die Jahre haben nicht geschadet, sondern genützt – Die Verbannung des bösen Vetters nach Kopenhagen – Es gibt nichts besseres als Freundschaft – Käthe Reichel erinnert Brecht an Margarete Steffin – Die Liebe fängt erst an – In der Kunst »fest« sein – Die notwendigen Dinge tun, für die wir trainiert sind – Käthe Rülicke findet eine Schauspielerin, die bevorzugt behandelt wird, asozial – Helene Weigel greift ordnend ein – Brecht bittet Wolfgang Harich, seine Frau freizugeben – Die rechtmäßige Witwe läßt Brechts Testament für ungültig erklären

Wenn ich liebe, wenn ich fühle
Ist es eben auch Verschleiß
Aber dann, in der Kühle
Werd ich wieder heiß.

Wenn Brecht seine gegenüber Freunden gelegentlich angedeutete Absicht, sich von Helene Weigel zu trennen, nie wahrmachte, so lag das vor allen Dingen an der »Vernunft« und der Festigkeit seiner Frau, mit der sie die einmal getroffenen Abmachungen respektierte. Das Organisationstalent der Weigel erleichterte ihm seine Arbeit. Ihr »männlicher« Zug, wenn man so will, war das stabilisierende Element in ihrer Beziehung zu Brecht. Sie konnte selbständig Entscheidungen treffen und sie hatte einen Beruf, in dem sie Vollkommenes leistete. Als Schauspielerin war sie von Brecht unabhängig, und nur als Schauspielerin konnte sie ihn verführen. Der größten Belastungsprobe war die Ehe in Amerika ausgesetzt, wo Helene Weigel nur die Rolle der Hausfrau spielen konnte. An Brechts schriftstellerischer Arbeit nahm sie nicht teil, sie konnte ja nicht einmal Schreibmaschine schreiben, auch nicht Schachspielen. Auch die meisten anderen der »Zehn Vorschriften für Schauspieler«, die Brecht 1951 an Käthe Reichel sandte, erfüllte Helene Weigel nicht: Sie spielte nicht Laute, sie fertigte keine Notizen über ihre Arbeit an. Sehr viele Stückentwürfe Brechts entstanden in Gesprächen mit Fritz Kortner, Oskar Homolka oder Elisabeth Bergner. Mit Charles Laughton schließlich kam es zu einer fast zwei Jahre dauernden, spannenden Kleinarbeit am Text des »Galilei«, die keiner der Partner als langweilig oder unnützlich empfand. Helene Weigels Argumente zählten offenbar erst, wenn sie auf der Bühne stand. Zwischen 1938 und 1948 widmete der Stückeschreiber seiner Frau keine einzige Zeile. Erst mit der Premiere der »Antigone« nahm er sie wieder wahr, und ihr Wert wuchs von da an mit jedem Tag. Ohne die Weigel hätte es möglicherweise das Berliner Ensemble nie gegeben.

Als Brecht seine Lebensgefährtin kennenlernte, hatte er noch eine rein verbrauchende Einstellung den Frauen gegenüber. Freundschaft mit ihnen gab es nur unabhängig von Liebesbeziehungen. Später liebte er die Weigel als Mutter seiner Kinder. Es gab nichts Irrationales mehr zwischen den Partnern. Auf die Weigel konnte er bauen, sie hatte einen unbedingten Willen und war von einer fürsorglichen Freundlichkeit. Sie war eigensinnig und zäh. Brecht vertraute sich ihren Eigenschaften an, versuchte ihnen aber auch zu entkommen. Er war äußerst verletzlich und weich, was er in seinen Jugendjahren mit Zynismus und oft mit großer Menschenverachtung verdeckte. Später, je »fester« er in seinem Denken wurde, lernte er, sich auf Menschen wirklich einzulassen, und seinen Geliebten gegenüber war er »zu schwach, um weise zu sein«.

Helene Weigel und auf andere Art auch Elisabeth Hauptmann haben sich ihre Selbständigkeit neben Brecht erhalten, während Ruth Berlau sie verlor. Sie liebte ihn zu sehr. Die Absolutheit ihrer Gefühle, ihre Hingabe, ihr unbestechlicher Gerechtigkeitssinn und daneben ihre Inkonsequenz zogen ihn an. Seine Geliebte konnte nicht »vernünftig« sein. Was sie am Ende zerstörte, war die Unfähigkeit, sich selbst zu disziplinieren. Sie arbeitete nicht für sich selbst, sondern nur noch für Brecht. Ihre Fähigkeiten als Schriftstellerin und Schauspielerin flossen in die Arbeit mit Brecht ein. Aber als sie merkte, daß sie nur stark mit Brecht war, schwand ihr Selbstbewußtsein, wurde sie unsicher und böse. Sie brauchte Brecht, aber in ihren Augen war er auch schuld an ihrem Unglück. Daß sie allein keinen

Erfolg hatte, daß sie kein Geld hatte, machte sie immer häufiger dem Geliebten zum Vorwurf. Und mit den Jahren wurde ihre Lage so verzweifelt, daß sie sich immer öfter in Shui-Ta verwandelte, den bösen Vetter, der trank, keifte und alle Freunde verschreckte. Wo waren die Gegenleistungen für ihre Güte, wo die Anerkennung für ihre Opfer? Wenn sie sinnlos trank und sich gehen ließ, öffnete Brecht ihre Briefe wie einen Korb voll Schlangen: »Es macht keine Freude, zu nehmen, wenn die Rechnung nachgeschickt wird. Es macht keine Freude, zu geben, wenn es verlangt wird.« Sie aber lockte es, den Stückeschreiber zu provozieren, ihn in seiner Fähigkeit zu erschüttern, sich durch Arbeit über persönliche Schwierigkeiten und das Unglück von Menschen um ihn herum hinwegzusetzen. In Amerika begriff Brecht ihre »Krankheit« noch, er verstand sie noch als eine Folge ihrer Weigerung, ungerechte Verhältnisse hinzunehmen. Als er Ruth einmal in der Nervenklinik von New Island City besuchte, wies sie ihm die Tür, als er sich weigerte, sämtliche Insassen der Anstalt mit herauszunehmen. Sie war der »gute« Mensch, der er nicht sein konnte.

Ruth Berlaus Fehler war, daß sie der Liebe Brechts zu gewiß sein wollte, ihm jede Nachlässigkeit ihr gegenüber als totale Infragestellung seiner Versprechen vorwarf. Wenn Brecht ihr auch nicht »treu« war, an Abmachungen hielt er sich unbedingt, und was er seiner Freundin 1940 in Stockholm versichert hatte, betrachtete er von da an als bindend. Regelmäßig wiederholte er: »Ich liebe dich und will mich nie trennen.« Bei wichtigen Anlässen versäumte er es nie, ihre Verdienste zu erwähnen und ihre »Pionierarbeiten« zu loben: »So machtest du solche Arbeiten nahezu gegen alle, ohne Furcht vor dem Gelächter oder der Intrige. Die Fotos zu tausenden, die du von Manuskripten und Aufführungen gemacht hast, sind Zeugen von chinesischem Fleiß und einer Unabhängigkeit des Geistes, die man kaum sonst findet.«

Die letzten Jahre des Zusammenlebens mit Ruth Berlau waren für Brecht anstrengend und oft mehr als unerfreulich. Die Perioden, in denen sie nüchtern war und arbeitete, wurden immer kürzer. Sämtliche Versuche, eine neue Situation zu schaffen und seine Geliebte zu bewegen, die romantische und bequeme Vorgabe ›es ist doch alles aus‹ aufzugeben, nützten wenig. Nach jeder Kur oder ärztlichen Behandlung in der geschlossenen Abteilung der Ostberliner Charité näherte sich ihr Brecht in der Hoffnung, einander wie früher mit Angeboten gegenüberzustehen, nicht mit Forderungen, mit Hilfe, nicht mit Abwehr: »Denn die Jahre haben nicht geschadet, sondern genützt. Du würdest wissen, ohne danach zu fragen, daß deine Schönheit nicht weg ist, noch weggeht, sondern sich verändert, und das ist gut so. Laß mich nicht der Gefangene sein, sondern der Gast, Ruth.«

Der Alkohol bewirkte, daß das herrliche Bild, das Brecht von seiner »Schwester« Lai-tu hatte, allmählich verblaßte: »Einmal warst du nur Shen-Te, dann kam mitunter der Vetter, jetzt ist nur noch der Vetter da.« Ruth Berlau wurde ein Fall, ein Ostberliner Gesprächsgegenstand. Gelegentlich erregte ihr Randalieren Aufsehen, sie legte sich mit der Polizei an. Wenn sie betrunken war, hatte sie erstaunliche Kräfte, sie schrie und reagierte aggressiv. Als sie eines Tages Brecht in Gegenwart von Helene Weigel und Kollegen im Theater ohrfeigte, wurde ihr verboten, ins »Schiff« zu kommen, was sie selbstverständlich ignorierte, und als der Geliebte mit dem Berliner Ensemble 1954 in Paris war, reiste sie einfach unaufgefordert nach. Er aber lehnte es ab, sie zu sehen und teilte auf einem Zettel mit: »Und ich habe immerzu Angst, wenn ich dich sehe, weil es immer sein kann, daß du betrunken bist. Es gibt nichts Schrecklicheres für mich, als wenn jemand seine Vernunft wegsauft.« Ein Jahr später in Berlin bat Brecht die Freundin, wegzugehen und in Kopenhagen neu anzufangen und nur als Shen-Te zurückzukommen, niemals mehr als Shui-Ta. Nur weil sie dann in der Ferne war, fühlte er sich ihr noch nah. Er kaufte ihr ein Haus in der Nähe von Kopenhagen, sorgte für sie und liebte sie wieder sehr.

Wenn Brecht mit einer anderen Frau zusammen war, beeinträchtigte das seiner Meinung nach nicht bereits bestehende Beziehungen. Ehe und Ehebruch betrachtete er als Begriffe einer bürgerlichen Moralauffassung. War nicht nur das Sexuelle der Beweggrund für die Beziehung zu einer Frau, sträubte er sich dagegen, einen Verlust hinzunehmen. »Es gibt nichts besseres als Freundschaft; was darüber hinaus ist, ist nur gut, wenn es die Freundschaft gibt.« Der Schauspielerin Käthe Reichel, die wie Ruth Berlau Brecht zu sehr liebte und es lange nicht vermochte, ihre Liebe als »Quelle für Produktion« zu begreifen, widmete er eine Keuner-Geschichte, in der er seine Art von flüchtiger Liebe und von Anhänglichkeit zu erläutern versuchte: »Es ist ein weitverbreiteter Unfug, daß die Liebe über die Freundschaft gestellt wird und außerdem als etwas völlig anderes betrachtet. Die Liebe ist aber nur so viel wert, als sie Freundschaft enthält, aus der allein sie sich immer wieder herstellen kann. Mit der Liebe der üblichen Art wird man nur abgespeist, wenn es zur Freundschaft nicht reicht.«

Käthe Reichels erste Rolle beim Berliner Ensemble war das Dienstmädchen in der »Mutter«. Es war die Rolle, die 1932 Margarete Steffin gespielt hatte. Auch die Reichel war ein Arbeiterkind, sie schrieb Erzählungen und Gedichte. Während der Probe nahm sie Brecht eines Tages beiseite, stellte ihr die Frage: »Amüsieren Sie sich halbwegs?« und sie dachte: »Wenn du mich lustig machst... Dann blieb ich glücklich bis an mein End.« Der alternde Dichter erteilte, obwohl er sich Ende 1950 sehr erschöpft und müde fühlte, Fräulein Reichel »Liebesunterricht« und bewirkte, daß sie »einen schönern Mund und geschicktere Beine« bekam. Als sie ihm einen Zweig mit gelbem Laub schenkte, schrieb er: »Das Jahr, es geht zu Ende/ Die Liebe fängt erst an.«

Brecht schämte sich seiner Gefühle nicht, er verbarg sie auch nicht ausdrücklich, aber er wehrte sich dagegen, seine Arbeit, die darauf abzielte, die Welt häuslich einzurichten, seiner »Schwachheit« unterzuordnen. Er wollte wenigstens »fest« sein in der Kunst, die er machte. Nicht seine Person hatte zu interessieren, sondern sein Werk. Seinen Schülern empfahl er, in der dritten Person zu leben, das heißt, »ihre jeweiligen Beschäftigungen in einer solchen Form zu notieren, als sei es für eine Biographie, angefertigt für die Klasse, für die sie zu kämpfen vorhatten«. Daß man ihn in dieser Beziehung so wenig verstand, machte ihn zunehmend nervöser und ungeduldiger, oft auch ungerecht gegenüber vielen seiner Mitarbeiter. Er hatte keine Scheu, Gefühle zu haben, er fürchtete nur, durch zu lange Beschäftigung mit persönlichen Problemen Kräfte für gesellschaftliche Aufgaben zu verlieren. Man durfte sich nicht an ihn »hängen«. Die Reichel nannte er bald seinen »lieben Krampen«, den er loswerden mußte, und dennoch gab er sie nicht auf. Kurz vor seinem Tod schrieb er ihr: »Wir müssen diese notwendigen Dinge tun, für die wir trainiert sind, abgesehen von unseren Neigungen und unserem Privatglück. Manches ist in unseren persönlichen Beziehungen auch für mich schwierig gewesen, für manches zahle ich noch immer, aber da wo ich lehre oder etwas Kunst mache, bin ich fest, hoffe ich. Bitte also, aus der Weite den dünnen Faden, den notwendigen, nicht abreißen zu lassen. Wenn das Innere im Dunkel ist, wird das Äußere hell.«

Als Ruth Berlau in ihrer Funktion als ständige Begleiterin und Sekretärin von Brecht auszufallen begann, trat die junge Regieassistentin Käthe Rülicke an ihre Stelle. Sie tat alles für ihn, hielt sich auch mehr an seine Lehre als an seine Gefühle und machte sich unentbehrlich durch Arbeit. Ihr Ratgeber war Elisabeth Hauptmann, die nun in Berlin wieder zum Stamm der festen Mitarbeiter zählte und die Buchveröffentlichungen redaktionell betreute. Zuverlässig protokollierte Käthe Rülicke sämtliche Arbeitssitzungen und Gespräche Brechts mit Arbeitern oder Schriftstellern. Sie befolgte den Rat in dem ihr gewidmeten Liebesliedchen: »Sieben Male ruf ich dich/ Sechsmal bleibe fort/ Doch beim siebten Mal, versprich/ Komm auf ein Wort.« Zeigte sie gelegentlich doch einmal Eifersucht, indem sie sich zu kritisch über die Schauspielkunst von Käthe Reichel äußerte, bekam sie für einige Tage Probenverbot. Sie fand diese Schauspielerin, die den Regisseur dermaßen beanspruchte, »einfach asozial«. Durch die Arbeit einer Schauspielerin aber ließ sich Brecht gerne verführen. Ob es noch Arbeit oder schon Liebe war, ließ sich da gar nicht auseinanderhalten. Während der »Dreigroschenoper«-Proben 1928 hätten die Schauspieler Carola Neher, für die Brecht dauernd neuen Text lieferte, am liebsten gelyncht, und während der Proben zu »Der Prozeß der Jeanne d'Arc zu Rouen 1431« machten die Kollegen Höchstgebote, »wenn jemand die Reichel verdrischt«. Selbstverständlich behandelte Brecht Käthe Reichel bevorzugt. Selbstverständlich war die intensive Arbeit mit ihr ungerecht gegenüber den anderen Kollegen. Doch hier wurde produziert.

Ging es allzu hoch her, häuften sich die Nervenzusammenbrüche und die Kräche, griff Helene Weigel ordnend ein. Sie wußte immer Rat, drohte, ließ ihren Charme spielen und sicherte ihrem Mann den Freiraum, den er brauchte. Brechts »letzte« Freundin war Isot Kilian. Als eines Tages der polnische Regisseur Konrad Swinarski, der am Berliner Ensemble hospitierte, Arm in Arm flirtend mir ihr gesehen wurde, bat ihn die Intendantin in ihr Büro und stellte diskret die Verhältnisse klar. Den Stückeschreiber störte es, wenn andere Männer mit den Frauen, die er liebte, intim waren. Als Brecht an Isot Kilian Gefallen zu finden begann, war sie noch mit dem Philosophen Wolfgang Harich verheiratet, der mit einer Gruppe von opponierenden marxistischen Intellektuellen und Künstlern eine Art Gegenregierung zur bestehenden schaffen wollte und in dieser Angelegenheit auch mit linken Sozialdemokraten in Westberlin konspirierte. Helene Weigel nahm gelegentlich an diesen Sitzungen teil, Brecht hielt sich eher fern, aber Anfang 1954 forderte er Harich auf, für ihn seine Frau freizugeben: »Lassen Sie sich jetzt von ihr scheiden und heiraten Sie sie in ungefähr zwei Jahren noch einmal.« Zwei Jahre genoß der Stückeschreiber daraufhin die Freundlichkeiten »der lieblichen A. T.« Isot Kilian war es, der er sein Testament diktierte und sie beauftragte, es abzuschreiben und beim Notar beglaubigen zu lassen. Die Sache blieb durch eine Nachlässigkeit unerledigt. Nach dem Tod von Brecht erwies sich Helene Weigel plötzlich als kleinlich, jetzt endlich wollte sie den Mann für sich allein beanspruchen. Sie ließ das Testament, in dem er die Autorenrechte von bestimmten Stücken Elisabeth Hauptmann und Ruth Berlau überließ und in dem er außer seiner Familie auch Käthe Reichel, Isot Kilian und Jakob Walcher berücksichtigte, mit Erfolg anfechten und beschränkte sich darauf, den betroffenen Erben einen Teil ihrer Erbsache zu schenken. Die Geschenke waren natürlich ein Klacks im Verhältnis zu dem Vermögen, das die Tantieme von einem einzigen Stück darstellte. Im Fall von Elisabeth Hauptmann intervenierte Peter Suhrkamp, der die von ihr investierte Arbeit kannte und deshalb auf einer gerechteren Tantiemebeteiligung bestand. Das Gesetz der Ehe, dem Brecht Zeit seines Lebens keine besondere Bedeutung beimaß, zahlte sich am Ende, wie es der guten Sitte entspricht, nur für die »rechtmäßige« Witwe aus.

Dauerten wir unendlich
So wandelte sich alles
Da wir aber endlich sind
Bleibt vieles beim alten.

XXXII
Die Wahrheit einigt

Dialektisches Theater – Der Zuschauer soll sich Gedanken über das Leben machen – Die historische Komödie »Katzgraben« – Der Garbestoff – Von seinen Stücken gibt Brecht der »Maßnahme« am meisten Zukunft – Ist, was Pound erlaubt ist, Brecht nicht erlaubt? – Dichter am Rand der Märkte – Brechts Stellung zu Stalin – Stalins Tod – Der 17. Juni 1953 – Die neue Mundart der Funktionäre – Jakobs Söhne holen Lebensmittel in Ägyptenland – Brecht schreibt an Walter Ulbricht – Brecht fordert die Aussprache der Partei mit den Massen – Die Partei soll mehr im Sinne Lenins handeln – Der Augiasstall wird ausgemistet – Brecht verwahrt sich gegen falschen Beifall von jenseits der Sektorengrenze

Unwissende!
Schrie ich, schuldbewußt.

Mit der Bezeichnung »episches Theater« hatte Brecht keinen neuen gattungspoetischen Begriff prägen wollen. Episches im Drama gab es schon immer. Ihm ging es um die Haltung des Zuschauers gegenüber den Vorgängen auf der Bühne und damit um ihre Einstellung zur Wirklichkeit. Sein Publikum stellte er sich als »Interessenten« vor, die ohne Grund nicht denken. Alte Fabeln, untragische Helden, beispielhafte Vorgänge, aus denen der Prozeßcharakter der Geschichte hervorging, erschienen ihm brauchbarer für seine Zwecke als stoffliche Sensationen. Dem Journalisten und Theaterkritiker Ernst Schumacher, der eine Arbeit über seine frühen Stücke verfaßt hatte, erklärte er nun überraschend: »Ich muß zugeben, daß es mir nicht gelungen ist, klarzumachen, daß das Epische meines Theaters eine Kategorie des Gesellschaftlichen und nicht des Ästhetisch-Formalen ist.« Brecht ging immer vom Formalen aus, und nur dieser Umstand schien ihm Gewähr dafür, daß er Realist geworden war. Die dialektische Methode half ihm dann, die Anwendbarkeit seiner Stoffe zu demonstrieren. Damit seine Kunst sinnlich gegenwärtig wurde, mußte er alles Stoffliche genügend »fremd« machen und Abstand halten von der Gegenwart. Nach den unerfreulichen Formalismus-Diskussionen meldete er vorsichtshalber Zweifel am »epischen Theater« an und schlug für seine Methode den richtigeren Begriff »dialektisches Theater« vor, um auf seine Absicht hinzuweisen, mit Theater die Wirklichkeit zum Zweck der Einflußnahme auf die Wirklichkeit abzubilden: »Das Shakespeare-Theater konnte bei seinem Publikum ohne weiteres voraussetzen, daß es sich keinerlei Gedanken über das Stück, wohl aber Gedanken über das Leben machen würde.«

Der Vorwurf, daß seine Art von Drama nur etwas vorführe, um Erkenntnisse auszulösen, den Zuschauer aber nicht berühre und nicht zum Handeln bringe, war ihm unverständlich, denn Erkenntnis hieß für ihn Lust am Erkennen und Handeln. Jedenfalls wollte er nun vermehrt den Spaß an der Veränderung der Wirklichkeit organisieren. Nicht zuletzt deshalb begrüßte Brecht Erwin Strittmatters Komödie »Katzgraben« als ein Stück, das nicht nur »zeigte«, sondern den Zuschauer direkt in den Prozeß der produktiven Umwandlung eines Dorfes hineinzog, in dem der »moderne Klassenkampf« voll im Gange ist. Gleichzeitig legte der Stückeschreiber Wert auf die Feststellung, daß es sich auch bei »Katzgraben« nicht um ein »Tendenzstück«, sondern um eine »historische Komödie« handelte. In monatelanger Zusammenarbeit mit dem Autor, der ihm viel über den Alltag und die Auseinandersetzungen der Bauern in den Dörfern der Lausitz berichten konnte, stellte Brecht eine Fassung des Stücks fürs Berliner Ensemble her, die er selbst inszenierte. Der Kompromißcharakter des Unternehmens war ihm bewußt, aber es interessierte ihn, einen aktuellen Stoff und das politisch Mögliche in einer vertrauten dramatischen Technik auszuprobieren. Anders konnte er das Noch-Nicht-Mögliche gar nicht in Erwägung ziehen.

Im Hinterkopf hing er nämlich nach wie vor an der Idee, wieder an die Form seiner Lehrstücke anzuknüpfen. Das Modell seiner »Großen Pädagogik«, die nur mehr Spieler kennt, die zugleich Studierende sind, schwebte ihm als Perspektive immer noch vor. Da sie das Lernen aller für alle praktiziert, hatte sie für Brecht den Charakter einer konkreten Utopie. Sie vorbereitend, sollte eine »Kleine Pädagogik« in der Übergangszeit der ersten Revolution die Demokratisierung des Theaters einleiten. Die kleinen Lehrstücke, die er vor 1933 geschrieben hatte, sollten wenigstens Elemente der »Großen Pädagogik« antizipieren. Mit einem Stück über den ersten Aktivisten der DDR, den Ofensetzer Hans Garbe, der ihm und Käthe Rülicke sein Leben in mehreren Sitzungen erzählte, wollte er an die Lehrstückform anknüpfen. 1951 schwebte Brecht dieser Garbestoff, den seine Mitarbeiterin mittlerweile geordnet hatte, als Fragment »in großen, rohen Blöcken« in der Art des »Fatzer« vor. Im Zentrum dieses Schauspiels, das später den Namen einer der Figuren aus »Fatzer«, »Büsching«, bekam, sollte die Frage untersucht werden, was sich für den Arbeiter alles ändert, wenn er vom Objekt der Geschichte zu ihrem Subjekt wird, »unter der Bedingung, daß dies nicht ein rein persönlicher Vorgang ist, da er ja die Klasse betrifft«. In Wien 1953 erörterten Brecht und Hanns Eisler den Plan, das Stück über Garbe im Stil der »Maßnahme« oder der»Mutter« zu schreiben und darin auch das Thema des 17. Juni abzuhandeln. Für politisches Theater im Sinne einer modifizierten Lehrstücktheorie waren aber in der DDR die Voraussetzungen alles andere als günstig. Auf die Frage Manfred Wekwerths, welches Stück er für die Form des Theaters der Zukunft halte, antwortete Brecht 1956, wenige Tage vor seinem Tod: »Die Maßnahme«. Diese Auskunft gehörte zu den gewissen Möglichkeiten, auch nach seinem Tod unbequem zu bleiben, wie er es in einem Interview mit dem protestantischen Pfarrer Karl Kleinschmidt ankündigte.

In »Reflexionen über den Dichter Bertolt Brecht und sein Verhältnis zur Politik« vertritt Hannah Arendt die These, daß man politische Meinungen bedeutender Künstler nicht so ernst nehmen soll, wenn ihr Werk durch sie unbeschädigt bleibt. So durfte sich Ezra Pound ihrer Meinung nach, da er »vermutlich zeitweilig geisteskrank war und wohl auch nicht sehr weltklug ist«, Torheiten erlauben, »die der gesunde und sehr kluge Brecht sich nicht so ohne weiteres leisten konnte«. Was Pound anbelangt, hätte Brecht sicher Hannah Arendt recht gegeben, obwohl er die beliebte Trennung in Dichter und Politiker zurückwies. Es gab in einem Menschen Ungereimtheiten, Widersprüchliches und ein Recht auf Irrtum. Er hatte Karl Kraus vor allzu kurzsichtig formulierten moralischen Ansprüchen in Schutz genommen und hielt es später ebenso im Fall von Pound, der vehement für den italienischen Faschismus geschwärmt hatte. Dem amerikanischen Dichter, der 1945 in Italien verhaftet und in seiner Heimat für verrückt erklärt und eingesperrt wurde, billigte er »feudale Würde« zu und ordnete ihn zusammen mit Kipling, D'Annunzio und Stefan George in die Reihe elitär denkender Dichter ein, die nicht gerade auf den Märkten zu finden seien, »eher in den Tempeln – am Rande der Märkte«. Sie waren jedenfalls keine Tuis.

Einen Pound schätzte er selbstverständlich mehr als einen linksengagierten Lyriker, der nur seine Ansichten in Reime zu bringen wußte und dazu sein Herzblut verströmte. Mußten nun umgekehrt, wie es nicht nur Hannah Arendt versuchte, die Dichtungen Brechts gegen seine politischen Meinungen in Schutz genommen werden? Für Hannah Arendt war Brecht ein »Sünder«, weil er sozusagen vorsätzlich, als politisch doch ernstzunehmender Autor, sein Werk durch die Parteinahme für die DDR und deren stalinistische Praktiken beschädigt hätte. Vor allen Dingen hätte er sich durch das Lob für Stalin die ihm einmal gewährte poetische »Gabe« verscherzt. Stalin war aber kein »poetischer Unfall« von Brecht. Er kritisierte und würdigte den sowjetischen Diktator im »Me-ti« als »Ni-en«, schon der Name signalisierte das »nein«. Der Stückeschreiber urteilte nicht moralisch, sondern historisch. Ähnlich wie Isaac Deutscher hielt er Stalin für einen großen revolutionären Despoten und stellte ihn neben Cromwell, Robespierre oder Napoleon, weil er wie diese die Idee einer fundamental neuen sozialen Organisation, »die Große Ordnung«, in die Tat umgesetzt hatte. Einen Vergleich mit Hitler, so sehr das in vieler Beziehung nahelag, lehnte er entschieden ab.

Als Stalin im März 1953 starb, schrieb Brecht einen für seine Haltung bezeichnenden Nachruf, der in der von Peter Huchel zusammengestellten Stalin-Sondernummer der Zeitschrift »Sinn und Form« gedruckt wurde: »Den Unterdrückten von fünf Erdteilen, denen, die sich schon befreit haben, und allen, die für den Weltfrieden kämpfen, muß der Herzschlag gestockt haben, als sie hörten, Stalin ist tot. Er war die Verkörperung ihrer Hoffnung. Aber die geistigen und materiellen Waffen, die er herstellte, sind da, und da ist die Lehre, neue herzustellen.« Während andere Dichter, als sie von der Todesnachricht hörten, erklärten, daß ihnen das Herz für einen Moment stillstand, beschrieb Brecht nur sachlich die Gefühle der Menschen, für die Stalin die Verkörperung ihrer Hoffnung war. Ganze zwei Mal taucht ansonsten der Name Stalin in Werken Brechts auf: In »Die Erziehung der Hirse« preist der Dichter aber nicht Stalin, sondern er läßt den »großen Ernteleiter Stalin« die Hirse loben, und in der Kantate »Herrnburger Bericht« dürfen Stalin und Mao Tse Tung den jungen Leuten mit den »neuen Gedanken« einen Gruß übermitteln. Nicht die politischen Führer werden verherrlicht, sondern diese sind es, die den Massen ihre Verehrung zu bekunden haben.

Nach Stalins Tod kündigten sich in den sozialistischen Ländern die ersten Anzeichen einer Liberalisierung an. In der DDR kam es in den Reihen der Partei zu Auseinandersetzungen um die Generallinie. Besonders die Politiker Rudolf Herrnstadt und Wilhelm Zaisser setzten sich für eine realistischere Einschätzung der materiellen Bedürfnisse der Arbeiterschaft ein. Ehe man sich einigen konnte, meldeten sich die unzufriedenen Massen zu Wort. Örtliche Betriebsversammlungen und Kundgebungen leiteten die spontane Erhebung der Arbeiter vom 17. Juni 1953 ein, die von westlicher Seite sofort propagandistisch angeheizt wurde und die man gerne in eine rein antikommunistische Manifestation verwandelt sehen wollte. Die ratlose Regierung der DDR wußte keine andere Lösung, als ihre Stärke mit sowjetischen Panzern zu demonstrieren.

Am Abend des 16. Juni kam Brecht aus Buckow nach Berlin, um an einer vor längerer Zeit schon verabredeten Besprechung über Probleme der laufenden Theaterarbeit des Berliner Ensembles teilzunehmen, die sich infolge der Unruhen auf den Straßen in eine Aussprache über die politische Situation in der DDR verwandelte. Die Empörung der Bevölkerung fand der Stückeschreiber verständlich. Die Parteifunktionäre hatten seiner Meinung nach völlig verlernt, mit der Bevölkerung zu sprechen und umzugehen. Sie hatten sich in die Käfige ihrer Ideologie zurückgezogen und beharrten hier darauf, daß nicht sein kann, was nicht sein darf. Die Sprache derer, mit denen sie doch einst »das unerträgliche Leben in der Tiefe« gelebt hatten, war ihnen unverständlich geworden: »Jetzt/ Herrschen sie und sprechen eine neue Mundart/ Nur ihnen selber verständlich, das Kaderwelsch/ Welches mit drohender und belehrender Stimme gesprochen wird/ Und die Läden füllt – ohne

Zwiebeln.« Das »Kaderwelsch« waren ideologische Phrasen, schlechte Propaganda für den Sozialismus und Versprechungen, die nicht eingehalten werden konnten. 1953 herrschte keine Hungersnot in der DDR, aber es gab schlimme Versorgungsengpässe, und in den Läden fehlten oft die wichtigsten Grundnahrungsmittel. Sogar aus dem innersten Sachsen konnte man damals eine wahre Völkerwanderung zu den »Fleischtöpfen« in Westberlin beobachten: »Wenn das Kalb vernachlässigt ist/ Drängt es zu jeder schmeichelnden Hand, auch/ Der Hand seines Metzgers.«

Der Volkszorn entlud sich schließlich in bewegenden Szenen. Für Brecht waren es dennoch nur entfesselte deutsche Massen, die ihm Angst einflößten. Sie, die wie Jakobs Söhne auszogen nach »Ägyptenland«, um Lebensmittel zu holen, hielt er für fähig, sich »Für ein Fäßlein Wein/ Für ein Säcklein Mehl« zu verkaufen und »ein Kriegsknecht« zu werden. Er entdeckte beim Gang durch die Straßen keine Spuren von organisierender revolutionärer Gewalt. Statt der angesetzten Probe zu »Don Juan« wurden am Morgen des 17. Juni Betriebsversammlungen im Probenhaus des Berliner Ensembles in der Reinhardtstraße abgehalten, bei denen der Stückeschreiber seine Mitarbeiter aufforderte, sich genau zu orientieren, ein offenes Ohr für die Argumente der Aufständischen zu haben und sich für Agitationsprogramme im Rundfunk bereitzuhalten. Aber die Verantwortlichen beim Sender reagierten abwartend und unsicher und lehnten das Angebot des Ensembles als für den Augenblick zu politisch ab.

Noch am Vormittag diktierte Brecht Briefe mit ähnlichem Wortlaut an den Ersten Sekretär der SED, Walter Ulbricht, an den Ministerpräsidenten der DDR, Otto Grotewohl, und an den sowjetischen Hochkommissar Semjonow. An Ulbricht schrieb er: »Die Geschichte wird der revolutionären Ungeduld der Sozialistischen Einheitspartei Deutschlands ihren Respekt zollen. Die große Aussprache mit den Massen über das Tempo des sozialistischen Aufbaus wird zu einer Sichtung und Sicherung der sozialistischen Errungenschaften führen. Es ist mir ein Bedürfnis, Ihnen in diesem Augenblick meine Verbundenheit mit der Sozialistischen Einheitspartei Deutschlands auszusprechen.« Inzwischen waren sowjetische Panzer in den Straßen Berlins aufgefahren, und an den Sektorengrenzen standen amerikanische Panzer in Bereitschaft. Die Gefahr eines Dritten Weltkriegs, die Brecht in politischen Erklärungen schon so oft beschworen hatte, war nie größer als an jenem Tag. Der Aufstand wurde blutig unterdrückt. Die westlichen Panzer griffen glücklicherweise nicht ein. Am 21. Juni veröffentlichte die Parteizeitung »Neues Deutschland« den letzten Satz des Briefes von Brecht an Ulbricht, der, als Aufforderung zur klärenden Aussprache mit den Arbeitern verfaßt, im Westen als bloße Einverständniserklärung mit den Maßnahmen der Regierung interpretiert werden konnte. Der Stückeschreiber ärgerte sich über diese wenig souveräne »Zensur« seines Schreibens, weil er Wert darauf legte, von der Öffentlichkeit als selbständig denkender Autor beurteilt zu werden. Mit einem bedingungslos der Regierung akklamierenden Schriftsteller wie KuBa wollte er nicht verwechselt werden.

Da er eine Berichtigung unmöglich durchsetzen konnte, bestand er auf dem Recht, seine Auffassung in einem neuen Beitrag kurz zu erläutern: »Ich habe am Morgen des 17. Juni, als es klar wurde, daß die Demonstrationen der Arbeiter zu kriegerischen Zwecken mißbraucht wurden, meine Verbundenheit mit der Sozialistischen Einheitspartei ausgedrückt. Ich hoffe jetzt, daß die Provokateure isoliert und ihre Verbindungsnetze zerstört werden, die Arbeiter aber, die in berechtigter Unzufriedenheit demonstriert haben, nicht mit den Provokateuren auf eine Stufe gestellt werden, damit nicht die so nötige Aussprache über die allseitig gemachten Fehler von vornherein gestört wird.« Brecht plädierte dafür, die Forderungen der Arbeiter im Hinblick auf ihre politische Zielsetzung zu prüfen und ihnen eine echte sozialistische Perspektive zu geben. Seinem Verleger und Freund Peter Suhrkamp gegenüber, der ihn um eine Erklärung seiner Haltung bat, wies er einerseits noch einmal auf die schwerwiegenden Fehler der SED hin, die zum Aufstand der Arbeiter geführt hätten, andererseits bekräftigte er, daß am 17. Juni die Wiederholung der nationalsozialistischen »Revolution« zu befürchten gewesen wäre, denn zu den Arbeitern hätten sich »allerlei deklassierte Jugendliche« und brutale Gestalten der Nazizeit gesellt, »die durch das Brandenburger Tor, über den Potsdamer Platz, auf der Warschauer Brücke, kolonnenweise eingeschleust waren«.

Die Ereignisse des 17. Juni bedeuteten für Brecht eine große

Ernüchterung, seine ganze Existenz fühlte er »verfremdet«. Wie wenig die DDR ein sozialistischer Staat war, hatte sich hier in aller Deutlichkeit gezeigt. Das Erbe des Dritten Reichs war noch nicht überwunden, so viele der alten Gewohnheiten hatten sich erhalten. Die Partei hatte eben nur die Vorstellung von einer Arbeiterschaft liebgewonnen, die nicht auf der Wirklichkeit beruhte. Der Aufstand, so verworren, kraftlos und fehlgeleitet er war, bewirkte nun immerhin das Erwachen der Partei: »sie hatte zu erschrecken, aber sie brauchte nicht zu verzweifeln... Als große Ungelegenheit kam die große Gelegenheit, die Arbeiter zu gewinnen. Deshalb fand ich den 17. Juni als nicht einfach negativ.« Endlich, so hoffte der Stückeschreiber, würde man sich zu einer entschiedenen sozialistischen Politik entschließen. Der Ablauf der Ereignisse, die Klarheit, mit der offenbar wurde, wie leicht sich das Proletariat »dem wieder erstarkenden Faschismus der faschistischen Ära« in die Arme werfen würde, bestärkte ihn in der Überzeugung, die Partei nicht nur zur Propagierung, sondern auch zur Anwendung der historischen materialistischen Dialektik und damit zur offenen Auseinandersetzung mit bürgerlichen und revisionistischen Haltungen ermuntern zu können. Er hielt es für viel besser, die noch bestehenden Klassenunterschiede zwischen Arbeiterschaft und Kleinbürgertum nicht zu verwischen. Für die Arbeiter, meinte er, wäre es notwendig, die kleinbürgerlichen Schichten unter ihre Führung zu bringen. »Wir haben unseren eigenen Westen bei uns!« schrieb er an Paul Wandel als Kommentar zu dem Gedicht »Die Wahrheit einigt«:

Freunde, ich wünschte, ihr wüßtet die Wahrheit
und sagtet sie!
Nicht wie fliehende müde Cäsaren: Morgen kommt Mehl!
So wie Lenin: Morgen abend
Sind wir verloren, wenn nicht ...

Die Partei sollte nicht defensiv, sondern offensiv reagieren, sie sollte alle Initiativen fördern, die der Attraktivität des Sozialismus nützten. Nach dem 17. Juni begann nun endlich eine umfassende Diskussion der Fehler und Versäumnisse. Brecht polemisierte jetzt heftig gegen die verfehlte Kulturpolitik der Regierung und brachte die verhängnisvolle Rolle der Staatlichen Kunstkommission und des Amtes für Literatur zur Sprache, die schließlich aufgelöst wurden. An Stelle dieser staatlichen Kontrollorgane wurde ein Ministerium für Kultur geschaffen, und Anfang 1954 zog hier Johannes R. Becher als Minister ein. Sowohl in der Akademie der Künste wie im Kulturbund beteiligte sich Brecht an Sitzungen, »den Augiasstall betreffend«. Am 12. August 1953 kritisierte er in einem Artikel des »Neuen Deutschland« Schönfärberei und Beschönigung als ärgste Feinde von Schönheit und politischer Vernunft: »Der Kampf gegen den Formalismus darf nicht nur als politische Aufgabe betrachtet, sondern muß auch mit politischem Inhalt erfüllt werden. Er ist ein Teil des proletarischen Kampfes für echte soziale Lösungen, und daher müssen Scheinlösungen in der Kunst als soziale Scheinlösungen bekämpft werden – nicht als ästhetische Irrtümer... Die Frage der Qualität wird für eine echte sozialistische Kunst politisch entscheidend.« Da offene Diskussionen in der DDR gerne mit dem Hinweis auf den falschen Gebrauch, den der Klassenfeind von dieser Kritik machen könnte, vermieden wurden, publizierte Brecht, als ihn westliche Zeitungen wegen seiner mutigen Worte lobten, das Gedicht »Nicht so gemeint«, in dem er sich gegen den Beifall von jenseits der Sektorengrenze verwahrte: »Selbst die schmalsten Stirnen/ In denen der Friede wohnt/ Sind den Künsten willkommener als jener Kunstfreund/ Der auch Freund der Kriegskunst ist.« Im Kampf gegen Krieg und Faschismus fühlte sich Brecht der Regierung der DDR und der SED verbunden. Schon um zu verhindern, daß Nazis sich mit Hilfe einer »freiheitlich demokratischen Grundordnung« wieder gesellschaftliche Schlüsselstellungen erobern können, zog der Stückeschreiber die autoritäre kommunistische Regierungsform für Deutschland vor.

XXXIII
Turandot oder Der Kongreß der Weißwäscher

> Das formulierende, das unproduktive Denken wird in »Turandot« ertappt zu einem Zeitpunkt, wo die (kapitalistische) Produktionsweise es den Produktivkräften nicht mehr erlaubt, sich weiterzuentwickeln; es stellt sich dar als unpraktisch, also lächerlich. Und es wird eine Zeitlang noch weitergehen, so lang bis die Intellektuellen dem Rest der Bevölkerung nicht mehr gegenüberstehen, sondern die ganze Bevölkerung intellektualisiert ist.

Brechts letztes Stück, sehen wir von Bearbeitungen und Projekten wie dem Drama »Einstein« ab, war das Lustspiel »Turandot oder Der Kongreß der Weißwäscher«, das im Juli und August 1953 in Buckow entstand. An der sogenannten ersten Fassung, die Brecht seinen Mitarbeitern und einigen Schauspielern zur Begutachtung aushändigte, wurden dann noch kleine Änderungen und Szenenumstellungen vorgenommen. Die Fassung, die als letzte gilt, trägt das Datum 10. 8. 1954. Das Stück war zur Aufführung im Berliner Ensemble vorgesehen, die Titelrolle hatte der Autor Käthe Reichel zugedacht. Erste Proben fanden im Frühjahr 1954 statt, wurden aber bald abgebrochen. Regie führen sollte Benno Besson, dem Brecht dann nach der Rostocker »Sezuan«-Premiere im Januar 1956 telegrafierte: »Ich freue mich auf die Tuis.« Aber erst 1969 fand die Uraufführung der »Turandot« unter Bessons Regie am Züricher Schauspielhaus statt.

»Den Plan, ein Stück ›Turandot‹ zu schreiben«, notierte Brecht, »faßte ich schon in den dreißiger Jahren.« Damals wollte er nach Motiven des alten Märchens und dem Gozzi-Stück, das Schiller nach der Prosaübersetzung von Werthes in Jamben gesetzt hatte, eine »Turandot«-Bearbeitung anfertigen, in der Carola Neher die Hauptrolle spielen sollte. Ausgelöst wurde dieser Plan von der berühmten »Turandot«-Inszenierung Wachtangows. Während des Exils beschäftigte sich Brecht mit den Vorarbeiten zu einem Roman über die »Tuis« und überlegte mehrfach die Mischung des Turandot-Stoffs mit seinem Tuiprojekt. In »Leben des Galilei« wollte er »den heraufdämmernden Morgen der Vernunft« schildern, in dem »Tuistück« sollte ihr Abend geschildert werden, der Abend »eben jener Art von Vernunft, die gegen Ende des sechzehnten Jahrhunderts das kapitalistische Zeitalter eröffnet hatte«. Der Niederschrift von »Turandot oder Der Kongreß der Weißwäscher« gingen zwar die Ereignisse des 17. Juni unmittelbar voraus, sie waren aber nicht der Anlaß zum Stück. Sicher ist allerdings, daß Brecht im Laufe der Arbeit Anspielungen auf bestimmte Haltungen und Äußerungen einiger »Weißwäscher« in den eigenen Reihen einstreute. So variiert er das Gedicht »Die Lösung«, indem er in der »Turandot« den Straßenräuber Gogher Gogh die Worte KuBas zu Walter Ulbricht zum Kaiser sagen läßt: »Was heißt das: das Volk muß sich doch sein Regime wählen können? Kann sich etwa das Regime sein Volk wählen? Es kann nicht. Würden Sie sich etwa gerade dieses Volk gewählt haben, wenn Sie die Wahl gehabt hätten?« Weitere Anspielungen bezogen sich auf die Debatten um Volkstümlichkeit und Realismus. Mit dem Tuikongreß zielte Brecht allerdings auch auf den in Westberlin tagenden »Kongreß zur Verteidigung der Freiheit der Kultur«.

Analog zu Vorgängen in der Weimarer Republik, die zur Machtergreifung Hitlers geführt haben, wird eine Geschichte aus China erzählt: Der Kaiser ist in großer Verlegenheit, denn allgemein beginnt durchzusickern, daß er, um sich finanziell zu sanieren, einen Baumwollemangel organisiert hat. Er hat die überaus reiche Baumwollernte in seinen Speichern gehortet, das heißt vom Markt genommen, um den Preis hochzuhalten. Das Volk murrt und verlangt Rechenschaft über den Verbleib der Baumwolle. Kai-Ho, der die »Freunde des bewaffneten Aufstands« ideologisch und militärisch geschult hat und die Revolution vorbereitet, betreibt die Volksaufklärung. Er will China endlich »zu einem bewohnbaren Land machen«. Die öffentliche Meinung in China wird noch von den Tuis, den Tellekt-Uell-Ins, gemacht. Sie betreiben das Denken als schmutziges Geschäft, sie leben vom Meinungshandel. Um etwas zu gelten im Staat, muß man Tui sein. Es gibt Tuischulen und eine Tuiuniversität, die die Kunst lehren, ein Tui zu sein und brauchbare Meinungen zu produzieren. Auch Kai-Ho entstammt der Kaste der Tuis, aber er mißbraucht seinen Intellekt nicht, und deshalb haben ihn die Tuis aus ihren Reihen verstoßen: Weil er sich »mit dem Abschaum« abgibt. Mit der Herrschaft des Kaisers wäre es zu Ende, wenn sich der Bund der Kleidermacher und der Bund der Kleiderlosen einigen könnten. Aber die Tuis dieser beiden Massenvereinigungen hassen sich untereinander mehr als den Feind. Sie streiten sich um den rechten Weg, hauptsächlich um die Rolle der Gewalt, beide berufen sich auf Marx und hauen sich mit dessen Büchern die Schädel ein. Von ihrem Streit profitiert nicht nur der schwächliche Kaiser, sondern vor allem der ehemalige Straßenräuber Gogher Gogh, der aber nur Straßenräuber wurde,um Tui zu werden. Er schafft es aber nicht, in eine der zahlreichen Tuischulen aufgenommen zu werden, und so geht er in die Politik. Als Retter in der Not wird dieser Gogh mit seiner Leibwache den Tuis vorgezogen, denn diese erweisen sich als unfähig, im entscheidenden Moment die Herrschaft des Kaisers zu sichern. Das Tuikonzil, der Kongreß der Weißwäscher, den der Kaiser einberief, um sich von dem Verdacht, Baumwolle auf die Seite gebracht zu haben, reinwaschen zu lassen, ist gescheitert. Demjenigen, der erfolgreich den Verdacht vom Herrscher abwenden würde, sollte Prinzessin Turandot zur Frau gegeben werden. Keiner hat es geschafft, sämtliche Bewerber wurden enthauptet. Gogher Gogh macht sich jetzt an Turandot heran, die zunächst begeistert ist. Die Heirat wird festgesetzt. Gogh ergreift die Macht und steckt die kaiserlichen Baumwollvorräte teilweise in Brand mit der Absicht, die Kleidermacher, die Kleiderlosen und die Tuis für die Brandstiftung verantwortlich zu machen und gleichzeitig den Rest der Baumwolle zu einem guten Preis abzusetzen. Gogh läßt die Tuis verfolgen und ihre Kunstwerke vernichten, aber er kommt nicht weit mit seiner Herrschaft: Kai-Ho ist mit seinen Anhängern in die Hauptstadt eingedrungen, er wird den korrupten Kaiser und den Diktator abservieren und eine Volksherrschaft etablieren.

Vom Turandot-Stoff ist in dieser Fabel nicht mehr viel enthalten. Das Märchen von Prinzessin Turandot entstammt der orientalischen Märchensammlung »Tausendundeintag« und heißt dort »Die Geschichte des Prinzen Kalaf und der Prinzessin von China«. Kalaf ist ein Prinz aus einer Königsfamilie, der großes Mißgeschick widerfahren und die ihres Reichs und ihrer Herrschaft verlustig gegangen ist. Kalaf kommt nach China, in die Hauptstadt Peking und hört hier von der schönen Tochter des Kaisers Altun Khan, Turandot, einer wilden Männerhasserin, auf deren Schönheit aber alle Prinzen umliegender Länder fliegen. Turandot trübt die Ruhe ihres Vaters, weil er außer dieser widerspenstigen Tochter keine Nachkommen hat. Sie ist so stolz und eitel, daß sie alle Freier abweist. »Ich hasse die Männer und will mich nicht vermählen«, erklärt die Prinzessin. Nur der soll ihr Gatte werden, der zuvor auf alle Fragen geantwortet hat, die ihm von Turandot vor sämtlichen Gesetzeskundigen der Hauptstadt gestellt werden. Alle, die nicht antworten können, werden enthauptet. Die Prinzessin stellt schließlich Kalaf ihre Fragen, und der kann sie als erster auch beantworten. Turandot ist entsetzt, zu ihrer Sklavin sagt sie: »Die richtigen Antworten, die er mir gab, haben mich vollends wider ihn empört.« Der Prinz will auf sein Recht verzichten, wenn Turandot ihm ihrerseits eine Frage beantwortet. Sie soll seinen Namen erraten. Sie kann es nicht und bittet um Aufschub bis zum nächsten Tag. Turandot schickt eine Sklavin zu dem Prinzen mit dem Auftrag, seinen Namen auszukundschaften. Diese Sklavin, die selbst eine Prinzessin ist, aber als Gefangene des Königs in Peking lebt, verliebt sich in den Prinzen und will ihn überreden, mit ihr zu fliehen. Turandot weiß am nächsten Tag den Namen des Prinzen. Die Sklavin hat ihn ihr verraten, um die Heirat des Prinzen mit Turandot zu verhindern. Kalaf sinkt todunglücklich zu Boden. Die siegreiche Turandot verkündet aber nun ihren Entschluß, diesen Prinzen zum Gatten zu nehmen. Die Sklavin erdolcht sich. »Die ganze Versammlung, heißt es, erbebte ob dieser Tat.« Die Heirat steht unter keinem fröhlichen Stern, erst langsam verziehen die düsteren Wolken, und dann werden die alten Besitzverhältnisse aufs glücklichste geregelt, natürlich nicht ohne blutige Kriege. Einige hunderttausend Opfer sind zu beklagen, aber, meint der Erzähler dieses Märchens vom Prinzen, mit dessen Mißgeschicken es nun ein Ende hat, »wenn die Schlacht auch blutig gewesen war, so war sie doch wenigstens entscheidend«.

Diese Geschichte von Kalaf und der Prinzessin von China ist ein grausames, großes, realistisches Märchen. Wie oft bei alten Stoffen haben die späteren Bearbeitungen den ursprünglichen Reichtum und Realismus eingebüßt. Gozzis Märchenspiel hat noch viel von der Grausamkeit des alten Stoffs, aber versöhnlichere Momente sind schon eingestreut, daneben gibt es neue Commedia dell'arte-Typen, die dem Märchen einen volkstümlichen Anstrich verleihen sollen. Entscheidend wird, was Wachtangow bei seiner Einstudierung der Gozzischen »Turandot« 1922 interessierte: »Wir wollen in unserem Märchen die Peripetien im Kampf der Menschen für den Sieg des Guten über das Böse, für unsere Zukunft zeigen.« Wachtangow entschied sich aber immerhin für Gozzi, nicht für Schiller. Der war ihm nicht volkstümlich genug, nicht »grausam« genug. Schiller schien ihm in der »Turandot« lediglich Stilist zu sein.

In Aufbau und Handlung folgt Schiller dem Stück Gozzis, nur eine burleske Szene hat er gestrichen, bereits bei Gozzi ist die Rolle der Sklavin Adelmulk/Adelma verharmlost, das Mädchen ist zur liebenden Intrigantin gemacht, der, als sie sich das Leben nehmen will, von Prinz und Turandot großzügig vergeben wird. Darüberhinaus hat nun Schiller alle Charaktere veredelt, alle Grausamkeit wegmanipuliert. Handelt Turandot bei Gozzi noch aus bloßer Laune, ohne weitere psychologische Motivierung, so ist Turandot bei Schiller eine Edle mit Freiheitsbedürfnis.

Brecht nun hat die Figur der Turandot völlig umgekehrt. Sie ist nicht wie im alten Märchen eine Männerhasserin, die erst nach langem Hin und Her einen Mann nimmt, und dann nur, weil sie ihn sich unterworfen hat. Sie ist vielmehr ein männerbesessenes Flittchen, ausgesprochen mannsgeil und außerdem pervers: sie steht auf Tuis. Ihre Gunst für einen Mann ist dahin, wenn der Tui intellektuell versagt, was konkret heißt, wenn er im Weißwäschen versagt. Gut lügen ist gefragt, schlecht Lügen kostet den Kopf. Die Geilheit dieser Turandot nimmt zu, wenn Männer »kluge« Antworten und schöne Formulierungen finden. Aus den Rätselaufgaben, die Turandot den Bewerbern stellt, ist bei Brecht die Aufgabe des Kaisers an die Tuis geworden, ihn durch gescheite Redewendungen weißzuwaschen vom Verdacht ökonomischer Manipulationen. Als Lohn für den besten Weißwäscher winkt Prinzessin Turandot. Der Diwan, jene Versammlung der Gesetzeskundigen der Stadt Peking, ist zum Tuikonzil geworden, das im Mittelpunkt des Brechtschen Stücks steht. Dieses Tuikonzil wollte der Verfasser auch, einer Anregung seines Freundes Hanns Eisler folgend, zum Ausgangs- und Mittelpunkt der Fabel des »Tui-

Romans« nehmen, der unabhängig von einer möglichen »Turandot«-Bearbeitung geplant war.

»Der Tui-Roman« zählte zu den großen Prosavorhaben Brechts. Nach Abschluß des »Dreigroschenromans« sollte der Roman über die Intellektuellen unmittelbar folgen. Walter Benjamin erwähnte dieses Werk in seinem Svendborger Tagebuch vom September 1934: »Auf der einen Seite warten Prosaentwürfe. Der kleinere des UI – eine Satire auf Hitler im Stile der Historiographen der Renaissance – und der große des Tui-Romans. Der Tui-Roman ist bestimmt, einen enzyklopädischen Überblick über die Torheiten der Tellektuell-Ins zu geben (der Intellektuellen); er wird, wie es scheint, zumindest zum Teil in China spielen. Ein kleines Modell für dieses Werk ist fertig.« Brecht ging es darum, die Rolle der Intellektuellen im kapitalistischen Staat, ihre Abhängigkeit und ihre Deformierung zu beschreiben. Im »Tui-Roman« wollte er zeigen, wie die angebliche Demokratie der Weimarer Republik zum Faschismus führte. Für dieses Projekt wählte er die chinesische Kulisse. Die Weimarer Republik mit ihrem weitgefaßten Freiheitsbegriff betrachtete er als das »Goldene Zeitalter der Tuis«. Tuis waren für den Stückeschreiber Intellektuelle, die um die Wahrheit wissen, sie um ihres persönlichen Vorteils willen aber nicht aussprechen, ihre gesellschaftliche Funktion nur als bloße Verkäufer von tragbaren Meinungen wahrnehmen. Über die Tuis, auch Kopfarbeiter genannt, heißt es im »Me-ti«: »Die Kopfarbeiter sehen darauf, daß ihr Kopf sie ernährt. Ihr Kopf ernährt sie in unserer Zeit besser, wenn er für viele Schädliches ausheckt. Darum sagte Me-ti von ihnen: Ihr Fleiß macht mir Kummer.«

Die Haltungen bestimmter Schriftsteller, ihre Eitelkeiten, ihre Taktiken, ihre kleinen raffinierten Schachzüge waren das Basis-Material, das Brecht zusammentrug. Die große Fabel für sein Vorhaben fehlte ihm aber noch immer. Eine weitere Komplikation ergab sich durch die Feststellung Brechts, daß das Phänomen des Tuismus mit der Installierung einer sozialistischen Gesellschaftsordnung nicht verschwindet. Im »Me-ti« heißt es: »Auch Su, der Staat der Arbeiter und Bauern, geriet, einundeinhalb Jahrzehnte nach seiner Gründung unter den Einfluß der Tuis.« Die Wortführer des Stalinismus und des Trotzkismus erwiesen sich als mustergültige Schüler in dieser

Sache, wenn sie sich gegenseitig als Tuis beschimpften, und zwar »in der schlimmsten Bedeutung des Wortes«. Während der »Me-ti« so etwas wie eine Lehrgeschichte über die Entstehung und Konsolidierung der Sowjetunion auf der Grundlage der Lehre der sozialistischen Klassiker werden sollte, war der »Tui-Roman« als Schlüsselgeschichte über die Weimarer Republik konzipiert. Aber beide Projekte gerieten Brecht durcheinander – durch äußere Umstände wie die Entwicklung in der Sowjetunion und durch Schwierigkeiten anhand der Widersprüche bei der Stellung des Intellektuellen im kapitalistischen Staat – er konnte sie nicht mehr streng voneinander trennen. Neben dem geplanten »Tui-Roman« entstanden einzelne Tuigeschichten, die teilweise viel Ähnlichkeiten mit den Me-ti-Texten haben. An einer Stelle nannte sie Brecht »Chinesische Moralia, Sittengeschichtliches aus der Tuizeit«.

Die Aspekte des Themas erwiesen sich als zu groß und zu verzweigt, um den Roman wirklich beginnen zu können. 1938 beabsichtigte Brecht, ihn als satirisches Gegenstück seinem Cäsarroman zuzuordnen, so wie er sein ganzes Werk in seiner Vielfalt als »Zusammenbau in sich geschlossener Werke« gewertet wissen wollte: »Zu ›Die Geschäfte des Herrn Julius Cäsar‹ muß der Tuiroman treten. Zu den Dramen die Lehrstücke.« 1939 schrieb er Korsch: »Die Tuis sind wahrhaft unerschöpflich.« Aber dann mußte sich Brecht auch immer wieder vor Augen halten, daß der Tuismus der Emigranten viel harmloser war als die Verkommenheit des Denkens im faschistischen Deutschland: »Die goldene Zeit der Tuis ist die liberale Republik, aber den Gipfel erklimmt der Tuismus im Dritten Reich. Der Idealismus, auf seiner niedersten Stufe angelangt, feiert seine gigantischsten Triumphe. Philosophisch – und damit adäquat – ausgedrückt: das Bewußtsein zu dem Zeitpunkt, wo es dem gesellschaftlichen Sein am tiefsten versklavt ist, wirft sich auf, ihm in der herrischsten Weise diktieren zu wollen. Die ›Idee‹ ist nichts mehr als ein Reflex, und dieser Reflex tritt in besonders gebieterischer und terroristischer Form gegenüber der Realität auf.«

Hollywood erwies sich als eine einzige Fundgrube für Tuimaterial. Auch hier waren es zunächst wieder die Haltungen einzelner Tuis, die Brecht mit bitterem Spott aufnotierte, Haltungen bürgerlich denkender Intellektueller von Thomas Mann,

Leonhard Frank bis zu Erich Maria Remarque, die nach seiner Meinung auf der Grundlage einer idealistischen Gesinnung politisierten, aber vorsichtig und feige waren, wenn es galt, einen politischen Standpunkt wirklich durchzusetzen. Selbst die besten Freunde nahm er manchmal nicht von dem Verdacht aus, sie könnten Tuis geworden sein. Und es war ihm auch klar, daß er sich als Bewerber um einen Filmauftrag in Hollywood in einer Tui-Situation befand. Die Wirklichkeit übertraf jeden Versuch von Satire. 1942 notierte er resignierend: »Dieses Land zerschlägt mir meinen Tuiroman. Hier kann man den Verkauf der Meinungen nicht enthüllen. Er geht nackt herum. Die große Komik, die sie zu führen meinen und geführt werden, die Donquichotterie des Bewußtseins, das vermeint, das gesellschaftliche Sein zu bestimmen – das galt wohl nur für Europa.« Als eine Möglichkeit, doch noch zu einer stimmigen Fabel für diesen Roman zu kommen, boten sich dann die vielfältigen Aktivitäten und Attitüden der Mitglieder des nach Amerika emigrierten Frankfurter Instituts für Sozialforschung an, die fast alle in Hollywood lebten: Max Horkheimer, Friedrich Pollock, Th. W. Adorno, Leo Löwenthal, Herbert Marcuse und Günther Anders. Besonders der finanziell gut gestellte Horkheimer und der Ökonom Pollock reizten den Stückeschreiber zu kritischer Spottlust: »Bei Rolf Nürnberg auf einer Gartenparty den Doppelclown Horkheimer und Pollock getroffen, die zwei Tuis vom Frankfurter Soziologischen Institut. Horkheimer ist Millionär, Pollock nur aus gutem Hause, so kann nur Horkheimer sich an seinem jeweiligen Aufenthaltsort eine Professur kaufen, zur Deckung der revolutionären Tätigkeit des Instituts nach außen hin.«

Das Institut war eine Stiftung des liberalen jüdischen Getreidegroßkaufmanns Hermann Weil, der 1890 aus Deutschland nach Argentinien ausgewandert war und dort mit Weizengeschäften ein beträchtliches Vermögen erworben hatte. Sein Sohn und Erbe Felix Weil hatte in Frankfurt studiert und eine Dissertation über praktische Probleme der Verwirklichung des Sozialismus geschrieben.

Bei einer von Weil organisierten Marxistischen Arbeitswoche, die 1922 mit Karl Korsch, Georg Lukács und Friedrich Pollock in Thüringen stattfand, wurde die Idee eines vom starren Universitätssystem unabhängigen, selbstfinanzierten Instituts für Sozialforschung geboren, an dem Themen wie Geschichte der Arbeiterbewegung und Ursprünge des Antisemitismus erforscht werden sollten. Viele Projekte marxistischer Wissenschaftler wurden damals von Weil ermöglicht, und auch linke Künstler wie Grosz und Piscator konnten immer mit seiner Unterstützung rechnen. Die wichtigste Unternehmung des Instituts wurde die »Zeitschrift für Sozialforschung«, deren letzte Jahrgänge in New York in englischer Sprache erschienen. Brecht warf dem Institut vor, daß es die wirklichen Ursachen für die faschistische Barbarei verschleiere, um sich nicht die eigene materielle Basis zu zerstören. Die Vertreter des Instituts hätten in Amerika Angst gehabt, einer »Redrazzia« zum Opfer zu fallen, und so hätten sie mit ihrem Geld zwar ein Dutzend Intellektuelle über Wasser gehalten, unter diesen Benjamin, Korsch und Langerhans, aber dafür hätten diese alle ihre Arbeiten abliefern müssen, ohne die Gewähr, daß die Zeitschrift des Instituts sie jemals druckte. Das wichtigste Anliegen dieser Tuis sei die Rettung des Institutsvermögens gewesen, darin hätten sie »ihre hauptsächliche revolutionäre Pflicht durch all die Jahre hin« gesehen.

Von einem Lunch bei Horkheimer kommend, schlug nun Hanns Eisler, der ebenfalls von Weils Mäzenatentum profitierte, Brecht im Mai 1942 als Handlungskern für den »Tui-Toman« die Geschichte des Soziologischen Instituts vor: »Ein reicher alter Mann (der Weizenspekulant Weil) stirbt, beunruhigt über das Elend auf der Welt. Er stiftet in seinem Testament eine große Summe für die Errichtung eines Instituts, das die Quelle des Elends erforschen soll. Das ist natürlich er selber. Die Tätigkeit des Instituts fällt in eine Zeit, wo auch der Kaiser eine Quelle der Übel genannt haben will, da die Empörung des Volkes steigt. Das Institut nimmt am Konzil teil.«

Brechts Hauptinteresse richtete sich auf den seiner Meinung nach versiertesten Theoretiker des Instituts, auf Theodor W. Adorno, dessen wohlgefällige Formulierkunst und Zungenfertigkeit ihn als Modell für eine Bühnenfigur empfahl: »Adornos Gesicht kann nicht lang werden, was ihm als einem Theoretiker gut zustatten kommt.« Wissenschaftler wie Adorno verachtete Brecht als »uneigennützige Bewunderer der Idee des Materialismus«, die die Praxis durch Verabsolutierung der Theorie allzu sehr ignorierten. Dem Institut widmete er die Tuigeschichte »Die Erkenntnistheorie oder Der Fluß Mis-ef«, der ein Gespräch mit Adorno zugrunde liegt. In den Auseinandersetzungen mit den Vertretern des Instituts ging es nicht nur um aktuelle politische Fragen und um die Stellung zur Sowjetunion, sondern um die Probleme der authentischen Marx-Interpretation, wobei sich die Institutsleute als die rechtmäßigen Bewahrer des Marxschen Erbes bezeichneten. Kontrovers waren auch die Ansichten zur Judenfrage. Brecht beharrte auf dem Marxschen Standpunkt, den Juden gesellschaftlich zu definieren, »geformt durch Verfolgung und Widerstand, in seiner wirtschaftlichen Spezialisierung, seiner Angewiesenheit auf flüssiges Geld (der Notwendigkeit, sich frei- oder einzukaufen)«, und wehrte sich dagegen, Antisemitismus als psychologische Implikation autoritärer Charakterveranlagung zu erklären, die zum Faschismus tendiere. Die New Yorker Finanzjuden waren für Brecht viel eher potentielle Faschisten, als die mit antisemitischen Vorurteilen verdummten Massen, die das faschistische System stützten.

Nun ist »Turandot oder Der Kongreß der Weißwäscher«, diese Satire auf den liberaldemokratischen Staat und seine Intellektuellen, sicher kein Schlüsselstück über das Frankfurter Institut, nur im Fabelkern, dem Tuikonzil, ist Eislers Vorschlag berücksichtigt, und Brecht hat die Diskussionen mit Vertretern des Instituts benutzt für die Charakterisierung von Haltungen einzelner Figuren. Die kleine Szene, in der der klügste, aber auch der eitelste der Tuis, der Gott des philosophischen Seminars der Tuiuniversität, Munka Du, sich vor seinem Kongreßauftritt schminken läßt und dabei seine Sätze probt wie ein Sänger seine Arien, bietet satirische Reminiszenen an Auftritte von Adorno oder auch Thomas Mann, der seine berühmten Stegreifreden vor dem Spiegel einzuüben pflegte und sich besonders gern vor Frauen rezitierend in Szene setzte. Eine Schwäche des Stücks ist die mangelnde Differenzierung verschiedener tuistischer Haltungen. Die Verhältnisse zwingen hier die Tuis, auf den Strich zu gehen oder Revolutionär zu werden. Auf diese Alternative hat der Verfasser die Situation des Intellektuellen im liberaldemokratischen Staat verkürzt. »Turandot« ist somit nur das Satyrspiel zum »Galilei«, das für unsere Zeit gültige Gegenstück, »Leben des Einstein«, hat Brecht nicht mehr geschrieben.

Neben der Intellektuellensatire rollt eine schwankhafte Parabel über den Aufstieg des Faschismus ab, in deren Mittelpunkt Gogher Gogh steht, eine Mischung aus Mackie Messer und Arturo Ui. Vom einfachen Straßenräuber, dem am Anfang »die ganze Damenwelt Pekings zu Füßen liegt wegen seiner Männlichkeit«, mausert Gogh sich allmählich zum rabiaten Bandenchef mit politischer Macht. Wie Hindenburg Hitler zum Kanzler ernannt hat, so ebnet in der »Turandot« der Kaiser Gogher Gogh die Wege, und dieser zündet dann die Baumwollspeicher an und leitet die Verfolgungen der Kommunisten (Bund der Kleiderlosen), Sozialdemokraten (Bund der Kleidermacher) und Intellektuellen (Tuis) ein. Aber der Faschismus hat keine Chance, Kai-Ho ist rechtzeitig in die Stadt eingedrungen. Der »Retter« tritt übrigens selbst nicht auf, von ihm ist immer nur die Rede. Er wird gegenwärtig in der Wandlung oder dem Lernen des Bauern Sen, der nach Peking kommt, um Tuischüler zu werden, aber, nachdem er die Verworfenheit dieser Intellektuellenkaste gesehen hat, sich eines besseren besinnt und lieber das ABC des Kai-Ho lernt.

Sein Stück »Turandot« stehe recht außerhalb der deutschen Literatur und wirke, wie alleinstehende Personen oft, »unsolide«: »Wäre ich im ganzen ein Komödienschreiber, was ich beinahe bin, aber eben nur beinahe, dann stünde um solch ein Werk wenigstens die Verwandtschaft, und der Clan könnte sich behaupten.« Nebeneinander stehen böse Satire und politisches Schauermärchen. Das Stück muß sehr schnell gespielt werden. Slapstickartige Auftritte wie die der Kaisermutter, die immer nur kommt, um ihrem Sohn Gift zu reichen, jagen sich mit grotesken und satirischen Paradenummern wie jener Redeübung eines Tuis in der Tuischule, dem bei jeder Formulierung, die der Wahrheit nahekommt, der Brotkorb weggezogen wird. Man muß das Lustspiel in seiner banalen Oberflächlichkeit akzeptieren, die schematischen Widersprüche durch Steigerung der Situationen ins Unwahrscheinliche real machen. Schade eigentlich, daß Brecht keine Bearbeitung des alten Turandot-Stoffs gemacht hat. Aus dem grausamen Märchen hätte er eine große realistische Fabel gewinnen können.

XXXIV
Große Zeit, vertan

Einzug ins Theater am Schiffbauerdamm – Brecht lebt mit der Uhr in der Hand – Theaterkräche – Brecht inszeniert Bechers Drama »Winterschlacht« – Stalinpreisträger und internationaler Ruhm – Brechts Produktivität – Bedürfnis nach Ruhe – Buckower Elegien – Auf die Weisheit des Volkes setzen – Die Dialektik nicht verkümmern lassen – Mao Tse Tung, der einzige Dialektiker nach Lenin – Hoffnung auf China – Irgendwo anfangen, nirgends aufhören – Brecht schafft die »Möwe« unter den Friedhöfen – Krankheit und Tod – Das Begräbnis des Hetzers im Zinksarg – Peter Suhrkamp schreibt an Caspar Neher

> Wer hat das Harte mit solcher Zärtlichkeit ausgesprochen! Wer konnte so hartnäckig und zärtlich sein zugleich! Wer hat Zärtliches gesagt mit solcher Härte!
> *Johannes R. Becher*

Im Frühjahr 1954 konnte das Berliner Ensemble, nachdem die Volksbühne in ihrem wiederaufgebauten Stammhaus am Luxemburgplatz untergebracht worden war, in das Theater am Schiffbauerdamm einziehen. Jetzt erst hatte Brecht volle Bewegungsfreiheit sowie die räumlichen und finanziellen Voraussetzungen zu langfristigen Projekten und zu umfassenden theatralischen Experimenten. Eröffnet wurde mit einer Bearbeitung von Molières »Don Juan«, bei der Benno Besson Regie führte. Bei der »Kreidekreis«-Inszenierung, an der über acht Monate gearbeitet wurde, konnten die nunmehr idealen Bedingungen voll ausprobiert werden. Der Stückeschreiber wußte den zwanglosen, um Termine unbekümmerten Umgang mit der Zeit hoch einzuschätzen. Es war ein Luxus, ein Vorausgriff auf bessere Zeiten, wie er nun Kunst betreiben konnte. Für die Proben ließ sich Brecht zwar genügend Zeit, er arbeitete aber dennoch unermüdlich. Er war sehr froh, daß er jetzt in der Nähe vom Theater eine Wohnung hatte und nicht mehr täglich mehrere Kilometer von Weissensee ins Zentrum fahren mußte. Sein Tagesablauf war streng eingeteilt, er lebte in den letzten Jahren »mit der Uhr in der Hand«.

Zwischen ihm und Wolfgang Langhoff hatte es im Deutschen Theater regelmäßig Streit um die Anzahl der Bühnenproben und um Termine gegeben, beide bekamen öfters die üblichen Wutanfälle und waren davon überzeugt, daß der andere »nach Wanzenart« gegen ihn intrigierte. Brecht schrie auch gelegentlich ganz gerne im Theater, wurde dann unverhältnismäßig ausfallend und reagierte besonders heftig auf Versehen und Nachlässigkeiten des technischen Personals. Wie Fritz Kortner pflegte er Schlamperei sofort zu politisieren und erklärte die Betroffenen zu Nazis. Selbstverständlich waren seine Schimpfereien geplante Theaterauftritte, denn er hielt sich an die Regel, ungeplante Kräche möglichst zu vermeiden: »Ruhe gehört zum Regieführen wie alles andere.« Zunehmend hegte er allerdings großes Mißtrauen gegen alle Leute in seiner Umgebung, die die Nazizeit in Deutschland verbracht hatten. Sie, die früher nichts wagten, sollten, ehe sie Kritik an den Verhältnissen in der DDR laut werden ließen, erst einmal still sein und den Antifaschisten in der Regierung Vertrauen schenken. Vor noch nicht zehn Jahren, schoß es ihm einmal durch den Kopf, hätten ihn seine Schüler vom Berliner Ensemble der Gestapo übergeben.

Da war eine Zeit
Da war alles hier anders.
Die Metzgerfrau weiß es.
Der Postbote hat einen zu aufrechten Gang.
Und was war der Elektriker?

Daß Brecht nach dem »Kreidekreis« in seinem Theater das Schauspiel »Winterschlacht« von Johannes R. Becher inszenierte, war keine opportunistische Huldigung an den Kulturminister, sondern Folge politischer Überlegungen: Wichtig an der »Winterschlacht« schien ihm die Art und Weise, wie hier ideologisch mit der Nazizeit abgerechnet wird. Das war ein in der Literatur der DDR bisher leider vernachlässigtes Thema, über das zudem von der Partei gerne schweigend hinweggesehen wurde. Bechers Pathos empfand auch Brecht meistens als unerträglich. Gegenüber dem Minister, der in seinem persönlichen Habitus mehr der landläufigen Vorstellung von einem Dichter entsprach, wirkte er wie ein einfacher Arbeiter. Wenn sie politisch gemeinsam auftraten, war Becher der Mutigere, der nicht mit giftiger Polemik sparte. Obwohl die Initiative zu solchen Ost-West-Gesprächen meistens von Brecht ausging, verschanzte er sich dann hinter Becher, überließ ihm die Weichenstellung und beschränkte sich auf die Rolle des Sekundanten. Ihre Auffassungen von Poesie und Dramaturgie wichen stark voneinander ab, aber politisch vertrauten sie einander unbedingt.

Brecht gewann nicht nur dank Bechers Unterstützung ab 1954 mehr Geltung in der DDR, seine Stellung festigte sich auch besonders durch die Erfolge des Berliner Ensembles bei Auslandgastspielen. Sogar in der Sowjetunion begann man ihn allmählich zu schätzen, so daß er Ende 1954 mit dem Internationalen Stalin-Friedenspreis ausgezeichnet wurde. Gewiß erhielt er diesen Preis nicht als Anerkennung für »Mutter Courage«, sondern mehr für Gelegenheitsarbeiten wie das »Friedenslied« und seine politischen Aktivitäten. Auch Picasso wurde nicht für das »Guernica«-Gemälde, sondern für seine Taube geehrt.

Nunmehr versehen mit vielen offiziellen Ehrungen, gedachte der Nationalpreisträger, Stalinpreisträger und Akademievizepräsident Brecht dennoch widersprüchlich zu bleiben. Die »Kreidekreis«-Inszenierung war, was die Berliner Kritiker erst nach dem Erfolg 1955 in Paris voll anerkannten, vielleicht seine schönste Theaterarbeit überhaupt. Und dennoch wollte er sich nicht auf diesem Erfolg ausruhen. War der »Kreidekreis« nicht eine ästhetische Verklärung dialektischen Theaters von einst? Das Stück mit Vor- und Nachspiel ging von einem gesellschaftlichen Zustand aus, der keine Klassengegensätze mehr kennt. Die Konflikte wurden in der Rückerinnerung als glücklich überstandene Gefahren dargestellt. Das hatte 1944, als er das Stück schrieb, die Kraft einer kühnen Vorwegnahme glücklicheren menschlichen Zusammenlebens. Die sozialistische Gegenwart von 1954 aber machte die holzschnitthafte Historisierung unmenschlicher Verhältnisse fragwürdig. Aus diesen Gründen nahm sich Brecht des mißglückten Stückes von Becher wahrscheinlich gar nicht ungern an, weil die hier abgehandelten antagonistischen Verhaltensweisen in die gesellschaftliche Wirklichkeit der DDR unmittelbar hineinreichten.

Daß der Dichter immer noch keine zufriedenstellende »poetische Distanz« zu der gesellschaftlichen Realität der DDR gefunden hatte, lag nicht an ihm, sondern an der Wirklichkeit, von der er sich nicht abkehren wollte. Gemessen an der Zahl der im Exil entstandenen Werke, blieb der dichterische Ertrag der DDR-Jahre relativ schmal: ein Stück, einige Bearbeitungen, Lieder für Kinder und Jugendliche und die großartigen »Buckower Elegien«. Aber Brecht war nie unproduktiv. Seine Theaterarbeit, seine gesellschaftspolitischen Aktivitäten waren Bestandteil seiner poetischen Produktion. Sein Werk war mehr als je »im Fluß« und damit war er auch seinem utopischen Anspruch, die Diskrepanz zwischen Kunst und Leben aufzuheben, etwas näher gekommen.

Die »Mühen der Ebenen« machten Brecht zu schaffen. Er war zufrieden, daß er gebraucht wurde, aber unglücklich über vertane Zeit. Da er jetzt von morgens bis abends mit Problemen seines Theaters und der Kulturpolitik konfrontiert war und sich täglich im Kampf mit Besuchern und Terminen befand, verspürte er doch ein großes Bedürfnis nach Ruhe. So zog er sich von 1953 an, so oft es ging, nach Buckow in der Märkischen Schweiz zurück, in das Gärtnerhaus eines größeren Grundstücks mit einem weiteren Gebäude und alten großen Bäumen am Rande eines »mißgünstigen Kleinbürgernests«. Auch hier wimmelte es stets von Besuchern, aber am Morgen gönnte er sich Zeit und Ruhe und hatte sogar die Muße, wieder gelegentlich im Horaz zu lesen. In Buckow entstanden die nachdenklichsten und formal ausgefeiltesten seiner Gedichte, in denen er »Trauerarbeit« leistete. Hier zog Brecht Bilanz, wies auf die große Misere seines Landes hin und plädierte für die produktive Ungeduld.

> Ich sitze am Straßenrand
> Der Fahrer wechselt das Rad.
> Ich bin nicht gern, wo ich herkomme.
> Ich bin nicht gern, wo ich hinfahre.
> Warum sehe ich den Radwechsel
> Mit Ungeduld?

Brecht sehnte sich im Alter nicht in die Zeit seiner Kindheit nach Augsburg zurück. Das war eine abgeschlossene Periode. Allenfalls gelegentlich eine zarte, elegische Rückerinnerung.

Die bürgerliche Herkunft verleugnete er nicht, aber er versuchte sie aufzugeben und ein anderes gesellschaftliches Verhalten einzuüben. Die Zukunft interessierte ihn nur als Perspektive, nicht als Endresultat. Die Gegenwart war wichtig, die Arbeit für die Geschichte. Den »Radwechsel« von der Vergangenheit in die Zukunft in der DDR verfolgte Brecht mit Ungeduld, weil er so lustlos und perspektivelos vonstatten ging. Der neue Staat wurde nicht für die Geschichte und damit für die Menschen, sondern für die Statistik errichtet. Die große Gelegenheit, eingreifende Veränderungen zu schaffen, wurde nur unzulänglich genutzt: »Was sind schon Städte, gebaut/ Ohne die Weisheit des Volkes?«

Entgegen Brechts Hoffnung verkümmerte die Dialektik in der DDR weiterhin. Die Sozialistische Einheitspartei zog nicht die erwarteten Lehren aus den Ereignissen des 17. Juni 1953. Sie verbesserte eben nur die Statistiken. Viele Kritiker ihrer Politik wurden von ihren Ämtern entbunden, und nicht nur Provokateuren wurde der Prozeß gemacht. Den Stalinismus überwinden, hieß für Brecht die Dialektik wieder zur Entfaltung bringen: »Ohne Kenntnis der Dialektik sind solche Übergänge wie die von Stalin als Motor zu Stalin als Bremse nicht verstehbar... Die Liquidierung des Stalinismus kann nur durch eine gigantische Mobilisierung der Weisheit der Massen durch die Partei gelingen.« Der einzige Dialektiker nach Lenin unter den politischen Führern der sozialistischen Länder war für Brecht Mao Tse Tung. Dessen Aufsatz »Über den Widerspruch« zählte für ihn in seinen letzten Lebensjahren zu den wichtigsten Büchern.

Der Aufsatz handelt vom Weiterbestehen antagonistischer Strukturen auch nach der Beseitigung der kapitalistischen Gesellschaft. Mit Nachdruck hebt Mao hier das die ganze Welt durchwaltende Gesetz der Widersprüche hervor und löst sie in dynamische Bewegtheit auf. Das ewige Spiel der Widersprüche interessiert den Verfasser dabei mehr, als der definitive Zustand des Kommunismus: »In jeder Erscheinung ist der Widerspruch zwischen dem Neuen und dem Alten enthalten, der einen fortgesetzten und verwickelten Kampf hervorruft. Im Ergebnis dieses Kampfes wächst das Neue und steigt zur beherrschenden Stellung empor, das Alte aber geht zurück und beginnt abzusterben. Sobald aber das Neue die Oberhand über das Alte gewinnt, verwandelt sich das Wesen eines alten Sachverhalts in das eines neuen.«

Seit seiner Beschäftigung mit marxistischer Theorie zeigte sich Brecht auch von ostasiatischer Kunst und Philosophie beeindruckt. Er schätzte ganz besonders die Verhaltenslehre des alten chinesischen Dialektikers Mo Di oder Me-ti, für den Kunst und Wissenschaft noch eine Einheit bildeten. Eine Ode Mao Tse Tungs veranlaßte den Stückeschreiber 1948 zu folgender Betrachtung: »Mein Rechnen mit einer Renaissance der Künste, ausgelöst von der Erhebung des fernen Ostens, scheint sich früher zu lohnen, als man hätte denken sollen.« Erst seit dem Sieg der chinesischen Kommunisten und der Gründung der Volksrepublik 1949 war er sicher, daß sich das Gesicht der Welt vollständig ändern würde. Mit großem Interesse verfolgte er seitdem die Berichte und Erzählungen von Autoren der DDR, die in den fünfziger Jahren Reisen nach China unternahmen. Im Sommer 1952, als er ziemlich deprimiert über den kleinbürgerlichen Mief in der DDR und die Remilitarisierung in Westdeutschland war, erörterte er mit Freunden die Möglichkeit eines chinesischen Exils. Es war sicher mehr ein Gedankenspiel als ein Plan, dessen Durchführung er ernsthaft in Erwägung gezogen hätte. Wenn er in den letzten Jahren so oft von der »Weisheit des Volkes« sprach, so war das mehr ein angelesener politischer Begriff von Mao Tse Tung, als eine reale, in der DDR gemachte Erfahrung: »Die Weisheit des Volkes muß in allem das letzte Wort sprechen und doch ist sie vermengt mit Aberglaube. Irgendwo müssen wir anfangen, nirgends dürfen wir aufhören.«

Brecht lebte bis zuletzt in dem Land, wo er am besten seine künstlerischen Projekte verwirklichen konnte und wo seine Vorschläge mehr Aussichten hatten, angenommen zu werden. Sein Tod 1956 kam unerwartet und bedeutete für die DDR den Verlust eines Schriftstellers, der wie kein anderer eingreifend und verändernd die Kulturpolitik mitgestaltet hatte. Solange Brecht da war, dachte keiner der in der DDR lebenden maßgeblichen Künstler oder Wissenschaftler daran, seine Stellung aufzugeben. Im Laufe der Jahre machte es sich dann auffallend bemerkbar, daß der Rat und die schützende Hand des Stückeschreibers fehlten. Dessen Werk aber wurde zum unfehlbaren Klassikergut erklärt, es wurde entschärft und heiliggesprochen.

Gegen seine Kanonisierung hatte er sich bei Lebzeiten möglichst gewehrt. Ihm lag daran, von den Herrschenden nicht gelobt zu werden. Vor seinem Flug nach Moskau zur Entgegennahme des Stalinpreises im Mai 1955 richtete Brecht ein Schreiben an die Akademie der Künste, zu Händen von Rudolf Engel: »Im Falle meines Todes möchte ich nirgends aufgebahrt und öffentlich aufgestellt werden. Am Grab soll nicht gesprochen werden. Beerdigt werden möchte ich auf dem Friedhof neben dem Haus, in dem ich wohne, in der Chausseestraße.« Die Grabstätte, schräg gegenüber Hegels Grab, hatte er sich selbst ausgesucht. Seine Voraussage, daß seine Wahl Schule machen und der Dorotheen-Friedhof einst ein Treffpunkt wie der Künstlerclub »Möwe« sein würde, erfüllte sich: Johannes R. Becher wählte sich ein Grab in unmittelbarer Nähe von Brecht und später folgten dann Arnolt Bronnen, Hanns Eisler, Erich Engel, John Heartfield, Helene Weigel, Elisabeth Hauptmann und Ruth Berlau.

Brecht starb am 14. August 1956. Anfang Mai hatte er sich in die Charité begeben, um die Folgen einer Virusgrippe auszukurieren. Nach der Entlassung fühlte er sich weiterhin so schwach, daß er sich von Peter Suhrkamp überreden ließ, sich mit ihm gemeinsam in der letzten August- und den ersten beiden Septemberwochen in einer Münchner Privatklinik behandeln zu lassen. Helene Weigel unterstützte diesen Plan und bat außerdem Therese Giehse, Brecht zu raten, noch einen weiteren Spezialisten zu konsultieren: »Ich hoffe, Du wirst mich nicht verraten, weil er vermutlich eher auf deinen Rat hört, als auf mein Gerede, das er so viele Jahre um die Ohren hat.« Da ihn die Erschöpfungszustände arbeitsunfähig machten, konnte Brecht sein Kranksein nicht ignorieren, seine Umgebung ließ er es allerdings kaum merken. Am 9. August kam er von Buckow nach Berlin, nahm am folgenden Tag an zwei Umbesetzungsproben für das bevorstehende Londoner Gastspiel des Berliner Ensembles teil, mußte aber das Theater wegen eines Schwächeanfalls vorzeitig verlassen. Am 14. August wollte er abends nach München fahren, mittags stellten die Ärzte fest, daß ein schwerer Herzinfarkt bestand, der wenigstens drei Tage zurücklag. Von sechs Uhr an abends war er bewußtlos, kurz vor Mitternacht starb er. Am 17. August fand um 9 Uhr früh in aller Stille das Begräbnis statt.

Hier, in diesem Zink
Liegt ein toter Mensch
Oder seine Beine und sein Kopf
Oder noch weniger von ihm
Oder nichts, denn er war
Ein Hetzer.

Das »Begräbnis des Hetzers im Zinksarg«, eines Genossen, der zur Solidarität mit den Unterdrückten und zum Denken aufgefordert hatte, war von Leuten verfügt worden, die Furcht vor der Wiederkehr eines unbequemen Kämpfers hatten. Der »Hetzer« Brecht hatte für sich ebenfalls ein Begräbnis im Zinksarg angeordnet, um gegen Würmer geschützt zu sein. Noch einmal demonstrierte er die Lebendigkeit der Idee von der Weisheit des Volkes, vermengt mit Aberglaube. Die Familie, die engsten Mitarbeiter sowie die Freunde Hanns und Gerhart Eisler, Paul Dessau, Jakob Walcher, Fritz Cremer, J. R. Becher, Erich Engel und Paul Wandel geleiteten den Sarg zum Grab. Als Peter Suhrkamp wenige Minuten nach 9 Uhr auf dem Friedhof eintraf, war bereits alles vorbei. An Caspar Neher, der nicht nach Berlin kommen konnte, schrieb der Verleger: »Das Preislied und den Abschiedskanon kann man nur in Gemeinschaft singen. Für Brecht könnten es nur ein paar Männer. Das Haus in der Chausseestraße ist jetzt ein Haus voll düsterer Frauen.« Am Grab, auf dem Friedhof nebenan, konnte man tagelang ein ständiges Kommen und Gehen beobachten: »Alles wandelt sich. Neu beginnen/ Kannst du mit dem letzten Atemzug./ Aber was geschehen, ist geschehen.«

Anhang

Aus Brechts »Tagebuch der Zukunft«

12. April 1976

In vier Berliner Theatern werden zur Zeit unsere zwölf kleinen Stücke über China aufgeführt. Ihr gemeinsamer Titel ist »Wie man Berge versetzt« und bezieht sich auf ein altes chinesisches Gleichnis, dem Mao Tse Tung einen neuen Inhalt gegeben hat. Das Gleichnis handelt davon, daß in alten Zeiten im Norden Chinas ein Mann namens Yü Gung (»Närrischer Greis«) lebte. Er faßte den Entschluß, gemeinsam mit seinen Söhnen zwei große Berge abzutragen, die den Weg von seiner Haustür nach dem Süden versperrten. Ein anderer Greis, Dschi Su (»Weiser Alter«), lachte, als er sie sah, und meinte: »Ihr wenigen Leute könnt doch unmöglich zwei solche riesigen Berge abtragen!« Yü Gung antwortete ihm:» Sterbe ich, bleiben meine Kinder; sterben die Kinder, bleiben die Enkelkinder, und so werden sich die Generationen in einer endlosen Reihe ablösen. Diese Berge sind zwar hoch, aber sie können nicht mehr höher werden; um das, was wir abtragen, werden sie niedriger. Warum sollten wir sie da nicht abtragen können?« Yü Gung machte sich an die Arbeit. Das rührte Gott, und er sandte zwei Engel auf die Erde, die beide Berge auf dem Rücken davontrugen. Mao fügt hinzu: »Wir müssen unermüdlich arbeiten, und wir werden Gott ebenfalls rühren, und dieser Gott ist niemand anders als die Volksmassen Chinas.«

Held unserer Stücke ist das unermüdlich arbeitende chinesische Volk. Habe mit Besson, Wekwerth, Palitzsch, Biermann, Isot und der jungen S. K. achtzehn Monate in China verbracht, um Material zu sammeln. Wir blieben drei Monate in einer Fabrik, die andere nach ein paar Tagen verlassen hätten. Uns überraschte die Ruhe und das Selbstbewußtsein, mit denen hier gearbeitet wird. Es ist der bequeme Arbeitsplatz, die Lebensqualität, würden wir sagen, was der Arbeiter durch die Revolution erhalten hat. Auch wo keine Fabrik zu sehen ist, keine Baustelle, keine Äcker, läßt sich nicht vergessen, daß ungefähr alles, was uns dient, aus Arbeit entsteht. Keiner trägt eine Kleidung, die bei der Arbeit nicht zu tragen wäre. – Wir haben übrigens keinen Augenblick versucht, China mit chinesischen Augen zu sehen. Dennoch hat ein Pekinger Kollektiv junger Autoren beschlossen, unsere Stücke zu übersetzen, die ihrer Meinung nach einen nicht unwesentlichen Einfluß auf die Entwicklung der chinesischen Dramatik haben werden.

Die Aufführungen sind seit Wochen ausverkauft. Das Publikum hier kommt aus dem Staunen nicht heraus, wie zum Beispiel die Arbeiter in dem Stück »Die Generatorenfabrik« ihre Kritik zu artikulieren verstehen. Anna Seghers äußert sich in der jüngsten Nummer des »Sonntag« begeistert über »Eine Frau, eine Familie«, das Stück über die dreißigjährige Frau eines Offiziers und Mutter einer kleinen Tochter, die in einer Lokomotivfabrik arbeitet und dem dortigen Revolutionskomitee seit der Kulturrevolution angehört.

Auf der Pressekonferenz neulich, bei der man uns in der üblichen Weise Zugeständnisse an den Linksopportunismus der kommunistischen Jugend Westeuropas vorwarf, mir aber mein Alter zugutehielt (»Der noch immer unbequeme Klassiker, der sich ständig verjüngt, obgleich er 78 Jahre alt ist«), antwortete ich, es gelte nicht von den Chinesen zu lernen, sondern zu untersuchen, was sich auf unser Leben anwenden ließe, und das sei wohl in erster Linie die Art, wie die Chinesen miteinander verkehren. Ich erklärte, daß ich China als eine offene Gesellschaft sehe und sprach von meinem Schock bei der Rückkehr im letzten Jahr nach Berlin. Ich hatte vergessen, wie nervös, aggressiv und gehetzt die Menschen außerhalb von China sind.

Zum Mittagessen Max Frisch hier. Er erzählt von seiner China-Reise im Gefolge des westdeutschen Bundeskanzlers. Für Technokraten wie Helmut Schmidt und unseren Parteichef Honecker ist die Politik der Chinesen, die über den Ökonomismus hinausziélt, unzugänglich. Frisch erwähnt, er sei nach China gefahren, weil er sich vom Sozialismus dort etwas erhoffe. Ich ermahne ihn, bei mir nicht offene Türen einzurennen und gebe zu bedenken, daß wir bei uns Hoffnungen verwirklichen müssen. Auch die Chinesen werden uns manche Enttäuschungen nicht ersparen können.

Am Abend kommt Dessau mit dem italienischen Komponisten Nono, der mir das Gedicht »Wiederaufstieg zu den Djung-Gang-Bergen« von Mao Tse Tung bringt, das ich gleich bearbeite. Es stammt aus dem Jahr 1965, geschrieben in einer Stunde größter persönlicher Gefahr und doch von unermüdlicher revolutionärer Zuversicht erfüllt. Die Verse »Unüberwindlich ist nichts auf der Welt/ Wenn ihr es wagt, die Höhen zu erstürmen« widme ich Wollschläger in Bamberg als Dank für seine Übersetzung des »Ulysses«, in der ich mit großem Respekt blättere. Das Buch ist mir neben dem »Schweyk« noch immer der liebste Roman in unserem mit realistischer Satire nicht gerade gesegneten Jahrhundert.

Anmerkungen

In den Anmerkungen sind sämtliche Zitate von Brecht und anderen Autoren in der Reihenfolge ihrer Erwähnung nachgewiesen, soweit sie nicht in den Ausgaben GESAMMELTE WERKE (GW I-VIII. Frankfurt 1967), TEXTE FÜR FILME (Frankfurt 1969), ARBEITSJOURNAL (2 Bände. Frankfurt 1973) und TAGEBÜCHER 1920–1922/AUTOBIOGRAPHISCHE AUFZEICHNUNGEN 1920–1954 (Frankfurt 1975) enthalten sind.

I *Kindheit und Jugend*

Max Frisch, Erinnerungen an Brecht. In: Kursbuch 7. Frankfurt 1966. – Dreizehn Bühnentechniker erzählen. In: Sinn und Form. 2. Brecht-Sonderheft. Berlin 1957. – Brief Brecht an Herbert Ihering vom Oktober 1922. In: Sinn und Form. Heft 1. Berlin 1958. – *Robert Minder,* Brecht und die wiedergefundene Großmutter. In: Dichter in der Gesellschaft. Frankfurt 1966. In seiner Erzählung »Die unwürdige Greisin« gibt Brecht das Alter seiner Großmutter mit 72 an. Zu ihrem 80. Geburtstag am 17. 9. 1919 schrieb er das Gedicht »Aufgewachsen in dem zitronenfarbenen Lichte der Frühe«. Abgedruckt in: *Werner Frisch/K. W. Obermeier,* Brecht in Augsburg. Erinnerungen, Dokumente, Texte, Fotos. Berlin und Weimar 1975. – Brechts berühmte Antwort »Sie werden lachen, die Bibel« erschien in der Zeitschrift »Die Dame«, Berlin, in der Beilage »Die losen Blätter« vom 1. 12. 1928. – *Erich Maiberger,* Bert Brechts Augsburger Jahre. Sonderdruck aus der Festschrift »Hundert Jahre Realgymnasium Augsburg« 1964. – *Wilhelm Brüstle,* Wie ich Bert Brecht entdeckte. In: Die Neue Zeitung vom 27. 11. 1948. – Der Aufsatz »Turmwacht« erschien am 8. 8. 1914 in den Augsburger Neuesten Nachrichten. Abgedruckt in: *Frisch/Obermeier,* op. cit. – Otto Müllereisert, Augsburger Anekdoten um Bert Brecht. In: Erinnerungen an Brecht. Leipzig 1964. – Brief Brecht an Caspar Neher vom 10. 11. 1914. Abgedruckt in: *Frisch/Obermeier,* op. cit.

II *Augsburger Dichterjahre (1)*

Thomas Mann, Lübeck als geistige Lebensform. In: Altes und Neues. Berlin und Weimar 1965. – *Erich Maiberger,* Bert Brechts Augsburger Jahre. Sonderdruck aus der Festschrift »Hundert Jahre Realgymnasium Augsburg« 1964. – *Hanns Otto Münsterer,* Bert Brecht. Erinnerungen aus den Jahren 1917–1922. Berlin 1966. – *Meinhard Adler,* Untersuchungen zum Studium Bert Brechts. In: Neue Deutsche Hefte 111, Jahrgang 13, Heft 3. – Brief Brecht an Heiner Hagg vom 23. 11. 1917. Abgedruckt in: *Frisch/Obermeier,* Brecht in Augsburg. Berlin und Weimar 1975. – Zeitgenossen geben zu Protokoll. Zeugnis von Pauline Sch., die in der Haindlschen Papierfabrik Sekretärin war. In: Kultur und Leben, Wochenendausgabenbeilage der »Augsburger Allgemeinen« vom 10. 2. 1968. – Briefe Brecht an Hanns Johst undatiert 1919, Anf. 1920. – Das »Lied der Kavaliere der Station D«, zitiert bei *Münsterer,* op. cit. und BBA, Mappe 800, Blatt 11. – Briefe Brecht an Caspar Neher vom 8. 6. 1917, Anfang Sept. 17, Okt. 17, 23. 11. 17, Anfang Feb. 18, Mitte März 18, 8. 4. 18, 10. 4. 18, Ende April 18, 11. 5. 18, Juni 18, Anfang Juli 18, 22. 7. 18, 26. 8. 18.

III *Augsburger Dichterjahre (2)*

Hanns Otto Münsterer, Bert Brecht. Erinnerungen aus den Jahren 1917–1922. Berlin 1966. – *Rosa Luxemburg,* Gesammelte Schriften. Berlin 1951. Band 2. S. 597. – *Lion Feuchtwanger,* Bertolt Brecht. In: Erinnerungen an Brecht. Leipzig 1964. – *Marieluise Fleisser,* Frühe Begegnung. In: Akzente, Heft 3, München 1966. – Brief Brecht an Paula Banholzer, Anfang Dez. 1921, reproduziert bei *Kurt Fassmann,* Brecht. Bildbiographie. München 1963. – Brief an Caspar Neher, Ende April 1918. – Der »Volkswille« erschien vom 1. 9. 1919–13. 1. 1921 und war der Vorläufer dcr »Bayrischen Arbeiterzeitung«. Außer den in den »Gesammelten Werken« abgedruckten Kritiken stammt wahrscheinlich auch die am 13. 10. 1919 erschienene Kritik über die Aufführungen von Max Halbes »Jugend« und Björnsons »Über unsere Kraft« von Brecht. Abgedruckt in: *Frisch/Obermeier.* Brecht in Augsburg. Berlin und Weimar 1975. S. 188–191. – Briefe Brecht an Dora Mannheim, siehe: *Doris Hasenfratz,* Aus dem Alltag eines Genies. In: Die Zeit, vom 19. 8. 1966.

IV *Versuch über »Baal«*

Das Motto stammt aus dem Arbeitsjournal vom 11. 9. 1938. – *Hanns Johst,* Der Einsame. Ein Menschenuntergang. München 1917. – *Brecht,* Baal. Der böse Baal der asoziale. Texte, Varianten und Materialien. Kritisch ediert und kommentiert von Dieter Schmidt. Frankfurt 1966. – *Brecht,* Baal. Drei Fassungen. Kritisch ediert und kommentiert von Dieter Schmidt. Frankfurt 1966. – Siehe auch: *Dieter Schmidt,* »Baal« und der junge Brecht. Stuttgart 1966. – Briefe Brecht an Caspar Neher, Mitte März 1918 und Anfang September 1917. – *Friedrich Engels,* Ludwig Feuerbach und der Ausgang der klassischen deutschen Philosophie. In: Marx/Engels, Werke. Band 21. Berlin 1962. – *Karl Marx,* Ökonomisch-philosophische Manuskripte. In: Marx/Engels, Werke. Ergänzungsband. Erster Teil. Berlin 1968. – *Herbert Marcuse,* Triebstruktur und Gesellschaft. Frankfurt 1965. – Das Wedekind-Zitat aus der Lulu-Tragödie stammt aus einer frühen Fassung des Stücks, zitiert nach Notizbuch 15 im Wedekind-Archiv der Stadtbibliothek München. Siehe auch: Klaus Völker, Wedekind. Velber 1965. S. 37.

V *Der Herr des Südmeers und der Herr des Nordmeers*

Arnolt Bronnen, Tage mit Bertolt Brecht. München 1960 (Enthält auch die Briefe Brechts an Arnolt Bronnen). – Brief Brecht an Paula Banholzer, Ende 1921, reproduziert bei *Fassmann,* Brecht. Bildbiographie. München 1963. – Am 24. Dezember 1921 schloß Brecht einen Vertrag über den »Buch- und Bühnenvertrieb« seiner Werke mit dem Erich Reiss Verlag ab, den Klabund vermittelt hatte. Der Passus: »Lehnt der Verlag den Druck eines Stückes ab, obwohl eine größere Bühne es zu einer Aufführung erworben hat, kann der Autor das Verlags- und Vertriebsrecht einem anderen Verlage übergeben, wenn dieser die Drucklegung übernimmt«, ermöglichte es Brecht, mit Kiepenheuer 1922 einen Vertrag über »Baal« abzuschließen. – Arnolt Bronnen gibt zu Protokoll. Hamburg 1954. – *Brecht,* Im Dickicht der Städte. Erstfassung und Materialien. Ediert und kommentiert von Gisela E. Bahr. Frankfurt 1968. – Brief Brecht an Caspar Neher, undatiert, 1922. – *Marieluise Fleisser,* Frühe Begegnung. In: Akzente, Heft 3, München 1966. – *Herbert Ihering,* Der

Dramatiker Bert Brecht. Berliner Börsen-Courier vom 5. 10. 1922. – *Hanns Otto Münsterer,* Bert Brecht. Berlin 1966. – Brief Brecht an Herbert Ihering, Mitte Oktober 1922. In: Sinn und Form. Heft 1. Berlin 1958. – Texte zum »Hannibal«-Fragment. BBA 520/37 und 520/17. – *Bernhard Reich,* Erinnerungen an Brecht. In: Studien. Beilage zu »Theater der Zeit«. Heft 14. Berlin 1966.

VI *Der Weg zum epischen Theater*

Brecht, Leben Eduards des Zweiten von England. Vorlage, Texte und Materialien. Ediert von Reinhold Grimm. Frankfurt 1968. – *Bernhard Reich,* Erinnerungen an Brecht. In: Studien. Beilage zu »Theater der Zeit«. Heft 14. Berlin 1966. – *Herbert Ihering,* Die zwanziger Jahre. Berlin 1948. – Karl Valentins Schminkanweisung für die Soldaten in der »Eduard«-Inszenierung Brechts ist hier zitiert in der Version von *Walter Benjamin,* Versuche über Brecht. Frankfurt 1966. Siehe auch *Asja Lacis,* Revolutionär im Beruf. Herausgegeben von Hildegard Brenner. München 1971.

VII *Versuch über »Im Dickicht der Städte«*

Das Motto stammt aus dem Programmheft-Beitrag Brechts zur Heidelberger Aufführung 1928. – Brief Brecht an Caspar Neher vom 31. 5. 1918. – Zitate aus Arbeitsnotizen zu »Dickicht«. In: *Brecht,* Im Dickicht der Städte. Erstfassung und Materialien. Ediert von Gisela E. Bahr. Frankfurt 1968. – *Karl Marx,* Ökonomisch-philosophische Manuskripte. An Hand der »Phänomenologie des Geistes« gibt Marx eine Kritik der Hegelschen Dialektik und Philosophie überhaupt. In: Marx/Engels, Werke. Ergänzungsband. Erster Teil. Berlin 1968. S. 574. In den Ökonomisch-philosophischen Manuskripten äußert sich Marx auch zum Problem der entfremdeten Arbeit. S. 514f. – *Johannes Vilhelm Jensen,* Das Rad. 5.–9. Auflage. Berlin 1921. – *Herbert Marcuse,* Neue Quellen zur Grundlegung des historischen Materialismus. In: Philosophie und Revolution. Band 1. Berlin 1967.

VIII *In der Asphaltstadt bin ich daheim*

Der Vierzeiler Brechts »Über die Städte« stammt aus dem Jahr 1927. In der ursprünglichen, im »Simplizissimus« publizierten Fassung »Die Städte« heißt die dritte Zeile »Wir waren drinnen. Und haben sie genossen.« – *Walter Benjamin,* Versuche über Brecht. S. 68. – Marieluise Fleisser, Zu Brecht. Geschrieben 1966 als Vorschlag für das Statement zu einem Brecht-Film des Verfassers für den WDR. Abgedruckt in: Materialien zum Leben und Schreiben der Marieluise Fleisser. Herausgegeben von Günther Rühle. Frankfurt 1973. – *Bernard Guillemin,* Was arbeiten Sie? Gespräch mit Bert Brecht. In: Die Literarische Welt. Berlin, 30. 7. 1926. – Der Bericht über Brechts Autounfall erschien in: Uhu, Heft 2. 6. Jhg. November 1929.–Bert Brechts Erwiderung auf H. Schlien erschien in: Die neue Zeit. Heft 5/6. Dresden 1927. – Arnolt Bronnen gibt zu Protokoll. Hamburg 1954. Über die Abenteuer der »drei Götter« in Dresden siehe auch: *Hans Mayer,* Gelegenheitsdichtung des jungen Brecht. In: Anmerkungen zu Brecht. Frankfurt 1965. – *Thomas Mann,* German Letter Nr. 3. September 1923. In: The Dial. New York. vol. 75 no 4. S. 375/German Letter Nr. 5. Oktober 1925. In: The Dial. New York. vol. 77 no 5. S. 417ff. – *Thomas Mann,* Die neuen Kinder. In: Uhu. Heft 11. Berlin. 2. Jhg.

August 1926. – *Klaus Mann,* Die neuen Eltern. Ebenda. – *Thomas Mann,* Die Unbekannten. In: Ges. Werke XI. S. 751 und 754. – *Thomas Mann,* Worte an die Jugend. In: Ges. Werke X. – Die Umfrage »Worüber lachen Sie?« erschien im »Film-Kurier«, Berlin 11. 6. 1927. – *Gershom Scholem,* Walter Benjamin – die Geschichte einer Freundschaft. Frankfurt 1965. – *Karl Marx,* Thesen über Feuerbach. In: Marx/Engels, Werke. Band 3. Berlin 1962. – *Walter Benjamin,* Versuche über Brecht. Frankfurt 1966. S. 67f. und Seite 65.

IX *Soziologische Experimente*

Das Motto stammt aus dem Entwurf eines Briefs an einen Theaterkritiker. In: GW VIII, S. 104. – *Bernhard Reich,* Erinnerungen an Brecht. In: Studien. Beilage zu »Theater der Zeit«. Heft 14. Berlin 1966. – Die Premiere der »Kameliendame« in der Inszenierung von B. Reich fand am 10. März 1925 statt. Die Kritik von Herbert Ihering erschien am 11. März im »Berliner Börsen-Courier«, Alfred Kerr schrieb im »Berliner Tageblatt« und Monty Jacobs in der »Vossischen Zeitung«. – *Fritz Sternberg,* Der Dichter und die Ratio. Erinnerungen an Bertolt Brecht. Göttingen 1963. – *Marieluise Fleisser,* Frühe Begegnung. In: Akzente. Heft 3. München 1966. – *Elisabeth Hauptmann,* Notizen über Brechts Arbeit 1926. In: Erinnerungen an Brecht. Leipzig 1964. – Das Gesprächsprotokoll über »Trommeln in der Nacht« (Brecht, Piscator, Sternberg) ist abgedruckt in *Brecht,* Schriften zum Theater. Band 2. Frankfurt 1963. – *Erwin Piscator,* Politisches Theater heute. In: Aufsätze, Reden, Gespräche. Berlin 1968.

X *»Mann ist Mann« oder das Verhältnis des Individuums zum Kollektiv*

Das Motto ist das Fazit der Lektüre Brechts von Boris Souvarines »niederdrükkendem« Stalin-Buch. Arbeitsjournal 19. 7. 1943. – *Karl Marx,* Das Kapital. In: Marx/Engels. Werke. Band 23. Berlin 1962. S. 445f.

XI *Stücke für das Theater am Schiffbauerdamm und Lehrstücke*

Das Motto ist die Antwort Brechts auf eine Umfrage des Eigenbrödler Verlags über die Zukunft Deutschlands 1928. In: *Brecht,* Schriften zur Politik und Gesellschaft. Frankfurt 1968. Nachtrag des Herausgebers Werner Hecht. S. 43*. – *Ernst Josef Aufricht,* Erzähle, damit du dein Recht erweist. Berlin 1966. – *Lotte Lenya,* Das waren Zeiten! In: Brechts Dreigroschenbuch. Herausgeben von Siegfried Unseld. Frankfurt 1960. – *Marieluise Fleisser,* Der Tiefseefisch. In: Gesammelte Werke. Erster Band. Frankfurt 1972. – *Marieluise Fleisser,* Der Rauch. In: Abenteuer aus dem Englischen Garten. Frankfurt 1969. – Vom »fragwürdigen Mythos« der »Dreigroschenoper« spricht Henning Rischbieter in seiner Brecht-Monographie. Band 1. Velber 1966. S. 84. – Harry Kahns Kritik der »Dreigroschenoper« erschien unter dem Titel »Traum und Erwachen« in »Die Weltbühne« vom 2. 10. 1928. Brecht antwortete mit einem »Kleinen Brief an einen Kahn« in der »Weltbühne« vom 20. 11. 1928, zu dem die Redaktion eine weitere Erklärung brachte. – Über die Proteste gegen Brecht-Aufführungen schrieb Kurt Tucholsky in der »Weltbühne« vom 3. 4. 1930. – Auf Kerrs Plagiatvorwurf im »Berliner Tageblatt« äußerte sich Brecht am 4. Mai 1929 im »Film-Kurier«. 11. Jhg. Nr. 106 und am 6. Mai 1929 im »Berliner Börsen-Courier«. Den Text aus dem »Börsen-Courier« druckte die

Zeitschrift »Die schöne Literatur« in ihrer Juli-Nummer 1929 nach und schrieb dazu als Kommentar: »›Grundsätzliche Laxheit‹ heißt auf deutsch: finsterste Entschlossenheit, sich auf fremde Kosten zu bereichern. Das entspricht durchaus den Anschauungen des Teiles der Nation, der sich von Bert Brecht amüsieren läßt.« – Kurt Tucholsky äußerte sich zum Plagiatstreit in der »Weltbühne« vom 28. 5. 1929. – *Karl Kraus,* Kerrs Enthüllung. In: Widerschein der Fackel. München 1966. – *Walter Benjamin,* Karl Kraus. In: Schriften. Band 2. Frankfurt 1955. – Brecht über »Pioniere in Ingolstadt« von Marieluise Fleisser. In: Das Stichwort. Zeitung des Theaters am Schiffbauerdamm. April 1929. – *Marieluise Fleisser,* Avantgarde. München 1963. – »Happy End« ist bisher nur als Bühnenmanuskript (Bloch Erben, Berlin o. J.) erschienen. Den für »Happy End« geschriebenen Satz »Was ist ein Dietrich gegen eine Aktie, was ist ein Einbruch in eine Bank gegen die Gründung einer Bank« übernahm Brecht in die erste Buchausgabe der »Dreigroschenoper« und in den »Dreigroschenroman«. – *Sigmund Freud,* Das Unbehagen in der Kultur. In: Gesammelte Werke. Band 14. London 1948. – Elisabeth Hauptmann in einem Brief vom 14. 2. 69 an den Verfasser: »So war der Ku-Damm von der Gedächtniskirche bis zur Halenseer Brücke und weiter in die Rummelplätze hinein für ihn eine Art Mahagonny, in diesem glänzenden, funkelnden Exkrement tummelten sich die Heilsarmeegruppen, sah man Kriegsversehrte usw.« – *Theodor W. Adorno,* Mahagonny. In: Moments musicaux. Frankfurt 1964. – Über die Förderung »gemeinschaftsbildender Kräfte« durch die gemeinsame Aufführung musikalischer Werke äußerte sich Herbert Rosenberg in dem Aufsatz »Neue Musik und neue Zeit«. Zitiert bei Ernst Schumacher, Die dramatischen Versuche Brechts 1918–1933. Berlin 1955.

XII *Studium des Marxismus*

Motto: *Walter Benjamin,* Aus dem Brecht-Kommentar. In: Versuche über Brecht. Frankfurt 1966. – *Fritz Sternberg,* Der Dichter und die Ratio. Erinnerungen an Bertolt Brecht. Göttingen 1963. – *Bertolt Brecht,* Der Jasager und Der Neinsager. Vorlagen, Fassungen und Materialien. Herausgegeben von Peter Szondi. Frankfurt 1966. In diesem Band findet sich auch der Beitrag von Walter Dirks, Die Oper als Predigt. – *Bertolt Brecht,* Die Maßnahme. Kritische Ausgabe mit einer Spielanleitung von Reiner Steinweg. Frankfurt 1972. In diesem Band findet sich auch die Kritik von Alfred Kurella, »Ein Versuch mit nicht ganz tauglichen Mitteln«. – Fritz Sternberg (op. cit.) und schon vor ihm Martin Esslin (Brecht – Das Paradox des politischen Dichters. Frankfurt 1962) bewerten Brechts Hinwendung zum Marxismus als Suche nach einem weltanschaulichen Halt. Hier anknüpfend, warf sich nach Ansicht von Gerhard Szczesny (Das Leben des Galilei und der Fall Bertolt Brecht. Frankfurt/Berlin 1966) der »haltlose« Brecht dem Kommunismus in die Arme, der wie alle autoritären Ordnungen Anziehungskraft »auf unreife und gescheiterte Existenzen« ausübe: »Subjektiv hat Brecht einem ihn von individueller Verantwortung entlastenden System die volle Entfaltung seiner menschlichen und künstlerischen Individualität geopfert.« – Zur Rede von Otto Wels und über die Politik der SPD siehe *Theo Pirker,* Die SPD nach Hitler. München 1965. – Den Vierzeiler über Friedrich Ebert aus der »Kriegsfibel« erhielt der Verfasser von Ruth Berlau, die das Material für die Buchausgabe ordnete und die Reproduktionsvorlagen herstellte. Siehe BBA 2101/81.

XIII *Die heilige Johanna der Schlachthöfe*

Karl Marx, Das Kapital. In: Marx/Engels, Werke. Band 23. Berlin 1962. Siehe besonders die S. 476 und 620. Vergl. die Fabelanalyse von *Käthe Rülicke-Weiler,* Die Dramaturgie Brechts. Berlin 1966. S. 137–146. – *Upton Sinclair,* Der Sumpf. Berlin 1923. – *W. I. Lenin,* Der englische Pazifismus und die englische Abneigung gegen die Theorie (u. a. über Upton Sinclair). In: Werke. Band 21. S. 261. – *Elisabeth Hauptmann,* Bessie soundso. Eine Geschichte von der Heilsarmee. In: Uhu. 4. Jhg. Heft 7. Berlin 1928. – *Bertolt Brecht,* Der Brotladen. Bühnenfassung und Texte aus dem Fragment. Frankfurt 1969. – *Bertolt Brecht,* Die heilige Johanna der Schlachthöfe. Bühnenfassung, Fragmente, Varianten. Kritisch ediert von Gisela E. Bahr. Frankfurt 1971. – Herbert Iherings Einleitung zur Funksendung der »Heiligen Johanna der Schlachthöfe« erschien in »Charivari«. Berlin. 13. Mai 1932. Zitiert bei *Ernst Schumacher,* Die dramatischen Versuche Bertolt Brechts 1918–1933. Berlin 1955. S. 486. – Gustaf Gründgens, Briefe, Aufsätze, Reden. München 1970.

XIV *Lob der Dialektik*

Das als Motto verwendete Lenin-Zitat stammt aus »Ein Schritt vorwärts, zwei Schritte zurück«. In: Werke. Band 7. Berlin 1960. S. 419f. – *Ernst Bloch,* Ein Leninist der Schaubühne. In: Erbschaft dieser Zeit. Frankfurt 1962. – Gegen das epische Theater Brechts polemisierte in der »Linkskurve« *Andor Gabor* (4. Jhg. Heft 11/12. Berlin 1932) in dem Beitrag »Zwei Bühnenereignisse. – *Sergej Tretjakow,* Die Arbeit des Schriftstellers. Aufsätze Reportagen Porträts. Herausgegeben von Heiner Boehncke. Reinbek bei Hamburg 1972. – Über Tretjakow siehe auch *Fritz Mierau,* Tatsache und Tendenz. Der Schriftsteller Sergej Tretjakow. In: Weimarer Beiträge. Heft 3 und Heft 4. Berlin und Weimar 1972. – *Walter Benjamin,* Der Autor als Produzent. In: Versuche über Brecht. Frankfurt 1966. – *Georg Lukács,* Reportage oder Gestaltung? Kritische Bemerkungen anläßlich des Romans von Ottwalt. In: Die Linkskurve. 4. Jhg. Nr. 7 und Nr. 8. Berlin 1932. – *Gottfried Benn,* Die neue Literarische Saison. In: Gesammelte Werke. Erster Band. Wiesbaden 1959. – Kuhle Wampe oder Wem gehört die Welt? Filmprotokoll und Materialien. Herausgegeben von Wolfgang Gersch und Werner Hecht. Leipzig 1971. – *Klaus Pfützner,* Die Gruppe Junger Schauspieler in Berlin (1928–1933). In: Schriften zur Theaterwissenschaft. Band 4. Berlin 1966. – *Walter Benjamin,* Ein Familiendrama auf dem epischen Theater. In: Versuche über Brecht. Frankfurt 1966. – *W. I. Lenin,* Was tun? In: Werke. Band 5. Berlin 1959. S. 394ff. – *Karl Korsch,* Die materialistische Geschichtsauffassung. Eine Auseinandersetzung mit Karl Kautsky. Leipzig 1929. – Der Schriftwechsel zwischen der Polizeidirektion München und dem Polizeipräsidium Berlin über Brecht ist abgedruckt bei *Werner Mittenzwei,* Brecht. Von der »Maßnahme« zu »Leben des Galilei«. Berlin 1962. S. 365ff.

XV *Auf der Flucht*

Hans-Christoph Wächter, Theater im Exil. München 1973. – *Hans-Albert Walter,* Asylpraxis und Lebensbedingungen in Europa. Deutsche Exilliteratur 1933–1950. Band 2. Darmstadt und Neuwied 1972. – *Karl Kraus,* Die Fackel. Nr. 888. Oktober 1933. Wien. – *Karl Kraus,* Warum die Fackel nicht erscheint. Die Fackel. Nr. 890–905. Ende Juli 1934. Wien. – Brief Brecht an Helene

Weigel, undatiert, Herbst 1934 aus London. – Walter Benjamin an Gershom Scholem, 15. 9. 1934 in: *Benjamin,* Briefe. Band 2. Frankfurt 1966. – *Hans Richter,* Die Kläbers. In: Köpfe und Hinterköpfe. Zürich 1967. – Briefe Brecht an Helene Weigel, undatiert, Frühjahr 1933 aus Lugano nach Wien. – Brief Brecht an Kurt Kläber. In: *Marianne Kesting,* Bertolt Brecht in Selbstzeugnissen und Bilddokumenten. Hamburg 1959. – Postkarte Brecht an Helene Weigel, Paris 10. 6. 1933. – *Brecht,* Die Ware Liebe. In: Materialien zu Brechts »Der gute Mensch von Sezuan«. Frankfurt 1968. – *Karin Michaelis,* Der kleine Kobold. Wien 1948. – *Hans Henny Jahnn,* Vom armen B. B. In: Sinn und Form. Zweites Sonderheft Bertolt Brecht. Berlin 1957. Auch Brecht hat sich ganz knapp, 1954 in einer Festschrift der Freien Akademie in Hamburg zum 60. Geburtstag, über Jahnn geäußert: »Lieber Hans Henny Jahnn, es ist Ihnen vielleicht nicht gesagt worden, aber ich leitete einmal Proben zu Ihrem schönen Stück »Pastor Ephraim Magnus«. Es war in Berlin zu Beginn der zwanziger Jahre, und meine künstlerische Tätigkeit dauerte nur einige Tage. Heute noch habe ich die ungeheure Klage der Sterbenden im Ohr; es ist einer der großartigsten Monologe der deutschen Literatur. Ich kann das Buch nicht mehr auftreiben, eine Schande! Nun, wir trafen uns im dänischen Exil, und wir treffen uns sogar hier in Deutschland. Und ich freue mich, daß es Sie gab, und freue mich, daß es Sie gibt.« – *Harald Engberg,* Brecht auf Fünen. Wuppertal 1974. – *Brecht,* Das Zehnte Sonett (Am liebsten aber nenne ich dich Muck). BBA 152/67. – Das später in den »Studien« von Brecht unter dem Titel »Über die Gedichte des Dante auf die Beatrice« publizierte Gedicht ist das zwölfte der für Margarete Steffin geschriebenen Liebessonette. – *Hermann Kesten,* Wiedergefundene Briefe. In: Süddeutsche Zeitung Nr. 115. München 19./20. Mai 1973. – *Jean Renoir,* Mein Leben und meine Filme. München 1975. – Deutsche Literatur im Exil. Briefe europäischer Autoren 1933–1949. Herausgegeben von Hermann Kesten. Frankfurt 1973. – Briefe Brecht an Benjamin, April 1936 und 22. 12. 33. In: Zur Aktualität Walter Benjamins. Herausgegeben von Siegfried Unseld. Frankfurt 1972. – Brief Brecht an J. R. Becher. In: Brecht. Reihe Schriftsteller der Gegenwart. Mit Beiträgen von Hans Bunge, Werner Hecht und Käthe Rülicke-Weiler. Berlin 1963. – *Kurt Tucholsky,* Ausgewählte Briefe 1913–1935. Herausgegeben von Mary Gerold-Tucholsky und Fritz J. Raddatz. Reinbek 1962. S. 230. – *Maximilian Scheer,* So war es in Paris. Berlin 1964.

XVI *Unterm dänischen Strohdach*

Das Motto ist dem Gedicht »Über die Bezeichnung Emigranten« entnommen. – Brief Brecht an Karl Korsch, Jan. 1934. BBA 2181/40–42. – Brief Karl Korsch an Brecht vom 17. 3. 1934. In: Jahrbuch Arbeiterbewegung. Band 2. Marxistische Revolutionstheorien. Frankfurt 1974. S. 123. – *Michael Buckmiller* und *Jörg Kammler,* Revolution und Konterrevolution. Eine Diskussion mit Heinz Langerhans. In: Jahrbuch Arbeiterbewegung. Band 1. Über Karl Korsch. Frankfurt 1973. – Am 29. 8. 1935 schrieb Karl Korsch aus Skovbostrand an Paul Mattick: »Dieses an sich trotz seiner Traurigkeit eigentlich sehr sinnlose Ereignis hat für mich durch die dummen Intrigen unbeschäftigter demokratischer Frauenzimmer und gehässiger K. P. – und S. P. – und S. A. P. – bzw. Independant Labour Party-Leute sehr viel widerwärtige und quälende Folgen gehabt, die gekrönt wurden durch die unerwartete Verweigerung der

Verlängerung meiner Aufenthaltserlaubnis, sodaß ich Mitte Juli, gerade nach der Ankunft Ihrer letzten Sendung, binnen 8 Tagen dieses ultrareformistische Eldorado verlassen mußte.« Dem Brief legte Korsch die Abschrift einer Erklärung zum Selbstmord der Genossin Dora Fabian bei, der die Genossin Mathilde Wurm in den Tod folgte. In: Jahrbuch Arbeiterbewegung 2. op. cit. S. 151 ff. – *Harald Engberg* zitiert in seinem Buch »Brecht auf Fünen« mehrere dänische Interviews von Brecht und geht auch ausführlich auf die Rezeption seiner Stücke in Dänemark ein. – *Walter Benjamin,* Gespräche mit Brecht. In: Versuche über Brecht. Frankfurt 1966. S. 125/126. – Brief Walter Benjamin an Margarete Steffin, Ende Oktober 1935. In: *Benjamin,* Briefe. Band 2.

XVII *Moskau 1935*

Das Motto stammt aus Aufzeichnungen Brechts zu Gides Sowjetunion-Buch aus dem Jahr 1936, die Werner Hecht unter dem Titel »Die ungleichen Einkommen« zusammengestellt hat. GW VIII. S. 664. – Hermann Haarmann / Lothar Schirmer / Dagmar Walach, Das »Engels«-Projekt. Ein antifaschistisches Theater deutscher Emigranten in der UdSSR (1936–1941). Worms 1975. Dieses Buch enthält die zitierten Briefe von Brecht an Piscator und von Wilhelm Pieck an Piscator. – Brief von Brecht an Helene Weigel, undatiert, Frühjahr 1935 aus Moskau.

XVIII *In London*

Hans-Christoph Wächter, Theater im Exil. München 1973. – *Berthold Viertel,* Bert Brecht. In: Die neue Weltbühne vom 3. 2. 1938. – *Fritz Kortner,* Aller Tage Abend. München 1959. – *Hans Bunge,* Fragen Sie mehr über Brecht. Hanns Eisler im Gespräch. München 1970. – Ruth Berlaus Novellenband »Ethvert Dyr Kan Det« erschien unter dem Pseudonym Maria Sten 1940 in Kopenhagen. – Brief Bertolt Brecht an Ruth Berlau, undatiert, geschrieben vor der Abreise nach Finnland 1940 in Stockholm. Zitiert von Hans Bunge in seiner Rede am Grab Ruth Berlaus. Manuskript.

XIX *Aber warum fürchten, was neu ist?*

Das Motto stammt aus Aufzeichnungen Brechts über die amerikanische Aufführung der »Mutter« in New York 1935. In: Materialien zu Bertolt Brechts »Die Mutter«. Zusammengestellt von Werner Hecht. Frankfurt 1969. S. 101. – Brief Brecht an Paul Peters, Ende August 1935. Ebenda S. 91. – Brief Brecht an Helene Weigel, undatiert, New York Anfang November 1935. – *Sidney Hook,* A Recollection of Bertolt Brecht. The New Leader, 10. 10. 1960. – *Mordecai Gorelik,* New Theatres for Old. New York 1957. – Der Briefwechsel zwischen Bertolt Brecht und der New Yorker Theatre Union von 1935 (herausgegeben von James K. Lyon) ist abgedruckt in: Brecht-Jahrbuch 1975. Frankfurt 1975. – Brief von Brecht an Erwin Piscator in Moskau vom 8. 12. 1935. In: *Eberhard Brüning* Das amerikanische Drama der Dreißiger Jahre. Berlin 1966. S. 61. – Briefwechsel Brecht – V. J. Jerome. In: Progressive Labor. Dec. 1965. – *Harald Engberg,* Brecht auf Fünen. Wuppertal 1974. – *Bertolt Brecht,* Über mein Theater (Skovbostrand 1934). In: Brecht im Gespräch. Diskussionen, Dialoge, Interviews. Herausgegeben von Werner Hecht. Frankfurt 1975. Der Beitrag erschien, mit einem Vorwort von Luth Otto, der das Gespräch führte, in der dänischen Zeitung Ekstrabladet am 30. 3. 34 unter der Überschrift »Komische Tragödie, trauriges Lustspiel«. – Brief Brecht an Karl Korsch, undatiert, Ende 1936 oder Anf. 1937. Zitiert bei: *Wolfdietrich Rasch,* Bertolt Brechts marxistischer Lehrer. Merkur. VIII. Jhg. Heft 10. Oktober 1963.

XX *Kleiner Exkurs über das Schauspiel »Die Rundköpfe und die Spitzköpfe«*

Über die Entstehungsgeschichte des Stücks berichtet Werner Mittenzwei, der im Anhang seines Buchs »Brecht – Von der ›Maßnahme‹ zu ›Leben des Galilei‹« auch aus früheren Fassungen Dialogbeispiele anführt (S. 384–387). Berlin 1962. – Die Fassung »Die Spitzköpfe und die Rundköpfe« ist abgedruckt in: *Brecht,* Versuche. Heft 5–8. Berlin 1963.

XXI *Reden wir nicht nur für die Kultur!*

Das Motto stammt aus dem Beitrag »Kunst oder Politik?« vom Februar 1938. GW VIII. S. 252. – Brief Walter Benjamin an Alfred Cohn vom 18. 7. 1935. In: *Benjamin,* Briefe 2. Frankfurt 1966. S. 670. – Brief Heinrich Mann an Feuchtwanger, Frühjahr 1936, In: *Hans-Albert Walter,* Deutsche Exilliteratur 1933–1950. Band 7. Exilpresse I. Darmstadt und Neuwied 1974. S. 302. – Brief Walter Benjamin an Fritz Lieb vom 9. 7. 1937. In: *Benjamin,* Briefe 2. Frankfurt 1966. S. 732. – Rahmenhandlung zur »Carrar«-Aufführung in Schweden siehe BBA 167/24–28. Geschrieben am 22. Mai 1939. Vergl. *Werner Mittenzwei,* Brecht – Von der »Maßnahme« zu »Leben des Galilei«. Berlin 1962. S. 226f. – *Hugh Thomas,* Der spanische Bürgerkrieg. Frankfurt/Berlin 1964. – Brief Brecht an Erwin Piscator vom 21. 4. 1937. Vergl. *Wolfgang Gersch,* Film bei Brecht. München 1976. S. 186f. – Brief von Brecht an M. Gorelik vom 19. 3. 37. – Brief von Brecht an Jean Renoir vom 17. 3. 1937. – *Brecht,* Als er sie abholen kam. Gedicht aus dem Jahr 1937 für Ruth Berlau. – Brief Brecht an Korsch nach der Pariser Aufführung der »Carrar«. In: *Wolfdietrich Rasch,* Bertolt Brechts marxistischer Lehrer. Merkur. VIII. Jhg. Heft 10. Oktober 1963. – Brief von »Steff und Bidi« an Helene Weigel, undatiert, Ende 1937.

XXII *Es geht um den Realismus*

Das Motto stammt aus den Notizen zu dem Aufsatz über »Volkstümlichkeit und Realismus«. GW VIII. S. 331f. – Über seine Begegnung mit Brecht 1941 in Moskau berichtet »Georg Lukács im Gespräch mit Iring Fetscher«. Manuskript Hess. Rundfunk 9. 1. 68. – Den Ausspruch Brechts über Kafka erwähnt *Gershom Scholem* als Notiz Benjamins vom Juni 1931 in »Walter Benjamin – die Geschichte einer Freundschaft«. Frankfurt 1975. – *Georg Lukács,* Mitten im Aufstieg verließ er uns. In: Neues Deutschland vom 21. 8. 1956. – *Georg Lukács,* Skizze einer Geschichte der neueren deutschen Literatur. Neuwied 1963. – *Georg Lukács,* Es geht um den Realismus. In: Das Wort. Heft 6. Moskau 1938. – *Georg Lukács,* Ästhetik I. 2 Halbbände. Neuwied 1963. – *Ernst Schumacher,* Brechts »Galilei«: Form und Einfühlung. In: Sinn und Form. Heft 4. Berlin 1960. – *Georg Lukács,* In memoriam Hanns Eisler. In: Die Zeit. Nr. 36. Hamburg 1965. – *Georg Lukács,* Der russische Realismus in der Weltliteratur. Neuwied 1964. – *Georg Lukács,* Erzählen oder Beschreiben? In: Internationale Literatur. Heft 11. Moskau 1936. – *Georg Lukács,*

Marx und das Problem des ideologischen Verfalls. In: Internationale Literatur. Heft 7. Moskau 1938. – *Ernst Bloch,* Der Expressionismus, jetzt erblickt. In: Erbschaft dieser Zeit. Frankfurt 1962. – *Ernst Bloch,* Diskussionen über Expressionismus. In: Das Wort. Heft 6. Moskau 1938. – *Ernst Bloch und Hanns Eisler,* Die Kunst zu erben. In: Die neue Weltbühne. Heft 1. 1938. – *Hanns Eisler,* Antwort an Georg Lukács. In: Die neue Weltbühne. Heft 50. 1938. – *Georg Lukács,* Größe und Verfall des Expressionismus. In: Internationale Literatur. Heft 1. Moskau 1934.

XXIII *Auf einer kleinen Insel, wo die Leute freundlich sind*

Das Motto stammt aus »Leben des Galilei«. – Besonders Ernst Niekisch begrüßte im Cäsarroman den Versuch eines Dichters, im historischen Roman ein neues Weltbild zu etablieren: »Die ›Geschäfte des Herrn Julius Cäsar‹ sind ein Dolch, der einen gesellschaftlichen Typus, für den es keine Wiederauferstehung mehr gibt, zu Boden streckt. Brutus hatte die Tradition für sich, die wirklichen Zeittendenzen gegen sich gehabt: so entging er nicht seinem Philippi. Brecht ist ein Brutus, der die Notwendigkeit der Zeit und den Zwang der geschichtlichen Entwicklung für sich hat. Er ist ein Tyrannenmörder, der nicht, wie der alte Brutus es tat, ein Ressentiment abgewirtschafteter Herren befriedigt, sondern einen Auftrag der kommenden Dinge erfüllt.« *Ernst Niekisch,* Heldendämmerung. In: Sinn und Form. Sonderheft Bertolt Brecht. Berlin 1949. Im Gegensatz zu Niekisch zieht der italienische Germanist Franco Buono eher den »Dreigroschenroman« als Beispiel für einen »echten und großen historischen Roman« vor, und zwar wegen »der außergewöhnlichen *inquiry* der klassischen kapitalistischen Gesellschaft, die dieser Roman durchführt«. *Franco Buono,* Zur Prosa Brechts. Frankfurt 1973. S. 106. Die Bemühung, den Cäsar-Mythos zu vernichten, bezeichnet Hans Dahlke schließlich als »Jagd nach einem Phantom«. Er erklärt das Scheitern des Romans u. a. mit dem Versuch Brechts, die Persönlichkeit Cäsars auf ein durchschnittliches Geschäftstalent zu reduzieren: »Es muß in Cäsars geschichtlichem Auftreten auch objektiv wirkende Eigenschaften, wie etwa seine rücksichtslose Energie im Kampf um die Macht, gegeben haben, die das Entstehen des Ruhms begünstigen.« *Hans Dahlke,* Cäsar bei Brecht. Eine vergleichende Betrachtung. Berlin und Weimar 1968. – In einer Notiz vom 5. 3. 1939 setzt sich Brecht mit Vertretern der »realistischen« amerikanischen Literatur wie Hemingway und James Mallahan Cain auseinander und bezeichnet sie als Mitglieder des »großen emotionsracket«. – *Ernst Schumacher,* Drama und Geschichte. Bertolt Brechts »Leben des Galilei« und andere Stücke. Berlin 1965. – Brief Brecht an Henry Peter Matthis vom 11. 4. 1939. In: *Manfred Gebhardt,* Fahndung nach John Kent. Das Magazin. Heft 2. Berlin 1966. – *Harald Engberg,* Brecht auf Fünen. Wuppertal 1974. – Brechts Kommentar zu »Was kostet das Eisen?«: BBA 209/45. – *Brecht,* Über einen »Courage«-Film 1950. In: Brecht im Gespräch. Diskussionen, Dialoge, Interviews. Herausgegeben von Werner Hecht. Frankfurt 1975. – Gespräch »Über Dialektik« zwischen Brecht und Hermann Greid in Lidingö 1939. Ebenda S. 53–56. – Briefe Brecht an Hans Tombrock. In: Bilder und Graphiken zu Werken von Bertolt Brecht. Katalog IV Neue Münchner Galerie. München 1964.

XXIV *Warten auf Pässe*

Das Motto ist einer Notiz im Arbeitsjournal vom 20. 4. 1941 entnommen. – Brief Brecht an Hella Wuolijoki, undatiert, Helsinki 1940. – Briefe Brecht an Ruth Berlau vom 4. 9. 1940 und 15. 9. 1940, geschrieben in Marlebaek. – *Manfred Gebhardt,* Zwischen Wartesaal und weißem Gut. In: Das Magazin. Heft 1. Berlin 1965. – Eine Chronik des Aufenthalts von Brecht in Finnland hat *Hans-Peter Neureuter* zusammengestellt. In: Mitteilungen aus der Deutschen Bibliothek. Nr. 7. Helsinki 1973. S. 11–35.

XXV *Herr Puntila und sein Knecht Matti*

Das Motto ist einer Notiz im Arbeitsjournal vom 16. 10. 1940 entnommen. – Über »Leben und Werk der Hella Wuolijoki« referiert *Manfred Peter Hein* in den »Mitteilungen aus der Deutschen Bibliothek«. Nr. 9. Helsinki 1975. – Ebenda ein ausführlicher Bericht zur Entstehungsgeschichte der Komödie »Herr Puntila und sein Knecht Matti« von *Hans-Peter Neureuter,* der auch eine kritische Ausgabe der verschiedenen Fassungen und einen Materialband vorbereitet. – Erster Fabelentwurf zu »Puntila«: BBA 178/16. – *Fritz Kortner,* Letzten Endes. München 1971. S. 90ff. – *Georg Friedrich Wilhelm Hegel,* Phänomenologie des Geistes. Frankfurt 1970. S. 150ff. – Brecht über die Frauen von Kurgela: BBA 566/09.

XXVI *Hollywood*

Das Motto ist einer Notiz im Arbeitsjournal vom 1. 8. 1941 entnommen. – Brief Lion Feuchtwanger vom 19. Juli 1941 an eine in Berlin zurückgebliebene Freundin und Mitarbeiterin. In: Literatur und Kunst des 20. Jahrhunderts. Katalog 18 des Antiquariats Herbert Blank, Stuttgart 1975. – *James K. Lyon,* Bertolt Brecht's American Cicerone. In: Brecht heute. Jahrbuch der Internationalen Brecht-Gesellschaft. Frankfurt 1972. – Brief Brecht an Karl Korsch, Ende Sept. 1941. – *Hans Bunge,* Fragen Sie mehr über Brecht. Hans Eisler im Gespräch. München 1970. – In einem Brief an Ruth Berlau schreibt Brecht im Sommer 1942: »Für mich war Valentin ungefähr was für Eisler Schönberg war.« – Brief Heinrich Mann an Maximilian Brantl vom 2. 9. 1947. In: *Klaus Schröter,* Heinrich Mann in Selbstzeugnissen und Bilddokumenten. Reinbek 1967. S. 155. – Brief Alfred Döblin an Hermann Kesten vom 30. 7. 1946. In: *Döblin,* Briefe. Olten und Freiburg 1970. S. 353. – Brief Alfred Döblin an Thomas Mann vom 20. 8. 1943. Ebenda S. 293. – *Roland Barthes,* Diderot, Brecht, Eisenstein. In: Filmkritik. Nr. 215. November 1974. – Den Fall »Hangmen Also Die« dokumentiert ausfuhrlich die Nr. 223 der Zeitschrift »Filmkritik«, Juli 1975. – Brief Lion Feuchtwanger vom 27. 3. 1945, ebenfalls in dem erwähnten Katalog des Stuttgarter Antiquariats Blank.

XXVII *New York, Fifty-Seventh Street*

Briefe Brecht an Ruth Berlau, alle undatiert, Mai und Ende Juli 1942. – *Paul Dessau,* Begegnungen mit Brecht. In: Notizen zu Notizen. Leipzig 1974. S. 40. – Brief Brecht an Ruth Berlau vom 26. 5. 1943. In: Auktionskatalog Stargardt Nr. 16. Marburg 1963. – Briefe Brecht an Ruth Berlau vom 27. 8. 1943/9. 8. 1943 und 7. 9. 1943. – Materialien zu Bertolt Brechts »Schweyk im Zweiten Weltkrieg«. Herausgegeben von Herbert Knust. Frankfurt 1974. – Briefe Brecht an Ruth Berlau vom 12. 10. 1943/20. 10. 1943/undatiert Anfang Juni 1944/undatiert September 1944 und 20. 12. 1945.

XXVIII *Das Verhör*

Das Motto ist Brechts Statement für sein Verhör in Washington entnommen. GW VIII. S. 861 – Brechts Anfrage, Radiosendungen gegen die Nazis betreffend, zitiert *Hans Bunge* in dem Band Bertolt Brecht – Reihe Schriftsteller der Gegenwart. Berlin 1963. S. 121. – Brief Brecht an Ruth Berlau vom 15. 8. 1943. – Auf Brechts Brief vom 1. Dezember 1943 antwortet Thomas Mann am 10. 12. 1943. In: *Thomas Mann,* Briefe 1937–1947. Berlin und Weimar 1965. S. 363ff. – *Thomas Mann,* Die Entstehung des Doktor Faustus. Roman eines Romans. In: Zeit und Werk. Berlin und Weimar 1965. – Materialien zu Brechts »Leben des Galilei«. Zusammengestellt von Werner Hecht. Frankfurt 1963. – Brief Brecht an Caspar Neher, undatiert Herbst 1946. In: Kultur und Leben. Beilage der AZ, Augsburg 14. 2. 1970. – Briefe Brecht an Erwin Piscator, undatiert, Februar und März 1947. – Das Verhör Brechts vor dem Ausschuß zur Untersuchung unamerikanischen Verhaltens enthält der Band »Brecht im Gespräch«. Diskussionen, Dialoge, Interviews. Herausgegeben von Werner Hecht. Frankfurt 1975. – Auszüge aus dem Verhör Hanns Eislers enthält der von Eric Bentley kommentierte Beitrag »The Artist on Trial« in der Zeitschrift Encore. Vol. 11. No. 5. London 1964.

XXIX *Zürich*

Das Motto ist einer Tagebuchaufzeichnung Caspar Nehers vom 6. 11. 1947 entnommen. Nachlaß Nationalbibliothek Wien. – Briefe Brecht an Ruth Berlau vom 4. und 5. 11. 1947. – Tagebuch Neher 18. 11. 1947. – Brief Brecht an Ferdinand Reyher, April 1948. In: *James K. Lyon,* Bertolt Brecht's American Cicerone. Jahrbuch 2 der Internationalen Brecht-Gesellschaft. Frankfurt 1972. S. 202. – Briefe Brecht an Caspar Neher, undatiert, Herbst 1946 und Dezember 1946. In: Kultur und Leben. Beilage der AZ, Augsburg 14. 2. 1970. – Tagebuch Neher 5. 11. 1947, 1. 12. 1946 und 24. 11. 1947. – Von der Inszenierung der »Antigone« als »eine Art Preview für Berlin« spricht Brecht in einem Brief an seinen in Amerika zurückgebliebenen Sohn Stefan. In: *Bertolt Brecht,* Die Antigone des Sophokles. Materialien zur »Antigone«. Zusammengestellt von Werner Hecht. Frankfurt 1965. S. 113. – Tagebuch Neher 12. 1. 1948. – *Brecht/Neher,* Antigonemodell 1948. Redigiert von Ruth Berlau. Berlin 1949. – Brief Brecht an Caspar Neher vom 7. 2. 1948. In: Bertolt Brecht – Caspar Neher. Ausstellungskatalog Hessisches Landesmuseum Darmstadt 1963. – Zitat zu »Der Wagen des Ares«: BBA 814/23. – Kritik zur Uraufführung von »Herr Puntila und sein Knecht Matti« im Abendblatt der National Zeitung, Basel 8. Juni 1948. – *Max Frisch,* Erinnerungen an Brecht. In: Kursbuch. Nr. 7. Frankfurt 1966. S. 68. – *Berthold Viertel,* Wiedersehen mit dem Berliner Theater. In: Schriften zum Theater. München 1970. S. 265. – Brief Brecht an Helene Weigel, undatiert Ende Februar/Anfang März 1949. In: Helene Weigel zu ehren. Frankfurt 1970. – Sämtliche Briefe Brechts, seinen österreichischen Paß betreffend, zitiert *Siegfried Melchinger,* Bertolt Brechts »Salzburger Totentanz«. In: Stuttgarter Zeitung vom 5. 1. 1963.

XXX *Weg der alte, her der neue Staat!*

Brecht, Nach der Sitzung beim Oberbürgermeister von Berlin. BBA 523/19. – Brief Brecht an Erwin Piscator vom 5. März 1949. – Brief Brecht an Helene Weigel vom 21. 4. 1949. In: Helene Weigel zu ehren. Frankfurt 1970. – Den

Ausspruch Brechts über die Berufsbefähigung von Oberbürgermeister Ebert hat Wolfgang Harich in einem Manuskript mitgeteilt, das als Ergänzung zu den 1967 im Insel Verlag erschienenen »Geschichten von Herrn B.« gedacht war. – Brecht über »positive Helden«: Brecht im Gespräch. Herausgegeben von Werner Hecht. S. 132. – Brecht über »Optimismus«: Ebenda S. 143. – Aufzeichnung von Käthe Rülicke vom 12. 3. 1951. BBA Mappe 1264. – *Brecht,* Herrnburger Bericht. In: Neues Deutschland. 22. Juli 1951. – *Walter Ulbricht,* Zur Geschichte der Arbeiterbewegung. Band 4. S. 604. – *Ernst Fischer,* Doktor Faustus und der deutsche Bauernkrieg. In: Sinn und Form. Heft 6. Berlin 1952. – Brief Hanns Eisler vom 30. 10. 1953 an das Zentralkomitee der SED. Zitiert nach *Louise Eisler-Fischer,* Faust in der DDR. Dokumente betreffend Hanns Eisler, Bertolt Brecht, Ernst Fischer. In: Neues Forum. Wien Oktober 1969. – Brief Brecht an Caspar Neher, undatiert, August oder Sept. 1955. BBA 654/103–104.

XXXI *Meine Schüler und Freunde sind so wenig unfehlbar wie ich*

Das Motto ist die zweite Strophe des 1950 geschriebenen Gedichts »An Ruth«, das in GW IV unter dem Titel »Geh ich zeitig in die Leere« abgedruckt ist. – Die »Zehn Vorschriften für Schauspieler«, die Brecht im November 1951 an Käthe Reichel geschickt hat, sind in GW VII (S. 742–744) unter dem Titel »Über den Schauspielerberuf« abgedruckt. – Briefe Brecht an Ruth Berlau vom 19. 7. 1954/14. 3. 1950/1. 12. 1951/Juni 55/Ende Juni 54. – Brief Brecht an Käthe Reichel, undatiert, Ende 54 oder Anfang 55. – *Brecht,* Herr Keuner sagte (über Liebe und Freundschaft). BBA 2050/10. – Die Liebeslieder »Als ich nachher von dir ging« / »Lied einer Liebenden« und »Die Liebste gab mir einen Zweig« sind für Käthe Reichel geschrieben. – Brief Brecht an Käthe Reichel, geschrieben August 1956. – Für Käthe Rülicke hat Brecht das Gedicht »Sieben Rosen hat der Strauch« geschrieben. – Aufzeichnungen Käthe Rülicke vom 22. 11. 1952. BBA Mappe 1264. – Brechts Anfrage, Isot Kilian betreffend, teilt Wolfgang Harich in dem bereits erwähnten Manuskript mit.

XXXII *Die Wahrheit einigt*

Das Motto ist dem Gedicht »Böser Morgen« entnommen. – *Ernst Schumacher,* Er wird bleiben. In: Erinnerungen an Brecht. Leipzig 1964. S. 339. – *Käthe Rülicke,* Hans Garbe erzählt. Berlin 1952. – *Manfred Wekwerth,* Die letzten Gespräche. In: Schriften. Arbeit mit Brecht. Berlin 1975. S. 78. – *Hannah Arendt,* Quod licet Jovi ... Der Dichter Bertolt Brecht und die Politik. In: Merkur. 23. Jhg. Heft 6 und 7. München 1969. – *Isaac Deutscher,* Stalin. Eine politische Biographie. Stuttgart 1962. – Zu den »Buckower Elegien« gehören auch die Gedichte »Die neue Mundart« (BBA 153/8) und »Lebensmittel zum Zweck« (BBA 153/14). – Brechts Briefe zum 17. Juni 1953 an Walter Ulbricht, Peter Suhrkamp und Erwin Leiser enthält: *Erwin Leiser,* Brecht, Grass und der 17. Juni 1953. In: Die Weltwoche. Zürich 11. 2. 1966. – Brief Brecht an Paul Wandel. Mitte August 1953. – Brief Brecht an Ruth Berlau, undatiert, Sept. 1953.

XXXIII *Turandot oder*
Der Kongreß der Weisswäscher

Das Motto ist einer Notiz im Arbeitsjournal vom 13. 9. 1953 entnommen. – *Tausendundeintag.* Band 1. Leipzig 1967. – Wachtangows Ausspruch über »Turandot« in *Meyerhold/Tairow/Wachtangow,* Theateroktober. Leipzig 1967. S. 361. – *Walter Benjamin,* Gespräche mit Brecht. In: Versuche über Brecht. Frankfurt 1966. – Brief Brecht an Karl Korsch, Februar 1939. – *Karl Marx,* Zur Judenfrage. In: Marx/Engels, Werke. Band 1. Berlin 1961. S. 347 ff.

XXXIV *Große Zeit, vertan*

Das Motto stammt aus Bechers Nachruf auf Brecht. In: Bemühungen 2. Gesammelte Werke. Band 14. S. 587. – Briefe Brecht an Ruth Berlau, undatiert, August 1953 und Dezember 1950. – *Mao Tse-tung,* Über den Widerspruch. In: Ausgewählte Schriften. Frankfurt 1964. S. 58. – Brief Bertolt Brechts an die Akademie der Künste vom 15. 5. 1955 mit Begräbnisanweisungen. In: Neues Deutschland. Berlin, 17. August 1956. – *Therese Giehse,* Ich hab nichts zum Sagen. Gespräche mit Monika Sperr. Reinbek 1976. S. 79. – Brief Peter Suhrkamp an Caspar Neher vom 21. August 1956.

Quellennachweis der Abbildungen

Wir danken dem Suhrkamp Verlag, Frankfurt, für die Genehmigung zum Abdruck des Bildes von Walter Benjamin auf Seite 4; der Andelsbogtrykkeriet, Odense, für die Bilder auf Seite 11; Roger Melis für die Bilder auf den Seiten 31, 32; alle anderen Bilder entstammen dem Archiv des Verfassers, sie wurden zum größeren Teil, Seite 12–16 und 18–29, von Ruth Berlau aufgenommen.

Register der Personen

Brecht-Titel-Register

Stückentwürfe/Fragmente

Filme

Prosa / Schriften

Gedichte

Inhalt